清华大学985名优教材立项资助

A NEW HISTORY OF WESTERN LEGAL THOUGHTS

新编西方法律思想史
（古代、中世纪、近代部分）

高鸿钧　赵晓力　主编　／　马剑银　副主编

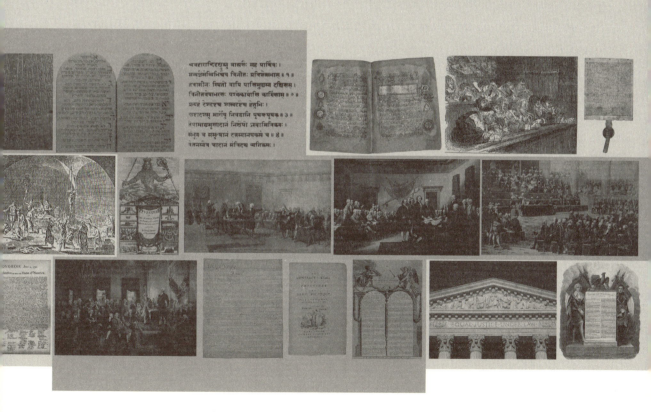

清华大学出版社
北京

内容简介

本书是一本富有新意的西方法律思想史教材。作者阵容强大,均是该领域的专家,其成果代表了国内前沿水平,反映了国外最新研究成果。本书内容丰富,阐述清晰,分析深入;全书有总体布局的筹划,各章有专题研究的特色。

本书适合作为法学本科生的专业课教材;也适合法学研究生、其他相关专业的学生、教师、研究者以及对西方法律思想感兴趣的读者阅读。

本书封面贴有清华大学出版社防伪标签,无标签者不得销售。
版权所有,侵权必究。举报: 010-62782989, beiqinquan@tup.tsinghua.edu.cn。

图书在版编目(CIP)数据

新编西方法律思想史(古代、中世纪、近代部分)/高鸿钧,赵晓力主编. —北京:清华大学出版社,2015(2023.3重印)
ISBN 978-7-302-40259-6

Ⅰ. ①新… Ⅱ. ①高… ②赵… Ⅲ. ①法律-思想史-西方国家-教材 Ⅳ. ①D909.5

中国版本图书馆 CIP 数据核字(2015)第 106323 号

责任编辑:李文彬
封面设计:傅瑞学
责任校对:宋玉莲
责任印制:丛怀宇

出版发行:清华大学出版社
网　　址:http://www.tup.com.cn, http://www.wqbook.com
地　　址:北京清华大学学研大厦A座
邮　编:100084
社 总 机:010-83470000　　邮　购:010-62786544
投稿与读者服务:010-62776969, c-service@tup.tsinghua.edu.cn
质量反馈:010-62772015, zhiliang@tup.tsinghua.edu.cn

印 装 者:三河市铭诚印务有限公司
经　　销:全国新华书店
开　　本:185mm×260mm　　印　张:41.75　　插　页:2　　字　数:696千字
版　　次:2015年9月第1版　　印　次:2023年3月第7次印刷
定　　价:118.00元

产品编号:044842-03

新编西方法律思想史

(古代、中世纪、近代部分)

主　编　高鸿钧　赵晓力
副主编　马剑银

撰稿人(古代、中世纪、近代、现代、当代部分,以姓氏笔画为序)

马剑银	于　明	王　婧	仝宗锦	毕竞悦
刘　玮	刘素民	吕亚萍	许小亮	陈　颐
李红海	李欢乐	陆宇峰	沈　明	苏彦新
吴　飞	余盛峰	张　伟	张国旺	张文龙
泮伟江	杨静哲	易　平	於兴中	郑　戈
赵彩凤	赵晓力	周林刚	柯　岚	高鸿钧
徐霄飞	康家昕	章永乐	鲁　楠	谢鸿飞
赖骏楠	翟小波	霍伟岸	薛　军	鞠成伟

作者简介和分工

（以姓氏笔画为序）

马剑银　法学博士　北京师范大学法学院副教授（编者前言、第十九章）

于　明　法学博士　华东政法大学副教授（第十三章）

仝宗锦　法学博士　中国政法大学副教授（第二十二章）

刘　玮　哲学博士　中国人民大学哲学院副教授（第二章）

刘素民　哲学博士　中国社会科学院哲学研究所研究员（第六章）

许小亮　法学博士　苏州大学王健法学院副教授（第二十八章）

陈　颐　法学博士　华东政法大学教授（第十一、二十六章）

李红海　法学博士　北京大学研究员（第二十七章）

李欢乐　法学硕士　中国劳动保障报社编辑（第十章）

苏彦新　法学博士　华东政法大学教授（第七、八章）

吴　飞　哲学博士　北京大学哲学系/宗教学系教授（第五章）

张　伟　管理学博士　北京市朝阳区人民检察院工作人员（第二十一章）

张国旺　法学博士　中国社会科学院大学政法学院讲师（第二十章）

易　平　法学博士　北京大学法学院副教授（第十五章）

於兴中　法学博士（SJD）美国康奈尔大学法学院 Anthony W. & Lulu C. Wang 讲席教授（第十二章）

郑　戈　法学博士　上海交通大学凯原法学院教授（第三章）

赵晓力　法学博士　清华大学法学院副教授（第一、十七、二十三、二十四章、后记）

高鸿钧　清华大学法学院教授（导言）

康家昕　法学博士　北京植德律师事务所律师（第二十九章）

章永乐　政治学博士　北京大学法学院副教授（第九章）

谢鸿飞　法学博士　中国社会科学院法学研究所研究员（第三十章）

翟小波　法学博士　澳门大学法学院助理教授（第二十五章）

霍伟岸　政治学博士　对外经济贸易大学政治学系副教授（第十八章）

薛　军　法学博士　北京大学法学院教授（第四章）

鞠成伟　法学博士　中央党史和文献研究院副研究员（第十四、十六章）

编者前言

思想史是一种"特殊的史学",它使用着"二阶语言"(second-order language),即对历史上以话语与文本为载体的"思想"进行再次叙述。"思想"流淌在历史长河中,而思想史的叙述却活在当下的心灵中。即使不用如柯林伍德所言"一切历史都是思想史"这样的论断,思想史的时代特征与语境意义也十分明显。思想史的研究者,最重要的任务是研究、诠释并表述"思想",会通古今,同情先贤,让经得起时间检验的智慧超越时空,与当下的人们进行心灵交流,并延续着这种思想的生产。

然而具体到当代中国的法律思想史而言,这种使用"二阶语言"的叙述却显得相当稚嫩。几乎所有的教材都会阐释"西方法律思想史"这个术语,无非表述为"自古希腊始"、"西方社会的(主要包括欧洲与北美)"、"有关法律的思想(包括观点、理论、学说;主要人物与经典文本)"、"产生与流变(过程及规律)"等等,似乎这门学科的研究与教授对象已经非常明确,但仔细观察"西方法律思想史"这个指称学科名的"术语",其中"西方"、"法律"、"思想"这三个词的含义本身就很难清晰地进行界定:何谓"西方",地理、政治还是文化,时空演变本就不确定;何谓"法律",整个法学从根本上都在回答这个问题,几千年来仍然没有定论;何谓思想,思想史学界还在为如何表述"思想史"而吵得不可开交。"西方法律思想史"这个术语蕴含的内涵与外延要形成共识,实际上非常困难。当然,从当代中国第一本以"西方法律思想史"为标题的正式出版物出版的1983年算起,[①]至今也不过短短32年,在此期间,前辈研究教学人员付出了极大的心血和

---

① 指的是"高等学校法学试用教材"《西方法律思想史》,同时配套编辑了一本《西方法律思想史参考资料》。参见张宏生主编:《西方法律思想史》,北京,北京大学出版社,1983;法学教材编辑部《西方法律思想史》编写组:《西方法律思想史资料选编》,北京,北京大学出版社,1983。

努力,初步建构起这一门学科,成为所有法学院中几乎都会开设的一门课程(虽然多以选修课的方式)。在 20 世纪 80 年代,"西方法律思想史"课程的开设是当时法学界拨乱反正的一部分,是"去苏化"的法学与政治学分离运动的一部分。与法理学逐渐从"国家与法的理论"中分离,法制史从"国家与法权通史"中分离一样,西方法律思想史也逐渐从西方政治法律思想史或西方政治法律学说史中分离出来。① 当然,这种分离是很粗疏的,甚至为了分离而分离,名实不符的现象也颇为严重。

三十多年来,随着法学成为显学,呈现出一片"繁荣"景象,作为西方法律/法学的继受主体,中国法学界在西方法律思想方面的研究、传播也颇有成果,不仅一大批西方历史中有关法律思想的经典文本和研究性著作被翻译成中文,国内直接研究西方历史上法律思想家、经典著作、法学流派和重要法律主题/理念的专著、论文也层出不穷,西方法律思想史成为法学理论专业或法律史专业的重要研究方向,相关博硕士学位论文也逐渐累积,蔚为大观。1990 年,中国法律史学会成立了"西方法律思想史专业委员会"②,使得这一学科有了一个全国性的学术组织,并于 1992 年召开了首届年会。③

自 20 世纪 80 年代以来,西方法律思想史教材的编写也有了一些发展,几位前辈主编的教材一版再版,④一批中青年学者编著的教材也相继面世,⑤同时出现了一些较为深入的研究性教材。⑥ 这些教材,无论从体例上,还是在内容上,都有显著的进步,但也有一些共同的缺陷,例如中国学界有关西方法律思想

---

① 20 世纪 80 年代几本典型的教材依然以"政治法律"史为标题,例如谷春德、吕世伦编写:《西方政治法律思想史》,沈阳,辽宁人民出版社,1981;吕世伦、谷春德编著:《西方政治法律思想史》(增订本)(上、下),沈阳,辽宁人民出版社,1986-1987。王哲:《西方政治法律学说史》,北京,北京大学出版社,1988。

② 有时候也称"西方法律思想史研究会",参见谷春德:《西方法律思想史建设的十年》,载《法律学习与研究》,1990(6),8~13 页。

③ 参见徐爱国:《西方法律思想史首届年会综述》,载《中外法学》,1992(6),79~80 页。

④ 例如谷春德教授主编的《西方法律思想史》已经出版了 4 版,由中国人民大学出版社分别于 2000 年、2002 年、2009 年和 2014 年出版(最后两版加入了史彤彪教授作为共同主编)。

⑤ 例如何勤华主编:《西方法律思想史》,上海,复旦大学出版社,2005/2009;徐爱国等著:《西方法律思想史》,北京,北京大学出版社,2002/2009/2014。政治学学者顾肃也两次出版了独著性教材《西方政治法律思想史》(南京,南京大学出版社,1994;北京,中国人民大学出版社,2005)。

⑥ 例如沈宗灵:《现代西方法理学》,北京,北京大学出版社,1992;张文显:《二十世纪西方法哲学思潮研究》,北京,法律出版社,1996;吕世伦主编:《西方法律思想史论》,北京,商务印书馆,2006 等。

最前沿的研究成果,体现得不够充分,知识陈旧;叙述方式过于单一,无法展现西方法律思想的多元特征,深度与广度都有所欠缺;教材之间的重复性比较普遍,缺乏学术叙事的多样性和编写者的个性特征。当然,我们也可喜地看到一些新的动向:一些学者开始探索个性化的叙述方式,出现了具有个人化特征的教材,例如刘星教授的《西方法律思想导论》,便打破了传统教材的格局,以问题思路为线索安排内容,夹叙夹议;①出现了将法律思想史融入到法律制度史之中的教材,思想与制度相结合,例如何勤华和贺卫方两位教授主编的《西方法律史》;②出现了对西方法学流派的系统介绍,例如吕世伦教授主编的"西方法学思潮与流派丛书"等;③一些西方的教材直接翻译使用,例如爱尔兰法学家约翰·凯利的《西方法律思想简史》、英国法学家韦恩·莫里森的《法理学:从古希腊到后现代》等。④

三十多年来,与整个法学界一片"繁荣"的景象相辉映,对西方法律思想的研究同样十分繁荣,甚至成果斐然,但作为学科的西方法律思想史却显得有些尴尬,它从最初的二级学科变成了三级学科,甚至成为法学理论或法律史专业的一个研究方向,法学院分配给这门课程的课时也越来越少,基本以2学分32/36课时为主流。于是乎,对于讲授这门课的教师而言,也陷入两难境地,蜻蜓点水式的讲授除了一些人名、概念之外,难以让学生再有更深的印象,而选择原著进行导读,则无法让学生对西方法律思想的变迁有系统的认知,甚至,选择哪一本经典进行阅读的过程本身就是难题。

我们编写这部《新编西方法律思想史》的初衷就是试图走出这些困境,展现当代中国学界对法律思想史叙述的整体水平,体现当下的时代特征与语境意义,并充分给学生以阅读的选择权;

---

① 参见刘星:《西方法律思想导论》,北京,法律出版社,2007。本书的前身参见刘星:《西方法学初步》,广州,广东人民出版社,1997。
② 参见何勤华、贺卫方主编:《西方法律史》,北京,法律出版社,2006。
③ 该丛书由法律出版社出版,目前已经出版了自然法学、分析法学、社会学法学、历史法学等二十多种。
④ 参见[爱尔兰]J.M.凯利:《西方法律思想简史》,王笑红译,北京,法律出版社,2002;[英]韦恩·莫里森:《法理学:从古希腊到后现代》,李桂林等译,武汉,武汉大学出版社,2003。此外还有一些译著的一部分也作为简要版教材,例如美国法学家博登海默《法理学:法律哲学与法律方法》的第一部分"法律哲学的历史导读",德国法学家考夫曼和哈斯默尔《当代法哲学和法律理论导论》的第二部分"历史话语:法哲学的问题史",参见[美]博登海默《法理学:法律哲学与法律方法》,邓正来译,北京,中国政法大学出版社,1999;[德]考夫曼、哈斯默尔主编:《当代法哲学和法律理论导论》,郑永流译,北京,法律出版社,2002。

第一,改变西方法律思想史学界教材叙述风格单一的现状,丰富思想史书写的叙事模式;第二,借鉴国际上优秀且成熟的教材撰写模式,走出教材编写低水平重复的困境;第三,展现中国学界对于西方法律思想研究最前沿的成果,将之融入教材编写的过程,改变西方法律思想史研究与教学的断层;第四,发挥撰稿人的专业背景和知识结构特长,展现对西方法律思想认知的多重视角和多元叙事模式,更灵活地使用思想史"二阶语言";第五,在内容上,为学生提供一份相对比较全面的导引地图,激发学生进一步学习西方法律思想的兴趣。

从2011年6月开始,《新编西方法律思想史》的撰写计划正式启动,由高鸿钧、赵晓力两位教授牵头,联系、汇聚国内各路专家,确定主题,分头撰写,历时四年,这项计划终于成为了现实。从最后呈现在大家面前的这两卷大部头来看,原先编撰本教材初衷或多或少得到了实现,有一些甚至超出了我们原初的预期,基本上没有辜负标题中的这个"新"字,与传统的教材有了那么一些不同。

第一,在思想分期上,虽然与传统教材相比,区别不大,依旧是古代、中世纪、近代、现代与当代这样的划分,但其中的内涵已经悄然发生了变化。例如本教材将中世纪与近代的分界放在了16世纪,视博丹为近代法律思想的第一人,这是因为博丹的主权理论是近代法律思想中具有开创性的意义,而相较而言,马基雅维利则更为多面一些;近代与现代的分野选择了19世纪后期的德国法学,历史法学和利益法学分别代表了19世纪和20世纪的法学,虽然这两大思潮具有承继关系,但利益法学开启了20世纪"社会法学"(the social)的大门,而历史法学是对19世纪德国浪漫主义与历史主义一次集大成的总结;当代的起点选择了"二战"之后的自然法复兴,"二战"引发了西方世界整体社会心灵的大断裂,这同样体现在法律思想上,"二战"之前,"社会法学"大行其道,国家、民族、社会、集体这些概念击败了西方法律思想的近代自由主义版本,但过于重视事实/现实效果而忽略了价值意义和多元性,"二战"之后,这些因素重新获得了回归,但这种回归又更具有复杂性。

由于内容丰富,体系庞大,本教材在出版时分为两卷:古代、中世纪与近代部分为一卷,现代与当代部分为另一卷;两卷合起来是一个有机整体,各自又保持了相对的独立性。

第二，本教材采取了多元化的书写方式，有的章节以重点人物的思想进行解读（如亚里士多德章），也有的章节对学派或思潮进行系统归纳（如司法能动主义章）。在书写重点人物的思想时，有的章节以人物的重要思想作为切入点（如弗里德曼章），也有以人物的重要著作作为切入点（如洛克章），甚至还有以关键词作为切入点（如卢梭章）。在古代、中世纪与近代部分，以重点人物的思想解读为主，越靠近当代，学派与思潮的介绍就越频繁。除了这两种主要书写方式之外，有的章节还对某国宪政思想系统介绍的章节（英国宪政思想章），对群体人物的思想进行介绍（如罗马法学家章），对历史上某个运动进行介绍（如罗马法学的复兴章）等。这种多元化的书写方式展现了本教材的撰写者学术背景和知识结构的多样性，同时也展现了思想史书写作为"二阶语言"的丰富多彩，思想史的书写本就是当代书写者各自心灵的展示以及与历史上思想家之间所实现的同情与共鸣，那些经得起时间检验的先贤智慧在当代的书写者心灵中重现，并在他们的笔下复活。

第三，与第二点相关联，因为书写方式的不同，本教材各章的写作风格也迥异，40位来自不同领域的专家一共撰写了51章，而对于文风、修辞、章节安排、篇幅长短等，主编在统稿时并不像传统教材那样追求各种一致，而是力求展现多元风格，展现作者之个性。在西方的思想史叙事模式中，有对思想之语境进行细描的剑桥学派，也有对文本进行字斟句酌挖掘的施特劳斯学派，不同学派各有特色，但无论是哪种学派，在各自的思想史书写中都力求将特色推到极致。本教材各章写作风格虽然不能说是多种学派的集合，但细心的读者可以读出诸位撰稿人在各自章节中所倾注的心血以及对各自研究领域的自信把握和良苦用心，章节最后设计的思考问题和阅读文献也可以看出诸位专家的学术视角与品味。

第四，无论是写作方式还是写作风格，说到底都体现着书写者自身的特色。本教材采取了国际上流行的专家撰稿方法，借鉴了剑桥诸史、布莱克维尔诸百科全书、施特劳斯《政治哲学史》等书写模式，邀请了一批学有所长的专家学者作为撰稿人，对于所撰写的章节而言，他们或是已经出版专著和发表专题论文，或是其博硕士学位论文就涉及相关主题，或是对相关人物的经典著作进行过翻译，有过深入的解读，有的学者甚至对所撰写章节的内容已经进行了长期的研究。他们来自不同的学科，除了法学理论和法律史的专家之外，还有来自民法学的薛军教授、谢鸿飞教授，来自宪法学的涂霄飞博士，来自国际法学的易平博士等；除了法学学者，来自哲学界的吴飞教授、刘素民研究员、刘玮博士等，来自政治学界的霍伟岸教授等也应邀撰写了相关章节，他们在本教材中的贡献有目共睹；他们之中有学界名宿，例如於兴中教授，也有学术中坚，例如苏彦新教授、谢鸿飞教授、薛军教授、郑戈教授等，更多的是青年才俊，学有所长，视角新颖。老中青三代，共同之处就在于对各自所写章节之内容而言，都是名副其实的专家。本教材撰稿人的语言功底都比较强，除了英语、德语之外，例如刘玮博士、郑戈教授等熟悉希腊语或拉丁语，而於兴中教授、章永乐教授等则长期在海外学习、研究。因此本教材的书写基本达到了国内相关领域的最高水准，除了思想史书写的叙事模式多元化，作者的知识结构和学术背景也使得中国对西方法律思想研究的层次更为接近国际水平。

因此，本教材不仅内容丰富、风格多元，而且确实如一部西方思想的导游地图，引导学生（包括我们自己）去畅游，给学生以充分的阅读选择权。这份"地图"相对比较全面地介绍了西方历史上法律思想的流变及其不同的面向；它不能替代经典原著的阅读，但每一位撰稿人都从各自的视角对这些经典原著的理解做出了尝试，这些尝试不能说是范例，但却提供了很有价值的参考；它可能激发争论或者商榷，这是所有撰稿者真诚愿意看到的现象，对于同一文本的不同解读才是思想史的魅力所在。

因此，《新编西方法律思想史》之"新"，才刚刚开始，我们期待随着本教材的出版，可以激发诸位撰稿人和其他学界同仁继续前行，例如可以根据自己的特色，结合教学，理出独特的视角与线索，撰写出更多具有个性特征、多元话语、独特文风的教材；也可以撰写更多有关流派与思潮、思想史问题与理念、断代思想史、部门法思想史等专题性教材，更多地去讨论法律思想史与法理学、部门法的关系，甚至在不久的将来，我们还能再次聚首，去绘制更为丰富的思想史地图，就如国际上已经出现的相关哲学史、政治思想史的多卷本著作一样，撰写多卷本的法律思想史教材，这是一项开放的事业，未竟之事业。

因为开放，因为未竟，所以我们不会停止追求、固步自封。思想史的生命力在于不同时空的书写者带有时代特征和语境意义的不断诠释,虽然诠释与否,历史中的思想都在那里,但正是因为不同时空的书写者不断的诠释,思想才可以超越历史,联结过去、现代与未来,成为人类共同的财产。

依照惯例,最后要向所有的撰稿人表示衷心之感谢,正是你们的参与,使得这本教材与众不同,"新"得过瘾;尤其要感谢来自哲学界和政治学界的吴飞教授、刘素民研究员、刘玮博士和霍伟岸教授,你们的加入,使得这本"法律思想史"具有了更为多元的话语体系;感谢清华大学出版社李文彬女士对本教材的支持,为本书的策划、审稿、编辑和整体设计倾注了大量的心血,没有她,本书不可能如此顺利问世。

编 者

2015 年 9 月 1 日

导言：西法思絮

宇宙之存，始于爆炸，天体遂成日月星辰之序；人类之生，源自进化，族群渐分黑黄红白之色。物竞天择，沧海退而桑田起；族兴群灭，文明增而野蛮减。游牧歇，农耕继；部落融，国家成；轴心聚，哲人出；理性显，神灵隐。苏美尔域，楔形文凹版而现；尼罗河畔，金字塔崛地而起。天竺神坛，吠陀之歌若诗；华夏帝都，甲骨之文如画。希腊半岛，邦国林立，群雄逐鹿；合伯河边，罗城崛起，傲视异族。

泰西之族，古时轴心之一，言必称希腊罗马；远洋之国，世界强主，盛当属欧陆英美。盖世英雄，怀深谋远虑，方获久强；贤明君王，执善道良理，始享长治。故器物之机，无典制相配，若枯木之株；法则之条，有心智运思，如活水之渠。未雨绸缪，晴阴无忧；居安思危，宠辱不惊。防微杜渐，常思千里之堤溃于蚁穴；慎思明辨，每念百年之业得自人心。

壹

英雄时代，史诗如画。特洛伊木马，巧陷敌城；阿尔戈帆船，勇搏骇浪。特尔斐神谕，人人敬畏；阿波罗预言，个个难逃。族带渐弱，血缘让位地域之国；神威递减，信仰服从理性之尊。秩序之哲思，始于轴心时代；制度之描摹，发乎希腊城邦。主体觉醒，人为万物之尺；客物分殊，数作百度之准。悖论出，飞鸟初影未尝动；吊诡生，尺锤中分永不竭。学堂哲人，苦索心内理念之真；洞穴囚徒，死守外物虚影之假。自然法之说，演化之则求恒常；理想国之景，哲王之治行正道；法律篇之言，法律之规限公权；政治学之论，治式之变谋善政。圣翁之智，自知所不知；哲师之义，独死宜当死。学园内，柏翁浮想联翩，正义存，秩序顺；讲坛上，亚氏箴言盈耳，体制正，国运久。合作典范，莫过共产共妻；节制美德，炎至无娱无乐。分配正义，理应多劳多得；矫正公理，实当同罪同罚。君权独裁僭主生，贵族擅政寡头出，民主滥权暴民起。哲理之思，贵乎中庸之道；政体之稳，益在共和之制。

罗慕洛，狼育之子，雄称罗马之邦；亚平宁，海润之土，城起台伯之滨。王政之王，本为族首；部族之法，实乃俗规。暴君倒，共和兴，部落融，市民起。依产分级，贵贱不依血系；明法共治，赏罚悉据表法。官由民选，两位执政共主，逢年更换；法自众出，三重权枢分治，临事议决。元老院，贵族院之始；民众会，平民院之源；裁判官，大法官之母。市民法，本国公民之则，成于法学家之解答；万民法，外邦客人之规，发乎裁判官之告示。保民官之制，选自平民，共和国之重权；自然法之念，源出希腊，罗马法之宏旨。共和之邦，民为国家社会之基；法治之国，法乃公平善良之尺。民主君主之争，法学自分两派；私法公法之论，钦定公推五人。顾问解答，决疑解惑，民众求若良药；学者论说，审案断讼，法官用若成典。罗马内盛外强，得益法律发达；帝国神弱形衰，毁自政治腐败。前三头，后三头，帝制压倒共和，私法精神犹存；西罗马，东罗马，分治取代一统，国律篇章仍在。帝国灭亡，法律继续征服世界；律典失效，精义渐次传遍寰宇。

贰

东西两分，罗马国力锐减；南北互较，蛮族异军突起。几番交手，罗马方阵不敌蛮族战车；一朝溃败，帝国臣民沦为异邦俘虏。希腊哲学，曲终琴断；罗马法律，歌罢音歇。神学笼罩庙堂，圣父圣子圣灵三位一体，宗教枝叶繁茂；蛮俗满布朝野，国体国法国民四分五裂，法律花果飘零。治权二分，上帝之权归教廷，恺撒之权属王室；域城两立，天国之城施神法，尘世之城行俗规。永恒法与神意俱在，千载不易；自然法同人事共存，万民通用。共誓涤罪，以佐证人数定是非；神判断讼，按考验结果裁曲直；决斗止争，由对阵运气决胜负。国王不为非，君主自享法域特权；教皇无谬误，圣宗独垄神界真理。虔诚之徒，道成肉身，与天使比肩；异端之人，罪在魂灵，同魔鬼为伍。农奴少自由，听命领主；妇女无平等，服于男权。绞首架下，身首分离；火刑柱上，血肉模糊。

导言：西法思絮

中古后段，城市起，商业兴，大学建；近代先期，市民现，法例增，国权强。教会法与世俗法，概分二域；欧陆法同英国法，各自一体。王权所至，王室法如影随形；城市所在，城市法枝繁叶茂；商人所聚，商人法茁壮成长；庄园所处，庄园法自我繁衍。英伦普通法，法官之子，独尊实用；欧陆共同法，学者之女，专注学理。程序优于实体，普通法之义；内容压倒形式，衡平法之理。王居万民之上，应尊法津权威，布氏之论；君秉千虑之智，却乏裁判技艺，柯君之辩。罗马法复兴，始于学院，遍及欧陆；教会法拓展，初由教士，扩至俗人。城市自治，后世宪政国家之先锋；商人合约，现代商业市场之前兆。

中古之末，泰西仍邦国林立，国中含国；现代之前，欧陆亦诸侯鹰扬，王下有王。内求统一和平，君主至上之论流行；外争独立富强，主权绝对之说得势。君权神授，朕即国家，人主当凶猛如狮；皇威天予，令乃法宪，陛下宜狡猾若狐。矫枉过正，药猛致病；过犹不及，食多损身。暴君伏地魔，恶法毒如蛇，肆意奴没臣民；国家利维坦，苛政猛于虎，疯狂吞噬社会。

叁

禁锢愈严，自由之呼愈急；压迫越强，反抗之力越大；独裁益烈，民主之求益迫。文艺复兴之风，唤醒人性自由；宗教改革之潮，抨击神权腐败；启蒙思想之光，照亮理性之路；革命运动之流，冲垮专制之堤。生而自由，人权天赋，自然法之理；有限政府，人民主权，契约论之义。分权制衡，司法独立，宪政之核；平等保护，正当程序，法治之理。不自由，毋宁死，醒世金句；无代表，不纳税，至理名言。无限野心无限疯狂，制度设计，宁存防范之心，以野心对抗野心；绝对权力绝对腐败，政府安排，当置约束之力，用权力制约权力。立法、行政与司法，权能各定；个人、社会和国家，界域分明；法津无授权，政府不可为；条规不禁止，公民皆能做。私约不损公法，公权不侵私益。宪法者，国家之纲常；立法者，人民之公意；法典者，自由之圣经；法官者，公正之裁判。寡头自由，必致少数独裁；大众民主，常随多数暴政。多嘴法官不动脑，怠惰公民无权利。有法津斯有权利，无衡平则无公道。武力行，法津止；暴政存，民主亡。法无明文不为罪，典无当刑不可罚。过期清偿为过少清偿，迟到正义乃减价正义。人保不如物保，私决逊于公断。半音失准，全曲不谐；一判不公,正义受损。法不溯及既注,审不扩至未然。生命之力在运动,法律之效在执行;君子之交在守信,正义之许在践约。众人之事众人决,民主之义;国家之法国家守,法治之理。

理性之神,科学之力,法律之治,现代社会三驾马车;民主之体,宪政之魂,人权之准,当世政治三块基石。不同流派,各有所本;相异学理,自圆其说。概念法学,重内外之别,法内有则;实证法理,守法德之分,法外无据。利益法学,法为目的而行动,为权利而斗争;社会法理,法由经济而决定,由社会而型塑。个人至上,自由主义法学之基,从身份到契约;多数考量,功利主义法理之本,由成功到幸福;传统主导,历史主义法学之旗,经民族到国家;社群本位,共和主义法理之旨,自群居到合作。遵守绝对命令,政治和平之路;追寻绝对精神,哲学终极之境。法律现实主义语出惊人:法律乃对法官判决之预测,法官感觉即判决温度计;批判法学流派道破天机:法律为政治决定之变体,政治利益为法律晴雨表。法律生命不是逻辑乃为经验,霍姆斯之名言;法律体系并非融贯而存矛盾,肯尼迪之论断。现实主义,仅昙花一现,幻化出激进之子;批判法学,只风光数载,衍生为反思之流。女权主义,直指男性霸权;种族批判,锋对白人傲慢。法律文化研究,重视法律观念和意识;经济法律分析,关注法律成本与效益。

肆

纸面之图,非现实之景;书本之法,无行动之效。经济脱嵌,魔鬼磨盘之下,优胜劣汰,平等几成海市蜃楼;市场放任,金钱恣肆,铁血机器之旁,弱肉强食,自由庶为水月镜花。文明含野蛮,进步寓倒退。面对现实不满,心向乌托邦;感到此界昏暗,梦飞太阳城;目睹陆邦乱象,魂迁大洋国。可欲未必可能,美梦醒来,黄粱未熟;可行难保可心,幻想破灭,红颜无影。权力之威震天,神通广大,法律之防弹衣,难以抵挡;金钱之霸天虎,威力无穷,道德之防火墙,不堪一击。以人民名义统治,统治愈益牢不可破;用解放理由奴没,奴没倍加理所当然。

前现代之末,终于但丁,神曲作结;后现代之初,始自尼采,哲学开路。道德谱系,偶像之黄昏;审美迷狂,悲剧之诞生;权力意志,快乐之知识。存在即本质,萨特之言;知识乃权力,福柯之语。疯癫与文明,文明制造疯癫;规训与惩罚,惩罚巧借规

导言：西法思絮

训。敞视监狱，遍布社会，囚徒脖上有枷锁；理性铁笼，一统天下，专家胸中无心肝。结构决定功能，形式理性之法，如投币货柜；功能决定结构，封闭系统之规，若变形金刚。法院大门常开，穷人有理难入；正义商品遍布，弱者无钱不售。

悲观预言，每自我兑现，权力意志变成元首意志；解构咒语，常递归指涉，审美迷狂生出暴民迷狂；反叛行动，多走向异化，革命精英转为权贵精英。法律代替革命，法律吸收革命能量，和平之道；革命代替法律，革命消解法律权威，动荡之途。

伍

两次世界大战，生灵涂炭；数载纳粹暴政，玉石俱焚。志士劫后余生，反思历史教训；仁人苦尽甘来，筹划未来方略。重建道德伦理，探寻公平正义之理；再筑民主法治，设计人权宪政之制。生命哲学，对抗科技理性；权利革命，超越生存斗争。政无道德之基，政如飘风；法缺正义之准，法若游魂。平等之自由，正义之根；自由之平等，公平之体。程序正义，实体公正，始能反思平衡；贯通传统，切中现实，方可视域融合。人权王牌，公民自由防护之本；国宪圣典，法律权威生发之源。疑难案件务求正解，赫拉克勒斯之力勤用；合宪审查意除歪规，达摩克利斯之剑常悬。主权与人权一致，宪政之真谛；代议同参与并重，民主之宗旨；国家和社会协调，善治之依归；公域偕私域互动，法治之基础。无人权则无牢固宪政，有法治斯有健康民主。国家吞没社会，个人自由荡然无存；公权压制私权，集体暴政不期而至。市场压倒民主，金钱政治在所难免；政府垄断市场，权力经济势之必然。交往理性压倒目的理性，生活世界导控功能系统；协商民主取代博弈民主，公民立法支配政府决策。

循环时间、线性时间、倒计时时间，历史时间分段续变；地方法律、国家法律、全球化法律，现实法律交叠共存。社会联系纽带，随时而变；集体认同符号，因需而生。民族部落，敬奉血族-神话；城邦帝国，重视政治-伦理；民族国家，尊崇科学-法律；全球世界，偏爱网络-代码。地球村，主权之墙变矮；跨国法，领土之线渐淡。信息乌托邦，网络无中心；网络共和国，代码即法律。后民族国家，超越主权，理应包容他者；新商人法律，摆脱国家，无法独证自身。福利国家，损于放任市场；实体经济，不敌虚拟金融。网路暴力与街头政治，此伏波起；虚拟犯罪同现实恐怖,前仆后继。消费有理,取代新教伦理,饕餮最后晚餐;现代缺德,压倒古典美德,傲视末日审判。景观社会,口号与广告,真假混杂;魔幻世界,模拟与仿真,虚实难分。政治激情坍塌成审美疲劳,乌合之众,集体无意识;超越理想分解为个别抵制,散兵游勇,公民不服从。

合作与竞争共存,机遇和挑战同在。风险社会,经济危机,牵一发而动全身,非全球合作不能治理;疾病威胁,恐怖隐患,染激毒而漫环宇,无跨国协调难以防范。

陆

耽迷理想,痴梦超越,荒诞若缘木求鱼,登高而跌重;缺乏想象,陶醉现实,愚钝如守株待兔,志固而用穷。不存理想,岂可超越现实;没有理论,何能构想未来。理想并非现实,却反映现实;实践有别理论,然蕴涵理论。时易则变法,以求因势利导;境迁则革新,当思因地制宜。多重选择,择善而从;数种可能,选优而行。千里之行,宜早筹划路径;百尺之垒,当先绘制蓝图。思想如流水,制度若土地,水流而土润;理论似绿叶,实践同根茎,叶绿而根固。法津昌盛,法学繁茂之基;法理发达,法治兴旺之兆。

西法东渐,始于清末;洋津华用,源自晚清。洋务运动,洋枪洋炮洋教洋津,涌入中土;戊戌变法,西政西法西学西理,试行华域。帝制之下,宪政与法治,胎死腹中;战乱之中,科学与民主,中途流产。救亡图存,迻译西法之理,思师夷以制夷;富国强兵,考察洋政之制,欲出蓝而胜蓝。三民主义之理,含洋法之义;五权宪法之制,有本土之因。启超游欧,经熊赴美,探索西方治道法理;庞德访渝,德翁来京,讲授欧美政教宪制。中西传统不同,照搬西法之制,愚如邯郸学步;华洋现实有别,套用洋津之式,丑若东施效颦。物极必反,绝对则谬。中西之宪制判分隔别,井蛙之见;夏夷之法理固守互斥,夜郎之怀。法不论中西,有效则用;津无分古今,可行则采;理弗辨华洋,有益则取。

改革以来,西法华鉴,制度移植多取泰西;开放至今,洋津中用,学理借镜常自欧美。欧美法理著述,接踵问世,有著有译;西方法学教材,相继出版,或编或撰。三十年间,分工日益精细;数百人中,研究渐趋深入。同道合作,历四载之功,编成一书;群贤支持,合众人之力,撰得两册。杀青之时,中国重启改革之航;付梓之日,华夏再议法治之道。他山之石,盖可攻玉;外河之水,或能滋田。诸君赐稿之德,文彬筹编之功,当笔致谢忱;晓力合作之诚,剑银惠助之劳,宜心存感动。不足之处,就正于方家;未尽之工,修补于未来。

　　　　　　　　高鸿钧
　　　　　　　二〇一五年八月于清华园

目录

编者前言 …………………………………………………………… I
导言：西法思絮 …………………………………………………… IX
第一编　古代法律思想 …………………………………………… 1
　　第一章　苏格拉底之死与柏拉图的《理想国》……………… 3
　　第二章　亚里士多德的政法思想 …………………………… 27
　　第三章　西塞罗与共和主义法政哲学 ……………………… 44
　　第四章　罗马法学家 ………………………………………… 68
第二编　中世纪法律思想 ………………………………………… 89
　　第五章　奥古斯丁笔下的法律问题 ………………………… 91
　　第六章　托马斯·阿奎那论法律 …………………………… 105
　　第七章　罗马法学的复兴 …………………………………… 132
　　第八章　西班牙新经院主义法学思想 ……………………… 164
　　第九章　马基雅维利的法律思想 …………………………… 175
　　第十章　福蒂斯丘与《英国法礼赞》……………………… 201
第三编　近代法律思想 …………………………………………… 215
　　第十一章　博丹的立法主权理论 …………………………… 217
　　第十二章　培根的法律思想 ………………………………… 238
　　第十三章　柯克的法律思想及其影响 ……………………… 248
　　第十四章　古典自然法学 …………………………………… 265
　　第十五章　格劳秀斯的国际法理论 ………………………… 283
　　第十六章　普芬道夫的自然法思想 ………………………… 308
　　第十七章　霍布斯的《利维坦》…………………………… 333
　　第十八章　约翰·洛克的《政府论》……………………… 345
　　第十九章　孟德斯鸠的法思想 ……………………………… 368
　　第二十章　卢梭：人性、社会与国家 ……………………… 395
　　第二十一章　柏克论英国宪法 ……………………………… 417
　　第二十二章　布莱克斯通及其《英格兰法释义》………… 435
　　第二十三章　联邦派的《联邦论》………………………… 455
　　第二十四章　托克维尔《论美国的民主》………………… 466

第二十五章　边沁的法哲学……481
第二十六章　梅因的历史法学……512
第二十七章　英国的宪政思想……535
第二十八章　康德的法哲学思想与体系……578
第二十九章　黑格尔的《法哲学原理》……595
第三十章　德国历史法学……624

后记……645

第一编　古代法律思想

第一章 苏格拉底之死与柏拉图的《理想国》

一般认为,柏拉图生活于公元前427至前347年间。他出生的时候,雅典和斯巴达之间的伯罗奔尼撒战争已经开始了。公元前404年,这场战争以雅典的失败而告终。公元前399年,柏拉图的老师苏格拉底被雅典公民法庭审判并处死。对这个事件的思考似乎纠缠了柏拉图的一生,他名下的35篇对话中,很多都以苏格拉底为主人公,包括《苏格拉底的申辩》和《理想国》。其中,《苏格拉底的申辩》就是直接以苏格拉底受审为写作背景的。

第一节 《苏格拉底的申辩》

在《苏格拉底的申辩》(以下简称《申辩》)中,苏格拉底一开始并没有称公民法官为"法官"(字面意思为"正义者"),而是称他们为"雅典人"。他也没有打算同控告者一样,与一种和法官们说话的方式与雅典人对话。他说自己说的都是"真话",而控告者说的都是有技巧的"聪明话"。看来,苏格拉底一开始就不准备用一般诉讼中常用的那种说话方式与雅典人对话。苏格拉底说,他在申辩中的说话方式和他平时在市场的钱庄柜台旁边与雅典人的说话方式是一样的。因为,他虽然已经70岁了,但从来没有当过被告,来到这法庭就好像一个外邦人来到雅典。所以他请求用他自己所习惯的方式,而不是法庭所习惯的方式,来为自己申辩。

不经意间,苏格拉底已经提出了他对控告者、对雅典的公民审判,也就是对雅典民主的第一个指控,那就是,法庭不是说真话的地方,而是说聪明话的地方。而他自己,则准备用哲学家的方式——说真话——来对公民的审判进行申辩。

一、阿里斯托芬的《云》

接下来,苏格拉底也没有打算按照公民审判的惯常方式,也就是直接对指控者们提出的罪名进行申辩,而是像一个哲学家那样,对指控者们所提出的罪名的来龙去脉进行考察。他说,最早的指控者们并不是阿努图斯等人,而是喜剧诗人阿里斯托芬。阿里斯托芬在20多年前,即公元前423年写作并上演的喜剧《云》中苏格拉底的形象是这样的:"是个智慧的人,是关心天上的事的学究,还考察地下万物,把弱的说法变强。"(《申辩》18b)①

虽然阿里斯托芬在《云》②中讽刺的不光是开办"思想所"的苏格拉底,还包括抱着逃债的目的去苏格拉底的"思想所"求学的斯瑞西阿得斯和斐狄庇得斯父子,但是,当时观看这部喜剧的雅典民众——其中一些人现在就坐在审判席上——却把诗人对哲学家的讽喻甚至警告理解为对哲学家的指控。苏格拉底说,如果让那些听信了诗人的民众如莫勒图斯来做一个法律指控,那么,苏格拉底的罪名就将是"行了不义,忙忙碌碌,寻求地上和天上之事,把弱的说法变强,并把这些教给别人"。(《申辩》19b~c)

阿里斯托芬在《云》中告诫苏格拉底不该贸然打开"思想所"的大门,把自然哲学和修辞术教给目的不端的斯瑞西阿得斯父子。苏格拉底这里则对诗人提出了反指控,诗人不该为了取悦观众,让轻信的民众对哲人的生活产生误解。民众对自己的生活缺乏自省,不会在斯瑞西阿得斯父子身上看到自己的影子,而只会把研究自然哲学和修辞术的哲人,看作无事忙。

《云》中的苏格拉底也没有为了牟利而收徒。但是,雅典城中的确有一批来自外邦的智者,他们的生计就是收徒牟利。苏格拉底在这里插入了一段他和雅典巨富卡利亚的对话,对这种延揽外邦智者对儿子进行教育的做法提出了批评。卡利亚想让精通人和公民德性的外邦智者欧埃诺斯对自己的两个儿子进行教育。但是,在苏格拉底看来,让外邦人教授雅典的公民德性本来就是自相矛盾的,而欧埃诺斯收取的学费高昂,说明他更精通的是赚钱之术,而不是教授如何做人。

二、德尔斐神谕

在表明自己和那些收徒牟利的外邦智者不同之后,苏格拉底还要向民众说明,自己虽也背负智慧之名,但这智慧之名却是来自神。他说,他

---

① 本章引用《申辩》均使用斯蒂芬码,随文加注。《申辩》译文参见[古希腊]柏拉图:《苏格拉底的申辩》,吴飞译,北京,华夏出版社,2007,以下同。
② [古希腊]阿里斯托芬:《云》,载[古希腊]阿里斯托芬:《阿里斯托芬喜剧六种》,罗念生译,157~222页,上海,上海人民出版社,2004。

的朋友,同时也是民主派的朋友凯瑞丰,生前曾经在德尔菲向太阳神阿波罗神求签问卜,问是否有人比苏格拉底更有智慧,神谕竟然是:没有人比苏格拉底更有智慧。

苏格拉底的这个说法引起了众人的喧哗。(《申辩》21a)然而,更令人惊讶的是苏格拉底知道这个神谕之后的做法——他竟然去验证神谕。他的做法是,去拜访城邦中一个又一个有智慧之名的人物,如政治家、诗人、工匠,等等,看他们是不是比自己更有智慧。如果这些人比自己更有智慧,那就证明神谕错了。然而考察的结果却是,这些人虽然都在自己所知的事情上有智慧,但是却由此认为,他们在自己无知的事情上也有智慧。苏格拉底和他们的区别是,他有知道自己无知的智慧。

经过这一番考察,苏格拉底才明白了德尔菲神谕的真正寓意,那就是,知道自己无知的人才是最有智慧的人。苏格拉底将这一番考察神谕的作为,视为真正的虔敬——这就是哲学家的虔敬,但在那些受到苏格拉底的考校而感到难堪的人们看来,这是不信神的表现。(《申辩》23d)

三、败坏青年

在说明了城邦中针对自己的流言的来源之后,苏格拉底开始正式面对莫勒图斯等人对自己的指控。莫勒图斯等人的诉状是这样说的:"苏格拉底行了不义,因为他败坏青年,不信城邦信的神,而是信新的精灵之事。"(《申辩》24c)

这份诉状包括两个罪名,一是败坏青年;二是不信城邦的神。针对败坏青年的指控,苏格拉底有以下两个辩护理由:

第一,莫勒图斯认为,法庭上的法官,议会中的议员,公民大会上的民众,都是使青年们变得更好的人,只有苏格拉底一个人除外;但是,就驯马而言,只有一个或少数精于驯马的人才能把马驯得更好,大多数人只是使用马,从而败坏它们;如果雅典的大多数人都在使青年们变得更好,而只有苏格拉底一个人在败坏他们,而青年们居然变坏了,那不过表明,包括莫勒图斯在内的大多数人并没有真正地关心青年。

第二,莫勒图斯认为,苏格拉底是有意地败坏青年的。但是,好人总是造福于自己身边的人,坏人总是给自己身边的人带来坏处,任何败坏他人的人最终都会受到变坏之人的伤害。苏格拉底既然知道这一点,他怎么会冒着被败坏者败坏的风险去败坏他们呢?所以,要么是苏格拉底并没有败坏青年,要么是苏格拉底败坏了他们,但却是无意的。对于无意的败坏,应该加以私下的教育和警告,让他停止这一无意之错,而不是上法庭来控告他。

苏格拉底的第一个辩护理由,利用了莫勒图斯的在法庭上为取悦法官而说聪明话造成的漏洞。显然,要指控苏格拉底败坏青年,并不一定要以其他人使青年们变好为前提。但莫勒图斯为了取悦法官,却说全体公民中只有苏格拉底一人在使青年们变坏,这就被苏格拉底抓住了漏洞,全部雅典人除了苏格拉底都在使青年们变好,而青年们居然变坏了,只能说明莫勒图斯的前提出了问题:并不是其他人都在使青年们变好。败坏青年人的也许还包括青年人的父兄,如在阿里斯托芬的《云》中,打发斐狄庇得斯去"思想所"学习逃债本领的正是他的父亲斯瑞西阿得斯。第二个辩护理由或许可以看作是苏格拉底对"败坏青年"罪名的真正想法,那就是他承认无意中败坏了青年,因为他考察德尔菲神谕、追问什么是真正智慧的做法,引起了一些追随他出身豪富的、有闲的青年们模仿。

四、不信城邦的神

苏格拉底的第二个罪名本来是"不信城邦信的神,而是信新的精灵之事"。但在苏格拉底诘问莫勒图斯的过程中,莫勒图斯却把这个罪名修改得更严重了,说苏格拉底根本不信神,而是像自然哲学家阿那克萨哥拉那样信太阳是石头,月亮是泥土。这就被苏格拉底抓住了把柄。苏格拉底辩护说,既然说我相信精灵之事,那么我一定信精灵,而精灵就是神或者神之子,比如英雄阿基琉斯就是女神和人所生。说苏格拉底信神之子存在而不信神存在,就好像说苏格拉底信马和驴的所生的骡子存在,而不信马和驴存在一样荒谬。

阿里斯托芬《云》中的苏格拉底是不信城邦的神的。他说,假如最大的神宙斯是惩恶扬善的,那么它为什么不用雷劈那些赌假咒的人,反而把橡树给劈死了呢?那橡树并没有赌假咒啊。① 阿里斯托芬笔下的苏格拉底是以自然哲学家的面目出场的,坐在半空的吊篮里逼视太阳。② 但在《申辩》中,苏格拉底明确否认他是阿那克萨哥拉那样完全不信神的自然哲学家。(《申辩》26d)

在解释自己为什么从事爱知的哲学活动时,苏格拉底先是说,他听从的是德尔菲神谕;但是,根据他进一步的说明,促使他以一种异乎寻常的方式去验证德尔菲神谕的却是从小就在他耳边出现的某种神性的精灵的声音,这一点,他以前在许多场合说过,(《申辩》31c)很多人都听到过,不像德尔菲神谕只有凯瑞丰兄弟可以作证。(《申辩》21a)

虽然苏格拉底说,他信的精灵和城邦的神有某种亲缘关系,就像他奉为行为典范的阿基里斯是女神塞提斯之子一样。但是,阿基里斯为了给朋友报仇,冒着必死的危险杀死赫克托耳的行为,却并不是来自神的指令,而完全是自己的选择。(《申辩》28d)这是否意味着,苏格拉底选择以哲学作为生活方式,也完全是他自己的选择呢?

莫勒图斯等人对苏格拉底不信城邦的神的指控,实际上代表了城邦

---

① [古希腊]阿里斯托芬:《云》,罗念生译,174页。
② 同上书,168页。

民众的生活方式与哲学家的生活方式之间的矛盾和冲突。正像苏格拉底经常对雅典人所说的那样："最好的人,你是雅典人,这个最伟大的、最以智慧和力量著称的城邦的人,你只想着聚敛尽可能多的钱财,追求名声和荣誉,却不关心,也不求知智慧和真理,以及怎样使灵魂变成最好的,你不为这些事而羞愧吗?"(《申辩》29d~e)城邦民众追求的是钱财和名誉,而哲学家追求的是真理和智慧。苏格拉底在《申辩》的一开头所作出的"说聪明话"和"说真话"的区别,以及在整个审判过程中迥异于常人的表现,反映的是这两种生活方式的区别。苏格拉底把雅典比作一匹大马,把自己比作一只牛虻,认为自己的任务就是惊醒雅典这匹沉睡中的马,让城邦中的每一个人都来关注自己的灵魂。(《申辩》30e~31a)正是这样的行为他为自己惹来了杀身之祸。

五、苏格拉底之死

在听完苏格拉底的申辩后,法庭投票判决苏格拉底有罪,其中有罪票数比无罪票数多出 30 票。(《申辩》36a)原告对苏格拉底提出的惩罚是死刑。轮到苏格拉底提出替代方案时,他却说他应该得到的不是惩罚而是奖赏:到政府大厅里免费用膳,而那是奥林匹克的优胜者才能得到的待遇。苏格拉底说:"我不关心众人所关心的,理财、治家、领兵,不要做公众演说,也不做别的当权者,不想参加城里的朋党和帮派……我私下里到你们每个人那里,做有最大益处的益事,我尝试着劝你们中的每个人,不要先关心'自己的',而要关心自己,让自己尽可能变得最好和最智慧,不要关心'城邦的',而要关心城邦自身……那么按这品行应该得到什么呢?应该是好的!"(《申辩》36b~d)

苏格拉底还拒绝了死刑的其他替代方案,包括监禁、流放,以及在雅典城邦内流放——这意味着他以后沉默不语,不再以哲学为生活方式。苏格拉底毫不妥协的态度激怒了法庭。由柏拉图、克里同等人担保他交纳罚款的方案也被法庭拒绝了,法庭最终判处他死刑。

苏格拉底对投票判他有罪的人预言,将会有更多的人加入他的行列,对他们的生活方式进行省察;对那些判决他无罪的人,他使用了"法官们"这个称呼,认为他们才配得上这个称呼。苏格拉底又一次谈到了指导他的那个精灵的声音。对于他在法庭上的所作所为,这个声音一直没有提出反对。他据此认为,死这件事也许并不像其他人认为的那样是一件天大的坏事,而可能是一件奇妙的好事,他的灵魂将加入那些半神、诗人、英雄的行列,与他们谈论、交往,同时也省察他们,得到一种不朽的幸福。苏格拉底在《申辩》中的最后一句话是:"我去死,你们去生,哪个更好,谁也不知道,除非是神。"(《申辩》42a)整部《苏格拉底的申辩》是以"神"这个字眼结尾的。

第二节 《理想国》

如果把《苏格拉底的申辩》看作是苏格拉底与所有雅典人之间的对话,那么《理想国》则是跟少数一些人,尤其是城邦里的一些青年——苏格拉底被指控败坏之人——之间的对话。从时间上讲,《苏格拉底的申辩》发生在雅典和斯巴达之间的伯罗奔尼撒战争结束之后的公元前399年,而《理想国》对话的时间,则被设定在伯罗奔尼撒战争期间的一段平静期。从对话的形式上讲,《苏格拉底的申辩》是所谓"表演"出来的对话,虽然"对话"的大部分是苏格拉底的独白;而《理想国》则是所谓"叙述"出来的对话,是苏格拉底对前一天发生的他与一帮人之间对话的复述。

《理想国》的第一句话是:"我昨天和阿里斯同的儿子格劳孔一起下抵佩雷欧斯港,去向那位女神祈祷,同时我想观赏一下那些人究竟如何举办这个节日,办这样的事,眼下他们还是头一回。"(《理想国》327a)①这个开头似乎在隐隐回应《苏格拉底的申辩》中对苏格拉底的指控:引进新神,败坏青年。

佩雷欧斯是雅典南边的出海港,女神则是当地人从北方的色雷斯引进的一个狩猎女神。在《苏格拉底的申辩》中,苏格拉底的罪名之一就是引入新神,而《理想国》一开头似乎就在委婉地抗议:引入新神的并不是苏格拉底。

苏格拉底和格劳孔做完祈祷,看完游行,打算回雅典的时候遇到了珀勒马科斯、阿德曼托斯和尼克拉托斯三人。珀勒马科斯是当地商人克法洛斯之子,阿德曼托斯是格劳孔和柏拉图的兄弟,尼克拉托斯是雅典军事家尼基亚斯之子。在珀勒马科斯和阿德曼托斯的一半强迫、一半劝说下,他们五人一起到了珀勒马科斯家,遇到了外邦的智者忒拉绪马霍斯和另外一些青年,包括珀勒马科斯的兄弟吕西阿斯和欧蒂得谟等四人。珀勒马科斯的父亲克法洛斯也在家,这十一人就是《理想国》中出场的所有有名有姓的人物。

《理想国》把对话的场景安排在佩雷欧斯港克法洛斯的家中是有深意的。公元前404年,雅典在伯罗奔尼撒战争中败于斯巴达,雅典民主制崩溃,斯巴达支持的"三十僭主"上台,政体变成寡头制,佩雷欧斯是反"三十僭主"的民主派聚集的堡垒。《理想国》中的珀勒马科斯和尼克拉托斯都

---

① 本章引用《理想国》使用斯蒂芬码,随文夹注,且省略书名。中译文参见[古希腊]柏拉图:《理想国》,王扬译,北京,华夏出版社,2012;或[古希腊]柏拉图:《理想国》,郭斌和、张竹明译,北京,商务印书馆,1986。

死于"三十僭主"之手，珀勒马科斯的兄弟吕西阿斯则被迫流亡，直到"三十僭主"被推翻、民主制恢复才回到雅典。

苏格拉底的朋友中既有民主派，也有克里提亚和卡尔米德这样的寡头派，但在《苏格拉底的申辩》中，苏格拉底声称自己既不是民主派，也不是寡头派。在民主派统治期间，苏格拉底曾经投票反对民主派集体审判十将军的决定，认为那是不正义的；在"三十僭主"统治期间，寡头们曾经召集包括苏格拉底在内的五个人去处死一个人，其他四个人都去了，只有苏格拉底一个人没有听从命令。苏格拉底说，如果不是"三十僭主"很快被推翻，自己可能也性命难保。（《申辩》32b～e）

一、正义的三种定义

《理想国》讨论的中心是正义问题，开篇第1卷就讨论了正义的三种定义。苏格拉底第一个谈话的对象是珀勒马科斯的父亲克法洛斯。这位老人是一个开盾牌作坊的富商，来自叙拉古，在伯罗奔尼撒战争期间应该发了不少财。苏格拉底提出，正义就是欠债还债、说真话。欠债既包括欠人的债务，也包括欠神的牺牲。而人越老越接近死亡，就会越害怕死后在地狱里因平生作恶受惩罚。有钱的好处则是可以让人能够偿还这些欠人和神的债务。苏格拉底一行到他家的时候，克法洛斯刚刚献完祭，这表明他知道自己做过恶，在神那儿欠了债。

对于正义就是欠债还债、说真话这个命题，苏格拉底提出一个例子跟克法洛斯讨论：假如一个人从一个头脑健全的朋友那里拿了一个武器，后来这个朋友疯了，要拿回武器。那么，把武器还回去是正义的吗？

苏格拉底举这个例子针对的就是克法洛斯，因为克法洛斯做的正是武器生意。对于一个商人来说，一手交钱，一手交货似乎是正义的，但是如果买武器的人是一个疯子呢？比如正在打仗的雅典和斯巴达？这种对人的正义，是否恰恰是对神的不正义？对一个疯子，还应该说真话吗？克法洛斯这个军火商无法回答这样的问题，就把它交给自己的儿子珀勒马科斯，自己又去向神献祭了。

珀勒马科斯把从父亲那里继承来的这个关于正义的说法加以改造。他认为正义就是给人以他应得的东西，而人应该区分为朋友和敌人，给朋友的应该是利益，给敌人的应该是伤害，所以正义就是帮助朋友、伤害敌人。这样苏格拉底的问题就可以这样回答：如果一个朋友的头脑不正常了，归还某物会对他自己造成伤害，那就不应该归还。

珀勒马科斯的正义定义不再像他父亲的那样，从是否有利于自己的角度来看待正义，而是从是否有利于朋友、有害于敌人这个角度来看待正义。如果说克法洛斯这个外侨关注的是自己和家庭，那珀勒马科斯这个侨民的二代关注的则是城邦。克法洛斯出场的时候是在自己家里，在城邦向新神献祭的时候，他在自己家中献祭，而珀勒马科斯则和自己的朋友一道,参加了城邦新神的献祭。相比于自己的父亲,珀勒马科斯显然更接近一个雅典公民,他的正义观也不再是一个商人的正义观,而更像一个公民的正义观。

然而,珀勒马科斯的正义定义带来了几个问题。第一,如果说正义是某种对朋友有利、对敌人有害的技艺,对正义和各种各样的技艺进行比较的结果却是,正义最像是一种偷窃的技艺,正义的人就像是一个窃贼。(331e~334b)第二,如何区分朋友和敌人?如果说朋友就是对己有用的人,敌人是对己不利的人,但对己有用的人可能是坏人,对己不利的人可能是好人,伤害对己不利的人就可能伤害好人,而伤害好人不可能是正义的。(334c~e)第三,如果把朋友的定义修改为好人,把敌人的定义修改为坏人,这样正义的就变成帮助好人,伤害坏人。但是,伤害任何人都会使那个人之为人的东西变坏,也不应该是正义者所为。(334e~336a)

苏格拉底和珀勒马科斯的讨论激怒了忒拉绪马霍斯,他像一个野兽那样加入了对话,提出了关于正义的第三个定义:正义就是强者的利益。他认为,不管城邦是僭主制、民主制还是贵族制,统治者都为了自己的利益制定一套法律,然后宣称对被统治者是正义的。

忒拉绪马霍斯的正义定义在某种程度上涵盖了克法洛斯和珀勒马科斯的定义。克法洛斯是财富上的强者,珀勒马科斯是人数上的强者,而他自己,则试图以野兽般的气势压倒苏格拉底,成为强者——僭主制下的强者。

但是,这同样带来了一个问题,那就是什么才是真正的强者。对于克法洛斯,苏格拉底提出把武器还给头脑不正常的疯子是否正义的问题,对于珀勒马科斯,苏格拉底提出如何区分朋友和敌人的问题,这些问题都涉及智慧。而对于忒拉绪马霍斯,苏格拉底则提出,强者会不会犯错误?如果强者犯了错误,制定出来的法律就有可能违反自己的利益,执行这样的法律反而有利于被统治者,这就违反了正义是强者的利益这个命题。

克法洛斯和珀勒马科斯的正义定义中都缺乏智慧这个要素。但身为智者的忒拉绪马霍斯不能容许自己缺乏智慧,他没有接受克利斯托芬的建议,而强悍地宣称真正的强者是不会犯错误的,这样他就掉入了苏格拉底的陷阱。真正的医生或者真正的舵手考虑的都是他们照料的对象——弱者的利益,如果忒拉绪马霍斯的强者指的是真正的强者,那么他考虑的也应该是被统治者的利益,这样,对于真正的强者来说,正义就是被统治者的利益。

忒拉绪马霍斯并没有马上认输。他发挥自己的辩术特长,提出了正义是强者的利益的第二个版本。在先前的版本里,强者是正义者,在第二个版本里,强者是不正义者,弱者则是正义者,弱者为了强者的利益而恪守正义,为不正义的强者服务。"非正义比正义更强大,更自由,更具有主人风格,正义是一种给强者带来利益的东西,而非正义是一种为它自己

造福、给自己带来利益的东西。"(344c)

对于忒拉绪马霍斯这样的智者来说,不会承认自己没有智慧,但他的智慧服务于赚钱(337d)或者获得名望,(338c)在正义和利益不可兼得的情况下,他宁愿为了利益放弃正义。但这样一来,他关于正义就是强者的利益这一命题就只是僭主制的原则了,(344a~b)而不能再涵盖贵族制和民主制。在僭主制下,正义依然符合强者——僭主的利益,只不过僭主不再是正义者。

针对忒拉绪马霍斯的这个命题,苏格拉底仍然坚持,应该区分每种技艺本身和获得报酬的技艺,真正的医术考虑的是提供健康,至于医术能带来什么,那是病家考虑的事情。真正的统治和其他技艺一样,仍然是为了这种技艺的对象,即被统治者的利益服务,而不是为了统治者的利益服务。忒拉绪马霍斯也同意,如果没有报酬,没有人会自愿进行统治,人们进行统治或者是为了金钱,或者是为了荣誉。但苏格拉底却提出了另外一种可能,既然统治是为了被统治者的利益,那么如果有一个城邦,没有人追求金钱或者荣誉,那么人人都会选择接受统治,而不是去统治别人,这时候,就需要用惩罚来强迫最优秀的人进行统治了,惩罚就是被统治者对统治者的"报酬"。

惩罚居然是一种报酬,这引起了格劳孔的惊讶,(347a)但他马上就会知道,在那个哲学家为王的城邦里,统治的确是一种惩罚,并不符合哲学家的利益。

不过,忒拉绪马霍斯提出的正义概念的第二个版本,涉及的已经不再是"什么是正义"这样的问题了,其实质是提出这样一个观念:正义不能带来幸福,只有不正义才能带来幸福。讨论的重点,也从正义是什么这个问题,转向正义究竟好不好这个问题。而这个问题,是所有在场者都关心的问题,因为这涉及人的一生究竟应当如何度过这个大问题。当忒拉绪马霍斯讲完这一番话要起身离开的时候,在场者像当初拦住苏格拉底那样拦住了他。

对于忒拉绪马霍斯提出的非正义比正义更好的命题,苏格拉底提出了三个驳论。第一个驳论证明,正义和智慧更为类似,而不正义却跟无知更为类似;(348b~350e)理解这一驳论的关键是,在苏格拉底看来,正义者和有智慧者除了正义和智慧都别无所求,而忒拉绪马霍斯虽然自命智慧,却像一个僭主那样欲求智慧之外的东西。这个驳论击中了忒拉绪马霍斯的要害,使他汗出如浆,并且红了脸。(350d)第二个驳论是,即使是一帮不正义者,如一伙小偷或一帮强盗,在做不正义之事的时候,他们之间也不能不讲正义,这说明,正义比不正义更为强大;(351a~352c)第三个驳论则试图证明,正义是灵魂的德性,它本身就是可欲的,拥有正义的灵魂的人才可能生活得好。(352d~354c)

二、正义的城邦

苏格拉底关于正义比非正义更好的驳论虽然说服了忒拉绪马霍斯，但却没有让在场的格劳孔等人心服。苏格拉底认为，正义属于那种其本身和后果都好的事体，(358a)格劳孔则提出一种论证：正义本身是件苦差，人们要正义，要的是正义的名声所能带来的报酬和荣誉。不同于忒拉绪马霍斯所宣称的正义是强者的利益，格劳孔认为正义起源于弱者的协议。对于弱者们来说，他们本来并不认为正义是好的，但弱者们不能像强者那样只取非正义的好处而避免非正义的坏处，当他们从互相做不正义之事之中得到的坏处超过了从中得到的好处的时候，他们就坐下来签订了一个契约，制定法律，承诺互相之间再不做非正义之事，契约和法律所要求之事便被称为正义。从这个起源看来，正义无非是那些没有作恶能力的弱者的无奈之举。

为了证明自己的论点，格劳孔讲了一个吕底亚人的祖先，一个牧羊人的故事。这个人从一个洞穴中得到了一个有隐身功能的戒指，做什么坏事别人都发现不了，他戴上这个戒指，勾引了国王的妻子，杀了国王，然后自己做了国王。格劳孔说，如果一个正义之人戴上这枚戒指，他也会无恶不作。

如果说忒拉绪马霍斯是用僭主制下的僭主为例，证明非正义比正义好，格劳孔所说的做名义上的正义者，比做实质上的正义者好，反映的则是一种民主制下的观点。民主制不能容忍僭主制下那种不加掩饰的赤裸裸的不正义，但民主制下的人们也并不追求真正的正义，有正义之名就足够了。

在第 1 卷结束的地方，苏格拉底反驳忒拉绪马霍斯的第二驳论试图证明正义的效果是好的，第三驳论试图证明正义本身就是好的。但很显然，格劳孔对此并不满意，如果一个强盗或者小偷的城邦也能做到正义，那为什么还要有灵魂的正义？如果拥有正义之名就能过好的生活，为什么还要有正义之实？为回答格劳孔和阿德曼托斯兄弟这样的追问，苏格拉底开始了他的建城事业——在言语中建立城邦，先讨论城邦的正义，然后再讨论灵魂的正义。

这一讨论方法并不是苏格拉底的发明，而是从忒拉绪马霍斯和格劳孔那里继承来的。当忒拉绪马霍斯最早提出"正义是强者的利益"的时候，苏格拉底的第一反应是问，强者是否是奥林匹克运动会上的全能冠军？忒拉绪马霍斯说强者指的不是这种自然意义上的强者，而是各种政体中政治意义上的强者。当后来忒拉绪马霍斯说只有僭主制下的僭主最不正义从而最幸福，或者格劳孔说民主制下那些有正义之名的人最幸福的时候，他们实际上也都是在某种既定的政体或城邦中讨论人的幸福的。

然而，当苏格拉底和阿德曼托斯开始在对话中建立了第一个城邦的

第一章 苏格拉底之死与柏拉图的《理想国》

时候,他既没有像忒拉绪马霍斯那样诉诸现实中的城邦,也没有像格劳孔那样虚构一个社会契约的城邦起源,而是从人的最基本需要出发。人最基本的需要无非是吃、穿、住这些身体需要,当在这些基本需要上无法自给自足的时候,城邦就产生了。这个城邦由一些操着最必要的技艺的人组成:农夫、建造房屋的人、织工、鞋匠、照料身体的人,各因其本性不同而从事一项最适合他的专门工作,通过交换互通有无。

这个城邦也会扩充,农夫需要农具去生产,织工需要皮毛做原料,城邦中会有木匠、铜匠等手工业者和牧养牛羊的人;分工和交易也会扩展到别的城邦,这样就不光有在城邦内的市场上专司交易的坐商(这是阿德曼托斯最感兴趣的职业),还会有专司进出口的行商。为了交换的便利,货币也产生了。另外再加上出卖劳力挣工资的雇工,这个城邦就完备了。

这个城邦里有正义和非正义的问题吗?阿德曼托斯说,正义产生于这些人的相互需要之中,也就是产生于交易之中,这让我们想起第1卷中克法洛斯的正义定义:正义就是欠债还钱。苏格拉底描述的这个城邦的生活细节也暗暗指向克法洛斯。克法洛斯出场的时候头戴花冠刚刚献完祭,坐在一个有垫子的椅子上,(328c)而这个城邦里人们也是坐在草垫子上吃喝,头戴花冠,唱着颂神的歌曲。(372b)

苏格拉底和阿德曼托斯在言语中建造的这个城邦澄清了克法洛斯正义观的前提:只有在一个建立在必要欲望基础上的健康的城邦,才可能奉行这样一种正义观:正义就是欠债还钱,讲真话。但克法洛斯这个武器商人并不能真正生活在这个城邦里。因为这个城邦不会面临战争,当然也不需要武器。

这个城邦也许适合于阿德曼托斯,但却不适合格劳孔。格劳孔并不满足生活在这样一个"猪的城邦"。格劳孔要的生活需要一些调味品,而调味品是使肉变得更有滋味的东西("猪的城邦"里无肉可吃,也没有猪)。格劳孔要求建立一个奢侈的城邦,以满足一些非必要的欲望,健康的城邦里的人们席地而坐,吃饭也没有餐桌,而一个奢侈的城邦里人们是需要卧榻和餐桌的。这样便不可避免地把妓女、猎人、模仿者、诗人及其助手、仆人、教师、奶妈、理发师、厨师、屠夫、牧猪,等等都引入城邦。享乐引起疾病,需要医生;享乐也需要更多的土地用来耕种和放牧,需要到别的城邦去抢,这就引起了城邦与城邦之间的战争,而战争则产生了对武士的需要。按照在最初的城邦里就定下的规则,每个人因其本性不同只能从事一项最适合他的工作,武士由精通战争技艺的专人担任,而不是由民众兼任武士。

武士需要和好的猎犬一样拥有这样一些身体的德性:目光敏锐,奔跑迅速,充满力量,(375a)而在灵魂方面它还要有勇敢的德性,充满意气。(375b)但更重要的,是他们能够像家犬一样对自己人温驯,对敌人凶狠。这就需要一种哲学家的德性——爱智慧。(375d)他需要智慧去分辨敌友。

13

苏格拉底和格劳孔这里的讨论让我们想起第1卷里他和珀勒马科斯的讨论。珀勒马科斯认为正义就是帮助朋友、伤害敌人，这不正是这个发烧的城邦里对武士的要求吗？但是，和珀勒马科斯的讨论已经表明，无论是健康的城邦里就有的技艺，(333a)还是发烧的城邦里的才有的技艺，(332c～e,333b～334a)武士的技艺和它们并不相同，因为它同时包含温驯和凶狠两种相反的因素。如果没有分辨敌友的智慧，武士就会像窃贼一样，既能有效地守护金钱，同时也能有效地偷盗金钱。城邦里的其他工匠不需要教育，但武士则需要像训练家犬一样去教育。《理想国》从这个地方开始变成一部教育之书。

对武士的教育分为两个方面，诗教和体教。首先进行的是对幼儿的诗教，以培养未来武士的四大德性：虔敬、(377c～386a)勇敢、(386a～388e)节制、(388e～392a)正义。(392a～c)阿德曼托斯作为对话者参与了这一部分的教育。在第2卷的开头，阿德曼托斯曾经引用赫西俄德和荷马等诗人的作品，支援格劳孔，向苏格拉底提出挑战。(362d～367e)现在，为了培养武士的德性，那些诗人作品中某些部分就必须删除了。比如，描写阿基琉斯悲叹哭泣的诗句，就不能让未来的武士听到，因为这不利于培养他们勇敢的德性。(388a)

在谈到诗的音乐方面的问题的时候，格劳孔笑着参与进来，接管了对话。(398c)在关于乐教的讨论中，格劳孔喜欢的吕底亚调在对话的过程中被净化了。发烧的城邦得到净化，奢侈的欲望得以节制。(399e)对美的追求，而不是满足欲望成为音乐教育的目标。(403c)苏格拉提还和格劳孔讨论了体教问题，简单的音乐产生灵魂中的节制，简单的体育产生身体的健康。(404e)否则，法庭和医院就可能在城邦里泛滥。对身体的照看也不能过分，在体育之外过分照看身体会对工作、学习和沉思造成障碍。(407b～c)诗教乐教和体教都指向灵魂的培养，(410c)两种教育要适当混合。(412a)所有这些教育，既是为了净化格劳孔带来的这个"奢侈的城邦"，也是针对格劳孔本人的。

为了保持这个净化的城邦，需要一些具备坚持做对城邦最有利的事的信念的统治者。这些统治者是从武士们中间挑选出来的，是最优秀的。家犬分辨敌友凭借的是对形象的认识：朋友就是熟悉的人，敌人就是不认识的人。(376b)而这些人则需要具备为城邦服务的信念。(412e～413c)看来信念是某种比形象更难认识的东西。(511e)

但要说服统治者去统治和被统治者接受统治，还需要一个必要的谎言。(414c)这个谎言包括两个部分。第一部分是说，所有的人都是大地母亲所生，彼此都是兄弟。谎言的第二部分是，有一位塑造神在他们身上添加了不同的东西：金、银、铜、铁，金人是统治者，银人是辅助者武士，铜人铁人则是农夫和其他手工业者，是被统治者。

必要的谎言同时也是贵族制的谎言。在谎言的第一部分，人都是平等的，在谎言的第二部分，塑造神使他们变得不平等了，金银阶级统治着铜铁阶级。这个谎言要掩盖什么呢？恰恰是到此为止教育者对武士的教育和培养。要让统治者、武士和其他民众认为，不是统治者、武士所受的教育使其变得高贵而产生了不平等，而是塑造神通过给不同的人加了不同的金属使他们变得不平等。

这个谎言不光要说服被统治者接受统治，还要说服统治者保持他们的德性，不要混同于被统治者。贵族制的谎言也是高贵的谎言。在讲完这个故事之后，苏格拉底给统治者和武士设计了一种和其他民众不同的生活方式。他们住在兵营里，没有任何额外的私有财产；没有私人住所和储藏室；他们从其他民众那里得到不多不少刚刚好的供应；他们同吃同住，过一种共产主义式的生活。高贵的谎言告诉他们，因为他们的灵魂里有从神那里得来的金银，所以他们就不需要人间的金银了。不光如此，灵魂中的金银最容易被身体上的金银所玷污，所以武士应该远离人间的金银，不能有金银的装饰，也不能用金杯银杯喝东西。一旦武士追求人间的金银，他们必然会用武器去追求金银，而不掌握武器的人民显然比掌握武器的敌人更容易对付，因此他们必然成为人民的敌人而不是保护者，城邦也就离崩溃不远了。（417a～b）

这时阿德曼托斯给苏格拉底提出了一个问题，就是武士们没有私人财产，他们并不拥有克法洛斯的那种幸福，或者猪的城邦里人们所拥有的那种幸福。（419a）苏格拉底的回答是，建造一个正义的城邦类似描画一个美丽的塑像，追求的是整个城邦的幸福，而不是某一个团体的幸福，就好像塑像上的眼睛要画成眼睛本来的颜色黑色，而不能画成最漂亮但不属于眼睛的紫色。城邦中的每个部分都要做它应该做的事，工匠们也不能随心所欲地生活，他们供养武士也是为了城邦整体的幸福。但是无论如何，武士是比工匠更重要的部分，就像眼睛对身体的重要性一样，一个工匠不做工问题不大，但武士不做武士的事则会带来整个城邦的灭亡。

发烧的城邦现在已经恢复了健康，不光健康，而且美。但是最美的城邦并不一定是最正义的城邦。苏格拉底说，正义需要在灯光（人为的光）的照明下由阿德曼托斯、格劳孔和珀勒马科斯等人一起去寻找。（427d）这时候格劳孔又参与进来，和苏格拉底一起进行了寻找。

苏格拉底的推论是，既然这个城邦是正确地建立起来的，那么它必然是完善的，如果它是完善的，那么必然具备四大德：智慧、勇敢、节制和正义。

这个城邦因为其统治者拥有良好的判断力，所以是智慧的。统治者的知识不是关于特定方面的如工匠的知识，而是关于整个城邦的内外事务的知识。根据自然建立起来的城邦之所以是智慧的，并不是它所有的公民都具备这种关于整全的知识，因为根据自然，关于整全的知识只可能为最少数人也就是统治者所拥有。（429a）同样，城邦之所以是勇敢的，也是因为其武士是勇敢的。但这时候的勇敢已经不限于作战勇敢，而是面对任何痛苦、快乐、欲望、恐惧，都能坚守信念的那种勇敢。（429c～d）这就要求生活在兵营里的武士,能够坚守自己的共产主义信念不动摇。

在寻找节制的时候,从大字看小字的程序被颠倒了。对话者先研究了灵魂里的节制,然后再探讨城邦里的节制。一个节制的人,他灵魂中好的但较小的部分统治着坏的但较大的部分——也就是欲望,这样的人在城邦中是少数。城邦中多数人,如妇女、儿童、奴隶和名为自由人但本质低劣的人,其实都不具备节制的德性,自己不能统治自己。但是,如果一个城邦的结构如同一个节制的灵魂的结构,没有节制德性的多数人能够接受有节制德性的少数人的统治,那么这个城邦也就像这个人那样,可以被称为节制的。(431d)只要城邦中统治者和被统治者在关于必须由谁来统治这个问题上达成一致,节制就贯穿整个城邦,被所有人分享,不管他是智慧者还是愚笨者,强者还是弱者,少数还是多数,富人还是穷人,还是所有这些的中间阶层。城邦的节制和智慧、勇敢不一样,后两者只存在城邦的部分人中,而节制则是整个城邦的德性。(432a~b)

在智慧、勇敢、节制三大德性都已经找到之后,剩下的就应该是正义了。克法洛斯家里直到现在为止也没有掌灯,寻找正义变成了一场在黑暗中的围猎。(432b~c)正义最终仍然是苏格拉底发现的,因为正义只有在人认识到自己的愚蠢的时候才被发现:正义并不是一个猎物,而是猎人们一直拿在手上的东西,(432e)也就是谈话者正在讨论的事情——这个情节让我们想起《苏格拉底的申辩》中苏格拉底对自己智慧的认识。

正义就是每个人做最适合他本性的事情。这是当时建造最初的城邦时就定下的原则。在现在这个最美的城邦里,智慧的统治者统治,勇敢的武士护卫,被统治者接受统治者的统治,小孩、妇女、奴隶、自由人、手艺人、统治者和被统治者各做符合自己本性的事,(433d)不管别人的闲事,(433a)工匠也好,钱商也好,不会因为自己在财富、人数、力量方面的优势去做武士,或者一个只能做武士的人,硬要去做统治者。(434b)

城邦有三个阶层,灵魂也有三个部分:意气、理智、欲望。通常说来,北方的色雷斯人和斯库提亚人代表意气(佩雷欧斯港引进的女猎神来自色雷斯,看来这意味着意气进入欲望之都佩雷欧斯),希腊人爱智慧,南方的腓尼基人和埃及人爱金钱。(435e~436a)这当然不是说希腊人没有意气或不爱金钱,而是说他们对智慧的爱超过了其他。

但是,灵魂中的三个部分并不像城邦的三个阶层那样直观。对话者进行了一步步的区分。首先区分出了欲望,比如渴,然后区分出了那个拉着渴的欲望不让它像牲口一样去喝的理性的部分,(439b~d)正是灵魂中这种理性的部分使人的城邦区别于猪的城邦,因为在猪的城邦里人们正是像牲口那样去吃喝的。(372a~b)

列昂提奥斯的故事带出了灵魂的第三个部分:意气。列昂提奥斯从佩雷欧斯港上雅典城去,正好和苏格拉底及格劳孔的路线相反:从一个充满欲望的地方到一个理性统治的地方。在途中,就看不看被处决的尸体的问题,他灵魂中理性的部分先是战胜了想看的欲望,后来又被欲望所

战胜,他在满足欲望的同时又怒骂欲望,那个怒骂欲望的正是他灵魂中的意气部分。(439e～440a)

这时候我们才能理解前面苏格拉底说的,渴的欲望就其自然而言要求的仅仅是饮料,而不管好坏多少。(439a)被处决的尸体是丑陋的,这一点列昂提奥斯灵魂中那个理性的部分分辨得很清楚,但究竟是理性战胜欲望,还是欲望战胜理性,取决于意气站在哪一方,就像在城邦中,智慧的统治者能不能成功地统治欲望大众,取决于武士站在哪一方。

格劳孔开始认为意气是欲望的一种。(439e)但在苏格拉底讲完列昂提奥斯的故事后,格劳孔认识到意气是一个独立的部分,应该去做灵魂中理性部分的辅助者,(441a)像狗一样听命于牧人,或者像城邦里的武士听命于统治者。(440d)至此,素来勇敢的格劳孔,充满爱欲的格劳孔,开始听命于苏格拉底,他灵魂中的意气的部分,通过听命于灵魂中理性的部分而战胜欲望。苏格拉底的列昂提奥斯代替了格劳孔的吕底亚牧羊人。(359d～360b)和列昂提奥斯一样,那个牧羊人也看到了一具尸体,不一样的是,列昂提奥斯的意气责骂了他的欲望,而吕底亚的牧羊人却在欲望的驱使下,偷走了尸体上的戒指,并且变本加厉,戴着这个隐身戒指偷走了整个王国。

灵魂的智慧、勇敢、节制和正义和城邦的智慧、勇敢、节制和正义按照同样的次序和方式被寻找出来。(441c～442d)城邦的正义是每个人做最适合他的事,个人的正义也是灵魂的各个部分各安其位。(443d～e)正义现在不再是一种技艺,因为管钱的技艺也是偷钱的技艺,正义的人不再会去做前面的对话里提到的各种不正义的事情。(442e～443a)人们之所以去做这些不正义的事情,是因为他们灵魂中的三个部分争斗不合:互相管闲事、互相干涉,或者灵魂中的一个部分起而反对整体。(444b)

如果灵魂的正义就像身体的健康,那么,由忒拉绪马霍斯提出,格劳孔和阿德曼托斯重新表述的那个问题,即究竟是做正义之事、正义之人(不管别人是不是注意到)有利,还是做不正义之事、不正义之人(不管是否受到了惩罚)有利,就变成了一个可笑的问题了。(445a)因为个人的正义无关外事,只关乎灵魂之内的秩序。(443d～e)格劳孔的回答表明,他已经开始为正义辩护。败坏的身体不可活,而正义也是灵魂的自然,是人赖以活着的东西。(445a～b)

苏格拉底和格劳孔这里的对话的口气似乎已经从围猎变成了爬山。(445b～c)他们已经到了这样一个地方,可以往下看到四种不正义的政制和四种不正义的灵魂。他们刚刚在言辞中建立的这个最美的、最正义的政制,按照统治者的数目多少,可以分为君主制或贵族制,如果统治者是一人,就是君主制,如果是多人,就是贵族制。那四种不正义的政制都是什么呢?

三、哲学家为王的城邦

在《理想国》第 5 卷的开头，苏格拉底和格劳孔向四种不正义政制的下降被珀勒马科斯和阿德曼托斯阻止了。就像在第 1 卷的开头珀勒马科斯派小奴隶阻止了苏格拉底和格劳孔的向雅典的上升一样。不过这次是珀勒马科斯从上面抓住了阿德曼托斯的袍子的肩部，(449b)而那个小奴隶是从后面抓住了苏格拉底的袍子，(327b)一个向上拉，一个向下拉。珀勒马科斯和阿德曼托斯耳语的结果是形成了一个民主决议，那就是再次"逮捕"(450a)苏格拉底，让他讲清楚他此前提到的妇女儿童共有的问题。(423e)格劳孔和忒拉绪马霍斯也加入了投票，(450a)忒拉绪马霍斯还说这是一个一致同意的决议。这个场景类似《理想国》的开头，但是珀勒马科斯在第 1 卷中诉诸的多数的暴力强制似乎不见了，忒拉绪马霍斯也声明他不是来淘金的而是来听讲的。(450b)那个为了金钱才展示自己智慧的忒拉绪马霍斯(337d)不见了。似乎忒拉绪马霍斯身上已经建立了理性对欲望的统治，忒拉绪马霍斯本人也加入了这个言语中的正义城邦。

妇女儿童共有的问题是怎么产生的呢？在苏格拉底讲那个高贵的谎言的时候，就涉及了这个问题。大地母亲生出了所有的城邦民，塑造神给他们添加了金银铜铁各种成分。但这只是城邦的第一代。第二代难免会产生金父生银子，银父生金子，或者金银生铜铁，铜铁生金银各种情况。(415b～c)在这种情况下，如何还能保证每人按照自己的天性做最适合他做的事情呢？这就提出了教育和妇女儿童共有的问题。(423d～424a)可见，如果不讨论这个问题，苏格拉底和格劳孔、阿德曼托斯所建立的那个最美的、最正义的君主制或贵族制城邦只能保持一代人的时间。到第 8 卷我们将看到，不当的生育将产下不那么优秀的后代，铜铁混入金银，城邦也将败坏。(546d～547a)

苏格拉底预想到自己下面所谈，将挑战城邦最大的禁忌，会受到败坏青年、无意中犯下杀人罪的指控。不过和在现实中不一样的是，格劳孔笑着预先赦免了苏格拉底的死罪。(451b)

苏格拉底前面曾提到过艰苦的游泳，(441c)后面又说，不管掉进了小池塘还是大海，无论如何总要一样地游。在这场艰苦的游泳中，他一共遇到了三个浪头。第一个是浪头是妇女是否也可以做护卫者；第二个是废除小家庭，而把城邦建成一个大家庭；第三个是哲学家为王。经过这三个浪头，那个最美的、最正义的城邦终于变成了最好的城邦：哲学家统治的城邦。

如果城邦的正义意味着每个人都做最适合其本性的事情，那么就不能把妇女排除在护卫者行列之外；如果男女之间的生理差别不过像是长头发和秃头之间的差别，(454c)既然长头发和秃头的差别不能影响到职业的差别,那么就不能对妇女参与政治、接受文体教育、参与军事进行嘲笑。(452c)妇女不能做这些事情只不过是习俗使然,但习俗是人为的,符合习俗并不一定符合自然。女武士当然也要像男武士一样参加裸体锻炼。

在安然度过第一个浪头,也就是确定妇女也可以做护卫者之后,(457c)第二个浪头接踵而至。按照以往关于护卫者的立法,护卫者们必须同吃同住,没有私有财产,也没有私人的房屋和储藏室,没有隐私,(416d～e)而且必须在一起裸体操练,那么男女护卫者必然受到爱欲的影响而乱交。(458d)

但是,如果让男女护卫者结为小家庭,必然会带来整个城邦的解体。因为小家庭需要私人的房屋、财产,护卫者追求财产的后果在前面的讨论中已经说得很清楚。唯一的办法是废除小家庭,而在整个卫护者阶层中安排一种像培育良种猎狗一样的婚配。(450a)在安排的时候要注意,婚配的目的是产生品种优良的后代,(459e)男女都需要处在盛年:男子为25～55岁,女子为20～40岁,(460e～461a)有先天畸形的婴儿会被处理,(460c)私生子也会被处理;(461c)要保持城邦适当的人口数量,(460a)因为城邦太大或太小都会带来难以保持的弊端;(423c)善战的护卫者被安排多多交配,而普通的护卫者则可能根本没有机会。(460a～b)然而,禁止母亲认出自己的子女(460d)的后果是乱伦必然会发生,对合法生育年龄的限制最多只能避免母子之间的乱伦生育,父女之间的乱伦生育实际上不可避免。(461c～d)对于同辈之间的乱伦,苏格拉底说,如果抽签的结果是这样,而且皮提娅也同意的话,法律是允许的。(461e)

对话进行到这里,已经在挑战城邦最大的禁忌。即使在今天,女人参与政治和军事变得稀松平常,苏格拉底碰到的第一个浪头已经不算什么,乱伦依然是包括西方社会在内的所有人类社会的一个碰不得的禁忌。苏格拉底在这里提到了德尔菲阿波罗神庙的女祭祀皮提娅,(461e)一方面让我们想起《苏格拉底的申辩》中的那个德尔菲神谕;另一方面则暗暗指向后面的太阳比喻和洞穴比喻。阿波罗是太阳神,苏格拉底是走出洞穴、见到太阳的哲学家,他敢于触碰洞穴里的任何禁忌,也许这正是哲学的任务。但洞穴中的民众不可能忍受这样的挑衅,处死这么一个胡言乱语的哲学家将是一个忍无可忍的选择。(517a)

格劳孔提到的则是宙斯。(462a)宙斯对于城邦民众是最大的神,同时也是一个和妹妹赫拉结合的乱伦的神。宙斯的父亲克洛洛斯也是和其妹瑞娅结合的乱伦的神。当然,比起乌拉诺斯与他的母亲盖娅乱伦,这已经好多了。格劳孔提到宙斯似乎是在为苏格拉底辩护。那就是,神也是乱伦的。但这个辩护软弱无力,因为人去做神才能做的事情,无疑是僭越。

但是,为了避免最正义的城邦只能保持一代人的时间这个宿命,优生考虑压倒了乱伦禁忌,整个护卫者阶层组成了一个大家庭,男女护卫者除了自己的身体,其他都是共同的。(464d)同一代护卫者彼此都是兄弟姐妹,上一代中的每一个都是下一代的父母,下一代每一个都是上一代的子女。(465a~b)无论是对内还是对外,都会像一个真正的共同体那样统一行动。(466c~d)

如果城邦变成了家庭,那么自然地,所有希腊人应该结成一个大城邦。(470e)苏格拉底到这时候隐约说出了他对正在进行的伯罗奔尼撒战争的看法。如果是希腊人反抗外人,比如说波斯人,那应该叫作战争,而希腊人与希腊人之间的斗争,如雅典和斯巴达之间的斗争,只能看作是城邦内部的动乱,应称为内讧。(470c~d)雅典和斯巴达打仗,奴役对方的战俘,剥夺死者身上的东西,把对方的武器作为祭品摆到自己的神殿上,践踏对方的土地,烧毁他们的房屋,等等,都是不应该的。(469b~470c)

到第4卷的结尾,苏格拉底和格劳孔、阿德曼托斯所设计的那个由住在兵营里的武士统治的城邦,仍然带有斯巴达的影子,实行的只不过是财产上的共产主义;通过建立妇女儿童的共产主义,废除城邦统治者的家庭,才能消除雅典、斯巴达这样的城邦之间的畛域。我们知道,在战争的间歇参加这场对话的所有人来自不同的希腊城邦,他们对话的场所正是在一位叙拉古侨民的家里。苏格拉底所设想的,是这些在座的对话者们也超越城邦界限而形成一个真正的共同体。

在这个新的、前所未有的城邦中,应该是什么人做统治者呢?是雅典,还是斯巴达?这就迎来了第三个,也是最大的一个浪头,苏格拉底提出,要么是哲学家做王,要么是王成为哲学家,(473d)只有政治权力和哲学合而为一,这个真正的希腊城邦才能真正实现。在《理想国》这部书中,苏格拉底提出哲学家为王的地方,恰好位于书的最中间,把最核心的想法写在书的最中间,可能是他跟读者开的一个小小的玩笑吧。

武士城邦的统治者也拥有智慧,但他们所拥有的并不是智慧的全部。比如,他们不可能拥有那种智慧,能看破习俗(比如女人不能做武士)背后的荒谬;他们有关于如何去统治的知识,但不可能拥有将男女武士进行最有效的配对、以生育最优秀的下一代的那种挑战根本禁忌的知识。武士城邦的统治者有信念,而信念只是意见的一种。只有哲学家爱的是智慧的全部而不是部分。(474b~475b)他追求知识,而不仅仅是意见。关于事物的意见有许多,而关于事物之存在本身的知识却只有一种。哲学家追求的是关于存在的知识。(475c~480a)只有哲学家才拥有全部德性:智慧、节制、勇敢、正义。(485b~486b)在最正义的城邦里,城邦拥有全部德性,而包括统治者和武士在内的人并不具备全部德性。

武士城邦里的统治者拥有信念,(413c)这使得他们面对艰难困苦都不会动摇。但是,这样的人却并不一定同时拥有成为哲学家的必备品质:比如善于学习,记忆力强,思维迅速,头脑敏捷,等等,反而,经常发生的情形恰恰是在战争中不易被恐惧动摇的人,在学习上也会很迟钝。(503c~d)新的城邦需要新的统治者,暂时中止的教育重新开始,而这是一条更

第一章 苏格拉底之死与柏拉图的《理想国》

长的路。(435d,504b～d)这条路就是要超越美与正义,去研究"好"这一理念。"好"高于美和正义。正义的城邦也罢,正义的灵魂也罢,如果人们不知道那同时又是"好"的,就不会真正地卫护它。(505e～506a)。

这时候,格劳孔插进来要求苏格拉底像解释正义、节制等德性那样解释"好"这一理念。(506d)但是"好"的理念属于可知世界,是看不见的,苏格拉底先借助"好"在可见世界的"儿子"——太阳来比喻。灵魂能够认识"好"的理念,就像眼睛能看见事物一样;但眼睛能够看见万物,是因为太阳的光照亮了万物,同时太阳神赋予眼睛以视力。(507e～508b)正如眼睛在白天看事物清楚,在夜晚看事物模糊,灵魂运用理智在认识可知之物的时候,也会形成清楚的知识和模糊的意见。

可见世界	太阳	眼睛	视力	可见之物	白天的清楚
					夜晚的模糊
可知世界	"好"	灵魂	理智	可知之物	知识
					意见

苏格拉底接着用一个线段比喻来说明它们之间的关系。AB：BC＝CD：DE＝AC：CE。其中 AC 表示可知世界；CE 表示可见世界；BC 是可见世界中的实体；AB 则是其影子或倒影。

接下来在洞穴比喻中,苏格拉底试图说明,在现实的城邦中,民众不过像一帮脖颈和腿脚被束缚着的囚徒,他们所能看到的只是影子,而且还是人造物的影子。那些统治者、诗人、智者,他们举着人造的模型,从民众背后的短墙外走过,利用火堆发出的光,把模型的影子投到囚徒们面前的墙壁上。囚徒们无法转身,久而久之,他们就会把墙上的投影当作真实的事物。

那些摆弄模型的人,他们举着的也不是自然物,而只不过是自然物的仿制品。只有走出洞穴的人,才会知道真正的自然物是什么样子,只有见到了太阳,他才能认识到洞穴里的火光是多么渺小,火光下的事物和映像是多么不真实。

哲学家就是这样一个走出洞穴、见到太阳的人。换句话说,哲学家就是进入了可知世界的那个人。要论接近真理的程度,整个可见世界比起可知世界的差距,就好像火光下的可见世界比起太阳下的可见世界的差距(AC：CE＝AB：BC)。当然,就像洞穴外的世界也分黑夜和白天,在可知世界中,也分为可被数学认识的领域 CD,和只能由哲学把握的领域 DE,它们之间的比例关系,也好比洞穴内的世界与太阳下的世界的比例关系(CD：DE＝AB：BC)。

最正义的城邦中统治者所掌握的,虽然超越了墙壁上的投影——形象这个层次,但也只不过是一些关于人造物的意见,也就是信念。在此之

21

上,还有思维和理念,(511e)而这是通过数学和哲学才能认识到的。要造就最好城邦中的统治者,使他们能够超越城邦的意见,认识到"好"的理念,需要进行另外一种哲学家的养成教育。

承接着前面第二个浪头之后对武士子女的集体养育,包括带他们直接上战场观战,(466e)在哲学家为王之后,对儿童的教育重新开始。从 10 岁起,(541a)有天赋的男女儿童被挑选出来,在二三年的体育锻炼和见习战争之后,开始分别学习算数、几何、立体几何、天文、声学等科目。(522c～531c)从 20 岁起,挑选优秀者研习学过的科目之间的关系,看他们有没有学习辩证法的天赋。有天赋者 30 岁开始学习辩证法。到 35 岁的时候下到洞穴,(539e)也就是进入城邦从事战争和其他城邦事务。50 岁以后专门研究哲学,参与政治只是出于必要。

这正是苏格拉底和格劳孔的对话中所设想的最好的城邦——哲学家统治的城邦。这一最好的城邦只存在于可知世界,而不存在于可见世界。在洞穴比喻中,一个走出洞外又回到洞穴的人,当他试图解开那些囚徒的束缚,把他们也带出洞穴的时候,却被这些人处死了。(517a)柏拉图在这里无疑是在暗示苏格拉底的命运:一个试图在可见世界建立最好的城邦的人的命运。最好的城邦只属于可知世界,可见世界中能够建立的,最多只不过是它的一个模仿品。

那么,设想这样一个最好的、哲学家统治的城邦又有什么意义呢?我们不要忘了,这场对话一直是在黑暗中进行的,克法洛斯的家里一直没有掌灯。不过和那些洞穴中的囚徒不一样的是,在苏格拉底的引导下,这些在场的人们现在已经能够看到火堆、人造的模型和墙上的投影之间的关系了。一个来自可知世界的哲学家,用他看到的最好城邦的理念,照出了可见世界各种城邦的缺陷——包括最正义的、最美的城邦可能的缺陷:即使在一个最正义的城邦,也没有哲学的位置,也不会宽容苏格拉底这样的哲学家,更不要说在雅典这样的现实中的城邦了。

而在可知世界的最好的城邦中,哲学家为王和正义似乎也不能兼得。哲学家的德性里本来有正义,(487a)但在他为王之后,正义反而消失了。(536a)哲学家为王,等于一个人做两件事,违反了每个人只做最适合他的本性的事、不管他人的闲事这一原则,这样哲学家在其执政的 15 年期间,便会成为最好城邦中的不正义者。统治对于他来说只是一项义务,不仅不是一个美差,(540b)简直是一种惩罚,因为哲学家并不贪图金钱和荣誉,他如果自己不去统治,就要接受比自己差的人的统治。(347a～d)为了避免这样的惩罚,他们才下到洞穴。到 50 岁之后,有人接班,他们就会移居到幸福岛上,日日研究哲学。

四、正义与幸福

在《理想国》第 5~7 卷讨论过哲学家为王的城邦后,第 8 卷的开头,

第一章 苏格拉底之死与柏拉图的《理想国》

重新接到第4卷的结尾。在正义的君主制或贵族制之外，还有四种不正义的政制，分别是荣誉制、寡头制、民主制和僭主制。政制和人的灵魂存在着对应关系，在僭主政制之中才能看到僭主这种最不正义的人，然后才能回答格劳孔和阿德曼托斯的问题：正义之人和不正义之人，究竟哪一个快乐哪一个痛苦。(545a)

高贵的君主制或贵族制的败坏始于不当的生育，接着是体育和文教方面的败坏。(546d)节制在城邦里减弱了，统治者和被统治者之间产生了斗争和对抗，最终双方达成了妥协。统治者虽然还保留共餐制，并仍然在一起从事体育锻炼，(547d)但他们终于拥有了私人的土地、房屋和财富，(547b)重视体育、忽视文教的后果就是城邦不再由有智慧的人统治，而是由勇敢者统治，这样的城邦推崇战争、胜利和荣誉。克里特和斯巴达就是这样的城邦。

有了最好的城邦作为参照，我们才能理解为什么贵族制会堕落成为荣誉制。和哲学家城邦不同，贵族制下保留了武士的小家庭，并不对儿童进行公共养育，一个年轻人即使有一个高贵的父亲，他的成长仍然要受到母亲和家奴的影响，而他的母亲并不像在哲学家城邦中那样也属于武士阶层。他的父亲培育他灵魂中理性的部分，他的母亲和家奴则培养他灵魂中意气和欲望的部分。(549d～550b)折中的后果，就是他灵魂中中间的部分，也就是意气的部分变得最大，使他成为一个热爱荣誉的人。(550b)

寡头政制从荣誉政制中产生。荣誉政制中已经存在了自我败坏的种子，那就是对财富的折中。一个爱荣誉的父亲在政治中的失意，将影响到他的儿子放弃追求荣誉。(553a～b)当这个儿子灵魂中意气的部分不再能够节制欲望，对财富的欲望就会变大，迫使理性和意气成为欲望的奴隶。(553d)寡头式的个人爱钱、节俭，为了满足最基本的欲望而压抑其他不良欲望，(554a)他们行正义是出于被迫，他们的正义观是欠债还钱，(554d)克法洛斯正是这样的人。

寡头制是富人的统治，是铜铁当道的政制。寡头制下，懂得统治的人不一定统治，(551c)寡头制因此缺乏智慧；寡头制下，穷人和富人各自组成不同的城邦，互相争斗，(551d)寡头制因此缺节制；寡头政制下无法进行对外战争，(551e)寡头制因此缺勇敢。寡头制下，有的人一人从事许多职业，有的人却不从事任何职业。这些人中有些会成为城邦中有刺的会飞的雄蜂：窃贼、偷儿、神庙劫掠者，也就是罪犯。(552c～e)

雄蜂式的人物受不必要的欲望的统治，寡头式的个人受必要的欲望的统治。(559d)但他们灵魂的结构都是一样的。寡头式的个人在管理孤儿的财产时就会变成一只雄蜂。被统治的雄蜂会认为，他们和统治者的唯一差别就是没有财产，而不是没有德性。苏格拉底在第1卷中就曾以穷人的名义问过克法洛斯，他的幸福是来自钱财还是来自德性。(329e)在寡头式个人的灵魂中，德性已经远去，欲望分裂为必要的和不必要的,只不过通常必要的欲望压制着不必要的欲望。(554e)他灵魂的分裂状态就像城邦穷人和富人的分裂状态。

寡头制下穷人和富人的分裂,使得寡头制很容易发生内乱。如果穷人胜利了,杀死或流放了富豪,,(557a)其余的人平等地参与政治,通过抽签而不是按照德性或财产决定谁是统治者,民主制就建立了。

民主的特征是人人自由和平等。(557b～558c)所谓的自由是去做任何事情的自由,不管这些事情是否合乎他的本性;所谓平等不是给平等者以平等,给不平等者以不平等,而是不管平等者与不平等者都通通给予平等,而不考虑德性。这种平等从城邦侵入家庭。父子、师生、男女,甚至人与动物之间都平等了。

雄蜂式的人物受不必要的欲望的统治,寡头式的个人受必要的欲望的统治,(559d)但只要接受欲望的统治,必要和不必要就是一步之遥。在多次摇摆之后,必要的欲望和不必要的欲望在民主人的灵魂中建立了平等的关系,不平等的平等了。城邦中的平等和民主人灵魂中的平等存在对应关系。

寡头制由于对财富的贪婪和对德性的忽视而毁灭,民主政制由于对自由的贪婪和对德性的忽视而毁灭。民主制下没有统治者和被统治者的区别,甚至没有人与动物的区别。所以那些雄蜂便会持续存在,并且由于他们没有德性而不是有德性而占了上风。(564d～e)

民主政制下人们分为三个部分,雄蜂、富人、平民。(564d)雄蜂劫掠富人,把余沥给平民,从而成为平民的领袖。那些被抢劫的人被迫成为寡头派,和平民对抗。在对抗的过程中,平民的领袖变成了僭主。僭主是吃人肉的狼,(565e)而不是卫护城邦的狗。

僭主因为害怕被杀而成立保镖队伍。僭主会强迫人民供养他和他的由外邦人和奴隶组成的卫队,平民不愿受富人的统治而革命,民主革命的结果却是受外邦人和奴隶的统治。民主制就是这样从过度的自由走向了彻底的奴役,民主制变成了僭主制。(564a)

民主人的灵魂中充满不必要的欲望,其中有些是非法的欲望。但僭主式的个人的灵魂中却充满了非法的欲望。如果幸福是指灵魂的幸福,那么僭主幸福吗?

要看到僭主的灵魂,可以把它跟一个僭主制的城邦进行类比。正如一个处于僭主制下的城邦里最体面的人成为奴隶,受着最疯狂的奴隶主的统治而缺乏自由一样,在僭主的灵魂中,最低劣的欲望统治着高贵的理性和意气,所以僭主的灵魂是不自由的、贫穷的、恐惧的,充满了痛苦。(577c～578a)

第二个证明是从灵魂各个部分的快乐来说。灵魂有三个部分:爱学习或者爱智慧的部分,爱胜利或爱荣誉的部分,和爱钱的或者爱利的部分,每个部分都宣称自己的快乐是真实的,但最真实的快乐应该属于第一部分,因为这一部分才是最好的判断者。(580d～583a)爱智慧者是最快乐的,因为他能尝到其他两种人的快乐,而其他两种人却尝不到他的快乐。

第三个证明区分了身体的快乐和灵魂的快乐。身体的快乐不过是痛苦的停止,是真正的快乐的幻影和影画。(586b)只有灵魂的快乐才是真正充实的快乐。

为了彻底反驳格劳孔提出的"不正义对于一个完全不正义但却有正义之名的人是有利的"这一说法,苏格拉底塑造了一个灵魂的塑像。这个塑像由一个多头兽、一头狮子和一个人组成,分别代表欲望、意气和理智,然后又有一个人形的外表,这正是对格劳孔塑像的解剖。苏格拉底证明,做不义之事却拥有正义之名,(逃脱惩罚)他的灵魂将变得更坏;而只有受到惩罚,他的灵魂中的兽性部分才会驯服,驯服的部分才会得到自由,灵魂才会健康。(591b)

对德性的报偿不再是身体的快乐,而是灵魂的不朽,灵魂不朽的说法引起了格劳孔的惊奇。苏格拉底最后用厄尔的故事(614b～621d)说明这个命题,结束了整篇对话。而这个关于死后复生故事,又隐约指向对话开头克法洛斯对死亡的恐惧。(330e)我们知道,苏格拉底在面临死刑的时候并没有这样的恐惧。

如果说《苏格拉底的申辩》是苏格拉底在雅典公民面前的法律申辩,那么,《理想国》就是苏格拉底的哲学申辩。在《理想国》中,哪怕最正义的城邦,也没有哲学和哲学家的位置。哲学家只能在可知世界的城邦中称王。苏格拉底的经历表明,任何想对洞穴中的民众进行哲学启蒙的企图,都会因为挑战民众根深蒂固的常识,干扰他们习以为常的生活,招来杀身之祸。对苏格拉底之死的反思,最终使柏拉图放弃了苏格拉底那种在市场上和民众交谈的方式,而选择了在学园里著书立说的方式,继续苏格拉底的哲学使命。这缓和了哲学与城邦的正面冲突,却没有根本消除这一冲突。苏格拉底之死蕴含的哲学与城邦的冲突,将一直在西方思想史中持续下去。

思考题

1. 如何理解《理想国》中的太阳比喻、线段比喻和洞穴比喻?
2. 《理想国》中灵魂与城邦的类比成立吗?
3. 比较《理想国》中的正义理论和罗尔斯的正义理论。

阅读文献

1. [古希腊]柏拉图:《苏格拉底的申辩》,吴飞译,北京,华夏出版社,2007。
2. [古希腊]柏拉图:《理想国》,王扬译,北京,华夏出版社,2012。
3. [古希腊]柏拉图:《理想国》,郭斌和、张竹明译,北京,商务印书馆,1986。
4. [德]弗里德兰德、[美]沃格林、[德]克里格:《〈王制〉要义》,张映伟译,北京,华夏出版社,2006。
5. [美]布鲁姆:《人应该如何生活》,刘晨光译,北京,华夏出版社,2009。
6. L. Strauss, *The City and Man*, University of Chicago Press, 1978.
7. J. Annas, *An Introduction to Plato's Republic*, Oxford University Press, 1981.

第二章 亚里士多德的政法思想

第一节 生平与著作

亚里士多德(Aristotle,384—322 BC)出生在希腊北部色雷斯地区的小城斯塔吉拉(Stagira),因此虽然大多数时间在雅典生活,但是却从来不是雅典公民。他的父亲尼各马库斯(Nicomachus)是马其顿国王阿明塔斯二世(Amyntas Ⅱ)的宫廷医生,亚里士多德也因此与马其顿君主建立了联系。他的父母在他还是孩子的时候就双双去世,他被交给亲属抚养。

亚里士多德17岁的时候,(367 BC)被送到了雅典的柏拉图学园——当时最著名的学术中心——接受教育,他在那里学习了20年之久,直到柏拉图在公元前347年去世。开始作为学生、之后作为助手、教师和研究者。在这个阶段他很可能像柏拉图一样写作对话,甚至有一些对话有着和柏拉图对话相同的标题(比如《智者》、《政治家》、《会饮》),但是这些作品除了少量残篇之外都没有留下。

或许是因为柏拉图选择了自己的外甥斯彪西普(Speusippus)继承学园的领袖位置,或许也与雅典当时逐渐提高的反马其顿情绪有关,亚里士多德在柏拉图去世后离开了雅典,受当地统治者赫米阿斯(Hermias)的邀请,来到小亚细亚西北的阿塔内乌斯(Atarneus)和阿索斯(Assos),加入那里的一群研究者,从事以生物学为主的经验科学研究。

公元前342年,马其顿国王菲利普二世邀请亚里士多德到自己的宫廷之中,让他教育当时只有13岁的亚历山大,亚里士多德在那里待两年,我们并不清楚这个最伟大的哲学家和那个未来最伟大的征服者之间的这次相遇到底碰撞出了什么样的火花,但是我们可以确定,亚历山大扩张帝国的理想一定不是主张城邦制度的亚里士多德所认同的。公元前340年,亚里士多德回到了故乡斯塔吉拉,并在那里待到公元前336年,直到菲利普二世遇刺身亡,亚历山大登上王位。

公元前335年,亚里士多德再次回到雅典,依靠亚历山大的资助,租用雅典城外的吕克昂(Lyceum),建立了自己的学园,并因为他喜爱一边散步一边和学生探讨哲学,因此学派得名"漫步学派"(*peripatētikon*, Peripatetic School,也译作逍遥学派)。但是当亚历山大在公元前323年突然去世,雅典反对马其顿的声音甚嚣尘上,亚里士多德很可能被控不敬神(和苏格拉底的一个罪名相同),据说为了"避免雅典人再对哲学犯第二次错误",亚里士多德没有像苏格拉底那样在雅典受审,而是逃亡到他母亲的故乡小岛卡尔基斯(Chalcis),而让特奥弗拉斯托斯(Theophrastus)继任吕克昂学园的领导位置。但是仅过了一年,亚里士多德就死在了卡尔基斯。

亚里士多德作品的传承堪称一桩公案。据说在他去世之后,他的作品留在了特奥弗拉斯托斯手中;特奥弗拉斯托斯去世之后,将这些作品交给自己的外甥内雷乌斯(Neleus),而内雷乌斯将这些作品带到了小亚细亚的斯凯普西斯(Scepsis),他的亲属将这些作品埋在了地下。大约两个世纪之后的公元前1世纪这些作品才被重新发现,经由希腊运到罗马,由漫步学派学者罗德斯的安德罗尼科斯(Andronicus of Rhodes)在罗马编辑整理,这样就有了如今亚里士多德作品的基本形态[如今亚里士多德著作的标准页码就是由德国学者贝克(Emmanuel Bekker)在安德罗尼科斯的基础上编订的]。

亚里士多德的著作数量惊人,根据第欧根尼·拉尔修(Diogenes Laertius)《名哲言行录》的记载(V. 22-27),亚里士多德的著作多达155部,550卷,445270行;这个数量大约是现存亚里士多德著作的三到四倍;这其中还不包括我们今天广泛阅读的《形而上学》、《论灵魂》、《动物的部分》等作品(当然也包括了一些通常认为不属于亚里士多德的作品)。亚里士多德确实在当时几乎所有的知识门类(或许除了数学和医学之外)都做出了最杰出的贡献。

亚里士多德在很多地方都简略地提到了科学或哲学的划分,①他将科学划分为三个主要门类:理论科学的对象是那些本原不变的事物,是为了知识本身,包括生物学、物理学、数学、形而上学等;实践科学处理可变的人类世界,关注行动本身之中的好,包括家政学、伦理学和政治学;生产科学关注行动之外的产品,包括修辞学、诗学和各种技艺(其中修辞学因为与伦理政治学关系密切,因此具备实践科学的特征)。此外还要加上作为其他各门科学的基础和工具(*organon*)的逻辑学。我们这里关注

---

① 比如《论题篇》,Ⅵ. 6. 145a15-16;《论灵魂》,Ⅰ. 1. 403a27-b2;《形而上学》,Ⅵ. 1,Ⅺ. 7;《尼各马可伦理学》,Ⅵ. 2. 1139a26-28 等。

的亚里士多德的政法思想属于实践科学的范畴。

第二节 政体与法律

亚里士多德最著名的命题之一,就是"人依据自然是政治的动物"(*ho anthrōpos phusei politikon zōon*)①。人在两个意义上需要政治共同体,一个是最低的必然性(*ananke*, necessity),如果没有共同体,人们就无法实现安全和自保;另一个是最高的目的(*telos*, end),人们如果想要实现自己的最高目的——幸福(*eudaimonia*, happiness),就需要参与政治生活,并在与他人的共同生活中实现各种德性或卓越(*aretē*, virtuc 或 excellence)。② 因此在亚里士多德那里,专门讨论幸福和德性问题的《伦理学》,"是某种政治学",与《政治学》构成了一个整体。③

有政治共同体也就必然有共同体的组织方式,或者人们共同的生活方式,这就是政体(*politeia*)——亚里士多德《政治学》讨论的核心问题。根据亚里士多德著名的政体分类理论,他将政体按照两套标准区分为六种,一套是统治人数是一个、少数还是多数;另一套是政体为了统治者的私利还是为了共同体的公益。④

---

① 《政治学》,I. 2. 1253a2-3。另参见《动物志》,I. 1. 487b33-488a14;《尼各马可伦理学》,I. 7. 1097b11,VIII. 12. 1162a17-18,IX. 9. 1169b18-19;《欧德谟伦理学》,VII. 10. 1242a22-23;《政治学》,I. 2. 1253a7-8,III. 6. 1278b19 中的类似说法。
在本文中,《尼各马可伦理学》的引文中译依据 I. Bywater (ed.), *Aristotelis Ethica Nicomachea*, Oxford University Press, 1894,译文参考了 *Nicomachean Ethics*, 2nd ed., trans. T. Irwin, Hackett, 1999;《政治学》的中译依据 W. D. Ross(ed.), *Aristotelis Politica*,Oxford University Press, 1957,译文参考了 *Politics*, trans. C. D. C. Reeve, Indianapolis: Hackett, 1998;《修辞学》的中译依据 W. D. Ross(ed.), *Aristotelis Ars Rhetorica*, Oxford University Press, 1959,译文参考了 J. Barnes (ed.), *The Complete Works of Aristotle*, Princeton University Press, 1992 的中英文本。其他原文文献均使用亚里士多德著作的标准卷-章-贝克页码,下同。
② 参见《政治学》,I. 1-2,III. 9。
③ 参见《尼各马可伦理学》,I. 2,X. 9;关于伦理学与政治学关系的讨论,参见 M. Schofield, "Aristotle's Political Ethics," in R. Kraut (ed.), *Blackwell Guide to Aristotle's Nicomachean Ethics*, Blackwell, 2006, pp. 305-322。
④ 参见《尼各马可伦理学》,VIII. 10. 1160a33-b23;《政治学》,III. 7. 1279a32-b5。由于亚里士多德将公民定义为"有权参与思虑和裁判的人"(《政治学》,III. 1. 1275b18-19),也就是在某种意义上分享统治权的人,因此这个对政体的分类也引发了一些问题,尤其是这里的"公益"到底是哪些人的利益。相关的讨论可参见 C. Johnson, "Who is Aristotle's Citizen?", 29 *Phronesis*, 1984, pp. 73-90; D. Morrison, "Aristotle's Definition of Citizenship: A Problem and Some Solutions," 16 *History of Philosophy Quarterly*, 1999, pp. 143-165。

	公　　益	私　　利
一人统治	君主制（*basileia*, kingship）	僭主制（*turannis*, tyranny）
少数统治	贤人制（*aristocratia*, aristocracy）	寡头制（*oligarchia*, oligarchy）
多数统治	政制（*politeia*, polity）	民主制（*dēmocratia*, democracy）

除了个别的极端情况之外（比如僭主制、民主制和寡头制的极端类型），每一种政体都由一套自己的法律制度予以维系和保障，因为人"在完善时，是最好的动物；而在脱离了法律和正义之后，则是最坏的"①。而根据上面提到的为了私利还是公益的政体分类标准，我们很容易理解，不同的政体会订立不同的法律，规定谁来统治、为什么由他们来统治、如何分配各种好，因此政治正义是某种分配正义问题，而分配标准则成为城邦中不同阶层争论的焦点（参见下文对分配正义的讨论）。整体而言，"法律必须要订立得适合政体"②。

在亚里士多德看来，法律应该尽可能详细地规约城邦生活的方方面面，不论公私，只要与公民和城邦的幸福有关就应该有所规定，他说，"良好的法律应该尽可能规定一切，留给法官尽可能少的东西"③。因此我们看到亚里士多德笔下的法律比现代的法律范围要广，不仅禁止和惩罚像杀人、通奸之类的明显罪行，制定货币标准，确定公民权的界限，进行恰当的分配之外，还要规定什么行动符合勇敢、节制等德性，规定孩子如何培养和教育，法律甚至应该深入某些在我们看来有些琐屑的领域，比如可以讲什么样的笑话。④

人是政治的动物还与亚里士多德的另一个著名的观点——人是理性的动物——密切相关，因为我们所说的"法律"（*nomos*）一词，因其与人定、习俗等概念的密切联系，乃是一套通过人的理性建立起来的保证政治共同体有序运行的制度。因此立法者（*nomothetēs*）和政治家（*politikos*）及其德性就显得至关重要。⑤

---

① 《政治学》，I. 2. 1253a31-33。
② 同上书，III. 11. 1282b10-11；另参见 IV. 1. 1289a11-25。
③ 《修辞学》，I. 1. 1354a31-33。
④ 参见《尼各马可伦理学》，IV. 8. 1128a29-31，亚里士多德的理由是讲笑话是某种语言的滥用，而立法者应该对任何滥用施加约束。
⑤ 在希腊传统思想中，立法者是带神圣色彩的（这时候使用更多的指称法律的词汇是 *thesmos*），比如，克里特的米诺斯（Minos）据说从宙斯那里学习智慧，斯巴达的来库古（Lycurgus）被说成是阿波罗的后代，雅典的立法者梭伦（Solon）是"七贤"之一。公元前 5 世纪的希腊世界，尤其是雅典，经历了一场从 *thesmos* 到 *nomos* 的转变，越来越多地强调法律的人为色彩；对此的讨论可参见 M. Ostwald, *Nomos and the Beginnings of the Athenian Democracy*, Oxford: Clarendon Press, 1969. 我们看到，柏拉图依然会提到马格纳西亚法律的神圣起源（《礼法》I）；而亚里士多德对立法者的讨论（《政治学》II）则将立法者完全置于人事之上，取消了其神圣的维度，完全是人类理性的运作。亚里士多德在著作中经常将"立法者"与"政治家"并提，很宽泛地指所有可以参与法律制定和阐释（不管是通过公民大会、议事会还是法庭）的公民，而不是传统中带有神圣性的人物。

第三节 立法者与明智

亚里士多德对立法者或政治家的任务有多重规定，其中最高的任务是研究和设法建立最理想的政体，不论外部条件如何；第二位的是研究各种现实情况下可能达到的最好政体，比如最适合某个具体城邦的政体，在某些给定的条件之下所能达到的最好政体，或者适用于大多数城邦的政体；最低的任务就是要保存现有政体。① 这是从政体的角度来看立法者或政治家的任务，如果从政体内部来看，立法者的目标就是"将公民教化成（ethizontes）好人，这是所有立法者的想望，如果没有做好这个，他们就错失了目标"②。这些任务或多或少都带有一些规范性，都是"好的立法者"和"真正的政治家"需要关注的。这与立法所需要的理性能力密切相关。

那么立法者订立法律需要什么样的理性能力呢？就是明智或实践智慧（phronēsis）这种理智德性。亚里士多德将明智的运用区分为四个类型，并指出"政治学和明智是同一种状态，但它们的所是不同"③。第一种明智是"支配性的"立法学（nomothetikē），制定普遍性的法律（nomos）；第二种是关乎个别事物的狭义的"政治学"，涉及政治事务中某个具体情况下的思虑和行动，经常以法令（psēphisma）的形式出现；第三种是处理家庭管理和财产的家政学（oikonomia）；第四种是人们最经常说到的明智，也就是关于个人整体好生活的理智德性。④ 在亚里士多德看来，明智是我们进行思虑（bouleusis）的德性，就是考虑如何实现某个被判断为好的目的，但并不是任何目的与手段之间关系的思虑，而是着眼于在真正意义上"什么样的东西能够促进整体生活的好"⑤。这个"整体生活的好"也就是亚里士多德伦理学和政治学中的最高原理——幸福，而幸福在经过一番考察之后被亚里士多德界定为"灵魂符合德性的活动"⑥。由此，我们

---

① 参见，《政治学》，IV. 1. 1288b21-1289a11。
② 《尼各马可伦理学》，II. 1. 1103b3-6。在《修辞学》中，亚里士多德还说，"教育（paideia）的意思就是法律规定的东西"（I. 8. 1365b34-35）。
③ 《尼各马可伦理学》，VI. 8. 1141b23-24。
④ 同上书，VI. 8. 1141b24-33。
⑤ 同上书，VI. 5. 1140a28。
⑥ 参见《尼各马可伦理学》，I. 4 和 I. 7 中对幸福名义定义和实质定义的讨论。在幸福的实质定义中，亚里士多德还提到"如果德性有多种，那么就符合最好的和最完全的"（I. 7. 1098a17-18），加上《尼各马可伦理学》X. 7-8 关于幸福与沉思生活关系的讨论，引发了关于亚里士多德的幸福到底在于多种德性的应用（"包容论"）还是仅仅在于沉思生活（"排他论"），以及亚里士多德两部主要伦理著作（《尼各马可伦理学》和《欧德谟伦理学》）在幸福问题上论述是否存在不同的争论。这个问题过于复杂的问题，这里无法展开，作为两种观点的代表性讨论，可以参考 J. L. Ackrill, "Aristotle on *Eudaimonia*," 60 *Proceedings of the British Academy*, 1974, pp. 339-359；J. M. Cooper, *Reason and Human Good in Aristotle*, Harvard University Press, 1975.

可以看到明智与宽泛意义上的目的与手段之间的思虑能力[亚里士多德称之为聪明(deinotēs)]的不同之处在于,明智的目的必须是好的,必须是由德性确定的,亚里士多德说:"没有明智或德性,决定(prohairesis,或选择)都不可能是好的,因为一者[德性]给我们行动的目的,而另一者[明智]则给我们促进目的的东西。"① 促成个人幸福或个人符合德性的活动就是个人意义上的明智;而促成城邦意义上的幸福或使得城邦公民实现符合德性的活动,就是公共意义上的明智,而这种明智的最高表现就是立法学。

因此当亚里士多德说"法律是没有欲求的理智"②,以及说立法者需要明智,他的意思无疑是立法将以城邦的幸福(这种幸福当然可以有不同的层面,有最理想的、有次优的、也有在维持现有政体意义上的幸福)为目标的普遍性的思虑活动固定化为法律条文,用它们来规约城邦的生活,实现对公民的教化。这样理解的法律有两方面的作用,一方面是建设性的作用,就是从小开始教化公民,培养他们的德性(即便不是严格意义上的德性,至少也是适合某个政体要求的德性),使他们实现幸福;另一方面则是矫正性的作用,就是要迫使那些不能主动过上有德性生活的人迫于耻辱、强制或惩罚的压力至少在行动上符合德性。③ 这两方面的作用我们也可以从下面将要讨论的亚里士多德对不同类型正义的分类中看到。此外,我们在下面的讨论中还会看到,明智不仅是订立法律的理智德性,而且也是修订法律和公道之德背后需要的德性。

但是在亚里士多德看来,如此重要的立法学在他的前人那里却没有得到充分的研究,甚至是遭到"忽视(paralipontōn)",需要他重新设定研究的任务,规划研究的步骤。我们上面已经看到了研究的任务;具体的研究步骤是首先考察前人关于相关问题的讨论,之后研究各种现有的政治制度,从中找到有益的指导和引以为戒的教训,最终则要研究和设法实现最好的政体。④

第四节　正义与法律

亚里士多德根据希腊语对"正义"(dikaiosunē)和"不义"(adikia)的使用,将正义区分为两种——普遍正义(holē dikaiosunē)与特殊正义

---

① 《尼各马可伦理学》,VI. 13. 1145a3-6。
② 《政治学》,III. 16. 1287a32。
③ 参见《尼各马可伦理学》,X. 9. 1179b11-1180a14。
④ 参见《尼各马可伦理学》,X. 9. 1180b23-1181b23 关于立法学/政治学研究方法的讨论。《雅典政制》是唯一保留下来的亚里士多德或其学派成员编辑的关于现有政治制度的著作,记载了雅典政体的演化史和亚里士多德那个时代雅典民主的运作方式;《政治学》II 是亚里士多德对前人立法最详细的批判性讨论;而《政治学》的主体部分则体现了亚里士多德通过前人的讨论和自己的观察得出的各种结论,为政治事务提供了指导,并以对最佳政体的讨论作结。

(merē diakaiosunē)。普遍正义就是合法(to nomimon)意义上的正义,而特殊正义则体现为公平(to ison)。① 他又进一步将特殊正义区分为分配正义和矫正正义。普遍正义最好地体现了法律的建设性作用,分配正义也能够体现建设性的作用,而矫正正义和亚里士多德略有提及的惩罚问题则体现了法律的矫正作用。②

一、普遍正义

服从城邦的法律是亚里士多德讲的"普遍正义",因为每个城邦的法律都规定了这个城邦所主张的价值,并相应地规定了促进这些价值的教育,因此这种正义被看作"完全的德性",是"与彼此有关的完全的德性"。在讨论普遍正义的上下文中,亚里士多德强调其他德性更多与个人的幸福有关,而普遍正义由于强调法律的规定,必然涉及共同体整体的利益(这里还是在规范性的意义上讨论良法),因而比为了个人幸福践行德性更为困难,也更为可贵。③

普遍正义规定了所有的德性,因此是德性的全体,或者说在法律的意义上将各种伦理德性统一起来。而亚里士多德接下来讨论的特殊正义则是与其他德性(如勇敢、节制)并列的德性。

二、分配正义

分配正义关乎荣誉、财富或安全在共同体中的分配。根据亚里士多德的看法,分配正义应满足"几何比例"关系,也就是让不同人的价值(axia,或配得)之比等于荣誉、财富或安全的分配之比,也就是让 A∶B(两个人在与分配相关的方面的比例关系)= C∶D(分配物的比例)。也就是让平等者得到平等的分配,不平等者得到不平等的分配。④ 需要分配的东西的量或比例相对容易确定,而分配正义中最困难的问题就是如何确定人的价值,也正是在这个意义上不同城邦的法律会出现很大的差异,城邦中的不同阶层也会产生很大的争议,都认为自己的标准才是真正的正义:"民主的支持者说它[价值]是自由公民权,寡头制的支持者说是财富,其他人说是好的出身,贤人制的支持者则说是德性。"⑤ 而亚里士多德最终给出的分配政治权力的最高标准是德性——尤其是伦理德性和明

---

① 《尼各马可伦理学》,V.1.1129a26-b1。
② 关于亚里士多德正义理论的详细讨论,参见 R. Kraut, *Aristotle: Political Philosophy*, Oxford University Press, 2002, ch. 4。
③ 亚里士多德对普遍正义的简短讨论参见《尼各马可伦理学》,V.1.1129b11-1130a13。
④ 《尼各马可伦理学》,V.3.1131a20-24,1131b29-1132a20。
⑤ 同上书,V.3.1131a25-29。

智,同时要考虑城邦的其他构成要素,包括出身、自由、财富等。①

三、矫正正义与惩罚

矫正正义,顾名思义,就是要恢复不正义的分配、交易或伤害,包括自愿的和不自愿的两类,前者处理的是买卖、借贷和承诺这些双方自愿进行的交易中出现的不义;而后者则处理诸如偷盗、通奸、暴力等一方不自愿的情况。在这些不义中,一方过多地获得了财物和安全,也就是说一方以不义的方式高过了另一方。矫正正义就是要恢复到平等的状况。与分配正义不同,在这里法律不关心不同人的价值或配得,而是将不同人当作完全平等的个体,只考虑造成的伤害。因此亚里士多德说这种正义要满足的是"算数比例",也就是两个人本应得到相同,但实际上不同,于是就要截长济短,使双方恢复本应相等的状态。很显然,造成的伤害越重,不义者受到的惩罚也就越大。②

相比柏拉图,亚里士多德关于惩罚价值的讨论非常少,通常只是顺带提及,但是从他这些简短的讨论中,我们还是可以看到惩罚的两重意义,一个是为了是符合正义的要求,纠正或改变不义的状况,这也就是矫正正义的意义所在;另一个就是作为一种警示和强制力量,促进人们的德性,尤其是对于那些不能通过说服走上良善道路的人。③

第五节　自然正义与自然法

公元前 5 世纪至 4 世纪的智者运动在希腊世界引发了一场在自然(*physis*)与习俗(*nomos*)之间的争论。智者们由于传授修辞的技艺和论辩的技巧,大多倾向于认为任何政治和法律都是习俗的产物。政治和法律毫无疑问与习俗有关,但是苏格拉底、柏拉图和亚里士多德都是要反对智者过分强调习俗的倾向,主张伦理和政治事务的自然基础。亚里士多德在这个问题上虽然不像柏拉图那么极端,承认在伦理和政治事务中有

---

① 参见《政治学》,III. 12-13。关于亚里士多德分配正义及其与政治的关系更详细的讨论,参见 D. Keyt, "Aristotle's Theory of Distributive Justice," in D. Keyt & F. D. Miller(eds.), *A Companion to Aristotle's Politics*, Blackwell, 1991, pp. 238-278。

② 关于矫正正义的讨论,参见《尼各马可伦理学》,V. 4。与自愿交易中的矫正正义多少有些关系,亚里士多德接下来讨论了交换中的正义(V. 5),这种正义要求通过"对角线的结合"(*kata diametron suzeuxis*)来实现成比例的交换,也就是在 A 和 B 两个人以及他们各自的产品 C 和 D 之间,让 C 按照一定比例到 B 那里,而 D 按这个比例到 A 那里。

③ 关于惩罚的第二种作用,参见《尼各马可伦理学》,X. 9。

很强的习俗性因素，但同时又坚持最终的依据必然是自然之中，因此亚里士多德的伦理学和政治学也被称为"自然主义"(naturalism)。

这种自然主义在亚里士多德的伦理和政治思想中体现得非常清晰。亚里士多德得出幸福的实质定义就是建立在关于人类自然的"功能论证"(function argument)之上，也就是说人区别于植物和动物最独特的灵魂能力就在于人的理性，因此人的幸福就在于灵魂理性部分的卓越或德性。① 而在政治学中，亚里士多德追求的最高目标是绝对意义上的最佳政体，也就是最符合自然的政治制度，"这是任何地方唯一依据自然最好的政体"②。这种自然主义在他的法律思想中也有清晰的体现，因此亚里士多德有时候也被看作自然法的奠基者。

我们上面提到了法律会因城邦政体的不同而有所不用，法律也会因城邦的地理位置和人们的自然品性等因素而不同。因此必然带有习俗约定的成分，而每套法律都规定了一套生活和行动方式，一套该政体认定的德性和价值。但是由于严格意义上的德性和幸福并不是参照习俗，而是参照自然确定的，因此就应该有超越一时一地的习俗，符合人类自然的法律。

亚里士多德在讨论政治正义③时将政治正义明确区分为法律正义(to dikaion nomikon)和自然正义(to dikaion phusikon)。前者就是我们上面讲的因时因地而变的城邦法律，尤其是关于量度、货币之类带有很强习俗性和人为性的法律；而自然正义则是"在所有地方都有同样力量(pantachou tēn autēn echon dunamin)，不管看起来是否如此"④，他还专门反驳了那些认为只有法律正义没有自然正义的人：

> 有些人认为所有正义的东西都仅仅是法律上的。因为自然是不可变的，在任何地方都有同样的力量，比如火在这里和在波斯都会燃烧，而他们看到正义会变化。并非如此，但在某种意义上(pōs)是这样。虽然对神或许完全不是这样，但对我们来说，有一种自然的东西，但所有的东西依然是可变的；虽然有变化，还是有自然和不自然的东西。如果二者同样可变，那么在那些允许不同情况的事物中，哪种是自然的，哪种不是自然的而是法律和习俗的？就像在其他情况下一样，同样的区分适用于此。比如右手依据自然是更优的(kreittōn)，虽然每个人都可以变得双手同样灵活。⑤

---

① 参见《尼各马可伦理学》, I. 7；《欧德谟伦理学》, II. 1。
② 《尼各马可伦理学》, V. 7. 1135a5。
③ 同上书, V. 6-7, 这部分讨论与该卷前后章节的关系不甚明了，可参考 T. Lockwood, "Ethical Justice and Political Justice", 51 *Phronesis*, 2006, pp. 29-48 中对这个问题的讨论。
④ 《尼各马可伦理学》, V. 7. 1134b19-20。
⑤ 同上书, V. 7. 1134b24-35。

亚里士多德经常用的说法"并非如此,但在某种意义上是这样"清晰地表明了他在自然正义上的立场。一方面,他认为自然正义因为有人类生物和灵魂结构的自然作为基础,不可能在不同的人群中有太大的变化;但是另一方面,因为正义事物关乎人类,而人类事物必然是变化的,因此并非如天体运行一般毫无例外,而是像其他自然物一样允许例外和变化。① 就像我们可以通过训练,让人的两只手达到平衡,虽然我们依据自然总是有一只手更为强势。

在《修辞学》中,亚里士多德更明确地谈到了"自然法"的观念。在谈到法庭修辞时,亚里士多德区分了"特有的法律"(*idios nomos*)和"共同的法律"(*koinos nomos*)。前者是各个城邦制定的明文规定的法律;而后者"虽然没有写出,但是似乎所有人都同意(*agrapha para pasin homologeisthai dokei*)"②,随后又进一步说明,"共同法是依据自然的(*kata phusin*),因为有依据自然的共同的正义与不义,它是所有人都能多少预见(*manteuontai*),即便他们没有彼此结成共同体或订立契约",随后还引用了索福克勒斯《安提戈涅》中的诗句"因为它不限于今日或昨日,而是永恒的,无人知道它何时出现",以及恩培多克勒的诗句"它不是对某些人正义,某些人不义,而是所有人的法律,在统治广阔的连续的以太和无边的光明中延伸",来加以进一步说明。③

在亚里士多德那里,我们看到了自然正义和自然法观念的基本形态,并且与他的自然主义联系在一起,在他的伦理—政治学中起到了基础性的作用,为人类的幸福和政治社会的福祉提供了指导性原则。但是不可否认亚里士多德对这个问题的讨论还比较简略,甚至略显粗糙,我们要等到斯多亚派那里才能看到发展更为完善的自然法理论。

---

① 亚里士多德认为研究自然的物理学和研究人类事务的伦理-政治学,都在一个方面与研究天体、数学、神学的科学不同,必然只能涉及"大多数情况下如此"(*pōs epi to polu*)的东西,这在很大程度上是由于质料的缘故,天体有着完美的天体,而数学对象和神是没有质料的。而自然事物和人的质料则是不完美的。参见《形而上学》,VI. 2. 1027a13-14, 20-21;《论生成与毁灭》,II. 10. 336b21-22;《论天》,I. 2. 268b26-3. 270b31;《尼各马可伦理学》,I. 3. 1094b19-1095a2等处的讨论。

② 《修辞学》,I. 10. 1368b8-9。亚里士多德还提到了由习俗而来的不成文法可能比成文法更具有权威性:"合乎习惯的法律(*hoi kata ta ethē*)比成文法(*tōn kata grammata monōn*)更权威,处理更权威的事情"(《政治学》,III. 16. 1287b5-6)。这些习俗中的很多被认为来自神,因而具有普遍性和权威性。但这部分内容在亚里士多德的法学思想中显得并不那么重要,他关注更多的是通过人的理性认识自然、制订适合自己政治共同体的法律,也就是由立法者订立的法律。

③ 《修辞学》,I. 13. 1373b6-17;另参见 I. 15. 1375a22-b15。关于亚里士多德的自然正义和自然法理论,以及《尼各马可伦理学》和《修辞学》中的篇章是否存在不一致的问题,可参见 F. D. Miller, "Aristotle on Natural Law and Justice," in D. Keyt & F. D. Miller (eds.), *A Companion to Aristotle's Politics*, Blackwell, 1991, pp. 279-306。

第六节　法治与人治

整体而言,亚里士多德主张法治胜过人治,并且为法律的统治给出了非常强有力的论证和辩护。法治胜过人治的第一个原因就是上面提到的法律的理性特征。对此亚里士多德有一段非常著名的评论:

> 让法律统治似乎就是只让神和理智(*noun*)来统治,而让人统治就加上了野兽。欲望(*epithumia*)就是这样的东西,意气(*thumos*)让统治者和最好的人变坏。因此法律是没有欲求的理性。①

在亚里士多德那里,欲望(appetite)是与肉体相关的欲求(*orexis*, desire),是欲求的最低级形式,最容易诱使人们做出卑贱的事情;而意气(spirit)则是尤其关乎愤怒和荣誉的欲求,它可能服从理性的命令控制欲望,也可能像阿尔西比德(Alcibiades)那样由于过分重视荣誉而误入歧途。② 亚里士多德很清楚地看到,任何人,不管他有多么富有德性,都是理智与欲望、意气的混合体,因此让这样的人来统治总是存在风险,不如让纯粹的理智(明智)的化身——法律——来直接统治,而人们则只是作为法律的护卫者。③

法治胜过人治的第二个重要方面就是法律具有无偏性或平等性。雅典人对于自己的民主制度非常引以为豪的就是在法律面前人人平等的观念(*isonomia*)。亚里士多德说,"很显然,人们追求正义就是追求无偏性(*to meson*),因为法律就是无偏的"④。与此相关,亚里士多德在《修辞学》中解释为什么法律要事无巨细时指出:

> 最重要的是因为立法者的判断不是关于个别的,而是关于未来和普遍的情况,而公民大会的成员和法官则判断当下和具体的裁决。对他们而言,友好、敌意以及个人利益经常参与其中,结果就是他们不再能够充分地看到(*theōrein*)真相,他们个人的快乐或痛苦给他们

---

① 《政治学》,III. 16. 1287a28-30。
② 还有一种欲求被称为"想望"(*boulēsis*)或理性的欲求,也就是对行动者判断为好的东西的欲求。关于亚里士多德对欲求的三分以及更普遍而言对灵魂能力的区分,参见《尼各马可伦理学》,I. 13,III. 4,VI. 1;《论灵魂》,II. 3;《修辞学》,I. 10.1368a37-b7 等处的讨论。
③ 参见《尼各马可伦理学》,V. 6. 1134a35-b2。只有一种情况可能高于普遍法律的统治,就是城邦中出现了一个在德性方面远远超出他人(甚至是在"不可比较的意义上"),这样的人就不应该成为法律规约的对象,而是应该成为城邦的永恒君主,他们本身就是法律(参见《政治学》,III. 13),但是因为一方面这种人极其稀少;另一方面他的存在也并不排斥他为其他人立法,我们这里不过多考虑这种超凡之人。
④ 《政治学》,III. 16. 1287b3-5。

的判断蒙上了阴影。①

这种无偏性也使得法律的权威更容易被人们在情感上接受,就像亚里士多德说的:"人们对反对他们冲动的个人怀有敌意,即便他反对他们是正确的;而法律对于公道(to epieikes)的规定则不是那么大的负担。"②

此外,法治无疑提供了比人治更大的稳定性和更高的效率。与法治的理性、无偏性和稳定性相反,"人治"的典型方式是通过敕令(epitagma)或法令(psēphisma)进行,也就是统治者("敕令"适用于僭主制下的僭主,"法令"适用于公民大会)根据一时一地的情况颁布命令,这都是极端政体(僭主制、寡头制或民主制的极端形式)的典型特征。不管是敕令还是法令都会经常改变,经常受制于统治者的当下激情。因此与法律提供的稳定秩序形成了显明的对照。③ 在亚里士多德看来,依靠敕令和法令进行统治是一个政体败坏的标志,甚至使得一个政治制度不成其为严格意义上的政体,因为"法律不统治的地方就不是政体"④。

人治虽然在整体上不及法治,但是在法治中人当然也扮演着重要的角色。一方面,如果没有人保证实施,法律本身作为条文是没有任何强制力量的,因此需要一些官员来作为"法律的护卫者和助手",并在法律的教育下懂得如何判断具体事务,从而保障法律的贯彻和执行。⑤ 另一方面,法律也并非完美无缺,在一些情况下还是需要用人治来加以补充。

第七节 法律的局限与修订

亚里士多德不承认在公民个人的层面存在"恶法非法"的问题,⑥法律的意义就在于得到服从,如果公民个人可以判断法律的善恶从而决定是否服从,那么法律的权威也就自然会丧失殆尽。因此,我们这里不讨论具体法律规定的某些得失,而是考虑法律就其本质而言存在的局限性以及对这种局限性的弥补。法律的优势和缺陷都在于其普遍性。在上一节我们看到了法律因普遍性而来的优势,这一节我们就来看看普遍性带来

---

① 《修辞学》,I. 1.1354a4-b11。
② 《尼各马可伦理学》,X. 9.1180a22-24。
③ 关于法律与敕令/法令区别的更详细讨论,参见 D. McDowell, *The Law in Classical Athens*, Cornell University Press, 1986, pp. 43-46。
④ 参见《政治学》,IV. 4.1292a4-37。
⑤ 同上书,III. 16.1287a21-27。
⑥ 虽然他不反对立法者制定新的法律、修改旧有的法律。但是作为好公民则需要"服从法律和保全政体"(《政治学》,III. 4.1276b21-29),因为什么是好公民乃是由政体和法律规定的,但是好公民可以跟随立法者改进现有制度和法律。

的缺陷。

一、法律的缺陷与公道之德

亚里士多德在《修辞学》中谈到了立法者的两种错误,一种是"不自愿的"(ta akontōn),或者不在立法者意图之内的错误;另一种是"自愿的"(ta hekontōn),或者说是内在于法律的本质,也在立法者意图之中的错误。前者是由于立法者的疏漏,没有注意到某些东西,这些是有可能避免的错误;而后者是因为立法者不可能精确界定法律的所有细节,而只能用普遍的方式订立法律,因此是不可避免的。①

因为法律必然用普遍的方式订立,因此不能像敕令或法令那样根据当下的情况及时做出调整,也必然不能涉及很多细节,需要法官根据具体情况进行应用和解释,这是与人类事务的本质紧密联系的。当这个问题出现,我们就需要一种特殊的德性来加以应对,这就是"公道"(epieikeia,或衡平,常见的英译包括 equity, decency, fairness),一个公道的人可以用自然正义或自然法作为更高的依据,领会立法者的意图而不是拘泥于法律的字句,根据具体情况来对应用、解释和修订法律:

> 当法律给出了普遍的[规则],而某个具体情况与普遍的[规则]相反,这时立法者就有了疏漏(paraleipei),由于制订了无条件的[规则]而犯了错误,那么修正这个疏漏就是正确的,[修正的依据就是]假如立法者本人在场的话,这是他本来会说的;假如立法者知道[这个情况],这是他本来会规定的。这就是为什么说公道是正义,但是好于某种意义上的正义,并非好于无条件的正义(tou haplōs),而是好于在无条件的意义上犯了错误的正义。这就是公道者的本质:当法律因普遍性导致疏漏时修正它。②

这里提到的"无条件的正义"就是上面讲到的自然正义,正是这种可以用于普遍意义上的人类的正义,为公道者修正法律提供了依据,因此公道在一个意义上是正义——自然正义,而在另一个意义上超越了正义——法律正义。而公道者也就是那些在自然的意义上正义或有德性的人,而不是仅仅在"合法"的意义上践行"完全德性"的人,他们关心的是立法者的真正意图或法律的真正精神——促进政治共同体的公益。③

---

① 《修辞学》,I. 13. 1374a26-33;另参见《尼各马可伦理学》,V. 10. 1137b13-23;《政治学》,III. 11. 1282b2-6。
② 《尼各马可伦理学》,V. 10. 1137b19-27。
③ 关于公道的详细讨论,参见 J. Brunschwig, "Rule and Exception: On the Aristotelian Theory of Equity," in M. Frede & G. Striker(eds.), *Rationality in Greek Thought*, Clarendon Press, 1996, pp. 115-156。

二、法律的修正

我们可以区分出公道者修正法律错误或疏漏的三个途径:第一个是通过正常的司法过程,但是不按照法律的字句应用法律,而是对法律做出适合情境的理解;第二个是通过法令,解决一时一地出现的特殊情况;第三个则是对法律本身进行修订。

亚里士多德指出,"那些应该得到原谅的事情是公道的,公道不将错误的行动(*hamartēmata*)、不幸的行动(*atuchēmata*)和不义的行动(*adikēmata*)看作应得相同的[惩罚]"①。这似乎表明第一种修正法律的方式只适用于法官对被告从轻发落,一个有公道之德的法官如果看到法律的缺陷在当下的案件中出现,就会不惩罚或从轻处罚被告。亚里士多德非常简略地提到了一个例子:法律规定如果 A 用金属物品打了 B,那么 A 应该被处以更大惩罚,但是如果现有的案件中,A 手上只有一个金属指环,那么法官本着立法者或法律的精神,就不会从重处罚 A,因为立法者在规定"金属物品"时考虑的对象肯定不包括指环。②亚里士多德还从整体上谈论了这种公道:

> 公道会原谅属于人的[弱点];不是考虑法律,而是考虑立法者;不是考虑他说了什么,而是他的想法;不是考虑[被告的]行动,而是考虑他的决定(*prohairesin*);不是考虑部分,而是考虑整体;不是考虑[被告]现在是什么样子,而是考虑他一直以来以及大多数情况下是什么样子。[公道要求我们]更多记住好处而非坏处,更多记住接受的而非给予的好处。③

我们需要注意的是,公道的法官并不是在违反法律的规定,而从在违法的意义上做了不义之举,而是通过自己对特殊情况的考量,让过于普遍的法律更加完美,从而更好地合乎法律。

通过法令处理法律之中的不足很容易理解。虽然用特殊性的法令处理日常政治事务是亚里士多德明确反对的,但是在一些法律无法达到的细节或突发的情况,法令还是非常有益甚至必要的补充:"在一些情况下订立法律是不可能的,因此需要法令。因为应用到不确定事物上的标准本身就是不确定的……法令要适应它的对象。"④

第三种情况就是修订法律,亚里士多德一方面清楚地认识到随着时间的推移、情况的变化、经验的积累,原有的法律一定会出现不当之处,因

---

① 《修辞学》,I. 13. 1374b4-6。
② 同上书,I. 13. 1374a35-b2。
③ 同上书,I. 13. 1374b10-18。
④ 《尼各马可伦理学》,V. 10. 1137b28-32。

此"很明显,有些法律必须在某些时候被改变"①;但是另一方面又非常明智地告诫听众或读者,修改法律必须非常慎重,因为法律的权威赖于人们形成服从的习惯,如果没有了这一条,法律也就不再成其为法律了:

> [修改法律]需要极大的谨慎。因为如果改善很小,而让人们习惯随意废除法律是坏事,那么显然统治者或立法者的一些错误就必须忍受,因为从改变得来的好处不如从习惯于不服从官员导致的坏处大……除了习惯之外法律没有别的力量(ischun)能够保证服从,但是习惯只能经过很长时间才能形成。因此轻易将现有的法律改变成不同的和新的法律会削弱法律的力量。②

至于什么时候法律的好处就能够超过维持现状的好处,则只能由公道之人根据具体情况来做出判断,而无法给出一般性的论述。

公道者在涉及法律修正方面所应用的理智德性无疑也是上面提到的明智,并且涉及明智的两种应用,一种是普遍性的立法意义上的明智;另一种则是处理个别事物的政治思虑意义上的明智。在政治共同体中,只有少数人可以拥有这样的明智,因此立法和修订法律也应该是少数人的专利。但是亚里士多德同时给了大众(hoi polloi)的判断力极高的赞誉,这在古希腊政治哲学著作中是相当少见的。

三、大众的智慧

亚里士多德在肯定大众智慧时最重要的一点是强调此处的大众一定是集体意义上的,"虽然他们每一个都不是优秀的(spoudaios)人,但是当他们集合起来(sunelthontas)却可以好过那些优秀的人,不是每个人而是作为整体(sumpantas)"③。亚里士多德认为大众集合起来之后有更多的经验,可以考虑到更多的方面。他用几个非常形象的比喻解释了大众的智慧。第一,每个人贡献一点的宴席通常会比一个人花钱操办的宴席更好;第二,优秀的人就像一幅画作,能够结合各种优点,但是这还是不会妨碍某些优秀的人在某些方面超过整体;第三,就像喂牲口的时候将粗粮和细粮混合起来效果更好,在政治事务中,也要将最优秀者和大众结合起来发挥不同的作用。但是由于大众在单个的意义上不够卓越,他们必须与"细粮"——那些明智的政治家——混合起来,也就是有他们的明智指引,才能发挥大众在判断上的优势,因此大众不适合作为单独的统治者或官员,而是适合在公民大会上进行思虑和在法庭上做出判断,这些都是最适合发挥集体力量的场合。*

---

① 《政治学》,Ⅱ.8.1269a12-13。
② 同上书,Ⅱ.8.1269a14-24。
③ 同上书,Ⅲ.11.1281a42-b2。
* 本章的写作感谢北京市社科联项目的资助(项目号:2014SKL001)。

思考题

1. 思考亚里士多德伦理学、政治学和法学的关系,以及法学在亚里士多德伦理—政治思想中的地位。
2. 如何理解"法律的优势和缺陷都在于其普遍性"?
3. 思考法律的权威与修订法律之间的关系。
4. 亚里士多德对正义的区分和讨论,对当代思考正义问题有什么启示?

阅读文献

1. Aristotle, *Nicomachean Ethics*, trans. T. Irwin, 2nd ed., Hackett, 1999. 中译本参考:[古希腊]亚里士多德:《尼各马可伦理学》,廖申白译,北京,商务印书馆,2002。

2. Aristotle, *Politics*, trans. C. D. C. Reeve, Hackett, 1998. 中译本参考:[古希腊]亚里士多德:《政治学》,吴寿彭译,北京,商务印书馆,1965。

3. Aristotle, *On Rhetoric: A Theory of Civic Discourse*, trans. G. A. Kennedy, Oxford University Press, 1991. 中译本参考:[古希腊]亚里士多德:《修辞学》,罗念生译[《罗念生全集》第一卷],上海,上海人民出版社,2007。

4. Aristotle, *The Athenian Constitution*, trans. P. J. Rhodes, Penguin, 1984. 中译本参考:[古希腊]亚里士多德:《雅典政制》,日知、力野译,北京,商务印书馆,1959。

5. R. Brooks & J. B. Murphy (eds.), *Aristotle and Modern Law*, Ashgate, 2003.

6. D. Keyt & Jr. F. D. Miller (eds.), *A Companion to Aristotle's Politics*, Oxford Blackwell, 1991.

7. R. Kraut, *Aristotle: Political Philosophy*, Oxford University Press, 2002.

8. R. Kraut (ed.), *Blackwell Guide to Aristotle's Nicomachean*

Ethics, Blackwell, 2006.

9. Jr. F. D. Miller, *Nature, Justice, and Rights in Aristotle's Politics*, Oxford Clarendon Press, 1995.

10. A. Tessitore, (ed.), *Aristotle and Modern Politics: The Persistence of Political Philosophy*, University of Notre Dame Press, 2002.

第三章 西塞罗与共和主义法政哲学

不论是以公元前44年恺撒被任命为永久独裁者为标志,还是以公元前27年1月16日屋大维被授予"奥古斯都"(Augustus)荣誉称号为象征,罗马共和国在存续了近五百年之后最终于公元前1世纪后期走向帝制了。在周边国家大多奉行君主专制的时代,一个共和国为何能够存续近5个世纪,并且逐渐征服四邻,确立在地中海区域的霸权,这是一个不断激发史学家和政治学家学术兴趣和灵感的问题。早在公元前2世纪,希腊史学家波利比乌斯(Polybius of Megalopolis)就提出了一个类似当代"法律与发展"或"制度经济学"学者常提的那种问题:"世上有谁会如此心胸狭隘或者缺乏智识好奇心,以至于不想知道一个史无前例的事件的原因:一个国家,也就是罗马共和国,是如何以及借助何种政治制度在短短53年的时间里征服了差不多整个已知世界?"[1]在他所著的《历史》中,整个第6卷都在讨论罗马的独特宪法,也就是糅合了君主制、贵族制和民主制因素的"混合宪制",是如何帮助罗马实现社会稳定、经济繁荣和军事强盛的。[2] 而本章的主角,西塞罗则活跃在公元前1世纪,也就是罗马共和国已经盛极而衰的时代。他以自己的政治和学术活动来捍卫他所信奉的共和主义价值,甚至为此牺牲了自己的生命。但这是因为时势已经背他而去,并不因此而使他的思想的价值有所降低。时过境迁,在各式"共和国"遍布全球的今天,重温西塞罗这位"共和主义"鼻祖的学思对我们大有裨益。

---

[1] Polybius, *The Histories*, trans. R. Waterfield, Oxford University Press, 2010, p. 3.
[2] Ibid., pp. 371-413.

第一节 践行的学术与政治

西塞罗,公元前106年1月3日出生于罗马城西南60英里的阿尔皮努姆(Arpinum),其父亲为有闲暇好哲学的乡绅,祖上未出过有实权的政治家。阿尔皮努姆的居民于公元前188年被授予罗马公民权,该城在西塞罗之前出过一位伟大的将军和政治家:盖尤斯·马略(Gaius Marius),他曾击溃北方蛮族入侵,救罗马于危亡。西塞罗少时曾写过赞颂自己这位伟大同乡的诗。其父在罗马城中的骑士山上有第二处房产,公元前1世纪90年代中期,他携西塞罗及其弟昆图斯来到罗马,求学于元老院的知名政治家克拉苏(Lucius Licinius Crassus)和斯卡沃拉(Quintus Mucius Scaevola)。西塞罗接受的是成为政治家所需的罗马法、修辞学和历史学教育。同时,他的老师的身份影响又使他坚定不移地相信元老院在罗马政治中的核心地位。

除了这种"体制内"的正统教育外,西塞罗还接受了政治上已经没落并沦为罗马附庸的希腊哲学教育,先后拜伊壁鸠鲁学派的菲德鲁斯(Phaedrus)和柏拉图学园末代掌门人拉瑞萨的菲洛(Philo of Larissa)为师。此外,廊下派学人迪奥多图斯(Diodotus the Stoic)也长期住在西塞罗家里,直至去世,他是西塞罗的良师益友。公元前1世纪70年代初,西塞罗还曾专门花一年时间游学希腊和罗德岛,进一步深入了学园派之堂奥。据普鲁塔克记载,西塞罗的演讲术老师墨伦曾如此感叹:"西塞罗,我钦佩和赞美你;希腊,我可怜她。因为她唯一剩下的荣耀,也就是文化和辩才,将随着你转向罗马。"[1]

由于掌握了炉火纯青的修辞、论辩技巧,西塞罗首先在罗马法庭上大放异彩。由于为某些政治集团的成员辩护并取得成功,他获得这些团体的支持。比如,在罗休斯(Roscius)案中,西塞罗代理原告起诉苏拉的手下克里索格努斯(Chrysogonus),他在起诉词中一面就事论事指控被告的种种恶行,一面又避免连逆苏拉,并表现出自己支持苏拉政策的倾向。从而一方面赢得了苏拉政敌的支持;另一方面又避免了与苏拉发生正面冲突。从30岁起,西塞罗在政治阶梯上顺风直上,由财政官(questor)、市政官(aedile)而当上裁判官(praetor),并于公元前63年到达共和时代罗马人政治生涯的顶峰:担任执政官(consul),几乎每一次都是在刚达到担任该职务的最低年龄要求时即当选。终其一生,西塞罗始终为自己作为一

---

[1] Plutarch, *Lives*, VII, Loeb Classical Library, Harvard University Press, 1919, Cicero, 4.4-4.5.

位新人(novus homo,即并非官二代的平民子弟)在年龄刚允许的时候当选执政官而感到骄傲。

在担任执政官期间,西塞罗做了两件影响深远的大事,一是利用其演讲才能说服民众,使得保民官如鲁斯(Rullus)提议的土地改革法案在部族大会上未获通过;①二是粉碎了落选执政官卡提林的阴谋叛乱,并未经审判而处决了卡提林的几位同案犯。前者使得西塞罗被批评为抵制进步性改革的守旧派,后者一方面为他赢得了"国父"的称号;②另一方面也为他二年以后遭遇流放(exilium)埋下了伏笔。

西塞罗生活的时代,罗马社会贫富分化严重,一些政治精英利用阶级矛盾为自己的利益服务,统治集团内部分化为保守派(optimates,直译为"最好的人")和媚众派(populares)。公元前88年,"媚众派"领袖、西塞罗心目中曾经的英雄马略(Caius Marius,七度执政官)在罗马城搞大屠杀,正常的法律事务停止,西塞罗认为正常的法庭程序将不再启动,遂决定放弃法律学习,转向哲学。③此后,苏拉进军罗马,兵围元老院,要求宣布马略为国家公敌。唯斯卡沃拉一人反对,说道:"你可以向我展示你的军威,实际上你在兵围元老院时已经做到了;你也可以向我发出死亡威胁,实际上你已经再三这么做了;但是,凭我一腔老迈残血,你休想让我宣布罗马的拯救者马略为公敌。"④这些事情对当时还很年轻的西塞罗影响至深。

虽然西塞罗也时常批评个别保守派贵族的机会主义和短视盲目,但他总体上是元老院保守派的代言人,对贵族的偏狭与自私缺乏足够的批评精神。对于"媚众派",西塞罗认为他们是挟民意以令贵族,谋的是专制。庞贝、恺撒、马克·安东尼和屋大维都属于这种人,他们一方面借助一系列土地法案改善贫困公民的生活境况;另一方面借助他们的军团和退伍兵的支持要挟元老院。西塞罗政治生涯中的大起大落都与两派之间的斗争直接相关。

根据罗马共和国的"不成文宪法",在国家遭遇严重危机的紧急状态下,元老院可以颁布"终极授权令"(senatus consultum ultimum)⑤,准许执政官"便宜行事",不经司法审判而处决威胁国家安全之人。这一权力自公元前123年被首次使用之后,在共和国的历史上总共被动用了7次,

---

① A. J. E. Bell, "Cicero and the Spectacle of Power", 87 *The Journal of Roman Studies*, 1997, pp. 1-22, at p. 1.

② Juvenal, *Satires*, texte établi et traduit par Pierre de Labriolle et Françeois Villeneuve, Paris Les Belles lettres,1967, 9. éd., VIII, 244:"Roma patrem patriae Ciceronem libera dixit(因为西塞罗拯救了罗马的自由,人们称他为国父)".

③ Cicero, *Brutus*, trans. E. Jones, AMS Press, (1776) 1976, pp. 306-307.

④ V. Maximus, *Factorum et dictorum Memorabilium*, vol. I, Harvard University Press, 2000, 3. 8. 5.

⑤ C. Williamson, *The Laws of the Roman People: Public Law in the Expansion and Decline of the Roman Republic*, The University of Michigan Press, 2005, p. 393.

第三章 西塞罗与共和主义法政哲学

其中一次就是针对卡提林叛乱,当时任执政官的西塞罗借此处死了若干名卡提林的同伙,其中包括数位元老院成员。这种用非法治的方式处理政治危机的做法,成为后来"媚众派"打击他的主要口实。

公元前58年,新当选的保民官克劳迪乌斯(Publius Clodius Pulcher)提议检控滥用权力、不经审判处决罗马公民的前执政官西塞罗。是年3月,西塞罗离开了他所热爱的罗马城,踏上了自我流放之路。共和时代的罗马官员很容易在他们卸任后因其以前的公职行为而受到刑事检控,他们不得不在自我流放和被定罪判刑之间做出选择。① 用西塞罗自己的话来说:"流放并不是一种刑罚,而是一种对刑罚的躲避,与别的国家不同,罗马法律中找不到将流放作为一种刑罚的规定。"②实际上,流放被视为一种有尊严的自愿行为,是维护贵族阶层内部和谐(concordia ordinum)的一种选择。③ 5月,西塞罗抵达希腊的塞萨洛尼基,在那里度过了一年多的时光,直至次年元老院在保民官米洛(Titus Annius Milo)的提议下将他召回。

在西塞罗的自我放逐之前,恺撒曾邀请他加入自己与庞培和克拉苏的联盟,但西塞罗拒绝了,因为他担心这种政治结盟会导致罗马共和制的毁灭。这次拒绝使他与恺撒之间形成了难以弥合的嫌隙,也使他在结束放逐后无法再回到政治中心。此后他潜心于学术,写作了一系列哲学著作。在其晚年作品《论义务》中,西塞罗写道:"美德的全部荣誉在于行动,然而行动又常常被情势打断,这便给许多人提供了恢复从事学术研究的可能。"④这其实是对自己隐退生涯的一种解释。

恺撒于公元前44年3月15日在元老院内被刺杀,西塞罗当时在场。虽然并未参与这一行动,而刺杀行动的主要策划者和执行者之一布鲁特斯却当众呼喊西塞罗的名字,并祝贺了他。⑤ 这一举动说明,西塞罗尽管已经很长时间懒于问政,但仍被自己的元老同僚们奉为反恺撒的保守派精神领袖。此后,西塞罗的确开始积极参政议政,指望能光复共和。他把

---

① G. P. Kelly, *A History of Exile in the Roman Republic*, Cambridge University Press, 2006, p. 1.

② Cicero, *Pro Caecina*, 100, in M. Tullii Ciceronis, *Orationes*, ex editionibus Oliveti et Ernesti, Tomus II, Excudit T. Davison, 1820, p. 130.

③ Ibid., p. 13。

④ [古罗马]西塞罗:《论义务》,王焕生译,I. 19,北京,中国政法大学出版社,1999。引用西塞罗著作时本文依西方古典学传统标注章节段落,而不是页码,以便有志深入研究的读者对照原文。下面所引王焕生先生所译的《论共和国》和《论法律》也做了类似处理,不再一一注明。此三本书是西塞罗在政治—法律哲学方面的主要著作,本文多有征引。拉丁原文所依据的是哈佛大学出版社勒布古典丛书,版本信息如下:Cicero, *De Re Publica*, *De Legibus*, Loeb Classical Library Volume 213, trans. C. W. Keyes, Harvard University Press, 1928; Cicero, *De Officiis*, Loeb Classical Library Volume 30, trans. W. Miller, Harvard University Press, 1913.

⑤ A. Everitt, *Cicero: The Life and Times of Rome's Greatest Politician*, Random House, 2001, p. 6.

恺撒的长期追随者安东尼视为共和的敌人,而寄希望于恺撒的甥孙和养子屋大维。但屋大维于公元前43年同安东尼和雷必达结成同盟,将300位元老和上千骑士剥夺公权,宣布为不受法律保护的人,西塞罗也在其中。安东尼派出的杀手最终将他杀害。

关于西塞罗之死,普卢塔克有生动的描述:"……与此同时,杀手与一队士兵一起赶到……他们发现门关着,便破门而入,但没有发现西塞罗……菲洛罗格斯告诉军官:西塞罗的轿子正沿着那条荫蔽小径往海边而去。军官带着几个随从奔向那条小径,并在那里发现了西塞罗一行。见到来人,西塞罗命随从放下轿子,像往常习惯的那样以左手抚颊,直视杀手。此时,他风尘仆仆,须发凌乱,面容憔悴。旋而众人侧立掩面,赫伦纽斯手举刀落。这便是64岁的西塞罗从容就死的场景。赫伦纽斯随后砍下了西塞罗的首级和双手。安东尼下令将这些安置在演讲者通常站立的讲台上。罗马人不愿直视这种景象,他们相信此时看到的不是西塞罗的脸,而是安东尼的灵魂。"①一百多年之后,罗马帝国时代的西班牙诗人马蒂尔写道:"为何他(安东尼)的复仇毒舌苍白无力?因为全世界都为西塞罗打气。"②对于死亡,西塞罗本人借助"天鹅之歌"的比喻做了美好的描述:"所有贤能之士都应该以天鹅为榜样,它们被阿波罗视为神圣,事出有因,特别是因为它们似乎从他那里得到了未卜先知的异能,借此,它们看到死亡是多么幸福,因此欢唱着离开这个世界。"③

一位当代古典学者这样评价西塞罗:"政治家和实干者通常要么敌视任何形式的抽象和体系化思想,要么教条化地应用某一特定思想体系。西塞罗是一个罕见的例子,情势和天赋使他走上了公职之路,但他同时又被哲学理念所吸引,并深信哲学研究在知性和人格教育中的价值。"④而西塞罗本人对学术与政治之间关系的理解是"对美德的最好运用在于管理国家,并且是在实践中,而不是在口头上,实现那些哲学家们在他们的角落里大声议论的东西"⑤。作为一个自信拥有美德的人,他投身于共和国的国务活动,曾经救共和于危亡,但最终未能抵挡住历史的大潮,随共和国的陨灭而身死。要理解西塞罗的法律和政治思想,我们必须同时观察他的言说与行动,因为他是历史上罕见的同时拥有美德与权力的人物之一。

---

① T. G. Plutarch, *The Lives of Noble Grecians and Romans*, Dryden Translation, Encyclopaedia Britannica Inc., [1952]1994, p. 723.

② Martial, *Epigrams*, Volume I, trans. D. R. Shackleton, Harvard University Press, 1993, p. 69: "Quid prosunt sacræ pretiosa silentia linguae? Incipient omnes pro Cicerone loqui".

③ Cicero, *Tusculan Disputations*, I. 30, ed. & rev. W. H. Main & W. Pickering, 1824, XXX, p. 44.

④ J. G. F. Powell, "Introduction: Cicero's Philosophical Works and their Background," in J. G. F. Powell (ed.), *Cicero the Philosopher: Twelve Papers*, Clarendon Press, 1995, p. 2.

⑤ [古罗马]西塞罗:《论共和国》,王焕生译,I. 2,上海,上海世纪出版集团·上海人民出版社,2006。

第三章 西塞罗与共和主义法政哲学

第二节 西塞罗的方法

许多评论者将西塞罗的运思方法评论为"折中主义",因为他博采古希腊各派哲学之长,尤其是对廊下派、逍遥派和学园派哲学多有吸收,唯一排斥的是伊壁鸠鲁主义。这种不加区分地糅合各派思想的做法被文德尔班认为只展示了综合的能力和表达的天赋,而缺乏哲思的力量。① 由于文德尔班的《哲学史》影响巨大,这种观点几乎称为思想史界定见:西塞罗是一位缺乏原创性的思想家。

一位当代学者在承认西塞罗博采而不专精的基础上试图给出一种语境化的解释:"西塞罗的方法,其中包含对不同的、相互竞争的立场的描述,锐化并理性化了差异,同时试图回答一系列具体问题,但并不提供化解差异的途径。西塞罗指出'判断'是解决冲突的必要步骤,但他并未讨论在已经辨明的不同立场之间作出选择的判断方法。他的方法反映并背书了罗马共和国晚期的政治和哲学竞争,在其中,修辞学主要服务于派系冲突的各方;判断只是听众的最后投票——一种不需要提供理由的站队。"②这种说法虽然有一定道理,但却过分强调了西塞罗的政治和社会角色对他的思想的可能影响,而没有在思想史的脉络上准确地定位西塞罗的"折中主义"或综合式研究方法。

西塞罗的研究方法受到学园派的极大影响。这是一种怀疑论的方法,起源于苏格拉底,复兴于阿尔塞西拉斯(Arcesilas),增强于卡尔尼德斯(Carneades),并且由拉瑞萨的菲洛(Philo of Larissa)亲自传授给西塞罗。学园派怀疑论的方法论假定是:确定的客观真理的确存在,但它往往与假象和错觉搅和在一起,影响人们作出判断和识别。身处这样一个不确定的世界,智者应质疑所有自诩为真理的命题,找出最可能接近真相的命题,并且能够在缺乏确定性判断的时候以可能性作为自己行动的指南。

这种研究方法与西塞罗极为擅长的修辞学的实践路径完全吻合。修辞学的第一步是发现问题和现有的答案贮备,第二步才是判断。但这并不意味修辞术高手可以抛开一切伦理约束和价值考量,指鹿为马,颠倒黑白,而是恰恰相反:正如西塞罗在《论法律》开篇处就点明的那样:"你明

---

① W. Windelband, *Geschichte der Philosophie*, zweite durchgesehene und erweiterte Auflage, Valag von J. C. B. Mohr [Paul Siebeck], 1900, S. 132.
② R. O. Brooks, "Introduction," in R. O. Brooks(ed.), *Cicero and Modern Law*, Ashgate, 2009, p. xxix.

49

白我们这场讨论的方向:我们整个的讨论旨在使共和国持久,使法律稳定,使人民安康。"① 作为一种技艺,修辞术的基础是哲学,而目的是善治。无论是希腊的 agora,还是罗马的 forum,都为公开演讲和辩论提供了场所,这与当代社会的专家上电视"教育"民众是完全不同的机制。当修辞论证(oratio)与理性(ratio)分离之后,人们便越来越重视结论,而不是论理过程了。这也是西塞罗在文艺复兴时代受到高度重视,而在当代却饱受冷落的原因吧。

西塞罗本人曾经如此介绍过自己的研究方法:"这种质疑所有立场而不作出肯定判断的哲学方法始于苏格拉底,承继于阿塞西拉斯,重申于卡尔尼德斯,一直到我们的时代仍十分兴盛。我知道这种方法如今在希腊本土已经没有什么支持者了,但我认为这应当归因于人的沉闷无趣而不是学园派的过错。掌握一个学派的论证方法就已经很难了,更何况要有能力把握所有的学派!但这对那些志在通过斟酌比对各派观点来发现真理的人们来说是十分必要的。我不敢妄称已经在一件这么难做到的事情上取得了成功,但我敢说我尝试过了。"② 着力于建构体系的哲学家由于越来越深地陷入自己挖掘的洞穴中,往往自认为发现了绝对真理。而西塞罗这样的政治家兼哲人则不享有沉浸到自己的小角落去的奢侈,他必须直面问题而对探寻答案的方式和答案本身保持开放态度。政治判断和政治行动往往需要在或然性的背景中展开,因此,西塞罗提供的恰恰是有助于指导行动的政治哲学。

第三节 什么是"共和国"

西塞罗不仅是罗马共和国宪制的最卓越阐释者,而且是整个西方共和主义传统的鼻祖。实际上,如今印欧语系中的"共和国"一词,比如法语中的 République,德语中的 Republik,英语中的 Republic,都来自于西塞罗对希腊语中 politeia(πολιτεία)一词的拉丁文翻译 res publica 以及他对这一概念的哲学阐释。Res publica 一词并非西塞罗的创造。在他写作《论共和国》一书之前,这个词的用法及其复杂多样。它的直接含义是"公共之物",但也可以指"公共活动"、"公共事务"、"公共利益"、"社会"(作为公共活动的主要场所以及公共利益的主要受益者)和"共同体"(由公民

---

① [古罗马]西塞罗:《论法律》,王焕生译,I.2.1.37,上海,上海世纪出版集团·上海人民出版社,2006。"iter huius sermonis quod sit vides: ad res publicas firmandas et ad stabilienda iura sanandosque populous omnis nostra pergit oratio."

② Cicero, *De Natura Deorum*, Harvard University Press, 1933, I. 5. 11.

civitas 或人民 populus 组成)。① 西塞罗率先用这一术语来对应柏拉图和亚里士多德的 politeia 概念,并给这一术语下了一个明确的定义:"共和国乃是人民的事业(Res Populi),但人民不是人们某种随意聚合的集合体,而是许多人基于正义观的一致和利益上的伙伴关系而形成的共同体。"② 此外,西塞罗还为共和主义政治哲学和法律哲学提供了一系列拉丁术语,包括刚毅(virtus)、素质(qualitas)、诚信(fides)、仁义(humanitsas)、光荣(gloria)、和谐(concordia)、精神(animus)、理想统治者(princeps)、文雅(decorum)、幸福(beatitude)、权威(auctoritas)、品格(moralis)、荣誉(honestas)和义务(officium)等等。③

从这一定义出发,西塞罗本人以及后世的学者们归纳和引申出了共和国的若干基本要素。

第一,共和国是人民共有之物,而不是一人或若干人的私产。这意味着它是一种"被统治者也有份参与的政府形式",有别于君主制或僭主制,但包含贵族共和(贵族制)与平民共和(民主制)两种形态。共和制的基本要求是全体公民在国家事务中有休戚与共的利益关联。因此,公务活动的公开性、透明性和公众的参与都是题中应有之义。④ 一个共和国应该能够保障公民的自由、财产和生命,并追求共同善。

第二,"并非任何一群人以任何方式的结合都可以称为人民,人民是依以下两项原则形成一种共同体:(1)对何为正义形成共识;(2)分享利益"⑤。这个共同体的纽带是对同胞的正义与慷慨(beneficentia)。⑥ 这种观点并非西塞罗的独创,而是来自于他对古希腊哲学的学习和接受。从普罗塔格拉到柏拉图、亚里士多德,希腊哲学家大多将正义理解为城邦的基础,并认为城邦有责任教育公民变得正义,即毋害他人,只拿自己应得的东西。⑦ 值得注意的是,正义在古希腊和罗马主要是指一种个人美德,是与节制、审慎、坚毅相并列的四大美德之一,而不像罗尔斯所代表的现代自由主义政治哲学所理解的那样是"政治制度的第一原则"。

第三,这个共同体不仅是当代人选择和行动的结果,而且是以往和将来的成员不断努力的成果。正如西塞罗所言:"我们的国家的存在不是靠一个人的智慧,而是靠许多人的智慧,不是由一代人,而是经过数个世

---

① M. Schofield, "Cicero's Definition of *Res Publica*", in J. G. F. Powell (ed.), *Cicero the Philosopher: Twelve Papers*, p. 66.

② [古罗马]西塞罗:《论共和国》,I.39.

③ R. T. Radford, *Cicero: A Study in the Origins of Republican Philosophy*, Rodopi, 2002, p. 72.

④ H. I. Flower, *Roman Republics*, Princeton University Press, 2010, p. 11.

⑤ [古罗马]西塞罗:《论共和国》,I.39:"populous autem non omnis hominum coetus quoquo modo congregates, ed coetus multitudinis iuris consensus et utilitatis communion sociatus."

⑥ [古罗马]西塞罗:《论义务》,I.20.

⑦ S. E. Smethurst, "Politics and Morality in Cicero," 9/3 *Phoenix*, 1955, pp. 111-121.

纪,由数代人建立的。"① 因此,当代人不可轻易推翻现行的制度和法律,而是要在"祖宗之法"的基础上循序渐进地改变,以实现更完善的政治生活。《论共和国》第 5 章的序言里写道:"罗马共和国牢固地建立在古老习惯和强人之上"(moribus antiquis res stat Romana virisque)。这一论断充分展示出西塞罗思想的保守主义气质。

第四,由于共和国是人民共有之物,其存在是为了公共利益,所以,其最大的敌人是把个人野心和私利看得比公共利益更重的政客,比如,恺撒和安东尼。他写道:"因此谁会说这是一个人民之国,即一个共和国,如果全体公民受一个人的残暴所制,抑或没有统一的正义纽带或一群人之间的合意与联合(这正是人民的定义)?"② 在他看来,暴君和野心家是共和国的敌人,人人得以诛之。在支持刺杀恺撒的布鲁特斯和凯希乌斯采取非常手段抗击"专制余孽"多拉贝拉(Dolabella)部队的时候,西塞罗写道:"朱庇特已谕示:所有旨在确保共和国安全的手段都是合法的和正当的。因为法律(lex)不外乎是来自于诸神的正确理性(ratio),它命令人们行正直之事,并禁止相反的事情。"③ 为了国家的安全,共和卫士可以采取非常手段,不必受法律形式的约束,而只需在事后向元老院和人民做个交代。这也正是西塞罗在卡提林事件中所坚持的立场。德国法学家施米特对无力保护自身的魏玛共和制度的批评,无疑是受了罗马共和思想的影响。

第五,西塞罗认为,立法的恰当疆域是公共利益(res publica),用事先制定的法律规则来保护公共利益,可以防止这种利益为武断的权力意志所侵凌。诚然,私人利益(res privata)于公共讨论之后在法律中所获得的领域也值得公权保护。④ 但西塞罗区分了人民的福祉(populi utilitas)和人民的意志(populi voluntas),认为公共利益以前者而不是后者为准,因为"傻子的选票"也不能改变正义的自然法则。⑤

第六,西塞罗虽然强调共和国归人民所有,但这里的人民是超越具体时空的理想概念,而不是某时某地生活在罗马的具体个人。这样的人民概念旨在帮助具备美德的政治家来判断公共利益,制定有利于国家长远发展的政策。对于具体的人民,西塞罗是保有怀疑态度的。他认为,如果人民缺乏美德,他们就变得十分危险,暴民之害过于暴君。他认为,民意是流变不居、反复无常的。"认为一切基于意见,而非自然,这是愚蠢人的

---

① [古罗马]西塞罗:《论共和国》,II. 2。
② 同上书,III. 43:"Ergo illam rem populi, id est rem publicam, quis diceret tum, cum crudelitate unius oppressi essent universi, neque esset unum vinculum iuris nec consensus ac societas coetus, quod est populous?"
③ Cicero, *Philippicae*, ed. & trans. W. C. A. Ker, Harvard University Press, 1926, 11. 28.
④ M. N. S. Sellers, *Republican Legal Theory: The History, Constitution and Purposes of Law in a Free State*, Palgrave Macmillan, 2003, p. 2.
⑤ [古罗马]西塞罗:《论法律》,I. 16. 44。

想法。"①法律不能随民意而变,必须本乎"自然":"要是法是由人民的法令、统治者的决定、法官们的判决确立的,那么便会存在抢劫法、通奸法、提供伪遗嘱法,只要这些法能由人民的投票或决议获得通过。"②

第七,共和与法治是一对相依相伴的概念,既然共和意味着避免暴君出于私意的权力滥用,而权威和秩序又必不可少,那只能以法律的权威取代个别人的权威。于是西塞罗写下了这句后半段被人广为引用的名言:"法律的执行者是行政官员,法律的解释者是法官;最后,我们都是法律的奴隶,目的却是保有自由。"③

第八,自由是共和国所要保障的核心价值。因为"所有命运掌握在别人手中的人都会更多地为手握权柄的人考虑,更多地揣度他们将做什么,而不是自己必须做什么"④。因此,在一个自由得不到保障的社会,以自主选择和自主决断为表现形式的公民美德便无从培育和生长,民众会沦为奴颜婢膝的仆役。而公正的司法是保障自由的必要制度设置:"要是在这个法庭上审判案件的标准是权势的衡量,而不是事实真相的衡量,那么神圣与纯洁在这个国家确实已经不复存在,法官的权威和正直也不足以给卑微的公民提供任何安慰。"⑤

第九,为了解决在危急时刻挽救共和国的非常权力与日常政治中的法治原则之间的矛盾,西塞罗发明了一个概念,叫作"导师"(tutor)或"舵手"(rector),他处在宪法框架之外,平时并不参与日常行政管理和国家事务,但却在关键时刻发挥力挽狂澜、把握国家发展方向的作用:"一个善良、智慧、深知公民的利益和尊严,有如公民的教导者和公共利益保护者的人。要知道,我们应该称这样一位人士为首脑或舵手。你们应该做到能够识别谁是这样的人,因为正是这样的人能够用自己的智慧和行动保卫国家。"⑥这种设想显得过于理想化,但的确暴露出法治本身所面临的困境:在面对战争、内乱、饥荒、自然灾难等非常事态的时候,人们对能够解决实际问题的强人的期待便会超过对形式正义的渴望,法治往往不能保卫自身。西塞罗用一句话很好地概括了这种状态:"战时法无声"(Silent enim leges inter arma)。⑦罗马共和国为了避免紧急状态的常态

---

① [古罗马]西塞罗:《论法律》,I. 45。
② 同上书,I. 43。
③ Cicero, *Pro A. Cluentio* (66 BC), Nabu Press, 2010, 146: "Legum ministri magistratus, legum interpretes judices; legum idcirco omnes servi sumus ut liberi esse possimus."
④ Cicero, *Pro Publio Quinctio*, trans. J. H. Freese, Harvard University Press, 1930, pp. 96-97.
⑤ Cicero, *Pro Publio Quinctio*, p. 70.
⑥ [古罗马]西塞罗:《论共和国》,II. 51。
⑦ Cicero, *Pro Milone*, trans. N. H. Watts, Harvard University Press, 1931, IV. 11. 尽管这句话后来脱离语境成了"法谚",用来形容战争状态下国际法规则的苍白无力,但其本意却是指罗马共和国末期社会失序、私人武装横行、暴力冲突随处可见状况下国内法的失灵。

化,曾经试图为应对这种状态的"独裁者"的任期设定一个严格的限度,即6个月。但西塞罗所设想的还不是这种宪政框架内的"独裁者",而是一位像姜太公那样平时钓鱼、思考,危难时刻应人民的召唤担当大任,社会秩序恢复常态后又归隐田园的智者。这种既不同于哲学王、又不同于短期独裁者的角色,可以说是西塞罗的独创理念,在现实中从未存在过。只有他本人,按照这种理想做过不成功的尝试。

作为哲学家的西塞罗虽然提出了他的理想共和国概念,并认为这个理想的共和国并不是海市蜃楼,而是在罗马历史上确实存在过,但作为政治家的他又清醒地认识到自己所处时代的政治现实与这个共和国之间的差距。他曾感叹:"事实上,在我们这一代,虽然共和国仍然像一幅由于年代久远而褪色的名画那样被继承下来,但它的色彩却没有得到尽力复原,甚至就连它的构图和基本轮廓也没能得到维护。"①在一系列书信中,他写道:"我们生活在一个虚弱、可怜、不稳定的共和国中"②,"共和已逝!"③,"元老院、法院以及整个共和国的总体架构都已经被改变了"④。但他试图挽狂澜于既倒,恢复共和。在《论共和国》和《论法律》中,西塞罗也大量采用这种医学比喻,指出共和国正变得虚弱、不稳定、身染重疾、濒临死亡,而自己则试图开出良方,令其起死回生。总体上说,西塞罗貌似一位对"前朝旧制"、"祖宗之法"(mos maiorum)念念不忘的不合时宜之人,把握不住时代的气息,对势所必至的帝制盲目抵触。但这种固执的思想恰恰抵御住了时光的腐蚀,在历史的不同阶段反复被人重新拾起,用以解决人类社会一些亘古不变的问题。

贫富不均所造成的社会分裂、公共利益难以辨明就是这样一个问题。西塞罗时代的罗马共和国是一个以财富为分层标准的等级社会,比如,进入骑士阶层的基本条件是在财产普查中被登记为拥有 40 万塞斯特斯以上的财产,而进入元老阶层则需要有 100 万塞斯特斯的登记财产。当时一位普通自由劳动者的日收入是 1 个银币,即 4 塞斯特斯。罗马史家大多认为在共和国末期不存在一个"中间阶层"或"中产阶级"⑤,杰瑞·童纳甚至给出了具体的比例:"不存在一个中间阶层,……事实上有 99% 是穷人,0.4% 是军人,0.6% 是富人。"⑥担任公职没有报酬,但却需要大笔开销,尤其是担任市政官,需要自己出钱搞竞技比赛和其他活动以娱乐大众。若非出生在巨富之家,举债成为初入官场者的通常筹资方式。据记

---

① [古罗马]西塞罗:《论共和国》,V. 2.
② Cicero, *Letters to Atticus* 1-89, Loeb Classical Library, 1999, Att. 1. 17. 8=17; Dec. 61.
③ Cicero, *Letters to Quintus and Brutus*, Loeb Classical Library, 2002, Q. fr. 1. 2. 15=2; Dec. 59.
④ Cicero, *Letters to Friends*, Loeb Classical Library, 2001, Fam. 1. 8. 4=19; early 55.
⑤ P. Brunt, *Italian Manpower 225 b.c. - a.d. 14*, rev. edn. Oxford University Press, 1987, p. 383.
⑥ J. Toner, *Rethinking Roman History*, Cambridge University Press, 2002, pp. 50-51.

载,恺撒在公元前 1 世纪 60 年代中的某段时期欠债高达 2500 万塞斯特斯。罗马法对欠债不还惩罚严厉,首先是没收财产(proscriptio bonorum),进行拍卖并偿还债务;其次是名誉罚(infamia),宣布欠债者失去诚信(fides),因而不能担当任何公职,实际意味着政治死亡。当恺撒于公元前 63 年竞选祭司长(Pontifex Maximus)的时候,他的对手 Catulus 许诺帮他偿还相当一部分债务,条件是退选,但他没有答应,反而借了更多钱。在给母亲的信中,他写道:"我要么成为祭司长,要么流亡。"①实际上,恺撒最大的债主是罗马首富克拉苏,两人后来与庞培形成"前三头同盟",靠远征高卢而攫取财富,然后又依仗兵权要挟元老院,加速了罗马共和制的崩坏。西塞罗对此评价说:"有这么一类人,他们负债累累,却富可敌国,无人能够将他们的爱欲从钱财上移开。这些人因富裕而衣冠楚楚,但其动机和追求却无比龌龊。"②在西塞罗的时代,罗马的统治阶级由 600 位元老院成员(senators)、2000 位骑士贵族(equestrians)和 40 000 名有产贵族(decurions)组成。他们统治着一个 5000 万人的庞大帝国。贫富差异的加剧和社会阶层的固化使得社会团结的纽带被拉伸到失去弹性,暴力在很多时候成了解决纠纷的唯一途径,罗马城几乎陷入"一切人对一切人的战争"(bellum omnium contra omnes)③。

西塞罗虽然认为贫富差距过大以及赤贫人口的增加不利于共和国的稳定,但却反对政府介入财产的平均分配。部分原因是他强调私有财产的保护:"一个将要管理国家事务的人首先应该关心的是使每个人拥有自己的财产,并且使私人财产不会被国家所剥夺……要知道,正是由于这个原因,为了维护私有财产,才建立了国家和公民社会。事实上,人们尽管由天性引导而聚合起来,但是他们正是希望保护自己的财产而寻求城邦作为保障。"④但更重要的原因是他认为劫富济贫的再分配主张往往并非真正代表平民的诉求,而是精英阶层争权夺利的结果:"处于国家领导地位的人们没有什么能比克己和自制更容易激发人们的善意。当有人想使自己成为民众偶像的时候,他们或者提出土地问题,以便把所有权人从他们的土地上赶走,或者认为应该宽免债务人的债务,从而动摇国家的基础,尤其是和谐;当一方面剥夺一些人的财产,另一方面又把它

---

① Plutarch, *Lives of Coriolanus, Caesar, Brutus, and Antonius in North's Translation*, ed. & no. R. H. Carr, Clarendon Press, 1906, Caesar, 7.1-7.4.

② Cicerone, *In Catilinam*, II. 11-20: "Unum genus est eorum, qui magno in aere alieno maiores etiam possessiones habent, quarum amore adducti dissolvi nullo modo possunt. Horum hominum species est honestissima (sunt enim locupletes), voluntas vero et causa inpudentissima."

③ 关于罗马共和国末期(即西塞罗时代)暴力猖獗的现象,请参阅林托特的经典著作 Andrew Lintott, *Violence in Republican Rome*, revised edition, Oxford University Press, 1999.

④ [古罗马]西塞罗:《论义务》,II. 73。

们赠送给其他人的时候,和谐是不可能的;其次是公平,如果每个人不能拥有自己的财产,整个公平便会被破坏。要知道,正如我在前面已经说过的,使每个人能自由地、无忧无虑地保持自己的财产,这是国家和城市的责任。"① 这里面所包含的洞见,对于今天的我们仍有极大的借鉴意义。

第四节　混合宪制

　　混合宪制或均衡宪制是西方共和主义法政传统中的重要观念形式,其主要目的在于中和简单宪制(君主制、贵族制和民主制)的极端化倾向,确保政体的温和与节制。古代史学家如修昔底德、波利比乌斯、塔西佗和李维,哲学家如柏拉图和亚里士多德,近代思想家如孟德斯鸠、约翰·亚当斯、亚历山大·哈密尔顿和托马斯·杰弗逊等都论证和提倡过某种形式的混合宪制。而对混合宪制进行过最系统论述的古典思想家,无疑是西塞罗。

　　要理解西塞罗的混合宪制理论,我们有必要先了解一下希腊历史学家波利比乌斯的混合宪制学说。为了解释罗马共和国从第二次布匿战争中迦南战役惨败中浴火重生并称霸整个地中海世界的原因,波利比乌斯提出了一种宪制循环论(anakuklōsis):人类社会从原始首领制出发,依次经过王政制、僭主制、贵族制、寡头制、民主制和暴民政治,最终再回到原始首领制,如此循环往复。② 政体类型学在此前的希腊哲学家那里,尤其是在柏拉图和亚里士多德那里,已经得到充分的发展。波利比乌斯的贡献在于探讨了政体变迁的机理。他提出的学说是一种生命体盛衰周期论:政体犹如生物,有其孕育、出生、成长、达到顶峰、衰老以及死亡的过程。每一种单一政体都会经过这一自然过程,比如:"首先原始首领制会自然形成,无须有计划的人类努力。通过人为的努力和改进,王政会从中产生。而后王政转化为它的较坏变体,即僭主制,这种衰败的政体最终会走向死亡,最终被贵族制自然取代。"③ 因此,宪制变迁论与生命周期之间的关联可以用下面这张对照表来概括:④

---

① [古罗马]西塞罗:《论义务》,II. 77-78。
② Polybius, *The Histories*, VI. 4. 7-4. 10, 5. 4-9. 10.
③ Ibid., VI. 4. 7-4. 8.
④ 根据大卫·哈姆教授的对照表修改而成,参阅 D. E. Hahm, "Polybius' Applied Political Theory", in A. Laks & M. Schofield (eds.), *Justice and Generosity: Studies in Hellenistic Social and Political Philosophy, Proceedings of the Sixth Symposium Hellenisticum*, Cambridge University Press, 1995, p. 15.

第三章 西塞罗与共和主义法政哲学

宪制阶段	相对应的生命阶段
基本类型的形成(sustasis)：一人统治、少数人统治或众人统治	孕育
人为改善其统治质量而迈向该政体本身的完美状态(genesis, auxēsis)	出生与成长
理想或完美状态(akmē)：君主制、贵族制或民主制	成熟
衰败并退化为基本类型中较坏的变体(metabolē)：僭主制、寡头制或暴民统治	衰老
解体或灭亡(katalusis, telos)	

由此可见，波利比乌斯一方面将政体兴衰比喻为生命周期，但另一方面也并没有主张某种命定论或决定论。人们是否凭借理性来改善一种自然形成的政体的统治方式、并使正义（也就是妥当的行为方式：kathēkon）在全社会得到遵循，是区分同一基本类型中的好坏政体（比如贵族制和寡头制）的主要标准。这种通过人的意志和理性因素来改变自然——历史发展轨迹的可能性在斯巴达的利库古(Lycurgus)那里体现得最为明显：

利库古……没有令宪法变得简单和统一，而是汇集了最好的政治制度中所有的优良品质和独特个性，因此没有哪种因素会过度成长并蜕化为它自身所包含的邪恶。他的目的是令每种因素的力量被另一种因素牵制，从而使其中没有哪种因素会令天平颤动，更不会严重打破平衡，而整个政府系统得以依照制衡原则而长期保持平衡和均势。君主因害怕民众而不至于变得过于傲慢，后者在宪法中被赋予了充分的参与权。民众又因为害怕长老而不至于冒险迕逆君主，后者因为德高望重而获遴选，他们总是以正义作为自己的行为指南。于是，社会中那些因为坚守传统习惯而变得不合时宜的人们因为长老们的性情倾向和凝聚力而变得更有势力、更有分量。通过这样来起草他的宪法，利库古使斯巴达人长期享有着自由，这在历史上也属罕见。①

在这里，我们看到的不是现代宪政理论中的"分权与制衡"原则，而是一种"恐惧平衡"(balance of fear)②：社会上不同阶级、不同权力中心之间的相互惧怕导致了一种相对稳定的均衡状态。波利比乌斯认为，利库古经过深思熟虑设计出的宪制安排，被罗马人在不经意间完成了。虽然这种混合宪制不能帮助罗马共和国完全避免盛极而衰的命运，却能够延长盛世的长度，减轻衰亡的痛苦。

西塞罗的《论共和国》一书试图回答一个基本问题：什么是最好的政体？而该书给出的答案很明确：融合了民主制、贵族制和君主制要素和原则的混合政体。这种观点明显受到柏拉图、亚里士多德和波利比乌斯

---

① Polybius, *The Histories*, Ⅵ. 10. 6-10. 11.
② M. Schofield, "Social and Political Thought," in K. Algra, et al. (eds.), *The Cambridge History of Hellenistic Philosophy*, Cambridge University Press, 2008, p. 748.

的影响,但西塞罗给混合宪制赋予了新的内涵,并使这一概念成为共和主义传统中的理论要素。第一,西塞罗用公共利益来阐释混合宪制的必要性。善政的原则是服务于公共利益,而每一种简单政体都很容易划向服务于部分人利益而不是公共利益的恶政:民主制容易变成暴民政治,贵族制容易变成寡头政治,君主制容易变成独裁专制。混合宪制由于给领袖、精英和大众都提供了政治角色,使这三股力量相互制衡,从而趋向于温和折中,寻求并服务于公共利益。

第二,政治稳定被西塞罗用来作为解释混合宪制之优势的主要考量因素。《论共和国》中对话的主角斯基皮奥表示,如果一定要他在三种简单宪制中选一种,他会选择君主制,因为:(1)整个宇宙由一个神统治;(2)罗马在不久以前也是由明君统治;(3)思想或判断应当统治愤怒和欲望;(4)治家之道在于全家服从一个家长;(5)正像在航海中所有人都服从船长、在疾病时所有人都听从医生一样,罗马人民在战时都听命于一个伟人,以求得安全。① 但是,正像被西塞罗称为"明君形象代言人"(effigiem iusti imperii)②的居鲁士也可能由于"灵魂的变化"而变成暴君一样,③君主制本身充满了不稳定因素:"就这样,国家政权犹如一个球,僭主们把它从国王手里夺过来,然后一些显要人物或民众又把它从僭主们那里夺过去,而后又由派别集团或僭主从他们那里夺走,一种单一的政体从不可能长久地存在下去。"④为了避免使国家政权成为不同群体可以争夺的球,就需要分散权力中心,设法使公共权力由人民的不同部分分享,而不是由一人、少数或多数把持。

第三,西塞罗在这里没有套用他所钦佩的柏拉图在《理想国》中所采用的那种描绘理想政体的方法,而是从罗马共和国的"活的宪法"中找到了完美的或可变得完美的宪法模型。他比较了自己的方法与柏拉图方法的不同:"……他探究……原因,并且建立了一个令人向往却无从期待的、规模极小的、实际上不可能存在的、只是借以从中观察公民事务之原则的国家。至于我,则将在尽可能的限度内做到:遵循柏拉图考察过的那些原则,不是根据国家的一般轮廓和形象,而是以一个幅员辽阔的国家为例,像用权杖那样触及每一种公共的善和恶的根源。"⑤正因如此,一位当代学者评论说,"西塞罗的政治哲学是现存文献中最早针对比希腊城邦国家更大的政治单位之政治现实作出解释的思想贡献"⑥。

---

① [古罗马]西塞罗:《论共和国》,I. 54。
② Cicero, *Letter to Quintus*, I. 1. 23, in his *Letters to Quintus and Brutus. Letter Fragments. Letter to Octavian. Invectives. Handbook of Electioneering*, ed. & trans. D. R. S. Bailey, Harvard University Press, 2002.
③ [古罗马]西塞罗:《论共和国》,I. 44。
④ 同上书,I. 68。
⑤ 同上书,II. 52。
⑥ R. T. Radford, *Cicero: A Study in the Origins of Republican Philosophy*, p. 71.

在全面考察了罗马共和国的宪政传统之后,在《论共和国》中,西塞罗将罗马宪法称为"迄今为止最好的宪法"(optimum longe statum civitas)。理想的混合宪法的三个组成部分在罗马共和宪法均有体现:君主制成分,体现在执政官职位上;贵族制成分,体现在元老院;民主成分,体现在民众大会、百人团大会、部族大会等选举和立法机构上。"执政官拥有的权力虽然按时间只有一年,但按其性质和权限却相当于王权。"①执政官有两位,他们在平时是国家的最高行政长官,战时则是最高军事指挥官。其他行政官员包括 20 位财政官(Quaestor)、4 位市政官(Aedile)和 8 位裁判官(Praetors)。这些官员都由民众选举产生,任期 1 年。此外还有 2 名审查官(Censors),由退休执政官担任,任期 5 年,负责进行财产普查、核实资格、检查道德风纪,等等。元老院并无立法权,它负责对立法草案进行初审,此外更像是一个咨询、顾问机构。立法权由民众大会行使。其中 comitia centuriata(百人团会议)选举执政官和裁判官。部落大会(comitia tributa)负责宣战和通过法律。由于交通不便,罗马式直接民主实际上只有罗马城居民参与,乡下人和外地人很难参与。会议在市民中心(Forum)内的大会场(Comitium)举行,而选举则在罗马城外的战神场(Field of Mars)举行。

第四,尽管西塞罗认为罗马的混合宪制整合了一人统治的尊荣与执行力、少数人统治的智慧与审慎以及多数人统治的平等和共同参与,但他同时也指出了这种完美形式背后的不完美现实:"一个国家的管理者的性格和意愿怎么样,那个国家便会是怎么样。因此,除非一个国家的人民权力无比强大,否则在任何国家都不可能有自由可言。确实没有什么比自由更美好,但是如果不是人人都能平等地享受自由的话,那自由也就不可能存在。然而自由又怎么能做到人人平等地享有呢?且不说在王政制度下,在那里奴役是公开存在的,或者是无从置疑的,甚至在那些被宣称为人人自由的国家里也一样。要知道,人们诚然参加选举,委托权力和官职,受人央求给予支持,被人要求审议提案,然而他们授予的是即使他们不愿意也不得不授予的东西,他人想从他们那里得到的是他们自己并不拥有的东西,因为他们不能享有行政权力,不能参与审议国事,不能参加由被挑选出来的法官组成的审判,因为这些都是靠家族的久远历史和财富来确定的东西。"②在任何政治体中,权力都是掌握在少数人手里,不论他们是世袭君主还是民选官员。混合宪制相较于其他制度安排的优势,在于它的稳定性和自我修复能力。

第五,如前所述,波利比乌斯在其《历史》的第 6 卷将单一政体的更替描述为一种循环。由于每种正常政体中都包含着某种自我破坏的力量,所以君主制会堕落为僭主制,僭主制会被贵族制所取代,贵族制会蜕变为

---

① [古罗马]西塞罗:《论共和国》,II. 56。
② 同上书,I. 47。

寡头制，寡头制会被民主制取代，而民主制会异化为暴民统治。暴民统治是一种事实上的无政府状态，其无序和混乱局面会使人们渴望秩序和权威，于是社会又恢复到君主制。① 但西塞罗认为混合宪制中有相应的制度设计来打破这种循环，尤其是他本人添加的"导师"或"舵手"角色："这里就要开始那个众所周知的循环。对这一循环的自然运动和循行你们应该从其始端起学会认识它。要知道，这是国务智慧的基础，我们整个这次谈话就是围绕着这一点，理解各种国家的发展道路和转折，以便当你们知道任何一种政体在向某种方向转变时，能够预先加以制止或对抗。"②

第六，西塞罗的思想仍然体现着古典时代的等级观，与柏拉图一样，他相信人生而材质各异，正义不在于人人平等，而在于各安其分。在宪法层面上，这意味着赋予不同阶层的人以不同的角色："如果一个国家不存在权利、义务和职责的公平的分配，使得官员们拥有足够的权力，杰出人士的意见具有足够的权威，人民享有足够的自由，那么这个国家的状态便不可能保持稳定。"③如果一种宪制安排能够把每一类人都放到合适的位置上，社会和谐便能够顺利实现，而和谐/和睦正是维系国家公共生活和社会稳定的主要纽带："事实上，如同演奏弦琴、长笛和歌唱时的乐声中需要保持各种不同的乐声之间的某种和谐，精微的听觉会对它们的任何变音和不协调感到难以容忍，那种和谐靠对各种声音进行调整而协和一致，由上、中、下各种阶层协调意见组成的国家也像声乐一样，靠各种不同因素的协和一致而发出协调的奏鸣。歌唱时音乐家们称之为和谐的东西，在国家中称之为和睦，这是每个国家的一种最紧密、最牢固的安全纽带，并且如果没有正义，这种和睦便怎么也不可能存在。"④

综合以上考虑，西塞罗提出了古典时代最详尽细致的混合宪制理论，并把这种在罗马共和国历史上逐渐形成的宪政安排视为罗马最宝贵的财富。正是从西塞罗开始，混合宪制成为共和主义思想中的必备要素，对后世许多国家的法政思想乃至国家建设、制度设计都产生了深刻的影响，尤其是对"当代罗马"美国的宪法传统沁润至深。《论共和国》中关于混合宪制的这一段话有助于我们理解混合宪制的核心理念：

鉴于以上情况，在三种单纯的国家政体中，在我看来，以君主制最为优越，但可能有一种政体比君主制更优越，它乃是由三种良好的政体平衡、适度地混合而成的。要知道，最好是一个国家既包含某种可以说是卓越的、君主制的因素，同时把一些事情分出托付给社会贤达的权威，把另一些事情留给民众们协商，按他们的意愿决定。首先，这种政体具有显著的公平性，而公平是自由的人们不可长期缺少的；其次，这种政体具有稳

---

① Polybius, *The Histories*, pp. 371-413.
② ［古罗马］西塞罗：《论共和国》，II. 45.
③ 同上书，II. 57.
④ 同上书，II. 69。

定性,因为那几种单纯政体很容易滑向与之相对应的堕落状态,君主变成暴君,贵族变成寡头,民众变成暴民。并且那些政体很容易被新的政体所更替,那种情况在这种综合性的、合适地混合而成的国家政体里几乎是不可能发生的,除非首要人物们出现巨大的过失。要知道,由于在这种政体中每个公民都被稳定地安置在自己应处的地位,因此不存在可以引起变更的原因,也不存在它可以趋向崩溃和毁灭的政体形式。"①

第五节 自然法与理性

尽管苏格拉底之前的哲学家以及柏拉图和亚里士多德都曾论述过自然法与自然正义,并将它们与实定法和城邦的正义做了区分,但西方法律思想中自然法传统一般被追溯到廊下派,这在很大程度上是由于西塞罗的贡献。②西塞罗继承并系统整理了廊下派哲学家——尤其是潘尼修斯(Panaetius)——的学说,并将其与罗马的政治法律实践结合起来,为自然法思想的传承做出了巨大的贡献。

西塞罗把自然定义为"包含着整个世界并且用感觉和理性保护着它……我们看到感觉和理性存在于世界的各个部分之中(因为世上没有那种事物不是世界整体的组成部分)。因此世界的支配原则体现于其中的那些事物必然包含着感觉和理性。因此世界必然是明智的,而包含世间万物的自然亦擅长于完善自身的理性。总之,整个世界(包括神和世上的所有力量)都包含在神圣的自然之中"③。从这段话中可以看出,西塞罗并没有沿袭古希腊,尤其是前苏格拉底哲学家的自然(physis)与法(nomos)两分法,④而是将自然本身视为具有感觉和理性的存在。自然赋予世界以秩序,人类由于分享了自然的理性而能够为自己立法,建立和维护与自然合拍的人间秩序。西塞罗的自然法学说中包含以下要素:

第一,这是一种有神论、而不是世俗的自然法学说。西塞罗指出:神的心智是"首要和最终的法"(principem legem…et ultimam);"真正的、首要的法律"(lex vera atque princeps)⑤。

---

① [古罗马]西塞罗:《论共和国》,I. 69。
② G. Watson, "The Natural Law and Stoicism", in A. A. Long (ed.), *Problems in Stoicism*, Athlone, 1971, pp. 217-218.
③ Cicero, *On the Nature of the Gods* (*De Natura Deorum*), trans. H. Rackham, Loeb Classical Library, Harvard University Press, 1933, 2. 11. 29-2. 11. 30.
④ J. M. Kelly, *A Short History of Western Legal Theory*, Oxford University Press, 1992, p. 14.
⑤ [古罗马]西塞罗:《论法律》,II. 8, II. 10。

第二，自然与实定法相对，高于并先于实定法："理性从事物的自然本性出发，促使人们采取正确的行动，劝阻人们干坏事（ad recta faciendum inpellens et a delicto avocans）。它并非从变成文字那一刻才成为法律，而是从生发那一刻就是法律；而且，它是与神的心智同时生发的。因此，正确和首要的法律是至上神朱庇特的完满理性，其应用在于令行禁止。"①

第三，西塞罗继承了廊下派关于人类道德进步和"中间义务"的观点，认为人的理性相对于神的理性或自然而言是不完满的，因此国家的实定法确定的并不是绝对义务，而只是相对的中间义务。法律为了引导理性不完满的人类的行为，仅仅部分体现了自然法。这与富勒所称的"愿望的道德"和"义务的道德"遥相呼应。西塞罗将廊下派哲学中用来描述"中间义务"的术语"妥当行为（kathêkon）"翻译成拉丁文中的 officium（义务），并且在《论义务》一书中详尽描述了"义务"的各项要求。② 人类从自然中分得的不完满理性体现为"审慎"或实践理性（prudentia），它一方面体现了人类认知能力的有限性以及不得不在不确定状况下作出决策的现实处境；另一方面也揭示出美德的可能性：恰恰因为行为的后果不受动机支配，"善有善报，恶有恶报"不一定能在当世得到应验，人的善恶美丑才能得到考验和呈现。法律也是人们作出的选择："阐释'法律'（lex）这一术语本身可以清楚地看出，它包含有公正、正确地进行选择（legere）的意思"③，它是对立法者智慧和道德的考验。在一个良性运转的社会，"法律即实践理性，它有能力促成正确的行为并杜绝错误的行为。"④

第四，西塞罗把自然法作为"实定法的规范"（norma legis），在他看来，实定法只有尽量模仿自然法，才可能达致完善。但模仿自然法的过程不是靠一时一地的"哲学王"或"立法贤达"来实现的，在罗马，这一过程是经验累积和传统形成的过程："我们的法律与自然相符合（nostra iura ad naturam accommodari）……这要感谢我们祖先的智慧。"⑤

第五，西塞罗明确表述了后来称为自然法主要命题之一的"恶法非法"观念："毫无疑问，法律的制定是为了保障公民的幸福、国家的昌盛和人们的安宁而幸福的生活；那些首先通过这类法规的人曾经向人们宣布，他们将提议和制定这样的法规，只要它们被人民赞成和接受，人民便可生活在荣耀和幸福之中。显然，他们便把这样制定和通过的条规称作法律。由此可以看出，那些违背自己的诺言和声明，给人民制定有害的、不公正的法规的人立法时，他们什么都可以制定，只不过不是法律。"⑥

第六，西塞罗最早提出了类似于后来洛克所提出的那种"自然权利"

---

① ［古罗马］西塞罗：《论法律》，II. 10。
② 参阅［古罗马］西塞罗：《论义务》。
③ ［古罗马］西塞罗：《论法律》，II. 11。
④ 同上书，I. 6. 18.
⑤ 同上书，II. 61。
⑥ 同上书，II. 11。

理论,他认为,有两种权利是"自然的",一种是保护自己财产的权利,另一种是对自己遭受的不公进行报复的权利。① 当这两种自然权利受到侵犯的时候,人们要么诉诸暴力,要么诉诸法律以实现正义:"在人道与文明的生存状态与野蛮的生存状态之间,最强烈的对比是法律和暴力。如果我们拒绝应用其中一种,就必然诉诸另一种。我们希望摒弃暴力,那么就必须依赖法律,也就是依赖法院,因为那里是所有法律的栖居之所。如果法院不能令人满意或者不存在,暴力定会卷土重来。"② 这种论述预示了霍布斯和洛克关于自然状态与政治社会之分野的论述。

第七,西塞罗将自然法在政治社会中的体现表述为一种一般性的互惠关系:"正如柏拉图出色地表述的那样,我们不是只为自己而生,我们的祖国和朋友都对我们的存在有所期求;又如廊下派所认为的那样,大地上生长的一切都是为了满足人的需要,而人是为了人而生,为了人们之间能够互相帮助,因此我们应该遵从自然作为指导者,为公共利益服务,互相尽义务,付出并得到,或用技艺,或用劳动,或尽自己的才能使人们相互更紧密地团结起来。"③

第八,西塞罗给出了法律思想史上最著名的"真正的法律"的定义,这一定义在此后的历史上一再得到重复和改编,形塑了从保罗到奥古斯丁到托马斯·阿奎那的基督教自然法传统,④以至于西塞罗被称为"最正义的异教徒":

真正的法(vera lex)乃是正确的理性(recta ratio),与自然相吻合,适用于所有的人,稳定、恒常,以命令的方式召唤履行义务,以禁止的方式阻止犯罪行为。它的命令和禁止对好人从来有效,但坏人不会自觉遵循这些律令。通过制定法律来背离这种法是错误的,取消它的部分内容是不被允许的,完全废止它是不可能的。我们无论是以元老院的决议或是以人民的决议都不可能摆脱这种法律的束缚,而它也并不需要像塞克斯图斯·艾利乌丝这样的解说者或阐释者。这种法不会在罗马是一个样子,在雅典则呈现为另一种样子;不会在此时这样,而彼时那样;对于所有的民族、所有的时代,它是唯一的、永恒的、不变的法律。而且也只有一个对所有的人是共同的、如同教师和统帅的神,它是这一种法的作者、解释者、适用者,谁不服从它,谁就是自我逃避,藐视人的本性,从而将会受到严厉的惩

---

① Cicero, *De Inventione*, *De Optimo Genere Oratorium*, *Topica*, trans. H. M. Hubbell, Loeb Classical Library, Harvard University Press, 1968, Topica 23. 90: "Natura partes habet duas, tributionem sui cuique et ulciscendi ius".
② Cicero, *Speech on Behalf of Publius Sestius*, ed. & trans. R. A. Kaster, Oxford University Press, 2006, pp. 91-92.
③ [古罗马]西塞罗:《论义务》,I. 7. 22。
④ 请参阅 J. Porter, *Nature as Reason: A Thomistic Theory of the Natural Law*, Wm. B. Eerdmans Publishing Co., 2005,

罚,尽管他可能躲过通常被人们视为惩罚的那些后果。①

第九,西塞罗强调了公民和政治领袖在确立合乎自然法的人间法过程中的不同作用。一方面,他认为"法律是……慎行者的心智和理性,是衡量正义与不义的标准"②。在法律秩序正常运转的和平时期,法律与一般有德公民的行为尺度和判断标准相差不远。但在法律秩序被破坏的时期,比如恺撒乱政时期,"libertas in legibus consistit"(法律是公民权利的保障)这一原则被迫屈从于恺撒的仁慈(clementia)。③ 在这种情况下,为了恢复共和宪政和法律秩序,就需要有杰出的政治领袖挺身而出、力挽狂澜。这种英雄人物以公共利益为动力,以恢复合乎自然的共和秩序为目的,成则光复共和、还民自由,败则彪炳史册、激励后人。这种不幻想成功而直面政治现实的思想,是西塞罗区别于大多数自然法思想家的特质。从斯基皮奥之梦(Somnium Scipionis)这个思想史的著名隐喻中,我们能进一步理解西塞罗的追求。

《论共和国》第6卷用很大篇幅讲述了斯基皮奥之梦。在梦中,对话主角的已故父亲、第二次布匿战争中的英雄阿非利加努斯向他讲述了为国立功的意义:"对于所有保卫国家、帮助国家、扩大了国家疆域的人,天庭为他们划定了一定的地域,他们可以在那里永远幸福地生活。要知道,没有什么比按照法结合起来,被称之为公民社会的人们的会聚和联合更能使统治整个世界、或者说起码统治地上生长的一切的那位最高主神满意的了。国家管理者和保卫者从那里出发,然后又回到那里。"④斯基皮奥于是问道:"那我为什么还要滞留在世间呢?我为什么不赶紧到你们这里来呢?"他父亲回答道:"如果不是你所看见的整个这座圣宇都归其所有的那位神把你从你那肉体的桎梏中解脱出来,到达这里的道路是不可能对你敞开的。"⑤获得这种解脱的方式是秉持美德,服务公共利益,为国家的安全和福祉而奋斗,而不是追求眼前的名利:"就这样,如果你希望从高处俯瞰并观察这处居地和永恒的住所,那你就不要听从民众的意见,不要把自己事业的希望寄托于人间的奖赏,而应该让美德靠自身的魅力把你引向真正的荣耀。其他的人会怎么评说你,让他们去评说罢,反正他们是要评说的。但他们所有的意见都被局限在你所看见的那些地区的狭窄范围内,而且不管那些意见是关于什么人,都永远不会长久,会随同人们的去世一起被埋葬,由于后代的遗忘而消失。"⑥

由此可见,西塞罗一方面对罗马宗教背景下的自然法理念、罗马共和

---

① [古罗马]西塞罗:《论共和国》,III. 33.
② [古罗马]西塞罗:《论法律》,I. 19。
③ 参阅西塞罗的 Pro Marcello 和 Pro Ligario,See Cicero, Orationes Caesarianae: Pro Marcello. Pro Ligario. Pro rege Deiotaro, University of Michigan Library, 1893.
④ [古罗马]西塞罗:《论共和国》,VI. 13。
⑤ 同上书,VI. 15。
⑥ 同上书,VI. 25。

国的宪政和法治传统以及罗马公民的公共利益抱持着坚定信念并以哲学家的身份对这些思想资源进行了精准的汇总和概括；另一方面又从政治家的实践立场看到了妥协和变通的重要性。在坚守底线的妥协变得不可能时，他深思熟虑地选择了"殉道"。

第六节 贡献与影响

西塞罗是罗马共和国政治和法律制度的最杰出阐释者，也是这种制度本身的守护者和践行者。当他在世时，他的哲学思辨和公共演说才能是各个政治派别都想利用的宝贵财富，就连他的死敌恺撒也曾称赞说："你的功绩高于伟大的军事将领。扩大人类知识的领域比扩大罗马帝国的版图，在意义上更为可贵。"①

对于西塞罗思想在欧洲中古时期的影响，麦金泰尔有精练的概括："西塞罗在漫长的历史中曾经被立场迥异的作者们用于完全不同的目的。受西塞罗的霍腾修斯（Hortensius）鼓舞而步上哲思之路的奥古斯丁以如此纷繁多样的方式来解读西塞罗，使得西塞罗成为中世纪经院学者为数不多的必读作者之一。而在15、16世纪的文艺复兴中，西塞罗又成为反奥古斯丁的人文主义者的思想渊源，尽管他的作品仍然是各种派别的学者们（包括加尔文教派的奥古斯丁主义者）公认的经典文本"②。西塞罗关于国家是"众人通过同意遵守法律并参与公共善举而形成的联合体"的观念影响了圣奥古斯丁在《上帝之城》（*De civitate dei*）中关于国家的定义，在第19卷第21章，他写道："如果没有公义，王国除了是更大规模的匪帮外还能是什么？"③这一类明显复制西塞罗《论共和国》中相关表述的例子在《上帝之城》中随处可见。西塞罗对奥古斯丁的影响是如此之大，以至于一位当代作者写道："没有西塞罗何来奥古斯丁，正如没有亚里士多德何来托马斯·阿奎那和马西利乌斯（Marsilius）？"④

受尼采和海德格尔的影响，现代政治哲学家不再热衷于到启蒙思想家或拉丁文作者那里去寻找理论资源，而是极力想"回到希腊"，以建构政治生活的新范式，这种范式立基于共同体团结而不是理性、亲情友爱而不

---

① 朱利乌斯·恺撒对西塞罗的赞颂。转引自徐弈春：《西塞罗和他的三论》，见[古罗马]西塞罗：《论老年·论友谊·论责任》，徐弈春译，中文版序，1~19页，北京，商务印书馆，2003。

② MacIntyre, *Whose Justice? Which Rationality?* University of Notre Dame Press, 1988, p. 288.

③ Augustine of Hippo, *De civitate dei*, Loeb edition, 7 vols., Harvard University Press, 1957-1972, Book XIX, chap. 21: "Remota itaque iustitia quid sunt regna nisi magna latrocinia."

④ J. S. McClelland, *History of Western Political Thought*, Routledge, 1996, p. 145.

是原则、对人类弱点的清醒认识而不是对社会进步的盲目乐观。① 但这些政治哲学家及其追随者们都忽略了一个基本的事实：希腊政治哲学的生成土壤是方圆不过数里、人口不过数万的城邦国家，公民群体的友爱、团结、公共讨论和政治参与只有在这种政治地理和人口条件才是可能的。西塞罗是第一个对如何在一个幅员辽阔、人口众多、民族构成复杂的大国实现善治的问题作出系统理论阐释的政治—法律思想家，他的思想对汉密尔顿和亚当斯等美国开国元勋们产生过重要影响。15世纪，佛罗伦萨人文主义者列奥纳多·布鲁尼曾把西塞罗称为"拉丁语之王"，如果没有他那严谨与优美的文字，拉丁文不可能取代希腊文称为欧洲高雅文化的载体。② 他的影响的衰落，与拉丁文教育的式微不无关系。但作为共和国公民的我们，有必要回到西塞罗，与他一起思考共和政治的长治久安之道。更为重要的是，西塞罗作为一位爱好哲学的政治家，通过其言行树立了一种典范(examplar)，而不仅仅是提供了一种教诲。

思考题

1. 我们如今生活在一个"人民共和国"中，"共和"意味着什么？"人民"与"共和"之间的关系是怎样的？
2. 西塞罗如何理解共和与法治、民主和自由之间的关系？
3. 西塞罗心目中最理想的政体是什么样的？他的"混合宪制"包含哪些要素？
4. 在西塞罗的"自然法"中，"自然"意味着什么？自然法与实定法之间的关系如何？
5. 在西塞罗的法律理论中，人的意志与选择发挥着什么作用？

阅读文献

1. [古罗马]西塞罗：《论共和国》，王焕生译，上海，上海世纪出版集团·上海人民出版社，2006。

---

① M. C. Nussbaum, "Kant and Stoic Cosmopolitanism," 5/1 *The Journal of Political Philosophy*, 1997, pp. 1-25, at 1.

② L. Bruni, "Vita Ciceronis," in L. Bruni, *Opere letterarie e politiche*, ed. P. Viti, Unione Tipografico-Editrice Torinese, 1996, PP. 411-499, at 416.

2.［古罗马］西塞罗:《论法律》,王焕生译,上海,上海世纪出版集团·上海人民出版社,2006。

3.［古罗马］西塞罗:《论义务》,王焕生译,北京,中国政法大学出版社,1999。

4. R. T. Radford, *Cicero: A Study in the Origins of Republican Philosophy*, Rodopi, 2002.

5. N. Wood, *Cicero's Social and Political Thought*, University of California Press, 1988.

第四章 罗马法学家

第一节 罗马法学家概述

在通行的法律思想史著述中,关于某一思想史人物的论述,往往以人物生平和主要作品的介绍为开端,然后阐述其法学思想。本章大体上遵循这样的论述结构,但在行文上却不得不表现出一些特别之处,因为本章涉及的是一个特殊的群体——罗马法学家。他们人数众多,薪火相传,曾经分为不同学派,长期争鸣;他们活动的时代跨度很大,从祭司法学时代算起,到优士丁尼时代结束,足有上千年历史,其间他们的社会政治角色经历了深刻变迁;他们的作品类型多样,其中有很多鸿篇巨制,但绝大多数又只以片段、摘要的方式保存下来。不仅如此,罗马法学家还在很长的时间里直接参与罗马法的发展和形成,他们的解答被明确承认为法的渊源,具有法的约束力。① 所有这些因素决定了关于罗马法学家基本情况的叙述,只能是对这一群体的一个简要素描。

一、罗马社会政治经济体制变迁中的法学家群体

在法律与宗教没有分离之前,早期罗马社会中法律知识的保存者是祭司团体。祭司负责主持宗教仪式,普通罗马市民在遇到法律方面问题的时候,比如某一仪式应该如何进行,如何起草一个有效的法律文书,或者关于某一问题存在什么法律规则等,都要求助于祭司团体的某一个成员。被咨询的祭司会给出一个答复(responsum),答复的一个副本被保存在祭司的档案中。相关的答复被认为有法律约束力,甚至能够约束罗

---

① Gai.1.7:"法学家的解答是那些被允许对法加以整理的人的意见和见解。如果所有这些法学家的意见都一致,他们的这种意见就具有法律效力。"汉语译本参见[古罗马]盖尤斯:《盖尤斯法学阶梯》,黄风译,4页,北京,法律出版社,1996。(下文中引用的《盖尤斯法学阶梯》的文本都来自这一译作)

第四章 罗马法学家

马的民选官员。

值得注意的是,从一开始,罗马的祭司对法律知识的掌握(从另外一个角度来说,也是垄断)就表现出一些鲜明的特征。罗马的祭司不是基于神启,如同巫师那样根据对不可捉摸的神意的领会来给出答复。在罗马,担任祭司的资格并不来自某个人特定的神秘禀赋,而是来自高贵的家庭出身或者先前已经进行的公共服务。处于祭司掌握之下的法学知识,本身具有了客观的、世俗的形态。后来的发展所需要做的就是打破祭司对法学知识的垄断。这一过程大概开始于公元前300年,一个叫作阿庇·克劳迪(Appius Claudius)的祭司把祭司团保守的关于诉讼的知识加以编辑整理,而他的秘书弗拉维(Gnaeus Flavius)则将其公开出版,[①]从此祭司不再能够垄断法学知识。需要注意的是,法学知识的世俗化是一个逐渐发展的过程,并非一蹴而就。在这个过程中,虽然封闭的祭司团体对法律知识的垄断被打破了,但是罗马社会中法学知识的拥有者所具有的权威地位,却一直维系下来。即使在法学知识世俗化之后,在很长一段时间内,法学知识的保存者、传播者、法律的解释者仍然是贵族出生的祭司团体的成员。这一事实提醒我们注意,在最开始的时候,在罗马社会中,法律与宗教具有密切的联系,法律,以及法学家所具有的权威,在传统上分享着宗教习俗在社会生活中所具有的权威性的因素。由此也就可以理解,为什么乌尔比安要把法学家比喻为"法的祭司"[②]。这一方面是因为在罗马早期时代,祭司的确是法律知识的保存者,另一方面,在罗马社会文化观念中,祭司往往被认为是通往真理的桥梁,是智慧的象征。[③] 因此当乌尔比安用法的祭司来比喻法学家与法的关系的时候,具有强烈的社会观念背景。

在共和国中后期,罗马法学家作为一个特定的社会群体,对法(尤其是私法)的发展,发挥着决定性的影响力。许多著名的法学家,同时也担任过罗马城邦重要的官职。例如,被称为市民法的奠基者的三位法学家,也即穆齐(Publius Mucius)、布鲁图(Brutus)和曼尼流(Manilius),前二者曾经担任过作为罗马最高官职的执政官,布鲁图还担任过裁判官,而曼尼流则担任过祭司长。[④] 这一时代法学家群体在罗马社会中之所以享有崇高地位,与当时的政治体制有密切联系。这一时期的罗马采取贵族共和体制,高级官职都通过民主选举产生,贵族家族的年轻人为了在政治选

---

① D.1.2.2.7.这本书后来被叫作《弗拉维市民法》。弗拉维因为这一大胆的举动受到人民的爱戴,而被选为保民官、元老和贵族市政官。汉语译本参见《学说汇纂》,第1卷,罗智敏译,7页,北京,中国政法大学出版社,2008。(下文中引用的D.1打头的原始文献,都引自这一译作)

② D.1.1.1.1.

③ 在拉丁语中"祭司"(pontifici)的词根"ponte"具有"桥梁"的意思。

④ D.1.2.2.39.在《学说汇纂》第1卷中保留了摘录自法学家彭波尼撰写的单卷本《教科书》的一个很长的片段,其中从第35段开始一直到第53段(D.1.2.2.35~53),叙述了罗马法学家群体的发展演变。研究这些片段中提到的人物的履历可以发现,法学家群体中的人往往都具有非常显赫的政治地位,往往担任过高级官职。

69

举中积累人气,往往通过学习和研究法律,免费为民众提供法律咨询来增加社会声望。这样就逐渐形成了贵族子弟研习法律的风气。等到他们最终获得政治上的高位的时候,其基于法学家身份而发表的各种观点,更加受到重视,愈发具有权威性。①

进入元首制时代以后,随着元首集权趋势的发展,先前作为独立的权威来源的法学家解答显然与集权趋势不吻合。为了在形式上把法学家学说纳入到元首的权威之下,从奥古斯都开始,出现了所谓的"解答权"(ius respondendi)制度。② 解答权是作为一种恩惠,由皇帝授予特定的杰出的法学家,后者"依据皇帝给予的权威"来针对案件中的法律问题进行解答。虽然说,在元首制时期,仍然有法学家根据共和国时期的惯例以私人身份研究法律,解答法律问题,但解答权的出现,导致法学家群体中出现了一个与皇帝存在密切联系的群体,这为君主专制时代,罗马法学家逐渐转入到皇帝的文书署或幕僚机构,提供专业服务,最终成为官僚体制中的不具名的僚属,奠定了基础。

元首制时代的法学家群体中的另外一个重要的特征是形成了相互辩论,长期争鸣的两大学派。③ 这两大学派是萨宾学派(Sabiniani)与普罗库勒学派(Proculiani),根据学者的研究,这两大学者之间的分歧主要是针对一些具体问题,并非建立在系统的哲学观念分野的基础之上,但学派争论,毫无疑问有助于法学思想的发展与繁荣。④

进入君主专制时期以后,作为一个特殊的社会群体的罗马法学家逐渐被吸纳到罗马帝国官僚体制之中,他们的法学观点不再以个人的名义发表,而是或多或少地,以间接的方式反映在皇帝发布的敕令之中。这些皇帝敕令后来被汇编收集到优士丁尼《法典》(*Codex*)中得以流传到后世。在罗马帝国的东部,由于存在一些法律学校,法学教授承担了先前的法学家的角色。他们著书立说,参与优士丁尼法典编纂活动,特别是优士丁尼《学说汇纂》的编纂和优士丁尼《法学阶梯》的撰写,⑤从而把他们的法学思想贯穿在这些作品之中。

---

① J. P. Dawson, *The Oracles of The Law*, William S. Hein & Co., Inc., 1968, p. 107ss.

② D. 1,2,2,49. "在奥古斯都时代之前,君主们没有授予以官方名义进行解答的权力,然而那些很相信自己学识的人可以对那些向他们咨询的人进行解答,但他们绝不给予有自己印章的解答,他们本人多半是写给法官,或者由向他们咨询的人本人在法官那里表明他们的解答。为了提高法的权威,奥古斯都皇帝第一个规定,根据他的批准可以进行解答;从那时候起人们开始把解答权作为一种恩惠进行申请。"

③ See P. Stein, "The Two School of Jurists in the Early Roman Principate", 31/1 *Cambridge Law Journal*, 1972, pp. 8-31.

④ Cfr., V. Aragio-Ruiz, *Storia del diritto romano*, settima edizione, Napoli, 1997, pp. 277ss.

⑤ 优士丁尼《法学阶梯》是以优士丁尼皇帝第一人称的语气来写,也以优士丁尼的名义颁布,在当时被当作现行有效的法律,但其实这一著作是由当时的两位著名的拜占庭法学家,分别是狄奥菲罗(Teofilo)与多罗特奥(Doroteo)分别撰写两编。因此这一著作也是法学家的作品。

二、罗马法学家的著述

要了解罗马法学家的法学思想,首先需要了解他们的著作的基本情况。总的来说,罗马法学家的著作不如西塞罗的著作那么幸运。罗马法学家之中,除了法学家盖尤斯(Gaius)有一本完整的著作《盖尤斯法学阶梯》相对完整地保留了下来,①其他罗马法学家的著述,基本上只能通过优士丁尼《学说汇纂》(Digesta)以片段的方式流传到后世。② 优士丁尼《学说汇纂》是由东罗马皇帝优士丁尼委派大臣特里波尼安领导的一个编撰委员会编辑而成。在《学说汇纂》中,摘录了古典时期的著名法学家著作的片段。在优士丁尼时代,法学家的著作仍然是一种正式的法律渊源。虽然相对于皇帝敕令,法学家的著作已经被看作是一种"古法"(ius vetus),但毕竟仍然具有直接的、正式的法律效力。③ 这一背景决定了优士丁尼编纂《学说汇纂》的主要目的是出于法律的实际适用的考虑,因此法学家的著作中能够被选入《学说汇纂》的绝大多数片段,关注的是实务法律问题的讨论,针对比较抽象的法理问题的讨论很少被选入。这种情况对我们全面认识和理解罗马法学家的法学理论会产生一定的不利影响。④

但在另外一个方面,由于法学家的著作被视为有效的法律渊源,这一独特的定性,却使得罗马法学家的法学著作对后世产生了一种非同寻常的影响。在整个中世纪,直到共同法(ius comune)时代结束为止,罗马帝国的观念仍然占据着当时的人的思维,罗马法一直被认为是一种现行有效的法。所以《学说汇纂》中收录的法学家著述,即使只以片段的方式保留下来,不只是被当作学者的理论阐述,而被认为是具有法律约束力的规

---

① 盖尤斯的《法学阶梯》在罗马时代产生了巨大影响,成为优士丁尼《法学阶梯》编写的蓝本。但它对后世的影响,主要通过优士丁尼《法学阶梯》来实现,因为它本身长期湮没无闻,直到1816年才在维罗纳的图书馆中被人偶然发现。

② 关于罗马法学家著作的基本类型和主要法学家的著述情况,可参见[意]桑德罗·斯奇巴尼选编:《法律行为》,徐国栋译,北京,中国政法大学出版社,1998。在这一译著中,徐国栋教授整理了两个附录,即"《学说汇纂》所引用的古代作者及作品目录",以及"未被《学说汇纂》引用的古代作者及作品目录"。通过这两个附录,可以直观地考察具体的罗马法学家著述的基本情况。

③ 在优士丁尼《法学阶梯》(J.1.2.8)中明确地把法学家的解答列为法的渊源的一种:"法学家的解答是被允许建构法的人的意见和观点。事实上,古代便做出规定,有公开解答权的人,他们被皇帝授予解答权,他们被称为法学家。所有这些人的意见和观点具有崇高的权威,皇帝敕令不许法官背离他们的解答"。参见徐国栋:《优士丁尼〈法学阶梯〉评注》,48页,北京,北京大学出版社,2011。

④ 由于优士丁尼诸法典的编纂者在收集汇编法学家著作的过程中,对原始文献进行了修改,使之适应当时的需要和观念,因此那些被归于罗马法学家的文本,究竟在何种程度上体现了古典时代法学家们的观念,也成为一个问题。当代罗马法研究中有一个专门的领域,就是将优士丁尼《学说汇纂》的编纂者对原始文献的篡改(interpolation)识别出来,从而试图恢复文本原貌。这一问题,对本章的论述会有一定的影响,但基本上可以忽略不计,因为罗马法学家对后世产生的影响,是以流传到当代的文本的面貌为基础的。

则。这导致欧洲中世纪的很多法学者和政治哲学家,不得不在承认罗马法学家著作文本无可置疑的权威性以及法律约束力的前提之下,通过对罗马法学家的文本片段的"再解读",来建构自己的理论。在不少情况下,持有不同观点的对立的双方,立足于罗马法学家的同一文本,根据自己的阐述,相互诘难。用著名政治思想史学家昆廷·斯金纳的话来说,"激进的加尔文派,还有路德派,对于从研习罗马法和烦琐的道德哲学所得到的观念系统的依赖几乎达到荒谬的程度"。① 这很类似于中国"文革"期间的"语录战",双方即使支持截然不同的观点,但仍然被迫从公认具有权威性的罗马法学家的片段中寻章摘句,来正当化自己的观点。② 如果不了解罗马法学家著作在罗马时代所享有的特殊权威地位,那么就很难理解中世纪,甚至是欧洲的学者对罗马法文本所持有的特殊尊崇的态度。

从这个意义上来说,罗马法学家的法学思想,基于其特定的历史语境,成为一种具有规范性内涵的意识形态词汇,所以研究罗马法学家的思想,对于理解欧洲近现代的政治哲学和法学思想具有基础性的意义。

三、罗马法学家理论的特色

罗马法学家,就其思维的整体特征而言,并不特别关注抽象的学理层面上的讨论,但他们仍然以其独特的方式,参与了对一些法哲学问题的讨论。罗马法学家关注的问题包括,法学作为一种知识体系的性质,法律的概念,法律的分类,正义的内涵。这些问题都涉及法哲学层面上的思考。当罗马法学家思考这些理论问题的时候,他们与西塞罗一样,受到了来自希腊的斯多葛学派的影响。③ 但是与西塞罗不同的是,罗马法学家把对这些问题的思考从抽象的形而上学的层面,转移到实在法的层面。罗马法学家虽然也会使用一些斯多葛派的法哲学理论体系中的概念,但是与后者主要针对所谓的最高律令的分析不同,罗马法学家用它们来处理实在法上的问题。

罗马法学家在针对实在法进行理论阐述时具有非凡的能力,表现出高超的技艺,但总的来说,他们对于讨论抽象的法哲学问题并不热衷。在追求务实的罗马人看来,这样的欠缺并不构成一个很大的缺陷,因为他们

---

① [英]昆廷·斯金纳:《近代政治思想的基础》,上卷:文艺复兴,奚瑞森、亚方译,前言9页,北京,商务印书馆,2002。

② 因为这一现象,托克维尔在《旧制度与大革命》中甚至发出了这样的抱怨:"……罗马法这种奴役法,最切合君主们的心意……罗马法的解说者在整个欧洲成为国王的大臣和主要官员。在必要时,法学家们为他们提供法律的支持,以对抗法律。此后他们常常如此办理,当君主破坏了法律,必有一位法学家出来断言这是最合法不过的了,并且引经据典地证明,这种破坏行为是正当的,过错在被压迫者一方。"参见[法]托克维尔:《旧制度与大革命》,冯棠译,244页,北京,商务印书馆,1992。

③ 关于希腊思想对罗马法学家的影响,参见徐国栋:《共和晚期希腊哲学对罗马法技术和内容的影响》,载《中国社会科学》,2003(5),74~85页。

并不试图在其论述中加入某些哲学性质的思考。即使在有某些地方涉及哲学性质的阐述,也往往带有一些生搬硬套的痕迹,来自斯多葛学派的一些观念,被套用到关于法学问题的讨论之中,与正在讨论的话题并没有什么实实在在的联系,并且相关的论述在原来的哲学论述的语境中,具有完全不同的内涵。

这样的一种研究方法,导致罗马法学家关于法哲学问题的论述不可避免地也带有某种修辞性的色彩。例如,在讨论关于法学的性质的时候,斯多葛学派在讨论最高律令的时候所使用的话语模式,被罗马法学家用来描述对于实在法的研究。罗马法学家认为,他们的工作,也就是法学研究,针对的是一种最高的知识。乌尔比安把法学界定为"关于神和人的事物的知识,是正义和非正义的科学"①。乌尔比安还说道,"有人可能称我们为法的祭司:因为我们耕耘正义,传播善良和公正的知识,区分公正与不公正,辨别合法与非法,不仅利用刑罚震慑而且也通过奖励鼓舞的方式,使人们为善;如果我没有弄错的话,我们追求的是一种真正的而不是表面上的哲学"②。

这一论述,在一方面表明,至少在罗马时代的观念中,法学也涉及神的事物,神也同样是法学知识所涉及的对象。从这个角度看,罗马时代的法学知识并没有表现出完全的实证化的趋势。既然法学家也研究关于神的事物的知识,那么他们的功能和角色就必然表现出某种程度上的超验色彩,因此把法学家比喻为法的"祭司"就具有了合理性。但在另一方面,乌尔比安关于法学的性质的描述,带有非常明显的修辞性,与他在绝大多数的时候所表现出来的务实,关注法律技术性的细节问题的风格,可谓格格不入。

了解这一点,对于准确把握罗马法学家关于法哲学问题的论述的真正内涵具有重要的意义。在很多的时候,罗马法学家也会谈论和使用自然法,万民法等抽象的概念,但刨去了其中的修辞性的成分之后,他们往往会在另外一种务实的意义上来使用这些概念。

第二节 正义的概念与法的基本原则

一、罗马法学家关于法与正义的论述

收集了罗马时代主要法学家的著作片段的《学说汇纂》,在其开篇之处就讨论了"法和正义"。事实上,《学说汇纂》第1卷第1章的标题就叫作"关于正义和法"。这样的安排表明罗马人的基本的法观念。这一章的

---

① D. 1. 1. 10. 2.
② D. 1. 1. 1. 1.

第一个片段就是法学家乌尔比安的。① 在这一片段中，他试图说明"法"（ius）的来源："致力于法的研究的人首先应该知道法（ius）这个称呼从何而来。法其实来自于正义（iustitia）。"但是乌尔比安关于"ius"的这个词源学分析，现在被认为是有问题的。拉丁语表述中的"ius"，并非来自于表述"正义"（iustitia）的那个单词。有一种观点认为"ius"这个词来源于另外一个拉丁词语"iussum"，后者是指"命令"的意思。如果对"ius"做这样的词源学解释的话，很可能导致对法的本质的一种比较实证化的解读，认为法的本质在于"被命令做某事"。但是现代的学者关于拉丁语中的"ius"一词的通行的词源学解释认为，这一表达法可能来自印地—日耳曼语中的"ious"一词，它的本义是一个需要实现的良善状态（optimum），或者是一个需要恢复的正常状态，在其含义中包含了一种必须通过积极的行动来实现的动态过程。② 在这个意义上，可以理解拉丁语中"fas"与"ius"的区别。"fas"（神法）强调的是一种具有神圣因素的客观秩序，而"ius"是指与人的意志因素相关的动态的人际秩序。

撇开关于 ius 的词源学分析问题不论，就乌尔比安把"ius"（法）与"iustitia"（正义）联系起来的解读而言，它还是表现出一些鲜明的特点。这种观念把法与作为其基础的正义价值联系起来，这种理论如果不是一种纯粹的修辞性的表述，那么它毫无疑问地表露出自然法学的意味，认为法的规定性的内涵来自于促进、维持和保障正义的实现。如果背离了这一目的，那么法就不成其为法了。

乌尔比安在把法与正义联系在一起的同时，援引了另外一个罗马法学家杰尔苏（公元 1 世纪到 2 世纪）关于法的著名定义。杰尔苏同样把法看作是一种伦理性价值的载体和实现，认为"法是善良与公正的艺术"（ius est ars boni et aequi）。③

值得注意的是，杰尔苏把法的本质看作是一种"艺术"（ars），而不是科学。这种对法的理解特别鲜明地表现出古典罗马法学的主要特征及其卓越之处。罗马法学家对法律问题的研究，并不注重一种体系性的理论建构，也不试图去抽象出一个绝对正确的法的公理，然后根据演绎法去推理出具体的法规则。他们更加关注寻找从历史和现实的角度来看，具有合理性的具体的法律方案。从"技艺"的角度来理解法，强调了法是一种实践理性，是一种基于日常生活的智慧，对法的认知需要具备对世事人情的精准把握，关于法的操作需要通过实践的训练。这是一种古典的法律观念，区别于把法归约为某种客观知识体系的现代科学主义的法律观念。

就正义的概念而言，《学说汇纂》中摘录了乌尔比安关于正义的定义："正义是给每个人属于他自己权利的永恒不变的意志"（Iustitia est

---

① 乌尔比安（170-228），是罗马古典法后期最重要的法学家之一。《学说汇纂》之中收集了来自他的著作中的大量片段。

② Cfr., R. Orestano, *Introduzione allo studio storico del diritto romano*, Torino, 1953, p. 285.

③ D. 1.1.1.1.

constans et perpetua voluntas ius suum cuique tribuendi)。① 乌尔比安关于正义的定义是古典时代的正义观念的一种典型表述,它可以追溯到柏拉图、亚里士多德。古典时代的正义观是一种典型的分配正义观,也就是根据某个人在社会结构中所处的地位和身份(status)来分配相应的社会资源。个人基于其血统、出生或德性可以且应该获得的部分,被称为是其"应得"(suum)的部分。一种社会秩序的合理性与正义性,就表现为分配给每个人自己应得的部分。

值得注意的是,虽然乌尔比安关于正义的理解与古典时代的分配正义的观念基本一致,但他所阐述的正义观念仍然表现出自己的某些特殊性,体现出一个法学家的思维特色。乌尔比安强调"正义"是分配给每个人属于他自己的权利(ius suum)。这里的权利(ius)一词在柏拉图、亚里士多德等希腊哲学家关于正义的界定中并没有出现。乌尔比安对于"权利"的强调,使得他对于正义的界定可能被给出一种带有法律实证主义色彩的解读。如果把个人所享有的权利,理解为是由实在法所规范和界定的,那么根据乌尔比安的界定,正义就表现为对实在法体制所规范的权利秩序的维护和坚持。但考虑到乌尔比安关于"ius"的界定,似乎不能进行如此实证主义的解读。尤其是需要考虑到在古典时代,与客观法秩序相对应的主观权利概念并没有得到清晰的阐述,所以没有理由认为乌尔比安在使用"ius suum"这个短语的时候,试图把"ius"局限于由客观法秩序所界定的利益分配格局,毋宁说,乌尔比安关于正义的界定仍然是一种典型的分配正义观念。

乌尔比安关于正义与法的观念,还表现出与希腊人的正义观念的重要区别。根据乌尔比安的界定,正义(iustitia)的实现中包含了意志因素。乌尔比安关于正义的定义中就包含了意志(voluntas)的成分:正义(iustitia)就是"ius"的动态化实现。罗马人的正义概念中所具有的这种动态性因素与希腊观念并不相同。罗马人认为正义是人的意志可以去实现也可以不去实现的某种东西,而希腊人的正义观念则认为正义是一种客观的永恒的秩序,在其中人的意志因素并不得到强调。可以说,罗马人的"ius"概念中所具有的意志因素,人为干预因素,在很大程度上可以看作是西方后世的主观权利理论的萌芽。

二、罗马法学家关于法的原则的论述

乌尔比安在关于正义的界定之后的紧接下来的一个片段中,提出了法的原则:"诚实生活,不损害他人,各得其所"(honeste vivere, alterum non laedere, suum cuique tribuere)。②

---

① D. 1.1.10 pr. 乌尔比安关于正义的定义也被优士丁尼《法学阶梯》所采纳,并且成为该书开篇的第一个片段。参见 J.1.1 pr.

② D. 1.1.10.1.

乌尔比安关于法的原则的论述引发了多种不同的理解。通常认为,乌尔比安提到的三原则,本身并不是法律的戒条,而是道德规范,但是这些道德规范构成了法的基础。乌尔比安把它们作为法的原则提出来,反映了法与道德在当时的人的观念中仍然紧密地结合在一起。关于法与道德的关系,直到现代之前,并没有作为一个问题系统地得到研究。但如果深入分析罗马法学家的著述,就可以发现,法与道德的区分问题其实已经引起了罗马法学家的关注。保罗(公元3世纪的法学家)就在一个片段中明确提到:"并非所有被允许做的事情都是诚实的"(non omne quod licet honestum est)。① 这就表明罗马法学家就已经明确意识到,遵守法与遵守道德原则并非总是一致。

乌尔比安关于法的原则的论述,后来也被优士丁尼皇帝在《法学阶梯》第1卷开始之处明确援用了:"法律的基本原则是:诚实生活,不损害他人,给予每个人他应得的部分。"这个所谓的法的三戒律,经由《法学阶梯》对后世产生了很大影响,关于其内涵的讨论非常多。例如康德就从法哲学的角度对其给出了解读,认为诚实生活是指不能把自己当作供别人使用的手段,自己也同样是一个目的,这是内在的义务;不损害他人指的是作为外在的义务的不侵犯任何人;而给予每个人他应得的部分,指的是基于联合的义务,要求组成社会,使得每个人的东西都可以得到保障。② 很显然,康德把自己的哲学观念融入这三个原则的理解之中去了,采取的是六经注我的思路。也有学者试图把这三条戒律与《法学阶梯》的基本结构联系起来。法学阶梯在宏观结构上采取"人、物、诉讼"的三分法,有学者认为第1条关于诚实生活的戒律就是关于人的原则,第2条戒律是关于物,也就是尊重社会财富分配格局,第3条戒律是关于诉讼,因为罗马人认为诉讼就是把属于每个人的给予其自己(voluntas ius suum cuique tribuendi)。③ 但这个解释颇为牵强,因为优士丁尼《法学阶梯》的宏观结构来自于盖尤斯的《法学阶梯》体系,而在盖尤斯的论述之中并没有提到这三个戒律。这三个戒律最初来自乌尔比安,而乌尔比安并没有创造出三分法的体系。

其实,无论是乌尔比安原本的意思,还是优士丁尼《法学阶梯》对乌尔比安的援用,这三个关于法的戒律,都具有内在的统一性,鲜明地体现了古典时代的法与正义观念中所包含的分配正义的特征。正义是把每个人自己的东西都归每个人自己所有,这也就意味着,它已经预设了某种分配秩序,依据这一秩序,社会已经把某些特定的东西规定为由某个人所有。正义的要求就在于,把这些东西归每个人所有,以及不干涉每个个人在明确规定的限度内拥有它们和使用它们。柏拉图的《理想国》中所勾画的城邦体制就是这种哲学观念的集中体现。在这样的体制中,法律的一个重要任务就是为每个人所处的境况/地位(status)进行界定和分配。这在

---

① D. 50.17.144.
② [德]康德:《法的形而上学原理》,沈叔平译,48页,北京,商务印书馆,1991。
③ 参见[美]庞德:《法理学》,第1卷,邓正来译,478页,北京,中国政法大学出版社,2004。

某种意义上恰恰就构成了罗马法中的人法(ius personam)的内容。所谓的"诚实生活"(honeste vivere),其内涵并不是要求某个特定的行为表现出诚实无欺的品质,而是要求人们在社会法律对其所设定的伦理义务的限度之内进行自己的活动,而不越出这个界限。所以"诚实生活"这一说法其实蕴含着把人以有机的方式、合乎伦理规范要求的方式组织起来,形成社会,使每个人在其中各得其所的意思。而"无害他人"以及"把每个人自己的东西归每个人所有"强调的则是不越界、不伤害他人、尊重他人在社会中被赋予的资格。它们不过是从另外一个角度强调和维护着一个建立在个人的身份基础之上的静态的社会秩序。由此也可以理解,为什么古典时代的哲学家们一直在致力于设计一种将每个人都置于恰当位置并且用法律将他们维系在这些位置之中的理想型社会。

在这种静态社会中,个人不能够通过与其他社会成员自由竞争的方式为自己寻求适合于自己的才能和德性的等级。每个人都应当被依据某个固定的标准(这种标准通常是家庭出身以及血统)分配到他被确定为最适合于他的等级之中。在这种静态社会中,正义被理解为对社会秩序的尊重和维护,每个人都被要求安分守己,不要打破社会设定的限制,去质疑乃至侵犯他人的领域。也正是因为这一点,公正/平等等等为现代人所熟悉的诉求并非古典时代的正义观念的核心内容。毋宁说,正义和法律所考虑的首要内容是个人按照其价值而达致的种种不平等状态。这也恰恰可以解释,由盖尤斯的《法学阶梯》所开创,而后被优士丁尼《法学阶梯》所沿袭的"人、物、诉讼"的三分法体系。

在法律体制的基本结构中,把人放在首位,并非出于一种人文主义的诉求,而是因为对人的各种地位和身份的界定,乃是法律对生活关系进行规范的前提和首要内容。如果研究和检索盖尤斯《法学阶梯》、优士丁尼《法学阶梯》以及优士丁尼《学说汇纂》,都可以发现,这些文本都把人的划分(自由人/奴隶;自权人与他权人;罗马市民/外邦人)作为法律调整的前提和基础。

三、罗马法学家关于法律的概念

罗马法学家关于法律的概念的界定,受到希腊哲学思想的影响,同时也表现出自己的特征。在盖尤斯的《法学阶梯》的开篇之处,在讨论了市民法与万民法的区分之后,盖尤斯列举了"罗马人民的法"(iura populi Romani)的组成部分:法律、平民会决议、元老院决议、君主敕令、有权发布告示者发布的告示、法学家的解答。[1] 在盖尤斯的这一体系之中,法律被看作是法的一种具体的存在形态。这就意味着,法律被认为是法的渊源的一种。盖尤斯的这一处理方法被优士丁尼的《法学阶梯》所继受。[2]

---

[1] Gai. 1.2.
[2] I. 1.2.4.

这种从作为法的渊源的一种的角度,对法律的界定,是在实在法的框架之下展开的,并没有形而上学的色彩。另外一个罗马法学家莫德斯丁对法律的界定也表现出同样的特征:"法律的价值(virtus)在于:命令、禁止、允许、惩罚。"①这样的界定,其实就是从实在法的角度指出了法律对人的行为进行规范的主要方式。

但是也有一些罗马法学家关于法律的概念的界定具有明显的斯多葛哲学的背景,甚至直接援用斯多葛派哲学家关于法律的定义。例如,马尔其安在其著作《法学阶梯》中就引用了克里斯波:"法律是所有人与神的事物之君主;它应该是善良行为和邪恶行为的监管者,是本性上具有政治属性的动物的统治者和首领,因此它是正义和非正义行为的准则,命令应该做什么,禁止不应该做什么。"②

罗马法学家在界定法律的概念时,除了援引斯多葛学派的哲学家的定义之外,还利用其他的希腊文献。马尔其安在引用克里斯波之前还引用了希腊演说家德摩斯提尼关于法律的定义:"法律是基于众多重要理由一切人所应该服从的,特别是因为每一个法律都是神的创造物和礼物,是智者的理论,是对有意或无意实施的犯罪的惩罚,是城邦的共同协议,生活在城邦中的一切人应该根据该协议生活。"

这个被归在德摩斯提尼名下的定义具有明显的折中主义的特征,不过是把希腊思想中各种不同的理论流派关于法律的理解杂糅在一起。从早期的认为法律是神的意志的体现的贵族阶层的观念,到后来具有一定民主色彩的,认为法律是社会成员之间的一项协议所创造的观念,这些差别很大的思想都被归拢在一起。严格来说,这样的定义没有什么真正的哲学上的价值,但是它在那些专业化的哲学家之外的一般民众中却很容易获得影响。马尔其安援用这一定义,也从一个侧面表明了罗马法学家在抽象的哲学思维上的折中主义的特质。③

德摩斯提尼这一片段中所表达的观念,也深刻影响了罗马时代最伟大的法学家之一帕比尼安关于法律的界定。他对法律给出的定义是:"法律是共同的准则,是智者的决议,是对故意或非故意的犯罪的惩罚,是共和国共同的庄严的誓约。"④从这一定义中可以很明显看到希腊思想的影响,但帕比尼安的这一定义仍然表现出罗马人的特色。德摩斯提尼定义中的"城邦的共同协议",被罗马法学家转换为"共和国共同的庄严的誓约"(communis rei publicae sponsio)。这里所使用的"誓约"(sponsio)一词,就其本来的含义而言,是罗马市民法所承认的一种口头契约,是罗马法上的要式口约(stipulatio)的最初形式,表现为缔约一方询问另一方是否愿意发誓(spondes)将履行某一义务,后一方则发出此誓言。帕比尼安

---

① D. 1. 3. 7.
② D. 1. 3. 2.
③ Cfr., G. Fassò, *Storia della filosofia del diritto. I. Antichità e medioevo*, Roma-Bari, 2007, p. 115.
④ D. 1. 3. 1.

把法律称作誓约,其实是为了与罗马的法律制定程序相对应。在罗马,严格意义上的法律的制定,非常类似于一问一答式的誓约订立过程。法律的草案由罗马的民选官员(通常情况下是执政官)事先准备好,然后在民众会议(通常情况下是百人团大会)上向民众发出提案(rogatio),这种行为非常类似于契约订立过程中的要约行为。事实上,拉丁语术语"rogatio"本来的含义就是请求的意思。对于民选官员的在立法会议上的提案,民众只能表示整体上的同意或不同意。因此在罗马人的观念中,法律更加类似于人民与官员之间订立的一个双边的协议,而这种协议用罗马人的话来说就是一个所有的人作为一方来参与的誓约,誓约的另外一方则是提出法律草案的民选官员。

帕比尼安的这种观念与通过德摩斯提尼所表达出来的希腊人的观念存在一些重要的差别。在希腊人的观念中,法律被看作是城邦的所有成员彼此之间订立的协议,这样的协议是每一个成员与城邦其他成员订立的一个多边的、组织性的协议,而在帕比尼安的理解中,法律是罗马人民与民选官员的一种双边协议。如果说希腊人的法律概念更多类似于一种社会契约论,并且在这样的观念中并不预设了一个既存的统治者,那么帕比尼安所阐述的法律观念,似乎更加接近于统治者与被统治者之间关于应该如何进行统治的契约,并且预设了一个统治者的存在。虽然说二者都反映出人民的意志作为法律的基础这样的观念,但是在希腊人那里,民众的意愿就是法律,而在帕比尼安的定义中,人民只是参与法律的制定的一方,民众的意愿不代表法律,民众的意愿充其量只是赞同官员的提案成为正式的法律。

由帕比尼安所阐述的这种法律观,值得关注。它反映出罗马人政治法律观念的基本结构。虽然说罗马法学家的法律观念中同样有社会契约论的色彩,但与希腊的观念还是存在明显的差别。

第三节 罗马法学家对法的分类

一、罗马法学家思想中的自然法、万民法与市民法

就法学思想史而言,罗马法学家明确提出的自然法、万民法与市民法的三分法,虽然不具有理论上的原创性,但仍然具有深远的影响。尤其是考虑到,罗马法学家的文本不被看作纯粹学理性质的论述,而是具有法的约束力的权威文本,那么其中明确提到的自然法、万民法与市民法之类的概念,也当然就成为某种具有官方色彩的法律意识形态。

首先来看优士丁尼《法学阶梯》中关于法的划分。根据优士丁尼《法学阶梯》的体系,法首先被划分为公法与私法,然后私法被进一步划分为

自然法、万民法与市民法。① 需要注意的是,自然法、万民法与市民法的三分法是在私法的框架之下展开的,而不是针对法的整体而做出的划分。由此可以提出的问题是,在公法领域这种划分是否同样存在,还有罗马人为什么要将三分法局限在私法领域? 对这一问题给予关注的学者并不多,但值得研究。从某种意义上来说,这与罗马人的公法与私法划分的观念有密切联系。根据乌尔比安的论述,公法由神圣法、有关宗教祭祀和官职制度组成(publicum ius in sacris, in sacerdotibus, in magistratibus consistit)②。这样的公法概念主要针对的是罗马城邦的政制(politeia),既涉及超验的宗教和祭司也涉及公共权力的组织,而且在罗马历史的很长一段时间中,罗马的公共领域中的宗教性因素与世俗性的因素一直密切交织在一起,既相互制约,也相互配合。在这样的公法观念中,很难适用自然法、万民法与市民法的划分,因为罗马人的体制是罗马人自己的独特宗教观念以及政制思想的产物,是一个群体实践的结果,因此很难认可其中包含了什么普世性的因素。相反,私法涉及的是作为个体的个人的生活领域,个体的存在,具有不同的,而且是不可否认的不同层次的参照背景:作为一个有生命的生物体而存在的人,作为人类之一分子的人,以及作为城邦共同体的成员之一的人,这些不同的参照背景,都会对人的行为设定相应的规范作为个体的行为模式。因此,三分法在私法领域得到运用是可以理解的,并且具有一定的说明意义。

优士丁尼《法学阶梯》对自然法、万民法与市民法的表述是这样的:

> 自然法是自然界教给一切动物的法律。因为这种法律不是人类所特有,而是一切动物都具有的,不问是天空、地上或是海里的动物。由自然法产生了男与女的结合,我们把它叫作婚姻;从而有子女的繁殖及其教养。的确我们看到,除人而外,其他一切动物都被视为同样知道这种法则。③

> 市民法与万民法有别,任何受制于法律和习惯的民族都部分适用自己特有的法律,部分则适用全人类共同的法律。每一民族专为自身治理制定的法律,是这个国家所特有的,叫作市民法,即该国本身特有的法。至于出于自然理性而为全人类制定的法,则受到所有民族的同样尊重,叫作万民法,因为一切民族都适用它。因此,罗马人民所适用的,一部分是自己特有的法律,另一部分是全人类共同的法律。④

从优士丁尼《法学阶梯》的表述来看,自然法(ius naturale)指的是自然教给所有的动物的法律,它预设的共同体的范围是一切生物,因为人也

---

① J.1.1.4:"这一研究有公法与私法两个领域。公法是关系到罗马人的政体状况的法律;私法是关系到个人利益的法律。因此关于私法,必须说它分为三个部分。事实上,它要么是由自然法的戒条、要么由万民法的戒条、要么由市民法的戒条组成。"
② D.1.1.1.2.
③ J.1.2pr.
④ J.1.2.1.

属于生物，所以也要遵守自然为人类设定的这种法律。但这与其说是法律，不如说是自然为一切生物设定的本能。而万民法指的是基于自然理性（ratio naturale）而为全人类设定的规则。万民法（ius gentium）所设定的共同体的范围是一切人类，因为任何单个的人，首先是人类的一分子，因此也受到理性为人类设定的法律的约束。作为万民法之基础的自然理性，其实更准确地说应该是人生来就具有的人的理性或者叫作人性。否则的话，万民法就无法与自然法区分，自然法也可以说是基于自然的理性而成立。优士丁尼《法学阶梯》把万民法的基础设定为自然理性，显然认为人类与生物界的其他动物相比具有一个根本的区别，也即人是自然界唯一的一种具有理性的动物，因此自然理性就与人的理性是同义词。

市民法（ius civile）指的是城邦的特有法意义上的法。对此，优士丁尼《法学阶梯》有明确的界定："每一个民族专为自身治理制定的法律，是这个国家所特有的，叫作市民法，也即该国本身特有的法。"市民法是一个人基于其城邦共同体的成员的身份而适用的法，这种法具有明确的属人性（personality）的特征，也即必须以市民籍的享有作为适用这种法的前提。

优士丁尼《法学阶梯》中的自然法、万民法与市民法的三分法是否代表了罗马法学家普遍性的法学思想，在某种意义上，这是一个问题。《学说汇纂》中保留下来的摘自乌尔比安的《法学阶梯》的文本，也采纳了这样的三分法，并且乌尔比安的论述很可能就是优士丁尼《法学阶梯》相关论述的直接的文本来源：

> 自然法是大自然教育一切动物的法：这个法不是人类特有的，而是出生于陆地、海洋的一切动物包括飞禽的共有法。由此产生了我们称之为婚姻的男性与女性的结合、子孙的繁衍和教育；实际上我们看到所有的其他动物，包括野兽也根据对这个法的熟悉程度而被评价。[1]
>
> 万民法是全体人类使用的法。显而易见它与自然法相区别，因为自然法是所有动物的共同法，而万民法仅仅是人与人之间的共同法。[2]

但同样是法学家的盖尤斯，在其《法学阶梯》之中，就没有采纳三分法，而是只提到了万民法与市民法：

> 所有受法律和习俗调整的民众共同体都一方面使用自己的法，一方面使用一切人所共有的法。每个共同体为自己制定的法是他们自己的法，并且称为市民法（ius civile），即市民自己的法；根据自然理性（naturalis ratio）[3]在一切人当中制定的法为所有的民众共同体共同遵守，并且称为万民法（ius gentium），就像是一切民族所使用的法。因而罗马人民一方面使用他自己的法，一方面使用一切人所共

---

[1] D. 1. 1. 1. 3.
[2] D. 1. 1. 1. 4.
[3] 黄风教授的汉语译本将"ratio natural"翻译为"自然的原因"，通常翻译为自然理性。

有的法。①

这是盖尤斯著名的《法学阶梯》开篇第一段话。盖尤斯的体系中没有自然法概念的存在。由此可以提出的推测是,盖尤斯似乎认为自然法概念的存在没有必要,或者这二者其实是一回事。② 盖尤斯的体系表明,在罗马法学家那里,自然法与万民法的关系,其实并不是特别清晰。西塞罗(他当然不是一个法学家)在其著作中使用了自然法的术语,而他毫无疑问受到了希腊哲学术语的影响。有一种观点认为,万民法这个概念是罗马法学家在相对比较技术性的意义上使用的术语,而自然法概念则是对希腊哲学术语的翻译。③ 在早期,自然法与万民法在含义上是互通的,换言之,二者是一回事。④ 只是在后来,罗马法学家觉得有必要把自然法与万民法区分开来,才产生了著名的三分法。⑤

二、罗马法学家的自然法观念

研究罗马法学家的自然法观念首先要面对的一个重要问题就是,这里所说的自然法,是否具有现代的自然法理论所赋予的自然法这个概念的规范性的内涵,也即作为一套超越于实在法体制之上的法律体制,它能够在道德或者法律的层面上决定或者影响实在法体制的效力。这是一种所谓的两层楼意义上的自然法概念,自然法与实在法之间形成一种具有内在的紧张关系,自然法成为实在法的标杆,成为批判不合理的实在法的利器。

似乎也不能完全否认罗马法学家可能具有这样的观念。例如,法学家保罗在一个片段中就明确把自然法当作"一直是善良和公正的事物"。⑥ 这样说的潜台词就是,万民法和市民法有可能存在谬误。在这一方面,罗马法学家举出的例子就是奴隶制度。优士丁尼《法学阶梯》提到:"奴隶制度导源于万民法。因为根据自然法,一切人生而自由,既不知有奴隶,也就是无所谓解放。但奴隶制一旦在万民法中建立起来,接着也就

---

① Gai. 1. 1.
② 作为例证可参见 Gai. 2. 65:"对某些物的转让是根据自然法,比如那些以交付的方式转让的物品;对某些物的转让是根据市民法,因为有关要式买卖、拟诉弃权和时效取得的法则是罗马市民特有的"。在这一片段中,盖尤斯使用了自然法的概念,但完全是在与万民法相同的含义上使用这一个概念,因为他所说的根据自然法的方式对物进行的转让,也就是交付,在其他法学家那里都被界定为是依据万民法的方式。
③ Cfr., M. Bretone, *Storia del diritto romano*, Roma-Bari, 1989, p. 348.
④ 这一点在其他法学家那里也可以看到,例如,弗罗伦丁在其《法学阶梯》中提到:"我们在海滩上发现的宝石、美玉或者其他东西,也根据自然法(iure naturali)而立即属于我们所有。"(D. 1. 8. 3)这里把先占看作是自然法上的取得方式,而在通常的论述中,这属于依据万民法而取得所有权的方式。
⑤ [美]乔治·萨拜因:《政治学说史》(第 4 版),上卷,[美]托马斯·索尔森修订,邓正来译,215 页,上海,上海世纪出版集团·上海人民出版社,2008。
⑥ D. 1. 1. 11:"人们以多种方式定义法(ius):一种是,人们认为法是那些一直是善良和公正的事物,例如自然法。"

产生了解放的善举。"①

但同样值得关注的是，罗马法法学家似乎并不认为违背自然法的万民法制度，例如这里所说的对生而自由的人的奴役制度，因为违背了自然法而无效或者应该受到批判和谴责。在保罗的片段中，这位法学家也没有提到当万民法或者市民法与"一直是善良和公正的自然法"发生冲突或者背离的时候，在效力形态上究竟会产生何种后果。

再来看优士丁尼《法学阶梯》中的另外一个著名文本，"各民族一体遵守的自然法则是上帝神意制定的，因此始终是固定不变的。至于每一国家为自身所制定的法律则经常变动，其变动或由于人民的默示同意，或由于以后制定的其他法律"②。

这个判断从是否会发生变化的角度论述了自然法与市民法的区别。值得注意的是，在这个片段中，自然法的来源似乎与前面提到的有所不同。《法学阶梯》最开头的片段（很可能是摘录自法学家乌尔比安的相关论述③），提到自然法是来自人自然教给包括人在内的所有动物，这样的自然法观念具有鲜明的自然主义的风格。但在我们正在分析的这个文本中，则明确提到，自然法来自于上帝的神圣的旨意。这种变化显然受到了基督教的影响，认为法律的最初来源是神的意图。

同样值得关注的是，这个片段中也没有提到，当变动不居的市民法面对始终固定不变的自然法的时候，后者究竟对前者产生什么样的影响。

通过这些零星的片段，可以看到罗马法学家的自然法观念基本特殊之处。虽然受到希腊哲学的影响，罗马法学家也在某种程度上接受了作为超越于实在法之上，构成实在法的基准意义上的自然法观念，但罗马法学家基于其务实的精神，总是试图把自然法观念以某种具体的，可以把握的方式，落实到对具体问题的处理之中去。可以说，这是一种具有强烈的务实倾向的自然法精神。

根据现代的学者的研究，④罗马法学家在对具体制度进行建构时，为了使其趋于合理化，往往以"法理"(ratio iuris)，⑤"正确的和必要的法"(lex iusta ac necessaria)，⑥"最高的衡平"(summa aequitates)，⑦"自然的

---

① J. 1. 5pr.

② J. 1. 2. 11.

③ 罗马法学界有人认为，情况可能相反，是乌尔比安的片段在被摘取到《学说汇纂》中的时候，被编纂者根据自己的时代观念进行了篡改，增加了关于自然法之类的概念。如果是这样的话，那么情况就是相反的，不是优士丁尼《法学阶梯》借鉴了乌尔比安的论述。但关于文本篡改的怀疑，不是特别具有说服力。参见周枏：《罗马法原论》，上册，86页，北京，商务印书馆，1994。

④ Cfr., M. Bretone, *Storia del diritto romano*, p. 348.

⑤ D. 1. 3. 15. 尤里安提到："在那些违反法的理性所制定的规定中，我们不能发现法的规则。"按照字面意思来理解，法学家尤里安几乎已经明确无误地主张违反法的理性而制定的规则，不应该被视为法的规则。

⑥ D. 19. 5. 11.

⑦ D. 13. 4. 4. 1.

衡平"(aequitates naturale)①,"自然的真理"(veritas naturae)②,"对子女的慈爱"(caritas erga filios),③诸如此类的词汇,引入对实在法的批判性因素,由此使得实在法趋于合理化。虽然罗马法学家不像希腊的哲学家那样擅长去构造一个宏观的自然法理论,但在他们完善法的日常工作中,的确能够娴熟地运用自然法思想。这毫无疑问是罗马法学家给部门法学者留下的一份重要的思想遗产。

现代的法学者,尤其是部门法学者,事实上秉承了罗马法学家的这种务实的自然法精神。在对实在法进行批评性的反思的时候,在构造出更加合理的实在法制度的时候,虽然不高标自己的自然法精神,但如果我们能够透过词语的"密林",看到诸如衡平、公正、诚实信用等法的一般原则的补充性的、纠正性的功能,就可以发现,务实倾向的自然法思想的源远流长。在这一方面,罗马法学家的自然法观念尤其值得关注。

第四节 罗马法学家的法治观念

一、罗马法学家关于立法权归属的讨论

乌尔比安在讨论法律渊源的时候的一句论述在后世产生了巨大影响。他在论述皇帝敕令的法律效力的时候,明确提到:"君主所决定的具有法律的效力,因为民众根据所通过的关于君主治权的王权法,把自己的全部治权和支配权授予给他,并委托在他身上。"④乌尔比安的这段话基本上被原封不动地搬到了优士丁尼《法学阶梯》之中:"君主的决定也具有法律效力,因为民众根据所通过的关于君主治权的王权法,把自己的全部治权和支配权已经授予给了他。"

当然,乌尔比安的片段与优士丁尼的法学阶梯之中的表述之间存在一个重要的差别。在乌尔比安的片段中,动词"授予"采用的是一般现在

---

① D. 44. 4. 1. 1.
② D. 28. 2. 23pr.
③ D. 5. 2. 15.
④ D. 1. 4. 1pr. 此处对所引用的译文有所调整,主要原因是,拉丁原文中的第一句的表述是"quod principi placuit",这里的分词 placuit 的不定式原形是 placere,同时具有"喜欢","决定"的意思。有学者认为这里不应该理解为"君主所喜欢的","君主认为好的",因为这样的理解容易使人联想到君主享有一种专断的、随心所欲的立法权。如果翻译为"君主所决定的",在表达上更加准确,也符合该片段的下文的意思。关于这种观点,参见徐国栋:《〈优士丁尼法学阶梯〉评注》,45 页,北京,北京大学出版社,2011。值得注意的是,《学说汇纂》的英文本(由艾伦·沃森主持)将此这个单词翻译为"decided"。由斯奇巴教授主持的《学说汇纂》的最新的意大利文本采取了一个折中的办法,把 placere 所具有的两层意思都表达了出来,因此采取的是"Ciò che al principe parve bene e approvò ha vigore di legge"(君主认为好的以及他所批准的具有法律的效力)。

时(conferat),而在优士丁尼《法学阶梯》之中,"授予"一词使用的是过去时(concessit)。这种差别富有意味。它表明在乌尔比安所处的时代,在每一位君主统治之初,还需要一部专门的法律来批准对皇帝的授权。这一法律就是《关于治权的库里亚约法》(*lex curia de impero*)。① 而在优士丁尼时代(公元 6 世纪)的观念中,似乎意味着民众已经一次性地、终局性作了所有授权。

就乌尔比安的本意而言,他是在讨论罗马法的法律渊源的时候,把皇帝敕令作为一种具有法律效力的法律渊源加以讨论,他并没有试图在一般意义上讨论皇帝是否享有立法权的问题。但乌尔比安的这一片段被后世的人,特别是中世纪《学说汇纂》的评注者做出了脱离其论述语境的绝对化的解释。支持皇帝立法权的人,截取这一片段的前半部分,也就是"君主的决定具有法律效力"来进行发挥。基于罗马法文本所具有的历史的权威,这一片段成为论证皇帝作为主权者享有立法权的法理依据,因此这一片段几乎成为罗马法中最重要的片段之一。

但是如果完整地来分析乌尔比安的片段,就可以发现,乌尔比安的意思很可能被歪曲了。因为从这个片段的整体而言,仍然坚持了罗马人的传统。换言之,乌尔比安也认为君主的治权(imperium),也就是统治权,来自于民众的授予。在罗马共和国时期,罗马的最高官员执政官都是基于人民的选举而产生,因此其权力的合法性来源于人民,显而易见。但即使到了帝制时期,虽然民众大会已经没落,这样的授予仍然有其存在的必要。如果没有这种形式上的授权,皇帝的权力仍被认为没有合法性。历史上著名的《维斯帕西安权力约法》(*lex de imperio Vespasiani*)就是这种授权的典型例子。

罗马法学家关于立法权最终来源于民众的意志还可以从尤里安关于习惯法的叙述中看出来:

> 很有理由地,根深蒂固的习惯就像法律一样被遵守,这就是被称为由习惯所组成的法。实际上,如果不是因为这些法律被认为由民众决议所接受的话,它们就没有任何其他理由来约束我们,因此民众通过的没有成文的东西也有理由对全体具有约束力。事实上,民众表达自己的意志是通过决议还是通过事实本身和行为又有什么区别呢?因此很正确地接受了这个原则:法律不仅通过立法者的表决而被废除,而且也可以通过全体默示同意的废弃而被废除。②

---

① 《库里亚权力约法》在罗马史具有非常古老的起源,可以追溯到王政早期。在那个时代,罗马城邦还具有非常明显的氏族联盟体制的特征,国王作为联盟的政治领袖,其权力的基础来自于组成联盟的氏族的授权。这样的授权由作为氏族代表的 30 个库里亚的派出代表来进行。在后来的发展中,罗马城邦的组织体制发生变化,单个的市民称为城邦政制的基本单位,因此《库里亚权力约法》也转而表达了城邦公共权力来自民众的授予的内涵。这样的原则即使到帝制时期也没有变化。Cfr., A. Petrucci, *Corso di diritto pubblico romano*, Torino, 2012, pp. 20ss.

② D. 1. 3. 32. 1.

在这一片段中,尤里安认为法律是民众意志的表达。这个原则本身就已经表达了一种立法权属于民众的思想。他同时认为,通过明确的制定法律的决议来制定法律,当然是民众表达自己立法意志的方式,但民众如果通过事实和实际的行为,也就是一体性地、习惯性地遵循某种行为模式,那么也可以认为这是民众表达其意志的一种方式。在这样的情况下,习惯之所以应该被赋予法律的效力,得到论证。尤里安还进一步认为,法律的废除同样不仅可以通过立法者的表决来废除,也可以通过全体民众默示同意的废弃而被废除。尤里安的这种观点具有革命性的色彩,它意味着当民众普遍不服从立法者明确制定的规则时,可以视为该规则失效了,因为民众已经以默示的方式废除了立法者制定的规则。虽然尤里安这里是在讨论习惯之所以具有法的效力的基础,但是他认为立法权在根本上属于民众的观念则是确切无疑的。

罗马法学家关于立法权最终来自民众的观念,一方面来自于罗马自己的传统观念;另一方面也是受到希腊政治哲学思想中的人民主权观念,以及作为这一观念之基础的古典的社会契约论思想的影响。在前文分析罗马法学家关于法律的观念的时候,已经援引过法学家马尔西安的思想,他援引希腊的演说家德摩斯梯尼的观念,认为"法律是城邦的共同的协议,生活在城邦中的一切人应该根据该协议生活"①。马尔西安把民众订立的契约看作是城邦政治生活的基础。而法律就是这种契约的表现,由此也就不难理解,罗马法学家支持立法权属于人民的主张。

总体而言,罗马法学家关于立法权之归属的罗马法原始文献(其中包括优士丁尼《法典》、《法学阶梯》、《学说汇纂》以及《新律》)流传到中世纪以后近现代欧洲政治思想家面前的时候,展现出丰富的内涵。在这一方面,后世的王权论者可以断章取义地解读乌尔比安的片段,以此来论证皇帝享有专断的立法权,但罗马法学家关于罗马皇帝的立法权在根本上来自人民的授权的观念,的确可以启发和论证立法权在民的人民主权思想。当现代学者在罗马法学家的思想中寻找到欧洲现代宪政思想的源头的时候,不应该感到惊讶。事实上,政治思想史的最新研究的确认为罗马法是"近代立宪主义的主要来源之一","此说貌似荒唐,却符合事实"②。

二、罗马法学家的法治观念

关于罗马法学家的思想中是否显示出法治的观念,同样值得关注。这里所指的法治观念,具体而言是指最高权力的拥有者也应该受到法律的约束,任何人都不享有超越法律的特权。

在这一方面,罗马法学家的论述同样显示出丰富的内涵。乌尔比安

---

① D. 1. 3. 2.
② [英]昆廷·斯金纳:《近代政治思想的基础》,下卷:宗教改革,奚瑞森、亚方译,175页,北京,商务印书馆,2002。

第四章 罗马法学家

在一个片段中明确提到"法不是为个别人制定的,而是针对所有人"。①言下之意是法律具有普遍性,应该约束所有的人,即使这个人是最高权力的享有者。但同一个乌尔比安,在一个片段中又明确提到,"君主不受法律约束"②。这似乎表明君主具有超越于法律之上的特权。

但同样是来自罗马法的另外一个文本又明确宣称:

> 行使治权的君主承认服从法律,这是与他的尊严相吻合的一种说法;因为我们的权威依赖于法律的规定。事实上,权力服从于法律的支配,乃是政治管理上最重要的事情。③

在这个片断中,法治(rule of law)的意味已经非常浓厚了。④

我们当然很难仅仅基于这一个片段就说罗马法学家已经阐发了伟大的法治观念。但我们也绝对不能忽视这短短一句话的力量。事实上,这一片断就被中世纪著名的神学思想家阿奎那注意到,并且用其来论证君主权力应该受到法律的制约。⑤

罗马法学家的力量恰恰就在这里。因为罗马法在很长的历史时期内享有巨大的道义层面上的和法律层面上的权威,他们的每一句话都被认为是法律,代表了罗马世界流传下来的"成文的理性"(ratio scripta),也会被后世反复援引、反复诠释。因此,即使是他们的一个看似不起眼的片段,也能够在后世引发一场思想的或制度的风暴,其影响力之大,远远超过一个法哲学家的鸿篇巨制。这就是罗马法学家在法律思想史上的独特之处。

思考题

1. 罗马法学家的学说在欧洲政治法律思想史上为什么具有一种独特的地位?
2. 罗马法学家的自然法观念表现出什么特点?
3. 罗马人的正义观念与希腊人的正义观念的异同点是什么?
4. 如何理解乌尔比安关于皇帝享有立法权的论述?

---

① D.1.3.8.
② D.1.3.31.这个片段的完整的文本是:"君主不受法律约束:尽管君主的妻子并非不受法律约束,然而君主通常授予她君主本人所享有的特权。"
③ C.1.14.4.该片断前半部分的汉语译本,可参见[美]哈罗德·J.伯尔曼:《法律与革命——西方法律传统的形成》,贺卫方等译,700～701页,北京,中国大百科全书出版社,1993。
④ 罗马法学家在这一点上与西塞罗的思想是相通的,后者认为"为了达致自由,我们必须成为法律的仆人"(Cicero, *Pro Cluentio*, 53. 146)。
⑤ [意]托马斯·阿奎那:《阿奎那政治著作选》,马清槐译,123页,北京,商务印书馆,1963。

阅读文献

1. ［意］朱塞佩·格罗索：《罗马法史》，黄风译，北京，中国政法大学出版社，1994。
2. ［意］弗朗切斯科·德·马尔蒂诺：《罗马政制史》，薛军译，北京，北京大学出版社，2009。
3. M. Talamanca, *Istituzioni di diritto romano*, Milano, 1990.
4. A. Petrucci, *Corso di Diritto Pubblico Romano*, Torino, 2012.
5. M. Bretone, *Storia del diritto romano*, Roma-Bari, 1989.
6. ［英］乔洛维茨：《罗马法研究历史导论》，薛军译，北京，商务印书馆，2013。
7. ［美］乔治·萨拜因：《政治学说史》（第4版），上卷，［美］托马斯·索尔森修订，邓正来译，上海，上海世纪出版集团·上海人民出版社，2008。
8. ［英］昆廷·斯金纳：《近代政治思想的基础》，上下卷，奚瑞森、亚方译，北京，商务印书馆，2002。

第二编　中世纪法律思想

第五章　奥古斯丁笔下的法律问题

第一节　奥古斯丁和他的基督教思想

生活在西罗马帝国后期的希波主教奥古斯丁（Saint Augustine of Hippo,354—430），是西方思想史上最重要的思想家之一。虽然在西方思想史上影响重大，奥古斯丁却并非欧洲人。他出生于罗马统治下的北非的塔加斯特城（Thagaste），早年是个摩尼教徒，职业是修辞学教师，受过非常好的教育，对哲学有浓厚的兴趣。他后来来到了意大利，到了罗马和米兰，期间有过非常复杂的思想斗争。奥古斯丁在米兰认识了安布罗斯（Ambrose），受到他的深刻影响，终于脱离了摩尼教，皈依了大公教会。这一段的经历，都记录在他的《忏悔录》中。奥古斯丁在皈依之后就回到了北非，专心哲学研究。几年之后，他无意中成为希波城的主教，从此彻底改变了他的人生道路。由于身为希波主教，奥古斯丁不能再一心一意地从事学术研究。作为主教，他要承担教会内部，乃至整个希波城的各种事务。当时，正统的大公教会只是北非的一个小教派。奥古斯丁主教的大部分时间花在了与各种异端教派的辩论当中，他多达90多部的著作中，大部分是论辩之作。他的主教生涯大体可以分为这样三个阶段：刚刚成为希波主教的奥古斯丁首先与他昔日的朋友摩尼教徒展开了激烈辩论，中期的奥古斯丁与在北非影响很大的多纳图派有过长期的斗争，而与佩拉鸠派的辩论则耗费了晚年奥古斯丁的大部分精力。429年，北方蛮族汪达尔部越过直布罗陀海峡，侵入北非，很快包围了希波城。430年8月28日，奥古斯丁在被重重围困的希波城中死去。希波城被攻陷以后，奥古斯丁的遗著被带到了罗马，成为欧洲基督教的宝贵精神遗产。

奥古斯丁是个非常勤奋的人，他的著作多达90多部，其中最主要的代表作有《忏悔录》、《〈创世记〉字解》、《论三位一体》、《上帝之城》等。他被称为继保罗之后,基督教思想的第二个奠基人。基督教思想中的很多核心教义,如原罪、三位一体、自由意志、神义论等,都是在奥古斯丁的手里被系统化,形成了其基本形态。可以说,奥古斯丁终结了西方古典思想传统,开启了中世纪基督教的思想传统。奥古斯丁主义统治基督教思想达八百年之久,但即使在托马斯主义取代奥古斯丁主义,成为基督教的正统思想之后,奥古斯丁确立的很多基本原则也被接受了下来。在很大程度上,现代西方思想也是建立在奥古斯丁主义的基础之上的,几乎很难找到一个没有受过奥古斯丁影响的现代西方思想家。

作为主教的奥古斯丁处理过很多具体案件,因此对法律有非常深的了解;而受过罗马系统教育的他,对罗马法也是极为精通的。他的90多部著作中到处充满了与法律相关的段落。不过,我们在此不能具体来介绍他和法律相关的这些言论。由于奥古斯丁对西方思想的影响是全面性的,他的思想,特别是政治社会思想,对后来西方的法律思想也有极为深远的影响。我们更希望能宏观地把握他的社会政治思想,以及这对后世法律思想的影响。

奥古斯丁所描述的人类的堕落和拯救的故事,就可以看作是一个法律案件:在他看来,上帝是至善、最高、最真实的存在,万物都是上帝无中生有创造的,其存在都来自上帝,因而也都是好的,也是宇宙间最正义、最高的大法官。上帝创造的人也是好的,上帝不能为人的罪恶负责。人的堕落是因为他犯了罪,遭到了上帝严厉的处罚。亚当和夏娃的原罪使人陷入了各种罪恶当中,人世间的种种问题,都是原罪的结果。他因而也认为,人间的政治和法律,不可能纠正这些罪恶。要纠正人世间的罪恶,恢复真正的正义,只能依靠耶稣基督道成肉身来击败魔鬼,才能完成。耶稣与魔鬼之间的斗争,可以看作一桩交易,魔鬼因为杀死了他不该杀死的无辜之人而被耶稣战胜。耶稣将人类从魔鬼的统治下救赎出来,使人得以获得真正的正义,而这种正义只能存在于上帝之城当中。到末日来临之时,耶稣再次来临,审判活人和死人,使人间法律所无法判断的正义最终实现出来。下面,我们就来看这个案件当中的几个环节。

第二节 意志和罪

奥古斯丁对基督教教义最大的贡献,可以说是对"原罪"概念的发明;而奥古斯丁对西方哲学史最大的贡献,可以说是对自由意志的强调。通过自由意志犯罪,这是整个世界历史的开端,也是奥古斯丁所讲的这个案件的起因。

第五章 奥古斯丁笔下的法律问题

之所以特别强调自由意志,是因为奥古斯丁一方面强调上帝的至善;另一方面又极为关注世界中的恶。上帝如果是至善的,他就不能为任何的恶负责,即,至善的上帝不可能造出一丝一毫的罪恶和谬误来。上帝所造的一切都是好的,人更是处在最好的状态中。那么,世间无处不在的不正义是从哪里来的呢?奥古斯丁的回答是,在上帝的造物中没有恶,上帝不能为任何罪恶负责,恶都是自由意志的结果,因此必须由作恶者自己负责。

上帝的法是最根本的法律,一切犯罪的缘由,都在于以自由意志背叛这一根本大法;一切的审判,都在于上帝之法的终极审判。最早因为自由意志犯罪的,不是人,而是天使。天使本来是最高的被造物,可以直接聆听上帝的永恒真理,但是有一些天使,一开始就不愿意听这永恒真理,背离了上帝,就成为魔鬼。魔鬼是地上之城真正的领袖。

人的犯罪,只是对魔鬼犯罪的一种模仿。按照本性,人应该是好的,但是,亚当和夏娃接受了魔鬼的诱惑,违背了上帝的命令,偷吃了禁果。因为他们犯了这桩罪,上帝给他们以严厉的处罚,其中最重要的一点就是,人从此成为必死的。从此,人都成为地上之城的成员,成为魔鬼的属下,魔鬼有权把他们杀死。奥古斯丁把这称为"原罪"。

亚当夏娃偷吃禁果的事,本是《旧约·创世记》中的一个神话故事,但犹太人并没有发展出原罪观,早期基督教也并没有用原罪的概念来理解这个故事。在很多其他民族的创世神话中,也有很多类似的故事,但也都没有原罪的概念。奥古斯丁以原罪概念来诠释这个故事,是一个天才的创造,使一个神话故事变成了对人性的一种深刻描述,而这一观念也深刻影响了西方法律思想中关于罪的理解。

原罪概念的核心是自由意志。奥古斯丁认为,决定了每个人善恶的,就是他的意志。正如石头能待在哪里,取决于它的重量使它滚向哪里,人最终朝向哪里,取决于他的意志指向哪里。意志就是人的重量。如果人的意志指向上帝,即他的存在的制造者,那他就会成为完美的人。本来,刚刚被造的人就应该把意志指向上帝。但是,受到魔鬼诱惑的人不再把意志指向上帝,而是指向低于上帝的被造物,于是他就不再追求至善,这就是人的堕落的实质。

《创世记》上说,人自从吃了禁果,就用无花果的叶子遮住了下体。为什么人在犯罪之后就要遮住下体?奥古斯丁的回答是:因为人不服从上帝,所以他的身体也不再服从灵魂,即,从此人作为整体不再和谐,而是身体与灵魂处在激烈的冲突当中。这种冲突使人产生了各种欲望,而所有这些欲望的实质,都在于人的意志不再指向唯一的至善。在《马太福音》中,耶稣对他的门徒说:凡看见妇女就动淫念的,这人心里已经与她犯奸淫了。当一个人的意志已经指向犯罪的对象,即使他没有做出来,他也已经犯了罪,因为犯罪在实质上是意志的犯罪。而在有了原罪之后,人不可能避免这种形式的罪。人可以避免不犯奸淫之事,但无法避免一丝非分之想。奥古斯丁会进一步说,哪怕是面对风暴时的脸色苍白、悬崖峭壁上的战栗、黑夜里的恐惧、面对诱惑时的犹豫,都是因为意志不够坚定,这些都是原罪的结果。因为这些都表明,人的意志没有指向唯一的至善的上帝,而是处在犹疑当中。在地上之城中,人们几乎无时无刻不在犯罪。地上之城中的人,在本质上就是充满了罪的。

死亡,是上帝对人的原罪的最大惩罚,而死亡的实质,也只不过是意志的这种犹疑状态的极端发展。意志的犹疑导致了身体和灵魂的冲突,这种冲突带来了各种肮脏的欲望,而这种冲突的最终结果,则是身体和灵魂的分离,即死亡。"灵魂与身体本来一直在亲密地共生共栖,而今被一种力量撕开,就产生了一种绝望和违背自然的感觉。"[1]死亡和人性的各种欲望,都不再是没有道德色彩的自然现象,而被当作原罪的后果,纳入了上帝之法惩罚的范围。

在奥古斯丁的体系当中,所有的犯罪都是意志的犯罪,没有意志参与的犯罪不是真正的罪,但只要有意志参与,哪怕没有做出来也是犯罪。堕落了的人已经不可能摆脱必然犯罪的状态,即人已经没有不犯罪的自由。因此,每个人都是必死的。

第三节　上帝的法与尘世的法

奥古斯丁继承了古典的法律思想,认为法律就是正义,而真正的大法是上帝的法,即只有上帝那里才有真正的正义。对于天使和人类的每一桩罪,上帝无时无刻不在审判,而且这审判是最正义和公平的,但是这种正义在末日之前不会向人显现出来,所以人并不能理解上帝的正义究竟是怎样的。

在地上之城中,不可能有真正的正义,因而也就不可能有真正的法律。奥古斯丁一再强调,地上之城是必然建立在不义的基础之上的。该隐杀害亲兄弟亚伯,建立了人类第一座城;罗慕洛杀害了同胞兄弟雷姆斯,建立了最大的地上之城——罗马。

在《上帝之城》中,奥古斯丁对罗马历史做了批判性的回顾。罗慕洛将罗马建立在兄弟的鲜血之上,又强抢了萨宾女子,作为罗马男人最初的妻子。罗马为了扩张,吞并了母亲城阿尔巴。罗马拥戴残暴的塔昆做了国王,却又以非法的手段将他赶走。共和国的缔造者布鲁图斯无故驱逐

---

[1] [古罗马]奥古斯丁:《上帝之城》,吴飞译,13:6,上海,上海三联书店,2007—2009(本章使用奥古斯丁著作引注采用国际通用章节注,本章所引《上帝之城》译文为上海三联书店版译本)。

第五章　奥古斯丁笔下的法律问题

了自己的同事柯拉廷诺斯。被罗马人引以为豪的早期历史，处处充满了不义和血腥，没有任何的法律和正义可言。而且在奥古斯丁看来，从君主制到共和制的转变也没有实质的意义，因为地上之城里的法律在本质上都是一样的。

奥古斯丁继承了柏拉图在《理想国》中对"正义"的定义，正义就是人人各得其所。而让本来属于上帝的归了魔鬼，就是最大的不义。在这种不义的基础之上，怎么会有正义的法律？在奥古斯丁看来，人间的各种制度，无论是家庭、城邦，还是帝国，都只能是不正义的。"城邦越大，她的讲坛上就越是充满了民事诉讼和刑事犯罪。"①而面对这些犯罪，无论法官多么尽职尽责，无论法律多么完美无瑕，都不可能做到真正的公平。在《上帝之城》第19卷里，奥古斯丁用一大段来证明，这些纠纷都不可能获得真正的解决，因为人间的法律在根本上是无力的：

> 无论城邦中多么和平，都不能免于人对人的审判。这些审判怎么样呢？难道我们不觉得这是悲惨的和痛苦的吗？在人作审判时，审判者无法深入到被审判者的良知。于是，他们经常拷问无辜的目击者来获知真相，仅仅是因为他们是别人的犯罪的见证。一个人因为自己的罪被折磨又如何呢？他被拷问是否有罪，即使无辜也要接受拷问；他是否有罪并不确定，但是惩罚是千真万确的，这并不是因为发现他犯了罪，而是因为不知道他没有犯罪。就是因为审判者不知道这些，无辜者遭受了很多灾难。更无法忍受的是，法官折磨犯人，是为了他不会无意中杀害无辜。这法官的无知真是可悲，他为了不杀害无辜而折磨犯人，迫害甚至杀死无辜。这真是值得大大悲痛和哀悼的事，如果可能，是应该为之挥洒如泉的泪水的。如果按照那些哲学家的智慧，要选择逃离此世，而不是遭受更长的折磨，那么，就要承认自己并没有犯的罪。这犯人被处了罪、被杀死了，法官究竟杀害了罪人还是无辜者，他并不知道，虽然他拷问犯人是为了避免无意中杀害无辜；他本来是为了知道一个人是否无辜而拷问他，而在杀死他时还不知道。这种社会生活如此黑暗，一个智者会坐上法官的席位，还是不会呢？当然会坐的。因为人类社会约束着他，驱使他完成义务，他也认为，放弃义务反而是违背神法的。他不认为，为了别人的一个案件而拷问无辜的证人是违背神法的；那些被告可能被巨大的痛苦征服，从而自诬有罪，让自己无辜受罚，虽然这被拷问者完全是无辜的；或者，即使犯人没有被处死刑，但是可能在拷问中死去，或因拷问而死去；在某些时候，原告为了捍卫社会，想使罪行不至于逍遥法外，但因为证人不说实话，被告顽固不化，忍受各种拷问，不肯认罪，死硬到底，让原告无法证明事实，虽然他明知道事实是什

---

① ［古罗马］奥古斯丁：《上帝之城》，19:5。

么,无知的法官却给原告判罪。哲学家认为,所有这些坏事都不是罪;因为智慧的法官不是有意作出这些伤害的,而是因为不了解真相而不得不如此,由于人类社会的要求,又必须有这些法官。因此,这就是我们所说的人间必然有的悲惨,而不是智者的恶意造成的。法官由于不了解实情,又由于法官的职责,一定会拷问无辜者、惩罚无辜者,但是,他能像不这么做的人那样快乐吗?如果人知道这是必然的悲惨,不愿意自己参与其中,知道怎样才是虔敬,他对上帝呼喊"求你救我脱离我必然的祸患"(《旧约·诗篇》,25:17),那才是符合人的尊严的。①

奥古斯丁认为人间的法律无力,并不是因为法律本身的错误或是法官的无能。他在这一段里所强调的恰恰是,即使最优秀的法官,最完美的法律,也必然无法做到绝对正确,因而也就不可能真正公平。现实中的种种谬误和不公是不可避免的,因为这是地上之城中的必然状态。

奥古斯丁在根本上否定了人间法律的作用,但他并没有否定人类集体生活的意义,主教的职责也使他不可能完全退缩到个人世界。他所否定的,只是现实政治和法律的绝对价值,即,它不可能解决人类最根本的问题,不可能带来真正的公平。但在现实世界当中,人又只能生活在地上之城里,因此又不可能脱离这不完美的政治和法律制度。

奥古斯丁发展了西塞罗的一个说法,完全否定了尘世的美德。他说,如果没有犯罪和伤害,就不需要正义;如果没有谬误,也就不需要智慧;如果没有邪恶和危险,也不需要勇敢;如果没有欲望和贪婪,节制也就没有了必要。这四大德如果能称为德性,也只是矫正性的德性。它们的存在恰恰表明罪恶的存在。罪恶既然存在,就没有真正的正义和法律。在至善上帝那里的理想状态,既然没有任何罪恶与不完美,就不可能有这些德性。

第四节 基督与救赎

那么,如何来实现真正的正义,怎样使上帝的根本大法得到彰显呢?奥古斯丁认为,堕落了的人既然没有能力不犯罪,也就不可能通过自己的行为获得拯救,因为人没有不犯罪的意志。要使人获得救赎,从魔鬼的统治下解脱,就只能通过上帝赐给人特别的恩典,即耶稣基督的道成肉身和十字架上的受难。但这恩典并不是一种魔法,而同样要遵循上帝创造的

---

① [古罗马]奥古斯丁:《上帝之城》,19:6。

整个世界中善恶相争的规律。在处理这个问题上,我们特别可以看到奥古斯丁对罗马法传统的创造性使用。

在人因为原罪而堕落之后,他们都成为以魔鬼为首的地上之城中的公民,即成为魔鬼的奴隶。因为亚当和夏娃接受了魔鬼的引诱,先在灵魂上堕落了,陷入了和魔鬼一样的意志之罪,而魔鬼是地上之城的首领,所以这些沉溺于罪恶的人就都受制于魔鬼,甘愿听从魔鬼的统治,且没有脱离的可能,魔鬼则完全有权力处置这些有罪之人,直到把他们杀死。所有人都是有罪的,所以整个人类世界都处在魔鬼的奴役之下,没有真正的正义和法律。要使人们脱离魔鬼的统治,就是把他们从奴隶的统治之下释放出来,因此必须遵循罗马法律中解放奴隶的固有程序。而现在魔鬼是人类的合法主人,怎么能从他的统治之下赎出这些人呢?

魔鬼不会自动放弃对人类的统治权,甚至还要把耶稣也变成奴隶。在《马太福音》中,魔鬼曾经在旷野中三次诱惑耶稣,先是让他把石头变成食物,然后又让他从高处跳下,最后还以万国的荣华来诱惑耶稣,但都被耶稣拒绝了。如果耶稣也像亚当和夏娃那样接受诱惑,通过自由意志犯罪,那他也就会成为魔鬼的奴隶,魔鬼也就可以合法地支配他,直到把他杀死。但是,耶稣并没有屈从于魔鬼。在亚当的所有后代中,耶稣是唯一没有犯罪的人,他不是魔鬼的奴隶,魔鬼没有权力将他杀死。

一个本来不应死去的人,却主动让自己被抓住,接受审判,接受被处死的命运。完全无罪的耶稣被罗马总督和犹太人处死这件事,本身就是奥古斯丁关于尘世法律不可能正义的注脚。而耶稣主动受死,使魔鬼处死了一个他本来无权处死的无辜之人。魔鬼犯了错,耶稣抓住了他的把柄。耶稣就是以这种方式击败了魔鬼,他把自己的死当作赎金,从魔鬼那里赎出了这些奴隶。

> 真中保也自愿受假中保的试探,这样他就成了克服试探的中保,既是人的榜样,也是人的援助。魔鬼虽力图设法潜入他的内心,但从一开始就被逐出,因为他既在灵里死了,就不能打入那在灵里活着的主。他在主受洗以后在旷野向他施展了一切试探,但都不能得遂。于是他就尽力要让他在身体上死去,这身死是真中保从我们这里得到的。但他在哪里作什么,就在哪里被征服;他在哪里表面上得了权柄杀害主的身体,他那辖制我们的内在权柄就在哪里被打倒了。①

但并不是所有人的罪都随着耶稣的死被赦了。耶稣之死并不是魔法,而是一个足以将人类的灵魂救赎出来的合法行为。他为有罪的人提供了获得拯救、摆脱魔鬼的奴役的一个机会,但人们只有自愿地模仿耶稣,像他那样赴死,和他一起击败魔鬼,才能得到救赎。

---

① [古罗马]奥古斯丁:《论三位一体》,4:13[17],周伟驰译,上海,上海人民出版社,2005。

基督教传统中有个著名的比喻：基督是一个巨大的人，这个人的身体是整个教会，耶稣本人则是这个基督的头，所有加入教会当中的人，就成为基督的肢体。只有加入基督这个大人当中的人，才能和他一起战胜魔鬼，获得救赎。奥古斯丁认为，耶稣在十字架上的受难是基督教中唯一一个真正的祭祀，凡是真正的基督徒都是基督这个大人的一部分，因此就随着基督成为这个祭祀中的祭品的一部分。基督教中的圣餐礼只是对这个唯一的祭祀的一种象征。

耶稣作为圣子，是圣父的儿子。那些加入基督的身体中的人，也成为圣父的儿子，但他们是继子。根据罗马的继承法，上帝的这些继子也将获得上帝的遗产，即上帝之城中的永恒幸福。作为上帝的继子，他们自然就脱离了魔鬼的奴役，他们的罪也就被赦了。

奥古斯丁将人类历史理解成创造—堕落—救赎—末日的一个过程，在这个过程中，最核心的主题就是上帝的法如何被魔鬼和人类背离，以及已经犯了罪的人怎样获得救赎，回归到真正的正义。从人类犯罪开始，只有一个事件是可以改变历史进程的，那就是耶稣基督的道成肉身和十字架上的受难。其他的任何历史事件，无论王朝的更迭还是帝国的盛衰，无论英雄的崛起还是恢宏的战争，都没有任何实质的意义。在奥古斯丁看来，所有这些尘世历史，都只不过是人之罪的不同表现形式而已，它们不会改变地上之城罪恶的本质，不会带来真正的正义和拯救，因而也就不可能改变历史的进程。因此，无论耶路撒冷还是巴比伦，无论雅典还是罗马，都没有什么差别，因为它们都不具备真正的历史意义。罗马帝国的强大与灭亡，也都是没有历史意义的事件。而这些地上之城中发生的各种纷争与案件，也都是微不足道的事情。

第五节　地上之城中的义人

奥古斯丁认为，耶稣基督的来临，在根本上改变了人类历史的进程，因为这为人类的拯救提供了一个机会。但是在表面上，这似乎并没有根本改变人类历史的现状。既然人类的罪都赦了，而死亡是罪的结果，那么，那些加入到耶稣身体中的人不就应该不再死去了吗？但为什么每个人还是要遭受身体的死亡呢？而且，既然耶稣使上帝的正义昭示在了人类世界当中，那就不再应该有任何命运不公的事情，但为什么还是好人没有好报，恶人享受幸福呢？神的正义还是含混不清的，神义论仍然没有实现出来。

在奥古斯丁看来，真正的神义论只能在末日审判的时候才能得到实现。在现世当中，上帝之城的公民必须生活在地上之城当中。他们不属

第五章 奥古斯丁笔下的法律问题

于地上之城,也不希望在地上之城找到永恒的幸福,但是他们又不能脱离地上之城,于是,他们就要把地上之城当作暂时的客旅:

> 天上之城,或更确切地说,天上之城的一部分,在这必朽中旅行,按照信仰生活,也有必要利用这种和平,因为在这必朽的生命结束之前,这种和平也是必要的;虽然他获得了救赎的应许和灵性的赐予,就在他在地上之城(或者说,枷锁中的生活)中旅行时,他还接受了地上之城的法律,因为,维护必朽的生命的物品,是靠这些法律管理的,他无疑要服从。①

处在客旅中的人,必须遵守旅店中的规章制度,但却不能把旅店当作自己的家,不能过于留恋客旅,而必须时刻想着回到真正的家乡。上帝之城的公民就是处在这样的状态中。他应该遵守地上之城的各种法律,但只能把它们当作暂时的法律,遵守它们是为了更好地回到上帝之城,回归真正的正义。

奥古斯丁也说过,在这必朽的处境中,两座城之间需要暂时达到和谐。基督徒皇帝统领地上之城,或者基督徒之间结成尘世的教会,应该就是上帝之城与地上之城达到和谐的状况。在这个意义上,地上之城中的和平,"也指向了天上的和平"②。这种地方,是奥古斯丁对地上之城肯定态度最强的地方。但是,这绝不意味着,地上之城就不再是魔鬼之城,而能成为人间的上帝之城,或者第三座城。奥古斯丁随后在谈到上帝之城的宗教法律时说:

> 其中的宗教法律不可能和地上之城有什么共同之处,在这方面一定与之相悖,对于观念不同的人,一定是负担,一定会遭受他们的愤怒、仇恨、迫害的阻碍,除非反对者的心灵被地上如此众多的信徒和他们总能得到的神佑所震慑。③

在有些地方,奥古斯丁也在一定程度上肯定了尘世的制度,但他对地上之城的否定是更根本的。在奥古斯丁研究史上,有一些著名的争论,就是关于奥古斯丁是否肯定尘世政治和法律,甚至认为在上帝之城和魔鬼之城之外,还存在第三座城,即中立的,甚至是好的地上之城的问题。总体上看,奥古斯丁对地上之城的态度是以否定为主的。这种否定,不只是对政治实体的否定,甚至包括对人类的任何社会制度的否定,其中包括家庭和教会。

一方面,奥古斯丁非常强调人类的社会性。他认为,上帝既然让所有的人类都从一个亚当繁衍而来,这里面必然有非常重大的隐喻,即上帝希望人类无论变得多么众多,都不要忘记他们的共同的祖先,要结合起来,

---

① [古罗马]奥古斯丁:《上帝之城》,19:17。
② 同上。
③ 同上。

像一个人那样生活。另一方面,他又认为,人的社会性不可能在现实的社会制度中实现,因为在历史上,人类的每一步结合都是通过罪的手段完成的。首先,上帝从亚当的身上取下一根肋骨,造出夏娃,让他们结合,这是为了让人类的夫妻能和合为一,但这却导致了二人的犯罪;然后,亚当、夏娃生了儿子,该隐和亚伯,该隐杀掉了亚伯,建立了人类历史上第一座城,可见,人类城邦的兴起是伴随着血腥的兄弟相残的;第三步,所有的人聚集起来,在巴比伦共同建造巴别塔,这是不同的城邦汇聚为帝国的象征,但上帝变乱了人类的语言,使人类彻底分裂。因此,无论家庭、城邦,还是帝国,都是必然罪恶的,都不可能使人类真正和合为一,其中的法律只能使人不致变得太坏,而没有拯救的意义。甚至地上的教会,也始终是良莠不齐,善恶混杂的,在根本上仍然属于地上之城,不属于上帝之城。

将奥古斯丁的思想推到极致,我们可以看到,他所否定的并不是这一个或那一个城邦,也不是这种或那种社会与政治制度,而是人类制度本身。只要人类之间存在不平等,存在领导和被领导的关系,虽然这是人类社会允许的,却是神法所不允许的。只要人和人之间存在差别,存在纷争,就意味着不义。他是要取消人类的任何差别,取消人类之间任何领导和服从的关系。奥古斯丁所谓的上帝之城,并不是另外一种政治制度,而恰恰是对人类的社会与政治制度的取消,是一种消除了任何差别和等级,任何人都只服从于上帝的心灵状态。上帝的法不是用来调节人和人之间的关系的,那些用来调节人类之间的差别的法,只能是矫正性的法。

第六节 上帝之城中的正义

奥古斯丁所推崇的人类的和合为一,不可能在地上之城中实现,那就只能在上帝之城里才会实现。上帝真正的正义,也只能在末日审判之后才能彰显出来。上帝的法是根本大法,而且上帝无时无刻不在用他的法律审判人类:

> 从人类的一开始就在审判,那时候,为了惩罚初人的大罪,上帝把他们从伊甸园赶出来,与生命之树隔离;其实早在天使犯罪时,上帝就不曾宽恕,其中的头领在自己堕落后,也出于嫉妒,诱惑人堕落。上帝无疑审判了他。也正是因为上帝高深的正义审判,鬼怪们在空气中和天上,人们在地上,过着最悲惨的生活,充满了谬误和困苦。而即使没有谁犯罪,也必须靠上帝好的和正义的审判,所有理性的被造物才能坚持不懈地亲近主,获得永恒的幸福。上帝不仅审判全部鬼怪和人类,由于他们的原罪而把他们抛入悲惨,而且还恰当地审判每件出自意志抉择的具体的事。哪怕是鬼怪,也哀求不要受折磨,因

第五章 奥古斯丁笔下的法律问题

此,根据他们的所作所为饶恕或折磨,当然是正义的。①

既然上帝随时都在审判,为什么还有那么多不公的事情出现呢?为什么还会有好人遭受厄运,坏人得享幸福呢?奥古斯丁认为,上帝一方面要在许多事情中显示出他的正义,以便让人相信他的存在;另一方面,上帝又不能在每件事上都显示出正义,那样就会使正义如同可以交换的商品,而无法磨炼和激励人类了。因此,在历史的进程中,总会有一些表面上的不公,甚至大多数情况下是不公的。但到了末日之时,耶稣基督重临,审判所有的活人和死人,到那时,真正的正义就会彰显出来,让所有人都能清楚地看到了:

> 等我们到达了上帝的审判,那个被称为审判日或者主之日的时候,不仅一切在审判中都各得其所,而且,就是从最开始的审判,一直到这个时候以前的审判,都会变成无比正义的。那时也会清楚,究竟是因为上帝怎样的审判,现在上帝很多(几乎全部)正义的审判无法被必朽者的感觉和心智认识。但即使现在,有一点是虔敬者的信仰所清楚的:即使那些不清楚的,也是正义的。②

末日审判的结果,是使好人上天堂,即进入永恒的上帝之城,坏人下地狱,遭受永无终结的惩罚,于是,上帝的根本大法就通过天堂与地狱的终极二分彰显了出来。

当时有些基督教教父,比如奥利金,就认为,地狱中的惩罚不会是永远的,那些遭受惩罚的人只是在地狱里待一段时间,但悲悯的上帝最终还是会让他们离开地狱。奥古斯丁坚决反对这一说法,他认为,对恶人的惩罚和对善人的奖赏都是绝对的。虽然耶稣让人爱敌人,但这只是针对活人而言的,因为任何活着的坏人都有最终悔改的余地;但对于已经无法改变和忏悔的死人,是不能悲悯他们的罪的。他们必须在永火之中,承受无穷无尽的痛苦。而且奥古斯丁认为,地狱中的永罚本来是所有人应该遭受的命运,因为魔鬼的属下都应该随着魔鬼进入地狱当中,而凡是有原罪的人都是魔鬼的属下。只是因为耶稣基督特别的恩典,有少数人可以脱离被魔鬼奴役的处境,进入上帝之城,得到永恒的奖赏。这些人是例外。

在奥古斯丁看来,上帝之城就是基督的身体。到末日的时候,所有应该加入到这个身体的基督徒都已经在其中了,于是上帝之城就得到了圆满的实现。上帝之城中的人消除了所有的罪,得以获得永恒的和平。尘世中的一切差别、等级、不公、制度,甚至德性,在上帝之城里全都不复存在了。那里没有婚姻,没有家庭,没有城邦,没有帝国,人们之间没有任何实质的关系,每个人只和上帝发生关系。每个人的身体和灵魂不再冲突,

---

① [古罗马]奥古斯丁:《上帝之城》,20:1.2
② 同上书,20:2。

101

意志都会自愿地朝向至善的上帝，因此也就不再会有任何其他的欲望。奥古斯丁甚至会说，身体各部分之间的差别和功能都不复存在了。人不再有婚姻和生育，所以生殖器官失去了其功能；人不再需要饮食来维持生命，所以消化器官也都失去了其本来的功能。总而言之，上帝之城是不仅完全平等，甚至消灭了任何差别的生存状态。奥古斯丁认为，这才是真正的正义。

第七节　奥古斯丁与基督教的法律观

　　基督教思想来自希腊罗马文明与希伯来文明的结合，在这两个文明传统中，法律都有至关重要的地位。奥古斯丁的基督教思想中，自然也是处处可见各种法律观念和法律用语。在他对人类历史的创造、堕落、救赎、末日几个阶段的叙述当中，处处可见各种法律观念，而这些观念对后来基督教的法律观，乃至现代西方的法律观都有非常深远的影响。

　　在与摩尼教的二元论的辩论中，奥古斯丁完善了关于上帝至善的一元论和关于恶的起源的神义论，并以三位一体学说来整合这些理论。上帝的法是最高的法，这本来是希伯来法律体系当中已有的观念，而奥古斯丁又以希腊哲学和罗马法学使这一观念更加系统化。在奥古斯丁这里，上帝是绝对、永恒、至善、不变的最高存在，是万物的创造者。人类的各种法律都必须以上帝之法为最初根据和终极指向，上帝的审判充满了历史中的每个瞬间。虽然奥古斯丁关于上帝之法的一些说法在现代人看来显得非常荒谬，但这正是后来托马斯的法学体系和现代自然法学说的理论来源。

　　奥古斯丁思想的最突出特点，在于他所创造的原罪说和相应的意志自由论。原罪是所有罪的根源，而自由意志的朝向，是所有罪的实质。原罪是奥古斯丁以降的基督教思想人性论的核心概念，同时也是西方思想中关于罪的思想的理论根源。人间法律存在的必要，就在于人天生是有罪的，而人世间的法律又无力根本消除这种罪性。人的罪性体现在人类的各种性情和欲望当中，使人必然时时刻刻处在罪恶的包围当中。人的一生都在罪的旋涡中挣扎，直到死亡结束了他的生命。这是人生在世的根本处境，凭人类的能力无法改变，只能等待特别的恩典。

　　奥古斯丁将上帝至善的意志定为世界的根本大法，将人之罪归为心灵秩序中的意志转向，认为人的任何不幸、错误、缺陷、弱点，都不是偶然的结果，而是自由意志导致的。死亡，不再是一个不可避免的自然现象，而是人的原罪招致的惩罚；人的各种欲望，也不再是人性天然的弱点，而同样被当作原罪的结果。在这样的思路之下，世界秩序中已经没有偶然性,一切都和自由意志相关,一切都可以归结为遵守或违背上帝的根本大法。

尘世的法律必须服从于这个根本大法,以它为来源和根基,但不可能与上帝之法有同等的地位和约束力。尘世之法只能做到在一定程度上维护地上之城的和平与安全,却无法达到最高的正义。和上帝之法相比,尘世之法当中必然会有各种错误,也必然会带来种种的不公。于是,在上帝掌握之下的整个法律体系当中,人间的政治和法律都只有次要的地位。这也成为后来西方法学体系的重要特点。

将精神性生活与世俗生活分开,是现代西方政治的基本特点。而政教关系早在奥古斯丁时代就是一个非常重要的问题了。奥古斯丁在批判多纳图派异端的时候,毫不犹豫地大量借助于世俗政治力量,看上去与他在《上帝之城》中表达的政教思想有所不同。但这恰恰体现出了现代政教分离思想的实质。政治和宗教并不是作为完全不相干的两部分分开的,而是在精神生活高于政治生活的前提下实现的。宗教不得干预政治,但政治的根本指向必须有益于人类的精神生活,这正是奥古斯丁的两城说的精神实质。因此,一方面,奥古斯丁对多纳图派的镇压成为后世宗教迫害的著名先例;另一方面,他在《上帝之城》中分开两座城的理论,又成为现代政教分离、宗教宽容说的理论根源。

总之,奥古斯丁对基督教传统和现代西方思想的影响是全方位的。上面所举只是和法律相关的比较重要的几个方面。在现代西方法律理论和实践的方方面面,我们都可以看到奥古斯丁的深刻痕迹。

思考题

1. 奥古斯丁提出原罪和自由意志的理论是为了解决什么问题?
2. 政教分离理论和奥古斯丁的两城说有什么关系?

阅读文献

1. [古罗马]奥古斯丁:《上帝之城》,吴飞译,上海,上海三联书店,2007—2009。
2. [古罗马]奥古斯丁:《论三位一体》,周伟驰译,上海,上海人民出版社,2005。

3. ［古罗马］奥古斯丁:《忏悔录》,周士良译,北京,商务印书馆,1996。

4. 吴飞:《心灵秩序与世界历史》,北京,生活·读书·新知三联书店,2013。

5. 夏洞奇:《尘世的权威》,上海,上海三联书店,2007。

6. 孙帅:《自然与团契》,上海,上海三联书店,2014。

7. ［美］彼得·布朗:《希波的奥古斯丁》,北京,中国社会科学出版社,2013。

第六章 托马斯·阿奎那论法律

托马斯·阿奎那(Thomas Aquinas)是中世纪意大利神学家、经院哲学家,生于1224年终或1225年春,出生地在意大利南部那布勒斯附近的洛卡塞城堡(Roccasecca)。他的父母都是当地的望族。家中五姊三兄,托马斯·阿奎那排行第九,为家中老幺。托马斯父兄多为军人,服役于腓特烈二世(Frederick II, 1194—1250)麾下,退役后被委任公职。5岁左右时,托马斯·阿奎那被父亲送到离家不远的著名的卡西诺修道院的本笃会院(Order of St. Benedict)当修童,父母希望将他培养成这个修道院有钱有势并且拥有崇高地位的隐修院院长(Abbas)。小托马斯在卡西诺修道院勤奋学习了9年,沉默寡言,手不释卷。18岁时,托马斯·阿奎那加入"道明会"(Ordo Dominicanorum,又译多明我会)。

1245年,托马斯·阿奎那被修会送到巴黎的圣雅克会院(Saint-Jacques)学习,受教于名师大阿尔伯特(Albertus Magnus,约1200—1280),3年后担任了这位名师的助教,协助新课程的规划。大阿尔伯特被称为"全能博士"(Doctor Universalis),以博学著称,在世时即被奉为权威。托马斯·阿奎那如饥似渴地从大阿尔伯特的课堂上汲取知识营养——因为他常常专注于思考问题,极少与同学们交谈与嬉闹,于是常被同学误认为是因为功课不好而怀揣自卑之感的表现,并由此从同学那里得到了一个绰号:"西西里哑牛"(the dumb ox of Sicily)。为此,大阿尔伯特不无感慨地向同学们预言,你们所称呼的哑牛,不鸣则已,一鸣惊人,而且将震撼世界。

1256年,托马斯31岁时在巴黎大学毕业,开始了为时3年在母校任教的工作。1269年到1272年,托马斯·阿奎那再次赴巴黎大学讲学。此时的巴黎大学学术风气正值百花齐放、百家争鸣之际,流行的思想潮中有教父奥古斯丁(Augustine)思想的复兴;也有阿维罗伊学说(Averroism)所注亚里士多德主义(Aristotelianism)的参与;更有极端的亚里士多德主义的兴起。与此同时,由于巴黎大学的两大修会"道明会"与"方济各会"(Franciscan)原本就对哲学持有不同见解,在真理愈辩愈明的希望之下,两修会间兴起了相当激烈的争辩。托马斯·阿奎那凭借自己无与伦比的学识与能力成就了一种一夫当关、万夫莫开的常胜论辩将军角色,他的名气因此而如日中天。这为以后经院哲学的建立与发展奠立了较为稳固的基础。1274年3月7日,托马斯·阿奎那便因病离世,时年不足50岁。

1879年教皇利奥十三世(Leo XIII,1878—1903)发布了《永恒之父:在天主教学校中恢复天使博士圣托马斯·阿奎那的基督宗教哲学》的正式通谕,将托马斯·阿奎那的哲学正式确定为天主教的官方哲学,称为"永恒哲学"(Philosophia Perennis),后世称之为托马斯主义(Thomism)——它是经院哲学的最高成果,也是中世纪神学与哲学的最大、最全面的体系。1323年,托马斯·阿奎那被追谥为圣徒,1567年被命名为教义师,并被尊为"天使博士"(Doctor Angelicus)。1999年,英国BBC评出千年十大思想家,托马斯·阿奎那位居第五;1985年英国出版的《人民年鉴手册》和1987年美国出版的《世界名人辞典》从贡献和影响方面列出世界十大思想家,托马斯·阿奎那位居第四。

在不到50岁的短暂生命历程中,托马斯·阿奎那集教师、圣徒、神学家、哲学家等身份为一体,融合了希腊、希伯来的哲学理论成果,借鉴了伊斯兰思想家的理论,建构起"经院哲学"(Scholasticism)最具代表性的理论体系,在形而上学、认识论、伦理学、逻辑学、政治学、法学等方面都作出了重要的贡献。他的著作经后人整理为全集(operaomnia)的有许多种,其中以1882—1884年教宗利奥十三世组织编订的为定本。按照哲学史家吉尔松(Etienne Gilson)的分类方式,托马斯·阿奎那的作品主要包括:神学著作类(Theological Syntheses)、学术讨论类(Academic Disputations)、圣经注释类(Expositions of Holy Scripture)、亚里士多德著作注释类(Expositions of Aristotelian Works)、其他注释类(Other Expositions)、争辩文类(Polemical Writings)、特别论题论文类(Treatises on Special Subjets)、专家见解类(Expert Opinions)、书信类(Letters)、礼仪著作与论道类(Liturgical Pieces and Sermons)、不确定可靠性的著作类(Works of Uncertain Authenticity)等共计100本左右的著作。托马斯·阿奎那的著作力求结构严谨、证据繁博、论证缜密、学理精深,因而影响深远。

托马斯·阿奎那的代表作主要有《神学大全》(*Summa Theologica*)、《反异教大全》(*Summa Contra Gentiles*)等。托马斯·阿奎的《神学大全》被认为是基督宗教的百科全书及其最重要的教科书之一。七百多年来,《神学大全》被译成世界各主要语言的版本,甚至每隔一段时间就有修订本的问世,足见其重大的影响力。《神学大全》原是托马斯·阿奎那在大学讲堂上的系统讲义,成书于1266年至1273年间,全部用拉丁文写成,总字数超过两百多万。虽然托马斯·阿奎那谦称此著作只不过是为"初学者"(beginner)使用的关于基督教学说理论的指南手册或导览,然

第六章 托马斯·阿奎那论法律

而,事实上,它相当系统地阐释了哲学与神学在当时能够涉及的所有问题。因此,《神学大全》虽以"神学"命名,实际上却是"哲学"和"神学"全方位的理论探讨。内容涉及上帝、灵魂、道德、法律和国家等内容。托马斯·阿奎那在神哲学视野中论证法律的目的正是为了借理性之力阐述与深化信仰的内容,其中,他将上帝视为人的行为的外在原理。

托马斯·阿奎那有关法律的论述,集中见于《神学大全》,第2集上册第 90—108 个问题,其中,问题 90—97 主要论证了法律的本质、法律的区分、法律的效果,以及永恒法、自然法、人为法等内容;问题 98—108 则分别论及旧约法律(98—105)和新约法律(106—108),由此构成托马斯法律思想的主要体系。

第一节 法律的本质与作用

托马斯认为,法律(lex)是由治理社会的人为了公共利益所颁布的理性的命令。① 从这个关于"法律"的定义所包含的"关键词"中,"公共利益"指出了法律的目的,成为法律有效性的最终根据;"由治理社会的人所公布"指出了法律的来源以及构成有效之法的必要条件;"命令"一词表明,作为社会建制,法律含有强迫与制裁的力量,可将违法者处以各种刑罚,因此,它必须是"命令",而非"建议"、"主意"或者"劝告"等;"理性的"则表明,法律是理智行为,而非单纯的意志行为,因此,法律必须是"合理的",不仅要合乎"天理"与"人情",而且要合乎"时宜"。

一、法律的本质

托马斯·阿奎那把对法律本质的讨论放置于对人之行为的客观法则的讨论中。他首先将人之行为区分为两种:人性行为(actus humani; human acts)和"人的行为"(actus hominis; acts of man),其中,"人的行为"指人的本能行为,而人性行为则是一种"出于理智领悟和意志同意的活动"或"由人的自由意志(含意志及理智)自动发出的动作",又可以称为"自由意志行为",它是专属于人之为人(man as man)、非其他存在者所能实施的行为。托马斯认为,由于人性行为是通过理智领悟到目的、继而

---

① 《神学大全》,第2集上册,问题90,第4款。(本章关于神学大全采用国际通用注释法,不用页码注,以下同。具体版本参见[意]托马斯·阿奎那:《神学大全》(全译本),周克勤等译,台南,碧岳学社,2008;St. T. Aquinas, *Summa Theologica*, trans. the Father of the English Dominican Province, Benziger Bros, 1948.

107

由意志趋向之的自由行为,它属于伦理道德范围——"伦理行为和人性行为是一样的"①,理性是人性行为(actus humani；human acts)的规则、尺度和首要原则。②

那么,法律是否属于理性?托马斯认为,由于"法律"(lex)一词源于动词"约束"(ligare, to bind),它具有强制行动的作用。作为行为的规则与尺度,法律是人做什么或者不做什么的依据,其作用是命令与禁止,而"命令"恰恰是属于理性之事,所以,法律属于理性。亚里士多德认为,由于法律属理性,指向人的最终目的,因而成为所有行为事项的首要原则(《物理学》,卷2)。③

法律是否常指向公益?托马斯认为,法律是人性行为的规则、尺度与原则。人生的终极目的是幸福,为此,法律所指向的是幸福。既然部分指向整体,就如同不完美者指向完美者,而个人是完整社会的一个部分,那么,法律必然是主要指向公共的幸福——"合法的(legalia)"一词本意包含公共幸福或者说公益。④ 托马斯认为,每一类事物中的最高者是次之者的原则,而次之者之所以被称为是这类事物,乃是因为它与最高者之间的关系。例如,火是最热的东西,它是其他不同形状物体之热的原因——物体通过加热或者吸收热而"分有"(participate)火(热量)才被称为是热的东西。托马斯认为,既然法律主要是指向公益的,那么,关于个别事件的命令除非与公益有关,否则便不能具有法律的意义。⑤ 至于那些直接为了一部分人如儿童、妇女、教师、士兵等所立之法,看起来好像是为了"私人(个别人)"的利益而非是公共利益,这些法律仍然是有效的、正当的,因为其最终的目的仍然是维护"公共利益"——由于这些人的特殊社会身份,需要特殊的法律来保证他们享受一些特殊权利,以确保他们为国家、社会出力与造福。此外,还有一些法律,诸如：纳税法、兵役法等,表面看来对一部分来讲似乎是有害的,它们最终对于整个社会则是有益的,因而也是有效的法律。

对于"私人的理性是否能构成法律"这一问题,托马斯认为,法律首先并且主要地是指向公共利益。使一事物指向公共利益,乃是全体人民或人民代表的任务。因此,法律应当由全体人民或者管理人民的公务人员来制订。个人利益并非是法律的最终目的,法律应当指向公共利益；掌管家庭者固然能够订立一些规矩或条例,却不能制定真正的法律。⑥

---

① "…moral acts properly speaking receive their species from the end, for moral acts are the same as human acts.", St. Thomas, *Summa Theologica*, I-II, 1. 3.
② 《神学大全》,第2集上册,问题90,第1款。
③ 同上。
④ 参见[古希腊]亚里士多德:《尼各马可伦理学》,第5卷第1章,1129a10-20,载苗力田主编:《亚里士多德全集》,第8卷,北京,中国人民大学出版社,1992。
⑤ 《神学大全》,第2集上册,问题90,第1款。
⑥ 同上书,问题90,第3款。

法律是以规则与尺度的方式加之于人，并以此对于被规范者和被度量者施加规则与尺度，因此，为了体现法律具有约束力的特征，就应该将其施用于须受法律管制的人，而只有通过颁布的方式才能使人知道有这些法律。因此，托马斯指出，法律的颁布是使法律生效的必要条件。①

二、法律的效果

托马斯认为，法律的效果可以从如下两个方面加以认识：

一方面，使人为善。托马斯认为，法律无非是治理社会的人为了公共利益颁布的理性命令。公民的德性在于善于服从法律的管理，这正如亚里士多德在《政治学》第 1 卷第 5 章说："臣民的德性在于善于服从。"而法律旨在使公民遵守，其任务就在于使公民各修其德。既然德性是使其拥有者为善，那么，法律的功效就是使其接受者成为善人。如果立法者所谋求的是真正之善，即合于公共利益，那么，立法者所立之法就会使遵守它的人成为绝对的善人；如果立法者所谋求的不是绝对的（真正的善），而是以利己或者与正义相违背为目的，那么，其所立之法便不会使人成为绝对的善人，而只能是相对的善人——仅仅对制度而言是善人。就此而言，即使在本身是恶者身上也可以发现善，例如，一个偷窃者之所以被认为有能力，在于他的行动与目的相符合。②

另一方面，法律的效果还包括命令、禁止、准许和惩罚。法律是理性以命令的方式给出的指示。理性的作用是由一个论题推论出另一个论题。为此，在论证性的知识中，理性是根据原理而使人接受结论，同样，理性也应该以合理的方式引导人赞同法律的准则。正如亚里士多德所说："法律颁定了各种行为的准则……"③从法律关乎并指导人性行为的角度讲，有的行为原本就是善的，是德性行为，对此，法律的任务是命令或控制；有的行为原本就是恶的，是有毛病的行为，对此，法律的任务就是禁止；还有的行为原本是中性的，对此，法律的任务则是准许。托马斯指出，人人都畏惧惩罚，法律则以此来保证人守法，因此，惩罚是法律的效果之一。停止恶行即意味着善，而禁止也有命令之意，所以，命令也是法律的效果之一。然而，劝导却并非法律专门的任务，因为无立法权的私人也可以给人以劝导。不仅如此，奖励也是任何人都能够做的事，而只有司法人员有权力加以惩罚，因此，只将惩罚而非奖励算作法律的效果。④

---

① 《神学大全》，第 2 集上册，问题 90，第 4 款。
② 同上书，问题 90，第 1 款。
③ ［古希腊］亚里士多德：《尼各马可伦理学》，第 5 卷，第 1 章，1129b19。
④ 《神学大全》，第 2 集上册，问题 92，第 2 款。

第二节　法律的区分

托马斯对法律的论述涉及多个问题、多个角度,因此可以有多种关于法律的区分。不过,就他所主要论及的永恒法、自然法、神法、人为法等问题来看,由于他将永恒法与神法在本质上划上等号,①从立法的观点来看,这些不同种类的法律可以划分为两类:"神为法"和"人为法",其中,神为法包含:永恒法(Eternal Law)、自然法(Natural Law)和启示法(the Divine Positive Law)。人为法的内容主要包括相关的性质、权利、改变等等问题。

一、永恒法

托马斯主张,法律是由治理社会的人从公共利益出发颁布的理性命令。在他看来,世界受治于上帝的上智,整个宇宙都受上帝之理性的掌管。因此,掌管万物的上帝的理性(智慧)便毋庸置疑地具有"法律"的意义。"永恒法"就是一种在上帝的理智内的智慧原则,上帝籍此引导一切受造之物的行为及活动,使其朝向整个宇宙公益。由于上帝的理性不在时间之内,它是永恒的,那么,源于上帝之理性的法律便具有永恒的意义。②

托马斯认为,正如技术作品完成前在技师心中都会先有一个类型(创作理念),治理社会者对于其民众该行之事的秩序也会先有一个预示。如果说技术作品的类型具有"模型"的意义,那么,治理人民之行为的规则便具有法律的意义。③ 上帝以其智慧创造万物,上帝与万物的关系,如同技师与技术作品的关系。上帝用以创造万物的神圣智慧具有技术的特征或观念的意义,上帝用以推动万物的神圣智慧具有法律的意义。永恒的法律就是上帝指导万物的行为与活动的神圣智慧。④

永恒的法律是不是为所有人所知晓呢? 托马斯认为,认知事物的方式有两种:一种是认知事物本身;另一种是认知事物的效果,因为在效果中包含与事物本身的相似点——正如人虽然看不到太阳本身却可以通过感受太阳光而认知太阳一样。托马斯认为,人作为理性受造物能够借

---

① 《神学大全》,第 2 集上册,问题 91,第 4 款。
② 同上书,问题 91,第 1 款。
③ 同上书,问题 93,第 1 款。
④ 同上。

着永恒的法律的效果(光照)而认知它。凡是对真理的认知,都是永恒之法律的光照与分有。①

是不是所有的法律都是从永恒的法律而来呢?托马斯认为,法律是指导人的行为达及其目标的计划。② 正如工厂中的工作计划常常是由为首的技师下达到具体实施操作的下级技师手中,永恒的法律既然是最高统治者的统治之规划,那么,下级治理者的治理规划必然是源自永恒的法律;永恒的法律之外的所有其他的法律,都是下级统治者的统治规划。③ 这也就是说,所有法律都是源自永恒的法律。

在托马斯看来,永恒的法律是上帝统治的符号,因此,凡是受到上帝统治的,便受到永恒法的管理与支配;不受上帝永恒统治的,则不受永恒法律的支配。④ 这也就是说,凡是属于上帝所创造之物,都会受到永恒法律的支配;而属于上帝的本性和本体的,则不受永恒法律的支配——因为其本身就是永恒之法律。⑤ 因此,自然界属于永恒法的管辖范围。自然界的非理性的生物虽是属于人之权力管理之下,可是,人却不能为其立法——人只可以以命令或者公告的方式为属于自己权力之下的人立法,作为其行为之本。⑥ 人能够以公告的方式在其所治理的民众心中铭刻下行为的原则,上帝则早已在整个自然界铭刻下万物的行动准则。因此,只有上帝能够统治整个自然界,"上帝颁布的规律永不变更"⑦,整个自然界的行为与活动都属于永恒法律的管辖之下。

托马斯认为,事物归于永恒的法律之权限有两种方式:一种是以认知方式参与永恒的法律;另一种是以主动和被动的方式得到内在的行动准则。非理性的受造物是以第二种方式归于永恒的法律的管辖之下。然而,有理性的受造物——人除了与其他受造物相同的特征外,还具有特别的理性质,因此,有理性的受造物凭借其对永恒的法律的知晓而以上述两种方式归于永恒法的权力之下。⑧ 不过,这样的两种方式在恶人身上则会受到一定程度的败坏。这是因为,恶人身上的恶习会破坏人对德性的自然倾向,而其对善的自然认知又会被情欲和罪恶之习所蒙蔽。然而,对于善人来讲,这两种方式都是完美的,因为他们在对善的自然认知之上增加了信仰与智慧的认知,并且,在对于善的自然倾向之上,还增加了内在的恩典与德性的动力。⑨ 所以,托马斯主张,善人完全服从于永恒的法律,常常会依法行事;恶人虽然也属于永恒法律的管辖,但由于他们对善

---

① 《神学大全》,第2集上册,问题93,第2款。
② 同上书,问题93,第3款。
③ 同上。
④ 同上书,问题93,第4款。
⑤ 同上。
⑥ 同上。
⑦ 《圣经·诗篇》,第149篇第6节。
⑧ 《神学大全》,第2集上册,问题93,第6款。
⑨ 同上。

的认知和关于德性的自然倾向都不完美,他们的行为也就不尽完善。恶人在行为方面的不完善要以受苦为补偿——按照他们在遵守永恒的法律的行为方面的欠缺,他们要接受永恒法律所订立的责罚。

二、自然法

托马斯认为,自然法即理性受造物所分有的永恒的法律。① 作为规则与尺度,法律可以两种方式存在:一种是存在于规范者和度量者一方;另一种是存在于被规范者和被度量者一方。而被规范者之所以被规范与被度量,是因为分担着规则与尺度。既然受造物都受到永恒之法的规范与度量,都多少"分有"(participate)永恒之法,那么,对于人这一类有理性的受造物来说,其所分有的永恒法律就称为自然法。② 自然法是有理性的受造物所应遵守的永恒法的一部分。托马斯认为,既然宇宙间的自然规律反映着永恒法、从属于永恒法,那么,人的理性反省得知的"自然法"也不可能不反映永恒法、从属于永恒法。自然法从永恒法中派生出来,是永恒法的一部分,使人知道"趋善避恶"(good is to be done and pursued, and evil is to be avoided)——这是自然法的首要诫命。

自然法是一种习惯吗?托马斯认为,所谓习惯可以分为两种:一种是正式的和本质性的,就此而言,自然法不是习惯,因为它出自理性。③ 一个人所做的事情,不同于这个人做这件事情的根据。习惯的另一种意义指的是人惯常的持有。④ 自然法有时也会以常态的方式存在于理性中,在此意义上,自然法是习惯。

托马斯认为,自然法是自明的原理。⑤ 所谓自明有两种:一种是就其自身而言;另一种是就认知者而言。任何命题,如果其谓词包含在主词的概念中,就是自明的,可是,对于不知道主词定义的人,此命题便不是自明的。例如,"人是有理性的"这个命题就其性质来讲是自明的,因为无论谁说到人,他说的都是有理性的存在。可是,如果不知道"人"是什么,那么,这个命题就不是自明的了。人们可以在被普遍领悟的事物中发现某种秩序,而最先被领悟的是"存有"(being,或译存在),它包含人所有能够理解的事物的概念。因此,第一个不能证明的原理是"不能同时肯定又否定同一事物",这个原理基于"存有"和"非存有"(not-being)的概念。按照亚里士多德《形而上学》第 4 卷第 3 章所指出的,其他的原理都是以这项原理为基础。由于"存有"是绝对第一进入人的认识,那么,指导行为的"善"就第一个进入实践理性。因为每一个主动的行为都指向一个目的,

---

① 《神学大全》,第 2 集上册,问题 91,第 2 款。
② 同上。
③ 同上书,问题 94,第 1 款。
④ 同上。
⑤ 同上书,问题 94,第 2 款。

而目的具有善的意义。所以,实践理性的首要原则以善为基础,即"善是一切事物的追求"。那么,自然法的第一条准则就是"趋善避恶",自然法其他所有的准则都以此为根据。因此,凡是实践理性自然地认为是人之善(或恶)者,无论是该行还是该避,都属于自然法的准则。①

由于善具有目的的性质,而恶具有相反的性质,因此,人所自然倾向者,理性自然认为是善,是应当追求的;与此相反者则是恶,是当避免的。所以,各种自然倾向的次序,就是自然法的法则的次序:第一,人具有与一切实体共有的向善倾向。一切实体按其本性来讲都趋向于保护自己的存在。根据这样的倾向,凡是能用以保存人的生命并且阻止影响生命的障碍的,都属于自然法。第二,人有指向较特殊的事物的倾向,这是基于人与其他动物共有的天性。就此而言,大自然教给一切动物的都是自然法,如:男女的结合,子女教育等。第三,人具有由理性出发的向善的倾向,倾向于过社群的生活。就此而言,凡是与此倾向相关的,都属于自然法,例如,排除愚昧,避免冒犯一起相处的人,以及其他与此相关的事物。② 这三点由自然法的首要诫命"趋善避恶"衍伸而得。

是不是所有德性行为都由自然法所规定呢?托马斯认为,德性行为可以从两个方面来看:一是看合于德性的方面;二是看行动本身的性质。从合于德性的观点来看,德性行为都属于自然法。这是因为,合于天性的自然倾向都属于自然法。每一事物都自然倾向于适合其形式的运作,例如,火会倾向于释放热量。既然人所独具的形式是理性灵魂,那么,每个人都自然地倾向于依理性行事,托马斯认为,这就是按德性行动。就此而言,德性行为都属于自然法的范围:因为每个人的理性都会命令他按理性行事。然而,如果从德性行为本身——就其性质来看,德性行为则不属于自然法范围,因为合于德性的行为原本不都是出于自然的倾向,而是人通过理性的探求而知晓如何做将有益于过好的生活。③

人是否共同拥有同一自然法?托马斯认为,人自然所倾向的属于自然法的范围,并且,人所独有的自然倾向是按理性行事。根据亚里士多德《物理学》第1卷第1章所讲,理性的作用是从普遍的原理推论出个别的原理。可是,思辨理性与实践理性不同,因为思辨理性所处理的主要是必然的事物,即"不得不如此"的事物,因此其结论如同普遍原则一样不能有错误。而实践理性所处理的则是人之行动所及的偶然事件,因此,在普遍性原理中虽有某种程度的必然性,可是,越是接近个别事件,人们所得到的结论越不准确。所以,在思辨的事物中,无论是对于原理还是对于结论,大家得到的真理都相同:虽然在结论方面的真理并不被大家都实际认知,但是,原理方面的真理是被大家认知的,即所谓的共同准则。在实

---

① 《神学大全》,第2集上册。
② 同上。
③ 同上书,问题94,第3款。

践问题上,对于个别事件的真理或行动的正确性,大家意见不一,只在共同原则方面一致;而某些人在个别事件上的共识虽然同样正确,可是,每个人为大家所认识的程度也不一样。① 自然法的一般原则对所有人都是一样的。某些一般原则即关于由共同原理而来的结论,其正确性对于大家相同,并且为大家所共知。可是,在少数情况下,其正确性也会因遭受阻碍而有所缺失,在认知方面也会有缺失——人的情欲、败坏的习俗和不好的风气,都会影响人的理性。

自然法是否会发生变化?托马斯认为,自然法具有普遍性与永久性(绝对性),不能改变与取消。但是,自然法也有发生"相对改变"的情况。自然法的改变有两种方式:其一,有所增加——自然法会有这种改变,因为在自然法之外,上帝的法律和人为的法律都会增加许多对人生有用的规定。其二,有所减少——以前合于自然法的,后来不再适应了。然而,无论如何,自然法的首要原则"趋善避恶"绝对不会改变,所改变的只是一些次要原则。不过,即使如此,自然法原本的规定也不会变得在大多数情形下不起作用,只是在少数个别事件上,由于存在阻碍遵守这规定的特别原因,自然法会有改变。② 例如,借人一支枪,本应归还(借物当按时归还给它的主人——自然法规定),可是,如果明知枪的主人会拿此枪杀人或自杀,借枪者暂时就不应该将枪归还(爱他人——自然法规定)。托马斯主张,自然法具有绝对性,不能改变和被取消,虽然能被增加,从而引出新的结论,但此结论通常已包含在已有的自然法之内——上述例子中后一个自然法(爱他人)原本已包含在前一个自然法(借物当按时归还)中。

托马斯认为,属于自然法者,首先是一些众所周知的最普遍的规定;另外就是一些接近首要原则的次要的、具体规定。自然法的一般原理普遍有效,绝对不会从人心中去除。③ 不过,在个别行为方面,自然法则会有所消减,这是由于欲望或其他的情欲的原因导致理性受阻。不仅如此,在其他次要的规定方面,自然法有从人心中被去除的可能,究其原因,或者是由于不当的成见——人们在认识方面的必然结论会发生错误;或者是由于不良的习俗与习惯——有人因此认为偷窃不是罪过。

自然法问题自古就是一个颇受关注的问题。12世纪一位重要的法学评论家图尔奈的斯蒂芬(Stephen of Tournai)总结道,自然法这一概念可以在许多意义上使用,在罗马法学家乌尔比安(Ulpian)的意义上,它所指称的是人和动物所共同具有的本能或原则;它还可以等同于万民法;等同于上帝在法律、预言和福音书中教导人们的神法;在一种更宽泛的意义上,它可以等同于包括人法和神法在内的法律;等同于被赋予一切动物的本能;等同于由自然赋予人而不是赋予其他动物的法律——教导

---

① 《神学大全》,第2集上册,问题94,第4款。
② 同上书,问题94,第5款。
③ 同上书,问题94,第6款。

人们从善避恶的法律,它是神法的一部分,包括命令、禁令和示范。① 自古以来,"自然法"内涵的"多重性"与"大容量性"给法学家们的诠释带来了困难,使得人们从各自的利益要求出发来定义和解释自然法并在逻辑上排斥上帝观念成为了可能,而这种可能性所导致的必然结果则是体现在神学政治意识形态上的冲突与混乱。托马斯当年所面对的就是一个亟待整合、亟待在自然法与上帝的意志之间做出合理区分的局面。托马斯·阿奎那的自然法学说是中世纪自然法观念形态中的一种最成熟的形式,是对西方古代自然法的一种超越,这种超越表现在他从基督教信仰出发把亚里士多德的政治哲学思想同以教父哲学为代表、混合着浓厚的《圣经》因素、斯多噶派的柏拉图哲学以及罗马法精髓的西方政治思想的早期传统结合起来的努力。②

三、启示法

表面看来,托马斯在论证了自然法之后马上论及的问题是"神法"(Divine Law)而非"启示法"(the Divine Positive Law)。实际上,托马斯是在"永恒法"与"神法"间划上了等号,③因此,在"神法"的主题下,他主要论及的则是《圣经》旧约与新约的法律,即启示法。所以,我们在理解托马斯关于法律的划分这个问题时,面对他所所论及的永恒法(Eternal Law)、自然法(Natural Law)、神法(Divine Law)、人为法(Human Law)等问题,应当清楚"神法"这个概念所包含的两层含义:从内在本质上看,它与"永恒法"重合;从外在表现上说,它则体现为两个启示法——旧约时代的启示法与新约时代的启示法即福音法(Evangelical Law)。

人为什么需要神法？托马斯给出如下四个理由:其一,因为人是靠法律规范行为以实现最终目的。假如人追求的只是不超过其自然能力范围的目的,那么,在自然法和由自然法而来的人为法律之外,在理性方面不必再有别的指导。可是,由于人是以追求上帝这一永恒的幸福作为人生目的,而这个目的超出人的自然能力范围,因此,在自然法和人为法律之上,还需要有上帝给出的法律的指导。其二,由于人的判断不十分准确,特别在对于个别的和偶然事件的判断时,各人对人性行为的意见不一,甚至产生不同或相反的法律。为了使人能够毫无疑虑地知道何者当为何者当避,需要上帝的法律的指导。其三,人为的法律只限于人所能够判断之事。而人只可以判断外表的明显行为,却无法判断内心的隐秘动作。为了达到德行的完善,人应该表里如一。既然人为的法律不足以管

---

① R. W. Carlyle & A. J. Carlyle, *A History of Medieval Political Theory in the West*, 6 vols., W. Blackwood & Sons, 1903-1936, vol. 2, p. 104.

② 关于托马斯·阿奎那自然法思想的详细论述,参见刘素民:《托马斯·阿奎那自然法思想研究》,北京,人民出版社,2007(2008)。

③ 《神学大全》,第2集上册,问题91,第4款。

制人的内心动作,那么就需要有上帝的法律的帮扶。其四,按照奥古斯丁在《论自由意志》第1卷第5章中所说,人为的法律不能惩罚和禁止一切恶事,还有可能会同时破坏掉许多善,并且有可能妨碍公共利益,而公益是人生存的必要条件。因此,了为使一切罪恶得到惩罚,需要有禁止一切罪恶的上帝的法律予以辅助,①因为"耶和华的律法全备"②,它使人明了神圣的目的。③

托马斯将"耶和华的律法"即神法(Divine Law)区分为两种:旧约时代的启示法和新约时代的启示法(福音法)。其中,从时间先后来看,旧约时代的启示法有两种:其一,从上帝造人到十诫的公布,它包括:遵守安息日(《创世记》第2章第3节)、祭神(《创世记》第4章第2-5节)、婚姻的单一性与永久性(《创世记》第2章第24节)、割损(《创世记》第17章第10节)等,这些是犹太人必须遵守的法律,直到十诫分布为止。其二,摩西时代,即从摩西到基督的来临,这些法律就是上帝在西奈山上颁给摩西的十诫——"十诫"④不但为了犹太民族,也为了全人类,因为这些法在上帝创造人时已深刻于人心之上,是自然法的外在化、文字化。新约时代的启示法又称福音法,它是基督及其使徒们所公布的,可以在新约及圣传中找到,主要包括如下三个方面:第一,为个人的成圣(《约伯记》前言、第21章;《马太福音》第16—24章等)。第二,为社会及家庭生活——子女应顺从父母(《以弗所书》第6章第1—3节);仆人应顺从主人,公民应服从合法的权威(《罗马书》第13章第1—2节)。第三,为敬奉神明——守安息日(《路加福音》第22章第19节)、遵奉圣事(《马太福音》第28章第19节)。

托马斯认为,事物的区分方法有两种,一种是根据类别的不同,如马和牛;另一种是根据同类型中完善者与不完善者的不同,如儿童与成人。⑤ 他认为,有关上帝的法律的新旧之区别属于第二种方式。托马斯引用《圣经·加拉太书》第3章第24节和第25节的内容,认为可以将旧法律(旧约时代的启示法)下的生活方式比作在启蒙老师看管下的儿童、将新法律(新约时代的福音法)下的生活方式比作不再受启蒙老师管治的

---

① 《神学大全》,第2集上册。
② 《圣经·诗篇》,第19章第7节。
③ 《神学大全》,第2集上册,问题91,第4款。
④ 摩西十诫(Decalogue或The Ten Commandments),是犹太教和基督宗教的诫命,源自《旧约圣经·出埃及记》,第20章第2—7节。据说以色列人出埃及后在西奈山下宿营,耶和华上帝召摩西上山,与以色列人订立《西奈盟约》,颁布"十诫",亲自用手指将它写在两块石板上,成为古以色列人的根本大法。后来犹太教奉"十诫"为最高法律,基督宗教也奉之为诫条。天主教与新教现在通用的"十诫"内容相同,但具体条目与文字略有差异。天主教称"十诫"为"天主十诫":包括:①钦崇一天主万有之上;②毋呼天主圣名以发虚誓;③守瞻礼之日和主日;④孝敬父母,尊敬师长;⑤毋杀人;⑥毋行邪淫;⑦毋偷盗;⑧毋妄证;⑨毋愿他人妻;⑩毋贪他人财物。新教称"十诫"为"上帝十诫":①除上帝外不可敬拜别的神;②不可敬拜偶像;③不可妄称上帝的名;④当守安息日;⑤当孝敬父母;⑥不可杀人;⑦不可奸淫;⑧不可偷盗;⑨不可作假见证陷害人;⑩不可鉴别人的财物。
⑤ 《神学大全》,第2集上册,问题91,第5款。

成年人。而这两种法律完美与否的根据在于法律的三种特性:其一,法律以公共利益为目的。其二,法律应当依照正义的原则指导人的行为。其三,法律应当促使人遵守戒律。托马斯认为,新法律优于旧法律,这是因为,旧法律是依靠人对惩罚的畏惧而使人守法,新法律则是依靠爱——爱在新法律中依靠基督的恩典倾注于人心,而在旧法律中只有恩典的象征。①

托马斯指出,上帝之所以将法律与其他特别的恩宠赏赐给犹太民族,是因为他们的祖先许下了基督要从他们的民族产生诺言——从而具有了特别的圣德。因此,圣祖获得许诺,其后裔获得法律,都只是由于无代价的选择。② 托马斯认为,人们应该遵守旧约法律当中所包含的自然的法律,至于旧约法律中那些增加的部分,除了犹太人以外,别人不必遵守。③

关于旧约法律的训令(the Precepts of the Old Law),托马斯认为,首先,它含有道德性的训令(moral precepts),如《出埃及记》第20章第13节、第15节所说:"不可杀人,不可偷盗"等。在托马斯看来,人为法律的主要目的是建立人与人之间的友谊;上帝之法律的目的则主要是建立人与上帝的友情。④ 道德训令关乎善良风俗,善良风俗即是与理性相合的风俗,而理性是人性行为的根本原则。因此,道德训令都必须属于自然法律,只是方式有所不同。例如:"当孝敬父母"、"不可杀人,不可偷盗"(《出埃及记》第20章12、13、15节;《申命记》第5章第16、17、19节)——这一类训令绝对属于自然法律,因为任何人的自然理性立刻都能判断是否当做或不当做;此外,有的事情被判断当行需要由智者作理性方面的考虑,这些也属于自然法,但需要训练,由智者教导少年,例如,"对老人要尊敬"(《利未记》第19章第32节)⑤,以及其他类似之事。

法律的训令既然是以公共利益为目的,必然会因社会组织的不同而各异。因此,亚里士多德认为,由国王所治理的国家法律是一个样子,由民众所治理的国家法律是另一种样子,而寡头政治的法律又是一种样子(《政治学》第4卷第1章)。在托马斯看来,上帝的法律对于使正当理性趋于正当之事都有所训令——关系到一切德性的行为。因此,上帝的法律对一切德性之行为都宜订有训令。⑥

其次,旧约的法律还含有礼仪性的训令(ceremonial precepts)。托马斯认为,上帝的法律的主要目的是上帝,因此,在规定人与人的关系时,也以人与上帝的关系为旨归。人不只以心灵的内在活动指向上帝,即相信、希望和爱慕上帝(信、望、爱),也会用一些外在的行动表示对上帝的服

---

① 《神学大全》,第2集上册。
② 同上书,问题98,第4款。
③ 同上书,问题98,第5款。
④ 同上书,问题99,第2款。
⑤ 同上书,问题100,第1款。
⑥ 同上书,问题100,第2款。

从——此即对天主的敬礼,即礼仪(ceremony)。相应地,法律中关于上帝之敬礼的训令,称为礼仪训令。①

最后,旧约的法律还含有司法性的训令(judicial precepts)。托马斯认为,有关应守人间正义的广泛训令须由司法训令加以限定。在他看来,旧约的法律中必须包含三重训令:道德训令——源自自然法律的指令;礼仪训令——限定对上帝的敬礼;司法训令——限定人间应守之正义。②

托马斯认为,有些法律训令的约束力来自理性的指示,因为自然理性指示出何事当行或者何事当避免——人的道德源自理性,因此,这些训令称为道德的;另有一些法律训令之所以有约束力,并非由于理性的指示,而是来自上帝或者人为的规定——这些训令是道德训令的进一步限定。如果道德训令的限定来自上帝的规定,并指向人与上帝的关系,此为礼仪训令;如果是指向人与人的彼此关系,就是司法训令——它有两个要点:其一是关乎人与人彼此的关系;其二是它的约束力不只靠理性,更是靠规定。③ 在托马斯看来,礼仪训令是象征性训令——影射上帝的敬礼以及基督的奥迹等;司法训令订立的目的并非是一个单纯的象征,而在于如何按公平正义管理人民的事情。④ 然而,司法训令没有永恒的约束力,这是因为,司法训令是针对当时的情况、出于促进民族之和平与正义而制订,可是,在基督之后,在没有了"犹太人"与"外邦人"的区分之后,民族的情况会发生改变,司法训令也应该相应地改变。⑤ 此外,托马斯还给出了司法训令的明确区分。他认为,人在社会中的关系有四种:其一是长官对属下的关系;其二是属下彼此间的关系;其三是国民与外国人的关系;其四是每个人与其家人的关系——旧约法律的司法训令可以按这四种关系加以区分。⑥

对于旧约法律关于长官的规定,托马斯认为,一个国家或民族关于长官的好制度的关键在于两点:其一是使大家都有一点行政权力,以使国泰民安;其二是政体的种类。在托马斯看来,一个国家最好的长官制度,是由一个有德之人领导大家;在他之下又有一些有德的长官领导其他的人,而这个政府则属于大家。⑦ 托马斯强调,上帝的法律所规定的就是这种政体。

对于"人民(民众)"彼此关系的司法训令的规定,托马斯认为,按照西塞罗的观点,所谓人民,即由同意一个法律并且利害相关的多人结合而成的团体。因此,"人民"的彼此间关系应接受正当法令的规范。人民彼此

---

① 《神学大全》,第2集上册,问题100,第3款。
② 同上书,问题100,第4款。
③ 同上书,问题104,第1款。
④ 同上书,问题104,第2款。
⑤ 同上书,问题104,第3款。
⑥ 同上书,问题104,第4款。
⑦ 同上书,问题105,第1款。

间的关系有两种：其一是依赖于长官的意志；其二是依赖于自己私人的意志。然而，每个人的意志只能支配管理属于其权力之下者，因此，关于民众彼此间诉讼的事和处罚坏人的事，当属于长官的权力之下。不过，由于每个人的财物是属于其私人权力之下的，因而可以凭自己的意志交易。① 关于以上的两种关系，旧约的法律都有合适的规定。旧约的法律确立了法官（《申命记》第16章第18节），也规定了审断的合理程序（《申命记》第16章第17节），并且禁止判官收受贿赂，以防审判不公（《出埃及记》第23章第8节；《申命记》第16章第19节），又规定见证人的数目要两个或者三个（《申命记》第17章第6节和第19章第15节），此外，还规定了各种罪过固定的刑罚——死罪有：反上帝之罪、杀人之罪、盗卖人口之罪、对父母不孝敬的罪、通奸罪、乱伦罪等；偷盗者应施以赔偿之罚；伤害他人身体者、做假证者应施用报复之刑；其他较轻的罪则应施以鞭打或者羞辱。

亚里士多德在《政治学》第2卷第2章指出，关于财产问题的最好处理办法是：划分产权；一部分产权属公；一部分产权由其所有人的意志支配。托马斯认为，这三点在旧约的法律中都有规定：

首先，产权是分给每个人的。为处理财产的分配，旧约法律采用了多个办法：第一，产业按人的数目平均分配——"人数多的多给，人数少的少给"（《民数记》第33章第54节）；第二，产业不许永久性转让，在某固定时限之内要归还原主，以免产业分配陷入混乱；第三，为消除上述混乱，要亲属彼此继承：第一是儿子，第二是女儿，第三是兄弟，第四是伯叔，第五是其他亲属（《民数记》第27章第8节）。此外，为了维持产权界限，在《民数记》第36章还规定，有继承权的女人应当嫁给本宗族的男人。②

其次，法律规定财产的运用一部分是属公的。《申命记》第22章第1—4节规定："你如果看见你兄弟的牛羊迷了路，你不可不顾，应牵回交给你的兄弟。"并且，"一般人进入朋友的葡萄园都可以随便吃，只要不带走。"③对于穷人，《利未记》第19章第10节和《申命记》第24章第19节指出，忘记收拾的禾捆与枝上剩下的果实，都要留给穷苦人。不仅如此，《利未记》第25章第1—7节，以及第20—22节的规定，土地要"六年耕种，第七年歇息"，目的是使土地象人一样有安息之时，这一规定客观上起到了恢复地力、让劳动者得以休息的作用，也会使生产力有更大的是高——这是古代有计划地保存地力和注意生态循环与平衡、同时也人性化地关怀劳动者的最好例子。《出埃及记》第23章第11节和《利未记》第25章第

---

① 《神学大全》，第2集上册，问题105，第2款。
② 同上。
③ 同上。

4节指出,土地第七年所产,归大家公有。①

此外,对于物主所应该交出的东西,旧约法律也有规定:一种是无偿交出。例如,《申命记》第14章第28—29节规定:"每逢三年的末一年,你要将本年的土产十分之一都取出来,积存在你的城中。在你城里无份无业的利未人,和你城里寄居的,并孤儿寡妇,都可以来,吃得饱足。"另一种是有偿的付出,如买卖、租雇、借贷和托管——托马斯指出,对于这些事情,旧约法律都有相关的明确的规定。②

旧约法律还指出了关于外邦人的司法训令,他认为,犹太人与外邦人的关系有两种:其一是和平关系;其二是敌对关系。其中,旅客、侨民和愿意加入犹太人团体及其礼仪生活的人都应是和平交往的对象。关于有敌对关系的外邦人,法律有如下四种规定:其一,战争应有正当的理由(《申命记》第20章第10节认为,在攻打敌城之前,要先提议和解);其二,战争时要信赖上帝,勇往直前;其三,要排除必要战争的障碍,将一些妨碍战事的人遣散回家;其四,应慎重对待胜利,怜惜妇女儿童,也不要破坏地方的果木。③

对于家庭关系中的主人与仆人、丈夫与妻子、父亲与子女的关系,旧约法律中也都有合理的训令。对于奴婢,旧约法律规定要善待他们,不可给其太多的工作(《申命记》第5章第14节);如果因惩罚奴婢而致其伤残,主人应还给奴婢自由(《出埃及记》第21章第26节)、如果有人娶了婢女为妻,也应还她自由(《出埃及记》第21章第7节)等等。对于妻子,《民数记》第35章规定娶本族的女子,以避免各支派产业的混乱;《申命记》第25章第5节命令娶亡兄之妻,以纪念死者,并延续其后代。旧约法律还规定,不可轻易破坏妻子的名声,否则就会受到处分(《申命记》第22章第13节);禁止因憎恶妻子使儿子受损(《申命记》第21章第15节);如果不喜欢妻子,不应折磨她,而该给她休书,让她离去(《申命记》第24章第1节);为了让新婚的人与妻子自由享受快乐,不可让他担任公务(《申命记》第24章第5节)。旧约法律规定父亲要教育儿子,培养他们的信仰(《出埃及记》第12章第26节)和他们的道德(《申命记》第21章第20节)。④

在讨论了旧法律之后,托马斯又讨论了新法律(新约的法律)即福音法(the Law of Gospel),并讨论了新旧法律的关系。托马斯认为,新约的法律中最重要、构成其全部力量的,是赐给基督的信徒的神圣的恩宠。它主要是灌输在心的法律,次要的是成文法律。灌输在心的法律有两种:一种属于人的天性,自然法就是这样由上帝灌输给人从而铭刻在人心之

---

① 《神学大全》,第2集上册。
② 同上。
③ 同上书,问题105,第3款。
④ 同上。

上的法律；另一种是依靠恩宠的赠予，附加于天性之上。新法律不只告诉人该做什么，而且协助他完成。① 托马斯指出，新法律之所以不在世界之初始时颁布，理由有三：其一，新法律主要是神的恩宠，不该在基督未完成救赎、未清楚人类罪恶之障碍前丰厚地赐予人。其二，新法律是完美的，而完美的东西不是一开始就达到的，要经历时间的过程——在此意义上，旧约法律成了新法律的"启蒙者"。其三，新法律是"恩宠"的法律，因此，人先要被置于旧法律之下——由于陷入罪恶而自认无能，从而承认自己需要"恩宠"②。

新法律与旧法律是同一个上帝给的，但是方式不同——旧法律是写在石板之上；新法律则"写在人心之上"（《格林多后书》第3章第3节）。③ 新法律与旧法律两者的关系，乃是完美者与不完美者的关系——凡是完美者都是成全不完美者所缺少的，因此，新法律成全旧法律。④ 不过，托马斯又说，新法律之在旧法律中，似麦粒之在穗中。⑤ 托马斯还指出，新法律主要是神圣的恩宠，它表现于以爱德行事的信德（《加拉太书》第5章第6节），因此，除了圣事以及有关德性的本质的道德训令如：不可杀人、不可偷窃等以外，新法律对于外在行为不该籍由命令或禁令而有别的规定。⑥

四、人为法

在讨论了"神为法"之后，托马斯着手论证人为法。所谓人为法，即由治理社会的人为了公共利益所颁布的理性的命令。⑦ 由这个定义可以看出，合法的人为法至少应当具备如下条件：第一，人为法的目的是为了"公共利益"——目的因；第二，人为法由合法的人或集团所立——动力因（成因）；第三，人为法所命令之事是合情合理的——质料因；第四，人为法是否合理地被遵守依赖于守法者的能力、条件、境遇等——形式因。

托马斯认为，法律是实践理性的一种命令，正如西塞罗《修辞学》第2卷第53章中所说："法律制裁起源于天性，有的因为适宜于理性便成了习俗；后来在这些由天性而来并经历了习俗考验的东西上，加上了法律的可畏性与尊严性。"⑧托马斯主要就人为法律的功用、起源、性质和分类等问题展开论证。

---

① 《神学大全》，第2集上册，问题106，第1款。
② 同上书，问题106，第3款。
③ 同上书，问题106，第2款。
④ 同上书，问题107，第2款。
⑤ 同上书，问题107，第3款。
⑥ 同上书，问题108，第2款。
⑦ 同上书，问题90，第4款。
⑧ 同上书，问题91，第3款。

制订人为法律是不是有用呢？托马斯认为，人天生具有向善的德性，可是，德性的实现有赖于后天的训练。① 德性的修养主要在于使人避免不正当的享乐。然而，人又是特别喜欢享乐，那么，德性的训练就成为必要。而这样的完善训练须是来自于他人。托马斯认为，那些天生具有善良气质与习惯、对上帝的恩典具有向往而倾向于德性的青年，有父亲对其进行"劝告"(admonitions)②训练就足够了。可是，对于那些道德败坏、不能够轻易为言语所动的人，就必须用强迫与威胁的手段让其避恶，至少不再做恶，成为有德性的人。运用惩罚的威胁的训练，正是法律的训练。因此，为了使人们拥有和平及德性，就需要有法律，正如亚里士多德在《政治学》第1卷第2章所讲，"人如果有德性，就是动物中最好的；但是，人如果背弃了法律与正义，便是动物中最坏的"，因为人可以运用理性手段去满足其欲望与邪恶的情感，而这却是其他动物所不具有的。③

人为法律是不是都是源于自然法？为了回答这个问题，托马斯提到奥古斯丁《论自由意志》第1卷第5章的一句话："不合乎正义的法律，不能视为法律。"法律的力量依赖于其合乎正义的程度。④ 理性的法则是正义的根据，而理性的首要法则就是自然法。因此，人所制定的法律中有多少成分源于自然法，便具备多少成分的法律的意义。如果背离了自然法，就不再是法律，而是法律的颠倒。⑤ 源于自然法的方式有两种：第一，作为一个源于前提的结论；第二，通过对某些共同原理的进一步的限定。第一种方式就如同在科学研究中根据原理而推论出结论。第二种方式恰似在技术上将共同的形式具体化为个别部分，如同技师将房屋的共同的形式具体化为建成后的这个或者那个房子的模样。因此，有的人为的法律是以"结论"的方式——源于自然法律的共同原理，如："不许杀人"即源于"不许危害他人"的结论；有的人为法律则是以进一步"限定"的方式源自于自然法，如：根据自然法，犯罪者当受惩罚。而具体说到犯罪者当受这样还是那样的惩罚，则由自然法来决定。托马斯认为，人为的法律中包含上述两种方式——在第一种方式下，人为的法律不仅仅因其作为人为法本身而具有效力，而且也包含来自自然法的效力；在第二种方式下，人为的法律则只是具有其作为人为法的效力。

神学家以西多尔(Isdore，约560—636)强调，自然法为一切民族共有，为人类所遵循，他认为，法律有三个条件，其一，"促进宗教"——与上帝的法律相和谐；其二，"有助于法纪"——与自然法律相和谐；其三，"增进公共利益"——与人类利益相一致。那么，以西多尔对成文法性质的描述是否准确呢？托马斯认为，每个指向目的的事物的形式必须与目

---

① 《神学大全》，第2集上册，问题95，第1款。
② 同上。
③ 同上。
④ 同上书，问题95，第2款。
⑤ 同上。

的相符。亚里士多德《物理学》第2卷第9章指出,锯子的形式是适宜于分割。凡是有规矩度量的东西,也都该具有与其规则、尺度相符的形式。人为法具备上述性质,因为它是指向目的法,又是以高级规则为准则的规则。托马斯认为,以西多尔提出的其他条件,都可以归宗于上述三点。所谓"正当的"是指其促进宗教。以西多尔所谓的"公平的,按人性和当地习俗习惯,与时空相宜"是指有助于法纪。人为的法律首先在于理性的秩序,因此是"公平的"。此外,要看行动者的能力。法律应当适合每个人的能力,也要考虑到天性的能力(儿童所承担的责任不同于成人);还应当符合习俗习惯,因为人是不能够不顾及他人的习惯而独自生存。除了以上因素,要看环境的情况。以西多尔说"与时空相宜"——"必要的"、"有用的"等等,指的是法律应当促进公共福利;"必要的"是针对阻止罪恶而言;"有用的"是针对促进善行而言;"清楚的"是为防止由法律产生的弊端。①

托马斯认为,人们可以根据一物的本质因素将其加以区分,如,动物的概念中含有理性灵魂和非理性灵魂,因此,动物依此分为有理性和无理性两和,而不是按照白色或黑色这个动物概念以外的标准来划分。人为的法律的许多性质可以据此而相区别:②

首先,人为的法律按理应该是源于自然法,按照成文法源于自然法的两种方式,成文法可以分为万国公法(Law of Nations,国际法)和民法(Civil Law)。由自然法而来的原则的结论属于万国公法,例如,公平交易等等,无此法则人与人不能和平共处。至于以进一步的个别限定的方式而源于自然法的人为法,则属于民法——为了适于国情,每一个国家在制订法律时都会有所限定。③

其次,人为的法律按理应该指向国家的公共利益。就此而言,人为法律可以根据以一种特殊的方式献身公益的不同的人而加以区分,例如,为上帝的子民祈祷的神甫、管理人民的统治者、保卫国家的军人等。因此,关于这些人有特别的法律。④

再次,人为的法律应该是由治理国家的人制订,因此,按照不同的制度,就会有不同的人为法律。在托马斯看来,根据亚里士多德《政治学》第3卷第5章所讲,有一种制度叫作君主制(monarchy),由一个人治理国家,因此便产生了所谓的皇家法令(Royal Ordinance)。另外的一种制度是贵族政体(aristocracy),它由优秀的人或最高贵的人治理国家,这时便会有所谓的权威的法律主张(*Responsa Prudentum*;Authoritative legal opinions),以及元老院的决议(*Senatus consulta*;Decrees of the

---

① 《神学大全》,第2集上册,问题95,第3款。
② 同上书,问题95,第4款。
③ 同上。
④ 同上。

Senate)。还有一种制度则是寡头政体(oligarchy),即由少数的富人或者有势力的人当政,这时便会出台所谓的长官的政令(Prætorian),也可以称之为上级的政令(Honorary)。还有一种制度是全民政府,即民主制度(democracy),在此制度下产生平民会议的决议(Plebiscita;Decrees of the commonalty;)。还有一种政体是暴政,是完全腐败的制度,因此没有法律以此为名。还有一种混合政体,这是最好的制度,托马斯认为,在这种制度下的法律"是由元老们与百姓一起制订的"。①

最后,人为的法律应该指导人的行动。就此而言,法律会有类别的不同,有时,会以立法者之名来命名这些法律,例如,关于通奸的茱莉亚法(*Lex Julia de Adulteriis*)、关于暗杀的高乃利亚法(*Lex Cornelia de Sicariis*)等,它们是按有关事情分类,而非按立法者分类。②

关于人为法律的权利(the power of Human Law),托马斯提出并论证了如下六个问题:

第一,人为法律的目的是否限制在只为大众而不为个人?托马斯认为,凡是指向目的者,必须与目的相符合。法律的目的是公共利益——制订法律不应该是为了私人的利益,而应该是为了国民的公共利益。所以,人为的法律应当与公共利益相配合。③ 公共利益包含许多内容,因此,法律应考虑到人、事、时间等许多方面的问题。④

第二,人为法律是否应该禁止一切恶习?托马斯将法律视为人性行为的尺度或者标准。托马斯根据亚里士多德《形而上学》第10卷第1章的观点——尺度与被度量者的性质相同;不同的尺度度量不同的东西。人制订的法律也应该适合人的条件。以西多尔《语源学》第5卷第21章的观点指出,法律遵从"人性及当地习俗习惯才成为可能"。托马斯同意亚里士多德与以西多尔的观点,但是,他进一步强调,人的行动能力来自于内在的习惯和性情,而有德性的人与没有德性的人的能力是不一样的,儿童与成人的能力也不一样。所以,为儿童制订的法律与为成人制订的法律有所不同——有许多准许儿童做的事,如果成年人也这么做了,便会受到法律的惩处或受到指控。同样,许多在没有德性的人身上容许的事,在有德性的人身上则不能允许。⑤

人为的法律针对大众,而大部分人在德性上都不够完善。因此,法律不禁止有德性的人所避免的一切恶习,只禁止大部分有能力避免的较严重的恶习,特别是那些对他人有害的恶习——如果不加以禁止,社会便无法维持,例如,人为法禁止杀人和偷盗等行为。⑥

---

① 《神学大全》,第2集上册。
② 同上。
③ 同上书,问题96,第1款。
④ 同上。
⑤ 同上书,问题96,第2款。
⑥ 同上。

第三，人为法律是不是规定所有德性的行为？托马斯指出，德性按对象分类，或者与某私人的利益有关，或者与大众的公益有关，就如同一个人做勇敢之事，其目的可以是为了保卫国家，也可以是为了保护其友人的权利。其他事情也是如此。法律也是指向公其利益的，因此，没有任何德性行为不能受到法律的管制。可是，人为法律不规定一切德性的一切行为，只规定那些指向公共利益或直接关系公共利益的行为，或者间接地，就如同立法者规定一些有关良好秩序的法规，以便指导国民提升正义与和平的公益。①

第四，人为法律是不是约束人的道德心（conscience）？托马斯认为，人为法律或者是正义的或者是非正义的。如果是正义的，那么它就凭借其源于永恒之法律而具有约束道德心的力量。《箴言》第8章第15节所的话"帝王藉我坐国位，君王藉我定公平。"托马斯据此指出，衡量法律是否公正，一是看目的，即法律是指向公益的；二要看立法者，即所制订的法律不超出立法者的权力；三要看形式，即出于公益的目的而加给属下相称与公平的负担。既然每一个人都是社会的一员，个人之于社会，犹如部分之属于整体。大自然为了挽救整体有时也会牺牲部分，就此而言，施加均衡的负担的法律是公平合理的，它具有约束道德心的效力，是合法的法律。②

另外，托马斯指出，非公平合理的法律有两种，一种是在上述三个方面与人的利益相反：就目的方面来讲，当权者加给属下的负担与公共利益无关，而是为了其私人的贪心与虚荣；就立法者方面而言，其所制订的法律超出立法者的权限；就形式方面而言，当权者加给属下的负担虽然有利于公益但分配不公平。托马斯认为，这是暴力行为而非法律，因此，除非是为了避免激起民愤和动乱，这些法律对于道德心没有约束能力。按照《马太福音》第5章第40节所讲，人应该放弃自己的权利："有人想要告你，要拿你的内衣，连外衣也由他拿去。"另外一种非公平合理的法律是因为与上帝的利益相反，例如，暴君的法律强迫人偶像崇拜，或者做出其他违反上帝的法律的事情。这样的法律绝对不可以遵守。③

第五，是不是所有的人都属于法律的权限之下？托马斯认为，法律有两种性质：首先，它是人为的标准；其次，它具有强制力。因此，人也有两种属于法律的权限下的方式：其一，被规范者与规范之间的关系。④ 就此而言，凡是属于他人权力控制下者，都属于这个权力所制订的法律之下。托马斯指出，人在两种情况下不属于某种权力之下：一种情况是完全不受该权力的管制——属于某一国家、某一城邦的人不属于另一国家、

---

① 《神学大全》，第2集上册，问题96，第3款。
② 同上书，问题96，第4款。
③ 同上。
④ 同上书，问题96，第5款。

另一城邦君王的统治,因此也就不必遵守其法律;还有一种情况,由于一个人属于更高的法律的管制,例如,别的省的长官的属下应该听从的是他所在省的长官的命令,可是,在由皇帝直接管理的事情上则不必服从省长官,因为这些事情既然受高级命令的管制,就不受下级命令的管制。① 其二,从受强迫者之"强迫"意义上说,有德性的人和正义之人不属于法律的权限之下,只有恶人才属于法律的权限下。因为强迫和暴力相反于意志;不过,善人的意志与法律是相符的,而恶人的意志与法律相违背。就此而言,善人不在法律的权限下,只有恶人才在法律的权限下。②

第六,那些属于法律权限之下的人,是否可以不遵守法律的字面意义?托马斯指出,法律都指向公共的利益,并因此而具有法律的效力与意义。如果背离了公共利益,便失去其约束能力。为此,罗马法学家曾指出,不允许出于法律和正义的原因而给予法律严厉的解释,从而苛待大众。托马斯认为,大多时候,遵守某条法律一般会合于公共利益,可是,在特殊情况下也会有损公共利益。立法者无法顾及所有的方面,只能根据一般情形、为了公共利益而制订某条法律。因此,如果在特殊情况下遵守此条法律有损于公共利益,便不应该遵守。例如,在某城被围困时制订了一条禁止打开城门的法律,这对大家都有益。可是,如果遇到敌人追击自己人,而不打开城门迎接这些被追击的自己人便会造成他们的牺牲——在这样的情况下,就应该不管法律的条文,而是根据立法者所谋求的公共利益为他们打开城门。不过,如果遵从法律条款尚未产生危险以致需要当机立断,则不是任何人都可以决定怎样做才是对国家有利或者对国家有害——只有当权者有此权力,他们有权给予豁免。然而,如果事属危机而来不及请示当权者,那么,紧急情况本身就包含着豁免,因为法律限制不了紧急情况。③

关于"法律的改变(Change in Laws)",托马斯提出并论证了如下四个问题:

第一,人为法律是否应该有某种改变?人为法律是理性的命令,用以指导人的行为。托马斯认为,有两种原因可以使人为法律做出正常的变动:一种是从理性方面来说;另一种是从法律所规范的人的行为方面来讲。从理性方面来说,因为人的理性自然是从不完美状态逐渐达到完美状态,所以,在思辨性知识的进程中,最初的哲学家的思想并不完美,有待后来的哲学家的改进。在实践性事物中也是如此:最初为公益设想的人并不能亲身考察一切事情,其所制订的法规在许多方面会有不足;这些不足被后来者出于公益方面的考虑加以改进,而后所制定的法规的不足

---

① 《神学大全》,第2集上册。
② 同上。
③ 同上书,问题96,第6款。

就会较少。①

从法律所规范的行为之人方面来看,由于人的环境条件时时在变,环境不同,符合不同条件的利益也不同,因此,法律随之作相应的改变也是合理的事情。托马斯引用奥古斯丁在《论自由意志》第1卷第6章所提到的思想:"人民如果善于自制,善于自重,并且非常细心地捍卫公益,那么,制订法律允许人民推选他们自己的长官来管理国家的做法是合理的。可是,如果随着时间的推移,原先的民众变得腐败,出卖选票,从而将管理的政权交给无赖与罪犯,那么,剥夺这些人的选举权并将它们移交到少数优秀者的手中是合理的。"②

第二,如果发现情况变好,人为的法律是否常常改变?托马斯认为,如果改变法律对大家有益,就是合理之事。可是,法律的变动在一定程度上会有碍于公共利益:因为习俗有助于法律的遵行,以至于有违大众习俗的事即使很小,做起来也显得特别艰巨。那么,在法律改变时,缺少了习俗的协助,法律的效力就会降低。除非公共利益在一方面(因改变)所有的损失在另一方面得到相对的补偿,否则人为的法律不该改变。而这样的情况的发生,或者是由于新法律具有巨大而明显的益处,或者是由于人为法非常需要改变,即因为原先的法律非常不正当合理或者遵守起来非常有害。③ 在此,托马斯引用法学家在《罗马法律类编》第1卷第题第2条的说法:"制订新的法律时,在废除久已被认为合理的法律之前,新法律的益处应该显示出来。"④

第三,习俗是否能取得法律的效力?托马斯认为,所有的法律都出自立法者的理性与意志。上帝的法律与自然法是出于上帝的理性意志;人为的法律是出于受理性规范的人的意志。人的理性与意志可以借助于语言或者事实表现人的行动。人的行动代表其在善的选择上的想法。人的言语既然反映人的思想,也就可以改变法律或者解释法律。因此,人的行为,特别是那种由于屡次实施而成为习俗的行为,也可以改变或解释法律,甚至取得法律的效力。外在的行为次数的增多成为意志的内在行动和理性的思想最可靠的证据,如果一类事情多次发生,就证明其中的故意。所以,托马斯主张,习俗能够取得法律的效力,能够废除法律,也可以解释法律。⑤

第四,当权者是否能够豁免(dispensation,分配)人为的法律?托马斯认为,严格地讲,"豁免"是出于一些公共利益的权衡,因此,有时也称一家之长为"豁免者(分配者)",这是由于他会根据家庭成员个人的体格分配给他们工作以及生活用品。那么,团体当中的"豁免"即监督每个人奉

---

① 《神学大全》,第2集上册,问题97,第1款。
② 同上。
③ 同上书,问题97,第2款。
④ 同上。
⑤ 同上书,问题97,第3款。

行某种共同的法则。可是,有时候,一条法令虽然大致对公众有益,却不适合某人或者某一种情形,因为它有碍于取得更大的善,或者可能造成某种恶。托马斯认为,除非事情紧急且明显,否则不能随便由一个人来做决定。因此,当权者在其权限内能够豁免人为的法律,即在法律不合适的情况下,可以准许人不守法律。不过,如果上述理由不存在,只凭自己的主观意志做出许可,则会成为不忠或不慎的"豁免者":不忠,意指其不顾公共利益;不慎,意指其忽视准许豁免的理由。① 然而,"究竟谁是那忠心有见识的管家,主人派他管理家里的人,按时分粮给他们呢?"②

第三节 托马斯·阿奎那法律思想的实质

从托马斯·阿奎那法律思想构成中永恒法、自然法、启示法、人为法的关系来看,"永恒法"是上帝恒久不变的智慧原则,上帝藉此引导一切受造物的行为及活动,使之朝向整个宇宙公益,在这一过成程中,永恒法成为其他法律的最高原则。"自然法"则是永恒法在人的理性中的体现,是"人为法"的来源与依据。显然,在托马斯所构建的这样一种关系结构中,自然法成为"实有境界"和"应然境界"之间的联结桥梁:一方面,自然法是神烙在人性上的"永恒法"的一部分,是神之理性在人性上的烙印;另一方面,自然法又成为"人定法"的基础与正义之源……。③ 同时,由于上帝的永恒法只是对人的道德生活的间接参与——借助自然法而起作用,那么,将人的向善的自然倾向引向相应的律法就需要上帝的帮助。于是,"神恩"就成了信仰和理性连结的桥梁,也就是说,在建构"永恒法"、"自然法"、"人为法"之形而上学关系的同时,托马斯又借助于"神法(启示法)"的概念,从理论上实现了意志与理性、人的自然目的与超自然目的的结合,从而在基督宗教思想的氛围中独树一帜地建立起其寓意深刻的法哲学思想。

一、神恩成全自然

在托马斯的法律体系中,自然法代表着人对幸福的理性认识。理性依照自然法指导意志控制欲望和激情,引导人发挥正直、勇敢、节制和审慎等主要美德去实现其自然目的。神法由于直接来自上帝的启示与智

---

① 《神学大全》,第2集上册,问题97,第4款。
② 《路加福音》,第12章42节。
③ 参见刘素民:《托马斯·阿奎那自然法思想研究》,北京,人民出版社,2007和2008。

慧，是上帝直接恩典的礼物，用以帮助人类实现其超自然目的，获得更高的神圣美德。显然，托马斯的用意在于既揭示人保有认识上帝的自然和意志欲望，又表明上帝的启示如何成为人的理性的指导，以此阐释人类如何通过上帝的恩典从自己的自然目的出发达到最终的超自然目的的方式。托马斯法律思想的构成表明，自然层面不过是达到更高的超越层面的条件与手段。

律法理论和神恩思想构成了托马斯法律思想魔术般的涵摄力量，作为法律目的的"共有之善"（common good）与以神恩为基础的"至善"（perfect good）之间由此达成一致。从托马斯的理论来看，人的理性不过是上帝的理性的不完善的阶段——人的理性是自然的，人首先是通过自然理性的努力去争取实现自己的目的，可是，人很难仅靠理性得救，最终还要有神恩的帮助。如果用一句话来概括托马斯法律思想的实质，那就是：神恩并不摧毁自然，它只是成全自然（Grace does not destroy but perfect nature）——上帝是托马斯永恒宇宙与神圣秩序牢固的终点。

"神恩成全自然"既是托马斯法律思想的实质，同时可能成为其法律思想的限度。托马斯借鉴与运用了多方面的理论与哲学方法，架构起其独特的法哲学理论体系，从而一方面赋予了自然法以形而上学的确定性与神圣性；另一方面，又表达出自然法作为"本性之律"的人文性质与其"下贯"人定法的原则，①这不仅反映出这位天使博士透过信仰对永恒法、神法的确认和对神圣之境的肯定，而且表达出其对人的自然理性能力的信心和对道德理想的热情追求。然而，如果"神恩"与"自然"之间失去应有的平衡点，以"神恩"代替"自然"，那么，人只能臣服在一种因神圣而未知的神秘秩序与权威之下，这样就为等级身份的政治特权或者以神学原则占主导地位的政治伦理构成提供可能，"个人"、"个人权利"也会因此而被"神圣"所吞没。如此一来，看似消解的自然与神恩的矛盾便会更加紧张，"去魅化"时代的到来也就不得不成为历史的必然。②

二、在世俗与神圣之间寻求支点

托马斯倾其一生论证理性与信仰、神圣与世俗的关系，目的是协调两者的矛盾以求得一个平衡的支点，其法律思想建构无异体现出他力求协调人类世俗价值与基督宗教神圣价值的努力。

按照托马斯对人的哲学理解，人对神的渴求源于人的自然本性、自然法则。托马斯认为，作为受造物的人在本质上是"上帝的肖像"（image of

---

① 参见刘素民：《托马斯·阿奎那自然法的形上架构与神性意涵》，载《哲学研究》，2005（9），54～59页；刘素民：《阿奎那的自然法作为本性之律的人学内蕴》，载《哲学研究》，2006（6），79～84页。

② 近代自然法出于消解上帝与人的紧张关系的目的，试图打破中世纪来自永恒智慧的启示并规定着万事万物存在与秩序的神秘自然法。

God),也是上帝的创造之物,他的这一思想既包含着对作为身心合一的存在者——人的超越性与神圣性的揭示,又隐含着对作为"受造之物"的关系性存在的人对世界、对他人肩负重任的强调。人既然是上帝的肖像,就是自主自觉的主体;人又是有限的受造物,具有因滥用自由而犯罪的可能——前者是人超越能力的根据,后者则说明人与现实世界的关系。①由于托马斯理论视野中的人始终是存在于神圣与世俗之间的作为"上帝的肖像"的人,因此,他的法哲学思想就自然表现出弥合神圣与世俗间的鸿沟的理论取向与价值目标。也正是在此意义上,托马斯才将自然法视为一座桥梁——其一端架在世俗的人为法一边,另一端植基于神圣的永恒法彼岸,从而与永恒法、人定法发性互动,呈现"上通下达"、"一体两性"的思想特征。其主旨就是神以"形上的""神圣"精神来指导人"形下的"世俗实践,充分体现出托马斯自然法思想中"神本主义"向"人本主义"的转移以及"神圣"与"世俗"共构的特征。在此,由于人与人的社会正义关系被置于人与神的正义之下,那么,法与正义的关系表面上是人与人之间的关系,实质体现的则是人与神之间的关系,或者是神圣与世俗的关系。由此,法、正义、世俗国家权力、实证的法律以及整个事物的经验秩序都被赋予了一种神学的确定性与神圣的根源,这种神学的确定性与神圣的根源便成为衡量世俗政权和法律的最高标准。

对人的理智的重视是托马斯主义的精神所在。在阿拉伯人将数学与希腊哲学传入欧洲的最初时刻,年轻的巴黎大学率先走出中古神学统治一切知识的传统,开启以理智评判事理的学术风气,托马斯在其中做出了巨大贡献。托马斯接受亚里士多德等先辈的哲学,在此基础上创立经院哲学系统的思想理论,用以解释神学,以求达及理智与信仰的和谐目的,既没有固守中古偏重信仰的传统,又非依从希腊偏于理性的哲学。他采取的无疑是一条"中庸"之路。然而,"中庸"并非意味着"中间",而是"适中"与"可行"。托马斯在强调"神恩成全自然"的同时,也强调人应当通过其感性去给自然定位、透过其理性去合理地安排个人与社会,从而在"类比"上帝完满性存在的存在中,"分有"人与人、人与世界的共同命运,并且能够在其中塑造好个体的命运——不仅要做好"智慧人"、"工匠人",还要同时做好"伦理人"和"宗教人",从而有效地构建起天、地、人和谐美好的关系结构。托马斯不足 50 岁的生命历程走过的是一条荆棘丛生的理论探求之路,而其综合、创新的理论模式与勇于开拓的研究精神却给后人留下长久的启示。

托马斯以其特有的、高超的分析与综合智慧、较为缜密周延的辩证方式,从一个"整全"的视角出发,成就了中世纪典型的"经院哲学方法"(Scholastic Method)——尖锐地揭示问题所在、清楚地分析概念、以逻辑方法推理、用词一丝不苟,尽可能详尽无遗地阐释与论证宇宙与人性所包

---

① 刘素民:《解读基督宗教"人是上帝的肖像"》,载《世界哲学》,2012(2),32~40 页。

含的真理,以期在哲学理论和实际应用上提供有价值的思想资源。托马斯透过人的感性去给自然定位、透过人的理性去安排个人与社会,同时,又透过人的精神去寻找上帝,希望以人与神的结合当作人这个有限存在(存在,being)的理性的真实完成——他所论及的天地人无不在其"存有"的视野里得到尊重与探究,这无异给近现代哲学提供了有价值的理论参考与进一步的思想空间。托马斯力求"究天人之际,通古今之变,成一家之言";以托马斯主义为旗帜的新经院哲学(新托马斯主义)不但力求以托马斯主义统一基督宗教哲学各派理论,而且力求使之与近、现代哲学流派、甚至自然科学、社会科学理论融会贯通,为天主教会的现代化运动提供理论基础,因此而成为20世纪西方哲学的重要流派之一。

托马斯·阿奎那追求"圆融与判明"的精神值得后人学习与借鉴。然而,托马斯的思想也有其时代局限。其神本的、纯理性的思想倾向似乎偏离了人生的现实实践,因此,我们应当在充分理解其理论基础上,改变其神本出发点,发扬其人本精神;在诠释与学习其理性倾向的同时,发展其主体深入的理论,从而逐步对他的法学思想进行更加深入的解读与借鉴。

思考题

1. 简述托马斯·阿奎那法律思想的主要构成。
2. 托马斯·阿奎那法律思想的实质是什么?
3. 阐述托马斯·阿奎那法律思想中的亚里士多德因素。

阅读文献

1. [意]托马斯·阿奎那:《神学大全》(全译本),周克勤等译,台南,碧岳学社,2008。
2. St. Thomas Aquinas, *Summa Theologica*, trans. the Father of the English Dominican Province, Benziger Bros., 1948.
3. [古希腊]亚里士多德:《尼各马科伦理学》,载苗立田主编:《亚里士多德全集》,第8卷,北京,中国人民大学出版社,1992。
4. 刘素民:《托马斯·阿奎那自然法思想研究》,北京,人民出版社,2007和2008。

第七章 罗马法学的复兴

第一节 罗马法学复兴的背景

以法学方法与欧洲人文精神一般结构关系来划分欧洲中世纪历史，并以公元11世纪作为起始："经院哲学与注释法学；法条文学超越历史上的权威与应用中世纪一般课程的逻辑推理方式，乃是两者之间共通之处，语言学与法学上的人文主义，他们的共通根源在于一种，对典范性的，纯粹性的，纯粹沿袭下来之古代文字——基于追求真理意愿而来——的义务感。"①这就是为人们所称的12世纪文艺复兴的知识与方法，而这个时期的复兴是由罗马法研究包括古典教会法研究所构成的。就11世纪法学的复兴，维诺格拉多夫教授的看法仍然值得重视。他在《中世纪的罗马法》中论道，大约在11世纪，法学研究以一种惹人注目之方式开始变革，这个时代见证了欧洲文明史的几个新起点。格里高利任教职期间，教皇实现了决定性的集权；封建主义开始具体化为一套完整与一致的制度；诺曼王国因有效地行政与政治秩序的确立而兴起；安瑟姆时代确立的经院哲学；伦巴第王国开始获得巨大的经济与文化进步。正是在这种恢复繁荣与增长自主自立的背景下，我们注意到了法律领域的理论与学术——法学的苏醒，这种苏醒并没有局限于一地。至少有四个强有力的法律学术中心必须考虑到：当时仍然是独立王国的普罗旺斯是第一个中

---

① 可参见［美］本内特·雷利斯特：《欧洲中世纪史》，杨宁、李韵译，上海，上海社会科学院出版社，2007；R. C. Van Caengem，*An Historical Introduction to Private Law*，Cambridge University Press，1988 以及［德］维亚克尔：《近代私法史》（上下册），陈爱娥、黄建辉译，上海，上海三联书店，2006. 尤其是对欧洲私法史以思想与学术思维方式来划分历史时期的，这开始于H. U. Kantorowicz，*Die Epochen d. Rechtswiss*，*in*："*die Tat*"，1914，S. 345ff.

心;第二个中心在伦巴第各个城市;第三个中心是在具有古代帝国传统的拉文纳;最后一个中心,但是尤其重要的,是处于罗曼地区、伦巴第与托斯卡纳的十字路口的、著名的波伦亚大学。

一、政治与经济

到10—11世纪,欧洲的政治与经济开始较为强劲的向前发展。更为重要的是,到10世纪中期,查理曼帝国之梦经由德意志国王奥托一世已经取得了大片的欧洲土地,且在公元962年由教皇约翰十二世加冕为王。11世纪初期,半个西班牙已在基督徒的控制下。而在意大利北部各城市共和国正在同封君封主的斗争中迅速成长。因此,这个时期也是封建急剧发展的时期。同时这个时期教会与世俗权力斗争此消彼长,而且教会法与教会法学正在形成与发展。

由于食物生产的提高,一直到14世纪欧洲人口都在增长。人口增长也利于新的劳动专业化。农业要出售其剩余产品,尤其是制造产品,这引发了手工业、贸易与货币经济的复苏。局部地区生产的商品与产品要销售到整个西欧。到11世纪,正常的贸易路线首先从低地国家沿着香槟市场到北意大利,当然,这包括并未完全中断的地中海沿岸的贸易,与始终并未从中世纪初期消失的活动在西欧各地的犹太商人。尔后乃是形成与发展的北欧与波罗的海商业与贸易路线;最后是从东北意大利北上沿着多瑙河、奥地利的维也纳到德国境内的贸易路线。

随着贸易与手工业的发展,城市生活也开始复苏了。城镇不仅是进行以货币为媒介的贸易中心,而且贸易对城镇家庭非常重要。城镇家庭生活的三种必需品,粮食、衣物与住房,大多经由贸易获得。城镇家庭的产品供自己消费的少出售的多,商人是其所售商品的所有者,这是贸易的先决条件,而且契约的中心问题是贸易以远期交割为基础。"因此,城市生活不可避免地会引起人们对财产权和契约的重视"①,财产权和契约是"对城市生活的反映"②。而正是专业的手工业人与商人离乡背井建立了他们自己的城镇,并成为新的人口集聚中心。这些城镇从当地的领主中获得了自治,一个新的阶级,即自由与市民阶层的诞生。从12世纪之后的西欧,从法律上开始了解放农奴,赋予农奴自由成为自由佃户。以维持劳役的农奴也被废除,代之以新的捐税。"经济的发展与多样化,除了其他领域,在法律领域对教育与学术不仅增加了可能性,而且也增加了对它们的需要。繁荣与经济增长也为艺术的繁荣提供了条件。知识与文化之

---

① [美]内森·罗森堡、L. E. 小伯泽尔:《西方现代世界的经济变迁》,曾刚译,41页,北京,中信出版社,2009。

② See A. P. Eshel, *History of Mechanical Civilization*, Harvard University Press, 1954, p. 32.

变化紧紧追随着经济复苏的脚步。"①当然,1346年与1349年的黑死病,包括后来发生的瘟疫,毁灭了欧洲人口的三分之一,使得欧洲的进步与经济发展出现了短暂的停滞。但11世纪之后欧洲的经济,尤其贸易总体上是向前发展的。

二、大学学术与书写文本的优势

在意大利,公元1000年左右产生了萨莱诺大学,②公元1088年产生了一所脱离教会的世俗大学——波伦亚大学。③ 此后,一直到1400年,欧洲也有44所大学。而且大学开设的课程为神学、法学与医学。而这些学科的共同基础又是由"三艺"或"七艺"的通识学科构成(语文、修辞、逻辑即"三艺";加上数学、几何、天文学、音乐又称之为"七艺")。波伦亚大学成为法国南部大学的样板,而巴黎大学成为法国一些大学包括英国、德国一些大学的样板。当然,这些中世纪重要知识活动场所的大学,其中有31所同教会有关。这些大学里宣讲的学科包括法学、神学与医学。这也是神学与法学方法互通的原因。经济与商业之发展,城市的复苏与发展,引发的分工,导致知识的需求与分离。另外,促成罗马法研究的复兴还须归因于书写文本的优势。当时为人们或受教育之人所传阅的文本大致有两种:书面罗马法的文本(当然包括其他文献)与书写的《圣经》文本。这种文本是"羊皮纸"所承载的典范文本。中世纪受教育之人熟知的也是这些文本,而基本上没有其他的书写文化的文本。即使有着书写文本,但是能够触及这些文本之人也是极少数的。而罗马法正是少有的文本书写的法律文本,因于这种书写文本的优势也是罗马法得以复兴之原因。④

最后,罗马法在西欧,尤其是在意大利的局部的保留以及查士丁尼《学说汇纂》的发现都为罗马法的复兴奠定了基础。正如哈斯金斯教授在《十二世纪文艺复兴》中所说,这个法律文献当时可谓命悬一线,"如果没有它的重新问世,就不可能有法学的复兴"⑤。

---

① See R. Lesaffer, *European Legal History: A Cultural and Political Perspective*, trans. J. Arriens, Cambridge University Press, 2009, p.194.

② [德]比尔麦尔等编:《中世纪教会史》,雷立柏译,280~282页,北京,宗教文化出版社,2010。

③ 波伦亚大学是否建于1088年存有争论。对此可参见[法]吕埃格总主编:《欧洲大学史》,第1卷,中世纪大学,张斌贤等译,保定,河北大学出版社,2008;以及 H. Rashdall & J. J. Storrow, *The Universities of Europe in The Middle Ages*, Nabu Press, 2010 的相关内容。尤其是 Rashdall 教授认为并未有证据证明波伦亚大学成立于1088年。

④ 可见法国历史学家勒戈夫所著的《欧洲的诞生》(J. Le Goff, *The Birth of Eurepe*, Blackwell Publishing, 2005)与《中世纪的文明》(J. Le Goff, *Medieval Civilization*, Blackwell Publishing, 1990)两书。

⑤ 参见[美]哈斯金斯:《十二世纪文艺复兴》,张澜等译,上海,上海三联书店,2008,其中有关法学复兴的部分。

第二节 罗马法学复兴的进程

一、注释法学

波伦亚法学院对罗马法的注释,主要是对《民法大全》所作的注释。但是中世纪法学家对查士丁尼编纂的四个部分所赋予的名称,即中世纪的《民法大全》的内容与查士丁尼时期的《民法大全》的文本内容有一定的差别。中世纪的注释法学家所注解的《民法大全》内容包括:《学说汇纂》手稿1—24卷、《学说汇纂》手稿的中间部分(Digestum Infortiatum——对这个词即 infortiatum 的含义,语文学家仍然存在争议)、《学说汇纂》手稿最后39—50卷;《查士丁尼法典》,由查士丁尼法典的前9卷构成;《查士丁尼法学总论》和《查士丁尼新律》。《查士丁尼新律》不仅有《查士丁尼法典》内容,而且也包括《查士丁尼新律》颁布之后的法令内容,甚至有些条款内容是红胡子腓特烈增加的。10—11世纪《伦巴第封建法汇编》或译成《采邑书》,也包括在中世纪的《民法大全》之中。

整个拉丁西欧的各个法学院,学习与教授查士丁尼《民法大全》中的内容与规范。在讲座过程中,要朗读内容并提供各种评论。在问题讨论中,以查士丁尼《民法大全》的摘录片段内容为基础解答各种法律问题。在波伦亚的罗马法研究与学习极为盛行。皮坡最开始讲解,后是"法律之光"的罗马法学家伊纳留斯。① 伊纳留斯之后,著名的罗马法学家是法律四博士(quattuor doctores):巴尔格鲁斯(Bulgarus)、胡果(Hugo)、雅克布斯(Jacbus)、马丁努斯(Martinus Gosia)。最为重要的是,红胡子腓特烈在同教皇斗争中,包括伦巴第各城镇,向四博士进行法律咨询。继四博士之后,罗马法学家与学生之数量迅猛增加,乃至于在1200年之前,在波伦亚法学院就读的学生,即使没有一千人,至少也达数百人。传授罗马法的法学院遍布整个欧洲。一个自治的法学家阶层再一次出现:民法

---

① 中世纪文献中,提到过皮坡此人,即约瑟夫·皮坡。但是,他本人却未留下任何书面文献得以印证。传统观点认为伊纳留斯是注释法学派的创始人,波伦亚的语法学家。据说由于人们向他请教《新约》中一句话中"as"(一枚罗马小面值的硬币)一词的含义时,他转向法律研究。其研究发现了在罗马继承法中该词"as"的专业含义。"as"在罗马继承法中是针对一个继承人以上分割遗产的二进制单位。对伊纳留斯的另一传说是把他同托斯卡纳的 Matilda 伯爵夫人相联系,认为伯爵夫人鼓励伊纳留斯在波伦亚设立一所法律学校。这种说法认为伊纳留斯是反王权的,但并不符合实际。因为作为世俗君主制之法律的教师们,波伦亚的市民是支持王权的。而且中世纪"Doctor"就是教师之含义。"Master"在中世纪大学里是"三艺"或"七艺"教师的正规头衔。"Doctor"在意大利从12世纪中期始,是法律教师的正式头衔。当然这种用法各地不完全一样。不过毫无疑问,罗马法研究之复兴始于11世纪末12世纪初,且伊纳留斯是罗马法研究复兴中重要的人物,而且作为注释法学派奠基人,并留下了作品可以印证。

学家。

（一）注释法学与经院哲学

针对《民法大全》文本内容的研究与注解，注释法学家极大程度上受到当时西欧整体的知识氛围与方法的影响。因为在中世纪，在巴黎大学的经院主义大师托马斯·阿奎那超越教父哲学之前，尚未完全发现在十字军东征才带来的古希腊哲学的文本，尤其是亚里士多德的著作。当时，还主要是柏拉图主义的影响。不过，在注释法学家的时代，虽然经院哲学未达至顶峰，但经院哲学已经盛行。比如，比意大利法学家伊纳留斯稍早或同时代的坎特伯雷的安瑟姆与《是与否》的作者阿伯拉尔都是经院哲学早期的著名人物，而且安瑟姆还被称之为经院哲学之父。经院哲学来自于中世纪"三艺"之一的辩证法。辩证法就是在对话情形下，通过提出问题与回答问题的方法而进行论辩的技艺。作为经院哲学之父的安瑟姆，他的辩证法是意识形态思想的基本方法。辩证法的目的就是"信仰为了理解"即"信仰追求理解"。这为理性留下了余地，因为辩证法蕴含着理性。经院哲学就是人与上帝相契的确立与明证。亚里士多德的《工具论》、《论题篇》、《辨谬篇》乃至于他的哲学，作为中世纪大学尝试的一种新的思维与教学的方法为大学的经院方法铺平了道路。辩证法（逻辑）同语法与修辞共同构成了罗马法研究之复兴必备的法学研究与文本解读的基本方法。经院之方法就是首先提出具体的问题，然后引出疑问。学生与教师进行讨论，在讨论之后，最终由教师提出解决的方法。① 同时，大学教学也导致了学术发表的主要文献类型的出现，在中世纪称为 Florilegium。这种发表物之类型，不只是节选自《圣经》、教父与古代大师的语言或箴言的选编，而是伴随时下教师的评论。Florilegium 逐渐地成为一种经院学者的概要，其中间类型就是中世纪产生的另一发表物类型，即《箴言书》。这些"箴言"构成经院学者所讨论的基本文本内容的解释。最终，到13世纪经院学者著作呈现为两种基本形式：评注与辩论。另一种形式为"大全"。这些文献形式也都呈现在注释法学家的著作方式中。作为注释法学所面对的时代的知识氛围，也是经院哲学的早期阶段或旧逻辑阶段。"所命名为的经院主义后常把它同烦琐区分之哲学与诡辩逻辑相联系，因此，有些19世纪的学者借由否认注释法学家对经院哲学任何仰赖而廓清对注释法学家的玷污；……然而注释法学家毕竟是他们的时代之产儿。"②甚至早期注释法学家在很大程度上归因于经院哲学方法

---

① 经院方法之运用必然伴随着"对于概念分析之详尽，综合之繁复，以及严格遵循形式逻辑"。这种方法是法律之研究与注解之基本方法，见[法]吉尔松：《中世纪哲学精神》，沈清松译，10页，上海，上海人民出版社，2008。也见 J. Le Goff, *The Birth of Europe*, pp. 129-130.

② See O. F. Robinson et al., *European Legal History*, 3nd edn., Butterworths, 2000, p. 144.

的形成。① 对此,经院哲学的方法对注释法学之影响,乌尔曼教授在《中世纪的法律与政治》中也论到,"就新的学术之成就而言,如果没有必要而不可或缺的研究之经院的或辩证法的方法,那么民法学家的(或者对于教会法学家也一样)任何一项伟大成就或许都不大可能取得。就此方面而言,这是盛行于那个时代研究之一般方法的具体运用,即从一般原则与次要原则出发的演绎方法。辩证法运用于神学也适用于哲学,但是辩证法对法学却十分特别的关注,因为辩证法把纯粹的理论同适用于具体实践相结合"②。

注释法学家就是把经院哲学早期所了解的亚里士多德所著《工具篇》(即主要是亚里士多德的《范畴篇》与《解释篇》)或"旧逻辑"与修辞手段适用到他们的文本内容的处理之中。更为重要的是注释法学家的整个态度同经院哲学之目标相契合,即协调与系统化他们心中的权威,并运用理性来解释、证明他们寻找与发现有助于和谐秩序与指导他们研究之中心的权威。对神学家与哲学家而言,是《圣经》、教父学说与亚里士多德;对注释法学家而言,就是《民法大全》。而且,正像查士丁尼所宣称的《民法大全》是一协调的整体,《民法大全》也鼓励协调与系统化。罗马法之内容也有运用辩证法(逻辑)与修辞的实例,并且,这些事例不管是来自古典法学家的还是《民法大全》编纂者篡补进去的,这些都不会让注释法学家为难。注释法学家是把罗马法作为活的法律加以讨论的。不过,注释法学家也知道,并非罗马法中所有制度都仍然存在有效,并指出了有些在实践也不再适用。这种修改也是必需的,因为注释法学家的重要作用之一就是传授的对象是针对那些打算以管理为业的,包括为外国所雇佣的,为王子与教会服务的那些人。即使众多教士仅仅学习教会法,但是罗马法仍是得到承认的、必要的次要渊源。

(二)教学、注释、文献

1. 教学方法

注释法学派的教学基础就是权威的文献。而且法律课程基本上由法律文献构成,因为法律文献在每门学科都是"权威",阅读法律文献是教学与知识的基础。"在法学方面,主要文献为《教会法大全》与《民法大全》。"③中世纪西欧的大学中主导教学的活动主要有两项:授课与辩论,授课又分为普通课与特殊课。为了使法律文本每一部分都能在课堂得到讲解,人们引入了"争议的问题"。法律文本分成几个部分,并规定每部分讲解的时间。普通课由教师或称之为导师在早上解读课程中最重要的著

---

① See R. Lesaffer, *European Legal History: A Cultural and Political Perspective*, p. 255.

② See W. Ullmann, *Law and Politics in the Middle Ages*, Cambridge University Press, 1976, p. 87.

③ [法]雅克·韦尔热:《中世纪大学》,王晓辉译,45 页,上海,上海人民出版社,2007。

作;特殊课则是由学生承担,时间在上午后半段或下午。在两种情况下,教学方法同样是教条式的或曰教义性的,教师对文本内容进行介绍,然后开始阅读与解释。学生追随教师照"讲义内容"进行阅读,然后做些笔记记录。一部法律文本的授课内容由下列构成:"文本概要;朗读文本、解释难点;校勘与其他法律文本相似的内容;引用反对观点,一般通过区分方法;概述和解释法律文本阅读过程中产生的问题;指出重点。"①

最具经院教学方法的特色的辩论,则是导师一般把普通课交由学生自学,倒是把更多的精力用于下午开展的辩论。一般辩论,由导师设定主题并主持辩论,委托一名学生陈述问题与回答听众的反驳。到第二天,导师对辩论作出结论。此外,导师也每年不定期的举办一二次辩论,一般在春季或夏季举行。学院的全体教师与学生参加。涉及主题也比较随意与不确定。由教师与学生回答听众问题,第二天导师作出结论。当然人们所辩论的问题大多是实际问题。最后,由于中世纪注释法学家所任教的大学不同,从而导致各大学对所教内容与要求也各不相同。有的大学要求把全部课程与法律内容讲完,有的大学则并不尽然。

2. 注释方法

"注释法学派的法学家,之所以为人们称之谓注释法学家,主要是归因于注释法学家的法律文本的研究的典型成果。注释就是不论是在对个别字、词、术语或内容(乃至于整段)带有说明性评注的意义上,还是在对《民法大全》的整体或部分的各种注释的疏解选编意义上的注释、旁注或行间注上","然而,如果认为注释法学家的注释仅是字面上的成果而且仅有的兴趣只在于对罗马法文本的详尽注释,那么注释法学家的称谓就有些误导"②。通常来讲注释,就是在讲授过程中进行的,导师的讲座方法是先从《民法大全》特定部分开讲,例如《法学总论》或《旧学说汇纂》,按照文本内容的顺序。当然,为人所知的就是法律;因此"法律级别高低"是查士丁尼《民法大全》的编纂者对法律文本内容所事先确定的顺序。首先,要解释各卷与主题是如何拼合在一起的,即人们为什么要追随其他人所确定的顺序。原则上,注释法学家继续讨论每项规范与内容。先提出各种实际案例或所涉及的案例,然后通读内容并在解释相关内容中解决语法,或各种句法问题与各种变形的读音与拼法。其次,对参引类似段落指出其矛盾的地方。明显矛盾的地方通过"区分"手段即运用亚里士多德的《范畴篇》与《解释篇》的逻辑方法。再次,注释法学家甚至可能列出几则论证的格言,以此作为通例用以支持和反对一项论题的论据。最后,在授课结束,根据法律文本内容提出争议问题,并在讲授过程中进行讨论与

---

① 见[法]瓦尔特·吕埃格总主编:《欧洲大学史》,第1卷,张斌贤等译,440~441页。此外,有关中世纪法律作品类型与术语问题,也可见该书436~439页相关内容。

② See O. F. Robinson, et al., *European Legal History*, 3nd edn., Butterworths, 2000, pp. 45-46.

辩论,同时对法律文本内容未解决的问题或矛盾与模糊不清的地方给出解决方法。

对查士丁尼《民法大全》这一法律文本内容的注释,经一代代注释法学家的累积,注释庞杂乃至矛盾,原本要通过注释而达成对《民法大全》的整体协调一致,可是这一目的却因庞杂的注解而使目标落空。这样又产生了别于《民法大全》的,对注释汇集的资料作品。当然注释与疏解涉及文本内容问题,例如变形读音或僻字的解释,也涉及法学问题,如判决的推理或其他相关问题的引用。但是,解释形式同单个字词或术语关联不大,要达到一种更抽象的解释层次,如类似与矛盾的地方,这就要求把文本内容放入整体的规范体系内进行处理。

3. 文献

随着注释与疏解的发展,最终在注释法学文献中也就产生了下列文献类型与术语:大全、选编、指南、论题集、讲义纲要以及标题、讲义注释、小结、节选、附解、补编、笔记、报告、对照本、提要,等等。中世纪注释法学家最有影响的注释是阿库修斯的《标准注释》,或《规范注释》。也就是因为阿库修斯的《标准注释》才让后期注释法学家即评论法学家把目光从注释中移向别的方面。

有时候,人们也把教学方法等同于文献形式。中世纪注释法学家注释的方法是:字词、句法、不同读音与拼法;"区分",简短提要对所注释的段落所作的要点提要,包括特定的,或一般的思想或陈述、论题集;《注释纂修集》是对注释汇评的资料作品,同时,与其他文献相关的注释,如概要是对整个标题或一组标题或有关《民法大全》整体或部分所作的综合评述;公证员指南或手册;案例集;注疏集;专论,《法律教师争论集》等。

(三) 考试与学位

虽然波伦亚大学因于注释法学对罗马法与研究而声名远播,成为欧洲大学教育中心,并引来各地区与王国或公国的留学生。波伦亚大学教学对考试与学位,有自己的惯例与大学章程。但是随着历史发展,效仿波伦亚大学成立的其他大学(法学院)教学与考试,包括授予学位的程序并不雷同。就波伦亚大学的考试与学位来讲,波伦亚大学并没有对每门课程举行单独的考试。波伦亚大学授予的头衔不是博士就是硕士,后来称之为桂冠,所有学习和考试都是为此头衔做准备。波伦亚大学的章程规定用5门课程读一个法律主题(法律文献的一部分),用6门课程读完一部完整的法律文献。获取学士头衔,没有考试。但是学生以学士身份一年教授完一卷之后,学生们才有资格参加获得许可证的考试。博士学位考试可能只有一次,尔后就有一二次考试。第一次考试有教授委员会进行,考试通过后授予教学许可证,也是一次实质性的考试,可以真正地反映候选人的知识水平与能力;第二次考试由"博士协会"举行,是一种惯例,也是一种仪式即授予博士学位的典礼,没有这种仪式就不能授予博士称号。第一次考试法学专业的题目,一般选自《学说汇纂》和《查士丁尼法典》,且要回答问题,并且所有的考试都是采用口试形式。一般情况下,博士学位授予仪式在同一年举行,也有在许可证考试几天之后举行的。"取得博士学位在法学院大约要经过5—6年的学习过程。"①不过由于费用过高,许多不想从事大学教学的学生都放弃了博士文凭。

(四) 贡献与影响

从皮坡到"法学之光"的伊纳留斯与"四博士",再到阿佐,最终注释法学的注释成就到阿库修斯达到高峰。阿库修斯的《规范注释》或《标准注释》,②是数代注释法学家累积下来的各种注释的汇编,或者说对整个《民法大全》注释的纂修集。《标准注释》总数达 97 000 条目,这个数目达到了全部注释总数的三分之一。阿库修斯生于 1184 年,死于 1263 年。他在年轻的时候就开始了对查士丁尼《法学总论》的注释活动,而且在其时代与其后的时代,对《民法大全》的注释活动取得了极大成功。《标准注释》是注释法学派的作品所达到的一个顶峰。因为,从阿库修斯去世的 1263 年,一般认为是评论法学派或后注释法学派的产生年代。"不过,《标准注释》为人们所接受,不仅在于其注释汇编的优点,而且也因为它实现了法律科学与法律实践的双重需要。"③由此可见阿库修斯及其《标准注释》的影响。

注释法学家们也把他们的罗马法研究带到西欧的其他地方。普拉肯丁努斯(Placentinus)建立了蒙彼利埃的一所学习罗马法的学校,阿佐在普罗旺斯任教,瓦卡留斯(Vacarius)到了英国的牛津,其罗马法讲稿至今还保存在英国。罗杰(Roger)把罗马法研究带到了蒙彼利埃,并把《查士丁尼法典》的摘编绎译到了普罗旺斯,并以《法典》(Lo Codi)的伪饰形式表现出来。普拉肯丁努斯在曼图亚教授罗马法,最后也到了蒙彼利埃法学院。作为巴尔格鲁斯的保守的学生布西安努斯(Bussianus)继续在波伦亚大学从事教学。普拉肯丁努斯的学生,来自梅迪奇纳的菲利乌斯(Pillius)离开其老师到了莫代纳。阿佐死于 1220 年,他是布西安努斯的学生。托科(Charles de Tocco)既是布西安努斯的学生也是普拉肯丁努斯的学生,他放弃了教学,成为萨莱诺的一名法官并对伦巴第法进行注释。巴尔杜尼(Balduini)是阿佐的学生,可他赞成格西安(Gosian)的研究方法。到了 12 世纪中期,在注释法学家的影响下,罗马法研究也强劲的复兴了,并通过数代的注释法学家努力与他们的游学执教,带到了意大利之外的地方,为罗马法之影响于西欧奠定了基础:人才培养与教育、法律文献汇集与整理、系统化。同时也为西欧其他地区的罗马法教学与研究

---

① 对于法学教育的考试与学位包括具体申请程序,可详见[法]吕埃格总主编:《欧洲大学史》;[法]雅克·勒高夫:《中世纪的知识分子》,张弘译,北京,商务印书馆,1996;以及[法]雅克·韦尔热的《中世纪大学》的相关内容。
② 西方学界对有关阿库修斯的《标准注释》仍然有诸多疑问,他对注释进行汇纂情况的贡献并不为人完全知晓。不过,人们可以确知的是他本人作了增补。
③ See O. F. Robinson et al., *European Legal History*, p. 51.

提供了样板,也让世俗之学——法学成为同神学与医学一起成为早期大学教授的学科之一。更为重要的是波伦亚法学院及注释法学也为一个统一论支持者的欧洲法律史提供了可能性与必然性。波伦亚法学院是这种统一的开始。波伦亚法学院的教学课程、组织与考试是意大利后来法学院的模型(帕多瓦大学于 1222 年、佩鲁贾大学于 1308 年、比萨大学于 1343 年),而在意大利之外,萨拉曼卡大学与奥尔良大学大约于 1230 年、布拉格大学于 1348 年、维也纳大学于 1365 年、海德堡大学于 1388 年都先后效法了波伦亚大学法学院,在欧洲的所有受教育的法学家借此方式开始获致了一个统一的法律文化与教育。而这种教育的基础正是被注释与评论的罗马法,整个中世纪晚期乃至于 16 世纪期间,意大利的诸多大学,特别是波伦亚、帕多瓦、佩鲁贾、与帕维亚都是国际学生组织的聚集地。

最后,经过区分排除矛盾而对《民法大全》进行协调与系统化、逻辑化研究的注释法学家们,也绝对不是仅仅关注法律文本,而忽视实践。因为从一开始,注释法学家不只是学者,皮坡与其后继者经常以罗马法为源,为待判决的案件向法院的法官提供意见。而且有些注释法学家放弃教学直接从事司法之职业。尽管,在注释法学家的时代,法学与司法实践的纽带联系并不像古典罗马法的时代那样。注释法学家研究的最基本的重要性在于漫长历史过程中把罗马法因素渗透进入了欧洲的诸法律体系之中。注释法学派更为重要的影响还在于他们所致力于罗马法学之研究的重点是"罗马私法"。因为中世纪的注释法学家所用功研究的罗马法文本的重点在于《学说汇纂》,而整个《学说汇纂》在中世纪的《民法大全》文本中又占一半,且《学说汇纂》本身内容又压倒性的由私法构成。因此,从此意义上,可见近代西欧继承罗马私法的这一结果是因于注释法学家"所修之功"。

当然,即使从纯粹的注释方法而言,注释法学派也为罗马法(主要是罗马法研究)在西欧的传播发挥了极大作用。注释法学家与其后来充任西欧各世俗政体的顾问、公证人、法官、行政官员等职务的学生们,在意大利、法兰西学得乃是一种方法,几乎就是一种法律文法学,而不是在固有领土上可直接适用的法制。唯其如此,注释法学家才能够到处,并且不需考量当地情况下,贯彻下述确信:罗马法具有普世效力及超越时代的正确性,而这种想法也在整个欧洲得到认同。

二、评论法学

从 12 世纪中期,也就是大约从注释法学家阿库修斯去世之后,在历史文献编纂学上,人们把研究罗马法的法学家称之为后期注释法学家或评论法学家。

(一) 经院哲学与知识氛围

这个时代的知识氛围,应该说学术活动的场所从修道院与僧侣学校,转换到了大学。从第一批大学的诞生，到中世纪中晚期之后，可以说知识的生产与创造也主要仰赖迅速发展的大学。尤其是以巴黎大学为榜样与模式的大学也为德国、英国的一些大学所复制。同时，由于在意大利与西班牙更完整的出现了亚里士多德的全部著作，13世纪的经院哲学进入了新时代。这个时代标志着以巴黎大学为中心的中世纪最高的学术成就的诞生。以求学于意大利帕多瓦的德国人大阿尔伯特为代表的经院哲学，深谙亚里士多德的思想与哲学。同时，大阿尔伯特也培养了穿梭于意大利与法国巴黎大学任教的经院哲学之集大成者托马斯·阿奎那。经院哲学从中世纪早期的经院哲学到中世纪中期的经院哲学成型得以最终转变。逻辑也发生了为人们所称的从"旧逻辑"到"新逻辑"的转变。这一转变从思想看就是为"理性"保留了地盘，成就了成熟的经院哲学方法。

然而，对评论法学的最大影响也是经院哲学方法。具体来讲，经院哲学方法是辩证法的广泛运用。这是既有内在关联又有差异的中世纪的形式逻辑与辩证法。① 它们也是拆解、分析、拼合概念的普遍方法。但是称之为经院哲学发展的"新逻辑"，不同于中世纪早期对亚里士多德局部理解的"旧逻辑"，它关键在于"辩证法因为中世纪早期修道院的解经与教父哲学与中后期的形式理性运用的经院神学解经不同"。经院文本的解读寻求文本的字句背后的意思，这与寓意的解释是相当不同的。经院的文本解释不强行解释难以解读的文句。无论是在圣经文本还是在教父解释圣经的文本中，当存在难以通解之处，也就出现了经院式的问题。经院学者以辩证推理来解决这些问题，乃是承认人认知上的人性限制，这些问题的解决因而要在与他者的解释的辩难中获得。……经院神学的研究对象本是具有权威性的文本，即圣经文本和历代教会教皇和主教们的布道，这些教会文本被视为信仰传统的见证和解释。经院神学家与教会法学家对经文读法不同，他们有一种意识：只有在辩证推理的支撑下才能推进认识的进步，因而重要研究成为必要的认信过程。圣经文本和历代教会文本的经院研究具有三重任务。第一项任务，从语言形式上理解文本，区分作者的己见与文本的语法含义，基本做法是难词释义，即在行间释难词或旁注；经院研究的第二项任务则是批判性地鉴别除圣经和教会之外的其他权威，这些权威论述被看作往往是相互矛盾的。于是圣经文本与教会文本的权威性被分别看待；第三项任务是通过法典和文句的汇编或作品汇编以及对教父文本的辩证审视，神学家们像是获得了一堆马赛克式的小石块，如今，要把这些小石块重新拼合成为一个整体，使被拆散的质料重新获得一个学院的形态与秩序，形成新的综合。

圣经文本与历代教会文本的经院研究不仅是文本性的，也是言语活

---

① 亚里士多德视芝诺为辩证法的发现者，到柏拉图与本体论、价值论乃至物理学相联系。亚里士多德把辩证法与本体论和价值论分开，只是看成单纯的研究方法，一种逻辑一种思想工具，辩证法不关涉事实，而只关涉语词、定义、分析、推论，成为依形式逻辑（推理或归纳）来思想的语法。这是经院哲学之辩证法的发展脉络的源头。法国哲学家吉尔松说，"中世纪所欠希腊的债十分巨大，而且中世纪完全认账"。见[法]吉尔松：《中世纪哲学精神》，336页。

动式的：在论辩的推理中，论辩是至关重要的。或然知识是在平等的对话中产生出来的。经院的含义是学院的，具有教学的课堂形式，因而论辩是在公共空间中进行的。经院神学有两种基本的授课形式：由文本解释形成的讲授和由提问辩难形成的辩论推理。讲授的任务是弄清文本的意指。辩论推理不是讨论教本的语句，而是师生在相互质问的过程中形成解释，使最终的结论必须有实质性的根据。经院学的文献形式来自课堂、文句、汇编、评注。评注与难词释义相似。只不过评注处理的是一个文本的整体。总之，文本注释与问题辩证是两项不同的经院术，后者是主要的经院术；前者注重语文的训练；后者重口头的课堂辩难。

从形式上看，经院研究就是分析（解构）——综合（建构）的过程。从方法上说，是提问辩难的辩证过程：是否……似乎……但相反的证据说……回答是。因此，以提问辩难为主体的经院学促成了自由与平等的师生共同体的形成。这种共同体的关系纽带是形式理性，可谓理性面前人人平等。而这种方法又与大学制度结合，即辩论推理的方法、讲堂技术和文献形式成为大学的制度化力量，使进入这一制度中的人逐渐独立于教会阶层的制度，成为一个分化的社会成员。①

因此，经院哲学对于中世纪中晚期来讲，它的影响不仅及于神学中的解经，也及于法学、哲学与医学。而且，到了13世纪经院哲学达至极盛，它笼罩了其他学说思想。这个"巍然驾乎一切其他学说之上"的学说与方法，对评论法学的影响极大，"借助于经院逻辑，几乎从罗马法文本内容中同任何东西进行对比成为可能。14与15世纪的伟大评论法学家远远超出古代罗马人所自认的罗马法而建够了一种新的学术法体系"②。

经院辩证法为个人理性保留了充分余地，它使得理性自主。而辩证法之适用于论题的辩难、提问回答，一定程度上把"紧扣文本"的注意力转向了其它方向，不以"法律文本"为中心。而以法律问题或曰论题为中心使得"法律文本"服务，或作为论据服务论题乃至于当时实践的问题，这也使得《民法大全》同其他法律渊源或法律文本的对照成为可能。再次，经过语词、定义、概念、分析等"旧逻辑"方法结合并转向通过"论题"而协调与系统之"新逻辑"方法即以亚里士多德的《前分析篇》、《后分析篇》、《论题篇》以及《辩论篇》为基础的新逻辑方法，进而达至法律的协调而避免矛盾，"诸法上、下、左、右"构成一致的逻辑体系化。最后，我们也可以认为注释法学到评论法学的变化部分地归于早期经院哲学到后期经院哲学转变的结果。

---

① 这几段的内容，绝大多数内容引自刘小枫教授为英国学者吉尔比所著《经院辩证法》（王路译，18~19页，上海，上海三联书店，2000）中文译本所写的序言。本文作者认为对于经院哲学方法同中世纪罗马法之研究的两个学派，即前后注释法学派所运用方法的关系，这些内容回答的最为清楚，至少就目前作者所了解的文献而言。

② See R. Lesaffer, *European Legal History, A Cultural and Political Perspective*, p. 260.

(二) 评论法学与研究方法

1. 评论法学演变

注释法学家与评论法学家的区别不是突然产生的,它们之间的差别是从较晚期的注释法学家开始的对罗马法研究之方法的缓慢与逐渐转移的结果,并一直到14世纪评论法学家自身确立之前。人们并不知道阿库修斯《标准注释》完成的确切日期,但可以肯定是在13世纪中期,且成为《民法大全》的标准指南。从《标准注释》之后的法学家,一般都视为后期注释法学家,且直至16世纪人文主义法学家的出现。后期注释法学家主要来自山外人(Ultramontani 这是阿尔卑斯山脉南边意大利人对法国人的蔑称)。导入一种新的风格与方法的评论法学的第一所法学院是来自法兰西的奥尔良法学院。先驱者是1296年去世的勒维尼(Jacques de Rèvigny,在法国南部的图卢兹任教)与1308年去世的贝勒佩什(Pierre de Belleperche,在法国的奥尔良任教),包括在图卢兹任教,死于1335年的屈克(Guillaume Cunk)。不过,这所法学院的两位代表人物一般并不被人们视为评论法学家。1219年教皇洪诺森三世禁止在巴黎大学从事罗马法教学与研究,但并未禁止在奥尔良的罗马法的教学与研究。奥尔良成为牧师从事法律学术的所在地,而且在奥尔良的牧师学生人数超过了世俗学生。第一个罗马法教授是居伊(Guy of Como),居伊是于贝尔(Hubert of Bobbio)和巴尔杜尼(James Balduini)的学生,他在奥尔良任教,追随其导师,对注释法学采取了一种批判的研究方法。同时,意大利北部各城市中的大学法学院的学生同阿尔卑斯山脉北部的学生不同。北部是一色为各王国与公国的国王与王子服务的牧师们。由此带来的后果是,阿尔卑斯山脉北部的法学学生就被要求具有吸收地方习惯法的能力,并把习惯法同罗马法相混合,而不单是把罗马法视之为至高。这样就把罗马法的因素引入了王室法院的判决中。王室法院的法官由受训过罗马法的学生担任也是自然而然的。

贝勒佩什与勒维尼相比,皮埃尔的影响要比雅克更大更深远。皮埃尔的评论内容为齐努斯(Cinus de pistorio,巴托鲁斯的导师)所吸收,并且他也针对《法学总论》与《新学说汇纂》撰写了大量的评论。就法国奥尔良的评论法学家对意大利的影响来看,同在奥尔良的居伊的同行蒙齐(Jean de Monchy)对意大利的影响较大,后者在奥尔良教授罗马法,并一直到1263年为止,之后,他到罗马并为教皇办理各种事务。他也是勒维尼的学生。雅克承认蒙齐为其支持的各种理论学说的始作俑者,例如法人的概念(法人拟制理论)。

虽然身在奥尔良的这些人,对评论法学家贡献极大,但人们所论及的评论法学派代表人物时一般不包括这些人,例如勒维尼与贝勒佩什。真正的第一个评论法学家是齐努斯(1270—1336)(曾是雅克与皮埃尔两位教授的学生),他把奥尔良的思想观念引入了波伦亚法学院。不过,人们把13世纪晚期的意大利法学家称为后期注释法学家。在意大利,通常把这一时期的法国评论法学家称为"山外人"。在意大利,有时很难把较晚期的注释法学家与较早期的评论法学家作一明确的区分。注释法学家确立了罗马法研究之基础;评论法学家把罗马法运用于实践。当然这也不是说注释法学家偏重于理论,而评论法学家重在实践。实质上,注释法学家也关注公共事务,并在研究注释罗马法之时也考虑正在形成的教会法与封建习惯法。从后期注释法学家迪朗蒂斯(William Durantis)的《诉讼法之镜》与冈迪努斯(Albertus Gandinus)的《刑法论》(主要涉及证据与刑事诉讼)当中,可见精深的法学理论。

一段时间内,曾经是罗马法研究中心的波伦亚的主导地位丧失了,而奥多菲特乌斯(Odofredus)所任教的帕多瓦法学院,可与波伦亚法学院比肩而立。同时,在帕多瓦大学法学院任教的居伊(Guy of Suzzara)与雅克布斯(Jacobus of Arena)也极为著名,那不勒斯大学也是另一个罗马法研究中心,迪努斯(Dinus of Mugello)也在此校任教。在安茹王国的查尔斯国王征服那不勒斯与西西里亡国之后,他从奥尔良带来了众多博士与学生帮助建立了那不勒斯大学。此外,在北意大利的罗马法研究中心还有拉齐奥、莫代纳、皮斯托亚、锡耶纳。13世纪的意大利这些大学更多兴趣在于罗马法的实践。评论法学家,无法再专注于罗马法文本的解释,因为他们面对着众多独立的法域,涉及不同的法律管辖权,法律的冲突又引发了各种问题。而且所涉王国,尤其是城市共和国的问题也引发了"公法"之研究。因此,也正是在这种意义上,评论法学派引发了绝大多数西欧法律体系对"罗马法的继受"[①]。评论法学面对多种冲突的法域与不同的法律管辖权的现实状况,特别是日趋众多的贸易与人员的交流不得不从注释法学家关注的重心《民法大全》的文本内容转向法律的论题或主题,也就是从文本到内容。

时代催生英雄,评论法学的集大成者就是最早的人文主义者之一彼特拉克的学生:巴托鲁斯(Bortolus of Sassoferrato,1314—1357),他是所有时代最伟大的法学家之一,他除了在比萨与佩鲁贾教授法律外,还从事法律实务。他评论了《民法大全》的全部内容,提供法律咨询,并对绝大多数的不同主题撰写了专题论文,他的作品全集对开本达10卷之多。由于巴托鲁斯的影响与声望,在他去世之后,法律学者们也把评论法学等同于巴托鲁斯学派,且有这样的说法,即"非巴托鲁斯法学派,任何人都不要指望成为优秀的法学家"[②]。而巴托鲁斯的学生巴杜斯(Baldus de Ubaldis,1327—1400)也是著名的评论法学家。他们师徒二人对《民法大全》的评论从14世纪到16世纪享有极高声誉,他们的学说成为通说。不像其老师,巴杜斯既是一名教会法学家、封建法的学者,也是民法学家,他对格里高利九世的教令与封建法撰有评论。卡斯蒂利(西班牙的中、北

---

① See O. F. Robinson et al., *European Legal History*, p. 59.
② Ibid.

部)于1449年通过立法规定:如果对具体问题法律未作规定,那么法官要参考巴托鲁斯与巴杜斯的法律学说与观点。

2. 研究方法

针对法律文本内容的研究方法,最初是"山外人"使用的,准确地讲是对奥尔良的学者名至实归的称呼。当然,这种称呼不只是表明地理位置,也具有贬义的意思。意大利人认为法国的学者是不切实际的哲学家与无用的诡辩家,法国学者们的论点是空想而非理性。①

首先,由奥尔良的牧师们所提出的研究《民法大全》的新方法,中心观点就是对阿库修斯《标准注释》的极为自由不受拘束的批评。针对《标准注释》中具体的注释提出批评,认为有些注释,要么糟糕透顶,要么含糊其词、模糊不清。为注释而注释,甚至有些注释是笨拙的、多余的。其次,"山外人"还动用各种研究方法,且并不死扣法律文本,或拘泥于《民法大全》的次序与体系。原因可能是,意大利法学家拘泥于《民法大全》,在于北意大利是神圣罗马帝国的一部分,罗马法作为神圣罗马帝国的法律为人们研究与适用,《民法大全》内容具有权威。由此相反,法国国王抵制法国由神圣罗马帝国统治之主张,因为一千年前法国属于罗马帝国,法国人认为在其领土内的统治者为自己的国王们,反对罗马法在法国的当然生效。不过,罗马法法国南部除外。评论法学的自由而不拘泥于《民法大全》的方法,还得益于前面已论及的经院哲学之辩证法(新逻辑主要是为注释法学家们不熟悉的亚里士多德的三段论,也就是逻辑论证推理,而注释法学家用的方法是亚里士多德的《范畴篇》与《解释篇》中的"任务"方法)与理性之作用。最后,由于评论法学派对实践的关注,评论法学重点不在于注释而在于研究之内容,他们研究的内容与主题除《民法大全》外,还有地方习惯法、教会法、海商法、商法、封建法以及这些法律与罗马法之比较,并第一次对这些法律进行了解释。由此对实践问题的关注,对于罗马法尔后之发展与共同法(ius commune)的形成尤为重要。评论法学的方法也引入了意大利与法国南部的法学院。意大利人与法国人共同对评论法学作出了贡献。

从法学方法看,评论法学家与注释法学的最重要的区别在于法律材料的取舍。前者并不死盯住对《民法大全》,后者则相反,评论法学家就是评论的方法,注释法学家就是注释的方法。评论法学的评论方法是对《民法大全》有关段落与部分进行的一种具体的分析并顾及整体。注释法学之注释是《民法大全》中的词义与术语。前者自由并穿梭于不同的法源与广泛的实践问题,后者拘泥于注释的文本内容与眼前文本中的问题;两者的区别在于,评论法学关注论题,注释法学关注文本内容,尽管两种学派与两种方法是逐渐分化的。这正如荷兰的莱萨菲尔教授所概括的,注

---

① See O. F. Robinson et al. , *European Legal History*, p. 62.

释法学家处理问题之所在:《民法大全》说了什么？评论法学家的问题是：什么是理想法。① 1210年教会法学家胡古齐奥(Huguccio)也说,评论法学不是基于词义一致而是基于主题的一致的讨论,一项注释是文本内容本身字面含义的解释,关注的恰恰不是主题而是文本内容本身的字词。

3. 教学方法

评论法学派的教学方法分为：一般的讲授与特别的讲授。评论法学家所评论的结果,是他们发表的大量学术观点与意见。由此德国人把他们称之为意见派,评论法学派更为关注立法。这样,我们也可以看出,评论法学家的教学方法类似于注释法学家的方法,重点是有关法律文本内容的讲授。评论法学家发表解释性材料也是基于这种教学。评论法学的讲授形式也见于注释法学之中,如齐努斯谈到：第一,我要把这一片断内容分为若干部分并叙述案情,处理文本内容中的各种问题。第二,我把注意力放在具有矛盾的段落上并解决矛盾。第三,我认真阐述某些问题,补充问题的解决办法。第四,也是最终我收集针对此目的的一些有用的论据。

不过,一般讲授对所有内容给予的关注并不一样。甚至讲授导师会对有些内容不置评论。当然,也不总是允许这样。例如,1317年波伦亚大学章程规定禁止教师跳过任何法令、片段、段落。除了正常的一般讲授,针对特殊的内容或特殊问题而举办特殊的讲授。这些特殊的讲授类似于注释法学家的提问辩难,而且这些特殊的讲授不同于一般讲座或评论的形式。

4. 文献形式

评论法学的文献大致分为五类：专题；源于教学的注疏资料；源于实践的判决与各种观点；大全与实用手册。

专题虽不是一种新的文献形式,但到评论法学时期成为普遍的形式,专题也不专注于法律文本的编排次序,专题所涉及的主题有封建法、诉讼法、地方立法的解释问题,以及地方制定法(立法)与罗马法(ius commune)之关系。而解释性文献作为学生之所需,这同传统的注释法学并无两样,注释的基础更为充分,但更为重要的是要掌握解决问题的方法。判例汇编继续进行,并认真陈述从法律文本内容推论出的实际情况。典型的评论,如佩鲁贾的齐努斯是这类文献的佼佼者。齐努斯既是个诗人又是个法学家,同时他也是但丁与彼特拉克的朋友。齐努斯支持王权,并希望通过王权结束意大利的地方派系的血腥争斗,其教学生涯始于锡耶纳,有十年时间参与政务,1326年到佩鲁贾,并写了他的伟大评论：《查士丁尼法典评论》。齐努斯偶尔聆听贝勒佩什的教诲,在波伦亚做过讲座,使用过

---

① See L. Lesaffer, *European Legal History: A Cultural and Political Perspective*, p. 259.

皮埃尔的评论,引用过迪努斯和热亚纳的詹姆斯的著作,也欣赏"山外人"的辩证法(新逻辑方法),在佩鲁贾,他做过巴托鲁斯的导师。而来自 Sassoferrato 的巴托鲁斯是詹姆斯(来自 Buttrigarius 的雅克布斯)与莱纳尔(Rainer)的学生。詹姆斯讲授《查士丁尼法典》与《旧学说汇纂》,莱纳尔讲授《新学说汇纂》与《学说汇纂》中间部分(infortiatum)。从 1334 年到 1339 年巴托鲁斯在托迪与比萨担任法官,并从事着研究,1339 年在比萨任教,待了四年之后,他到了佩鲁贾,并于 1357 年死在了佩鲁贾。他的最大的贡献在于对整个《民法大全》撰写了同时代无人能比的浩繁的评论,并盛极多时。除此评论之外,他还留下大量的专题论著与论文。

针对各种观点或咨询意见的选编就是巴托鲁斯的学生巴杜斯对此类文献所作贡献。当然包括不同意见与观点,类似于注释法学家的提问辩论。不论公法与私法领域都产生了大量法律意见与观点,这些意见与观点涵括了封建法、习惯法、地方的立法或制定法及其他的地方法律,而这些法律都纳入了民法的结构之中。评论法学对学术法与地方法的协调产生了一种制定法理论,制定法为主要法源,民法为补充。尽管如此,民法仍为附属法,制定法明确吸收罗马法,制定法经常运用罗马法的概念与术语。

5. 贡献与影响

首先,世俗的法学教育与法学研究得以进一步推进。而且,由于评论法学家要比注释法学家面对的这种现状与社会现实更为复杂,远比死扣《民法大全》解词释义的注释法学家面对更多的不同司法管辖权,这不仅仅是对《民法大全》本身的协调与系统化,而且也要求评论法学家面对不同法源与不同"司法主权"进行协调与系统化。

其次,评论法学更好地运用了经院哲学的辩证法,对建立一个体系化的世俗法学,并建构概念化的形式理性化的法律体系与法学作出了开拓贡献,最终用理性锚住了法学与罗马法的研究。

最后,通过评论法学对不同的法律体系,诸如封建法、地方立法、教会法进行比较,最终把罗马法的因素渗入了西欧各法律体系。而且最为重要的是为近代西欧法典化并继受以罗马法为主的共同法(Ius Commune)奠定了牢固基础。为欧洲打造了一个共同法,一个共同的法学,而这个共同法也成为欧陆私法共同的历史基础。

就具体方面来看,评论法学面对政治与社会现状及其不同的法源提出了新的法律理论与学说。例如处理土地主与佃农的高级所有权(dominium directum)与从属所有权(dominium utile)(扩大的所有权);奥尔良的法学家勒维尼对占有理论的研究,包括占有性质、方法等进行了研究。在占有性质上,自然占有或民法占有以及救济,他即批评了布西安努斯的观点又批评了阿佐的观点,他还提出了刑事责任的一般学说,[①]以

---

① 参见[美]哈罗德·伯尔曼:《法律与革命——西方法律传统的形成》,贺卫方等译,北京,中国大百科全书出版社,1993,其中有关刑法的相关内容,包括教会法对刑法之影响。

及国际私法的概念。他基于罗马的非常民事程序,拟定出了罗马—教会的诉讼程序规范,形成了有关商法的内容,①例如票据法与合伙法,引入了法人学说,借助于教会法学家,评论法学家还就具体买卖交易或代理法中第三人之权利的概念确定了具体内涵。

三、人文主义法学

(一)人文主义法学的背景

人文主义法学,主要是从罗马法之研究,包括研究之方法的内在轨迹来把握其内涵的,同时也是从评论法学的较为主流地位受到挑战与批评的时间起始点到人文主义法学这一新的研究方法兴盛来理解的。人文主义法学研究的罗马法内容与文本不完全等同于注释法学与评论法学所研究罗马法之内容与文本。"古典罗马私法之研究肇始于人文主义者。所谓的注释法学与评论法学局限于《民法大全》,并且注释法学家与评论法学家所研究的《民法大全》被他们称之谓查士丁尼法律。人文主义法律家是探研先查士丁尼法律,尤其是探讨古典罗马法的始作俑者。"②一定意义上,人文主义法学的产生也是伴随着中世纪晚期近代早期的人文主义对中世纪学术的不满而产生的。人文主义法学无法容忍旧学术,"直接推动回到本源的人文主义者的一个直接结果,就是显然难以再容忍注释法学与评论法学"③。人文主义者典型代表是居亚斯(Jacques Cujas)与法夫尔(Antoine Favre),特别是后者,对古典罗马法具有一种罕见而又坚定的天性,且远远走在其时代之前。

人文主义与文艺复兴这两个现象在时间和空间上交叉重叠在一起,甚至人文主义与稍后的宗教改革之中的基督教人文主义也瓜葛难分。因此,评论法学之研究受到挑战之后而产生的人文主义法学,无疑不能免于这一时期总体的知识氛围与方法的影响。而且15世纪的法学家克劳德(Claude de Seyssel)在其对《学说汇纂》进行评论时,宣称"民法学(罗马法之研究)是真正的哲学","并且因为民法学之目的将为所有其他领域所欢迎"④。

除了人文主义、文艺复兴、宗教改革这样的思潮之外,这一时期,也呈现为城市共和国之繁荣,商业同盟大量产生,民族国家之兴起。同时,随

---

① 不过就罗马法对商法的影响来看,德国著名社会学家马克斯·韦伯认为商业资本主义所需法律工具,即商法同罗马法并无关系。见[德]马克斯·韦伯《法律社会学》,康乐、简惠美译,69页,桂林,广西师范大学出版社,2005。
② See F. Schulz, *Classical Roman Law*, Oxford University Press, 1951, p. 4.
③ [英]阿利斯特·麦格拉斯:《宗教改革运动思潮》,蔡锦图等译,46页,北京,中国社会科学出版社,2009。
④ See J. H. Burns(ed.), *The Cambridge History of Political Thought* 1450—1700, Cambridge University Press, 1991, p. 66.

着海洋之探险扩张、商业贸易、城市、货币经济(包括银行业)出现了更为强势的增长,一个日益崛起的新兴社会阶层,即市民阶层(包括商人、手工业者等)正在成为一个社会结构中有望做大的阶层,并主导着未来的工商社会。

大学成为这个时期以至于未来欧洲的知识传播与创造的最重要场所。约1450年由德国人古藤堡发明的印刷机带来印刷术的变革,并由意大利人马努齐奥(Aldo Manuzio)运用新的印刷术印刷古典著作,这对知识传播与交流无疑起着重大的助推作用。更为重要的是人文主义的兴起,还不能忽视人文学者文献资料"复古"或复原、校勘的运输者,他们为人文主义者提供了准确的希腊、罗马的古典著作的语言文本与翻译。正是因人文主义者掌握了古典语文工具,且配合着当时较为良好的古典著作的印刷技术才呈现了精湛的语言文本。人文主义者也推崇历史,这为寻找各民族之历史之具体法史学提供了方法。

最后是人文主义者在于对人的发现、人性的挖掘与人的精神自由等方面的研究。人文主义属于个人主义的,它既不是一种信条,也不是一种哲学体系。人文主义所代表的思想,人文主义的经验的价值和中心地位的坚持,力量是太大了。这为批评评论法学包括注释法学提供了前提,再加上走到尽头的经院哲学,由此,一个新的人文主义法学就在法国南部、意大利开花结果,进而把种子丢进北方的土地,蔓延到了荷兰、德国、苏格兰等地,产生了北方文艺复兴。就北方的文艺复兴来讲,意大利的晚期的人文主义与北方的人文主义有着交叉重叠,而且北方的人文主义是宗教改革与伊拉斯谟与托马斯·莫尔的基督教或曰新教人文主义的来源。"意大利之外的文艺复兴绝非与意大利本土的文艺复兴完全相同。首先,北方的文艺复兴一般不大世俗化——与意大利人文主义者所见略同的是,北部基督教人文主义者认为,中世纪经院哲学过于纠缠于琐细的逻辑分析,而对生活的实际行为毫无价值。"[1]人文主义的历史线索:阿维尼翁是人文主义的起点,随之而来的文艺复兴,直到最后一位伟大的人文主义者伊拉斯谟再到起促动作用的马丁·路德、加尔文、茨温利的宗教改革,结束了基督教的统一。就古典人物而言,在哲学层面,人文主义者所倚重的人物也不同,比如,有的以柏拉图为重,不赞成亚里士多德,有的恰好相反。

到了16世纪和17世纪初期,人文主义与文艺复兴几乎在所有的欧洲国家扎根,包括中欧与俄罗斯。文艺复兴与人文主义是同主权国家兴起,以及西方政治法律统一体的瓦解发生时间相一致的。整个欧洲,文艺复兴与人文主义因不同地方的情况而有差别。总体上,人文主义对西方的影响表现有四:第一,人文主义激活了西方的知识之解放;第二,历史

---

[1] 参见[美]罗伯特·E. 勒纳等:《西方文明史》,王觉非等译,426~427页,北京,中国青年出版社,2010。

方法激发了对其他时代与文化,尤其是对现时代的评价;第三,人文主义加速了世俗主义的进程;第四,人文主义转变了从静止与集体到运动与个人的中心。

（二）人文主义法学的范式：权威的相对性

就罗马法学之研究而言,不论是注释法学还是评论法学,抑或是人文主义法学,它们共同的特征是:以古典法律文本的阐述为中心是不变的,变化的只不过是方法的转变与问题与社会现实联系的切换。因此,就古典文献的文本的权威看待,人文主义者拒绝法律文本典范的绝对权威。对人文主义者而言,文本权威是相对的。人文主义者承认古典文本乃是人类思想的创造,但是作为一项文明历史之成就,却不是完美无缺,也不是永恒的真理。要对古典文本准确理解必须把它与产生的具体时空背景相联系。这是对历史理解的新方法,某种程度上颠覆了中世纪历史文献编纂学所基于的这种预设:人类历史乃是神定的上帝之计划的实现。由于印刷技术的发展,文本的便于印刷,教师与学生容易得到文本资料,导致教学与教育方法的转变。人文主义者撰写是为了个人阅读,在他们的讲授中可以为学生提供参考书目。人文主义者不再强调记忆,就法律的本质及其在社会中的地位更多地强调提供各种思想。教师与学生的文绉绉的表达有助于思想之清晰与理解的容易才是实质。

人文主义者所使用的方法不外乎:历史方法与哲学方法。经院方法是一种逻辑的阐释,人文主义者的解释方法是历史与哲学。解释的内容要同文本的历史背景、作者的动机,以及政治、文化、社会经济与具体制度语境相联系。人文主义者拓宽了视野与范围,而不是局限于死扣文本,或为了符合社会事实而扭曲文本或曲解文本内容。其次,哲学方法为人文主义者所运用,哲学方法实质上是为了对文本及内容的批判。人文主义者认识到他们此前的学者所使用的中世纪文本,是由于此前学者对文本不易得到,古典语文的欠缺,并大大篡改了原本的古典文献与文本的内容。这些抄本手稿被严重地曲解,并存有大量语法错误,形式或词汇错误,内容错植、字词的不正确拆解、缩写词的误解、生词漏掉或替换、不理解的段落删除、同自己赞成的论题相矛盾的,或认为是不感兴趣的摘录删除或断章取义。这些都是发生在注释法学家与评论法学家作品中的东西,正是为人文主义要廓清与挞伐的所在。人文主义者对于古典拉丁语文的被污染,变成掺进地方方言的拉丁语也是他们批判的所向。

（三）人文主义法学

洛伦佐·瓦拉在其《优雅拉丁语言》中,严厉地批判了罗马法研究的注释法学家与评论法学家,指责两派的法学家对拉丁语的可悲掌握,也指责他们对拉丁文文体风格的完全缺失。由此,不论是注释法学家还是评论法学家都不可能领会查士丁尼的法律,因为法律学术要求字词文义的解释。而对字词之义的准确解释就需要先决条件,即要求精通古典语言与写作的体裁。如是而言,中世纪的其同时代的人同古典时期的先辈相比，只能相形见绌。而瓦拉对中世纪晚期及其同时代的民法学家的批判也为其他人文主义者所接受。意大利的波利蒂安努斯（Politianus，1454—1494）认为评论法学家所使用的查士丁尼的文献内容与原始文献出入极大。而且他认为比较好的版本是在佛罗伦萨的一部手稿，即比萨版。波利蒂安努斯认为比萨版是《学说汇纂》原版的复制本，他于1553年发表了一部足本的、印刷版的《学说汇纂》。

第一个法律人文主义者是阿尔恰托（1492—1550），他于1508年在帕维亚学习法律，后在波伦亚取得博士学位，由于作品之影响，他1518年应邀在阿维尼翁担任民法教席，他把历史方法引入法学教学。阿尔恰托在阿维尼翁见到了曾在奥尔良学习法律的布德（Bude）。1528年，他到了布尔日。当然，阿尔恰托的思想方法与作品，对阿尔卑斯山脉北边的，为最早对人文主义方法饶有兴趣的德国法学家蔡修斯所认同。不过作为撰写封建法的职业法学家的蔡修斯，他也极力批判了中世纪的团体蛮族主义。他所见的是来自习惯法的法律而不是源于纯粹理性之法。蔡修斯被归为历史法学家。就法律而论，真正的人文主义法学史始于洛伦佐·瓦拉。"人文主义法学也被人们看成一种风格，而却不是一个法学学派。"① 具体到瓦拉而言，他强调"简洁条畅"（elegance），② 这不只视为一种美学观念，而且也视为认识与理解的要素。人文主义者研究罗马法的方法包括其他法律的简洁条畅的法学为人所知。职是之故，人文主义的法学家，又为人称为"有教养"的法律家。人文主义法学的简洁条畅的观念也并不同法律之适用相悖。但瓦拉对此方法的运用在于以罗马法的具体背景下重构罗马法，瓦拉对经院哲学方法予以排斥，赞成用一种严谨的历史方法研究罗马法，这是罗马法研究之革命的第一步。③

（四）布鲁日大学与高卢风格

所谓意大利方法（Mos italicus）是指在一法律体系之内的法律解释方法与法律教义学方法。这种方法始于意大利但又不局限于意大利的研究罗马法的方法；所谓法国方法或曰高卢风格（Mos gollicus）是指并不局限于一法律体系之内，而具有"考古"性的、运用语文学、复原与研究但又不限于罗马法古典文献的历史与哲学的批判方法，始于法国但又不局

---

① See O. F. Robinson et al. , *European Legal History*, p. 173.

② "elegance"这一英文单词，国内法学界大都将它译为"优雅"。实际上，我国著名英语专家，许国璋教授把这一词译为"简洁条畅"。许国璋先生的译法如果从人文主义的研究目的与风格看，那么许国璋先生的译法表达的则比"优雅"之译法更为意赅确切，参见许国璋：《论语言和语言学》，5页，北京，商务印书馆，2001.

③ 对于阿尔恰托与瓦拉的详尽研究以及人文主义法学包括文艺复兴时期的法学研究可参见：D. R. Kelley, *Foundations of Modern Historical Scholarship*, Columbia University Press, 1969; A. L. Fell, *Origins of Legislative Sovereignty and the Legislative State* , vol. 1-2,Oelgeschlager, Gunn and Hain, Publishers, Inc. , 1983; J. H. Burns(ed.), *The Cambridge History of Political Thought* 1450-1700, Cambridge University Press,1991; Sir J. Macdonell & E. Manson, *Great Jurists of The World* , Augustus M. Kelley Publisher, 1968.

限于法国的研究罗马法但又不全以罗马法为限的方法。

瓦拉与波利蒂安努斯为人文主义法学的纲领描绘了草图,到15世纪的前半期,人文主义已渗透到了法律学术世界。当然,人文主义法学家并未完全取代评论法学家,相反,评论法学家仍然掌控着欧洲的绝大多数的法学院,但是,人文主义法学家已在法国的若干法学院已站稳了脚跟。于1464年设立的布尔日大学到16世纪已成为人文主义法学的中心。伟大的人文主义法学家如居亚斯、多诺鲁斯(Donellus,1527—1529)与霍特曼(Francois Hotman,1524—1590)都曾在布尔日大学任教,他们所形成的高卢风格同意大利风格构成鲜明对比。不过,这种高卢风格在教会法领域影响不大,尽管到此时,教会法学的辉煌成就已昔夕西去。拥有数代人文主义法学家所形成的高卢风格的特征,在于精深的古典知识与语文工具的熟练掌握,进而运用于对《民法大全》的内容的"复原",去掉讹误与误植,通过正确的历史解释,恢复被污染的罗马法,重构一个"原本的"罗马法。因为受限于条件的注释法学,特别是评论法学迫切地把罗马法同实践结合,那么带来的结果不良,而后还扩及到了《学说汇纂》以及其他部分。人文主义法学家极力要去除注释法学与评论法学所附加上的东西。人文主义法学家极力批判了巴托鲁斯学派对罗马法自由解释的方法,列举了巴托鲁斯学派种种错误解释。由此,人文主义法学家也因于排斥罗马法与实践的相关性而被人们所诟病。人文主义法学专家,包括对罗马法感兴趣的学者在内确实是"复古派"。某种意义上,罗马法的历史——哲学研究即纯粹的人文主义法学,并未收编法律学术的所有领域,至少整个16世纪的大部分时间在绝大多数法学院,巴托鲁斯学派仍居于主流地位。人文主义法学不论在何种意义上要对一般法学发生影响,那么唯有摆脱其纯粹的历史与哲学方法,继续迈上同法律实践需要的协调之路。虽然人文主义学者指责巴托鲁斯学派自由地把罗马法运用于实践,自身却把重点置于罗马法的正确的历史解释,但是这并未使得人文主义法学拒绝使用所有法律体系中最精致的罗马法作为他们自己时代的灵感的源泉,且用于注解当代法律问题。实质上,人文主义探讨罗马法的方法同巴托鲁斯学派相结合。而巴托鲁斯学派一直在绝大多数欧洲的法学院保持着影响,这得益于人文主义的影响。人文主义法学家专注于罗马法的历史——哲学研究,可是作为职业法学家,在法律实践与行政治理中,他们对把罗马法运用于时代的各种问题毫不犹豫。比利时的鲁汶大学法学院的罗马法教授,如居德利努斯(Petrus Gudelinus,1550—1620)和图尔德努斯(Diodorus Tuldenus)都深受人文主义法学的影响,但是他们也大量引用注释法学与评论法学的作品,同时也把罗马法运用于实践。当然,欧洲的学者把他们谓之"折中派"。

(五)人文主义法学与实践

就人文主义法学之"折中派"而言,其特点及对一般法学的影响表现为以下几方面。

第一，人文主义导致罗马法权威的相对化。这有别于中世纪前期的法学家，因为注释法学家与评论法学家视罗马法为绝对之权威与完善。评论法学家对罗马法之研究目的是为了眼下的问题找到理想之解决办法，寻找的是理想之法。而人文主义法学视罗马法为一种最好的法律体系之明证，而不视为绝对权威，罗马法作为一个族权、榜样值得研究，罗马法是最发达、精巧的法律体系，值得效仿与学习。不过受限于时空，罗马法也无法简单地适用于时下的问题。这就颠覆了评论法学家所看待的罗马法学与法律实践之关系，不是实践满足罗马法，而是要调整罗马法来满足实践。如果罗马法不能满足实践需要，则另寻他法。

第二，罗马法权威的相对化，增强了对其他法律体系之学术兴趣。罗马法与教会法在中世纪前期之绝对支配地位，以及对真理之垄断在人文主义法学的影响下进而丧失了绝对不可动摇的地位。

第三，人文主义法学也为习惯法、"地方法"(ius proprium)之研究提供了推力。至少到16世纪之前，世俗法学就是罗马法学之研究，自人文主义法学之后，按照罗马法学之方法、术语与体系改造习惯法、地方法。

第四，伴随着对"现行法"之学术研究而来的是"法律的民族国家化"。人文主义法学对此贡献甚大。一方面进行着罗马法之研究；另一方面运用来自或获得灵感的学术罗马法的方法论对习惯法进行系统化研究。不过，负面影响是法学以民族国家为其疆界。

第五，人文主义法学家提供了一种更加系统化的罗马法之研究。罗马法相对化表明，人文主义法学家取代传统上评论法学家对法律的分类与划分。因为人文主义法学家并不受限于传统分类的约束，而且他们的文献也呈现为专题论文，而不是注释与评论。人文主义法学家按照主题与问题，进行逻辑化的处理与编辑。就私法研究，他们突破了罗马法传统上的分类法，如人法、物法与诉讼法。例如，科南（Francois Connan, 1508—1551）和多诺鲁斯在遵循前人的分类基础上作出了他们自己的贡献。多诺鲁斯对主体的主观权利与程序权利进行了区分，由此又对债作出了进一步的区分。

四、现代学说汇纂适用

这个罗马法之研究的学派产生于德国，但是，可以说这个罗马法研究之学派直到16世纪末才产生。从15世纪之后，学术法在德国的继受才成为现实。法院逐渐采用了罗马—教会之诉讼程序。1495年帝国法院把罗马法作为补充法进行适用。习惯法不能提供解决办法，法官就求诸于罗马法，罗马法适用成为常例。民法教授对时下问题的学术观点在德国的价值越来越大。1532年查尔斯王室要求未接受大学教育的法官必须就罗马法问题向就近的法学院进行咨询。同时，神圣罗马帝国的继承者的观念也提供了坚实的基础。

第七章 罗马法学的复兴

某种意义上，现代学说汇纂适用是新巴托鲁斯学派，也就是研究罗马法目的在于把它适用于现时的问题，甚至于为了满足于实践的需要不在乎是否曲解罗马法的规范与概念。当然现代学说适用仍然受到了人文主义的影响，有些现代实用派充分运用了人文主义法学对罗马法准确与完善之理解与认识的学术成果。现代学说汇纂适用之学者如巴托鲁斯学派一样，脱离查士丁尼《民法大全》的内容与片断的具体语境并自由地进行解释。对人文主义法学之信奉，并不妨碍他们将罗马法适用于现时之情势，而且针对此项目的甚至对罗马法进行非历史之解释。但是他们并未再视罗马法之内容为一种永恒的、普遍的权威，放弃了罗马法乃绝对真理的主张。

现代学说汇纂适用派为了证明他们的行为的正当性，则以罗马法作为论据，而不是将罗马法视为绝对之权威。如人文主义法学家一样，他们寻找的是罗马法的内在品质，提供的是一种样板，而不是权威。最终现代学说汇纂适用经由演变实现了巴托鲁斯主义法学与人文主义法学或者说"意大利风格"与"高卢风格"的融合与混用。

五、荷兰的简洁条畅（优雅）法学

荷兰与苏格兰的人文主义法学都或多或少受到法国人文主义法学，包括来自以法国北部奥尔良为中心与法国南部的一些大学为中心的深刻影响。由于荷兰法在16世纪之后对罗马法之吸收结果，学者乃谓之荷兰——罗马法学。荷兰通过法国人文主义法学对罗马法的吸收与转化极大地影响了德国的法学，当然这包括荷兰南部在政治上一直同西班牙相联系。因此，西班牙的新经院法学也对荷兰人文主义法学，包括尔后的格劳秀斯为代表的自然法学产生了影响。17世纪莱顿大学法学院的法学教授们"总体上，对于欧洲学术之发展，毫无疑问的事实是17世纪莱顿大学的重要性极大地因于法学院的教授们。但是，立刻要说明的是法学教授的重要性不应仅仅通过法学之影响来作出判定，而且也应通过教育与法律实践，不仅在荷兰，尤其是也在其他许多不同的国家产生影响，……就17世纪的莱顿大学法学院的法学教授而言，在国外的影响主要在三个方面——法学、法律教育与法律实践——都有重要的影响，毫无疑问，影响之程度不尽相同"①。虽然这种观点主要指17世纪的荷兰法学，但这也包括"简洁条畅"的人文主义法学即荷兰法学，而且法国的人文主义法学从15世纪渗透到了其他国家，尤其是渗透到了德国与荷兰，而最早接收罗马法之研究的是鲁汶大学。到了1572年如日中天的法国布尔日大

---

① See R. Feenstra & C. J. D. Waal, *Seventeenth-Century Leyden Law Professors and Their Influence on the Development of Civil Law*, North-Holland Publishing Company, 1975, p. 9.

学为中心的人文主义法学因于胡格诺教派屠杀事件,杰出的人文主义法学家纷纷逃离法国,因此,人文主义法学在法国就突然中止了。有些逃离的学者就为荷兰共和国所接纳,特别是莱顿大学与乌特勒支大学接纳了受迫害的人文主义法学学者。正如德国学者维亚克尔所言,"欧洲法学之光,在意大利点燃,然后到了法国,在17世纪由荷兰共和国接过,最后到18世纪末传播到德国"①。有一个时期,荷兰的乌特勒支大学有来自德国的大量学者也可见荷兰人文主义法学与自然法学同德国的联系。

莱顿大学法学院支持清教徒(新教)的人文主义法学家,邀请了霍特曼,但被他拒绝。莱顿大学法学院1579年邀到了多诺鲁斯,他到了莱顿大学,并按照他的《民法评注》进行讲授。虽然他是否"体系化"的来处理罗马法存有疑问,不过,他的学生图宁库斯(Tuningius)却把这种方法传给了他自己的得意门生芬努乌斯(Vinuius)。虽然宗教纷争导致了莱顿大学的教学危机,但它要比直到17世纪后半期的德国的大学,更早地克服了这场危机。法学研究由多诺鲁斯的继承人布龙克斯特(Everardus Bronchorst)给以恢复。从1587年到1621年,布龙克斯特一直主导着莱顿大学法学院的法学研究。② 他的同事包括多诺鲁斯的学生图宁库斯(Gerardus Tuningius)与另一位极其优秀的教员芬尼乌斯(Arnoldus Vinnius)。芬尼乌斯一般为人们视为荷兰学派(荷兰人文主义法学)的倡导者。他生于1588年,毕业于莱顿大学法学院并在此任教,他用一种新的体系化的编排方法来处理罗马法,并时常参考实践,尽管不是荷兰的法律实践,而是外国的法律实践。同时芬尼乌斯在其著作中,除较多引用大量古代的著作外,"16世纪的著名的人文主义法学家占据一个重要的地位:库亚丘(Cujacius)、霍特曼与韦森贝丘(Wesenbecius)排在前列,但也包括多诺鲁斯、P. 斐伯(Petrus Faber)与A. 斐伯(Antonius Faber)。不过对前后注释法学的引用量比人们想象的要多的多"③。继荷兰人文主义法学家芬尼乌斯之后,就是芬伊特(Johannes Voet)。17世纪中期,芬尼乌斯是莱顿大学法学院的最为人热捧的人物,而到17世纪80年代左右,芬伊特也同样如此。芬伊特于1680年来到莱顿大学。芬尼乌斯死于1653年,这期间莱顿大学法学院主要由科洛尼乌斯(Daniel Colonius,1648—1672)、芬尼乌斯的学生蒂伦(Adrianus Beeckerts van Thienen,1654—1669)、芬努斯的继承者鲁西乌斯(Albertus Rusius,1659—1678)和在莱顿大学任教(1670—1681)的德国人伯克尔曼(Fridericus Böckelmann)。伯克尔曼因其《查士丁尼法学概要或民法初步》(*Compendium Institutionum Justiniani sive elementa juris civilis*)而闻名。这部著作展

---

① 也可见[德]弗朗茨·维亚克尔:《近代私法史》,上册,陈爱娥、黄建辉译,147页。
② 伯克尔曼生于1554年3月27日,1577年之后他先后在马堡大学、埃尔福特大学、维腾堡大学学习法律,并于1579年取得博士学位,后在莱顿大学教授法律即罗马法。
③ See R. Feenstra & C. J. D. Waal, *Seventeenth-Century Leyden Law Professors and Their Influence on the Development of Civil Law*, p. 28.

现了一种教授罗马法的新方法：课程不再以《法学总论》或《学说汇纂》的内容为基础，而是对《法学总论》或《学说汇纂》的内容进行编撰的手册。芬伊特教授继续追随了伯克尔曼的方法。

芬伊特教授1647年生于乌特勒支，在法国取得学位，他于1670年成为赫博恩的法律教授。1674年担任乌特勒支大学的民法教授。1680年担任莱顿大学法学院的民法教授。芬伊特教授也因为其作品名声大噪，最主要的著作是《学说汇纂评注》，另外还有两本教科书简本。他的两大卷的《潘德克顿评注》一方面主要是依据《学说汇纂》的论题，然后在每一论题的解释结束接着的是现行法。对人文主义法学家的引用也主要限于居亚斯、多诺鲁斯等；另一方面大量的引用来自外国的法律执业者的作品。尔后他的著作被反复重印与增补。芬伊特教授对荷兰的法律实践产生了重大的影响，而且对外国的法律实践与法学也发挥了极大影响。

到了17世纪30年代左右，外国学生留学在莱顿大学接近11 076人，而整个17世纪德国的留学生占50%，而来自苏格兰的留学生占近50%。[1]

荷兰的人文主义法学包括尔后的自然法思想对欧洲，尤其是对德国与苏格兰发生了深远影响。具体私法领域来讲，主要在债法与物权的一些方面。在债法上主要是对罗马法的具体契约的发展，尤其是荷兰法学对契约的系统化与一般化进行了细致研究，对罗马法中的要式口约、无名的事实契约、具体履行问题、涉及第三人的问题、买卖不破租赁、不当得利责任的一般化等也多有贡献；在物权上，对所有权、对自物权与他物权的区分，荷兰法学作出了研究与发展。

苏格兰接受罗马法的影响途径主要是通过在荷兰的莱顿大学与乌特勒支大学以及到法国的一些大学留学的法科留学生。荷兰的人文主义法学家芬伊特教授在苏格兰的影响极大，甚至苏格兰法院的判决也会常常引用芬伊特教授的著作与观点。[2]

六、人文主义法学的贡献

通过罗马法研究之复兴并经由交互影响并演化的注释法学、评论法学直到人文主义法学的三个阶段，以罗马法为中心的民法学已经约略体系化式的得以建构。尽管"从一种现代视角观察，15世纪的欧洲法律传

---

[1] See R. Feenstra & C. J. D. Waal, *Seventeenth-Century Leyden Law Professors and Their Influence on the Development of Civil Law*, p. 28.

[2] 具体到罗马法与苏格兰的关系，可参见爱丁堡大学的T. B. Smith教授、剑桥大学的Peter Stein教授（最早在阿伯丁大学任教）、Kenneth Reid与Reinhard Zimmermann两位教授以及Robin Evans-Jones所著或所编订的相关作品。对人文主义法学与苏格兰，也可见H. MacQueen et al., "Legal Humanism in Renaissance Scotland", 11/3 *The Journal of Legal History*, 1990, pp. 46-59.

统极为复杂,而且呈现为区别明显的三个层面即民法(罗马法)、教会法与习惯法。……及在复苏的、并经由学术与实践的法学衍生而成的民法学不论从何方面而言成为欧洲法律传统的中心,因为民法学既提供了样板又为'教会法学'提供了采石场,因为民法学不论是通过科学的'纂补'还是简单地视为比较的标准,都为欧洲的习惯法提供了概念的基石与术语"①。

罗马法学家、钟爱罗马法的非罗马法学家,或者理性法学对公法的影响是压倒性的。但是,在私法领域之研究更为广泛却更难追踪与评价,传统的民法的三项基本准则所囊括的材料得以重塑。通过日益增长的公民、市民之"自由"、抵抗的概念扩大了人法,并经由商业的力量也得以加强了"个人主义"。物法借助于罗马法的判决方法,对模糊不清的习惯法加以定义而得以扩大影响;占有也得以补充了"Seizin",尤其是财产,从封建的 Lordship(Dominium)转变成为"私人"所有权,即高级所有权(dominium directum)有别于从属所有权(dominium utlie)。与此同时,与商法相联系的各种法律行为得到了详尽阐述,从高利贷的准道德问题到经济交换与"利息"的技术问题发生了重点的变换,这有助于进行一种更为一般的社会与政治层面的"契约"观念的探究。

在文艺复兴与启蒙前夜之间,欧洲法律传统的重大主题与变迁乃是:第一,法律职业之发展。从 13 世纪始,作为一种业余之知识分子得以确定,法学家们不仅组成了国家的通商行会还对大学进行了垄断,而且法学家们也成为政府的内在组成部分与新的官僚贵族阶层。第二,方法之争,从巴隆(Baron)与勒·杜阿尔纳到莱布尼茨以及其他人,法学家首先问学于法律研究的教学方法之重构,然后研究的是人法之实践运用与理论解释。第三,法律解释学成为一种主要的类型。法律解释依循着法源、权威依据,权威本意、理性与语文,因此,这标志着法律解释理论同旧语文学、哲学与神学的方法趋于一致,也标志着司法与立法之冲突结束的新阶段。第四,古典法律,不论是中世纪抑或古代的法律与制度史从 15 世纪始进行了严谨的研究。第五,这些不同的民族法律或多或少同民法和教会法相联系,它们以罗马法为榜样或同罗马法相比较。使用的方式要么通过学者要么经由各方的"继受"。第六,法律的体系化。盖尤斯与查士丁尼的法律编纂也包含有体系化的设想与用意。而 16 世纪与 17 世纪巴托鲁斯学派与罗马法学家以及钟爱罗马法的学者,所运用的辩证法推动了法律的体系化。经由多诺与科南到法国的体系化的建立者而完全得以实现,这也推动了 18 世纪的西欧大陆的法典编纂运动。

自由的观念、私有财产的观念、契约的观念都在继承罗马法的基础上

---

① See J. H. Burns(ed.), *The Cambridge History of Political Thought* 1450-1700, pp. 66-67.

得以发展与完善。① 在意大利发生的人文主义思潮对法学产生了深远之影响,并通过阿尔恰托带到了法国南部,而又经由法国人文主义之始作俑者的布德(Bude)之劳力,形成了从法国南部到荷兰、德国、苏格兰的北方人文主义法学的思潮。在"复原"的历史主义与哲学方法的引导下,他们展开了罗马法文本的研究,从概念、原则到制度进行了清理与研究。但是,人文主义法学家他们一代代之努力丝毫未在历史复原主义与哲学批判上止步。他们对民法(私法)从概念、制度、原则到体系化进行了卓越的研究,更为重要的方面,人文主义法学家并不待在书斋,仅仅形而上的研究。他们尔后愈益同地方之法律,例如习惯法、封建法等相联系并对它们进行改造,并建构一种普遍的方法,甚至对欧洲政治思想也发生了影响。

第三节 中世纪共同法

一、中世纪共同法的概念

共同法(ius commune)并非一个简单的概念,有时共同法也称为共同学术意见。它是因时间地点的变化而由地方习惯法同封建法、以修正与解释的形式所呈现的罗马法、教会法共同结合的复杂结果。共同法是始于12世纪文艺复兴的法律与法学新发展的高峰。在单一的法律制度作为民族国家之组成部分成为主导时,共同法也是在16世纪期间正在形成的地方法演化的起点或源头。地方法(ius proprium)即各领地与城市之地方法,从狭义上讲是两种学术法,即罗马法与教会法之混合而成的共同法的陪衬物。地方法主要封建惯例所构成。骑士与自由市民把地方法作为自己的法律。但是"教会法与民法的影响的一种成文法的优势与稳步发展,包括对政治及其知识基础的影响,修正了整个欧洲的地方法"②。

但是究竟何为共同法(ius commune),它同在英格兰所形成的普通法(common law)的区别,以及如何界定共同法的时空范围,西方学者对此有着不同的观点。意大利热亚那大学的比较法学家卢波伊(Maurizio Lupoi)教授就此论道,"不可否认我所指的欧洲共同法于11世纪结束。许多历史学家认为结束于11世纪的欧洲共同法是由一种新的法律,即由另一种优秀的共同法(ius commune)所取代,这正是有些中世纪罗马法的学者所指的共同法。我认为这种共同法完全有别于在中世纪早期存在的共同法。前者所指的共同法是同地方法相比较而言的,我所谈的共同

---

① See J. H. Burns(ed.), *The Cambridge History of Political Thought* 1450-1700, chap. 3.

② 此处引文可详见 O. F. Robinson ,et al. , *European Legal History*, p. 107。

法即中世纪早期的共同法的共同性是基于共享的原则与规范"①。而且卢波伊教授还认为11世纪之后的共同法从未越过英吉利海峡到达英国。

另一位意大利卡塔尼亚大学的法律史教授贝洛莫(Manlio Bellomo)在其所撰写的著作,即《欧洲共同法的历史:1000—1800年》一书中,②贝洛莫教授论道,共同法存在于公元1000—1800年之间,后因于民族国家法典的编纂导致了一个超越民族国家及其法律边界的共同法的影响的减少,并认为共同法形成于12世纪,由罗马法、教会法及封建法混合而成,且影响达数个世纪,后来多种因素最终导致共同法影响的削弱。同时作者从历史入手描述了共同法在12世纪不同学派之中的起源,并解释了各种地方法如何从共同法之统一的规范与原则中产生,解释了数个世纪以来共同法渗透进了地方法的方方面面。同时也探讨了伟大的法学家所赋予共同法的知识活力,例如:格拉蒂安、阿库修斯、奥多菲特乌斯、齐努斯与巴托鲁斯。同时,阐释了15世纪、16世纪与17世纪早期人文主义法学家对共同法的研究与贡献。

德国法律史学家科殷教授说,"共同法并不是由欧洲大陆国家在其领土之内正式颁行的法律。它所取得的权威,不是因为立法而是因为其作为合理化法律材料之汇编的品质,事实上它是由中世纪罗马法作为重要的知识来源而得到认可"③。

二、中世纪的共同法:罗马法与教会法

11世纪后半期,随着波伦亚法学院的产生,罗马法研究开始复兴,紧随其后,在罗马法复兴影响下,教会法学产生并在格拉蒂安影响下彻底改变了教会法之研究。两种法律之研究共同促成了12世纪之法学复兴。而共同法有两根支柱:罗马法与教会法,拉丁文把罗马法与教会法称之为两法(utrisque iuris)。学术的罗马法也包括某些封建法,例如《采邑书》构成中世纪查士丁尼法律汇编文本的组成部分。教会法既是学术法也是适用之法律。共同法是两种分别不同的法律之总括。格里高利宗教改革,教会在所有领域适用罗马法。1070年之后,相当多的罗马法之概念与规范继续融入教会法,并通过教会司法机构把罗马法之概念与规范播散到拉丁西方的各个角落。教会法学家与评论法学家在他们的教会法与罗马法之研究中使用彼此的法源与文献。有许多学者既研究罗马法又研究教会法。经由他们的努力,提炼了大量已植于罗马法与教会法文本

---

① See M. Lupoi, *The Origins of The European Legal Order*, trans. A. Belton, Cambridge University Press, 2000, p. 4.

② 该论著由 Zydia G.. Cochrane 教授翻译成英文,由 The Catholic University & America Press 于1998年出版,英文版是根据1991年意大利文版翻译。

③ See H. Coing, "German 'Pandektistik' in its Relationship to the Former 'Ius Commune'", 37 *The American Journal of Comparative Law*, 1989.

传统之中的法律规范、概念与制度，并超越了罗马法与教会法。中世纪法学最富有原创性与创造性的，正是共同法的两种法律分支的相互作用，而作用之结果就是共同法学的出现。

从最宽泛的意义来思考，对于共同法的这一综合体，人们一般认为罗马法贡献的是法律的技术与诡辩方法或曰辩证法，教会法提供一般的原则。从查士丁尼《民法大全》的丰富的决疑式法律问题中，中世纪的法学家提炼了成百上千的法律概念、法律学说、规范与程序。教会法之道德或神学的基础与根源为共同法较少提供法律的形式主义或法律技术，但教会法却是把正义之要求放在较为重要的地位。直至今天构成大陆法系的共同基础的重要的私法原则绝大多数情况下首先是经由教会法阐释的。罗马法面对着教会法，中世纪的学者认识到了形式主义与罗马法的过分技术的局限。而教会法对所涉这一方面问题的解决启发了灵感。这就为最终吸收教会法一般原则进入罗马法，并克服某些罗马法的过分技术化寻找出路。不过，在14世纪与15世纪并未完全实现转化吸收，而是直到十七八世纪的自然法学家才完成了这一过程。当然，这一过程是经由为理性保有一定位置的经院哲学，再到最终以人的理性作为自然法之表现的大陆法系法典化运动的理论先声而完成的。当然，正如科殷教授所言，"自然法学说广泛地采用了罗马法规范"①。

三、中世纪的共同法与地方法：继受与同化

在中世纪法律与法学中，法律学术之统一并未在中世纪之法律实务中得到反映。由于中世纪西欧，存在数百成千的政治与法律体系，如帝国、王权王国、公国、教会、城镇、农村庄园等，而这些政治法律体都具有自己的法院与司法管辖权以及自己的法律制度：地方法（ius proprium）。因为阶层不同司法裁判与管辖权也不同，并且多元法律体系共存。地区或基层的法院为牧师、贵族、市民、自由人与隶农而建立，也有特殊的群体如城市贸易与行会，或大学的教授与学生所设的法院。11世纪之后，王权之扩大并未对此局面加以大的改变。这些众多的地方法的内容与形式远远不同于学术法之世界，直至中世纪晚期，西欧之绝大部分地区，法律在很大程度上由不成文法，即地方习惯法构成，制定法有但数量并不多。特别是有些拥有较大司法管辖权的法院，如重要的市镇，习惯法经由法院之解释逐渐演化成为一种较为精致的判例法体系。

虽然中世纪欧洲的多数法院并不适用罗马法，然而成千上万的年青人仍然热捧罗马法。真正的事实在于罗马法所具有的巨大声望，罗马法是一种理想法、模范法，为了提高与传播这种理想法：法学院在教授与研

---

① See H. Coing, "German 'Pandektistik' in its Relationship to the Former 'Ius Commune'", 37 *The American Journal of Comparative Law*, 1989.

究学术法。加之经院哲学的影响,这成为罗马法作为学术性、理想之法的最充分的理由。尔后,随着在中世纪之法学与法律实务之间的障碍消除,学术法逐渐成为启发法律实务家的灵感源泉,并经由这些法律实务家改善着其自身的特殊法律制度与司法。在中世纪欧洲的多样性法律中,学术法成为众星拱月的对象。共同法成为中世纪欧洲的各种地方法在大海航行中的引航灯塔。地方法之任一改善都须将它同共同法拉近。逐渐充任中央或其他重要法院的教授、大学法律训练的法学家成为驶向共同法之灯塔的舵手。

从 12 世纪之后,学术法即罗马法学与教会法学之地位得以确定与奠定,而地方法之改善逐渐地验证了学术法之理想与模范,且成为现实。自此之后,学术法开始对地方法产生了重要之影响。而影响之途径或方法有二:继受与同化。学术法之继受经由实体法的特定概念与规范采用而进入地方法,同化地方法是经由学术法之"文化"与形式的方式实施。继受与同化是一种双重过程,一开始是经由教会法吸收罗马法因素。教会法传统上就受罗马法之影响并在教会法中植入了大量的罗马法,且由教会法院适用教会法。罗马法因素渗入教会法之法律实务当中,且由"世界性"的基督教教廷机构传播到整个欧洲,之后进入世俗化。最早的继受,就是教会法采用罗马法之概念,如契约与简约。另一事例是新的诉讼程序乃是教会法受罗马法之启发。第二个过程,世俗法受教会法与罗马法之影响。不过,世俗法之继受与同化的速度与程度有着巨大差别,可以说世俗法之罗马化在欧洲的南部比北部要快且更为深远。原因在于这些习惯法更早地受到了"粗俗罗马法之影响"。

地方法得以被学术法同化的方面主要表现为:首先,书面语言在司法程序中起着越来越大的作用。书面化的司法活动带来的结果是"陪审员"、"外行"参审司法变得不便并逐渐出局,从而由大量接受学术法训练的法学家不断地充任到法院中去。而这些职业法学家也把罗马法通过无形与有形的方式渗入地方法当中。与此同时,书面语言的使用,地方法及其法院的判例与文献已积累并记录下来了,这也为受罗马法与教会法训练之有心之人系统化并整理地方法提供了文献资料与档案之整理的条件,这也是对地方法研究的先决条件。最后,学术法对地方法之影响还有证据法的去巫术化与理性化。

按照德国学者科殷教授的观点,共同法最具创造性的研究在于罗马法几个重要方面的变化:实现了契约之统一。放弃了对要式口约与合意契约的区分;克服了任何人不得为他人缔约;代理获得承认并且多数学者承认为第三人利益所定契约;尽可能地思考了债权让与;旧有的罗马法之技术,例如代理人之任命不予考虑;侵权之诉适用于一般的侵权行为,即在任何损害赔偿中得以适用,甚至在人身伤害情况下也可适用。即使某些间接损害赔偿也可以侵权之诉提起。转化物之诉已被转变成追回不当得利的另一方所致损失的一般之诉。[①] 此外，共同法还创设了不为罗马法所知的几项制度如：遗嘱执行；商事契约的原因基础（如保险合同、票据），最后还有新的法律学科的建立如国际私法和时效法等。

思考题

1. 试析经院哲学方法与罗马法复兴的关系。
2. 试论人文主义法学的流变。
3. 什么是中世纪西欧共同法？

阅读文献

1. ［德］弗朗茨·维亚克尔：《近代私法史》，上下册，陈爱娥、黄建辉译，上海，上海三联书店，2006。
2. M. Bellomo, *The Common Legal Past of Europe 1000—1800*, The Catholic University of America Press, 1995.

---

① Ibid., p. 11.

第八章 西班牙新经院主义法学思想

第一节 新经院主义法学思想的背景与特征

一、新经院主义法学思想的背景

公元1250—1350年之间是后经院哲学的黄金时代,而1525—1625年之间称之为经院哲学的白银时代。通常人们把西班牙的经院哲学即白银时代分为三个时期:奠基时期,代表人物是维多利亚(Vitoria)与索托(Soto);扩展时期,代表人物是索托马约尔(Pedro de Sotomayor)与梅迪纳(Bartolome de Medina);解释时期,代表人物是巴内兹(Domingo de Banez)与苏亚雷斯(Francisco Suarez)。盛行在西班牙的经院哲学大致属于经院哲学的白银时代。白银时代的经院哲学无法同黄金时代的经院哲学相比。因为白银时代极大程度上依赖于黄金时代的各项成就,因此,白银时代也不具创造性,而且黄金时代之后的思想家会从黄金时代的经院哲学之中去汲取灵感,但白银时代之后的思想家却并不从白银时代的经院哲学之中汲取思想资源。当然,两个时代也有相似性,即白银时代与黄金时代都受理解基督教信仰这一经院哲学目的的引导,捍卫基督教信仰及正统教义,它们都深深烙上了亚里士多德哲学的印痕。

两个时代的经院哲学也有较大差别:传统的经院证明方法,不再是非神学著作的标准,学者们更多强调的是理性。在传统的经院证明方法中,神学基于理性权威的根据与证明,是用来支持他们捍卫的种种立场。此外,白银时代,欧洲的政治结构和思想状况——特别是新大陆的发现——对某种世俗性提出了重要的、新的哲学与法律问题。同时,黄金时代的经院哲学是对教义的辩护,反对的对象是异教徒。白银时代的经院哲学却是来自基督教内部的两种威胁,一是人文主义;二是宗教改革的力量,如伊拉斯谟的基督教人文主义、路德宗教改革以及茨温利、加尔文的新教。白银时代的经院哲学由于追随的作家不同而形成了三个传统:托马斯主义、司各特主义与奥卡姆主义。最后,黄金时代的经院哲学是以巴黎大学为中心;相反,白银时代的经院哲学却在伊比利亚半岛,以科英布拉大学、阿尔卡拉大学,尤其以萨拉曼卡大学为中心。

就文献形式而言,黄金时代的哲学,经院哲学家所用文体、体裁为大全、问题集与评论。伊比利亚的经院哲学家们也运用上述文献体裁,但是,他们形成了一种新的文体与文献即:系统而综合的专著。中世纪的大全有意遵从在他们所探讨的任何主题范围内的法律的固定编排,这种编排得于文本传统。而白银时代的文体与文献基本上抛弃了提问辩难的论证方式。专著类型有利于对论题做出连续的说明。这些专著合并在一起形成完整的学习教程,范围超出了个别的学科。这种新的文体与文献形式具有说教优势,因为它以连续的、综合的和逻辑方式来组织编排材料。这种方式促进了教学并使这些作品成为了理想的教科书。因此,专题或专题著作成了更为重要的文献形式。①

我们对白银时代的经院哲学所作概括的特征,也反映在法学上。而就法学而论,我们可以说西班牙的新经院法学活跃于卡斯蒂利的伊萨贝拉与阿拉贡的费尔南德统治下的伊比利亚半岛。伊比利亚半岛约于1429年最终赶走伊斯兰人与其他民族,对该地区的统治基本上实现了统一。1492年哥伦布发现美洲,带来了新的资源。同时,西班牙经济的迅猛发展,贸易的扩大与竞争,白银的大量流入,出现了西班牙的一时的繁荣与稳定。因此之故西班牙的新经院法学应运而生。尤其是海上与对外贸易的扩大与竞争、民族国家的崛起及民族国家之间的斗争都要求法律与法学作出回应。这就是西班牙后经院法学的总体背景。当然,人文主义及其法学对西班牙也有影响,②只不过总体上敌不过新经院法学而已。

二、新经院主义法学思想的特征

西班牙的新经院法学主要是以萨拉曼卡大学为中心,以维多利亚(Francisco de Vitoria:1485—1546,公认国际法的奠基人)、索托(Domingo de Soto:1494—1560)、被称之为西班牙的巴托鲁斯的莱瓦(Diego de Cobarrubiasy Leyva:1512—1577)、莫利纳(Luis de Molina:1535—1600)与苏亚雷斯(Francisco Suárez:1548—1617)为代表,这些人中尤其以维多利亚(Vitoria)与苏亚雷斯(Suárez)最为著名。这些新经院

---

① 详尽内容请参见[英]约翰·马仁邦主编:《中世纪哲学》,孙毅等译,第19章,517~538页,北京,中国人民大学出版社,2009。

② 参见[英]G. R. 波特编:《新编剑桥世界近代史》,中国社会科学院世界史所组译,第1卷第5章,127~169页,北京,中国社会科学出版社,1999。

思想家，就自然法与世俗法律、人的自由、个人权利、政治社会的结构都提出了他们的新观点。其他思想家如：卡萨斯（Bartolomeo De Las Casas：1484—1576）、卡诺（Melchior Cano：1509—1560）、梅迪纳（Bartolome de Medina：1484—1581）、巴内兹（Domingo Banez：1582—1604）进一步帮助型朔了直到17世纪后半期的政治哲学的方向。当然，伊比利亚半岛的经院思想家都具有某些共同的思想特征，即他们的思想都涉及伦理、政治哲学与法学，以及自然法论题、个人权利、政治权威、人的尊严、自然状态、人类社会的起源，而且新经院的思想家拓展了不论是来自亚里士多德的还是源自托马斯·阿奎那的传统自然法的问题。他们的思想资源不仅来自亚里士多德与托马斯·阿奎那，而且还源于基督教传统的其他方面，如奥古斯丁主义与斯多葛主义。同时，文艺复兴与人文主义的思想家们如维奥（Tommaso de Vio）、卡耶丹（Cardinal Cajetan：1468—1534）、维文斯（Juan Luis Vives：1492—1540）也对伊比利亚半岛的哲学家产生了影响。新经院思想家从自然法的基本原则中得出了新的结论，从而他们致力于国际法与所谓的"自然私法"之发展。就罗马法之研究，自然法学说并未严格地将罗马法同自然法关系厘定清晰。有些人认为罗马法是书面理性，另一些人则认为罗马法乃是历史演化之结果，必然带有其时代的缺陷，由此对罗马法也必须进行修改。萨拉曼卡学派所致力的自然法之研究，主要用于解决新大陆之发现与贸易扩张带来的新的"国际秩序"问题，借助自然法论证国际法或曰万民法，并认为自然法具有相对性。大约于1600年，自然法之新观点开始具体形成。自然法的新观点就是按照作为社会之公民的权利与义务来讨论理性存在物的人的本质。由此，自然法就脱离了更高之法即上帝之法，自然法源于人之理性，并引发了新的、更大的自然法体系之发展。作为治理社会的各项原则之基础是基于人性。正是这种形式的自然法成为十六七世纪的社会各种关系的主导哲学。罗马法仍是法律研究的核心，而且部分自然法之内容源于罗马法。

中世纪时代，作为一种自治的法律体系万民法并不存在。对各王国与各共和国之相互关系之调整的规则很大程度上是由各国法律所构成。中世纪的万民法之渊源是多元的，包括习惯法、封建法与学术共同法。中世纪也不存在主权国家来垄断其对外关系，这是很晚近的事情。个人之间事务自然地适用私法，条约法很大程度上是契约法所构成。共同法，特别是教会法不仅是万民法的灵感来源，而且共同法与教会法也赋予了万民法之合法性。就理论上而言，两种法律都具有"普遍性"的权威。然而16世纪的最后四分之一的时间，拉丁西欧的旧的政治与法律秩序瓦解，宗教改革致使半数欧洲拒绝了教皇教会法院与教会法之权威。万民法以赖于存在的共同权威也不复存在，而民法学（世俗法律）也逐渐的"民族国家化"。欧洲之外的殖民地与其他国家与地区的被发现也对既有的法律秩序提出了挑战，源于罗马法与教会法的万民法对非基督教徒与非罗马人无法适用。民族国家的出现也是对旧的万民法之限制。这时新的国际秩序需要新的万民法,而新的万民法的基础又回到了自然法。对自然法的新阐释引发了公法乃至于私法的新研究与重新解释,而西班牙的新经院法学对此做出了自己的巨大贡献。

第二节 维多利亚的生平与法学思想

一、生平

维多利亚(Vitoria:1483—1546)是西班牙中世纪最著名的萨拉曼卡大学的杰出的神学家,由于他述而不作,作品主要靠其学生笔记留于世间。所以他被称之为"西班牙的苏格拉底"。他出生于布尔戈斯(Burgos),在其家乡于1504年加入多明我会。维多利亚于1506年前往巴黎,在圣雅克学院(St. Jacques)学习,在巴黎待了近十八年,开始作为学生尔后成为神学教师。在巴黎,维多利亚接触到了热尔松(Jean Gerson)的神秘主义神学与那个时代的人文主义。由克罗克特(Peter Crockaet)指导研习托马斯·阿奎那的著作与思想。以托马斯·阿奎那的著作《神学大全》作为讲座的基础,正是从克罗克特开始的,他的这一做法大致为其同时代的人所效法,例如在德国的科隆,多明我会修士科林(Konrad Kolin),在意大利的卡耶丹,他们纷纷效仿克罗克特的做法。

维多利亚于1523年返回西班牙,他将其老师克罗克特的做法带到了巴利亚多利德(Valladolid)大学与萨拉曼卡大学,并在此两所大学任教。他的著作较少而且主要是改编与讲述,不过,在法律史上他有些著作被视为经典,例如《论美洲印第安人》、《论战争法》与《评论集》。现代学者为其编有《维多利亚政治著作集》。

维多利亚广泛地涉猎了15世纪法国人文主义者的著作,后来他对布德(Bude)进行了批判。他蔑视法国人文主义者勒费弗尔·戴塔普,视伊拉斯谟为对其所涉事务无知的妄自尊大的语法家,维多利亚对洛伦佐·瓦拉也不屑一顾。

二、法学思想

维多利亚的法律思想虽是受托马斯·阿奎那的思想影响,但是他有其自己的创新。按照托马斯主义传统,法律分为神圣与永恒之法、自然法、人法与万民法。按照维多利亚的自然法观点,他对自然法进行了一种新的尝试,并把自然法置于一个中心地位。维多利亚认为自然法有两个主要构成要素:首要原则(first principles,正如父母养育子女一样,一个理性存在物必会赞同),这些最简单的原则包括各有其有、"己所不欲,勿施于人"与"趋利避害"。经由实践理性,这些原则以第二、第三或第四的原则的形式转化为行动层面。由此为所有法律提供了理性基础。维多利亚认为,普遍的人类共识会确保这些原则准确的转化进入人类活动的具体情形。这种共识以下列方式发挥作用:如果理性存在物认为一项特定的道德陈述既是真的又是错的,那么把自然法之首要原则植入人类心智中而构成人类对道德世界理解的上帝一定是误导了人类,事实绝不会如此,上帝不会误导人类,他声称仁慈的上帝绝不会如此行事。因此,知识必是所有人类所达成一致的东西;如果所有人类能认同一项特定的道德原则为真,那么必是归因于自然法原则揭示了这一原则为真。

对于维多利亚以至于所有后来的追随托马斯·阿奎那的经院哲学家来说,自然法是构成个人与其身处其中的世界之关系,以及规制在人类社会范围内的每项实践活动的动力因。因此,他认为自然法使得神学家能够描述与解释道德世界,确切地讲,最终由理性来确定我们在道德世界中的地位。福音书与十诫的信念,以及借助于自然法,经由罗马法与教会法传统所述的欧洲政治与社会制度的公正与正义无须诉诸启示,凭借不证自明的首要原则的理性心智的必然结论而得以辩护,主张"把内心的律法世俗化"。

人法、世俗法或实证法是由人类制定的法律所组成。为约束实际的行为,这些法律必须出自自然法,因为这些法律是所有人类在意识上(内在层面)了解的外在之行为的具体展现。不像自然法,实证法的规定可以废除、修改乃至于取代。因为实证法的权威来自立法者,而非源于上帝。因此,人们这样看待却并不令人惊讶,维多利亚认为实证法多变,有时从一个共同体到另一个共同体极其不同。

自然法与实证法之间所凭借的媒介为万民法,万民法本身适用于整个世界,而无视地方习惯法和单个共同体的立法信条。这种观点不像阿奎那所认为的,即万民法自成一体,而维多利亚认为万民法是植根于理性的实证法的一部分。除此之外,维多利亚认为万民法类似自然法,所以非欧洲的或蛮族的社会可能为万民法所约束,正因为如此,他获得了国际法之父的头衔。他的理论为调整来自不同的宗教、族群与法律体系的民族之关系提供了基础。在维多利亚看来,自然法普遍适用,尽管自然法并不完全是世俗法。由于中世纪神学家普遍坚持上帝创造了人并决定着人的本性,唯有神才能正确地理解人性。因此,维多利亚仍然对教会在自然法之作用留有余地。他区分了自然法与万民法。按照他的观点,存在两种万民法,一种是自然法;另一种是人法。万民之自然法源于自然法之规范,万民之人法源于世界各国之同意,但万民之人法总是符合自然法。维多利亚批驳了教皇与君主的普遍权威,在教廷或君主之外,教廷与君主并不享有实证法之权威,他认为其他土著民族具有自己的人性根源与自然法。自然法确保了像基督教徒一样异教徒的相同的自然权利。

维多利亚的权利与道德责任奠基于一种鲜明的哲学人类学。鉴于体现人性属性的永恒性,因此所有人类的一切权利与责任是相同的,人类全部权利基本特征之一是平等权。每个人享有道德尊严的权利并得到保障,因为他们都是人。从此点始,政治平等伴随着人类平等,国家自身享有一项神圣的特权,这种权力就是统治与管理权。但是,此前自然法也得以具体体现在实证法的各项原则之中:为什么人们得服从一个或另一个主体之权力是没有理由的,这是因为在人类组成共同体之前,没有那个人高于另一个人;这也表明为什么在同一社会有人享有高于他人的权力也是没有理由的。体现为自由权、平等权与结盟权的人的各种权利借由人类最原始的团体形式得以说明:婚姻与家庭。这一点也导致维多利亚坚持婚姻必须有爱。

维多利亚还强调人类社会安排,在此方面,他追随亚里士多德与阿奎那的思想与观点,寻找确立政治社会的自然基础。他认为人的基本属性要是没有彼此帮助与支持就无法维持,社会互动与政治团体的全部形式证明起源于这一基本事实:显然城邦与共和国的渊源与根源不是人的发明,人们也不应该把城邦与共和国视为人造的一种东西,而应把它们视为起源于防御与维护人类自身的人性的一种东西。这说明了为什么社会互动、政治社会的全部形式对人是最自然的与最适合的。对自然法与政治社会的这些观察,实际上,在维多利亚有关西班牙的美洲征服的探讨中至关重要,也是其思想基础。

西班牙的征服者有权进入印第安人的共同体?掠夺他们的物品吗?征服者能对印第安人部落发动战争吗?这些都引发了维多利亚的思考,并要求他为其学生予以解答。维多利亚赞成索托在其讲座中对"dominium"这一拉丁词的阐释,认为印第安人对其财产是正当的所有人,印第安人的首领对其部落的管辖权合法有效。维多利亚认为按照教父与阿奎那的观点,没有那个人对另一人享有天然的支配权,每个人生而自由、财产共有。可是按照自然法判断,不仅征服者而且欧洲人生活的每个方面在道德上令人厌恶,因为现实是欧洲统治者之间的连绵的战争、以私有财产为基础并追求利润的国际贸易。有人不赞成以自然法为基础,坚持征服,通过暴力统治,维多利亚摇摆在马基雅维利的非道德主义与新教的非理性主义之间。但是他反对西班牙在美洲的所作所为,不接受皇帝或教皇有权君临列国的思想,反对以暴力、战争强迫美洲土著人接受基督教。对此他需要一个可以让人接受的领地之政体形式、私人所有权以及战争的词组,尽管他再三重述了上帝之下的人类一体统一。维多利亚最终找到了一对词组:dominium 和 ius gentium。前者涵盖了一种合法的人的权力形式的特定理论,后者是一种扩大适用于所有地方的理论。他的问题是如果自然法规定了自由权利与共有所有权,那么对于彼此统治与拥有所有权的人类如何可能?假使上帝使得存在物共有所有物,那么人类凭借自然法共有所有物,但是,事实上物的区分,并不因于自然法。因为自然法永恒而不变,所以对印第安人的支配与最高权威是人法而不是自然法。可是进一步的问题是人法是如何偏离源于上帝的自然法呢?核心问题:征服者、贸易者或者事实上皇帝自己不就生活在罪中吗?维多利亚以一种经院的方式,即经由区分,也就是具有约束力与自然法仅具建议性的区分加以解决。自由权利与共有所有权不是基于约束力的命令而仅有建议性，自然法规定了共有财产但不禁止分割：分割不论是基于独立的共同体的公法形式还是基于私有财产的方式，这种分割是经由德性的共识达成的。

维多利亚在其《论美洲印第安人》中花了心思论说万民法，涉及领土与财产、旅行与贸易权、公民特权的享有以及派遣使节。不过，他并未给万民法下一定义，他曾认为万民法是普遍有效的实证法。他就万民法也曾引用过罗马法学家盖尤斯的观点：万民法是在所有民族中所确立的自然理性。同时，维多利亚也未对法律分类，但是他同意阿奎那视万民法为正义之一部分之观点。不过在交换正义与分配正义区分下，在理解交换正义的核心中，维多利亚发现了罗马法的"dominium"这一概念具有双重意义即：管辖与所有权。国王依照dominium统治其联合体，这因于共同体已授权国王。正是经由"dominium"，维多利亚分析了不仅西班牙在印第安有权利，而且西班牙人、外国旅行者、从事各种商事活动的商人在世界各地都享有权利。所有的人对其活动作为天赋自由之部分拥有支配权，进而对其生命与财产而享有则是此种自由一部分。所有的人都享有既在公法管辖的意义上又在对其合法获得的个人私有的物的财产权的意义上的"dominium"。这种权利以自然法为依据，但是，这种权利具体实现方式是人类各共同体通过万民法决定的。而且，即使万民法的性质是历史与社会的，它也是普遍有效的，因此也完全适用异教徒。最终，万民法作为一种德性理论的一部分，人们将其表达为一项主观性权利或者天赋，也就是视为一种普遍交换正义理论的一部分。万民法作为"dominium"全世界的践行之权利形式，表达了跨主体的社会关系。

维多利亚还研究并探讨了契约法、继承法、价格、金钱以及商业等各个方面的内容。交易在罗马法上已进行了讨论，但是这要到经院哲学家在交换正义题目下研讨后才得以体系化。当然，维多利亚也研究了商业伦理、利息与利润以及高利贷问题。

在对罗马法的研究上，维多利亚的原创性不在于语法与经院方法，而在于置罗马法与自然法的探讨中确立伟大的罗马法文本与内容的解释，进而建立道德哲学。就私法而言，在所有权的学说中，维多利亚使用了所有权的概念，并把所有权作为物权与债权的核心概念，且认为私人所有权是人法的一项制度，他不再使用支配权的概念。

第三节 苏亚雷斯的生平与法学思想

一、生平

苏亚雷斯（F. Suárez）生于1548年的格拉纳达市，1617年卒于里斯本。他是新经院哲学的代表人物。他是在神学、哲学、自然法、政治学乃至于法学取得最大成就的、所有近代早期耶稣会神学家中最伟大的经院哲学家。他出身于一个自摩尔王朝以来、安达卢西亚(Andalucia)重新征服西班牙而发挥重要作用的古老家族。1561年入学萨拉曼卡大学,1564年在仑特(Lent)成为耶稣会初学修士的候选人。最初,他被拒绝加入,由于他的坚持而于1564年6月16日获得准许。在作为初学修士度过一段时间后,他返回萨拉曼卡,在耶稣会学院攻读哲学。苏亚雷斯绝非超群的学生,最初很难与他的同辈并驾齐驱,常常面临无法完成学业。可是正像传说的,苏亚雷斯最终成为"明星学生",开始研修神学,并在维多利亚的学生多明我会的曼西奥(Juan Mancio)的督导下在萨拉曼卡大学学习。

随着苏亚雷斯事业势头高涨,他于1575年爆得大名并成为在塞戈维亚的耶稣学院的哲学教授。在1580年,他被任命为耶稣会最高要职之一,并担任在罗马的耶稣学院的神学教席。他担任这一要职五年,后因健康原因,与其对手瓦克斯(Gabriel Vazquez)以交换方式返回到了阿尔卡拉。不过,在阿尔卡拉,由于学生已经习惯了瓦克斯(Vazquez)的活泼的教学而不满意苏亚雷斯的缺乏激情的、呆板的教学风格,所以苏亚雷斯教学极不成功。1593年返回萨拉曼卡,尔后,他接受菲利普二世的派遣接掌在科英布拉的首席教席,于此地,他既教学又参与神学的讨论,一直到1614—1615学年的结束。

苏亚雷斯"努力设法解决宗教、哲学、法律或政治学的各种不同的思想观念,并分析不同的思想观念,始终为精确奋斗、消除错误观念,用系统的方式阐释真理同与之相随的各项原则"①。他在被称之为西班牙之雅典的萨拉曼卡大学,工作了近10年,为了未来的神学之研究,他研修了教会法,同时也选读了民法。而同他一起到萨拉曼卡大学读书的哥哥修读的是民法。苏亚雷斯结束学习之后,开始了长达50年的教学生涯,足迹所至有:塞戈维亚、罗马、阿尔卡拉、萨拉曼卡、科英布拉。苏亚雷斯对国际法、法律及法律哲学的贡献更大。苏亚雷斯是一个更具体系化的思想家。尽管其法律与法学服从于他的神学。而体现其法学思想的主要著作是1612年在科英布拉出版的《论法律》。

二、法学思想

探讨苏亚雷斯的法律理论的哲学基础,需要清晰地了解他的法律概念使用的意义。苏亚雷斯在作为规范的法律与作为永恒的自然法或道德基础的法律之间给予了区分。规范性的法律正如托马斯主义所定义的,视之为"已颁布的一种普遍、公正与稳定的命令"。苏亚雷斯也谈到规范

---

① See F. Suárez, *Selections From Three Works of Francisco Suárez*, S. J., trans. G. L. Williams, Clarendon Press, 1944., Introduction by James Brown Scott, p. 1.

性法律采取了命令的形式而不是决议,他还说规范性法律是有强制权力的人或机构制定的,并强加于共同体,这种法律是为了公共的善。由此可知他的规范性法律有别于规制人类良心与全部道德的永恒的自然法。在其《论法律》中,他把法律分为永恒法与世俗法,世俗法又分为自然法与实证法,实证法依次再分为人法与神法,人法要么是民法要么是教会法;神法要么是旧约要么是新约,但是所有法律都来自永恒法。不过他的永恒法是:上帝自由意志的指令建立人们观察到的与公共善有关的整个宇宙的秩序,尤其是由智性存在物在他们的自由行动中所观察的秩序。借由强调永恒法的这种面向,苏亚雷斯有意把他自己同托马斯·阿奎那的永恒法等于神的理性区别开来。

就自然法而言,苏亚雷斯赞成阿奎那的看法:自然法是理性存在物对上帝永恒法的参与,因此,他解释道,为了分辨出什么是道德上的善与恶,自然法存于人类的心智中。在苏亚雷斯看来,人类不会像动物依照其本能完全地以相同的方式奉守自然法,自然法是人性的原初特性,因为自然法已通过上帝植入人的心智之中,所以苏亚雷斯认为自然法是上帝之法刻在人之心灵的法律。他在其《论法律》的第2卷的5—16章中系统论述了自然法。自然法不只是善与恶的指引,自然法也是许可与禁令。他还认为自然法的内容可分为三个等级的道德原则,首要的道德原则就是"趋利避害"与"己所不欲,勿施于人"。第二等级的原则是更为具体的,但是仍是不言自明的原则,诸如遵守公正与自我克制。第三等级的原则,即自然法能促使所有理性人类便易且广为了解具体实践原则的传播,例如人们对盗窃与通奸的道德观等。自然法在所有条件、时间与地点约束所有的人,任何人都无法逃脱首要原则。当然,由于需要一种较高的道德良知,所以有些人就可能不知第二等级的自然法原则。

某种意义上,苏亚雷斯并非法学家。虽然他深刻地探究了法律理论,但是他并不是法律及其原则的法律解释者。他是作为神学家而探研法律,把法律作为道德科学对待。当然他也认为神学与法律间的关系并非昭然若揭。神学涉及道德公正的问题,而这种公正同作为人类行为规范的法律密切相关。因此,苏亚雷斯宣称各种法律之研究是神学的一个分支。神学涉及人的良心,因此,良心正直依赖于法律的观察,有效地约束良心之法律研究同神学家的职责相关。不过,他也认为神学家对法律之研究有别于罗马法学家与道德哲学家之法律研究。罗马法学家与道德哲学家关心的是政治共同体及法律的适用,他们通常会诉诸道德哲学,但是法学家与哲学家的哲学却不是神学。神学家对法律之处理作为一种理想的层面,因为神学家关心的是自然法,并认为自然法服从于超自然之秩序并源于神。尽管如此,苏亚雷斯对法学的贡献广为其自己的同事所认同,认为他的法学学说代表着其最有创造性的工作。他的《论法律》视为法学百科全书。同作为实践家与神学家而并未完整形成哲学学说的维多利亚相比,苏亚雷斯更关注法律之最高原则之研究,他探研的是法律的普遍性,并从抽象意义上探讨法律的各种因素。如果维多利亚研究哲学的目的在于具体一事之法律的运用,那么苏亚雷斯的法律与法哲学的研究与阐释乃是为了揭示普遍之适用,要建立一种有关个人与个人之间和国家与国家之间善与恶的唯一的普适准则。在有关法律的分类中,他把法分为永恒法、自然法与人法。就人的理性与自然法之关系,苏亚雷斯进行三重划分。首先,内在于自然法的原则就是某种基本的普遍的道德原则即行善避恶;其次,公正与德性也是自然法之内容;最后,自然法包括了理性反思与自然推断而演绎出的自然法原则。自然法是适用所有地方、所有人类的统一体。自然法乃是人类本性与尊严的体现。而他的普世法律原则实际上就是法典化的编纂原则从抽象到具体、由一般原则到具体规则的体系建构的理论定在,影响至深且远。

经由自然法的研究之后,苏亚雷斯转向了实证法包括财产法的论证。通过不变的永恒的自然法适用可变的人的状况,他对法律理论做出了重要贡献。他把不变的自然法之箴言适用于可变性的状况,借此,苏亚雷斯通过财产所有权加以说明。自然法允许财产的个人拥有,并不要求共同所有,但是在个人所有财产存在之前,自然法要求不应妨碍财产对所有人的必要的使用,而且这种自然法之原则仍适用于保留给人类共同享有的遗产的那些物品。通过划分财产,个人所有权依人法与自然法而享有,并适用这种变化,禁止任何不必要的干涉私人所享有的物。同时,苏亚雷斯还论述了法律的一般性,法律是为了普遍的共同的善,而不考虑个人情况。① 就万民法而言,他主张异教徒的政府与基督教的政府同样合法,世界不同种族、不同信仰、不同政治结构的各国都是合法的,组成共同的社会。

第四节 余论

西班牙后期经院法学还在合同理论、财产法与侵权法方面也做出了贡献。由于对人的理性与自然法之系统的研究,从而导致了西班牙的新经院法学对实证法进行了系统化、体系化的思考与阐释,这有别于黄金时代的提问辩难的方法。西班牙的新经院法学家维多利亚、索托、莫利纳以及苏亚雷斯以罗马法为素材建立了一种学说体系,通过运用理性反思并借助于体系化、系统化与逻辑化的方法重组了罗马法的具体规则。"直到中世纪末期,罗马法和托马斯·阿奎那或亚里士多德之间并不存在真正的综合。在公元 16 世纪和 17 世纪早期,一群被历史学家称为'后期经院

---

① 相关内容参见 F. Suárez, *Selections From Three Works of Francisco Suárez*, S. J..

学派'或'西班牙自然法学派'的神学家和法学家最终完成了这一综合"①。西班牙后期经院法学之影响扩及了荷兰人文主义法学派,并经由荷兰人文主义法学派把对罗马法的系统综合方法延伸到了法国、德国。西班牙新经院法学对近代欧陆的民法与法典编纂以及国际法都都发挥了积极的理论与实践作用。

思考题

1. 试论西班牙新经院法学思想的特征。
2. 浅析西班牙新经院法学与托马斯·阿奎那在自然法思想上的异同。
3. 试析格劳修斯的国际法思想与西班牙新经院法学思想的关系。

阅读文献

1. Jr. F. D. Miller, *A History of the Philosophy of Law from the Ancient Greeks to the Scholastics*, Springer, 2007.
2. M. Koskenniemi, "Empire and International Law: The Real Spanish Contribution", 61 *University of Toronto Law Journal*, 2011.

---

① [美]詹姆斯·戈德雷:《现代合同理论的哲学起源》,张家勇译,4~5页,北京,法律出版社,2006。

第九章 马基雅维利的法律思想

很少有人像马基雅维利那样,在政治思想史上有着极其显赫的地位,却又常常在法律思想史的教科书中"缺席"。如果我们将"法律思想"仅仅理解为关于司法体系的思想,那么马基雅维利确实没有太多法律思想可以教给我们。但如果我们将政体—宪法思想归入"法律思想",那么马基雅维利就是一座远远没有被穷尽的思想富矿。

马基雅维利并不是如同亚里士多德、托马斯·阿奎那那样进行体系性建构的理论家。他最常见的写作方式是评论历史上的范例,从中提取实践教益。然而,马基雅维利恰恰通过这样一种看似缺乏理论体系性和精确性的写作方式赢得了巨大的声誉。1976 年,美国学者约翰·吉肯(John Geerken)曾以一段热情洋溢的文字列举马基雅维利在 1969—1976 年短短几年之中的研究文献中获得的头衔:①

……在晚近的研究中,马基雅维利是现代政治科学之父,是元政治(meta-politics)与国家理由(raison d'etat)之父;是英雄式道德与现代喜剧之父,也是马基雅维利主义与反马基雅维利主义之父;激进的、批判的与自然主义的人文主义之父,也是现代意大利民族主义之父。他是共和主义自由的爱国者——教师,但也是专制主义、恐怖主义与绝对主义的教导者。他是背信弃义行为的真诚的教导者;一场伟大的(可与路德在宗教领域启动的危机比较的)精神危机的建筑师;对原罪去神学化的人;对政治理论去神话化的人;人心的分析大师;第一个对历史处境作无情解剖的人;第一个构建关于政治合作理论的人;政治技术的感召力的发现者;第一个关于第五纵队的理论家;社会技术学与数理人类行为学的先驱。他是无神论者、实

---

① J. Geerken, "Machiavelli Studies Since 1969", 37/2 *Journal of the History of Ideas*, 1976. 另外,可参见伯林在《马基雅维利的原创性》一文中对解释传统的梳理:I. Berlin, "The Originality of Machiavelli", in M. P. Gilmore(ed.), *Studies on Machiavelli*, Sansoni, 1972.

证主义者、自然主义者、现实主义者、存在主义者、实用主义者与科学家马基雅维利;他是基督徒、原型耶稣会士、原型法西斯主义者、原型马克思主义者马基雅维利;他是雅各宾派、詹森主义者、资产者、革命者马基雅维利。他是政治的伽利略,纯政治的主人公——艺术家,权力政治的悲剧诗人,解读缺乏真实性的确定性的语文学家、异端的知识教父。父亲,丈夫,公民,党派成员,秘书厅秘书,外交家,历史学家,剧作家——他就是马基雅维利,极端的谜。

这些头衔令人目眩神迷。至少,它们说明马基雅维利的文本具有一种独特的魔力,能与诸多当代经验相互发明。解释文献汗牛充栋,既为总结马基雅维利的思想贡献带来了便利,但也往往使读者形成"前见",干扰对文本本身的阅读。本章的介绍主要基于《君主论》与《李维史论》,兼及马基雅维利的其他一些作品,尽可能展现文本内部的相互关联。我们并不试图采取单一学派的解释立场,而是尽可能展现马基雅维利文本的开放性和丰富性,为初学者与进阶研究者勾勒一张马基雅维利研究的知识地图。

第一节　生平与著述

尼科洛·马基雅维利(Niccolò Machiavelli, 1469—1527),佛罗伦萨市民,律师贝尔纳多·马基雅维利(Bernado Machiavelli)之子。贝尔纳多与佛罗伦萨人文主义学者圈子(如在梅迪奇治下担任过共和国正义旗手的历史学家巴托洛米欧·斯卡拉,Bartolomeo Scala)有不少来往,而且嗜书如命,建立了一个私人藏书室,收集了不少古希腊与罗马作者的著作。贝尔纳多曾替一个佛罗伦萨出版商干活几个月换来一部李维《建城以来史》副本。尼科洛·马基雅维利接受父母的启蒙教育,并在家庭藏书室中作了大量阅读。他对古希腊与罗马作家的阅读兴趣保持了一生。在他阅读过的书中,我们可以找到色诺芬、修昔底德、柏拉图、亚里士多德、波里比乌斯、普鲁塔克、西塞罗、卢克莱修、普劳图斯、李维、塔西陀、维吉尔、奥维德等古人的著作,也有晚近作家如但丁、彼特拉克、薄伽丘等人的著作。马基雅维利甚至还手抄过古罗马伊壁鸠鲁主义者卢克莱修的《物性论》,深刻领会了卢克莱修"宗教源于恐惧"的论述。马基雅维利年少时师从著名人文主义学者保洛·达·龙奇廖内(Paolo da Ronciglione),后来又师从马尔切洛·阿德里亚尼(Marcello Adriani),后者在1494年共和国恢复后出任共和国第一国务秘书,并推荐其学生马基雅维利入仕。

在马基雅维利生活的时代,意大利邦国林立,重要的势力有威尼斯共和国、米兰公国、佛罗伦萨共和国、那不勒斯王国、教皇国5个邦国,外部面临着法国、西班牙等大国的威胁,意大利邦国内部纷争往往会导致"引狼入室"的结局。15 世纪的佛罗伦萨政权保持着共和国外表,但在大多数时间内处于梅迪奇家族的实际控制之下。1494 年,法王查理八世在米兰公爵卢多维科·斯福尔扎的要求下,以争夺那不勒斯王位为名进军意大利,梅迪奇家族向法王出卖佛罗伦萨利益,遭到民众起义驱逐,佛罗伦萨建立了真正的共和国。新共和国建立起一个以大参议会(consiglio Maggiore)为核心的、平民色彩浓厚的政体。多明我会修士萨沃那罗拉(Savonarola)是这个共和国的政治与精神领袖,但其抑制商业、严厉风纪的主张与佛罗伦萨这个商业城市格格不入;由于他剥夺了 5 名被指控为谋叛的梅迪奇家族同情者的合法上诉权,共和国陷入分裂;萨沃那罗拉对罗马教廷腐败的抨击,更引发了教廷深刻的敌意。最终在 1498 年 5 月 23 日,萨沃那罗拉被罗马教廷以异端罪处以绞刑,尸体被烧成灰抛入河流。马基雅维利亲历了萨沃那罗拉之死,他在后来的作品中称萨沃纳罗拉为"非武装的先知"(《君主论》,Ⅵ),①由于手无寸铁,从而无法说服走上他的道路的人民坚持走下去。

萨沃那罗拉被处决后 4 天,马基雅维利获提名出任佛罗伦萨共和国第二秘书团的秘书,不久晋升为第二秘书团的首长,并兼任负责国防与外交事务的"自由与和平十人委员会"秘书。从 1498 年出仕到 1512 年共和国覆灭罢官,在短短的 14 年间,马基雅维利深度介入了佛罗伦萨的外交与军事事务,增长了政治见识,同时也立下了引人注目的政治功业。

1500 年,马基雅维利受命出访法国国王路易十二(查理八世继承人)宫廷交涉夺取比萨的失败责任问题。比萨原为佛罗伦萨所控制的城市,1494 年陷入法国控制,但法国人并未按约定将比萨还给佛罗伦萨人,而是卖给了比萨人自己。佛罗伦萨用自己的雇佣军夺回比萨未成,出钱请法国国王组织军队来夺取比萨。但法国人组织的雇佣军作战三心二意,同样遭遇失败,却要求佛罗伦萨付酬。马基雅维利此行旨在向法王说明,失败的责任完全在法国一边。他的使命并未成功,但近距离地观察到了法国这一正在崛起中的绝对主义国家的宫廷的运作,并对法国、西班牙在意大利的帝国扩张事业作了深入的思考。在《君主论》第 3 章中,他记录了自己与法国鲁昂枢机主教交谈时对法国君主在意大利错误的扩张政策的批评。

1502 年,马基雅维利受派遣与风头正健的瓦伦提诺公爵切萨雷·博尔贾(Cesare Borgia)讨论结盟事宜,近距离观察到了这一时代风云人物的所作所为。切萨雷·博尔贾是时任教皇亚历山大七世(Alexander Ⅶ)的私生子,有统一意大利的雄心,但站在与法国结盟的佛罗伦萨的对立面。马基雅维利在与公爵的斡旋过程中,细致观察到了公爵强有力的精

---

① 本章引用马基雅维利的著作《君主论》、《李维史论》均使用文中注模式,注出章节,参考版本为[意]马基雅维利:《马基雅维利全集》,潘汉典等译,长春,吉林出版集团,2013。

神、建功立业的雄心、决断的隐秘迅速以及高超的军事能力。他甚至托朋友将普鲁塔克的《希腊罗马名人传》带给他,以便通过古今对比来理解公爵。

1503年,马基雅维利出使罗马教廷,他的使命是向佛罗伦萨报告教皇亚历山大七世(Alexander Ⅶ)去世后罗马的政治斗争。这一次使命让他认识到切萨雷·博尔贾的弱点。公爵太过于自信,没有主动控制教皇的选举过程,最后让与其父亲有隙的红衣主教朱利安诺·德拉·罗韦雷(Giuliano della Rovere)当选为教皇(即教皇尤里乌斯二世,Julius Ⅱ),这就为他自己的灭亡埋下了祸根。在《君主论》第7章中,他将公爵归入起初依赖于他人的武力或幸运,但通过自己的能力重新打基础的一类君主,但最终因对新教皇失控而功败垂成。

1504年,马基雅维利一直以来有关建立国民军的主张终于得到共和国批准,受命招募和训练一支国民军。在建军的过程中,他不得不对佛罗伦萨复杂的政治生态进行了深入思考。佛罗伦萨的辖区包含了佛罗伦萨城、由附属城市构成的行政区,以及乡村地区,三个地区居心各异:佛罗伦萨城内的显贵们害怕有人利用国民军当上僭主,附属城市对佛罗伦萨向来存有二心,乡村地区的居民受到佛罗伦萨的剥削,但又不具有完全公民权,也有一定不满。面对复杂的情况,马基雅维利制订了在乡村地区招募步兵,在佛罗伦萨城内招募骑兵与军官的方案,并着手执行。1509年,马基雅维利使用这支国民军逼迫比萨城居民投降,从而为佛罗伦萨重新获得了1494年失去的比萨。

1506年,马基雅维利受命担任驻教皇国公使。当时教皇尤利乌斯二世(Julius Ⅱ)得到了法国的帮助,试图恢复对教廷诸国的完全控制权,并试图借走佛罗伦萨正在攻打比萨的雇佣兵。马基雅维利的使命是稳住教皇,拖延时间。但与勇猛的教皇的近距离接触,使得他得以观察天主教这个特殊的君主国的运作模式及其力量所在。一部分观察在其《君主论》(尤其是第11章)中得到体现。

1507年,马基雅维利受命出访神圣罗马皇帝马克西米连一世宫廷,观察皇帝是否会实施传言中的向意大利进军并在罗马加冕的计划。他通过观察认识到了皇帝优柔寡断的性格,也借机考察了瑞士与德意志的军队组织方式以及动员能力。在《君主论》与《李维史论》中经常出现的对瑞士与德意志各自由邦的共和体制、对外政策以及军事体制的讨论,就得益于这一出访。

1510年,马基雅维利再次受命出访法国宫廷,与法国商议应对教皇尤利乌斯二世进犯法国刚刚重获的米兰的计划。此时教皇决心将法国人的势力赶出意大利,而这就会威胁到与法国结盟的佛罗伦萨的安全。马基雅维利通过自己的外交努力,获得了法国国王的安全保证。

然而,1511年,教皇尤利乌斯二世建立了与威尼斯、费拉拉、阿拉贡、神圣罗马帝国乃至英国的"神圣同盟",以对付法国。法国人输掉了战争。

第九章 马基雅维利的法律思想

1512年,西班牙军队攻陷佛罗伦萨,共和国灭亡,梅迪奇家族卷土重来。

共和国的覆灭直接导致马基雅维利去职。不久,他又被怀疑介入反对梅迪奇家族的密谋,被捕下狱并遭到拷打。1513年,教皇尤利乌斯二世去世,新当选的教皇利奥十世(Leo Ⅹ)出自梅迪奇家族,梅迪奇家族为庆祝这一盛事,释放了马基雅维利等人。马基雅维利长期在其乡下农场,白天与农人一起劳动与游戏,晚上独自一人时读书,徜徉于古人的精神世界之中。他试图凭借这一期间写出的《君主论》获得梅迪奇家族的垂青,重新获得一官半职。但该书的呈献对象佛罗伦萨君主洛伦佐·德·梅迪奇对此毫无兴趣。1517年夏天,马基雅维利开始出没于佛罗伦萨显赫家族青年的俱乐部,"奥理切拉黎之园"(Orti Oricelari),经常与青年人讨论治国之道。他的《李维史论》很多内容源于他与青年人的讨论,该书的写作持续了很长时间,最终于1526年左右杀青,但直到马基雅维利死后才出版。

1517—1519年之间,马基雅维利又创作了两部喜剧,《安德丽亚》与《曼陀罗花》。《曼陀罗花》于1520年左右在佛罗伦萨上演后获得满堂喝彩。这部作品写一个花花公子卡里马科在其门客李古潦的帮助下以行医为伪装,获得已婚少妇卢克雷齐娅的欢心,其主题看似荒诞不经,但在不少解释家看来,集中体现了马基雅维利在《君主论》等作品中表达的政治观。这部作品也为马基雅维利重返政治舞台打开了大门。"奥理切拉黎之园"的一位年轻朋友向教皇利奥十世举荐他,获得看过此戏的教皇首肯。佛罗伦萨的梅迪奇家族执政者先是派他去监理卢卡一个商人的破产案。在卢卡期间,他写作了《卢卡政事概览》以及《卡斯特鲁乔·卡斯特拉卡尼传》。1520年,梅迪奇家族又委托他写一部新的佛罗伦萨历史。1521年,他的《论战争的技艺》出版。1525年,《佛罗伦萨史》完成。

在他人生的最后两年(1526—1527),意大利再一次战云密布。教皇克莱蒙七世(Clement Ⅶ)为对付西班牙,与法国人结盟,参加同盟的还有威尼斯、米兰、佛罗伦萨等国。1527年4月,佛罗伦萨发生暴乱,梅迪奇家族统治被推翻。5月,共和政府恢复。马基雅维利希望自己能官复原职,但因曾为属于梅迪奇家族的教皇效力而受怀疑,未能如愿。6月22日,马基雅维利因病逝世。1530年,共和国在教皇与西班牙的合力绞杀下覆灭,梅迪奇家族恢复了统治。

第二节 "新"与"旧"

无论是作为政治家还是政治理论家,马基雅维利在其时代都是一个创新者,尽管他的创新是以古代的伟大政治家作为其范例。在他作为政治家的生涯中,他引进国民军以取代意大利常见的雇佣军,仿效古代的作战方式,并主张根据罗马共和国先例将佛罗伦萨公民权给予佛罗伦萨统治下的广大地区的人民,等等。而在政治理论上,他更是鲜明地提出,自己追求的是"新的方式与秩序"(modi ed ordini nuovi)。

对"新"与"旧"的区分集中体现在马基雅维利的国家与政体分类学中。《李维史论》第Ⅰ卷第1章中将城邦的起源分为由城邦建立地本土出生的人建立与外人建立两种情况。本土出生的人建城,城邦因不依附于他人,具有自由的起源。而外人建立又分为自由人建立以及依附于他人的人建立的两种情况。马基雅维利最为崇敬的是"自由"的"外人"实施的建国,这指的是一个民族由于疾病、饥饿或战争被迫背井离乡、为自己寻找新的住所的情况。这种民族最有可能甩掉各种历史的包袱,建立全新的政治秩序。而像佛罗伦萨这样的城市本来就由依附于他人的人建立,又长期生活在罗马帝国以及后来的其他种种势力的统治之下,一旦获得自主,制定自己的法律,新的法律与旧而低劣的法律混合在一起,就不可能建立最好的政治秩序。

除了在个别地方(如《李维史论》,I.2)引用古代作家对三种正宗政体与三种变态政体的区分之外,在大多数情况下,马基雅维利将将政体分为两种:君主制与共和制。《君主论》前11章给出了马基雅维利的君主制分类学。君主国要么是旧的,要么是新的。新君主国按照新的程度,又可以分为全新的君主国,以及新增的君主国,即通过侵略扩张所获的领土。按照君主得国的方式,又可分为(1)通过自己的能力(virtù);(2)通过他人力量或者通过机运(fortuna)。两个例外是(1)通过邪恶之道;(2)通过市民推举而成为市民君主。

第2章"世袭君主国"尤其表明马基雅维利对于"旧君主国"的态度。在他看来,在一个世袭的旧君主国里,"……君主只要不触犯他的皇宗皇祖的制度,如遇有意外事件,则随机应变,这就足够了。"一个具有普通能力的君主按照祖宗成法即可维持其地位,乃至在发生篡位时实现复辟。世袭君主"得罪人民的原因与必要性都比较少",因为他们统治的时间已经较长,革新的记忆与原因都已经淡出,人民已经培养起服从的习惯。在《君主论》第3章,马基雅维利在讨论如何对新获得的领土进行统治时进一步暗示,因世袭性而带来的政治的稳固性,甚至可以传递给新的征服者。他指出,在那些与进行兼并的国家属于同一地区、并曾处于君主统治之下的国家,只要灭绝过去统治他们的君主的血统,就可以牢固保有它。"由于在其他的事情上维持着他们的古老状态,而且在风俗习惯上没有不同之处,人们就会安然地生活下去。"但马基雅维利的意图与其说是要讨论它,还不如说是要尽快打发它,以便尽快将笔触集中到对"新君主"的论述上来。他最崇敬也最乐于探讨的是那些依靠自己的能力(virtù)从卑微中状态中崛起的"新君主"。这些"新君主"没有传统权威可依赖,缺乏命运(fortuna)的庇护,而必须不停与命运(fortuna)搏斗,才能在一个充满敌意的世界中立足。但这种搏斗也给他们带来了更大的荣耀。而一个人如果一开始依靠他人的力量或幸运获得成功,得国容易,但保持就较为困难。在这种情况之下,他需要在事后运用巨大的能力去打基础(《君主论》,Ⅶ)。切萨雷·博尔贾(Cesare Borgia)就是这种类型的君主,虽然他依靠其教皇父亲获得权力,但在保持与扩张权力的过程中,逐渐摆脱了对他人的依赖,走出一条独立自主的道路来。可惜他因过度自信,未能控制继任教皇的选举过程,最终导致了自身的覆灭。在文中,马基雅维利毫不掩饰自己对公爵的惋惜之情。

《李维史论》中对共和国的分类中也贯穿着《君主论》中的君主政体分类眼光。马基雅维利将共和国分为扩张型与非扩张型的共和国。前者的典型是罗马,后者的典型是斯巴达与威尼斯。斯巴达与威尼斯的特征都是由少数贵族主导政权,平民和贵族长期相安无事,斯巴达不接受外人为公民,而威尼斯不使用平民打仗。而罗马则不同,它一开始就借助平民的力量对外战争,而平民与贵族之间围绕着利益分配展开的斗争,又成为对外扩张的持久动力。而扩张之后对外人授予公民权,使得罗马能够巩固扩张的成果。与斯巴达和威尼斯相比,罗马可谓共和国中的"新君主",它不断地新增领土,对外扩张使得其内部的阶级关系也处于动态演变之中。从罗马的案例中,马基雅维利总结出一个传导机制:良好的典范源于良好的教育,良好的教育源于良好的法律,良好的法律源于纷争。(《李维史论》,I.4)那么,优良公民的源头最终落在贵族与平民的纷争之上。这是一个非常新颖的传导机制。因为在古典与中世纪的政治理论家们看来,派系斗争从来都是一个国家的大忌,是败坏公民的原因。维系国家、培育优良公民需要内部的和谐。而马基雅维利将派系斗争视为一种积极的因素,政治家对此因势利导,可以为对外扩张提供源源不断的动力。

值得一提的是,马基雅维利对"新"的强调,恰恰又镶嵌在其学习古典伟大范例的号召之中。他责备同时代人只是在口头上崇尚古人,但在行动中毫无古风,而他是真正试图将古人之道付诸实施。(《李维史论》第1卷前言)但是,马基雅维利对古代的折返,并不是回到柏拉图、亚里士多德、西塞罗等古代哲学家的观念,而是回到古代的一系列政治实践,并用自己全新的政治理论来解释这些实践。对于同样一个古代的现象,他的解释往往与古典作家们大相径庭。我们可以试比较马基雅维利对"新君主"与"旧君主"的区分与古典作家对于"君主"与"僭主"的区分,前者更强调时势中所包含的必然性(Necessità),指出任何一个国家在其开端总有"新君主"的存在,而"新君主"要完成建国,就无法像"旧君主"那样循规蹈矩,这种"新"与"旧"的区分,比"正宗"与"变态"的区分更为源初;而后者并不直接考虑政治家所处的时势,体现出一种居高临下的价值评判。因此,如果剥掉其"复古"的外观,我们可以看到马基雅维利的实质努力是将古典作家用各种价值评判包裹起来的政治实践揭示出来,这一思想方向在西方思想上具有新颖性。①

第三节　能力与命运/机运

马基雅维利对"新"的推崇并非空穴来风。在他的理论视野中，新君主与新共和国之所以更值得倾慕，是因为他们需要经过与命运或机运（fortuna）②的激烈搏斗才能获得成功，这些搏斗呼唤更大的能力（virtù）。

能力（virtù）与命运/机运（fortuna）的对立可以追溯到罗马古典作家对于德性（virtus）与机运（fortuna）的探讨。Virtus（拉丁文词根 vir，男子）在早期的用法中指向"男子气概"，尤其是战争中的勇敢。但随着希腊道德哲学的影响，在共和国晚期，它的意义已经转化为以灵魂中的理性部分为基础的卓越或美德，如勇敢、节制、智慧与正义。而早在古罗马时期，*fortuna* 的形象就是一个女神，她掌管着权力、荣耀和物质财富等"外物诸善"（external goods，即权力、财富、荣耀等外在事物）的分配，其行事方式神秘莫测。*fortuna* 集中体现了作为有朽者的人类所从事的事业的脆弱性。人类在外在世界中所留下的作品，总是很容易在机运的打击下烟消云散。但这种脆弱性因此也恰恰成为一个试金石：对个人来说，要在 *fortuna* 的打击前面保持稳固，需要卓越的内在品质；而由众人集合而成的国家也是如此，无论是君主国，还是共和国，都要经受变幻莫测的 *fortuna* 的考验。

然而，马基雅维利直接面对的并非是古典传统，而是中世纪基督教神学的传统。基督教神学首先将 *fortuna* 改造为神恩（providentia）的工具，因而个人命运的跌宕起伏，体现的正是神意；虔诚、谦卑等基督教的德性也盖过了传统的古典德性（virtus）。在这一视野中，机运的反复无常正是神意的体现，其目的是为了打掉个人的骄傲，使其全心全意匍匐在神前面，从而获得灵魂的拯救。而马基雅维利则清除了 *fortuna* 背后的神恩（providentia）背景，将这一被基督教"神圣化"了的概念重新"世俗化"。*Fortuna* 不再是上帝用来敦促人类培育基督徒美德以获得灵魂得救的工具，而如果抛弃灵魂得救这一目的，对 *virtus* 的基督教解释也丧失了其意义。

但马基雅维利对能力（*virtù*）与命运/机运（*fortuna*）的认识同时也

---

① 施特劳斯学派对这一点的强调最为有力。参见［美］利奥·施特劳斯：《关于马基雅维利的思考》，申彤译，南京，译林出版社，2003；［美］哈维·C.曼斯菲尔德：《新的方式与制度》，贺志刚译，北京，华夏出版社，2009。

② 如无特别说明，本章中的"命运"和"机运"均与 fortuna 相对应，具体采用哪个译名，视语境而定。

第九章 马基雅维利的法律思想

偏离了古典主流作家。后者仍以万事万物具有自然目的这一信念为基础。政治行动者内在的灵魂秩序服从自然(natura)的秩序,而这一灵魂的秩序又外化为卓越的行动,对抗变幻莫测的 fortuna 的力量。即便是从事权变的审慎美德(φρόνησις, prudentia)也是这个灵魂秩序的外在化。然而,在《君主论》第 15 章,马基雅维利指出自己的目的是要论述事物在实际上的真实情况(Verità effettuale,"效果的真理"),而不是论述对事物的想象(immaginazione)。古典作家对世界事物的"自然目的"的信念,在他看来只不过是一种想象而已。需要探讨的是"效果的真理",关注事物在运动中所造成的实际效果。在这一点上,他受到了古代伊壁鸠鲁主义的影响。① 伊壁鸠鲁主义的宇宙由原子和虚空构成,原子在运动中组合形成人们所见的种种事物,但这是一种机械运动,并没有自然目的可言。一旦抛弃古典主流作家的"自然目的"前提,马基雅维利笔下的 Virtù 就脱离了与灵魂理性部分以及自然(natura)的紧密关联,仅仅指向政治主体在一个"外物诸善"(external goods)的世界赢得成功的能力,不仅与基督教的灵魂得救无关,与古典的灵魂完善也无关。对于马基雅维利笔下的政治行动者来说,他们的一切政治行动都是与他们所处的政治环境——fortuna——进行搏斗,并获得有朽人类的肯定与赞美。

马基雅维利常用的另一个概念"必然性"(Necessità)与上述一对概念密切相关。Necessità 意味着一种非常紧迫的时势,在其中行动者不得不做或不做特定的行为。比如说,饥荒、战争或瘟疫迫使一个族群流亡在外,这种形势就是一种 Necessità;在建国之初,君主常常面临你死我活的斗争形势,这对君主来说也是一种 Necessità;一个杰出的政治家甚至可以有意地通过自己的行动,为他人制造出某种"必然性"。放在 fortuna 与 virtù 的对立框架中,我们大致可以将其界定为:因 fortuna 过于强大,以至于取消了行动者选择空间的情势。但这并不意味着在 Necessità 之下就没有 virtù 的发挥空间。因为认识到"必然性",克服侥幸心理,按照"必然性"的要求去做,这本身就是政治行动者"能力"的体现。值得一提的是,在马基雅维利的视野中,必然性与自由(Libertà)并不必然冲突,后者指受外部势力或君主支配的政治状态,因而一个民族可以遭受饥荒、战争或瘟疫的逼迫,但只要其未依附于人,仍然可以说是自由的。

因为 fortuna 变幻莫测,政治家的行事之道也必须与时俱进、因地制宜。是否需要行善都变成了一个需要因时、地而转移的问题。因为在复杂的环境下,行善并不一定会带来积极的后果:慷慨会导致挥霍掉自己的资源,从而导致丧失影响力;仁慈可能会导致属下的藐视;当一个约

---

① 关于马基雅维利与伊壁鸠鲁主义的关联,可参见 R. J. Roecklein, *Machiavelli and Epicureanism: An Investigation into the Origins of Early Modern Political Thought*, Lexington Books, 2012。

定已明显不合时势之时,守信会导致自我削弱。因此,一个有能力(virtù)的君主应当洞察受众的人心,懂得如何将善行与恶行混合起来,以达到最好的效果。他有时候需要模仿野兽,尤其是模仿狮子的强力和狐狸的灵活多变以及制造幻象的能力。而共和国其实也一样——正如马基雅维利明确指出,"君主在发迹之初必须做的事情,也是共和国所必须做的"。(《李维史论》,Ⅱ.13)《李维史论》用大量篇幅探讨了共和国如何使用各种强力与欺诈来维护自身的权力。①

对于君主与共和国来说,狮子的强力首先意味着独立自主的武装。没有独立自主的武装,内不能说服人民坚持自己的道路,外不能单靠外交赢得稳定的盟友。意大利各邦国长期以来依靠雇佣军与外国援军来作战,这些军队作战三心二意,漫天要价。胜仗不能给这些邦国带来荣耀、战利品与安全保障,败仗则会使他们加倍付出。马基雅维利提议模仿古代典范,建立国民军,将人民武装起来。在他看来,武装起来的人民是比堡垒更可靠的防卫力量。他将这一思路在佛罗伦萨付诸实施,并凭借自己招募和训练的国民军成功收复了比萨。但他自己非常清楚,一旦建立国民军,势必会影响到一个邦国的内部政体组织,尤其会削弱贵族的政治地位。值得一提的是,国民军的思路正是佛罗伦萨的贵族们所恐惧的。只是由于佛罗伦萨共和国的迅速沦陷,贵族们的恐惧尚没有转变成为行动。

有能力的政治家并非可以完全不择手段。能力(virtù)以获取荣耀(gloria)为目的,如果丧失荣耀,能力也就不再成其为能力。基雅维利在《君主论》第8章指出,"屠杀市民,出卖朋友,缺乏信用,毫无恻隐之心,没有宗教信仰,是不能够被称作有能力的。以这样的方法只是可以赢得统治权,但是不能赢得荣耀(gloria)。"他所说的荣耀(gloria)与灵魂得救并没有关系,它只指向世俗世界中人们的赞美和记忆。因此,狐狸式的制造幻象的能力对于获取荣耀就尤为重要。《君主论》第8章中所论述的无法获得荣耀的恶行,其可指摘之处很大程度上在于缺乏伪装。② 在《君主论》中,马基雅维利一再告诫君主要制造出尊崇宗教与道德的表象,在平时保持伟大、英勇、坚韧不拔、严肃庄重的形象,避免臣民的憎恨与蔑视。在《李维史论》中,罗马共和国的将领们也利用宗教来诱导与塑造士兵,即便他们自己深知宗教只是他们的政治工具。但这些都只是具体的法术,

---

① 例如:政体改变之后,对于违反现状者,必须以令人难忘的方式杀死。(《李维史论》,Ⅲ.3)不走中间道路:对叛乱者施以恩惠,或者加以消灭;阴谋的使用。(《李维史论》,Ⅲ.6)

② 《君主论》里有一些看起来非常愤世嫉俗的话,如"关于人类,一般地可以这样说:他们是忘恩负义的,容易变心的,是伪装者,冒牌货,是逃避危难,追逐利益的"。(第17章)"人们忘记父亲之死比忘记遗产的丧失还来得快些"。(第19章)对这些论断不应作字面理解,认为马基雅维利否定了伦理道德的有效性与人类的可完善性,而应将其理解为具体语境中的修辞。从总体上说,马基雅维利认为人是一种危险的、但可以通过武力、宗教与法律来约束与教化的动物,否则就不可能产生罗马这样的充满公民美德的共和国。

只有用到一个伟大的事业之中时，才能给君主或共和政治家带来持久的荣耀。"世上没有任何事情比得上伟大的事业和作出卓越的范例，能够使君主赢得人们更大的尊敬。"(《君主论》,XXI)在《君主论》中，马基雅维利用以感召梅迪奇家族的伟大事业，正是统一意大利的追求——正是这一统一意大利的呼唤，使马基雅维利获得了意大利民族主义先驱地位，但这一地位是可疑的，因为对于马基雅维利来说，他的祖国更多是佛罗伦萨，而非意大利。而在《李维史论》中，马基雅维利又认为君主的最大荣耀在于为共和奠基："……君主若想追求现世的荣耀，他就应占有一个腐化的城邦，不是像恺撒那样彻底摧毁它，而是像罗慕路斯那样予以整饬。"(《李维史论》,Ⅰ.10)

对"效果的真理"的关注带来了一种新的观察政治的视角。马基雅维利并非从根本上否认宗教与伦理法则的效力，但认为形势所迫下的政治行动不得不越出这些法则的界限。克罗齐(Benedetto Cróce)等学者认为马基雅维利推动了政治领域与道德领域的分离，从而为一门独立的"政治科学"奠基，其作品对政治现象的冷静分析，使其成为各个政治派别均可从中获益的思想宝库。① 但伯林质疑这个"政治领域与道德领域的分离"的命题，认为马基雅维利突破的只是基督教的普遍法则式的道德，并没有突破伯里克利(Pericles)或西庇阿(Scipio)式的城邦至上的道德，②而这种城邦至上的道德与政治并不可能分离。因而，马基雅维利距离现代的政治科学仍然甚为遥远。

马基雅维利在《君主论》第26章用两个比喻表明他对于能力(virtù)与命运(fortuna)相互关系的认识。在第一个比喻中，马基雅维利将命运(fortuna)比作一条泛滥的河流，人们可以未雨绸缪，通过修筑堤坝来避免它的危害；在第二个比喻中，他将命运(fortuna)比作一个女子，"你想要压倒她，就必须打她，冲击她。人们可以看到，它宁愿让那样行动的人们去征服她，胜过那些冷冰冰地进行工作的人们。因此，正如女子一样，命运常常是年轻人的朋友，因为他们在小心谨慎方面比较差，但是比较凶猛，而且能够更加大胆地制服她。"两个比喻都有现实的经验为基础：马基雅维利曾与达芬奇合作试图使阿诺河改道以征服比萨，虽然因河流决堤而未能成功；同时，马基雅维利自己又是一个情场高手。如果说第一个比喻体现的是一种防御性的态度的话，第二个比喻中蕴含着一种更为积极主动的政治态度，一种对人征服世界能力的颂扬——部分因为这一

---

① See B. Croce, *Etica e politica*, Bari: Laterza, 1981, p. 205.

② See I. Berlin, *The Originality of Machiavelli*, in M. P. Gilmore (ed.), *Studies on Machiavelli*, pp. 168-170,172-174,198. 施特劳斯学派则连对这个结论也表示怀疑，认为马基雅维利的"爱国"只是表面上的。参见[美]利奥·施特劳斯：《关于马基雅维里的思考》，申彤译；[美]哈维·C.曼斯菲尔德：《新的方式与制度》，贺志刚译。

原因,马基雅维利在后世的马克思主义者中获得了很高的赞誉。①

能力(virtù)与命运(fortuna)的关系几乎贯穿马基雅维利所有作品之中。但马基雅维利究竟采取防御性的筑堤模型,还是更为积极主动的征服模型,视具体语境的修辞需要而定,在大多数情况下,是游移于两个模型之间。在《李维史论》第2卷第1章中,马基雅维利对古代史家普鲁塔克提出异议,后者认为罗马帝国的崛起主要依靠命运的眷顾。马基雅维利认为,罗马看似碰到了持续不断的好运,但这种好运是罗马人凭借自身能力(virtù)赢得的后果。罗马人的能力(virtù)由一系列制度、信仰和实践方式构成,它们限制了命运(fortuna)的支配范围,从而创造出了一个较为稳固的政治空间。但另一方面,罗马的制度、信仰和实践方式的卓越性恰恰在于,罗马人一开始就选择了与命运女神共舞,而非像斯巴达、威尼斯那样封闭自身以避免风险。一个国家的能力(virtù)只有经过命运(fortuna)的反复锤打,才能变得强大。像斯巴达、威尼斯那样主动选择避免命运(fortuna)锤打的共和国,一旦由于某种必然性而暴露在更大的机运之前,就会遭遇惨败。

第四节 君主制与共和制

马基雅维利究竟是一个君主制的辩护者,还是一个共和主义者? 这一问题曾经引起学者长久的争论。目前多数解释家倾向于认为,在马基雅维利那里,君主制与共和制的确存在一些重要的区分,但并不是非此即彼的关系。

君主制与共和制的首要区别是形式上的,即君主国存在终身掌握统治大权的君主,而共和国并非如此。② 更重要的是两种政治生活方式从根本上存在差异。共和国以自由生活(*vivere libero*)为目的,而自由意味着不受奴役,不受他人专断意志的支配。一个政治共同体的自由既意味着不受外族支配,也意味着不受君主的支配。共和国的政治制度是自由的保障,在那里,人们服从自己参与制定的法律,法律追求共同的善,并不是个别人特殊意志的体现。而君主国的一般目的是为了臣民安全地生活(*vivere sicuro*)。(《李维史论》,I. 16)"安全"只是免于外部的实际干涉而

---

① 在阿尔都塞看来,马基雅维利既拒绝了古典贵族道德哲学,也拒绝了资产阶级自然法理论,在这一点上,他仿佛是对人类力量充满信心的马克思主义者的先驱。Louis Althusser, Ben Brewster trans. "Machiavelli's Solitude", *Economy and Society*, Vol. 17 No. 4 November 1988.

② 斯巴达存在两个世袭的王,但他们的权力主要是在军事上的,因而并不影响马基雅维利将斯巴达界定为共和国。

已,并不要求彻底摆脱他人的专断意志的支配。专断意志的支配完全可以引而不发,不转变成事实上的干涉,但只要存在这种支配的状态,就不存在自由。举例来说,在法国这样的世袭君主国里,君主可能会制定一系列保护臣民安全的法律并尽可能少地干预他们的日常生活,但只要君主垄断着统治权力,支配关系的实质就没有改变。

共和国的自由要求平等,而一旦财富的分配出现高度的不均,共和国就会出现腐败,其自由也往往难以维系下去。而在一个高度不平等的地方,恰恰可以建立君主国,因为只有强有力的君主才能镇压桀骜不驯的豪强。君主国比较难于在财富分配比较平均的地方建立。(《李维史论》,Ⅰ.55)如果将之与《君主论》第9章作对比,可以看到,马基雅维利主张"新君主"应依靠平民,并不意味着"新君主"要推行共和国式的平等。相反,新君主"依靠谁"的问题之所以出现,恰恰预设了贵族与平民之间的不平等。

军事制度与共和国的自由也有着密不可分的关系。在《战争的技艺》中,马基雅维利分析了法国国王为支配其臣民而解除他们的武装、转而依赖于雇佣兵的历史;在他看来,斯巴达人与罗马人正是依赖自己的国民军维系了数百年的自由。其中暗含的逻辑是:将人民武装起来,就是向政治自由迈出了关键的一步。

对这位出身平平的佛罗伦萨公民来说,共和国的生活方式的确因其自由而更值得热爱。但他对共和国的辩护绝不仅仅是出于"自由"这一规范的因素,同时也考虑到共和国制度运作的结果。在《李维史论》,Ⅰ.2中,马基雅维利重述了波里比乌斯的政体循环论,将混合政体作为克服君主、贵族与民主三种政体衰变的药方。罗马共和国就是一个典型的混合政体共和国,它比君主国更为稳固:

> 与君主国相比,共和国有着更强盛的活力,更长久的好运,因为它有形形色色的公民,能够比君主更好地顺应时局……只用一种方式做事的人,绝不会改弦易辙;如果时局已变,他的方式不再适用,他也就覆灭了。(《李维史论》,Ⅲ.9)

要理解这句话,我们有必要回顾《君主论》第25章,在那里马基雅维利公然认为,一个人如果能根据时势和事情本身而改变自己的自然(*natura*),他的好运(*fortuna*)就不会改变。马基雅维利希望"新君主"可以根据不同的时势需要,以自身能力(*virtù*)之中不同的方面来从容应对。因而,"新君主"的能力(*virtù*)必然是复合的。然而,一个人的自然(*natura*)恰恰又是极难改变的东西,人总是被自己惯用的方式所限定,不可能做到无穷的变形。一个国家若是把自己的基础放置在一种概率极小的可能性上,就无法稳如磐石。因而,与其试图在一个人内部创造出一种复合结构,还不如以无数人为原料,创造出一个宏观的复合结构。对个人所发出的"改变自然"的号召,对于共和国这样一个复合结构来说就变成多余了——它可以使用性情、禀赋和行事方式大相径庭的公民和政治家来应对不同的政治时势。①

共和国之所以能运用不同性情、禀赋和行事方式的人才来应对不同情况,与其更为优越的权力继承模式密不可分。马基雅维利认为:"(共和国)采用选举方式,使得继位者不是两个,而是无数个最有德性的君主。在制度优良的共和国,总是存在着这种德行的传承。"(《李维史论》,Ⅰ.20)选举方式不仅使罗马共和国人才辈出,它在王政与帝国时期的运用所取得的效果也优于世袭继承。在《李维史论》第Ⅰ卷第 10 章中,马基雅维利在回顾了罗马的历任君主后,甚至归纳出一个规律:"……除了提图斯以外,所有通过世袭继承方式接替地位的皇帝都是坏皇帝;那些通过收养继承方式继任的皇帝都是好皇帝……当帝国被传给世袭继承人时,就重新毁灭。"②

共和国的稳固性与人民自身的特性也密不可分。一方面,人民在维护良好政治秩序方面的能力要远远超过君主。罗马人民在行事时比君主更为审慎、更加持之以恒。他们能够保持一种荣耀观念数百年不变,而君主却很容易被千万种诱惑所败坏。共和国人民的稳定性,是一种因集合而成的稳定性。在法纪严明的情况下,共和国体制下政治权力的分享,能将个别官员和公民败坏的消极后果降到最低。另一方面,人民为数众多,加强了共和国对于颠覆行动的承受能力。反对君主的个人阴谋比反对共和的阴谋更容易成功。毕竟,君主的事业依赖于其肉身。而共和国的事业却超越了单个肉身。即便个人倒下,共和国的制度结构依然屹立不倒。

然而,在马基雅维利看来,人民并不适合城邦的创建事业。许多人对共同利益的认识分歧过大,必然会干扰创建的行动,因此,伟大共和国在创建之初,需要伟大的立法家大权独揽。马基雅维利将罗慕洛斯的建国行为作为范例——罗慕洛斯在建罗马城之时,与自己的兄弟瑞穆斯发生冲突,杀死了后者。这一行为本身当然是不义的,但其结果却是良好的,值得后人的原谅(《李维史论》,Ⅰ.9)。罗慕洛斯建立的当然还不是一个严格意义上的共和国,而是一个君主国,但它的一系列基本制度却有助于这个新城邦向共和国演变。在立法家为城邦奠基之后,一旦人民认识到自己的利益所在,就会比君主更适合于保存这种利益。我们可以将马基雅维利这一认识概括为"一人建国,众人护国"。

---

① 马基雅维利常举的例子是法比乌斯(Fabius)与西庇阿(Scipio)两位罗马将领,他们一个谨慎保守,一个勇猛大胆,但因为各自的行事方式与时局相适应,最终合力打败遵循自身单一行动程式的汉尼拔。《李维史论》,Ⅲ.21尽管汉尼拔所属的迦太基也是个共和国,但当他孤身率军在意大利作战时,无异于一位君主。

② 在此,马基雅维利所谓"那些通过收养继承方式继任的皇帝都是好皇帝"的判断,与史实有很大出入,他所举提图斯、涅尔乌斯、图拉真、哈德良、安东尼乌斯和马库斯五个人的例子,难免以偏概全。但我们不必苛求——马基雅维利并不是以"求真"为目的的史学家。上文看似绝对的总结,表明了他自己的鲜明立场:在"亲亲"和"尊贤"之前,他将毫不犹豫地选择"尊贤"。

一个政治体一旦产生，就开始了腐败的过程，其原创的声望与原生的发展能力会随着时间的推移而逐渐衰败。腐败的表征就是财富不平等的扩大与党争的加剧。① 在这里，马基雅维利对古代的崇尚与他所处时代的商业共和国案例恰恰发生冲突。马基雅维利将商业与贸易视为败坏共和国的源头之一，在他看来，要使公民保持其德性，最好是让他们保持贫穷。(《李维史论》，Ⅲ.25)但财富的积累与分化又是一个在时间流逝中必然发生的过程，因而民众的德性从一个纯洁的开端逐渐下坠。如果共和国的民众本身已经败坏，共和政体的持续也就成为问题。在这种情况之下，马基雅维利提议伟大的政治家大权独揽，将共和国带回到其开端。这时候的共和国之所以有必要接近君主制，是因为共和国的腐败已经产生了大量桀骜不驯者，驯服他们需要集中的强制力量。马基雅维利尤其将"绅士"作为自己批评的对象。所谓"绅士"，指的是靠着自己动产收益过着富裕生活，游手好闲，毫不关心耕作和其他为生计所迫而劳动的人；但危害程度更大的是拥有自己城堡和属民的"绅士"。(《李维史论》，I.18，I.55)在这里，马基雅维利体现出了其激烈的反封建的倾向。要建立或者重整共和国，就需要以帝王般的铁腕来克服这些封建割据势力。正是在克服腐败这一问题上，马基雅维利在共和国中重新引入了君主制的因素。

罗马作为扩张性国家的现实也使得其共和制更能容纳君主性的因素。马基雅维利在《君主论》中谈新增的君主国的时候，就曾举了罗马人如何统治希腊的例子，而全然不顾在那个时候罗马是在共和政体之下。这说明马基雅维利认为罗马人对于这些新增领土的统治，从性质上和君主的统治没有什么两样。② 显然，那些被共和国派遣到边疆进行统治的将领们，都可以视为履行了"新君主"的功能。

我们如何在共和制与君主制的复杂关系中理解马基雅维利在《君主论》中对梅迪奇家族提出的武装人民、统一意大利的呼吁？在历史上，完成统一意大利事业的只有罗马共和国，模仿这一事业，也就有必要模仿罗马人的方式与制度，包括其国民军制度。但《君主论》并没有明确指出，如果人民得到武装的话，他们会否在政治上提出进一步的要求？"新君主"一旦将人民武装起来，就有可能超越一个普通君主国的"安全生活"(vivere sicuro)，为"自由生活"(vivere libero)准备了条件。在马基雅维利笔下，那个完成这一转变的范例，仍然是罗马。

---

① 马基雅维利认为最有益于建立自由生活的做法，就是让公民保持贫穷。(《李维史论》，Ⅲ.25)很明显，他所在的时代还没有真正非常强大的商业共和国，因而他以古代共和国作为自己的楷模。

② Mikael Hörnqvist 注意到了马基雅维利《君主论》中的这一段，并将之放在共和帝国的语境中进行探讨。See M. Hörnqvist, *Machiavelli and Empire*, Cambridge University Press, 2004, p.123.

第五节　贵族与平民

马基雅维利的政体理论具有一个非常坚实的政治社会学与政治心理学基础。他在一个国家的人口中区分出贵族与平民两大阶级，并认为各种政体的建构都离不开对两大阶级的安排。

马基雅维利在《君主论》第9章中指出："在每一个城市里都可以找到两个相互对立的党派（umori，直译为'体液'）：平民不愿意被贵族统治和压迫，而贵族则要求统治和压迫平民。"这一句话的语境是探讨对于受市民推举成为君主的人来说，平民与贵族何者更为可靠。马基雅维利的答案更倾向于平民。他认为平民的目的比贵族更公正，前者只是希望不受压迫而已，而后者却希望进行压迫。贵族自以为能与君主平等，而平民不会有同样的想法。君主对平民施以恩惠，即能赢得平民感激，但贵族不会因小恩小惠而心存感激。此外，从人数上说，平民比贵族更多，得罪平民比得罪贵族更易给君主造成危险。因此，马基雅维利提议他的"新君主"尽量获得平民的友谊。而对贵族，"新君主"应作仔细甄别，防范其中的桀骜不驯者，利用胆怯者，爱护那些主动依赖于君主的人。

像法兰西王国这样的旧世袭君主国也是基于对两大阶级的某种安排而获得稳定。马基雅维利指出，少数人希望统治他人，多数人则只是追求安全，他们都有可能对君主提出自由的要求。在这个时候，君主如果能够利用高官厚禄稳定谋求统治权的少数人，或者清除他们，并制定法律以保护多数人的安全，那么就可以建立起一个以安全生活（vivere sicuro）为精神的君主国。（《李维史论》，Ⅰ.17）

《李维史论》进一步探讨了共和国对两大阶级的结构性安排。马基雅维利指出，对某物的守护之责应交给那些对侵占该物的欲望较小的人。平民只有不受统治的欲望，由他们来守护自由，会更加照顾它，他们既然自己不可能占有它，也不会允许别人占有它。《李维史论》第Ⅰ卷第3章即开始分析罗马共和国的一项独特制度——保民官制度。这项制度本身是罗马平民与贵族斗争的结果。共和国的对外战争离不开平民的军事力量，但贵族对平民进行压迫，因而引起了平民的脱离运动。其结果是平民与贵族达成共识，贵族同意平民选举保民官，保民官人身不可侵犯，并对共和国官员的各项决定有否决权。在某种程度上，我们可以将保民官的否决权看作运动中的平民力量。他们反抗压迫，但并不因此而压迫他人。而贵族得以保留他们的荣耀与政治领导权，可以发挥出他们在政治中的领导能力，二者之间形成一种结构性的互补关系，没有一个阶级能够消灭对方，也没有一个阶级试图消灭对方。两个阶级之间围绕着利益分配而

第九章 马基雅维利的法律思想

展开的斗争,长期以来能够形成建设性的法案,并且为罗马共和国对外扩张提供了强烈的动力。贵族们发现,他们只有不断对外扩张才能转移国内矛盾;同时战争也让杰出的人才得其所用(《李维史论》,Ⅲ.16),从而保持贵族的政治领导权。

马基雅维利赞赏罗马平民在与贵族斗争过程中的明智与克制。他曾在《李维史论》第1卷第47章中举了一个例子:在罗马共和国早期,平民对贵族垄断执政官权位不满,要求获得担任执政官机会,否则就必须削弱执政官权力。贵族做出让步,允许平民选举被授予执政官权力的军团长官。但在具体选举军团长官的时候,平民选出的人却都是贵族,这是因为平民必须对自己的候选人做出具体判断时,认识到自己的群体当中没有人有能力担任这一职位。马基雅维利从中看到,平民的认识能力在处理一般性事务的时候有重大缺陷,但在处理具体的事务的时候,却不会犯错。

作为对比,威尼斯与斯巴达两个共和国将维护自由的责任交给贵族而非平民。这一举措的辩护者认为这有两个好处,首先是满足了贵族的抱负;其次是断绝了平民的觊觎之念。但马基雅维利认为这一举措的代价是,整个共和国丧失了对外扩张的动力。两个共和国的贵族们小心翼翼,尽量避免动员平民,以防他们在政治上提出更多的利益要求。但因此两个共和国的战争动员能力因此也无法得到实质提高,无法攻城略地、开疆辟土。然而"必然性"又迫使这两个共和国对外扩张,在其政治制度缺乏适应力的情况之下,扩张必然会带来国家的腐败与混乱。马基雅维利提议,建国者在创设各项基本制度时,就必须考虑到扩张的"必然性",而这意味着应当仿效罗马,而非威尼斯与斯巴达。

在马基雅维利看来,他的祖国佛罗伦萨对阶级问题的处理非常拙劣,既不如两大阶级"斗而不破"的罗马模式,也做不到两大阶级相安无事的威尼斯与斯巴达式模式。佛罗伦萨平民的野心过于膨胀,超越了"不受压迫"的限度。他们试图把贵族全部排除出最高职位,而贵族在绝望之下全力自卫。流血冲突之后制定的法律反映的完全是胜利者的利益。平民胜利之后,剥夺贵族参与政府的一切权力。贵族为了重新取得一部分权利,不仅在外表上装作平民的样子,甚至在言谈举止、思想认识、生活方式等等方面也都模仿平民,但这很大程度上是一种"向下看齐",放弃了贵族的许多优秀能力与品质,包括他们卓越的军事才干和豪放的感情。于是,佛罗伦萨在平民化的同时,被一群无能之辈所领导,丧失了发展的可能性。但波诡云谲的国际时势又需要佛罗伦萨出现强有力的领导者,一旦出现有能力的领导者,"就满可以按照他自己的愿望,很容易地把这个城邦捏塑成任何形状"。(《佛罗伦萨史》,Ⅲ.1)因为这个平庸化的城邦连抵抗的能力都丧失掉了。在1521年,马基雅维利向出身于梅迪奇家族的教皇利奥十世提议全面修改佛罗伦萨宪制,一方面给予显贵更为稳定的政治领导权;另一方面又允许平民的代表出任监事官,对显贵的施政行使否决权。这一改革的基本思路,实际上就来自他推崇的罗马模式。

然而,自从格拉古兄弟土地法改革以来,贵族与平民的动态平衡被打破,罗马的内斗逐渐摧毁其共和宪制。① 如何解释格拉古兄弟的土地改革,关系到马基雅维利所阐述的罗马模式的可持续性。马基雅维利在《李维史论》第Ⅰ卷第 37 章中集中处理了这一问题,指出贵族和平民的欲望并不是一成不变的,而是可以相互强化。贵族总是渴望攫取更多,而平民在贵族压力下,恐惧失去已有的一切,正是这种不安全感驱动他们去获取更多的东西,以保障已有的东西。因而,从根本上说,平民野心的扩张仍然是对贵族欲望膨胀的回应。具体的表现是,在获得保民官的建制之后,平民还要追求进一步与贵族分享官职与财富。而贵族在涉及官职的斗争中往往会做出让步;一旦涉及财富,则顽固地保护既得利益,而这就使得斗争不断升级以至于失控。马基雅维利一方面对平民的缺乏审慎表示遗憾,认为他们制定一部溯及既往的重新分配土地的法律激化了矛盾,而对土地问题进行拖延或许是更为明智的策略;但另一方面,他认为平民的动机却是正当的:如果他们不以自己的野心抗拒贵族不断膨胀的野心,罗马共和国的崩溃或许会来得更早。

因此,马基雅维利实际上承认,他所推崇的罗马模式具有内在的不稳定性,平民与贵族激烈的斗争有可能冲破共和宪制的约束。但马基雅维利并没有建议对贵族和平民的欲望进行节制。对他而言,这种不稳定性是罗马模式为帝国建构所付出的必要代价,并没有真正的两全其美之策。

第六节　公民宗教

一般认为,共和主义传统中"公民宗教"的论题滥觞于马基雅维利,尽管马基雅维利并没有使用"公民宗教"的表述。在马基雅维利看来,为了维护共和国的自由,使共和国的法律获得权威,需要一种强有力的宗教。这种宗教关注的重点并不是死后的灵魂得救,而是现世的美德与荣耀,能

---

① 罗马的土地制度与军事制度密切相关。罗马的百人团军事体制要求战斗的士兵自备武器,而只有有产的自耕农才能配备武器,如果自耕农的土地被贵族大量兼并,就会危及罗马的兵源。在长期扩张的过程中,罗马将新征服的土地中的一大部划为公有土地,放任贵族占有和使用公地,但不向平民分配公地。到公元前 2 世纪,人口的增长所造成的土地资源的相对稀缺、贵族的庄园地产对小自耕农土地的兼并,使得大量平民破产。平民因而要求分配公地。对于格拉古兄弟来说,分配土地不仅仅是平息平民的怒火,同时也是为了维持罗马的传统军事体制。格拉古兄弟改革的失败,最终导致了罗马传统军事体制难以为继,马略随后进行的军制改革,转向了募兵制。

激发政治上积极有为的行动。

罗马是马基雅维利的宗教论的典范。第一任国王罗慕洛斯建立城邦，但他治下的人民粗野而桀骜不驯。第二任国王努马引进宗教，建立起完备的礼制，借助神的权威，他可以非常容易地塑造他领导的质朴的、未开化的人民，让他试图引进的法律获得长久的权威，不至于因为立法者的死亡而烟消云散。因此，马基雅维利认为："假如要去争辩更应当感激哪一个罗马君主，罗慕路斯还是努马，窃以为要把努马放在第一位。"(《李维史论》，Ⅰ.11)罗马的精英们巧妙地利用宗教来达到他们自己的政治目的。他们利用平民对神的恐惧，根据现实的需要来解释占卜的征兆，但从形式上又严格遵循着宗教的仪轨，避免给平民留下任何不敬神灵的印象。这就既维系了宗教的权威，又能让宗教为政治与军事需要服务。这也暗示了，贵族精英自身并没有那么强的对神的恐惧，但马基雅维利也没有说，他们的自制源于对诸神的热爱。

在马基雅维利看来，当时的基督教难以产生古代异教一样的政治效果，它只是将在尘世度过的今生看作一种永恒生活的预备，关注死后的灵魂得救甚于现世的荣耀。它过于推崇谦卑、自我的禁欲修行和蔑视尘世事物，鼓励容忍邪恶者的蛮横行径，抑制报复行为。在基督教的世界里，祖国与其他尘世事物一样，难以获得神圣性，无法激发起公民的热爱之心。① 但古代的异教则不然，它们赐福于充满世俗荣耀的人，它们的祭祀仪式豪华而壮观，虽然在很多方面显得血腥和残暴，但能够将公民团结为一体，促使公民为了世俗的共同利益去建功立业(《李维史论》，Ⅱ.2)。

现实中的罗马教廷则更糟糕。它已经高度腐败，在行动中并不遵守自己在口头上宣扬的基督教义。这造成的结果是整个社会的宗教与道德沦丧。在地缘政治上，教廷既没有力量统一意大利，也不允许其他势力来统一，而是致力于在意大利保持一种均势局面，这就将意大利的分裂和孱弱局面固定下来。在马基雅维利看来，教廷已经成为统一意大利事业的障碍而非助力。(《李维史论》，Ⅰ.12)

虽然马基雅维利对基督教的批判非常激烈，但在写作中，他又不自觉地受到基督教一神论的影响。他在论述罗马宗教时用了"Timore di dio"("对神的恐惧"，《李维史论》，Ⅰ.11)，此处的"神"(dio)用的却是单数而非复数，有违罗马宗教作为多神教的事实。这说明他在落笔的时候，仍然受到基于犹太教—基督教的一神教背景的语言习惯的影响。此外，在《新约》与《旧约》之间，马基雅维利又更为看重《旧约》，在其作品中反复提及摩西、大卫等《旧约》人物，却又极少提耶稣及其使徒，其原因在于《旧约》中的宗教与政治紧密相连，更接近于他关心的服务于政治目的的宗教。

解释者在马基雅维利的宗教观问题上颇为分裂。一些学者认为他从

---

① 必须注意这里的基督教是宗教改革之前的天主教。经过16世纪宗教改革之后，许多新教教派与马基雅维利所述的基督教特征已经相去甚远。

根本上是异教的推崇者,他对基督教整齐划一的思想道德专制的挑战与对世界丰富多样性的捍卫,开启了现代世界的多元主义。① 但也有学者认为马基雅维利还没有走那么远,他更多是受到佛罗伦萨的"共和基督教"传统的影响。"共和基督徒"们仍信奉基督教的上帝,只是认为上帝垂爱于那些热爱共和国的自由、充满共和德性的人。如同马基雅维利呼唤那些败坏了的共和国回到它们未被败坏的开端一样,马基雅维利也希望基督教会回到其没有被败坏的开端。按照这种解读,马基雅维利似可被纳入16世纪宗教改革的思想先驱行列。②

第七节 解释罗马共和国宪制

《李维史论》是马基雅维利最为系统的罗马共和国宪制评注。在那里,他回顾了罗马自从建城到成长为一个强盛的共和国的历程,对其宪制的逻辑进行了深入剖析,并将其建构成为"新的方式与秩序"的典范。处于他的解释的核心的,是他的自由(Libertà)理念、对平民与贵族关系的认识以及帝国事业所带来的荣耀。

马基雅维利追随李维的叙事脉络,并对罗马史重要事件进行点评。他赞许罗慕洛斯独自一人建城的方式,认为其杀死兄弟的行为是值得原谅的,因为多人建城会导致相互扯皮,产生不了好的法律。他很快又指出,虽然罗慕洛斯是独自建城市,但他随即创建了元老院,即是让众人来保有他所开创的自由。第二任国王努马通过引进宗教,对质野的罗马人民进行教化,尤其是利用对神的恐惧来建构良好的法律。但他推行的和平政策使四邻藐视。努马死后,继任君主迅速重新开战。罗马在建城之后,几任君主虽然风格不同,但均是有为之君,为罗马打下了坚实的基础。在塔克文家族因触犯人民感情而遭到驱逐之后,执政官领导的共和国得以建立,防止复辟的重要事件是执政官布鲁图斯杀死自己密谋复辟王政的儿子,这就避免了共和功臣的子嗣们将国家重新带回世袭制原则。随后,共和国迅速发生平民与贵族的阶级斗争。阶级斗争曾导致十人委员

---

① 伯林持此种解释。See I. Berlin, *The Originality of Machiavelli*, in M. P. Gilmore, (ed.), *Studies on Machiavelli*, pp. 168-170, 172-174, 198. 伯林的解释弱点在于,其对"基督教"的界定过于大而化之,忽视了中世纪晚期的天主教伦理观中存在着一个强大的后果主义(consequentialism)与决疑术(casuistry)传统,而马基雅维利通过其深谙教会法的父亲,接触到这一传统。换而言之,在基督教与异教之间的截然二分,恐怕过于粗糙。

② M. Viroli, *Machiavelli's God*, Princeton: Princeton University Press, 2010。这一解释的弱点恐怕在于其过于强调马基雅维利与佛伦伦萨的共和基督徒们的共性,而淡化马基雅维利对共和基督徒们的偏离。不同解释,除上注伯林书之外,还可参见[美]哈维·C. 曼斯菲尔德:《新的方式与制度》,贺志刚译。

会的建立以及《十二表法》的产生。但十人委员会很快走向暴政,其原因在于对它的授权在内容上缺乏限制,也缺乏其他机构的防范。十人委员会被推翻之后,罗马恢复了执政官体制。但阶级斗争继续深化,平民数次威胁退出,贵族让步,导致保民官制度的建立,以及贵族逐渐允许平民承担一系列共和国官职。平民对共和国的政治参与具有重大意义,用他自己的概括来说,"良好的典范源于良好的教育,良好的教育源于良好的法律,良好的法律源于纷争"(《李维史论》,Ⅰ.4)。平民与贵族之间的纷争导致了一系列良好的国内法律的创设,并为对外扩张提供了源源不断的动力。而在他之前的罗马史解释者通常是将平民与贵族之间的斗争作为共和国毁灭的原因。

马基雅维利重视罗马宪制中的控诉权。罗马人能够向人民、官员或某个会议指控某些人犯有反对共和政体之罪。这可以震慑意欲作奸犯科者,同时也为人民提供了公开与合法的泄愤渠道。罗马人在提供指控权的同时,还对污蔑进行惩罚,这非常有助于避免私下的、不可控的党争。马基雅维利以佛罗伦萨共和国的制度作为对比。佛罗伦萨缺乏正式的控诉制度,导致党争只能以非制度化的手段来进行,污蔑盛行,经常引起共和国的分裂,甚至造成引狼入室的结果。

马基雅维利非常重视作为平民与贵族斗争成果的保民官制度。保民官制度以否决权为核心,保障了平民不受支配的自由,但同时又没有剥夺贵族的政治与军事领导权。同时,保民官制度还能够在一些宪政危机场合发挥重要作用,可以防止少数人拒绝或拖延做对共和国的维系来说必要的事情。如当两个执政官见解不一导致事务无法执行,但执政官又拒绝元老院任命独裁官的建议时,元老院说服保民官对执政官行使了否决权,迫使执政官任命独裁官。(《李维史论》,Ⅰ.50)

罗马史评论者往往将罗马的独裁官制度作为共和国灭亡的原因,认为正是独裁官巨大的权力导致了他们建立专制。但马基雅维利反对这种流俗的解释。在他看来,独裁官制度是有益的,是共和国处理那些刻不容缓的紧急状况所必需的。一个共和国如果没有这种制度,要么就墨守成规自我毁灭,要么就打破旧制以自保。正常的独裁官制度并不会导致奴役,因为它有三大限制:第一,任期短;第二,独裁官并不能取消元老院、执政官、保民官等机构,其拥有的权力存在实际上的限制;第三,罗马人民尚未腐败,对于奴役尚有反抗之力。(《李维史论》,Ⅰ.34,Ⅰ.35)使罗马后来陷入奴役的并不是独裁官的名称或官阶,而是个别公民通过延长权力的期限而获得的不同寻常的权力。

马基雅维利接着解释了执政官任命独裁官这一宪政惯例的原理。在他看来,这一任命权能在很大程度上保全执政官的尊严。因为独裁官在任期间,执政官也必须听命于他;一旦独裁官卸任,执政官就恢复权力,但如果人民看到他曾对独裁官亦步亦趋,就容易对他产生藐视之心。作为对执政官的一种补偿,共和国就由执政官来任命独裁官。

马基雅维利还解释了在罗马允许平民担任执政官之后,何以对执政官职位不再附加年龄与血统限制。在他看来,这体现的是罗马人明智的判断。执政官职位一般不应由年轻人来承担,但如果有年轻人获得人民很高的呼声,这恰恰说明他有远超常人的才能,对此,共和国不应错过。没有血统限制,也是出于对贤能的尊重。(《李维史论》,Ⅰ.60)

至于监察官,马基雅维利视之为罗马道德风纪的裁断者(《李维史论》,Ⅰ.49),其积极作用是大大延缓了罗马的腐败。

令人惊讶的是,马基雅维利对在西塞罗笔下居于罗马共和政体代表者地位的元老院恰恰着墨不多。《李维史论》并没有用专章来论述元老院,而只是在谈到其他制度的时候,附带提到元老院。从这些零散的论述中,还是可以勉强拼凑出一个元老院的形象。首先,它无疑是罗马贵族的政治代表;其次,这也是个富于现实主义政治智慧的政治机构,尤其在驾驭平民这一点上,表现极为杰出。比如说,元老院在被形势所迫给平民发军饷时,却做得像是给予平民的荣耀,哪怕这笔钱最终会转换成平民的赋税负担;当元老院担心行使执政官权力的军团长官全部落到平民手中时,就动员罗马贵族中最有声望的人来谋求这个职位,同时也收买一些名声很坏的下流平民去谋求这个职位,最后,平民羞于将军团长官职位授予那些下流分子,而是将其授予贵族。结合以上的分析来看,马基雅维利是将元老院放在贵族与平民关系的框架中来叙述,将其作为一个领导阶级的政治机构,而不是像西塞罗那样,将之视为一个代表整体利益的机构。共和国的共同利益是在不同政治势力动态的斗争中得到实现,而非由单一机构包办实现。

前文论述过马基雅维利对公元前2世纪格拉古兄弟的土地革命的分析。马基雅维利将之视为罗马共和政制走向崩溃的关键点。由于这场斗争烈度是如此之高,以至于共和国的官吏们已经无力调停,平民和贵族各自转向于他们自己的领袖,斗争越来越偏离共和的制度轨道。但马基雅维利之所以分析这场斗争,其目的不是为了反思罗马何以走向衰落。他恰恰是要论证,罗马以平民的野心来制约贵族的野心,是相当出色的政治安排。如果没有来自平民的制约,贵族的飞扬跋扈可能在很久以前就毁灭了共和国。马基雅维利是在暗示读者,应该认识到罗马共和国已经是一个光辉灿烂的政治作品,进一步的批评恐怕就要越出人类事物的本性了。

第八节　帝国的建构与统治

马基雅维利对帝国扩张的兴趣与其作为佛罗伦萨政治家的经历紧密相连。佛罗伦萨共和国本来就是一个有帝国扩张野心的共和国,控制着若干附属城市以及广阔的乡村地区,自从 1494 年以来,多次试图收复脱离佛罗伦萨控制的比萨城。同时,佛罗伦萨的命运,又镶嵌在意大利半岛的争霸棋局之中,面临着法国、西班牙、教皇国、威尼斯等势力的帝国扩张野心。时代的需要召唤出了马基雅维利的帝国理论。①

对马基雅维利来说,帝国事业是人世间世俗荣耀的重要来源。他对君主国与共和国内政的探讨,总是与其扩张的可能性密切关联。《君主论》中论述的"新君主"是一个以建国与扩张为志业的君主;在《李维史论》中,罗马之所以比斯巴达与威尼斯更伟大,恰恰在于它是一个有扩张能力的共和国。因而,罗马的内政建设与帝国扩张并不是割裂的,前者总指向后者。

马基雅维利对于帝国统治术的阐述同时存在于《君主论》与《李维史论》中。在《君主论》中的讨论主要见于第 3 章对新增的君主国的阐述。他从两个维度进行了分析:第一是是否属于同一语言和地区。如果是属于同一语言与地区的,灭绝掉原有的君主世系,不改变其法律与赋税,就能很容易将统治稳定下来;但如果是不同语言、习惯与制度的,统治难度会非常大,征服者要么是亲自驻节,要么是派遣殖民。而如果要统治整个异质地区,则可以派遣殖民,安抚弱国,但不让弱国的势力增长,压制强大势力,不让一个同样强大的外国获得声誉。在马基雅维利看来,法国国王路易十二以上五点都没有做到,因此未能有效控制意大利。

另一个是政体的维度。新增领土如果生活在绝对君主的统治之下,一开始即难以征服,但只要打败其君主,消灭君主世系,即很容易统治。但如果所征服的君主国贵族势力强大,一开始容易统治,但征服之后统治却比较困难,建立傀儡政权的方式也不太奏效,马基雅维利推荐用消灭或驻军的方式。而如果所征服的国家是一个共和国,则更难以统治,基本上只能是采取消灭或驻军的方式。而罗马在意大利所碰到的敌人基本上是热爱自由的共和国(《李维史论》,II. 2),这就为其征服和统治带来了很大的挑战。

罗马人主动开放自己的城邦,欢迎外邦人来罗马定居,并往往将被它毁灭的城邦居民迁至罗马。这就在一开始使本邦的人口迅速增长,具备了扩张的实力本钱。在李维看来,罗马的扩张得益于独特的结盟方式、殖民制度以及战利品归公的制度。

在第一个方面,《李维史论》讨论了三种帝国扩张方式:第一种是若干城邦结合成平衡的联盟,被他们征服的城邦也被接纳为联盟的平等一员。古代的图斯卡纳人、当代的瑞士人都采取了这种方式。但其弱点是缺乏权力中心,决策成本高,入盟城邦达到一定的数量之后就达到了扩张的极限。第二种是不结盟,直接支配臣属。雅典与斯巴达人即采取这一做法,但用这一方式来统治习惯于自由生活的城邦,会引起很大反弹,因

---

① See M. Hörnqvist, *Machiavelli and Empire*, Cambridge University Press, 2004.

而也会很快达到扩张的限度。第三种是结盟,但不让盟友拥有帝国的名号和地位。这既为自己获得盟友,避免在条件不成熟时进行直接统治会带来的成本,也保持了强有力的决策中心。在条件成熟的时候,又能够变间接统治为直接统治。罗马就是用这一方式赢得其帝国的。他们与周边许多邦国和部落结盟,利用后者的军队打仗,但为他们保留较大的内政自主权,同时在意大利之外建立行省。等到这些意大利盟友发现自己已经被罗马的行省所包围时,已经不具备成功造反的实力,只能眼睁睁地看着自己变成罗马的行政单位。

在第二个方面,罗马往往惩罚战败的敌人交出一部分土地,将之分配给私人,或在上面建立殖民地,从而使得殖民地成为对付敌人的第一道屏障,而且不需要罗马国库支持。马基雅维利在《君主论》第3章中认为,派遣殖民往往比驻扎军队更有利于统治新增领土。

在第三个方面,罗马人用战利品来充实国库,从而避免向公民征税。国库的充盈,使得罗马人在发动战争方面具有了很大的自主性。同时保持"国富民穷"也有助于公民保持德性,不至于很快被财富败坏。

此外,罗马人出色的外交技艺、独特的军事体制和作战方式都促进了帝国的扩展与统治,对此本章不一一论述。需要强调的是,一旦马基雅维利的关注点从灵魂得救转向世俗荣耀,帝国事业不可避免成为他的核心追求。而共和国的自由之所以可贵,部分原因在于其有助于帝国的建构。在这个过程中,共和国的公民也得以分享帝国的荣耀,在帝国建构的过程中找到自我实现的舞台。

第九节 反思与结论

确定无疑的是,马基雅维利改变了古希腊-罗马与中世纪主流思想家们对于理想政体/宪制的探讨方向。对于后者而言,理想的政体/宪制不仅关系到"外物诸善",更应当实现政治共同体成员灵魂的完善。马基雅维利从表面上继续了对于理想政体/宪制的探讨,但使其转向在"外物诸善"的世界中的生存和繁荣。政治行动的意义也不再是灵魂的得救,而是在一个必然朽坏的世界中留下尽可能持久的政治作品——对他而言,罗马共和国就是这样一个集体作品,它并不试图超越人类攫取和扩张的欲望,而是积极利用这种欲望,打造一个"斗而不破"的动态结构,从而使得政治共同体作为一个整体获得更大的扩张。共和的自由基于这种欲望,并在最后指向扩张性的帝国。站在15—16世纪之交,马基雅维利的思想仿佛预示了后来几百年的民族/国家建设、政体革命、殖民帝国扩张、社会的世俗化和人类征服外部世界能力的持续增长,因而也引发了后世许多思想家强烈的共鸣。

在西方法律思想史的知识地图上,马基雅维利是一个极其重要的交通枢纽,与古代、中世纪与现代的遗产同时发生着紧密的关联。多年以来,马基雅维利研究已经成为诸多思想史方法相互竞争的一个场域。因而深入马基雅维利研究,不仅能通过这个交通枢纽抵达一系列西方精神遗产,更能对各种思想史方法获得直观的体验,从而做到举一反三。在此意义上,深入研习马基雅维利思想具有很高的回报率,值得有志者尝试。

思考题

1. 马基雅维利对"新君主国"和"世袭君主国"的区分以及相关论述,对于我们理解法治的起源有何启发?

2. 有学者认为马基雅维利是站在平民的立场上写作《李维史论》,这本书的呈献对象是两位显贵家族出身的青年,马基雅维利对帝国事业的倡导,正是为了利用显贵子弟的权利欲和荣誉感,诱使他们接受罗马式宪制,在有机会主政的时候,给予平民更大的政治权力。试评论这一解释路径。

阅读文献

1. [意]马基雅维利:《马基雅维利全集》,潘汉典等译,长春,吉林出版集团,2013。

2. [美]利奥·施特劳斯:《关于马基雅维里的思考》,申彤译,南京,译林出版社,2004。

3. [美]哈维·C. 曼斯菲尔德:《新的方式与制度》,贺志刚译,北京,华夏出版社,2009。

4. [意]葛兰西:《现代君主论》,陈越译,上海,上海人民出版社,2006。

5. Croce, B., *Etica e politica*, Bari: Laterza, 1981.

6. M. Hörnqvist, *Machiavelli and Empire*, Cambridge University Press, 2004.

7. M. P. Gilmore, (ed.), *Studies on Machiavelli*, Sansoni, 1972.

8. Kahn, V., *Machiavellian Rhetoric: From the Counter-Reformation to Milton*, Princeton University Press, 1994.

9. J. McCormick, *The Machiavellian Democracy*, Cambridge University Press, 2011.

10. Pocock, J. G. A., *The Machiavellian Moment: Florentine Political Thought and the Atlantic Tradition*, Princeton University Press, 1975.

11. R. J. Roecklein, *Machiavelli and Epicureanism: An Investigation into the Origins of Early Modern Political Thought*, Lexington Books, 2012.

12. Skinner, Q., *The Foundations of Modern Political Thought: Volume I: The Renaissance*, Cambridge University Press, 1978.

13. Skinner, Q., *Liberty before Liberalism*, Cambridge University Press, 1998.

14. Vatter, M. E., *Between Form and Event: Machiavelli's Theory of Political Freedom*, Kluwer, 2000.

15. M. Viroli, *Machiavelli's God*, Princeton University Press, 2010.

第十章 福蒂斯丘与《英国法礼赞》

第一节 福蒂斯丘与"都铎悖论"

约翰·福蒂斯丘爵士(Sir John Fortescue)约生活在 1390—1470 年间,英格兰德文郡人。他曾 4 次担任林肯律师学院院长,8 次被选进议会,被授予高级律师称号,在 17 个郡和市镇 35 次担任治安法官,并且担任过王座法院的大法官。

福蒂斯丘生活的时代正逢英法之间的百年战争和国内的玫瑰战争。在这样的时代背景下,他面临着这样的境遇:一方面,渴望英国拥有一位强力君主;另一方面,又要维系英国悠久的政治和法律传统。作为一个忠诚的兰开斯特家族的拥护者,他把政治愿景的实现寄托在了亨利六世的独子爱德华王子身上。

福蒂斯丘一生中写过不少作品,流传至今的有《英国法礼赞》《论英国的政制》《论自然法的本质》等,其中,最能全面体现其政治法律思想的是《英国法礼赞》。1468—1470 年间,他随英格兰王室流亡法国,期间对爱德华王子进行了一次系统的指导教育,最后集结为《英国法礼赞》。在这部作品中,福蒂斯丘模拟了一位"大法官"(Lord Chancellor)与王子的对话,通过解答王子对于学习英国法的十五个问题,勾勒出了一位英国新君主的形象;同时,通过对政治统治和王权统治的论述,他试图找出一条让王权和法治并行不悖、互为佐翼、共同增进的道路。他的这个理想,在当时并未实现。但是,在随后的都铎王朝却出现了被后世史家称作"都铎悖论"①的奇妙局面:王权和法律的权威共同增进,专制和法治并行不悖。

---

① Jr. W. H. Dunham, "Regal Power and the Rule of Law: A Tudor Paradox", 3/2 *The Journal of British Studies*, 1964, pp. 24-56.

第二节 王权统治和政治统治中的君主与法律

在《英国法礼赞》中,福蒂斯丘设置了一位"大法官"向流亡的王子觐言学习法律的场景。这种举动并不合时宜,但是,却透露出了福蒂斯丘心目中英国新君主的形象——既不是中世纪人文主义者心目中虔敬的基督君主,如同王子的父亲亨利六世,也不是半个多世纪后马基雅维里用军事和"新道德"塑造出来的强力君主,而是用英国法塑造出来的新君主。

一、明君必须学习法律

为了劝说王子学习法律,"大法官"给出了三个理由。

第一个理由是:一切法律都是神圣的,学习法律能使人学会对上帝的虔敬。上帝的意志就是法律,圣经是上帝意志的体现,所以,圣经就是法律。"大法官"告诉王子,学习圣经中的律法是为了学会对上帝的敬畏,这种敬畏本身就是一种荣耀,它能使人找到智慧,远离恶。在旧约中,上帝之所以发怒,就是因为以色列的子民抛弃了那种敬畏,而约伯之所以找到了智慧,就在于他时刻保持着对上帝的敬畏。

另外,即便是人制定的法律,其本身也是神圣的。犹大王约沙法对他的审判官说,"你们作出的判断是神的判断"①。因为"所有权柄出自于神"②,所以,人制定的法律也是上帝制定的,认真研习,也会得到上帝的护佑。对于每一位基督教君主来说,他们都有义务通过神圣的法律来统治人民。

第二个理由是:学习法律就是在获取正义,而正义本身就是美德,有了这种美德就可以得到幸福。不管是亚里士多德学派,还是斯多葛学派,抑或伊壁鸠鲁学派,虽然侧重点不同,但是在美德产生幸福这一点上是相同的。那么,什么是美德呢?"大法官"说,法律所展示的正义是一种完善的美德,这种美德不是那种所谓的交换正义或分配正义或其他特殊的美德,而是它自身就是这种美德,只是被冠之以法律正义之名,所以,美德等同于法律正义,法律所揭示的正义并不仅仅是美德的结果,而是美德本身。一个好的君主应该通过学习法律而得到幸福。

第三个理由是:统治者只有学习法律,才能避免无知和不体面,而且从中能得到更多的乐趣。人的理智天生就渴望善,理智一旦在引导下领

---
① 《圣经·历代志下》,第19章。
② 《圣经·罗马书》,第13章第1节。

会了善的真谛,就会感到愉快,而且,领会愈多,他对善就会愈加热爱并且以之为乐。统治者在不断研习之后就会领会到法律的正义,并且去践行它。而一种反复践行的美德会产生一种习惯,践行者因此也会被冠之以美德之名,当统治者乐于行正义,并且从而习得了法律的特性,他就被称为是正义的。

通过陈述这三个理由,福蒂斯丘所化身的"大法官",为王子树立起了一个明君的基本标准。一位好君主应该是心存敬畏又富有智慧,追求幸福又德行高洁,热爱正义又以身践行,而秩序、敬畏、智慧、荣耀、幸福、德性、正义所有这一切,都可以通过学习法律获得。所以,一位好的君主必须学习法律。

二、英国的君主不能"择法而治"

在"大法官"与王子的对话中,王子虽然答应了要学习法律,但是,有一个问题始终困扰着他,那就是:既然学习,就要学习最好的法律,另外,在当时,享有盛誉的是罗马法;另外,在流亡期间,王子也看到了在实行罗马法的法国,君主拥有强大的权力。但是,"大法官"认为,英国的君主只能学习英国的法律,因为这是由英国政治统治和王权统治相结合的统治方式决定的。关于良法与良政的关系,是福蒂斯丘思想中的重要内容。

"大法官"告诉王子,英国的国王不能随意改变王国的法律,因为他的统治不仅是王权统治也是政治统治。在纯粹的王权统治下,国王可以改变王国的法律,可以不经被统治者的同意而增加税赋。民法上的格言"凡是王所乐意的就具有法律强制力",说的就是这种统治方式。王权统治起源于强力。"最初,渴望拥有权力、尊严和荣耀的人,依仗强力使周围的人臣服于他,使他们为自己服役,服从其命令,并最终服从他制定的法律。而对于臣民们来说,只要征服者能保护他们免受他人的侵害,他们就容忍了,同意征服者的统治。于是,王国就出现了,通过这种方式得以统治人民的征服者就取得了国王的名号,这就是王权专制的开始。"①

政治统治则不同于王权统治。在这种统治方式下,不经臣民们的同意,国王不能更改法律,也不能强加一些从未有过的负担;臣民们只受他们可欲的法律的统治,他们可以自由享有他们的利益,不受国王和其他任何人的剥夺。② 对于政治统治的起源,"大法官"这样描述,"在一切形成组合体的事物中,存在着统治元素和被统治元素的区分;一者统治,一者被统治"③。因此,一个意欲成为一个王国或者政治实体的民族,必须把

---

① Sir J. Fortescue, *On the Laws and Governance of England*, Cambridge University Press, 1997, p. 19.
② Ibid..
③ [古希腊]亚里士多德:《政治学》,吴寿彭译,158页,北京,商务印书馆,1965。

控制整个实体的权力赋予一个人,与一个王国类似,这个人就被称为国王。就如同身体长之于胚胎,控之于大脑一样,一个王国产生于人民,并在一个首领的统治下得以存在。所以,对于实行政治统治的王国来说,它起源于人民。对于一个政治体来说,人民的意愿就是心脏,人民的政治意见就是血液,心脏把血液输送给头领和有机体的其他成员,整个有机体就得到了滋养;而法律就像肌肉,它把有机体凝聚在一起,使其得以凝聚和持续;有机体所赖以存在的其他组成部分,也是依靠法律来维护他们的权利。就像作为整个身体的头,不能更换身体的肌肉,也不能阻止器官获取适当的力量和必要的营养一样,国王作为一个政治体的首领,也不能改变法律和违背人民的意愿而剥夺他们的财产。

"大法官"把人民比作胚胎,把国王比作头脑,把人民比作心脏,把法律比作肌肉,而这些都是产生和组成王国的不可或缺的部分。头脑象征智慧,负责做出决策;心脏是生命力的源泉,负责形成决策;而肌肉则象征纽带和力量,用以执行决策和防卫。所以,在这种统治方式下,国王只是政治体的一个部分,他要受到臣民和法律的制约。实行政治统治的典范有古代埃及的国王、埃塞俄比亚的国王、阿拉伯半岛上的赛伯伊国王等,他们都乐于受法律的节制,他们认为,放纵贪欲会给他们带来很大危险。

对于两种统治方式的讨论,福蒂斯丘最早也是最为详尽的论述是在《论自然法的本质》,后来,他在他的其他几篇作品里都有论及,但内容都有些许差别。① 在《英国法礼赞》中,他着重讨论的是两种统治方式的起源,并且强调:依托强力、不受法律制约的君主容易退化成暴君,也增加了自身的危险,从而实际上削弱了他的权力;而经由人民的同意、依照法律实行统治的国王,权力不仅没有减弱,反倒使自己更安全。要防范君主退化成暴君,最有效的措施就是为王权加上由人民和法律编成的笼套。

对统治方式的讨论,还触及一个问题,那就是,统治者能否自己决定用何种法律来实行统治。福蒂斯丘的观点很明确,法律是由统治方式而非国王决定的,即便罗马法被公认为是"最好的法律",英国也不可能采用,除非英国的统治方式发生了改变。所以,英国的君主只能学习英国的法律,并依此进行统治。

福蒂斯丘关于统治方式的论述,背后是一个古典的共和观念,他所说的"政治统治"就是一个好的君主、好的法律和好的臣民的共和体。在这个共和体中,各个部分各司其职、各尽其能、互相制约而又互相增强。在这种统治方式中,君主不能凭借自己的意志随意改变法律,因为他和法律一样,只是这个政治有机体的组成部分。

---

① J. H. Burns, "Fortescue and the Political Theory of Dominium", 28/4 *The Historical Journal*, 1985, p. 778.

第十章 福蒂斯丘与《英国法礼赞》

第三节 理性和经验：英国法中的两种因素

在《英国法礼赞》中，"大法官"数次阐述了英国法中的两种因素，它们的表现形式有"统治的技艺"和"审判的技艺"、"自然法的理性"和"习俗的适用"等。福蒂斯丘的这种精妙区分，凸显出了英国法中的独特思维，这对于进一步理解后世英国法研究中的诸多命题，比如"都铎悖论"中王权与法治的奇妙结合、爱德华·柯克的关于"自然理性"和"人工理性"的区分、戴雪关于主权与法治的论述等，都提供了新的视角。

一、新君主的塑造者："大法官"

英国法中的独特思维方式，首先就体现在福蒂斯丘在《英国法礼赞》中所设置的角色——"大法官"身上。后世多数法律史学家认为，福蒂斯丘并未担任过"大法官"，但他为何设置这样一个角色呢？

"大法官"是英国最古老的官职之一，官方英国史认为设立于605年，而《大英百科全书》认为设立于忏悔者爱德华时期（1042—1066），虽然设立时间说法不一，但对于它的职能描述，两种说法是一致的。14世纪前，"大法官"是王室秘书和牧师，其在司法方面的职能相对次要，它的权力主要来自于王权和教权。在王权方面，"大法官"承袭了13世纪以前首席政法官的政治权威，除了负责管理国王的信件、掌管国玺外，他作为御前会议的重要成员，还要参与国政；在教权方面，14世纪前，"大法官"全部由教士担任，而且往往同时兼任大主教，该职位同时也是王室牧师。而王权和教权的此消彼长正是欧洲中世纪政治斗争的焦点。在临近14世纪时，"大法官"产生了一些重大变化。需要重点提及的是衡平法和衡平法院的产生与发展，而"大法官"正是衡平法院的大法官。所以，从产生之日起到福蒂斯丘时代，它在英国的整个政治和法律传统中扮演了重要的角色。在福蒂斯丘时代，"大法官"更是集掌玺大臣、衡平大法官、王室牧师等多重身份于一身，其在僧俗两届都是当然的权威。

波考克说过，"这两个高级法律官员（王座法院的 Chief Justice 和 Lord Chancellor）有不同的思维方式，所以就会有相应不同的哲学"[①]。王座法院的 Chief Justice 担任的主要是司法职能，所以他的思维方式更多的是专业的法律思考，但是，对于一个君主来说，专门的法律问题并不

---

① J. G. A. Pocock, *The Machiavellian Moment: Florentine Political Thought and the Atlantic Republican Tradition*, Princeton University Press, 1975, p. 9.

需要他亲自处理,他所关注的应该是整个王国的治理。"大法官"的特殊性就在于他集各种职能于一身,他是平衡各种力量的一个结点,包括平衡王权和法治。所以,在《英国法礼赞》中,福蒂斯丘就设置了一位"大法官"来担任"君主之师",对未来的英国君主进行英国法教育。

二、英国法中的理性和经验

在《英国法礼赞》中,王子对学习英国法有一个问题困惑不已:听说学习英国法需要好多年,他害怕自己的时光全部耗费在上面。

"大法官"讲解了学习英国法的方法。亚里士多德在《物理学》中称,"要了解一个事物,我们必须认识事物的本因、本原和元素","本因就是动力因,本原就是目的因,而元素就是质料和形式"[1]。本原是一些基本原理,这些原理不能通过辩论和逻辑推理证明,它们本身是自存的。要学习任何一门学科,必须彻底弄清它的本原。法律中虽然没有自然物和人造物所具有的质料和形式。但是,法律里有某些类似于产生事物的要素,比如,惯例、成文法和自然法,它们就如同自然物所赖以产生的质料和形式,衍生出王国的所有法律。法律与修辞学和语法学相似,都有自己的基本原理和从基本原理衍生出来的基本要素。对于君主来说,要对法律有一般性的了解,只需要学习法律的本因、本原和元素就足够了,更加精确的法律技艺则应交由法官、律师、学徒处理。所以,对于一个法官来说,需要二十年的经验积累才能获得做出判决的技艺,而对于君主来说,只需要用一年的时间就可以理解英国法的原理。

在此,"大法官"把英国法区分为理性的体系和实践的技艺,所以学习英国法也就相应地被区分为对英国法的本因、本原和元素的学习与对英国法的精确技艺的学习;英国的君主应该学习前者从而习得"统治的技艺",而后者,即"审判的技艺"则应该留给法律职业者。

"大法官"的这个论述正是他思维方式的体现。在他看来,英国法是理性与经验的综合体。英国法中有理性的因素,普遍的原理是可以通过理性来辨别;但是,英国法同时还有应用和经验,这些是在长期的应用中积淀起来的。

波考克说王子在此是被"大法官"欺骗了。"大法官"使王子误以为,如果他理解了英国法的原理,他就可以理解法官和其他法律专业人员的做法。但事实上,对具体案件的适用和裁量不同于逻辑的推理,这不是一个知识的过程,而是一个应用的过程。[2] 后来,柯克为对抗来自于苏格兰的詹姆斯一世,把两种因素作了进一步区分,他认为,"普通法"不仅仅是

---

[1] [古希腊]亚里士多德:《物理学》,张竹明译,184页,北京,商务印书馆,1982。
[2] J. G. A. Pocock, *The Machiavellian Moment: Florentine Political Thought and the Atlantic Republican Tradition*, p. 16.

"自然理性",还包含有"人工理性",而后者来自于长期的法律实践,这恰恰是国王不具有的。

不过,福蒂斯丘并没有让这两种因素走向对立面。他告诉王子,对于统治者而言,需要掌握的是"统治的技艺"而非"审判的技艺",虽然判决并不是亲口出自国王,但法官的权柄仍然来自于国王。所以,如果说柯克使英国法的两种因素站到了对立面的话,福蒂斯丘则试图整合这两种因素,他要让"统治的技艺"和"审判的技艺"互为佐翼。

三、古老的和适合的就是好的

在《英国法礼赞》中,"神圣罗马帝国的民法是统治世界的最好法律",是王子早已形成的观念,所以,"大法官"的英国法教育始终要面对这个"偏见"。在罗马法和英国法的优劣比较中,福蒂斯丘提出了一个新的比较标准。

"大法官"认为,所有人类的法律不外乎自然法、习俗和制定法,而这三者正是法律的"质料和形式",英国法在这三者上皆优于民法,而且对英国的治理是卓越有效的。自然法是适用于所有人的,根据自然法作出的判决没有优劣之分。但习俗和制定法却有不同。英格兰的习俗历经不列颠人、罗马人、撒克逊人、丹麦人和诺曼人的统治而未曾改变,它的历史比威尼斯人的法律、罗马建城以及基督教的法律都要久远。如果不是最好的,为何历代国王甚至罗马人都不改变它呢?对于制定法,"大法官"认为,英格兰的制定法是智慧和审慎的产物,它的制定和修改要遵循严格的程序,它不仅体现了国王的意志,而且也要得到整个王国贵族和平民的同意,所以,它不能损害人民,也不能置人民的利益于不顾。

"大法官"的这种区分,不仅肯定了英国法的理性因素,更彰显出了英国法的独特性。英国法之所以比其他法律好,不是在于它的理性程度胜过其他法律,而是在于它的习俗和制定法比其他的法律更古老并且更适合英国。波考克说,这个论述是非常英国式的和中世纪的,他把各个民族的法律的区别建立在传统和适用之上,而不是比较它们的理性程度。[①]

第四节 英国法对臣民的塑造

在《英国法礼赞》中,福蒂斯丘着墨最多的部分是英国法与民法的选择性比较。后世的比较法研究者和法律史家对这一点广为诟病,但是,福

---

① J. G. A. Pocock, *The Machiavellian Moment: Florentine Political Thought and the Atlantic Republican Tradition*, p. 14.

蒂斯丘的意图并非是在比较法律的优劣,他是在教育未来的君主,他是要让君主看到,英国法如何为英国的政治统治和王权统治塑造出所需要的平民和贵族。

一、英国法对平民的塑造

(一) 陪审团制度与公民教育

"大法官"首先选取了证据制度的比较。民法采用的是"两人证据制度"和"刑讯逼供",而在英国实行的是陪审团制度。

在"大法官"看来,"两人证据制度"是在为自己的敌对方提供帮助,在这种证据制度下,原告基于恐惧、偏爱、利益的考虑,会找一些无赖作证,而被告很难推翻对自己不利的陈述;刑讯逼供更是在逼迫无辜者说谎,为了避免痛苦,无赖诬告有德行的年长骑士、儿子诬告父亲的事,在法兰西常有发生。

英国的陪审团制度则避免了这些弊端。"大法官"介绍了陪审团制度中的几个重要设计。

陪审员的选任有严格的资格限制。第一是地域限制。这12个人中,至少要有四个是来自案件发生地所在的郡的村邑,这是为了确保陪审员对案件确实有了解;第二是财产限制。除了侵权和债务不超过40马克的动产之诉外,所有的刑事诉讼、不动产之诉和动产之诉中,每个陪审员都要有一年不少于40先令的土地或者租金收入,这种限制是为了防止陪审员由于贫穷而容易被收买。另外,品行、声誉也是对陪审员的要求。这些条件极其烦琐和苛刻,其目的就是为了能够选出12个品行良好、守法、有财产可以保证其身份的"邻居",以查明案件的真相。

对于陪审员也有严厉的惩罚制度。如果裁决中的不利方认为自己受到了不公正的侵害,他可以向法院请求获得撤销令状。这种令状要由大陪审团来审核,如果发现先前的陪审员作为伪证,那么,所有的陪审员都要被判入狱;他们的财产被没收,房屋被拆掉,森林被砍伐,牧场被犁掉;他们自己也会声名狼藉,以后所作的证言在任何地方都不会得到采信。

作为一项司法证据制度,相较于那个时代的共誓涤罪、决斗等非理性的证据制度,陪审团在查处事实真相方面是更有效的。但是,对于王国的统治来说,陪审团制度的政治和社会功能则更为卓越。

首先,陪审团有助于培养好公民。它是一所常设的免费学校,"这种制度教导所有的人要尊重判决的事实,有助于养成权利观念,而且它能使法官的一部分思维习惯进入所有公民的头脑。这种思维习惯,正是人民为使自己自由而要养成的习惯"①。托克维尔对此极为推崇,认为"这

---

① [法]托克维尔:《论美国的民主》,上卷,董果良译,316页,北京,商务印书馆,2004。

是它的最大好处"①。

另外,陪审团制度巩固了王国统治秩序中的重要一环——邻里关系,而这是一种可以放大到整个王国的关系。陪审员基本上都是由邻居担任的,在中世纪流动性不大的社会中,一个人的一生可能都要与固定的邻居密不可分,而每一个"社区"无非就是邻里关系的放大,所以,如何塑造出"好邻居"从而营造一个好的邻里关系,在王国的治理中是一个大问题。

陪审团制度在这方面无疑是个伟大的发明。它使每个人都参与到"社区"治理和国家的政治生活中,使每个人在接受裁判的同时,也可能成为裁判者,它使每个人都学会对自己的行为负责。担任陪审员者要品行良好、守法、公正、有财产,这是整个"社区"内的评价标准,也是一个好公民的标准,那么,担任陪审员就意味着你是一个所有人都信赖的人。反之,如果陪审员作了伪证,就像"大法官"所说,不仅仅意味着你将受到法律的制裁,更意味着从此你将被贴上一个"说谎者"的标签,"你的话将不会再得到采信",在一个熟人社会中,这将是最大的惩罚。

所以,陪审团制度是王国和社会能够用以教育人民的最有效手段之一,它不仅有效地统治了人民,也使人民学会了怎样实行统治。布莱克斯通曾说过,"对于一个英国绅士而言,赋予其陪审团成员的身份并不仅仅是要他判定是非曲直以及为同胞主持正义,更为重要的是,他凭借此种身份才能维持它所在地区的良好秩序;惩治行为放纵和游手好闲的人;保护性情温和和勤勉努力的人;最为重要的是,弥合微小的分歧并防止诬告事件的发生"②。

(二) 婚姻家庭制度与公民"再生产"

"大法官"又对比了英国法和民法在婚姻、身份、继承和监护等几个方面的不同规定,凸显出了英国法在好公民的"再生产"中发挥的功能。

1. 对私生子的处理方法

民法和英国法对私生子问题的处理截然不同。民法认为,婚前所生的子女和婚后所生的子女都是合法的,他们都有继承父母遗产的权利。而英国法不仅不承认私生子女的合法性,也不允许他们有继承权。对于民法的规定,民法学家的理由是,婚姻的神圣性已经涤除了"婚前生子"的罪孽,并且得到了教会的认可。而英国法学者则认为,虽然婚姻的神圣性可以减轻未婚生子的罪恶,但不能免除罪恶,因为这样的话,就会使这种无视上帝和教堂戒令的行为更加肆无忌惮;另外,教会的许可也不能作为私生子女合法性的理由,因为教会常常被蒙骗。

在"大法官"看来,英国法在这一点上比民法要显得更加富有理性和

---

① [法]托克维尔:《论美国的民主》,上卷,董果良译,317页,北京,商务印书馆,2004。
② [英]威廉·布莱克斯通:《英国法释义》,第1卷,9页,游云庭、缪苗译,上海,上海人民出版社,2006。

德性。首先,英格兰实行的是长子继承制。英格兰有着古老的贵族传统,而长子继承制是延续这一传统的重要保障。如果赋予私生子合法性,就会危及长子的合法继承权,这是对社会结构和政治结构的一种破坏。其次,从宗教角度来说,私生子是罪恶的、有缺陷的,因为正是他们父母的应受谴责的情欲导致了他们的降生。英国法不承认私生子的合法性,不仅维护了正当的婚姻继承秩序,而且通过对不法和不道德行为的惩罚和谴责,教导人们要培养节制欲望的美德。所以,英国法更关注的是对灵魂的塑造,良好的统治秩序应该是由理性来统治欲望,而不是相反。另外,家庭是王国统治的最基础单位,它不仅对当下的统治至关重要,而且还承担着为王国"好公民""再生产"的使命。

2. 身份制度

民法规定,"如果母亲是自由人,父亲是奴隶,子女仍不失其为自由人——不管母亲是生来自由,还是曾经自由,只要自由过,其子女就是自由人"①。但是英国法规定,子女的身份应该严格从父而非从母。比起英国法的规定,民法的这项规定似乎更为宽容。但"大法官"的看法刚好相反,他认为英国法的规定更出色。这个结论也成为后世比较法研究者对福蒂斯丘的一个诘难。

"大法官"的理由何在呢?他认为,已婚的夫妻是一体的,与这个一体更相称的应该是男人,因而他们的后代身份也应该随父。这一点恰恰是民法与英国法在如何看待丈夫与妻子的关系上的一个重大分歧。在民法上,丈夫与妻子被看成两个不同的人,可各自拥有独立的财产,可独立订立契约,有独立的债务,也可能受到独立的伤害。所以在教会法院中,妻子可以在不牵涉丈夫的情况下单独提出起诉或被控告。而在英国法中,丈夫与妻子通过婚姻关系在法律上成为一个主体,亦即在婚姻存续期间,妻子在人身上和法律上处于中止状态,或者至少是在人身上和法律上被丈夫吸收,与之合动。②

造成这种区别的原因很复杂。在"大法官"看来,这是神法规定的,而且民法也承认"妻以夫荣,母以子贵"的原则。更重要的是,这种规定与人类追求自由的本性相适应。"大法官"认为,如果一个委身于农奴的女子与农奴结为一体,依照上面所说的妻子从夫,她就是依据自己的自由意志而非法律的强制,作出了自甘为奴的选择。而一个男子是不可能从属于他的妻子,即使是一位再尊贵的女子,只要委身于农奴,这个农奴就是她的主人。"大法官"的这番论述体现了他对家庭内部秩序的基本看法。在他看来,只有自由的男子才有自由的后代,英国法规定,婚姻使夫妻成为一体,而这个一体的代表只能是男子。这不仅与英国的政治、社会结构有

---

① [古罗马]查士丁尼:《法学总论:法学阶梯》,张企泰译,12~13页,北京,商务印书馆,1989。

② [英]威廉·布莱克斯通:《英国法释义》,第1卷,493页。

关,也有复杂的神学基础,因为上帝对每一个妻子说,"你丈夫必管辖你"①,而夏娃只是亚当的一根肋骨。

3. 继承制度

在继承制度方面,民法与英国法的区别也是明显的。民法规定,不管是父系的还是母系的,与未成年人血亲最近的行使监护权。作出这样规定的原因在于,民法认为,与未成年人血缘关系最近的人,在抚养方面会更尽责。英国法对此却有截然不同的看法。如果未成年人从父系亲属那里继承了农役土地,其父系的其他亲属则不能行使此项监护权,而要由母系的亲属来行使监护。

监护制度是为了对未成年子女进行保护、抚养和教育。"大法官"认为,监护人与被监护人的关系类似于父母与子女的关系,民法将照管未成年人的责任托付给他的第一继承人,并且推定第一继承人将会更好地照管这份财产,其理由无非是认为被监护人的继承人按顺序也可能获得这份财产,所以就会悉心照顾被监护人。但与此同时,民法未考虑到,这个监护人实际上也与这份财产有利害关系,如果他能清除使他无法获得财产的障碍——他的被监护人,他将获得巨大的利益,所以,民法的这一规定无异于羊入虎口。这个看似审慎的设计,实际上有着很大的漏洞。而英国法中设计的监督和制衡,真正体现了监护制度的目的。相较之下,民法考虑财产的成分多一点,英国法则更关注人。对此,布莱克斯通后来也说,"这使得福蒂斯丘和爱德华·柯克有了为英国法骄傲的充足理由"②。

二、英国法对贵族的塑造

英国法对贵族的塑造,主要体现在英国的法律教育和对高级律师与法官这两个特殊阶层的培养。

(一) 律师学院中的法律教育

"大法官"告诉王子,当时英国的大学里并不讲授英国法。英格兰的大学都是用拉丁语授课,而学习英国法要用三种语言,英语、法语和拉丁语,正是这种语言上的不便造成了英国法被排挤出大学。

英国法虽然不在大学里讲授,却形成了自己独特的教育方式。这就是后人津津乐道的律师学院。在王座法院和伦敦之间,有许多讲授英国法的机构。在这些机构中,英国法的学习者可以通过观摩整个庭审过程,从而对英国法进行全方位的学习。这种学习与大学中研究型的学习不同,它是一种实际技能的训练。如前所述,英国普通法不是以文字形式流传下来,而是通过习俗、运用和经验才得以绵延长存。所以,这种教育方

---

① 《圣经·创世纪》,第 3 章第 16 节。
② [英]威廉·布莱克斯通:《英国法释义》,第 1 卷,516 页。

式在一定程度上是由普通法自身的特性所决定,反过来,它又促进了普通法的发扬光大。①

这些学院有两个等级:预备律师学院和出庭律师学院。在当时,预备律师学院有十多个,每个学院至少有一百多人,学生大多是年轻人,他们在这里学习一些最基本的法律知识,精熟之后,就可以被更大的出庭律师学院所接受。出庭律师学院共有四个,其中最小的也有两百名学生。共十几所学院、两千多名学生,这样的规模在中世纪是很大的。

学院中的学生多是贵族或者有贵族血统的人。这主要是因为,学习法律是尊贵的象征,能保持他们的荣誉和声望。学院中学习的内容很丰富,除了学习法律,他们还要学习贵族的礼仪和游戏、进行和声练习、学习圣经和编年史等。他们学习这些并不是为了谋生,而是为了学会管理家产、培养美德、驱除恶习,从而维持家族的荣誉。

对于贵族来说,与他们相匹配的个人品质是智慧、德行和爱荣誉,而律师学院正是这样的场所。法律使人拥有理性,音乐使人保持激情,礼仪使人爱惜荣誉,圣经使人习得虔诚,历史使人睿智,所有这些课程都是为培养贵族的德性而设计的。

(二)高级律师和法官阶层

英国法中虽不授予学士或博士学位,但是它有授予高级律师的作法。

高级律师从律师学院中产生,每次选出七八个,选择的条件是:至少要在律师学院中受过16年的训练,是那些"精熟英国法、能最好的分配正义的成年人"。他们要经过高等民事法院所有法官的讨论和同意后,由首席法官选出。然后,首席法官把他们的名字封在令状中送呈"大法官","大法官"再把国王的令状发给每一个被选中的人,命令他们在指定的日期面见国王,领取起高级律师的头衔。在那一天,他们前来的每一个人都要对着圣经起誓,说他已经准备好了接受高级律师的头衔,随时随地为上帝裁判。

"大法官"认为,英国法中设置这一头衔,是对贵族荣誉心的一种激发。当然,成为高级律师之后,他们就可以"垄断"整个王国的不动产诉讼。更重要的是,获得了这个头衔,就意味着获得了担任法官的可能性。

在整个英国法的教育体系中,处于荣誉顶点的是法官阶层。英国的高等民事法院中通常有五到六位法官,王室法院通常有四位或五位。由于死亡或者其他原因导致职位空缺时,在议会的提议下,国王通常会从高级律师中选取委任。英国的"大法官"带着国王的委任状来到有空缺的法院,让被选中的高级律师介绍自己的情况,然后当庭告知国王对空缺的法官职位的考虑,并且当众宣读委任状。做完这些之后,王座法院卷宗档案保管人会当面对其宣读其誓言。在他对着圣经起誓时,"大法官"把国王的委任状发给他。该法院的首席法官会给他安排一个位置,从此他就要

---

① [英]威廉·布莱克斯通:《英国法释义》,第1卷,18~25页。

坐在此处对王国的正义进行裁决和分配了。

法官的日常生活是沉思的、平静的。他们每天只有上午8点到11点开庭,其余时间一般都在学习法律、阅读圣经和思考中度过。英国的法官阶层是一种超脱世俗的精神存在,而正是这些人成为了国王的左膀右臂和王国的守护者,他们不仅加强了国王的权力,而且通过对正义的分配,维护了王国的良好秩序。

第五节 福蒂斯丘的君主

在《英国法礼赞》中,福蒂斯丘化身的"大法官",带领未来的英国君主对英国法进行了全面的学习,这个教化过程同时寄托着他对未来英国君主的期待。

福蒂斯丘的君主不同于中世纪的人文主义者用基督教的道德教化出来的"基督君主",也不同于半个世纪后马基雅维利用"新道德"塑造出的"邪恶君主",福蒂斯丘的君主是通过法律,更确切地说,是通过英国法塑造出来的。

在他看来,法律是上帝意志的体现,其自身就是一种美德,学习它不仅可以使君主具有神性,而且能达到至善境地。而对于一位英国君主来说,更重要的是,英国法还能让他更加强大。不过,方式比较特殊。英国法并不是给予国王更多的积极权力,而是通过消除各种危险和对良好秩序的维护,使国王处于一种更加安全和强有力的地位。一方面,英国法使国王避免了自己对自己的侵害。在他看来,英国实行的既是王权统治又是政治统治,在这种统治方式下,国王不能随便制定和修改法律,要依照臣民的同意实行统治。所以,国王的权力就受到臣民和法律的制约,而这种制约只是限制了国王作恶的权力,实际上是对国王理智欠缺的一种补充。另一方面,法律使得臣民能各安其份,各尽其能。陪审团制度不仅起到了证明事实真相的司法功能,对塑造好的邻居关系、培养好公民也起到了重要作用;英国法不承认私生子的合法性和继承权,不仅实现了生育合法继承人的婚姻目的,也抑制了淫欲的泛滥和欺骗的滋生,维持了良好的家庭秩序;英国法在土地继承人的监护上,让与继承人无利害关系的人进行监护,这样既起到了保护幼小的作用,更使得贵族的后代受到了更好的教育。此外,还有更重要一点,就是英国法为国王培养了一大批辅佐者。英国的法律教育为王国培养了贵族阶层,高级律师和法官是荣誉的典范,他们不仅学识渊博、德性高贵,而且可以凭借多年习得的法律技艺为国王和臣民以及整个王国进行裁判。

在《英国法礼赞》中,福蒂斯丘对王子的教育是古典共和式的,他试图让未来的君主明白：良政是良君、良臣、良法和良民的综合体，而法律正是这个政治体的"黄金纽带"，好的君主应该通过它来理顺与政治体其他部分的关系。

福蒂斯丘的理想在 1471 年 5 月的图兹伯里战役中伴随着爱德华王子的尸体化为了尘土，但是，在随后的都铎王朝却出现了"双头鹰"的奇妙局面：王权与法治互为辅翼，带动着英国这个政治体进入了一个新的时代。

思考题

1. 如何理解"都铎悖论"？
2. 英国的君主为何不能"择法而治"？
3. "大法官"如何论证政治统治下的君主比王权专制下的君主更有力量？
4. "大法官"如何区分英国法中的两种因素？
5. 陪审团制度有哪些政治和社会动能？
6. 福蒂斯丘的新君主是什么样的？

阅读文献

1. Jr. W. H. Dunham, "Regal Power and the Rule of Law: A Tudor Paradox", 3/2 *The Journal of British Studies*, 1964, pp. 24-56.

2. Sir J. Fortescue, *On the laws and governance of England*, Cambridge University Press, 1997.

3. J. G. A. Pocock, *The Machiavellian Moment: Florentine Political Thought and the Atlantic Republican Tradition*, Princeton University Press, 1975.

4. ［英］威廉·布莱克斯通：《英国法释义》，第 1 卷，游云庭、缪苗译，上海，上海人民出版社，2006。

第三编　近代法律思想

第十一章 博丹的立法主权理论

在人类的思想史上,博丹(Jean Bodin,1529/1530—1596)已然是一位没入历史的黑暗中的人物,①只是在政法思想史上,博丹才勉强拥有了一席之地。即便这一席之地,也掩盖在了前半个多世纪的马基雅维利与后半个多世纪的霍布斯的光芒之下。即使由于《国家论六卷集》(*Les Six Livres de la République*,下文简称《国家论》)在1576年出版后持续三十余年的轰动性的影响,②博丹被赋予了系统阐述现代民族国家主权理论的第一人的地位,但在现代思想史的写作中,这一地位仍然为"一种不安和不确定的氛围所笼罩着"③。就其著述涵盖的主题(如《巫师的魔鬼术》、《普遍自然的戏剧》)、著述的方式(冗长无趣、枝蔓丛生、缺乏组织)、政法思想的核心观念(不存在诸如契约与同意的理论、人民主权的观念等),博丹似乎更易于被判定为"半个中世纪的人物",萨拜因就主张博丹

---

① 只有沃格林教授将博丹列入历史上极少数的几位拥有强大的智力品性,将材料融入广泛的综合性体系中的思想家系列之中。在一系列中,沃格林另外提到的只有亚里士多德与托马斯·阿奎那。在他看来,亚里士多德为城邦的世界创建了理论体系,托马斯·阿奎那为基督教帝国的世界创建了理论体系,而博丹则为教会与帝国崩溃后的民族国家的世界创造了理论体系。参见[美]沃格林:《政治观念史稿·卷一·希腊化、罗马和早期基督教》,谢华育译,80页,上海,华东师范大学出版社,2007;[美]沃格林:《政治观念史稿·卷五·宗教与现代性的兴起》,霍伟岸译,215页,上海,华东师范大学出版社,2009。

② 《国家论》初版于1576年,此后分别于1577年、1578年、1579年、1580年、1582年、1583年、1587年、1591年、1593年、1594年、1599年、1608年、1610年、1629年不断再版,博丹自己翻译改写的拉丁文版初版于1586年,并于1591年、1594年、1601年、1609年、1619年、1622年、1641年再版;1588年出版了意大利文版,1590年出版了西班牙文版,1592年与1611年出版了两部德文版,英文版出版于1606年。此后直至20世纪下半叶,才出现了新的版本,其中包括1961年与1986年的两部法文版、1964—1997年的意大利文版、1986年的德文版以及1962年的英文节译版。See M. Turchetti, "Jean Bodin", in E. N. Zalta (ed.), *The Stanford Encyclopedia of Philosophy*, Summer 2010 Edn., 载斯坦福大学主页URL = http://plato.stanford.edu/archives/sum2010/entries/bodin/(最后访问时间 2014.12.01)。《国家论》在16世纪末17世纪初的巨大影响,See J. W. Allen, *A History of Political Thought in the Sixteenth Century*, Methuen & Co. Ltd., 1960, pp. 395-396.

③ [美]沃格林:《政治观念史稿·卷五·宗教与现代性的兴起》,霍伟岸译,213页。

的"思想是迷信、理性主义、神秘主义、功利主义和嗜古主义的一种大杂烩"①。尽管如此,在民族国家日益消解的当下,重新去尝试着理解博丹仍有其特殊的意义。

第一节 生平、时代与著作

博丹于1529年或1530年出生在法国昂热(Angers)的一个家境殷实的中产阶级家庭。15/16岁(1545)时,博丹加入天主教加尔默罗修道会(Carmelite order)。17/18岁(1547)时,博丹来到巴黎加尔默罗修道会,并成功入读皇家高级语言学院(royal Collège de quatre langues),接受了完整的人文主义教育。当他在3年后离开巴黎时,据说他即将成为那个时代一流的博学之士了。整个16世纪50年代,博丹都是图卢兹大学的一名法科学生,读书期间他还担任教学助手。其时,图卢兹大学是法国乃至整个欧洲罗马法研究的中心之一,人文主义法学正值巅峰。不过博丹在图卢兹谋求一份正式教职的努力以及此后为该城青少年开设新式人文学校的努力均未获成功。大约在1561年(31/32岁),博丹重返巴黎,成为巴黎巴列门(Parlement de Paris)的律师。博丹在巴黎巴列门的律师生涯非常成功。1570年(40/41岁)前后,博丹深受法国国王查理九世的信任,被赋予了大量行政、政治使命。自1571年开始,他开始为法国国王的幼弟阿朗松(Alençon)公爵弗朗西斯服务,成为阿朗松公爵的御前大臣和诉状受理庭(Requêtes)的法官。1576年对于博丹具有特殊的意义,这一年,46/47岁的博丹发表了为他带来永久性的声誉的《国家论》;这一年,博丹与拉昂的弗朗西斯丝·特鲁亚结婚,拉昂成为博丹此后主要的居住地和最终归隐之地;这一年,博丹当选为佛蒙特地区全国三级会议第三等级代表,参加了次年2月的布卢瓦三级会议,在这次会议上,博丹代表第三等级发言,反对国王亨利三世开征新税种,从而失去了曾非常赏识他的亨利三世的信任。此后,博丹于1581年陪同阿朗松公爵去英国向伊丽莎白一世女王求婚,1582年陪同公爵赴安特卫普协助其谋求王位,但随着公爵于1584年去世,博丹参与高层政治的生涯旋即结束。博丹就此归隐拉昂,并于1587年继承其内弟在拉昂的王室检察官的职位,直至

---

① [美]萨拜因:《政治学说史》(第4版),下卷,邓正来译,77~78页,上海,上海人民出版社,2010。

1596年去世。①

博丹的生平本应是非常平常的文艺复兴时代"文士"的生平,中产阶级家庭出身,少年时代接受良好的古典教育,浸淫于人文主义思潮,青年时代学习罗马法,以此谋得公共职位,服务君主,并期待有机会获得更高的职位,在荣誉与富足中安然离世。但博丹未能拥有这样平淡的人生,由于16世纪的宗教分裂以及由此而来的国家分裂使得博丹的一生坎坷起伏。博丹出生前10余年(1517),马丁·路德发表了他的《九十五条信纲》,标志着宗教改革运动的开始;1541年,加尔文重返日内瓦,推行他的宗教改革主张;1547年,博丹被指控为异端分子,后因指控撤回得以逃脱严酷的惩罚;1548—1549年间,博丹以当时年齿尚幼、不足以立誓为由脱离了加尔默罗修道会;1555—1561年期间,法国大批贵族和市民改宗胡格诺派,1560年之后,博丹有过一个明显的加尔文主义时期;1562年爆发的"西瓦惨案"标志着法国30余年内战的开始;1569年,有一段不长的时间,博丹作为一名胡格诺教徒遭到囚禁;1572年血腥的圣巴托洛缪大屠杀导致内战进一步加剧,博丹据说险些没能逃过大屠杀;1587年,博丹的家因为"巫术嫌疑"遭到搜查;1588—1594年,天主教同盟控制了拉昂,博丹被迫妥协;1589年,新教徒、纳瓦尔国王亨利继承法国王位,是为亨利四世;1593年,亨利四世宣布放弃新教信仰,改宗天主教;1594年,在亨利四世的军队接近拉昂时,博丹逃出城外投奔;1596年,博丹因感染瘟疫去世,遗嘱要求以教会的仪式被埋葬。②

博丹的第一部重要的系统性著作,是1566年出版的《简易理解历史的方法》(*Methodus ad facilem historiarum cognitionem*,以下简称《方法》),该书提供了一种历史哲学和对历史写作的指导,该书的第四章曾突出论述了政府的形式。沃格林认为,《方法》在原则上包含了博丹后来的整个思想。在写作《方法》时,博丹理论体系的基本原理就已经确定下来了。此后博丹的著述更多的只是论述重点的转换,而不是基本原理的变化。③博丹的第二部重要的系统性著作则是他享有盛誉的《国家论》,该书集中讨论了博丹立法主权的政法理论。博丹的第三部重要的系统性著

---

① 关于博丹生平更为详细的描述可以参见朱利安·H. 富兰克林为博丹《主权论》所写的"导言",[法]让·博丹:《主权论》,[美]朱利安·H. 富兰克林编,李卫海、钱俊文译,"导言",北京,北京大学出版社,2008;Kenneth D. McRae 为重印1606年英文版《国家论》所写的导言,J. Bodin, *The Six Books of a Commonweale*, Harvard University Press, 1962, "Introduction"; M. Turchetti, "Jean Bodin".

② 至少在其生命的最后20年,博丹并未中断对天主教仪礼的正式遵守。此外,据说因为博丹母亲是一位葡萄牙犹太女子,博丹有着非常明显的犹太主义倾向。参见[美]沃格林:《政治观念史稿·卷五·宗教与现代性的兴起》,霍伟岸译,221~222页。

③ 同上书,219页。

作是 1593 年左右完成的《七人宗教对话录》(Colloquium Heptaplomeres de rerum sublimium arcanis abditis),该书广泛地论述了博丹的宗教观念和宗教哲学。博丹的第四部也是最后一部重要的系统性的著作是 1596 年完成的《普遍自然的戏剧》(Universae naturae theatrum, in quo rerum omnium effectrices causae et fines quinque libris discutiuntur),该书提出了博丹对自然哲学的正式说明,详细表达了博丹的宇宙论。

此外,1568 年的《给让·巴图的信》(Lettre à Jean Bautru de Matras)讨论了在各种宗教相互冲突的时代如何皈依真正的宗教;1568 年的《对 Malestroit 悖论的回应》(Les Paradoxes de Monsieur de Malestroit)讨论了货币与通货膨胀问题;1578 年的《普遍法的分类》(Juris universi distributio,以下简称《分类》)讨论了法律秩序的等级结构;1580 年的《巫师的魔鬼术》(De la démonomanie des sorciers)则表达了对"精神秩序的敌人"的谴责。

博丹论域如此不同且貌似相互冲突的论著,令人望而生畏,而事实上,绝大多数现代思想史著述往往仅以《国家论》分析博丹的思想。但是,除非我们否认博丹是一位严肃的、伟大的、有着充分的自我意识的思想家,否则,我们必须承认博丹的论著具有内在的整体关联,接受沃格林教授对于阅读博丹著述的方法的说明。沃格林认为,从《方法》开始,博丹的著述就采取了一种改写其理论体系的形式,"数次塑造并重塑了他的世界观,每次在论述整体的时候,他都会强调一个不同的侧面。其结果是,可以说他的每一部著作都有一个非常突出的部分,而其理论体系的其他部分则不成比例地缩小,被置于错误的地方,有时甚至被压缩为寥寥几句话。只有把他所有的文字作品都投射到一个系统层面上,并允许那些'突出的部分'彼此平衡,才有可能正确地理解博丹"①。沃格林同时指出,与柏拉图一较高下是决定博丹文字著作发展方向的最严肃的动机。他的《国家论》是柏拉图《理想国》的现代版本;他的《七人宗教对话录》和《普遍自然的戏剧》则是《蒂迈欧》和《法律篇》的现代版本。②

沃格林教授从博丹的宗教与宇宙观中令人信服地阐明了博丹博大的理论体系,③本书既无能力触及博丹的完整体系,似乎也没有必要继续抄录沃格林教授的论述。鉴于博丹的时代既是宗教分裂的时代,是不断强化的王权在宗教分裂时代面临国家分裂危机的时代,也是一个普世秩序崩溃、民族国家在患难中成长的时代。博丹在他的宇宙观下,赋予了民族

---

① [美]沃格林:《政治观念史稿·卷五·宗教与现代性的兴起》,霍伟岸译,219、281~282 页。
② 同上书,232 页。
③ 同上书,213~298 页。

国家秩序基本的理论框架。博丹的宇宙观虽已没入历史的暗影，但他的民族国家秩序的法律框架至今仍未被超越。以此为视角，历史的讨论博丹的这一法律框架——立法主权理论仍有其必要。

民族国家秩序的架构区别于中世纪的标志在于国家治理模式的差异。国家治理从中世纪向近代的转变，很大程度上可以视为中世纪式的被动的、运用司法权展开的治理开始转变为以立法权和执行权(或曰行政权)为核心的更为积极主动的治理。其中，一方面，国王垄断了立法权，并理所当然地被视为王国内唯一的立法者，国王借助于立法者的身份通过统一的立法整合国家，并进而借助于统一的立法推进社会变革，立法权成为国家权力的核心，立法权的运用成为国家治理的起点；另一方面，国家治理的绝大部分职能由司法官吏转由新兴的行政官僚掌控，新兴的行政官僚被界定为立法的执行者。① 或者按迈克尔·曼教授的说法，新型的统治有两个基本要素：(1)君主是人间唯一的法律来源；(2)君主凭借常设的、专业的、附属的官僚机构和军队进行统治。所有的国家都获得了一种对立法的垄断权，而且都提高了自己的协调能力。② 而如果借用韦伯的概念，这一新型的统治方式就是韦伯意义上的"法制型统治"③。从智识史的角度来说，这一转变的前提则是立法主权理论的确立。很大程度

---

① 正是在这个意义上，Guido Astuti 在讨论意大利近代国家的诞生时，也将近代国家体制总结为四点：(1)国家作为法律体系最高的和最基本的渊源，有能力排除任何其他竞争性的渊源；(2)国家被假定拥有制定规则的功能，并且它们制定的规则日益成为唯一的渊源；(3)法律成为最高权力，并从而否决了任何公共权威；(4)"权力分立"开始出现，三种基本功能——立法、行政、司法被赋予了不同的部门。G. Astuti, *La formazione dello Stato moderno in Italia*, Turin, 1967, pp. 21-29. , 转引自 A. Mazzacane, "Law and Jurists in the Formation of the Modern State in Italy", 67 *The Journal of Modern History*, Supplement: The Origins of the State in Italy, 1300-1600, 1995, S63-S64.

② 参见[英]迈克尔·曼：《社会权力的来源》，第1卷，刘北成、李少军译，640,642页，上海，上海人民出版社，2002。尽管迈克尔·曼教授将这两个要素视为绝对主义政体的基本要素，但他随即指出，立宪政体和绝对主义政体是同一种国家形式的子类型。参见同书，646~647页。

③ 在韦伯的描述中，一个现代式的法制型统治的基本特征包括：(1)任何一个法律规范都可以根据目的理性或价值理性(或者两者并立)的基础，经由协议或强制的手段来建立，并且至少可以要求该组织的成员对其服从。然而它经常延伸至所有受其权力笼罩的人——就领域团体而言，即是包括居住于某领土之上的所有人。这些人之间的社会关系，或其社会行动的诸种形式，受到该组织的规则所管辖。(2)任何法律体系基本上都是由一些抽象规则依首尾一贯的系统所构成。(3)准此，典型的支配者，即"上级"，自身也得服从于一套无私的法令和程序。他的决定和对下属的命令，都受到这项秩序的指引。(4)服从支配的人是以组织的"成员"的身份而服从的，他所服从的，也只是该组织的"法律"。(5)与以上第3点相应一致的是，组织的成员之所以服从一个支配者，并非服从他个人，而是服从一个无私的秩序。因此，成员对掌握权威者服从的义务，只限于这项秩序所给予的、为理性所界定的、切实的管辖权范围之内。[德]马克斯·韦伯：《经济与历史·支配的类型》，康乐等译，307~312页，桂林，广西师范大学出版社，2004。

221

上,仅仅只是在博丹(Jean Bodin)手中,立法主权理论才得到了完整的论证。① 下文对博丹思想的讨论因此将局限于其立法主权理论。②

第二节　博丹立法主权论证的结构:法律四因说

在《方法》中,博丹认为,研究历史的首要用途是促进政治,帮助我们理解国家的意义和功能、国家的需求和结构、国家繁荣或衰落的原因。历史学家的首要工作是解释人类社会经历的革命以及重大激烈的变革。对历史广泛充分的研究有可能得出关于统治人类社会的法律的准确结论,有可能得出统治的最好形式以及给定条件下法律的最好形式。③ 在博丹看来,对人类社会历史的研究首先必定是关于法律体系的研究,一个民族的特征和风俗,他们的社群和合作的性质,统治的形式以及所有这些经历的变革都写在了他们的法律史上。④ 在博丹看来,以往对于罗马法的研究,只是一些无用的注疏与研读,法律真正的研究方法,是"应该研究一切民族的法律,尤其应该研究最进步、最开明的民族的法律。研究时对于社会制度及政治制度的发展应切实注意"。就此而言,"历史精神"与"法学气质"构成了博丹研究方法的两大特色。⑤ 对博丹而言,法律研究意味着系统地研究历史上的国家法(law of states)。占该书三分之一以上篇幅的第 6 章题为"论国家统治的类型"。对博丹来说,立法是历史、国家和主权的中心,⑥博丹的历史和法律的技艺很大程度上是国家立法比较的技艺。在博丹看来,制定法律的恰当方法是建构国家(constituting the

---

① 需要指出的是,在博丹之前,他的老师法国法学家让·德·科拉斯(Jean de Coras, 1515—1572)通过法律四因四问说,已经构建起了一个与通常人文主义法学体系化论者全然有别的立法技艺的体系。在这一体系中,立法——制定法律的权力作为动力因被赋予了支配性的地位,同时立法的权力与主权、与国家的关系首次得到了关注和阐述。参见 A. L. Fell, *Origins of Legislative Sovereignty and the Legislative State*, Vol. I, Oelgeschlager, Gunn & Hain Publishers Inc., 1983;陈颐:《立法主权与近代国家的建构:以近代早期法国法律为中心》,77~85 页,北京,法律出版社,2008。

② 主权观念并不源自博丹,博丹的贡献在于将立法、主权与国家相结合、建构了一个整体性的民族国家的秩序结构,因此,本文采用了"立法主权理论"而非通常的"主权理论"为题展开叙述。具体的分析参见下文。

③ Dunning 教授曾有个评论,他认为博丹是现代所谓历史哲学的创始者,换言之,"他是第一个用科学方法尽量分析人类历史,因而归纳出历史发展的原则与目的的人"。参见[美]William Archibald Dunning:《政治学说史》,中册,谢义伟译,64 页,上海,神州国光社,1931。

④ J. W. Allen, *A History of Political Thought in the Sixteenth Century*, Methuen & Co. Ltd., 1960, pp. 405-406.

⑤ 参见[美]William Archibald Dunning:《政治学说史》,中册,65 页。

⑥ A. L. Fell, *Origins of Legislative Sovereignty and the Legislative State*, Vol. III, Oelgeschlager, Gunn & Hain, Publishers, Inc., 1987, p. 77.

state)的正确方法的基础,"统治国家的科学"有赖于恰当的立法科学。国家及其法律的起源、发展、变革、衰落和终结,是历史学家收集、系统整理材料成为合乎政治家实践需求的连贯体系的首要问题。①

作为论证的工具,博丹将他在图卢兹大学的老师科拉斯的法律四因说理论发扬光大,他对法律四因说的运用比科拉斯更为复杂、更为技术化。② 按照 A. 伦敦·费尔的说法,博丹的"四因之间的关系乃是有关立法、主权和国家等法律主题之间某些令人兴奋的联系的框架"③。

在《分类》中,博丹试图将那些以富有治理国家知识著称的名人制定的最好的法律熔于一炉,以便从中将法律整理为一个明确、清晰的秩序。他宣称,他的研究程序首先是界定和区分每一个正义,然后按照它们自身的位置和秩序来展示简要的、深刻的观点或规则,最后分两部分讨论不同人民的法律和最著名的法律家通过法院传下来的裁决。④ 在《分类》第 1 节宣称的初步计划中,博丹声称,他所谓的法律的技艺并不包括市民法,因为市民法仅适用于一个或几个城市,自然法也被排除在他的法律体系化之外,因为他主要关心的是人法——是人为其自身利益所人为创制的法律。⑤ 在《分类》的主体部分一开始,博丹就将四因四问说提到了该书首要组织框架的地位。此后,每一节建立在一个原因之上,第 1 节论法律的形式因,第 2 节论法律的质料因,第 3 节论法律的动力因,第 4 节论法律的目的因。⑥

在法律的形式因项下,博丹罗列了"前提"事项(things "antecedent")和"后果"事项(things "consequent")。前提事项包括公法或私法。公法在此被定义为对国家有用的事项,包括法律的公布、官职的创设、宣告和停止战争、分配奖惩以及"执行"(execution)或法律诉讼。私法则涉及自治市、大学、家庭、夫妇、父子、主奴和个体。后果事项涉及命令性的法律与不具有命令性质的法律。命令性的法律指依据主权者命令制定的立

---

① A. L. Fell, *Origins of Legislative Sovereignty and the Legislative State*, Vol. III, Oelgeschlager, Gunn & Hain, Publishers, Inc., 1987, p. 111.
② 四因说在文艺复兴时期和中世纪都是受过教育阶层的一般词汇。文艺复兴时期的学者不仅对四因说的古典概念起源感兴趣,而且也通过简单化的方法论将之与法律和其他学科联系起来。他们对四因说的运用与中世纪的学者有所不同,他们对作为动力因(efficient cause)的代表的造物主的权力更感兴趣。但在科拉斯和博丹之前,没有任何人比他们在他们的法律技艺中对四因说的应用更为集中、广泛和更有体系。不过科拉斯和博丹后来都直接依赖亚里士多德和西塞罗阐明的古典四因说——动力因、质料因(material cause)、形式因(formal cause)和目的因(final cause)——建立自己的四因概念。See A. L. Fell, *Origins of Legislative Sovereignty and the Legislative State*, Vol. I, pp. 15-16. 科拉斯对法律四因说的应用,参见陈颐:《立法主权与近代国家的建构:以近代早期法国法律为中心》,77~85 页。
③ See A. L. Fell, *Origins of Legislative Sovereignty and the Legislative State*, Vol. III, p. 52.
④ Ibid., p. 47.
⑤ Ibid., p. 50.
⑥ Ibid., p. 51.

法，它可以适用于所有人，也可以只涉及特定人的利益或特权。不具有命令性质的法律可以分为衡平(equity)和习惯。衡平被描述为一种"准允"(enact permission)的能力，人们可以从君主修订或废止法律的行为中、在官员们对法律没有规定的事项的裁决中、在官员缓和或强化法律规定的行为中看到衡平的存在。习惯是被全体市民或个别市镇、大学或家族所采纳的根深蒂固的习惯。博丹将法律诉讼和法官的职责列入法律的动力因。这一部分涉及诉讼和主体(subjects)，它与法律本身相关的不多，但它涉及法律诉讼和法律效力。对博丹来说，法律和衡平涉及法律的制定，而法律诉讼和法官的职责涉及法律的执行，因此法律本身也涉及法律诉讼，同样也涉及法官职责的衡平。法律的动力因因此包括法律诉讼和法官职责。博丹强调法律诉讼是法律本身的执行、效力和力量的体现。法律诉讼(legis actio)因此成为博丹此后著作中立法主权理论的一个中心，在该书中，博丹花了整整两个对开页来讨论，包括种种分类和细分(divisions and subdivisions)，其中许多分类他随后以四因说进行了补充。其中两种分类涉及职权(authority)和治权(imperium)。后者涉及君主、贵族和民主政体的主权，以及或多或少隶属于君主的或大或小的官员们的权力。最后，法官的职责还包括那些法律未曾囊括的事物，法官的功能也包括缓和或强化法律。①

博丹对法律的质料因的论述，与早期的法律体系化论者相比，有相当的创新。早期学者通常将质料因分为人、物和诉讼，他则坚持将质料因应分为人、物、行为或事实，这些行为和事实包括言词、书面文件和人的行为，而不仅仅是法律诉讼。他认为，法律诉讼和法官的职责属于已经裁决的事项的执行。事项的裁决依赖观点(opinions)，观点依赖判断(judgements)，而法律纠纷本身就已蕴含了判断。纠纷源自意图(intention)和选择(selection)，或者源自行为(action)和异议(exception)。这些行为和异议包括债务、免除、取得和让与，它们源自协议和犯罪，而协议和犯罪则由人、物和行为开始。法学的质料因涉及的就是这三项。②

在博丹的《分类》中，形式因的前提是动力因或者创制者在创制形式因中的活动；后果是创制的法律或法律的实体(essence of law)以及包含在法律中的立法者的命令。博丹重点分析了法律颁布的隐含的过程，提到了动力因或法律创制者的前提行为，他对创制的法律和立法者的命令的描述，在有关后果的论述中得到了具体表达。他也暗示法律的效果和效力是形式因或"法律自身"的后果的逻辑展开。法律动力因下的诉讼意味着形式因下的"法律自身"的效果、效力和权力。③ 在《分类》论形式因

---

① See A. L. Fell, *Origins of Legislative Sovereignty and the Legislative State*, Vol. III, pp. 51-53.
② Ibid, pp. 57-58.
③ Ibid, pp. 55-56.

的前半节，博丹写道，"赋予[法学]这一技艺以效力和实体(power and essence)的法学形式(the form of jurisprudence)，除了法律自身别无它物。没有法律，法学就什么都不是"。他进一步写道，"法律不过是主权者的命令或批准，因为法律的效力就是批准、制定、命令"。博丹进一步论述道，如果没有民众的命令，罗马共和国元老院的决议就不是法律，而裁判官的告示也不是法律，不过是裁判官单个人的命令而已，只有当哈德良同意了尤里安的请求时，裁判官告示才被赋予法律效力，但仍然不允许它们被称为法令(edicts)。法学家的解答仅仅在哈德良和查士丁尼的要求下才具有法律的效力。①

博丹在《分类》中对法律的目的因只在第4节简要地作了说明。但博丹在《方法》和《国家论》中的一些著名论断的某些基本特征在此也有所体现。博丹间接地提到法律的目的因。他写道："为了保卫人类社会，必须保证每个人各有其所有，这就是这门学科[法学]的目的。我们在法律诉讼和裁决中探寻这一目的。"在法律诉讼中"运作"(working in)的法律动力因和判决涉及的关注正义的立法者的权力，通过公正的法律赋予各人所应得的，法律的最终力量隐藏在立法的效力和对立法恰当的司法解释中。此外，在《分类》主体部分的开头，博丹也提及了法律的目的因。他说，法学是保证每个人各有其所有以捍卫人类社会福利的技艺。②

在《分类》中，博丹已经将统治者的立法权列为构成主权的属性的清单中的第一位，这进一步表明他更早地意识到主权的立法特征及其与国家特征的关系。在论述法律的形式因时，他暗示了主权的立法特征。"君主或国家主权权力的法令(decree)或命令(command/iussum)被称为法律，还可以是普遍适用的、命令性的、禁止性的，或许可性的，或者也可以是适用于个别人的，还可以涉及超越于法律之上的利益或有悖于法律的特权。"不仅如此，国家立法主权的核心功能赋予了国家自身一个法律基础(a legislative basis)。③

第三节 博丹的立法主权概念

借助于法律四因说的论证结构，博丹得以凸显他的立法主权概念，很大程度上，只有法律四因说的结构下，才能切实地理解博丹有关立法主权

---

① Bodin, *Distributio*, p. 72A～B, 73A. See A. L. Fell, *Origins of Legislative Sovereignty and the Legislative State*, Vol. III, pp. 54-55.

② See A. L. Fell, Origins of Legislative Sovereignty and the Legislative State, Vol. III, pp. 58-59.

③ Ibid., pp. 60-62.

的论述。① 换言之,作为《国家论》的核心部分的第 1 卷第 8 章"论主权"和第 10 章"论主权的真正标志"所论述的立法主权,只有在这一结构中才能理解,而不应孤立地看待。②

《国家论》第 8 章"论主权"的第一句话中,博丹就将主权界定为"国家(commonwealth)绝对的和永久的权力"。他宣称尽管主权的概念是如此重要,但他是第一个为主权给出严格定义的人。③ 在博丹看来,主权无论在权力还是职能还是期限上均不存在限制。所谓"永久的"(perpetual)意指"有生之年执掌权力"(for the life of him who has the power)。所谓绝对是指授予君主的主权不受制于各种义务和条件,他宣称,授予君主的主权如果受制于义务和条件即非主权或绝对的权力。④ 这一"绝对性"在博丹看来,指的是"主权者不以任何方式服从于其他人的命令"⑤。对此,博丹进一步分析道,君主不受制于他自己或他的前任的法律,他对先前的法律的遵守,仅仅是遵守他的公正合理的契约,他的臣民全体或部分臣民因该契约获益。因此,君主可以无须经过他的臣民的同意废止那些不再公正的法律,尽管他曾允诺并发誓要捍卫这些法律;如果君主缺乏公正的理由废止那些他承诺维持的法律,那么君主不应也不能废止这些法律。⑥

为此,博丹区分了法律与契约,他说:"根本的问题是不得混淆法律与契约。法律依赖主权者,他可以通过法律为他的所有臣民设定义务,但不能给自己设定义务。君主与臣民之间的契约则是相互的,对契约的遵守义务是相互的,任何一方都不得在未经对方同意的情形下单方面违反契约损害对方的利益。在这一情形下,君主并不拥有超越于臣民的权利,除非他宣誓维持的公正的法律已经失效,他不再受制于自己的诺言。"⑦ 博丹还进一步申言,君主无须遵守人民的普通法(the common law of peoples),如果人民的普通法不公正,君主有权在他为王国制定的敕令中

---

① 因此,尽管《普遍法的分类》初版于 1578 年,而《国家论》初版于 1576 年,但《普遍法的分类》构成了理解《国家论》的基本背景和框架。

② 博丹《国家论》的芜杂和小心翼翼让几乎所有该书读者望而却步,绝大部分研究者将对博丹《国家论》的研究局限在第 1 卷第 8 章和第 10 章。当代通行的博丹版本中,M. J. 图雷(M. J. Tooley)的译本是一个删节本(J. Bodin, *Six Books of the Commonwealth*, Abridged & trans. M. J. Tooley, Basil Blackwell, 1953),而剑桥政治思想史原著系列中朱利安·H. 富兰克林(Julian H. Franklin)的译本只译了第 1 卷第 8 章、第 10 章以及第 2 卷第 1 章和第 5 章(J. Bodin, *On Sovereignty*, ed. & trans. J. H. Franklin, 北京, 中国政法大学出版, 2003 影印版)。本文对《国家论》的援引以朱利安·H. 富兰克林译本为主。间或参考 M. J. 图雷的译本和理查德·诺尔斯(Richard Knolles)的早期译本(J. Bodin, *The Six Bookes of a Commonweale*, trans. R. Knolles, London, 1606)。有关《国家论》整体结构最简洁的说明参见 N. O. Keohane, *Philosophy and the State in France*, *The Renaissance to the Enlightenment*, Princeton University Press, 1980, pp. 67-79.

③ J. Bodin, *On Sovereignty*, p. 1.
④ Ibid., p. 3, 6, 8.
⑤ Ibid., p. 11.
⑥ Ibid., p. 14.
⑦ Ibid..

废弃它并禁止他的臣民使用。① 从而,在博丹主权定义的第二个要素——绝对权力中,博丹更直接地涉及统治者无须臣民同意颁布法令的权力。② 用博丹的话来说:"主权者有权赋予臣民法律,有权禁止或取缔不利的法律并以其他法律取而代之,这是任何其他服从于法律的人或服从于拥有命令他的权力的人所无法做到的";"主权权威和绝对权力最主要的内容是无须臣民的同意赋予全体臣民的法律。"博丹认为,"法律"这个词在拉丁文中的本意就是主权者的命令。③

并且,在博丹看来,法律的效力本身来自于主权者。博丹认为,主权君主的法律即便根据善德和强烈的理智制定,它的效力也仅仅依赖主权君主自身的自由意志。法律的力量依赖主权者,依赖赋予法律以效力的人。④ 在博丹的逻辑中,法律乃是命令,而命令是意志的行动,意志的表达必须是单一的,否则就不是命令,并且一旦主权者的意志付诸行动,该意志理所当然地就不受法律的限制。⑤ 为此,博丹将立法者与上帝联系了起来。对博丹来说,国家和主权是世界和上帝的"映像"。神圣的造物主和万物的立法者是国家的人类立法者——统治者(legislator-ruler)的模板。博丹写道:"上帝创造世界、为万物立法等等。权力是绝对的,而非常规的,所谓绝对的权力指的是权力的拥有者不受任何其他人的法律约束。因为这个世界最好的和最伟大的君王(上帝)始终是自由的,这一自由不像罗马皇帝一样来自于元老院和人民,而仅仅源自于其自身,源自于他创制和命令的自然之法(legibus naturae solutus)。"由于神圣的人类立法者能够创制法律,所以他们也同样不受法律约束。他还写道,"如果在

---

① J. Bodin, *On Sovereignty*, p. 45. 针对习惯的效力问题,博丹写道:"有人可能反对说不仅官吏们在其职权和权限范围内有权颁布法令和条例,甚至每一个私人都可能创造地方通行的习惯。确实,习惯的效力并不比法律小,并且君主控制法律,私人控制习惯。我的回答是习惯是通过数年时间渐渐地成为所有人或大多数人的共识获得效力的,而法律的出现则是突然的,它的效力来自于有权对所有人发号施令的人。习惯是柔和、非暴力的潜入的,而法律则是权力的命令和颁行,并且很多时候都是有违于臣民的意愿的,因此,狄奥·克里斯索托(Dio Chrysostom)将习惯比喻为国王,而把法律比喻为暴君。此外,法律能够废止习惯,如果习惯有可能贬抑法律,那么那些负有确保法律得到遵守的官吏们可以随时在认为合适时强制执行法律。习惯不附有奖惩,法律总是和奖惩联系在一起,除非它是废除其他法律禁止性规定的许可法。简言之,习惯不是基于效力(force)而是基于容忍(sufferance),并且,只有当习惯能取悦于主权君主时它才有效,主权君主可以制定法律追认习惯的效力。因此,罗马法(civil law)和习惯的全部效力依赖主权君主的权力。"Ibid., pp. 57-58. 另外,在《国家论》第1卷第9章中,博丹也明确写道:"因为习惯因制定法而归于无效,而非相反;但使已失去效力的制定法再次生效是统治者的权力。习惯不能设定惩罚或奖赏;这属于制定法的功能……因为,习惯具有或然性的效力,它的维续要归因于统治者(容许它存在)的意愿;如果统治者赋予习惯明确的制裁,他就使习惯成为了一项制定法。"转引自[爱尔兰]J. M. 凯利:《西方法律思想简史》,王笑红译,177页,北京,法律出版社,2002。

② See A. L. Fell, *Origins of Legislative Sovereignty and the Legislative State*, Vol. III, pp. 103.

③ See J. Bodin, *On Sovereignty*, pp. 11-12, 23.

④ Ibid., p. 13, 55.

⑤ See J. W. Allen, *A History of Political Thought in the Sixteenth Century*, p. 414.

实施创造行为之前不被称为造物主,那么上帝的至高权力(sovereignty)就被贬低了。……创造的权力并不是对自然的需要所承担的义务,……上帝不受自然需要的限制。"①

在《普遍自然的戏剧》(*Universae naturae theatrum*)第1卷中,博丹在更大的框架下,通过对世界的永恒性以及上帝自身是否受制于他无法控制的更高的必然性和命运的问题的讨论,他进一步阐明了法律主权的绝对性。博丹首先驳斥了早期相信世界永恒、无始无终的论调,他相信无论是世界还是国家都是有限的,有其开端有其终结。他写道:"世界最初的动因是自发的,因此根据它自身的性质,它不可能是永恒的,因为它的状态和条件依赖外在的意志和决定。……意志和自然(will and nature)是行为的两个原理。一者的发生有赖于自然的强力和力量,另一则并不受必然性的强迫。"他相信世界的塑造因和存续因(fashioning and conserving cause)不受法律限制,并且,创造者的重要性可以由此推知,即能自我保存的远较能自我创造的少。换句话说,即神圣的动力因创造这个世界(作为形式因或被造物),世界无法自我创造。在这一思想背后,博丹拒绝承认这样的观念,即形式因内含了其自身存在的动力因并能够自我生成,而非由一个外在的创造者创造。因此,作为最高造物主的神圣的动力因相对于世界而言,有着完全独立的至上的意志和控制力,就像人类的动力因相对于国家那样。"的确,世界的建构依赖一个永恒并且事实上是自主(voluntary)的动力因。但是如果我们将这一动力因归诸于上帝并且这一动力因能被上帝接受,那么世界将依赖神圣意志而存在,如果它是永恒的,那是因为上帝希望世界是永恒的,因为造物主的权力是无限的。"②

在《国家论》第1卷第10章"论主权的真正标志"中,博丹逐一否认了司法、设立或解除官职、治安、战争、财政、奖惩、就国家事务听取意见等权利是主权的真正标志之后,写道:"更严格地说,法律是主权者影响一般臣民全体或处理普遍利益以及赋予特定的一些人以特权的命令。……只有主权君主能够毫无例外地为所有臣民制定法律,无论是全体的还是个别的臣民。"③因此,他认为,主权君主的首要特权(the first prerogative)是为全体臣民或每一个单个臣民制定法律的权力,是"无需其他人同意,无论是地位高于他、地位与他相同或比他低的人的同意的"立法权。④并

---

① 分别出自 J. Bodin, *Universae naturae theatrum* I, p. 40. *[A]; J. Bodin, *Universae naturae theatrum* I, p. 50. *[A]. See A. L. Fell, Origins of Legislative Sovereignty and the Legislative State, Vol. III, p. 113.
② J. Bodin, *Theatrum* I, p. 37. *[A]-38. *[A]. See A. L. Fell, *Origins of Legislative Sovereignty and the Legislative State*, Vol. III, pp. 114-115.
③ See J. Bodin, *On Sovereignty*, pp. 50-52. 博丹解释道,所谓的"每一个单个臣民的法律"指的是特权 privileges,赋予特权是主权君主排他专属管辖的权力。Ibid., p. 56.
④ Ibid., p. 56.

且，该权力不能与臣民分享，即便主权君主赋予特定人制定具有同样效力的法律的权力，该特定人也不过是主权君主的代理人而已。① 在博丹看来，这一制定和废止法律的权力甚至涵盖了主权者所有其他的权力和特权，因此，"严格意义上，我们可以说该权力是主权者的唯一特权，因为主权者所有其他的权力都包含在这一特权中——如宣战或缔造和平，作为最高审级听取对任何官吏判决的上诉，创设和免除最高官职，对臣民征收或豁免税收和贡金（aids），在法律之外宽宥和赦免，决定货币的名称、价值和度量，要求臣民和诸侯宣誓他们将无保留地效忠于他们发誓效忠的人。这些是主权者的真正特权，这些特权包含在赋予所有人和特定个人法律的权力之中，这些特权仅仅来自于上帝而非任何其他人"。② 在该章随后的文字中，博丹详细罗列了主权的各种标志，如宣告战争与缔造和平（第59～64页），③创设国家的首要官职（第64～67页），上诉终审权（第67～73页），通过赦免将犯罪人从处死、破财、耻辱或放逐等刑罚中解救出来（第73～78页），获得全民的效忠与委身（第78页），铸币权（第78～81页），征收或豁免直接税和间接税（第81～83页），海权（第83页）以及其他一些权力（第83～87页）。但是，在讨论所有这些权力之前，博丹意味深长地加上了一句导语："由于法律这个词太宽泛，最好详细说明包括在主权者的立法权（lawmaking power）之内的主权权力。"（第59页）这一导语也非常明确地说明，在博丹看来，主权的其他权力来自于<u>立法权</u>。④ 在这一意义上，博丹的主权可以完完全全地称之为立法主权，一方面，立法权不仅仅是主权的真正标志，主权者垄断了所有的立法权；并且，另一方面，所有其他主权权力均可以从主权者垄断的立法权中推演出来。正如 J. W. 艾伦所指出的，博丹始终将主权——国家的权力——视为法律主权者（legal sovereign）的权力的实践，本质上主权就是制定法律的权力。⑤ 在博丹看来，只有当主权的主要特征是立法权，即制定法律的权力时，主权才能够成为法律上的主权；立法才是主权之所在。⑥

　　博丹的立法主权概念第一次将立法权、主权与国家联系了起来。在博丹的感觉中，似乎仅仅是法律的存在就暗示了主权者的存在。⑦ 博丹

---

① See J. Bodin, *On Sovereignty*, pp. 50-52. 博丹解释道，所谓的"每一个单个臣民的法律"指的是特权 privileges，赋予特权是主权君主排他专属管辖的权力。Ibid., p. 58.
② Ibid., p. 59.
③ 本段以下文字中随文注出的页码均指 J. Bodin *On Sovereignty*, ed. & trans. J. H. Franklin，北京，中国政法大学出版社，2003影印版的页码。
④ 斯金纳教授也明确指出了这一点，他引证说，博丹认为"最高君主的首要的也是主要的标志"应当是，具有"为他所有臣民制定法律"的权力，而无需寻求"任何高于、同等于或低于他的人"的同意，而所有其他各种标志可以说都包括在这个标志中，作为其不同的侧面和引申的含义。[英]斯金纳：《现代政治思想的基础》，段胜武等译，563～564页，北京，求实出版社，1989年。
⑤ See J. W. Allen, *A History of Political Thought in the Sixteenth Century*, p. 421.
⑥ [美]哈维·C. 曼斯菲尔德：《驯化君主》，冯克利译，178页，南京，译林出版社，2005。
⑦ See J. W. Allen, *A History of Political Thought in the Sixteenth Century*, p. 414.

提出，统治者主权之下国家法律的统一构成了国家。没有主权者的法律的联合不会成为一个国家，但如果没有将一国民众联合起来的制定法，国家几乎不可能存在。立法因此是国家的、也是主权的特征。博丹写道："分立的城市共和国的联盟、商品交易、共同的法令、法律和宗教并不会构成一个一样的国家，但在同一权威（治权）下的联合却可以。"① 博丹似乎认为由于主权内含的人类联合的性质以及主权的目的，法律主权（legal sovereignty）必定是主权的正式表达。如果政治联合的目的是实现所有可能的善，如果政府必须拥有控制所有关系的权力，那么，承认主权不受法律限制乃是必需的。因为国家的目的是无限的善，因此，国家本身必须拥有这一绝对意义的主权，否则就等于承认国家的目的是难以企及的，从而否定了主权本身。对博丹来说，似乎每一个国家都存在得到公认的拥有不受限制的权力的法律主权者。②

在博丹看来，法律上完整的主权的概念立即可以解释和证明政治社会的正当性。它确保了秩序和统一，它界定了公民的义务，它回答了所有问题。博丹声称这一概念长久以来就已存在，并且仍然在事实上和法律上存在着。它必须存在是因为它恰恰意味着人为法（man-made law）的概念，因为它可以单独解释政治社会。至于它如何开始存在，博丹几乎不去探究。对他来说，人类事实上到处建立起政治社会并且主权事实上理所当然地被涉及就够了。政治社会长期持续存在对他来说，意味着政治社会的存在合乎上帝的意志。由于上帝的意志，人类才得以在政治社会中实现善，主权君主甚至可以称为上帝的代理人。博丹认为，国王的神圣权利只是在那个时代几乎每个人都相信的时候才有意义。上帝创造万物，但在博丹看来，主权乃是人类的创造：它来自于人类的本性、人的需要和渴望。③ 从而，博丹最终完成了他的立法、主权与国家的三位一体的论证。可以说，如果抽掉其中基督教的修饰以及君主问题，那么从形式上说，现代国家的基本架构已然奠定。

最后，有必要特别提出的问题是，尽管为数不少的政法思想史学家将博丹视为霍布斯式的绝对国家论的先驱，主张博丹的立法主权国家是一个绝对主义的或者说是专制的国家，但在事实上，博丹主权概念中的绝对主义并不是不留余地的，也不是毫无限制的。他的原话是，"如果权力仅仅服从于上帝法和自然法，除此之外别无限制，那么该权力就是绝对的和主权的权力"。他进一步主张，"如果法律的目的是正义，如果法律是君主

---

① See A. L. Fell, *Origins of Legislative Sovereignty and the Legislative State*, Vol. III, p. 113.
② See J. W. Allen, *A History of Political Thought in the Sixteenth Century*, p. 415.
③ Ibid.

第十一章 博丹的立法主权理论

的作品,并且君主是上帝的映像,那么,君主的法律就必须模仿上帝的法律。"①正如斯金纳教授所指出的,在博丹看来,虽然成文法的形式只是君主的公开意志,但它们的内容在任何时候都应与自然正义原则保持一致。这意味着,君主在所有公务活动中,应当受到真正的法律的牵制,因为他有责任把自然法和神法看作他维持自然正义制度的主要指导方针。因此,博丹认为,论证"君主不受制法律"而不特别说明君主仍然适用于自然法和神法,"这就是对上帝和自然犯下了大错。"②此外,就财产问题,他还提到,"如果君主没有凌驾于上帝的自然法之上权力,那么他也没有权力在没有公正合理的理由——如通过购买、交换、合法的征用或与敌人订立的和平谈判协定——剥夺其他人的财产";"除非得到所有人的同意,君主既不能拿走也不能处分其他人的财产。"③最后,即便就立法权本身,博丹也曾指出:"君主不得废除那些涉及王国基本形式的法律,因为这些法律如撒利克法已经被附加、被联结在王冠之上了。如果君主废止了这些法律,他的继任者可以撤销任何有损于王权权威赖以建立和维系的法律。"④就此可以断言,博丹并不是将主权视为不受限制的权力,自然法和上帝的意志,仍然是主权者行为的基本约束。Dunning 教授对此评述道:博丹"之所以反复申述神意法及自然法对于主权者的限制,显然的是因为要防止他的学说成为暴虐君主的护符"⑤。

---

① See J. Bodin, *On Sovereignty*, p. 8, 45. 在同书第 10 页,博丹再次写道:"如果我们说拥有绝对权力指的是根本不服从任何法律的话,那么现世没有任何君主可以成为主权者,因为任何现世的君主都要臣服于上帝法和自然法以及各种所有人类共同的法律。"同书第 13 页中博丹又一次重申"现世的君主必须服从于神法和自然法,不得触犯。……君主或主权统治者的绝对权力在任何情况下都不得超越上帝法和自然法。"也正是在这一意义上,正如 A. 伦敦·费尔指出的,对文艺复兴理论的研究不宜用绝对的现代式的概念来分解,因此,一些博丹的研究者如朱利安·富兰克林将博丹从《方法》到《国家论》的差异形容为从中世纪的宪政主义到近代的绝对主义的转变未免过于极端和概念化。See A. L. Fell, *Origins of Legislative Sovereignty and the Legislative State*, Vol. IV, Praeger Publishers, Inc. , 1991, p. 126;在朱利安·富兰克林看来,博丹的早期著作中并不能直接的和自然而然地导出《国家论》中的绝对主义,他将博丹的转变归因于博丹对由 1572 年圣巴托罗缪之夜大屠杀引发的革命运动的恐慌情绪。See Julian H. Franklin, *Jean Bodin and the Rise of Absolutist Theory*, Cambridge, Mass. : Cambridge University Press, 1973, p. 41.

② [英]斯金纳:《现代政治思想的基础》,段胜武等译,569 页。

③ See J. Bodin, *On Sovereignty*, pp. 39-40.

④ Ibid. , p. 18. 按照 J. W. 艾伦的说法,在 1576 年布卢瓦三级会议上——这是博丹第一次也是仅有的一次在重大的政治活动中露面,博丹据说是反对派的领袖,很明显,他并不认为亨利三世拥有他在《国家论》中所界定的绝对主权者的地位。他的反对态度使得他失去了国王的宠信。See J. W. Allen, *A History of Political Thought in the Sixteenth Century*, pp. 396-397;O. Ulph, "Jean Bodin and the Estates-General of 1576", in J. H. Franklin(ed.), *Jean Bodin*, Ashgate Publishing Ltd. , 2006, pp. 201-208.

⑤ 参见[美]William Archibald Dunning:《政治学说史》,中,77～78 页。

第四节　博丹立法主权理论的意义

在博丹之前的16世纪学者中,几乎没有人关注立法的概念。直到博丹的出现,制定法律的权力才得以理论化。① 中世纪晚期的主权和国家概念,首先是基于立法之外的其他因素之上的,如司法、管辖权、习惯和行政指令。尽管不能否认中世纪晚期从1150—1350年间主权和国家概念的存在,但主权概念逐渐地从首先与司法相契合转变为本质上以立法为特征,则是从博丹开始的。② 中世纪晚期法律和政治理论中的立法权概念从属于司法特权(jurisdictional prerogative)和紧急管辖权(emergency jurisdiction),同样也从属于习惯。按照约瑟夫·R. 斯特雷耶教授的看法,在行政实践中,中世纪晚期的主权本质上是最高司法管辖权(不是立法权)。斯特雷耶宣称,"内在主权(internal sovereignty)最典型的表达是在高级法院作出终审判决的权利"③。在盖恩斯·波斯特(Gaines Post)教授看来,"中世纪司法管辖权与作为法律发现的立法之间并没有清楚的区别。"尽管他讨论了中世纪晚期法律家们相信统治者有权创制新的法律对抗旧的法律以适应新案件的可能性,但他的讨论和征引的文献并不包括制定法律的强制权力。盖恩斯·波斯特教授说:"君主们在他的顾问和法律专家的建议下对法律作出的最终解释,是某种类型的立法,他在法院作出的裁决同样如此,通过解释法律和习惯来立法。"显然,这些概念不足以构成"现代立法理论",事实上,立法权力只是从法律解释者和法官的

---

① M. P. Gilmore, *Argument from Roman Law in Political Thought*, 1200-1600, Harvard University Press, 1941, pp. 104-105. 需要说明的是,尽管在罗马法学中,人民授予皇帝立法权威,皇帝通常是立法者,并且查士丁尼声称他是唯一的立法者。一些伟大的波伦那罗马法学家于是主张,人民因此全部并最终与他们的权威分离,因此甚至是他们的习惯也丧失了制定和废止法律的权力。在此我们毫无疑问的发现了一个影响深远的全新的革命性的原则。但正如亚历山大·J. 卡莱尔(Alexander J. Carlyle)指出的,这一原则并未在中世纪产生任何重大的影响,我们必须注意到连波伦那些最著名的博士们都拒绝承认这一结论的合法性。布尔加鲁斯(Bulgarus)和约翰·巴西亚努斯(John Bassianus)主张罗马人民习惯的持续性权威,阿佐(Azo)和胡果利努斯(Hugolinus)更是明确地否认罗马人民永远地与他们的权威相分离并且不能恢复的观点。A. J. Carlyle, "The Sources of Medieval Political Theory and its Connection with Medieval Politics", 19/1 *The American Historical Review*, 1913. p. 9.

② 如维奥利(Viollet)所说,"在中世纪的精神中,主权权力的建立并不是为了改变法律,而是为了保证对法律的尊重。"转引自 C. H. McIlwain, *The Growth of Political Thought in the West from the Greeks to the End of the Middle Ages*, MacMillan Company, 1932, p. 391.

③ J. R. Strayer, *On the Medieval Origins of the Modern State*, Princeton University Press, 1973, p. 61.

活动中分离出来的功能。① 毕竟,立法的本质是创制新的规则,而法律解释是对原有规范的意义说明。法官的活动则是将法律的规定运用于个案的实践之中。麦基文教授也明确指出,我们现代人首先把法律想象为命令,但中世纪的人并不如此。在中世纪,"统治"(government)主要是解释性的活动,我们所称中世纪的"执行"(executive)和"立法"(legislative)部门服从我们对"司法"(judicial)这个词的界定。对博丹和几乎所有从他那个时代开始的学者来说,国王首先是一位立法者(a law-giver),对中世纪的思想家来说,每一个国王首先是一位法官。② 尤尔特·刘易斯(Ewart Lewis)也主张,传统上被认为中世纪晚期最先进的主权和国家理论家的马西利也承认"立法者颁布法律的权力是某种司法职能"。他认为马西利并未将法律制定视为强制性的立法权。在尤尔特·刘易斯教授看来,马西利接受了中世纪的普遍观念,即立法者恰当的角色是从具体的措施中"判断和甄别"出恰当的措施。因此,马西利远没有打算将法律的效力建立在某一特定的立法者的强制权威之上,他更多地关注的是法律的实质需要而非法律必要的强制性。③

在这一意义上,正如麦基文教授所指出的,博丹的立法主权的概念和立法者天生有权颁布法律的概念与中世纪的立法概念有别,这是一个全新的现象。他指出,博丹花了很长时间才理解主权者是立法者,立法首先依赖统治者制定法律的强制权力。他强调:

> "主权"——它的唯一正确和现代的意义是立法主权——直至"立法"本身在其现代意义上已经非常频繁以至于强迫人们去关注时,才有可能获得它清晰明确的形式,并且这一"立法"并非中世纪的"发现"规则——"发现"的规则的效力来自于它被假定与普遍的理性或久远的习惯相一致——而是现代意义上的"制定"规则,"制定"的规则被确认为法律仅仅因为国家机关——无论是国王还是议会——的权威,根据这一权威它被颁布施行。直到这时,国家才成为国家,统治者与臣民之间的关系才成为对等的公共关系,这一关系代替了单个的附庸与其大领主之间的半私人的关系,在这种半私人的关系中,没有一个这样的机构有权制定国家法;在国家法得以制定前,不存在真正的"立法";在真正意义上的更为现代形式的"立法"出现前,并不存在真正的立法主权的概念。博丹合理地推导出这一主张,

---

① G. Post, *Studies in Medieval Legal Thought: Public Law and the State*, 1100-1322, Princeton University Press, 1964, pp. 16, 552-557, 557n165.

② See C. H. McIlwain, *The Growth of Political Thought in the West from the Greeks to the End of the Middle Ages*, pp. 284-286.

③ E. Lewis, "The 'Positivism' of Marsiglio of Padua", XXXVIII *Speculum*, 1963, pp. 567-570.

他是第一个对这一概念给出清楚的分析的政治哲学家或法学家。①

博丹的《国家论》于1576年初版后,其重要性立即获得了他的同时代人的认可。② 此后,在现代思想中,无论是绝对主义还是立宪主义,都将立法视为主权永久的主要特征。在17世纪,霍布斯在《利维坦》中宣称,"因为立法者就是制定法律的人,然而又唯有国家才能规定并命令遵守我们称为法律的法规;因之,国家便是立法者。但国家[的]……代表者就是主权者,所以主权者便是唯一的立法者。"③洛克在《政府论》中也同样宣称:"只能有一个最高权力、即立法权,其余一切权力都是而且必须处于从属地位。"④18世纪,当行政和司法功能在一些理论著作——如孟德斯鸠的《论法的精神》——中成为分立的部门时,制定法仍然是公法、国家和主权的核心基础。⑤ 卢梭在《社会契约论》中,区分了立法权和行政权,"立法权力是属于人民的,而且只能属于人民的,……主权者的一切行为都只能是法律。"⑥杰斐逊起草的《独立宣言》将制定法设定为主权国家存在的核心。⑦ 正如狄骥所说,"只要在语词表达上稍加变通,君主主权论就可以同上述哲学家(洛克、马伯利、卢梭和孟德斯鸠等人)的思想以及美国宪法的原则相扣合。人们所需要做的只是用国家来取代国王。"⑧而在19世纪更多的作者,从功利主义和实证主义者到唯心主义者和自然法理论家,都强调立法对于主权和国家异乎寻常的重要性。⑨ 到20世纪,凯尔森《法和国家的一般理论》更是彻底地贯彻了立法、主权和国家三位一体的博丹式的论证结构。⑩

---

① See C. H. McIlwain, *The Growth of Political Thought in the West from the Greeks to the End of the Middle Ages*, pp. 390-391. 斯金纳教授也明确指出,博丹将主权的基本性质界定为立法,表明博丹与此前法学家们的明确决裂。在《国家论》中,博丹得出了与中世纪法学家截然不同的近代法学的实证主义结论:主权最高的(某种意义上也是唯一的)"标志"是"为全体臣民制定无需经过他们同意的法律"。[英]斯金纳:《现代政治思想的基础》,段胜武等译,563页。

② See J. W. Allen, *A History of Political Thought in the Sixteenth Century*, pp. 395-396.

③ [英]霍布斯:《利维坦》,黎思复、黎廷弼译,206页,北京,商务印书馆,1985。

④ [英]洛克:《政府论》,下篇,叶启芳、瞿菊农译,91页,北京,商务印书馆,1964。

⑤ [法]孟德斯鸠:《论法的精神》,上册,张雁深译,155~166页,北京,商务印书馆,1961。

⑥ [法]卢梭:《社会契约论》,何兆武译,71~72页,北京,商务印书馆,2003。

⑦ 同样的观点也出现在杰斐逊的"英属美利坚权利概观"以及"弗吉尼亚宪法草案"中。参见[美]杰斐逊:《杰斐逊集》,上,[美]彼得森注释编辑,刘祚昌、邓红风译,109~128、358~368页,北京,生活·读书·新知三联书店,1993。

⑧ [法]莱昂·狄骥:《公法的变迁·法律与国家》,郑戈、冷静译,23页,沈阳,辽海出版社,春风文艺出版社,1999。

⑨ See A. L. Fell, *Origins of Legislative Sovereignty and the Legislative State*, Vol. I, p. 2.

⑩ 凯尔森在该书中写道:"如果主权被认为是国家'权力'的一种属性,这一权力一定是国内法律秩序的效力和实效。因为主权只能是这种规范秩序的属性,作为义务和权利渊源的权威。"[奥]凯尔森:《法与国家的一般理论》,沈宗灵译,283页,北京,中国大百科全书出版社,1996。类似的论调在该书中几乎随处可见。

第十一章 博丹的立法主权理论

博丹立法主权学说的重要性，不仅仅是理论上的，更重要的是它对现实政治的影响。意大利学者登特列夫就明确指出，"主权学说的重要性，几乎再怎么估量都不至于过高，它是法律家与政治家手中一件可畏的工具，也是形成近代欧洲的一个决定性因素。"①戴维·帕克也明确提出，"王室对最高立法权威的主张无疑是建构绝对主义国家的一个基本要素，任何对其重要性的忽视都是愚蠢的。"②甚至基于作者看来，立法主权的论证决定了近代国家的基本架构，只有在立法主权中，现代国家的治理模式才是可能的。③ 在斯金纳教授看来，正是博丹的"这种分析将国家看成是全能的然而又是非人格化的权力，我们可以说，政治思想已步入了现代。现代的国家理论大厦还有待于建造，但是它的基础已经确立了。"④

第五节　中世纪的博丹？

除了前述的立法主权理论以及宗教宽容思想、货币与通货膨胀的经济思想，博丹著述中的大部分内容似乎都被明确地或隐晦地贴上了中世纪的标签。即便在立法主权理论中，博丹也未能回答现代政法理论中最为重要的问题，即政府的目的以及人为什么会同意被统治的问题。⑤ 现代的解说是建立在契约与同意的理论之上的。即承认每一个个体均拥有绝对的自由意志，拥有这一自由意志的人通过进入政治组织并使自己负有服从自己建立起来的权威的义务可以获得特定的好处，就此，沃格林教授为博丹申辩说，因为博丹太聪明了，对统治了解得太多了，以至于他不能给出"这类粗鄙的答案"⑥。事实上，博丹不仅承认武力是政府存在的决定性因素（他说"理性和我们的自然之光使我们相信武力和暴力催生了国家"），他也没有做出任何努力去证明武力的合法性。⑦ 沃格林认为，博丹是一个宇宙论思想家，这意味着他接受了包括政治领域在内的宇宙的结构，他明白这个结构是一个描述的对象，而不是一个解释的对象。⑧ 在博丹那里，武力的非道德性可以与建立一个小宇宙——它适合上帝的更

---

① ［意］登特列夫：《自然法——法律哲学导论》，李日章译，64页，台北，联经出版事业公司，1984。
② D. Parker, "Sovereignty, Absolutism and the Function of the Law in Seventeenth-Century France", 122 *Past and Present*, 1989. p. 42.
③ 陈颐：《立法主权与近代国家的建构：以近代早期法国法律为中心》，2页。
④ ［英］斯金纳：《现代政治思想的基础》，段胜武等译，635页。
⑤ 参见［美］萨拜因：《政治学说史》（第4版），下卷，81页。
⑥ ［美］沃格林：《政治观念史稿·卷五·宗教与现代性的兴起》，霍伟岸译，288页。
⑦ 同上书，294～295页。
⑧ 同上书，288～289页。

235

大的宇宙秩序——之目的的道德性结合起来,而这在沃格林看来是政治学的最终秘诀。① 在博丹那里,政府的目的是把民族政治体改造成为一个宇宙的类似物,国家的统治者地位和行政机关被设想为类似于宇宙的神的统治和天使等级。在沃格林看来,博丹的伟大之处就在于他对一种统治制度——它把人与政治的宇宙结合为一个整体——的精神之谜的关注。②这一统治制度为人生的目的提供了存在的基础,这个目的就是在各种必需品得到满足之后,在沉思中提升自己直到享有上帝(fruitio Dei)。与此同时,秩序井然的国家在智识上是宇宙等级秩序中的等级之一。③

只是,我们身处的现代是物质主义的形而上学的现代,这个现代没有上帝,也没有宇宙论,博丹不属于这个现代。④ 只是,这个现代好吗?我们从中世纪的博丹那里挖掘出来的立法主权的现代是好的吗?⑤

思考题

1. 博丹的立法主权概念是什么样的?
2. 博丹的立法主权理论的意义何在?
3. 如何理解博丹思想的复杂性?

阅读文献

1. [法]让·博丹:《主权论》,[美]朱利安·H. 富兰克林编,李卫海、钱俊文译,北京,北京大学出版社,2008; J. Bodin, *On Sovereignty*, ed. & trans. J. H. Franklin,北京,中国政法大学出版社,2003(影印版)。

2. [美]沃格林:《政治观念史稿·卷五·宗教与现代性的兴起》,霍伟岸译,第6章,上海,华东师范大学出版社,2009。

---

① [美]沃格林:《政治观念史稿·卷五·宗教与现代性的兴起》,霍伟岸译,294～295页。沃格林还宣称,"如果有人曾经清楚政府目的的话,那么这个人就是博丹",同上书,297页。
② 同上书,242～243页。
③ 同上书,297～298页。
④ 沃格林花了很多篇幅为博丹安上了一个现代的标签。沃格林说,博丹有时甚至被描述为第一个真正现代的思想家,但他属于地中海的现代文明,只是这个现代文明在博丹之后的那一代人手中崩溃了。但沃格林自己也说,"谁会把这看作政府的目的?没有人对此感兴趣"。同上书,214～218、298页。
⑤ 参见陈颐:《立法主权与近代国家的建构:以近代早期法国法律为中心》,181～183页。

第十一章 博丹的立法主权理论

3. [美]萨拜因：《政治学说史》（第 4 版），下卷，邓正来译，第 21 章，上海，上海人民出版社，2010。

4. [英]斯金纳：《近代政治思想的基础》，下卷：宗教改革，奚瑞森、亚方译，第 8 章，北京，商务印书馆，2002。

5. 陈颐：《立法主权与近代国家的建构：以近代早期法国法律为中心》，北京，法律出版社，2008。

6. J. Bodin, *Method for the Easy Comprehension of History*, trans. B. Reynolds, Octagon Books. Inc., 1966.

7. J. H. Franklin (ed.), *Jean Bodin*, Ashgate Publishing Ltd., 2006.

8. J. H. Franklin, *Jean Bodin and the Rise of Absolutist Theory*, Cambridge University Press, 1973.

9. A. L. Fell, *Origins of Legislative Sovereignty and the Legislative State*, Vol. III, Oelgeschlager, Gunn & Hain, Publishers, Inc., 1987.

10. J. W. Allen, *A History of Political Thought in the Sixteenth Century*, Methuen & Co. Ltd., 1960.

第十二章 培根的法律思想

培根是英国的散文作家、法学家、哲学家、政治家。在法律领域,他的法律方法论、立法思想和司法理论,产生了广泛的影响。

第一节 生平与著述

弗兰西斯·培根(Francis Bacon,1561—1626),出身于伦敦一个贵族家庭,其父尼古拉·培根爵士是伊丽莎白女王的掌玺大臣。培根12岁(1573年)进入剑桥大学三一学院读书。培根是个绝顶聪明的人,当时学校里讲授的学院派的学说与他的想法格格不入,他决定不再去学它,且毕生反对这种做法,也就是说反对亚里士多德,因为那时候是亚里士多德的学说占据着学界。因此他写了《新工具》,想要提出一种新的方法来研究科学,研究学术。这种新的方法就是通过观察和反思,然后归纳总结的方式来认识问题,这就是经验主义的开始。

1576年,培根受命赴巴黎,出任英国驻法国大使随员。1579年,他父亲的突然辞世使培根不得不放弃在巴黎的外交职位而重返英国四大律师会馆之一格雷律师会馆Gray's Inn,以完成他的法律学业。1596年培根被女王聘为特别法律顾问,1607年任副检察长,6年后,晋升为总检察长,1617年转任掌玺大臣,1618年被加封为大法官兼上议院议长。1621年培根因被控受贿而被免去官职,并被判处罚金4万英镑,监禁于伦敦塔中,期限随国王的旨意而定。不过,培根在伦敦塔内给国王写了一封文采飞扬、深刻忏悔的求情信,故而只被监禁了4天,而且也没有缴付罚金。由于重进官场无望,培根便把全部精力转而从事学术研究和撰述著作。1626年,培根因在一次关于雪的防腐作用的野外试验中遭受风寒而病逝,终年65岁。

培根的一生著述颇丰,且涉及的领域广泛,其中包括政治、经济、哲学、历史、法律、宗教、艺术、教育、科学等。培根试图将科学、技术和人类的一切知识进行全面的改造和重建,故而他构思了鸿篇巨制《伟大的复兴》,尽管此项工程未能全部完成,只完成了第一、第二部,即《学术的进展》(1625年)和《新工具》(1620年),但它对西方乃至整个人类思想产生了巨大而又深远的影响。除此之外,培根还撰述了专门研究古代文化的学术论著《论古人的智慧》(1609年),此书通过古代希腊神话表述了培根对政治、科学和哲学等问题的见解。此外,历史方面的著作有《亨利第七本纪》(1622年),关于理想国有《新大西岛》(1626年)等。他的法律著作包括《英国普通法要义》、《法律上的使用》、《法律摘编》等。

第二节 培根的经验归纳法

培根极其重视方法。他说他自己并不想创立什么新哲学,只是完成了方法论的革命。他写道:"我所研究的是伦理学,而不是哲学。"培根把科学方法看作是"心灵的工具"。一如机械工具对徒手工作的辅助一样,理智要正确认识自然也必须有心灵工具的帮助。培根认为,一旦掌握了心灵工具,即使中等资质的人也可以利用它对科学发展作出贡献,否则,虽然才智出众也难以在科学上有所成就。正如俗语所说的,一个能保持正确道路的瘸子总会把走错了路善跑的人赶过去。不但如此,很显然,如果一个人跑错了路的话,那么愈是活动,愈是跑得快,就会愈加迷失得厉害。在培根看来,有了科学方法,才能在经验的迷宫中保持正确的方向,抵达公理之地。

在《新工具》一书中,培根提出要建立一种新的逻辑体系,这个新的逻辑体系就是区别于亚里士多德逻辑三段论的"归纳法"。培根认为,唯有归纳法才是认识事物的最正确的方法。人们在从事观察和探究时,借助于归纳法就有可能获得一般的公理,从而可以在此基础上最后达到认识其他现象的目的。

当然,培根不是归纳法的创始人。因为亚里士多德早就论述了简单枚举归纳法的一些原则。在亚里士多德看来,归纳法是从个别到一般的过渡,为了掌握一般,就必须通过归纳;归纳与演绎不同,归纳从个别出发,易为人们相信,演绎从一般出发,更富有说服力。不过,他认为,归纳法所获得的结论只具有或然性,而如果前提为真时,演绎所获得的结论则具有必然性。所以,亚里士多德把归纳推理当作三段论推理的附属物提出来的,将其视为直言三段论的一种推理形式。从古希腊到中世纪,归纳法从未在科学和哲学中取得应有的地位。培根的贡献在于他第一个把归纳法同实验和科学紧密相结合,并把它看作是从事科学研究、获得新发现的主要工具。因此,人们把培根誉为"近代归纳学说之父",把他的归纳法称作经验归纳法或科学归纳法。

现代经验主义发端于英国,洛克、霍布斯和休谟被认为是其代表,但它的根源乃在培根那里。培根曾说,真理恰恰是时间的女儿,而不是权威的女儿(Truth is rightly named the daughter of time, not of authority.)[①]。这句话道出了经验主义的真谛。真理不是某些权威的说教,它要经得起时间的考验。即便是亚里士多德、奥古斯丁和阿奎纳斯这样的先贤所说的,也不一定都是真理,尚需时间的检验。培根的归纳法是一种经验方法,它要求从某一类对象的众多个别事物的观察和实验中,推断出关于这一类对象的一般结论,从而实现认识由个别到一般的过渡,以求得对对象的原因和形式的认识。培根人为,借此可以保证演绎推理大前提的确实可靠性。培根的归纳法把他提出的经验论认识原则具体化为科学发现的方法。

培根强调经验归纳法必须遵守两条基本原则。其一,创建真实健全的概念。培根认为,概念是推理的基础,如果概念粗率混乱,缺乏确定性,那么即使推理、论证或命题的真理性都无懈可击,也并不能保证推理的正确性。至于如何创建概念,培根指出,首先必须抛弃传统概念,如一些用来解释自然的纯思辩性的概念;然后应该通过考察个别事物及其关系和秩序,从事实材料中得出概念。培根认为,从个别事物中抽象出它们共有的特征,经过综合,就形成了概念。其二,循序渐进,逐步深入。依抽象程度的不同,培根把公理区分为低、中、高三种。最低的公理接近自然和经验,但同经验区别不大,而最高的公理则过于抽象往往不实在;只有中间公理才是真正的、实在的、活的公理。培根指出,进行归纳推理不能从感官和特殊事物一下子飞跳到最高公理,并认为这种公理是确定不变的,进而用这种公理去判断和发明中间公理。在培根看来,正确的途径是,由感官和特殊事物得出较低的公理后,经由中间公理而达到最高的公理。这样做,才能获得"对自然的解释"。

第三节 培根的经验主义法律观

一、法律方法

培根虽然以法律政事为业,但主要研究兴趣是在科学和哲学。不过,他对法律方面的影响也是非常深远的。培根采取了他自己设计的经验总

---

① [英]培根:《新工具》,许宝骙译,62页,北京,商务印书馆,1984。

结、理性抽象的认知方法,即他的"新的分析逻辑",欲将普通法的基本精神简明扼要地总结起来,公诸于世,为世世代代的法官提供指导,从宏观的角度确立普通法的基本走向。这无疑对普通法的发展奠定了基础。同时,培根还志在建立基于格言和原则的法学研究。培根的归纳法使得普通法走向了系统化的道路,这种系统化是指作为知识的系统化,而不是作为法律规则的系统化。要是没有培根的归纳法思想的出现的话,普通法都很难想象可以发展到现在这个境地,因为它将没有一种哲学基础的支撑。所以培根在法学上的贡献,尤其是在法律方法论方面的贡献是非常大的。

但更重要的是,培根将这种源自法律的基本方法推而广之,应用于科学研究。这乃是前无古人后无来者的举动。我们知道,法学研究从来都是从其他学科汲取方法和营养,而法学方法却从未对其他学科发生过影响。是培根给法学界争了光。

尽管培根后来只是短暂的从事法律实务,便走上了仕途,但他始终保持着和法律职业界的联系,并时常以高级司法官员和国王的法律顾问的身份在葛莱会馆授课。培根一如既往地关注英国的法律制度,时时想着改进并使其现代化。他尤其关注英国法律制度的效率问题。他对这些问题的思考散见于他的大部头作品、法律裁决、写给国王的信件以及一些作为大的法律改革项目组成部分的短小法律文件中。

培根的这些法律著述多已编辑出版。据著名的玛尔文(John Gage Marvin)《法律书目》(*Legal Bibliography*)(1847)所载,培根生前身后出版的法律著作共有 8 种,包括《关于修订吾国法律的建议》、《法律摘编》、《普通法要义》、《法律上的使用》、《叛国罪案件》、《若干重大疑难案件中的法律观点》、《衡平法院条例》以及《使用法律解读》等。最早出版也是最有影响的是 1630 年的《英国普通法要义》(*The Elements of the Common Lawes of England*)。① 该书清晰而准确地确立了英国普通法的 25 条格言或规则。据 Hogan 和 Schwarts 研究,该书是英国法制史上第二本有关法律格言和原则的著作。他的另外两本主要法律著作,即《叛国罪案件》和《国王陛下博学的顾问法兰西斯·培根爵士对使用法例的精辟解读》分别在 1641 年和 1642 年问世。前者集中表达了培根的宪政思想,而后者则勾勒出了培根关于实施衡平法制的基本框架。虽然培根未能完成改革英国法律制度的宏愿,但他的法律著作对英国法律制度的演进却也产生了直接的影响。他的另一部法学短著《国际法格言或公正与法律的渊源》(*Aphorismi de jure gentium maiore sive de fontibus justiciae et juris*)据说写于詹姆士一世时期,失传已久,后于 1980 年被重新发现于

---

① J. C. Hogan & M. D. Schwartz, "On Bacon's Rules and Maxims of the Common Law", 76 *Law Library Journal*, 1983, p. 48.

英国德比郡的查慈华兹庄园。①

　　培根和库克是宿敌。虽然两人对普通法的见解有相同之处,即普通法乃经验传统,但在如何将普通法系统化并将之传之后世,以供日后作为指导方面,却各持己见。库克在普通法研究上开创了形式主义的先河,认为普通法是"法官特有的科学",集长期的研究、观察和经验于一身的"人为的完美理性"。只有训练有素的律师和法官才能完整理解并把握它的奥秘,而其他英国人,包括国王和女王,其所学均不足以担当此重任。当库克致力于收集整理普通法案例汇编时,培根则着手收集普通法格言精义,冀望与库克一争高下。而在"王在法下"或"王在法上"的问题上,两人的观点也正好背道而驰。库克曾经毫不犹豫地声言,是普通法保护国王,而不是国王保护普通法。培根则正好相反,认为国王的神圣地位不可动摇。

　　"我可以预见,"培根自己说,"如果爱德华·库克爵士的法律汇报和我自己的规则及判决能留传于世,谁是更好的律师就会是个问题(不管目下人们以为如何)。"②

　　如果说库克的法律汇报较之培根的法律著述更加展示了对于技术细节的全面掌握,和丰富的先例知识以及对于法律形式的牢牢把握,那么,毫无疑问,培根的著述则表现出对于法理学抽象原则的更为深刻的阐发,并以圆满而富有伦理的精神弥补了干枯的法律细节的不足。培根好像确实是一位第一流的律师。③

二、立法思想

　　1598年培根将《普通法要义》献给女王时,曾明确指出,他撰写该书的目的是为了纠正当时普遍存在的对英国法律的误解和误用。科学的兴起使人的良心发生了变化。法律的不确定性给了人们发挥个人意志的空间,从而使法律充满了随意性。总结和梳理普通法中的格言和原则正是对这种随意性的弥补。培根认为,法律经常被不良法官玩弄于手中而有所损益。法律格言和原则的真谛不应该被随意曲解,而应由权威人士做出解释,廓清其界限,限定其含义。培根在该书序言中指出:"愿拉丁格言的使用能够帮助我们排除疑虑并完善判断,进而,愿它能帮助我们使论辩变得更加优雅精致、消除无益的琐碎言辞、使法律论证得以体现更加健全和完备的法律思维、纠正粗俗的错误乃至在一定程度上修正我国法律

---

① See M. Neustadt, "The Making of the Instauration: Science, Politics and Law in the Career of Francis Bacon", PhD. Thesis, John Hopkins University, 1987, pp. 239-271, 249.

② Online Information article about BACON. http://encyclopedia.jrank.org/AUD_BAI/BACON.html#ixzz1HaqdNCil. 2014年12月5日访问。

③ Ibid.

的性质和外观。"①

而他认为自己乃是最合适从事这件重要工作的人。从他的学识,见解及经验来看,培根确实是此项工作的不二人选。遗憾的是,他最终没有完成这项宏伟的工程。培根也许是受到了他父亲的影响或启发。培根的父亲,老掌玺大臣,尼古拉·培根曾执掌衡平法院。在位期间,收集了许多衡平法上的格言。培根年少时曾有所目睹。他之所以会倾力收集普通法格言,想必与此有关。据信培根总共收集了 300 多条普通法格言,但流传下来的除了收集在《普通法要义》中的 25 条外,散见于其他著述中的为数不多。②

然而,更有可能的是,培根之所以这样做,反映了他对法律的基本态度。英国法律史家们大都认为,普通法的初始阶段,也同其他文化传统中法律发展的情形大致相同。法律乃是由具体事例缘起,在前文字时代经过所谓"文化模范"们口耳相传,逐渐由不成文演变为成文法。培根所处的年代,普通法已初具规模,但无论是前人留下来的法律智慧,还是法官们作成的判例,尽管已经形成文字,留存在法律卷宗里,但都是一盘散沙,极其缺乏系统性。加之当时的法律智慧多用拉丁语表达,其含义有待进一步用英语明确。而中古英语,就如同古汉语一样没有句点,很易产生歧义。而当时,罗马法复兴后已经席卷欧洲。培根要为普通法的蛮荒之地开出一条路径来,但他不愿意步入大陆法系的领地。故此他寄希望于整理普通法格言,既可为普通法提供指导,又不囿于大陆法系的窠臼。

培根的法律思想可能受到了西塞罗和查士丁尼的影响,故此有人认为他的法学著作是以自然法为根本的。培根认为法律的基本任务首先是保障人的生命,其次是解决人的财物与土地的所有权;最后是保护人的名誉,以免其蒙羞或受辱。该书的另一篇论文,"普通法的惯例:依据本国法律与习俗保护人身、财产及名誉"对法律的这些基本任务进行了专门探讨。

培根主张,法律应该平易近人,清楚明白。他认为,法律是人民权利的守护者,因此必须简单明了,以使人人皆知。在 1593 年 2 月 26 日的一次公开演讲中,培根说到:"制定法律旨在保护人民的权利,而非喂养律师之用。法律应人人皆读,人人皆知,应赋之于形,喻之以哲理,缩减其篇幅,并交之于众人之手。"③

培根是锐意革新之人,一生都在努力试图改革英国法律制度。他的改革的见解包括短期与长期的改进。长期的改进依赖于知识的进步,而

---

① H. Wheeler, "Francis Bacon's "Verulamium": the Common Law Template of The Modern in English Science and Culture", 4 *Angelaki: Journal of the Theoretical Humanities*, 1999, pp. 7-26.

② Ibid., pp. 7-26.

③ William Hepworth Dixon, *Personal history of Lord Bacon: From unpublished papers*, Murray, 1861, p. 34.

短期的改进则依赖于知识当局的知识、当地法律、立法原则以及一般科学。他对普通法的改进,最大的贡献在于对法律格言的集注、衡平法学的发展以及对普通法法官的制约等。

三、司法思想

在《论司法》一文中,培根的经验主义是显而易见的。他认为司法者的职责是 jus dicere 而不是 jus dare。也就是说,只是实现法律,而绝不是制定或变更法律。否则,法律本身就形同虚设。这一基本思想来自于他对英国政治制度和司法传统的理解和多年作为法官的经验。同时,他所使用的论据也是经验性的。他说,"这一点,可以借鉴罗马天主教会的经验。试看罗马天主教的僧侣们是怎样假借《圣经》的名义,根据需要随意解释,用以满足自身私欲的吧!"在该文中,培根的论据大多是经验性的,即根据例子推理,也叫类比推理。他说道,"扭鼻子必出血",而压榨葡萄汁的机器若是用力过猛,其所出的酒必是涩的,而且带着葡萄核底味儿。①

培根深知司法公正的重要性,并提醒法官时时注意不要败坏司法之源。为法官者应当学问多于机智,尊严多于一般的欢心,谨慎超于自信。律法说:"移界石者将受诅咒"。把界石挪动的人是有罪的。但是那不公的法官,在他对于田地产业错判误断的时候,才是为首的移界石者。一次不公的判决比多次不平的举动为祸犹烈。因为这些不平的举动不过弄脏了水流,而不公的判决则败坏了水源。所以所罗门说,"义人在恶人面前败诉好像浊浑之泉,弄浊之井"②。

以严厉的眼光对事,而以悲悯的眼光对人。培根指出,为法官者必须留神,不可深文周纳,故入人罪;因为没有比法律的苦恼更恶的苦恼也。尤其在刑事案件中,为法官者应当注意,毋使本意在乎警戒的法律变为虐民之具。所以刑律之中若有久已不行或不适于当时者,贤明的法官就应当限制其施行:"司法官底职责,不仅限于审察某案底事实,还要审察这种案件底时候及环境……"在有关人命的大案中,为法官者应当在法律的范围内以公平为念而毋忘慈悲;应当以严厉的眼光对事,而以悲悯的眼光对人。③ 培根的一句格言是,法律崇尚生命、自由和天资(Law favoreth life, liberty and dower)。而没有一条法律是不可以改变的。故此,他的一条格言是,不可废止的法律条款原本就是无效的(A clause in a law which precludes its abrogation is void from the beginning)。

培根甚至认为,法官是坐在上帝的位置上的。他认为,最好的法律留

---

① [英]弗·培根:《培根论说集》,水天同译,194 页,北京,商务印书馆,1983。
② 同上书,193 页。
③ 同上书,194 页。

给法官最少的自由裁量权,而最好的法官亦是如此。因为这样最大的好处就是使法律具有确定性。在《论司法》中,培根强调,耐性及慎重听讼是司法官的职务之主要的成分之一;法官在审理案件之中的职分有四:审择证据;约束发言毋使过长、重复及泛滥无关;重述、选择、并对照已发言论;指示批判底准则。为法官者应当效法上帝(上帝的座位是他们坐着的);上帝是抑强暴而扶温良的。① 培根的另一条格言是:法律从不向恶。

同时,培根也很重视法律助理的作用。他认为,一位多年的老吏,熟悉律例,做事审慎,通晓法院之事务者乃是法院的一个极好的助手,并且常常会给法官本人指引一条道路的。②

第四节 评价和影响

培根对英国的普通法的发展,曾做过很大的贡献。他的贡献,不仅在于他对普通法系统化的尝试,更在于他提供了归纳推理的方法,为普通法的生存找到了理论依据。普通法系的法官进行法律推理时,不是依赖于某一个大前提,而是通过对具体案件的相似性的比较而得出结论。在民法法系或者叫大陆法系中,法律推理一般都是从一个大前提,即某一个既定的规则开始,从而得出结论。在培根之前,人们很容易为罗马法,即民法法系的推理过程找出理论上和逻辑上的根据,那就是演绎推理。但却无法解释普通法的推理方法,并为其发展前景提供方法论上的支持。经验归纳推理方法的问世使普通法获得了新生。如果没有归纳推理支撑着普通法,普通法可能早就被淹没在欧陆法律罗马化的大潮中了。

培根绝对是一个优秀的人物,但他的一生也是个聪明人的悲剧。他做过大法官,也写过《论司法》那样优秀的短文。培根因为他的受贿问题成为了一个政治上的牺牲品,但是在培根那个年代,所有的法官都会收礼,并且不是收一方的,而是双方的都收。培根在为自己辩护的时候,承认自己受贿,但他说他受贿之后并没有影响对案子的判断。这也是很有可能的。③ 这个道德上的缺点使他在英美法哲学界名声不是很好,而且也没有受到应有的重视,但是他的影响是非常大的,有些是侧面的影响,

---

① [英]弗·培根:《培根论说集》,水天同译,195 页。
② 同上书,196 页。
③ 同上书,绪论,4~26 页。又见罗素在其《西方哲学史》对培根的评价,参见[英]罗素:《西方哲学史》,下册,马元德译,61~65 页,北京,商务印书馆,1979。

有些是直接的影响。关于培根在学术界的历史地位，人们评价不一，但持肯定态度的居多。

培根死后，亨利·沃登爵士为他题写了墓志铭：圣阿尔本子爵如用更煊赫的头衔应称之为"科学之光"、"法律之舌"。威廉·威维尔（William Whewell）称培根为"现代科学共和国的最高立法者"。

黑格尔对培根的评价是：尽管此人不喜欢抽象的推理，但他终究是经验主义的奠基人。马克思曾经称他是"英国唯物主义和整个现代实验科学的真正始祖"①。英国现代分析哲学家罗素在谈到培根哲学的历史功绩和地位时，一方面承认他的哲学有许多不尽人意的地方；但另一方面又认为在哲学史上，培根"仍旧占有永远不倒的地位"②。

英国著名的保守主义者埃德蒙·伯克（Edmund Burke，1729—1797）对培根也是顶礼有加，称其为"最深刻的天才"，"最博学的文人"和"最犀利的发现者"③。杰弗逊也深受培根思想的影响，不仅认为培根是有史以来三个最伟大的人物之一，而且觉得缔造美国正是在实现培根在《新大西岛》中提出的理想。④

哲学史家 Durant 在其著作《哲学的故事》（*The Story of Philosophy*）中指出："整个英国思想的脉络所遵从的乃是培根的哲学。归纳方法启发了洛克的经验心理学的思想，使其建立在观察的基础之上，从而摆脱了神学和形而上学的影响。而他对'商品'及'成果'的强调则成就了（杰洛米）边沁的有用的和善的区分。"⑤

在法学方面，斯蒂芬·M. 菲尔德曼在他的《从前现代到后现代的美国法律思想》一书中，曾谈到了美国当时所谓的前现代时期法律受到了两种思潮的影响，一种是自然法；另一种是培根的科学主义。而培根的科学主义再加上普通法的程序主义，对美国的普通法的现状发生了非常深刻的影响。⑥

---

① ［德］马克思、恩格斯：《神圣家族，或对批判的批判所做的批判——驳布鲁诺·鲍威尔及其伙伴》，载《马克思恩格斯全集》，第 2 卷，163 页，北京，人民出版社，1957。

② ［英］罗素：《西方哲学史》，下册，马元德译，61 页。

③ Online Information article about BACON. http://www.themystica.com/mystica/articles/b/bacon_francis.html#16. 2014 年 12 月 5 日访问。

④ Ibid.

⑤ Online Information article about BACON. http://www.themystica.com/mystica/articles/b/bacon_francis.html#15. 2014 年 12 月 5 日访问。

⑥ ［美］斯蒂芬·菲尔德曼：《从前现代主义到后现代主义的美国法律思想》，李国庆译，85～103 页，北京，中国政法大学出版社，2006。

思考题

1. 培根倡导的法律方法是什么？
2. 培根的立法思想核心什么？
3. 培根司法思想的内容是什么？

阅读文献

1. ［英］培根：《培根论说文集》，水天同译，北京，商务印书馆，1983。
2. ［英］培根：《崇学论》，关琪桐译，北京，商务印书馆，1938。
3. ［英］培根：《新工具》，许宝骙译，北京，商务印书馆，1984。
4. 余丽嫦：《培根及其哲学》，北京，人民出版社，1987。
5. ［英］罗素：《西方哲学史》，下册，马元德译，北京，商务印书馆，1979。
6. ［美］斯蒂芬·菲尔德曼：《从前现代主义到后现代主义的美国法律思想》，李国庆译，中国政法大学出版社，2006。
7. F. Bacon, *The Elements of the Common Laws of England*, The Lawbook Exchange, Ltd., 2002.
8. J. C. Hogan & M. D. Schwartz, "On Bacon's Rules and Maximes of the Common Law", 76 *Law Library Journal*, 1983.
9. M. Neustadt, "The Making of the Instauration: Science, Politics and Law in the Career of Francis Bacon", PhD Thesis, John Hopkins University, 1987.
10. H. Wheeler, "Francis Bacon's 'Verulamium': The Common Law Template of The Modern in English Science and Culture", 4 *Angelaki: Journal of the Theoretical Humanities*, 1999.

第十三章 柯克的法律思想及其影响

第一节 生平与著作

爱德华·柯克（Edward Coke），[①]1552年2月1日出生于英格兰诺维奇郡（Norwich）的一个律师家庭。1567年，柯克进入剑桥大学三一学院学习；五年后进入伦敦四大律师会馆之一的内殿律师会馆研习法律，毕业后成为一名成功的执业律师。1584年，在首席国务大臣伯利勋爵的推荐下，柯克被伊丽莎白女王任命为副总检察长（Solicitor-General）。两年后，又成功击败竞争对手弗朗西斯科·培根（Francis Bacon），晋升为总检察长（Attorney-General）。在这一职位上，柯克赢得了数起侵犯王室的指控，并深得女王的信任。1603年，詹姆斯一世即位后，柯克仍然与国王保持了良好关系。1606年，由于在维护王室利益上的坚定立场，柯克被任命为民事高等法院的首席法官。

在担任法官期间，柯克领导下的普通法法院与宗教事务法院、星宫法院等王室特权法院产生了激烈冲突。尤其是1608年因反对国王审理案件而导致的直接冲撞，使柯克与国王的关系逐渐恶化。1613年，柯克被提名担任王座法院首席法官。尽管这一职位在地位上要高于民事高等法院，但对于司法与政治的影响力却远不及后者。在王座法院的职位上，柯克与特权法院的竞争并没有停止，并且与埃尔斯密尔爵士领导下的衡平法院发生了更大的冲突。

在1616年的一个案件中，因涉及国王的特权，詹姆斯一世颁发了"国王中止令"，要求法官暂停审理案件，以等待国王的指令。但这一令状却

[①] 柯克又译库克，Coke音/ˈkuk/，本章遵从通行译名，仍译为柯克。

第十三章 柯克的法律思想及其影响

遭到了柯克和其他王座法院法官的拒绝。为此,詹姆斯在枢密院严厉叱责王座法院的全体法官。在场的法官们纷纷乞求国王的宽恕,并承诺将来按照国王的意志行动。但柯克却坚持为自己的行为声辩,并执拗地宣称:"如果今后再遇见类似的情形,仍将做一个法官所应当做的事。"柯克的言行激怒了国王,当场被免去枢密院大臣的职务。此后,在培根爵士等政敌的弹劾下,1616 年 11 月,国王宣布解除柯克王座法院首席法官的职务。

在离开法院后,柯克曾谋求恢复政治职务,并曾一度进入枢密院,但重新回到法院的希望却落空了。此后柯克开始在国会中担任议员,并逐渐成为国会反对派的领导人之一。在 1621 年反对詹姆斯国王剥夺国会言论自由的运动中,柯克作为签署《大抗议书》(Remonstrate)的反对派领袖被关押伦敦塔监狱。第二年出狱后,被软禁在家中的柯克开始专注于《英国法总论》(Institutes of the Lawes of England)的写作。1625 年查理一世继位后,柯克重新返回国会。在 1628 年因"五骑士案"引发的有关人身自由的议会斗争中,柯克直接推动了著名的《权利请愿书》的签署与通过。此后,年近八旬的柯克离开政治舞台,回到乡间寓所继续整理并完成了《英国法总论》后 3 卷的写作。1634 年 9 月 3 日,柯克逝世,走完了富于传奇经历的一生。①

作为活跃在政治舞台上的法律人,柯克从未停止法学著述的写作。在柯克的时代,罗马法的影响日益增强,对于传统的普通法构成了严峻挑战。因此,柯克的法学作业首先是从对普通法判例的整理注释开始的。从 1600 年到 1615 年,尽管柯克的职务几经变化,并一直处在政治斗争的中心,但他始终坚持对判例的评注,15 年间先后出版了 11 卷本《判例报告》(又称《柯克报告》)。在这些判例集中,柯克对普通法法院的重要判例做了重新阐释,其中也包含了许多限制王室特权的论述。在 1616 年的冲突后,柯克曾被并枢密院要求修改《柯克报告》中与王权相抵触的内容。但在 3 个月的禁闭之后,柯克却宣布他"仅仅只做出了五处微小的修改"。

从 1621 年开始,柯克开始着手评注 15 世纪法官利特尔顿的《论土地保有》。利特尔顿的著作长期以来被视作普通法法学的经典,而柯克则试图通过重新的注释来推进普通法法学的现代化。在此基础上,柯克开始构思 4 卷本的《英国法总论》,试图对英国普通法法学做出全面总结。由于政治上的风波,柯克此后多数时间都在乡间寓所度过,也获得了写作的充裕时间。尽管已是七十多岁高龄,但柯克仍坚持不懈,在 1628 年重返伦敦时完成了 3 卷本的《英国法总论》,并在同年出版了其中第 1 卷,即《柯克评利特尔顿》。由于这部著作对于英国法的大多数问题都做了全面

---

① 柯克的生平,参见 J. Hostettler, *Sir Edward Coke: A Force for Freedom*, Barry Rose Law Publishers Ltd., 1997; C. D. Bowen, *The Lion and the Throne: The Life and Times of Sir Edward Coke*, Little & Brown, 1957。

阐述,因而又被称为"英国法的百科全书"[1]。

但由于《权利请愿书》运动中与王室的冲突,查理一世命令书报检察官停止后 3 卷《英国法总论》的出版。1634 年 9 月 1 日,当国王得知柯克处于弥留之际时,命令国务大臣前往其寓所扣押全部书稿,以防止这些著述的流传。直到 1640 年长期国会召开,这些手稿才被重新公诸于世。《英国法总论》的第 2 卷也得以在 1642 年(即英国内战爆发的同年)出版。1644 年,《英国法总论》的第 3 卷与第 4 卷也相继出版。此外,一些未曾收录在前 11 卷《判例报告》中的相关判例手稿也被公布,并于 1655 年和 1658 年作为《判例报告》的 12、13 卷先后出版。尽管这些手稿的真实性一直存在疑问,但由于其中包含了许多重要的宪法性判决,这两卷《判例报告》仍然被视作柯克政治法律思想研究的重要来源。

第二节 思想与观点

自中世纪以来,英国的政治生活中存在着两个并行的传统:"王权尊崇"与"臣民自由"。一方面,英国早在 12 世纪的安茹时代就开始建立起中央集权化的王权,并在 16 世纪的都铎时代达到顶峰;通过宗教改革与"王在议会中"的政治架构,国王逐渐成取得了上帝之下的最高权力。但另一方面,在中世纪贵族与王权的对抗中,又逐渐形成了以《大宪章》为代表的臣民自由权利;即使在都铎时代的绝对主义理论中,王权也仍然以不侵犯英国人的传统自由作为边界。正如伊丽莎白女王在 1566 年曾对她的议会说到的,"上帝不许让你们的自由成为我的羁绊,也不许你们的合法自由受到任何伤害"[2]。

但两种传统的微妙平衡却随着斯图亚特王朝的到来被打破。在苏格兰政治环境中成长起来的詹姆斯一世不满于这种传统的束缚,提出了王权直接等同于神权的主张,并试图否认英国人的传统自由,不经议会同意地直接征税、甚至取消议会本身。这种极端的主张破坏了"王在议会中"的政治运行机制,也使得王权与自由的天平倒向了绝对权力的一边。因此,也就是在 17 世纪的最初十年中,英国的政治走向发生了根本的逆转,人们开始普遍地思考如何延续与维护传统自由、权利与法律的问题。

柯克正是生活在这样一个时代。在他的职业生涯之初,作为法律人的柯克,同时也是一位坚定的王权主义者。与都铎时代的其他法律人一

---

[1] Sir W. Holdsworth, *A History of English Law*, vol. 5., Methuen & Sweet Maxwell Ltd., 1945, p. 467.

[2] J. E. Neale, *The Elizabethan House of Commons*, Jonathan Cape, 1949, p. 429.

第十三章 柯克的法律思想及其影响

样,柯克对于伊丽莎白女王怀有极大敬意,并在担任女王的总检察长期间积极地捍卫王室的特权。直到詹姆斯一世即位之初,柯克仍然与国王保持了亲密关系,并晋升为民事高等法院的首席法官。但随着詹姆斯一世在绝对王权的道路上越走越远,柯克与国王的矛盾也逐渐增多,直到1616年因抵制国王意见而被罢免职务。也正是在这一时期,柯克开始了他有关普通法法学的整体思考和《英国法总论》一书的撰写,试图从历史的回溯中寻求普通法及其自由价值的源头。

但柯克本人的思想却并不容易探寻。相比同时代的思想家培根或是霍布斯,柯克的写作依然是中世纪的。无论《判例报告》还是《英国法总论》,都只是对于普通法现有文献的整理、注释与评论,而并非系统的、体系化的专题论著。柯克关注的重点也并非抽象的正义或自由理论,而更多地是关于财产法、刑事法和诉讼程序等纯粹的法律技术的内容;许多在今天看来十分重要的思想都散落在这些片段的议论中。因此要全面讨论柯克的思想也变得十分困难。我们这里的叙述将选取其中的核心命题,围绕"技艺理性"、"古代宪制"和"司法审查的渊源"这三方面的内容,以求简略地勾勒柯克的思想轮廓:

一、技艺理性

在柯克所有的论点中,"技艺理性"(artificial reason)学说占据了核心的位置,也对于后世产生了最深远的影响。尽管在西方法律思想史中一直存在着将法律等同于理性的看法,但柯克却首先明确地指出,这种法律的理性,并不等同于普通人生而具有的"自然理性",而是只有通过长期的研习和实践才能获得的特殊的"技艺理性"。由于这种"技艺理性"所具有的神秘气质,许多后世研究者都认为,柯克是在有意无意地创造一种"神话"。那么,这种隐秘的"技艺理性"的含义究竟是怎样的呢?

从柯克的著作来看,对于"技艺理性"的论述出现在《判例报告》和《英国法总论》等诸多文献中。这一概念较早地出现应当是《判例报告》第12卷中对于1607年"禁止国王听审案"(Prohibitions del Roy)的记载。也就是在这次与国王的对话中,柯克明确提出了"技艺理性"的观念,并以此作为论据反对国王亲自审理案件;而这段对话本身也经过后世的反复渲染而成为了西方法律思想史上的精彩篇章。尽管许多学者质疑这一记述的真实性,但作为思想史的考察,却有必要再次还原这段经典对话:

> 对此,国王说,他认为法律是以理性为基础的,而除了法官之外,他和其他人也一样具有理性。
>
> 针对这一说法,我是这样回答的:确实,上帝赋予了陛下以卓越的技巧和高超的天赋;但陛下对于英格兰本土的法律并没有研究,而涉及陛下之臣民的生命或遗产,或货物,或财富的案件,不应当由自然的理性,而应当依据技艺理性和法律的判断来决定,而法律是一

251

门需要长时间地学习和历练的技艺,只有在此之后,一个人才能对它有所把握;法律是用于审理臣民的案件的金质标杆和标准;它保障陛下处于安全与和平之中;正是靠它,国王获得了完善的保护。

听到我的这番话,国王感到自己被严重冒犯,他说:那么,如此说来他将处于法律之下了,要知道这种说法是构成叛逆罪的。

对此,我回答说:布拉克顿曾说过,"国王不应受制于任何人,但应受制于上帝和法律"(Quod Rex non debet esse sub homine, sed sud Deo et Lege)。①

值得注意的是,在这段对话中,对于柯克反对国王审理案件的主张,詹姆斯一世最初的回应是温和的,并有条不紊地提出了自己的质疑:既然法律只是理性的话,那么为什么同样具有常人理性的国王就不可以审理案件呢?应当承认,国王这里提出的质疑并非蛮横无理,更没有将法律直接等同于自己的"意志"或"喜好"。相反,詹姆斯在这里实际上提出了西方思想传统上对于法律的一种普遍看法,即将法律等同于自然的理性。

面对这一诘难,柯克的回答同样显得从容不迫。柯克首先肯定了国王具有卓越的理性,但同时却将所谓"理性"巧妙地区别为"自然理性"与"技艺理性"两种不同的理性。在他看来,尽管法律的确是一种理性,但却并非詹姆斯所说的"其他人一样具有"的常人的"自然理性",而是另一种需要长时间学习和历练才能获得的"技艺理性"。也只有这一复杂而难以获得的"技艺理性",才能被作为司法审判的依据;也只有那些经过长期研习和实践的普通法法律人,才可能依据这种神秘的理性做出公正的判决。

此后,在《英国法总论》等著作中,柯克也反复阐述了这一概念的含义。在《英国法总论》第1卷对于利特尔顿《论土地保有》一书的评注中,柯克对于利特尔顿提到的法律不可"有悖理性"的注释中明确指出,"这不能被理解为没有学识的常人的理性,而是由法律的权威所保证的技艺理性和法律的理性:法律乃是最高级的理性"②。在稍后的138节中,柯克又进一步对"技艺理性"的含义及其来源做了更详细的阐述:

因为理性乃是法律的生命,因而普通法无非就是理性而已,它可以被理解为通过长期的研究、深思和经验而实现的理性之技艺性的完美成就,而不是普通人的天生的理性,因为没有人一生下来就技艺娴熟,这种法律理性乃是最高的理性。因而,即使分散在如此众多的头脑中的全部理性都被集中于一人头脑中,也不可能造出像英国法这样的一套法律。因为,通过很多代人的实践,英国法才由无数伟大的、博学的人予以完善和细化的,借助于漫长的历史,才成长的对治

---

① Sir E. Coke, *Reports* XII, "Prohibitions del Roy", pp. 478-481.
② Sir E. Coke, *Institutes of the Laws of England*, Vol. 1, p. 684.

理本王国而言是如此完美,就像古老的规则可以公正地证明的;没有人会比普通法更有智慧,因为法律乃是理性之圆满状态。①

依据柯克的论述,我们可以将"技艺理性"作以下三层意义的理解:

首先,法律本身来源于历史中形成的古老习惯,是历史上无数人的智慧结晶。在柯克的语境中,法律并非主权者的意志,也并非"立法"的产物,而是一种"超出记忆之外"(immemorial)的古老习惯。为了强调普通法的历史久远,柯克甚至不惜虚构历史,声称普通法的源头可以追溯到公元前12世纪从希腊特洛伊来到不列颠的布鲁图斯国王时代的法律,并否认1066年诺曼征服对于英国法的影响。尽管这些观点的真实性受到了质疑,但却在很大程度上强化了普通法来源于古代习俗的事实与观念。由于这些古老的习惯凝结了无数代英国人的共同智慧,因此也必然是"最高的理性",任何个人的理性都无法超越。

其次,要从古老习惯中"发现"法律,依赖于通过长期的学习和训练而获得的特殊技能。由于法律自古以来就已经存在,因此创制法律的途径,也就并非"依据人的理性为自己立法",而是人们运用自身的"理性"从古代的习惯中去探寻与"发现"。但在柯克看来,这里所运用的"理性"却并非人们生而具有的"自然理性",而是一种只有在长期的观察、研习和实践的基础上才能获得的特殊的"技艺理性"。因此,任何人都不可能天生地掌握法律,无论这个人有多高的自然天赋,都需要通过长期的教育、训练和经验的积累才能获得"发现"法律的技能,并在适用法律的过程中不断提炼与完善,已达到更完美的境界。

最后,只有掌握了这种独特技艺的法律人,才可能具有做出正确司法判决的能力。正是由于技艺理性的复杂与神秘,这些获得了技艺理性的"手艺人"也成了一个独特的群体。柯克笔下的"无数伟大的、博学的人"不是别人,而正是英格兰历史上的普通法法官与律师。到柯克的时代,以专门传授法律技艺的律师会馆作为纽带,普通法法律人已经形成了一个相对独立的法律职业阶层。在律师会馆中,法律学徒们的"阅读、听审、讨论、沉思、纪录",通过长期的严格训练和实践才能逐渐习得这门独特的技艺。因此,在这个意义上,"技艺理性"又可以被认为是普通法的法官和律师所特有的"司法理性"。

从西方法律思想的历史上看,将法律等同于理性,可以一直追溯到古代希腊。斯多葛学派即认为人类依据自然本性能够制定出符合理性的法律;古罗马的西塞罗也倾向于把自然和理性相等同,强调"真正的法律乃是一种与自然相符合的正当理性"。在中世纪和近代,"无论12世纪到15世纪的经院哲学还是16世纪的人文主义哲学,都把理性理解为人们

---

① Sir E. Coke, *Institutes of the Laws of England*, Vol. 1, p. 710.

心灵中上帝给予的自然能力"①。在这个意义上,詹姆斯国王所秉持的法律理性观,只是西方主流法律思想传统的一个表达。但柯克却反对这种一元化的"自然理性"的观念,而首先提出了"自然"(natural)与"人为"(artificial)两分的理性观,并将法律的理性完全建筑在"技艺理性"(人为理性)的基础之上。也正是这一学说的建立,使得长期司法实践中形成的普通法具有了自足的合理性,也为普通法职业阶层抵御外来干预提供了学理上的论证。

二、古代宪制

柯克对于英国法律思想的另一个重要贡献,来自他对英国"古代宪制"(Ancient Constitution)的重新阐释。有如前述,在中世纪的英格兰至都铎王朝时期,形成了以"王在议会"和"混合宪制"为中心的独特政治架构。1559年,也即是伊丽莎白继位的第一年,后来成为伦敦主教的埃尔默在《给所有忠诚真心的臣民》一书中曾这样描述英国的宪制:

> 英格兰的政制不是缺乏审慎思量的纯粹君主制,亦非纯粹的寡头制,而是混合制:三种成分各有其位。此种图景——或许并非图景而是实在,可见诸议会。在此,你可发现三个等级:代表君主制的国王和女王,代表贵族制的贵族,代表民主制的平民和骑士……如果议会行使其特权,那么不经议员同意,国王便不得行事。②

但进入17世纪后,这种混合政体的古代宪制遭遇了前所未有的危机。面对斯图亚特君主权力扩张的挑战,一场被政治学家波考克(J. G. Pocock)称为"古代宪制复兴"的运动开始兴起,一度沉寂以至于"陷入无人问津的湮没之境"的古代《大宪章》被重新发掘出来,成为了阐释古代宪制的核心文本与象征,而这场运动的先行者正是柯克爵士。

柯克对于复兴英格兰古代宪制的贡献首先体现在他对于中世纪《大宪章》的重新注释。1215年约翰王迫于贵族压力而签署的《大宪章》一直以来被视作英格兰宪制的奠基性文献。在这一文献中,对于国王与贵族的封建契约关系做了最早的规定,赋予了自由民非依法律或审判不得被逮捕、监禁与没收财产的特权。但从总体上说,《大宪章》在诞生之初并不是"全体英国人民自由的证明书",而局限于对封建贵族权利的维护。同时,《大宪章》在中世纪的很长时间里也并没有发生真正的效力,在王权兴起的都铎时代更是很少为人们提起。因此,对于古代宪制的恢复,首先还需要对于这一基础性文献做出新的阐释。

这一工作开始于柯克的《英国法总论》。在《总论》的第2卷,柯克对

---

① [美]伯尔曼:《法律与革命》,第2卷,袁瑜琤、苗文龙译,256页,北京,法律出版社,2008。
② [美]C. H. 麦基文:《宪政古今》,翟小波译,86页,贵阳,贵州人民出版社,2004。

于英国历史上的制定法做了重新评注,其中首要的就是对于《大宪章》的注释。柯克的目标显然并不只是为了恢复对"古代宪制"的关注,而试图将原本的封建契约转变为全体英国人的自由宪章,使《大宪章》的保护范围从封建贵族扩展至英国人民。对此,柯克在序言中写道:"它之所以被称为《大宪章》,并不是由于篇幅巨大,而是由于它所包含的内容至关重要且范围广泛,它是整个王国所有居民的基本权利源泉"①。

《大宪章》的第 29 条是其中关键的一条。在这一条文中,《大宪章》规定"任何自由民除非与经由与其同等身份的人依法判决或遵照本土法律之规定外,不得加以扣留、监禁、没收其财产、剥夺其自由权或自由习俗"。在许多学者看来,第 29 条构成了《大宪章》所确立的"英国人的古老自由"与"正当程序"理论的基石。也正是在这一条文的评注中,柯克首次将"任何自由民"的含义做了扩张性的解释:

> "自由民"这个词可以包括所有性别,男人与女人。通过议会法令的宣告,这一章的主体可以延伸至公爵夫人、伯爵夫人和男爵夫人,却遗漏了侯爵夫人和子爵夫人,显然,她们也应当被包含在本章的理解之中……这里的"自由民"还应当延伸至维兰(农奴),因为除了相对于他们的领主,他们对于任何人都是自由的。②

除"自由民"的范围外,对于第 29 条中的"自由权与自由习俗",柯克也做了重新的阐释。在传统的语境下,"自由权"主要是"不受非法扣押、逮捕或剥夺财产",限于人身自由与财产自由的范围,但柯克的评注却将"自由权与自由习俗"扩展到了"自由贸易"的权利,并明确指出"所有的专卖垄断行为都是与大宪章相违背的,因为它们违反了臣民的自由权利,违反了本土的法律"③。这样一种解释在很大程度上适应了 17 世纪英格兰自由商品经济的发展,也构成了都铎时代以来废除专卖权斗争的理论基础。

不仅是对于《大宪章》的注释。柯克对于古代宪制的贡献还体现在对于"国王特权"的限制。在英格兰的传统政治话语中,"特权"(prerogative)是一个中性概念,它意指国王、贵族或臣民的任何一方所享有的在自由意志内活动的范围;在这个意义上,所谓"特权"也不过是"自由权"的另一种表达。"混合政体"中的各方要素之所以能够和谐共存,关键在于各方"特权"的清晰界定。而 17 世纪以来的宪制冲突,很大程度上即根源于斯图亚特君主试图突破"古代宪制"、拓展国王"特权"的努力。因此,这一时期的宪制冲突,与其说是谁行使最高统治权的问题,不如说是关于国王"特权"的范围问题。

柯克在他的《判例报告》中,多处论述了国王的"特权"问题。尽管在早

---

① Sir E. Coke, *Institutes of the Laws of England*, Vol. 1, p. 746.
② Ibid., p. 848.
③ Ibid., p. 851.

期的罗利(Raleigh)案和开尔文(Calvin)案中,柯克曾积极主张国王的"特权",但随着詹姆斯国王在这一问题上的扩张,柯克开始依据古代宪制的理论对于国王"特权"做出限制性解释。在 1610 年的告令(Proclamations)案中,国王发布了两条新的告令,但这些禁令却因缺少法律上的先例而遭到了柯克等普通法法官的反对。在枢密院会议上,掌玺大臣(Lord Privy Seal)为国王的新告令作了辩解:他认为尽管缺乏法律的先例,但这并不是限制国王特权的理由,因为"任何的先例都必然有第一次",这就好比"医生总是依据病情的需要用药,而不是为先例所束缚"。对此,柯克做了如下的回应:

> 我的回答是,每一个先例确实都有第一次;但当缺乏权威和先例时,在需要确立任何新东西、并使它不违背王国的法律之前,需要进行大量的思考;我这样说是因为,没有国会,国王不能改变普通法中的任何部分,也不能通过他的告令创造出任何罪名,如果在此之前它不是一个罪名的话。①

总之,在柯克看来,"除了王国之法律所认可的特权之外,国王没有特权"(King hath no Prerogative, but that which the Law of the Land allows him)。而唯一可能允许在没有先例时创制新的告令的情形,只能是"如果事后禁止就为时已晚"(too late to prevent afterwards)的紧急事项。除此之外,任何国王发布的无先例的告令,都是违背法律和理性的,因而都是无效的。此外,在 1608 年的富勒(Nicholas Fuller)案中,柯克还进一步强调,对于国王"特权"的范围界定,完全属于英格兰本土的普通法领域,因此掌握了普通法"技艺理性"的法官较之国王是更为权威的解释者。

当然,这些观点也并非完全否定国王"特权"。有如前述,在许多案件中,当国王原有"特权"受到侵犯时,柯克曾坚定地捍卫这些权利。这并不能简单理解为职位变动带来的个人投机,实际上,贯穿其中的仍然是柯克所坚持的"古代宪制"传统。在这样一种"混合政体"思想中,"冲突的问题并不是国王或任何其他政府部门的至上权力,而是国王与其法院之间的适当平衡"②。甚至在他看来,"特权与议会一样本身就是古代宪制的组成部分",正确的做法不是全部废除特权,而是在为其划定适当边界后保存下来。③ 而决定这些"特权"的边界与范围的,不是任何一方的意志,而只能是他们所共同遵循的英格兰本土的普通法。

---

① Sir E. Coke, Reports Ⅻ, "Prohibitions del Roy", p. 487.
② [美]乔治·萨拜因:《政治学说史》,下卷,邓正来译,129 页,上海,上海人民出版社,2010。
③ G. L. Mosse, The Struggle for Sovereignty in England: From the Reign of Queen Elizabeth to the Petition of Right, Michigan State College Press, 1950, p. 165.

三、司法审查的渊源

在"技艺理性"和"古代宪制"之外,柯克的思想之所以长期为人们提起,还很大程度上源自他在"邦汉姆医生案"(Dr. Bonham's Case)中的判决对于美国宪政制度的影响。尽管对于这一案件的性质还存在不少分歧,但多数学者依然倾向于认为,在法律思想的谱系上,柯克所表达的思想可以视作美国司法审查制度的理论渊源之一。

"邦汉姆医生案"的时间是 1610 年,民事高等法院的首席法官柯克担任了本案的主审法官。原告邦汉姆博士因涉嫌非法行医遭到了伦敦医师行会的逮捕和羁押,其依据是亨利八世授予医师行会管制伦敦行医的特许状,并且这一特许状得到了议会法案的认可。但邦汉姆却援引这一法案中另一条款作为答辩,认为由于他本人已经获得剑桥大学的医学博士学位,因此无须通过医师行会考试即可行医。最后,法院的判决以微弱多数意见支持了邦汉姆的诉讼请求,判决医师行会对于邦汉姆的羁押是非法的。在阐述判决理由的过程中,柯克提出了一项著名的论证理由:

> 检查员不能同时充当法官、执行者和当事人,因为一个人不能同时充当任何当事人的法官和检察官……这种理论在我们的许多历史文献中可以看出,在许多情况下,普通法会审查议会的法令,有时会裁定这些法令完全无效,因为当一项法令有悖于普遍的权利和理性,或自相矛盾,或不能实施时,普通法将对其予以审查并裁定该法令无效。①

在这一段论证中,柯克至少阐述了三项重要的原则。首先,依据英国历史上的"自然正义"(Natural Justice)与"正当程序"(Due Process)原则,任何人都不能成为自己的法官,因此医生行会既充当处罚执行者又充当法官的做法显然是违背正义的。其次,对于国会制定的法令,普通法有权进行审查,并同时有权裁决法令无效。最后,普通法要裁定国会的法令无效,需基于一定的理由:即法律有悖于"普遍的权利和理性",或自相矛盾,或不能实施。在许多学者看来,柯克这里阐述的普通法可以审查国会并裁定其无效的观点,已经可以"预见到今天美国法官们所运用的、以制定法与宪法相矛盾的理由而否决它们的权力"②,因此我们有理由认为"美国司法审查计划是深深地植根于英国法律传统之中的"③。

尽管对于判决的解释还有很多不同意见,但如果不局限于"邦汉姆医

---

① Sir E. Coke, *Part Eight of the Reports*, in S. Steve(ed.), *The Selected Writings and Speeches of Sir Edward Coke*, vol. 2, Liberty Fund Inc., 2003, p. 275.
② [美]C. H. 麦基文:《宪政古今》,翟小波译,43 页。
③ [美]乔治·萨拜因:《政治学说史》,下卷,邓正来译,132 页。

生案"的本身,应当看到柯克这一观点的提出实际上具有深远的理论背景。自近代以来,随着君主或国会的立法活动的增多,制定法日益成为法律的主要形式。16世纪后的英格兰同样显示出这一趋势,都铎国会立法频繁,导致制定法数量激增,但同时也造成了大量制定法与古代习俗之间的冲突,从而构成了近代英国的"制定法问题"①。对此,柯克明确提出应当以是否有悖于"普遍的权利和理性",作为判断制定法是否具有效力的依据;而依据"技艺理性"理论,这种法律的理性也只能存在于历史上形成的普通法之中。正如柯克在另一个案件的评注中写到的:

> 普通法可以校正、推理与否定制定法或习惯的效力,如果某部制定法或是习惯法中存在违反技艺理性的东西,普通法就可以驳回与否决之。②

同时,这种将"技艺理性"作为制定法合理性基础的观念,实际上也预示了将普通法法院作为审查机构的主张。作为唯一可能获得"技艺理性"的普通法法律人,也当然成了制定法最权威的解释者与审查者。尽管在当时还不存在立法与司法的明确划分,更不可能提出现代的司法审查观念,但柯克的思想趋向却意味着法院可能发展成为"既能制约国王又能限制议会的独立的权力中心"。在这个意义上,柯克实际上勾画了一个不同于亚里士多德以来传统的"三元模式"的新的"混合政体":在国王(君主制)、上院(贵族制)和下院(民主制)之外,普通法法院可能成为第四个独立的政治实体。

柯克的这种努力同样植根于反对绝对权力的制衡思想之中。依据"古代宪制"的观念,任何绝对的或至上的权力都可能构成一种危险;无论国王、上院还是下院,都不应当拥有这种绝对的权威,而应由各种相互独立和制衡的机构所分享。而在17世纪的政治氛围中,唯一的、绝对的"主权"的观念正在日益成为一种潮流,"王在国会中"的政治架构逐渐解体;国王与议会各自开始寻求某种"至上性"的地位,并导致了激烈的冲撞。而作为"混合政体"的支持者,柯克并不赞成任何一方的至上地位;他"预感到国王与国会的冲突迫在眉睫,因此有必要遏制双方日益增长的自大"③。也因此,柯克明确反对"主权"的观念:

> 我知道特权是法律的组成部分,但主权在我看来却是不适合议会的言语。它削弱了大宪章和所有其他的法规,因为它们是绝对的,没有主权作任何保留,如果我们现在又把它添上去,就会削弱法律的

---

① J. Lewis, "Sir Edward Coke (1552—1634): His Theory of Artificial Reason' as a Context for Modern Basic Legal Theory", in A. D. Boyer (ed.), *Law, Liberty, and Parliament, Selected Essays on the Writings of Sir Edward Coke*, Liberty Fund Inc., 2004. p. 114.

② *Rowles v. Mason*, in ibid., p. 115.

③ T. F. T. Plucknett, "Banham's Case and Judicial Review", in ibid., p. 151.

第十三章 柯克的法律思想及其影响

基础,而整个大厦就必然坍塌。①

总之,如果说对于17世纪的英国宪制,柯克拥有一套确定的解决方案的话,那这个方案即是拒绝任何的机构占据主权权威的唯一位置,或是"不加区别地同时约束国王和国会这一根本性的法律观念"②。在这个意义上,尽管柯克不曾明确地表达权力制衡和司法审查的学说,但他所坚守的"混合政体"的古代宪制传统,及其将法院作为同时制约国王和国会的独立机构的努力,都在一定程度上为司法审查制度在19世纪美国的出现奠定了理论基础。

第三节 影响与评价

较之学说的介绍,对柯克思想的评价更加困难。从历史上看,柯克一直都是毁誉参半的人物。他的追随者们从来不吝惜溢美之词,认为"离开了他的著作,任何人都无法前行"③;甚至宣称"柯克对英国法的贡献就像莎士比亚之于文学,培根之于哲学,《圣经》权威译本译者之于宗教的贡献一样重要"④。但批评者也同样尖锐,将其视作"彻头彻尾的中世纪式的人物"⑤,"一位冷酷、贪婪、自大和难以对付的人"⑥;而他的作品则"完全不适合学生阅读,也没有任何著作比它更令人困惑"⑦。

这种看法的两极分化,最典型的莫过于美国国父杰弗逊(Thomas Jeffeson)前后判若两人的评价。在杰弗逊的学生时代,当他最初开始学习普通法时,和同时代的学生一样对柯克著作的杂乱深恶痛绝,把他称作"一个无趣的老家伙"⑧。但时隔半个世纪,在他生命最后的1826年写给麦迪逊的书信中却对柯克的《英国法总论》给予了极高的评价,认为"在对于英国宪法的正统理论或在英国人的自由的学术领域,没有一个辉格党

---

① 柯克在1628年围绕《权利请愿书》的国会辩论中的发言。参见 R. Lockyer, *The Early Stuarts: A Political History of England*, 1603-1642, Longman, 1999, p. 342。

② T. F. T. Plucknett, "Banham's Case and Judicial Review", p. 151。

③ J. Stephen, *History of the Criminal Law of England*, vol. II, Routledge/Thoemmes Press, 1883, p. 205。

④ Sir W. Holdsworth, *A History of English Law*, vol. 5, p. 450。

⑤ [美]爱德华·S.考文:《美国宪法的高级法背景》,强世功译,40页,北京,生活·读书·新知三联书店,1996。

⑥ S. Thorne, *Sir Edward Coke*, 1552-1952, Bernard Quaritch Ltd., 1957, p. 4。

⑦ 诺斯勋爵语(Lord North), in Sir W. Holdsworth, *A History of English Law*, vol. 5, p. 482。

⑧ [美]小詹姆斯·斯托纳:《普通法与自由主义理论》,姚中秋译,19页,北京,北京大学出版社,2005。

259

人比柯克表达得更有力,也没有人比他拥有更深厚的学养,更没有谁的著作比他的这部作品更具有深远的影响"①。

尽管存在这种极端的分裂,但似乎从没有人能够否认柯克思想的巨大影响力。即便一生与柯克针锋相对的政敌培根爵士,也不得不承认,"如果没有柯克的书,这个时代以前的法律就像一只没有压舱物的空船"。事实上,与历史上其他伟大人物一样,这种毁誉荣辱的集于一身,本身就是其所具有的不可忽视的影响力的一个侧面。这种广泛的影响既有理论学说的层面,也有制度实践的层面,以下的内容将分别从这两方面入手:

首先,在理论层面上,通过"技艺理性"学说的阐释和"普通法心智"(common law mind)的塑造,柯克为中世纪以来的英国普通法法学提供了较为成功的合理性论证,从而在很大程度上回应了来自欧陆罗马法学的挑战。

正如梅特兰指出的,"英格兰的普通法在 16 世纪曾处在一场危机之中,它曾经存在被罗马法所取代的危机"②。面对 12 世纪以来日益强劲的罗马法学复兴运动,以日耳曼习惯法为基础的英国普通法遭到了越来越多的质疑与挑战。在十六世纪的人文主义学者看来,英国普通法中"充满了混乱与争议,简直就是野蛮习俗与法令的大杂烩",因此"应当得到修正与重新撰写,接受罗马法学的改造"③。

对于这种依照《国法大全》重新编纂普通法的激进主张,作为普通法法学的继承者,柯克提出了不同的意见。在他看来,尽管普通法中存在着混乱与模糊,但这并不意味着它应当完全被罗马法学所取代。柯克提出的"技艺理性"学说试图说明,普通法来自于久远历史中无数智慧的结晶,并且具有内在的一致性与确定性,是任何个人的理性与智慧都无法超越的。当然,柯克也并非拒绝任何的变革;只不过,他拒绝彻底的抛弃传统,而主张在整理已有文献的基础上,实现普通法法学的近代化。用他自己的话来说,"我们现在来读一读古代作家吧,因为老田里会长出新谷子的"④。

通过《判例报告》与《英国法总论》的撰写,柯克也在很大程度上做到了这一点,使普通法法学在继承传统的基础上逐步开始了近代化的变革。同时,以"技艺理性"为核心的普通法理论的提出,为普通法法学的自身合理性与优越性做出了理论上的论证。尽管在柯克之前,十五、十六世纪的普通法法官福蒂斯丘、利特尔顿和波洛登等人同样曾经论述过普通法的

---

① J. Waterman, "Thomas Jefferson and Blackstone's Commentaries," 27 *Illinois Law Review*, 1933, p. 635.
② F. W. Maitland, *English Law and the Renaissance*, 8 页,北京,中国社会科学出版社,1999(影印版)。
③ 同上书,41~42 页。
④ Sir E. Coke, *Institutes of the Laws of England*, Vol. 4, in S. Steve(ed.), *The Selected Writings and Speeches of Sir Edward Coke*, vol. 2, Liberty Fund Inc., 2003. p. 522.

连续性与自由传统,但"技艺理性"的提出却无疑是这一传统理论的进一步发展与精细化。同样,这一理论也为后世的普通法法学家继承,十七、十八世纪的黑尔、塞尔登和布莱克斯通等人都在不同程度上接受了"技艺理性"的学说,并使之不断完善与适应现实的发展。这样一种历史的与连续性的观念又被后世的学者称作"普通法的心智"。

在柯克之后,这种"普通法心智"与欧陆立法理性的对抗也从未停止。其中最著名的是17世纪英国思想家霍布斯与法官黑尔的论争。在《哲学家与英格兰法律家的对话》①一书中,霍布斯对于柯克的"技艺理性"和普通法的混乱提出了严厉批评,主张以哲学和立法彻底改造普通法,并使之完全驯服于主权者的权威。对此,柯克的继承者黑尔做出回应。在黑尔看来,由于社会生活的实际情况总是无限复杂的,哲学家所诉诸的抽象理论或自然理性只能将问题简单化。而相比之下,普通法却是历代集体智慧的结晶,凝结了无数具体经验的集合;因此,由那些长期研习普通法和具有丰富实践经验的法律人来做出裁决,从历史的经验中寻求类比的解决方案,将是一种更好的选择。尽管这些对话并没有最终的结论,但它们都在不同程度上延续着"技艺理性"和"普通法心智"所珍视的普通法历史传统。

其次,在实践层面上,柯克的思想构成了对于斯图亚特王室特权的制约和17世纪英国革命的智识渊源之一,同时也对于美国宪政制度的塑造产生了深远的影响。

17世纪的英国是革命的世纪。1640年的内战和1688年的"光荣革命",最终塑造了一个君主立宪制的英国,也改变了世界历史的轨迹。尽管作为一个"极端保守主义者",柯克恐怕难以赞成这些激进的革命,但许多学者依然坚持将柯克的思想视作这场巨大变革的前奏。面对斯图亚特君主权力的扩张,仅仅是传统"自然理性"的法律理论,不仅约束王权的扩张;相反,如同罗马法的立法理性所扮演的角色一样,完全可能成为绝对主义王权的理论基础。但通过诉诸普通法的悠久历史与复杂技艺,"技艺理性"的理论却使得法律的创制、解释与适用都只能通过长期的研习与司法实践才能获得,从而在事实上阻止了法律职业阶层之外的权力对于法律领域的渗透。正如《英国革命的智识起源》的作者所写到的:

> 技艺理性的学说为16世纪末的英格兰提供了这样一种技术,它使得历史上的判例对当下具有了拘束力,也使得英国普通法得以成为一个统一的整体。柯克运用它重新锻造了普通法,使其更为坚固、具有内在一致性的法律,从而可以充当起对抗王权的强大武器。②

同时,柯克对于《大宪章》和"古代宪制"的重述,也为17世纪限制王

---

① 中文版参见[英]托马斯·霍布斯:《哲学家与英格兰法律家的对话》,姚中秋译,上海,上海三联书店,2006。

② C. Hill, *Intellectual Origin of the English Revolution*, Clarendon Press, 1997, p. 22.

权的宪法斗争提供了直接的理论支持。依据"混合政体"的宪制传统,国王的王权既是国家权力结构的必要组成,同时又受到来自其他权力机构的制约。因此,当斯图亚特王权开始尝试突破"王在议会中"的传统架构时,普通法法律人总是试图将国王"特权"限制在传统范围之内。从柯克本人的政治实践来说,无论是法官时代与国王特权法庭的管辖权冲突,还是议会时代领导的反对"专卖权"、《大抗议书》和《权利请愿书》的斗争,始终都是围绕着限制国王"特权"这一主线展开的。尤其是1628年《权利请愿书》的通过,被视作柯克一生中最重要的政治成就,也直接构成了12年后爆发英国革命的序曲。

而在支持革命的议会党人中,占据较大比例的普通法法律人也同样以柯克的思想作为革命的理论基础。在1640年长期国会召开后,一项重要的决议就是将国王扣押的《英国法总论》后3卷的手稿公开出版,这些著作都在一定程度上对于革命的发展产生了推进作用。由于法律人在英国革命中的关键性作用,以至于有学者认为,正是"普通法锻造了砍下查理一世头颅的铡刀"①。当然,需指出的是,英国革命的最终结果却事实上偏离了以"混合政体"为蓝本的"古代宪制"理想,走向了议会拥有至上权力的"议会主权"。在这个意义上,柯克所追求的同时制约国王与议会的目标,未能在英国本土得到理想的实现。

但在大洋彼岸新诞生的美国,却更好地实践了这一原则。在殖民地早期,柯克的《判例报告》和《英国法总论》已经进入美洲,成为了北美大陆学生学习普通法的主要教科书。在这一时期的思想领域,"柯克从一开始就占据优势,他的理论先于洛克的而传播到美洲殖民地"②。杰弗逊、亚当斯和麦迪逊等年轻的国父们都曾在学生时代阅读过柯克的著作,并受到其思想的深刻影响。在美国早期政治实践中,1761年的"莱奇米案"和1780年的"霍姆斯诉沃尔顿案"中,柯克的思想都一再被提起,成为了美国法律人主张法院的违宪审查权力的重要依据。③ 尽管司法审查在美国的最终确立是多重政治因素的合力结果,但柯克思想却无疑构成了这一重要宪政制度的遥远的历史渊源之一。

当然,在看到这些深远影响的同时,也不应忽视柯克思想的局限。正如当时或后时代的许多批评者指出的,尽管柯克的话语中已经包含了许多现代性的元素,但其总体的思考方式仍然在很大程度上是中世纪的。这些可能对后世产生巨大影响力的思想火花,只是零星地分散在他那片段式的缺乏逻辑体系的著作之中。此外,在对待"技艺理性"和普通法的历史问题上,柯克过多地诉诸于"神秘"话语的构筑与历史故事的虚构,也

---

① A. K. Kiralfy, *Potter's Historical Introduction to English Law and its Institutions*, 1958, p. 43;转引自 W. R. Prest, *The Rise of the Barrister: A Social History of the English Bar* 1590-1640, Clarendon Press, 1986, p. 235。
② [美]爱德华·S.考文:《美国宪法的高级法背景》,75页。
③ [美]施瓦茨:《美国最高法院史》,毕洪海等译,4页,北京,中国政法大学出版社,2004。

同样为后世的研究者所诟病。尽管这些做法可能强化普通法职业阶层的自治传统,并成功抵御外来的干预,但同样可能导致普通法的自我孤立与封闭,也不利于英国法理论与西方法律思想主流话语的对接。

柯克正是这样一种新旧交织的人物。在他的身上,既有变革时代中的探索者的身影,也不乏顽固的保守主义形象,甚至存在内在的矛盾与冲突。正如有学者评价的,"就像路德诉诸个人良知可以被用来反对路德自己一样,柯克在普通法现代化的过程中诉诸的理性、自然正义与法律精神等原则最终也可以被用来反对他自己"①。但这一评价并没有贬低柯克在思想史上的地位。相反,与路德对于宗教改革的贡献一样,柯克恰恰是以一个旧式的人物开启了普通法理论的现代化变革,在古老的传统中注入了新的精神;就像他自己说得那样,"从古老的田地里一定能长出新的谷子"。尽管最终的结果可能偏离真实的原意,但作为诸多新思想的智识渊源,柯克话语的本身已深刻地影响和塑造了英美法律思想史的轨迹。

思考题

1. "技艺理性"学说对于普通法法学的影响?
2. 如何看待历史因素在普通法法学中的作用?
3. 柯克对于"古代宪制"理论的发展有怎样的贡献?
4. 柯克的思想与美国的司法审查理论有何关联?

阅读文献

1. Coke, Sir E., *The Reports*, in S. Steve(ed.), *The Selected Writings and Speeches of Sir Edward Coke*, Vol. 1, Liberty Fund Inc., 2003.

2. Coke, Sir E., *Institutes of the Laws of England*, in S. Steve (ed.), *The Selected Writings and Speeches of Sir Edward Coke*, Vol. 2, Liberty Fund Inc., 2003.

3. Hostettler, J., *Sir Edward Coke: A Force for Freedom*, Barry Rose Law Publishers Ltd., 1997.

---

① C. Hill, *Intellectual origin of the English revolution*, Clarendon Press, 1997, p. 260.

4. Bowen, C. D., *The Lion and the Throne: The Life and Times of Sir Edward Coke*, Little & Brown, 1957.

5. Hill, C., *Intellectual Origin of the English Revolution*, Clarendon Press, 1997.

6. Pocock, J., G. A, *The Ancient Constitution and the Feudal Law: A Study of English Historical Thought in the Seventeenth Century*, Cambridge University Press, 1987. 最新中译本，参见[英]J. G. A. 波考克：《古代宪法与封建法——英国 17 世纪历史思想研究》，翟小波译，译林出版社，2014。

7. Boyer, A. D. (ed.), *Law, Liberty, and Parliament: Selected Essays on the Writings of Sir Edward Coke*, Liberty Fund Inc., 2004.

8. [美]小詹姆斯·R. 斯托纳：《普通法与自由主义理论》，姚中秋译，北京，北京大学出版社，2005。

9. [美]爱德华·S. 考文：《美国宪法的高级法背景》，强世功译，北京，生活·读书·新知三联书店，1996。

第十四章 古典自然法学

第一节 古典自然法学兴起的背景

古典自然法学派是在十七、十八世纪反封建的启蒙运动和革命斗争中兴起的、以强调自然法为特征的一个法学派别。把它称为"古典"自然法学派,是为了与其他时代(古代、中世纪或20世纪)的自然法学说相区别,并表示该派别在17、18世纪最为盛行。与古代自然法学、中世纪自然法学、复兴自然法学相比,古典自然法学是最成体系、影响最大的自然法学说。

一、复兴的新世界

17世纪是欧洲从古代社会向现代社会转型的枢纽时代,是狂飙突进的开拓上升期,也是新文明孕育的爆发期。在此之前的1300—1600年这三百余年间,西方世界的经济和政治中心逐渐从地中海地区移向西欧,欧洲开始发生翻天覆地的变化。概言之,这是一个新旧更替、动荡转型的时期。这一时期欧洲社会转型的首要特征是新旧更替。这种新旧更替主要在三个层面展开。就总体方面而言,随着希腊—罗马古代世界文明的发现,精神活力复苏,新思潮、新创造不断涌现,中世纪的思维开始被抛弃。就内部生活方式而言,随着族群性王国的出现,政治活力迸发,新组织形式涌现,封建旧体制开始退出历史舞台。就外部开拓而言,随着新航线和新大陆的发现,欧洲开始改陆地扩张为海洋扩张,对外殖民兴起,欧洲人活动空间急剧扩大。新思想、新科学、新体制、新空间、新贸易、新生活,一切都充满新生的朝气,一个新欧洲喷薄欲出。不过,欧洲之新生并非顺风顺水。这是因为欧洲转型的第二个特征——动荡混乱。普世性神圣宗教(罗马天主教)和普世性神圣帝国(神圣罗马帝国)在封建关系支撑下联合统治西欧的旧有秩序已经崩解了,而新的秩序尚未得到确立,在古罗马帝国瓦解的一千多年后,欧洲再次陷入混乱之中。复杂胶着的冲突与斗争仿佛临盆前的阵痛撕咬着欧洲。新科学与不宽容宗教的斗争、新宗教与天主教的斗争、教会与民族王国的斗争、王国与封建贵族的斗争一波接着一波,此起彼伏。

作为启蒙哲学一部分的古典自然法学就是对这种混乱状态的智识回应。西方自1500年前后,开始出现一个重建秩序的强烈需求,并在十六七世纪宗教改革时代汇成巨流。这一思想洪流所要解决的,是人的重新安顿问题,是新秩序或者和平秩序的塑造问题。希腊城邦早已消解,罗马帝国也已灰飞烟灭,上帝之城也随着狂热的宗教战争渐渐远去,神圣罗马帝国亦土崩瓦解,旧秩序已经不可能再为人们提供存身之处了。意大利城市共和国、英格兰王国和瑞典等西北欧新兴国家的兴起,特别是威斯特伐利亚合约签订之后主权国家在秩序形成中的作用,让人们看到了希望。人们开始通过国家寻求摆脱堕落、脱离混乱的新秩序,寻找新的生活希望。古典自然法哲学之花就是在此基础之上的绚烂绽放。在此意义上讲,古典自然法学实际上就是对现代新秩序的心灵关照。它对神与人之间、人与人之间、政治体之间以及人与政治体之间关系的处理就集中反映了这一核心问题。

二、旧思想与新科学

从思维特质上讲,古典自然法学属于启蒙哲学。作为一种法学流派,从脉络上讲,它的诞生还受到古代自然法传统和复兴罗马法的影响,其思维工具则来自于新科学。

(一)古代自然法传统与罗马法复兴

自然法理论最早起源于公元前6—前5世纪的古希腊伟大哲学家。古希腊和罗马普遍相信在自然界和人类社会中都有超越性的精神在运作。这些思想慢慢结合演变成了正义的自然法理论。古代自然法传统主要是通过斯多葛学派和罗马法学家的著作流传下来的。柏拉图的《高尔吉亚》和索福克勒斯的《安提戈涅》都蕴含了丰富的自然法思想。西塞罗的著作对自然法做了更为详尽的阐释。中世纪时期,自然法理论进一步发展。到13世纪,托马斯·阿奎那在《神学大全》中,对自然法进行了探讨。只不过,自然法被基督教神学同化,成为上帝的永恒法的附属品。在中世纪的末期,关于人类群体组织的思想发生了极大的改变,导致这种改变的主要原因是罗马法复兴。罗马法的研究和教学,首先,促进了主权、契约、特许权、公民等罗马法观念的再生和传播。其次,它还培养了一批批精通罗马法的新型政治知识分子。这些研究过或学习过罗马法的知识分子踏入社会便开始为君主或其他掌权者服务,并开始从事其他政治和社会活动。这些活动,直接促成了中世纪政治组织形式的没落和新型政治组织形式的兴起。

(二) 新科学的兴起

从 15 世纪始,新科学在西欧开始得到发展。虽然从方法上讲,新科学划分为理性派和经验派,但两派都认为人类借助科学发现和发明,可以掌握自然规律,获得确定的、成体系的知识,让科学为人类造福。在这同时,科学本身为争得自己的独立地位,摆脱宗教的桎梏,也进行了不屈不挠的斗争。许多科学家为坚持真理而献身的精神,在科学史上写下了壮丽的篇章,实验科学、推理科学的兴起,更使自然科学有了独立的方法基础。从此,近代自然科学开始了它的相对独立发展的新时代,西欧迎来了历史上第二个"轴心突破"的时代。

旧传统将自然理解为一个由内在目的倾向调整的目的王国。随着新科学的兴起,伽利略、培根、笛卡儿等对此进行了驳斥。新自然科学的哲学家们发展了一种新自然概念,他们将自然理解为一个非目的论原子王国,一个由因果律支配的外在秩序。因此,自然法理论家所面临的问题就是使自然法与新的自然和人性的科学概念一致起来。

近代自然科学对古典自然法学派的影响主要体现在两个方面:一是精神鼓舞。正是受近代自然科学发展的鼓舞,古典自然法学家充分相信人类理智的作用,相信可以借助思维发现调控人类社会的法则和规律,进而造福人类,追寻更美好的生活。二是方法帮助。正是新科学为古典自然法学提供了最基础的支撑,古典自然法学的理论体系是在近代科学方法的支撑下建立起来的。伽利略、牛顿、笛卡儿、培根等人的科学方法,都对古典自然法学者产生了不同程度的影响。例如,洛克和著名科学家牛顿、波义耳有密切的交往;霍布斯深受伽利略物理学的影响,等等。借助近代科学提供的自然观、认识论,古典自然法学者获得了不同于前人的洞见。不管是格劳秀斯、洛克还是霍布斯、普芬道夫,从他们身上都可以看到近代科学的影响。

第二节 古典自然法学的派别

一、规范派

虽然统称为"古典自然法学派",但是古典自然法学并非铁板一块,而是很多具有类似特征的思想的集合,具有很强的"党派性"。18 世纪的人曾戏称:在莱比锡的市场上,有多少本自然法著作,就有多少种自然法。为了认识方便,归纳概括起来,大致可以把古典自然法分成两个派别:规范派(自然法派)和权利派(自然权利派)。

规范派古典自然法的核心观点是:法律先于权利,自然法是先定的法则，人受自然法则的约束。在规范派看来，这个世界是受自然法则支配的，这个法则并非人主观的产物，而是客观的；自然法作为支配人行为的法则，是客观施加的结果。自然法理论主张，不管人定法、习俗（Conventions）和约定（Agreements）获得了人们多么狂热的和普遍的接受，人的义务和权利，都不是仅靠它们就能决定的。在这些习俗、约定、惯例、法律之上，还存在自然的评判法则。根据特定国家或社会的标准得出的何为正确、何为正义的判断可能根本就与自然正确或自然正义的标准相违背。古典自然法学的规范派继承了这一自然法理论的核心主张，但同时进行了改造。古典自然法学派与古代自然法学、中世纪自然法学的不同主要体现在对自然法客观性的认识上。古代自然法学是目的论的，认为人的本质或潜在目的，即人的完善，决定了自然法的存在。自然法可以在人理性的本质中得到发现。中世纪自然法学则是神学主义的，认为自然法是"植入人体或脑中的道德律令，来自于上帝的立法意志"，人间的善与恶、对与错都依赖于上帝的命令。道德和政治规范它们之所以具有效力是因为上帝希望如此。古典自然法学派则坚持自然法的世俗性起源。例如，格劳秀斯在其自然法著作中强调：所谓自然法，应当是完全自然的；因此根本不是起源于神。他认为，即便上帝不存在，自然法对人也是有约束力的。格劳秀斯认为，决不能认为自然法具有效力和拘束力是因为它们是上帝的律令；否则，无异于承认自然法的唯一基础就是上帝的意志。

规范派的典型代表人物是普芬道夫。从自然法的客观性、普遍性出发，规范派坚持以下三个核心立场：（1）自然法则是秩序的来源，自然法是和平秩序的守护者；（2）强调法律主体，包括个人、国家等，守法的义务；（3）先有法后有权利，权利和权力都是来自于法律。在自然状态中，是先有自然权利还是先有自然法？规范派的回答是先有自然法后有自然权利。

二、权利派

与规范派对立的是权利派，更准确地讲是"自然权利派"。自然法理论的关注点从"自然法"转向了"自然权利"。这并不是说古典自然法的规范派不关注自然权利，而是说它没有像自然权利派那样把自然权利作为自己理论的起点。在古典自然法的规范派看来，人的义务和权利都来源于自然法、都要服从于自然法。但是在自然权利派看来，自然权利产生自然法，自然权利是原初的、第一位的。

自然权利派者（比如霍布斯），只在自然事实条件下考察人的存在，从本能推出权利，从权利推出自然法。在霍布斯看来，在自然条件下，人就是连续欲望的集合体。至于是否存在人天然就应当去追求的自然目的或善，他的回答是："古代道德哲学家著作中所宣扬的终极目的、至善是不存在的。在欲望终结之后,人是无法再生存的,正如感觉和思维停止的人一样。命运就是一个欲望到另一个欲望的过程,前一个欲望的满足只是为后一个欲望铺路……。因此,首先,我先做一个一般性的预设:人就是一个连续性的权力欲集合体,至死方休。"①在这种新的自然观下,人的这一"本源"(或天然状况),对人的自然权利有了全新的意涵。很明显,对自然权利,不能再像以前那样理解了:权利就是从一个人的自然目的或完善来讲,他应当如何行为、应当做什么、有义务做什么。因为在天然状况下,人不再被认为具有任何自然目的。相反,人只是需要、欲望和愿望的集合体。并且,在所有的需要或欲望当中,处在最顶端的是自我保存(Self-preservation)和避免死亡的欲望。"每个人都尽其可能地保护他的生命。"②

由此,就可得出人最基本的自然权利:自我保存是人的不可被剥夺的权利。由此可以推出,只要力所能及,人就有权利满足自己的欲望和要求。因此,就"自然权利"这一新而激进的观念转折,施特劳斯评价道:"现在,自然法只能从自我保存的欲望中推导出来……自我保存是一切正义和道德的唯一基础。最根本的道德事实不是义务而是权利;所有义务都是从根本性的、不可剥夺的自我保存权派生出来的……义务只在其行使不威胁我们的自我保存权的范围内才有拘束力。只有自我保存权是无条件的和绝对的。就其本质来讲,只存在完全性的权利不存在完全性的义务……因为最根本的和绝对的道德事实是权利而非义务,政治社会的功能和界限必须以人的自然权利而不能以人的自然义务为标尺进行界定。国家的功能不是促进有德性的生活,而是保护每个人的自然权利。国家权力是受自然权利而非其他道德事实的绝对限制。如果我们把将人的权利而非义务作为根本性政治事实、将保护个人权利视为国家功能的政治理论称为自由主义,那么我们就必须承认自由主义的创立者就是霍布斯。"③

自然权利派的典型代表人物是霍布斯,该派别坚持以下两个核心立场:(1)人的自然本质是欲望,欲望产生自然权利;(2)存在着普遍性的自然法,但它是从自然权利推出的,权利先于法则。

三、从自然法向自然权利转向的意义

规范派和自然权利派虽都属于古典自然法学派,但二者之间巨大的差异却不容忽视。从自然法向自然权利的转向是自然法学甚至是法学发

---

① T. Hobbes, *Leviathan*, ed. M. Oakeshott, Basil Blackwell, 1946, Part I, chap. 11, p. 63.
② [英]霍布斯:《论公民》,应星等译,7～8页,贵阳,贵州人民出版社,2003。
③ L. Strauss, *Natural Right and History*, University of Chicago Press, 1953, pp. 181-182.

展史上的一个重大转折。从概念就可以清楚地看出,所谓的"自然法"是"lex naturalis"的现代转述,它只是确定了我们行为的自然义务和责任,即我们应当如何行为。自然法规定的自然义务、责任、职责,要求人们过一种圣洁、正直和清净的生活;尽管自然法体系中也有权利。"自然权利",则是中世纪词汇"jus naturale"的现代表达,它彰显的是我们的自然本能的优先性和高贵性,即我们可以如何行为。借助自然权利,我们可以选择我们想要的生活,只要它不损及他人的自然权利。虽不能说起规范派自然法学者不关注自然权利,但是他们确实没有像自然权利派思想家那样把自然权利放在法律体系的优先位置。规范论古典自然法学者总是在追问一个人该做什么或该如何行为,一个人该如何做才是正确的、符合自然法的。自然权利派古典自然法学者则认为人只是现实的存在物(物理性的和事实性的),重要的是他想做什么或做什么对他最有利。

从自然法向自然权利的转向导致了一个自然和自然法观念的真正革命。正如施特劳斯所指出的:古典政治哲学的立足点是人应当如何生活;(现在在马基雅维利看来)合理的社会秩序为何的正确答案应当从人事实上如何生活中去寻找……霍布斯试图做的(或多或少追随马基雅维利)就是保存自然法思想,但同时把它从人的完善这一观念中分离出来;只有在自然法可以从人事实上如何生活中、可以从事实上左右所有人(或在绝大多数情况下左右绝大多数人)的最强大力量中推出来的情况下,它才具有实践性价值。不应当在人的目的中,而应当在人的本源中探寻自然法的全部基础。① 从自然权利推出自然法,用自然法评判人定法、规范政治秩序。从此,人的自然本质(或欲望)成了衡量人类政治生活的唯一尺度,政治不再是神意的体现、不再需要追寻超现实的神圣目标。这一转向由此成了政治世俗化的基点,吹响了近代资产阶级革命的号角。

第三节　古典自然法学派的代表人物

一、格劳秀斯

格劳秀斯(1583—1645)出生在荷兰德尔夫特一个法律世家,自幼便以"荷兰神童"闻名。14岁即从莱顿大学毕业,主修的是哲学和古典语言学,还对近代自然科学广有涉猎。15岁时陪同荷兰著名政治家奥尔登巴内费尔特出使法国,完成外交使命后进入法国奥尔良大学攻读法律,并在同年年底通过罗马法的论文答辩,获得法学博士学位。回国后,格劳秀斯

---

① L. Strauss, *Natural Right and History*, pp. 178-180.

曾担任律师、亲王法律顾问、荷兰省总检察长、政府财务审计官、鹿特丹市市长、荷兰省和荷兰联省共和国议会议员等政法界要职。1618年，因卷入荷兰政治、宗教冲突而被捕入狱。后在其妻玛丽亚的巧妙安排下，藏在一个装书的大箱子里侥幸脱身，避难并归化法国，潜心著述。1634年，格劳秀斯因受瑞典女王的赏识被任命为瑞典驻巴黎大使，1645年被召回瑞典。随后，格劳秀斯悄然离开瑞典，不辞辛劳踏上去德国的旅途，据说是想赶去参加为结束"三十年战争"而举行的威斯特伐里亚和会，不幸于1645年8月26日客死在德国的罗斯托克，享年62岁。1648年，荷兰法院撤销对他的错误判决；1781年，在荷兰代尔夫特市的新教堂里，人们为他修建了一座陵墓，格劳秀斯是唯一一位长眠于此的平民，其余都是荷兰王室的成员。可见，格劳秀斯在荷兰人心目中有着崇高地位。

　　作为一个学者，格劳秀斯的研究范围相当广泛，涉及法学、政治学、文学、语言学、史学等，但使他享有盛名的是在法学方面。格劳秀斯的代表性名著是《战争与和平法》，它不仅是重要的国际法著作，而且是古典自然法的开创性著作。此外，格劳秀斯还著有《荷兰法律导论》、《海洋自由论》、《捕获法》等。格劳秀斯的法学贡献主要有两个：一是把自然法从宗教权威的羁绊中彻底解脱出来，使自然法哲学开始脱离神学，推进了自然法理论的世俗化。正因为如此，格劳秀斯被称为现代"自然法之父"。二是对调节主权国家间行为的法律的探讨，主张用国际法支配国际政治。格劳秀斯在国际法领域中提出了一系列较为完整的原则，这些原则对国家关系的调整起到了积极的作用，并对后来国际法理论的发展产生了深刻影响。所以，格劳秀斯也被尊称为"国际法之父"。

二、霍布斯

　　霍布斯(1588—1679)出生在英格兰威尔特郡的一个牧师家庭，自幼在教堂长大。15岁时进入牛津大学摩德林学院读书。霍布斯读了5年才拿到学位，但在这期间却因做家庭教师而和威廉公爵(亦即后来的德文郡公爵)家族建立了紧密的关系。1610年霍布斯作为家庭教师陪伴年轻的威廉游遍欧洲大陆，霍布斯也因此有机会与培根等思想家相交。虽然这次游历使得霍布斯在自身所受的经院哲学教育之外，接触到了欧陆科学而具批判性的研究方式，但霍布斯当时关注的是古希腊和拉丁文著作，并通过研究得出了民主制度并不可取的结论。1629年之后，霍布斯开始扩展自己的哲学研究领域，并再次游历欧陆，研究物体运动原理等。1637年霍布斯回到英国，在政治和社会局势动荡不安的状况下撰写政法著作。1640年代英国内战爆发后，为避祸再次出走巴黎，在接下来11年内都没有再返回英国。在巴黎他继续撰写哲学、政法著作，并于笛卡尔等人交往。在此期间，霍布斯还成了威尔斯亲王查理斯的数学教师，并与许多流亡的英国保王派同乡联系紧密。正是受他们的影响霍布斯决定撰写一本书以阐述政府的重要性和政治混乱所造成的战争,这就是后来的《利维坦》。这本书刚出版便造成了轰动,给霍布斯带来了远远超出当时所有其他思想家的巨大荣誉,但也导致了保王派的仇恨和追杀。霍布斯被迫逃回英国,向革命派政府归顺。1660年英国王政复辟,霍布斯面临被迫害的危险,但幼年时曾经是霍布斯弟子的国王查理二世保护了他,使他得以安度晚年。1679年霍布斯死于中风发作,享年92岁。

终其一生,霍布斯的研究范围异常广泛,涉及古希腊文、哲学、物理、数学、几何学、政治、法律等。霍布斯在西方思想史上具有重要的地位,产生过深远的影响。作为"第一个现代唯物主义者"霍布斯开创性地将新科学和政治哲学融会贯通,成了启蒙思想的奠基性人物。就古典自然法学而言,霍布斯的突出贡献主要体现在以下四个方面:首先,霍布斯是近代自然权利学说的首创者。他从人的自然本能推出自然权利,把自我保存视为最基本的自然权利,并从自然权利推出自然法体系。在这一意义上讲,霍布斯是西方近代首位彻底贯彻个人主义的思想家。其次,在霍布斯这里实现了自然法向自然权利的彻底转变。霍布斯的从自然权利推出的自然法与传统的人依附于自然和秩序的自然法有着根本的区别。再次,霍布斯第一次用系统的社会契约论解释了国家的产生及基础,批判了君权神授论,确立了近代国家学说的基本形态。最后,霍布斯关于国家主权的阐述标志着西方近代政治思想史上国家主权说的正式形成。

三、洛克

洛克(1632—1704)出生在英格兰萨默塞特郡威灵顿村一个律师家庭,父母都是清教徒。在牛津大学基督教堂学院读书期间,洛克成绩相当杰出,但他对大学安排的课程感到相当乏味和不满,开始接触当时哲学家例如笛卡尔等人的著作。在同学引导下,洛克开始将兴趣转向一些实验哲学和医学的研究,并且成为了皇家学会院士。1666年,洛克认识了沙夫茨伯里伯爵,担任他的助手和医师,并成功救治了伯爵的肝脏感染疾病。沙夫茨伯里伯爵是辉格党的创立者之一,对洛克的政治思想有极大的影响,洛克跟着他开始从事政治活动。1683年,由于被怀疑涉嫌一件刺杀查理二世国王的阴谋,洛克逃亡至荷兰,并一直待到光荣革命结束。1688年洛克跟随奥兰治亲王的妻子一同返回英格兰,并应密友玛莎姆女士邀请到艾塞克斯郡的乡下定居。此时,饱受疾病折磨的洛克已经成了辉格党的英雄人物,并经常与牛顿等人讨论各种议题。1704年10月28日洛克去世,他终身未婚,也没有留下任何子女。

洛克是著名的英国哲学家,代表作主要有《人类理解论》等。在知识论上,洛克与贝克莱、休谟三人被列为英国经验主义。洛克的精神哲学理论通常被视为是现代主义中"本体"以及自我理论的奠基者,也影响了后来大卫·休谟、让·雅各·卢梭、与伊曼努尔·康德等人的著作。洛克是第一个以连续的"意识"来定义自我概念的哲学家,他也提出了心灵是一块"白板"的假设。与笛卡尔或基督教哲学不同的是,洛克认为人生下来是不带有任何记忆和思想的。

洛克政治哲学领域的著作主要有《政府论》、《论宽容》、《自然法》等。他对古典自然法学的贡献主要有以下几点:首先,他提出了"理性自然法"的概念,并以此为基础发展出了一套不同于霍布斯的自然权利理论。他平衡了自然法和自然权利。个体依据自然法享有自然权利,并有权要求政府尊重和保护这些权利。其次,他提出了与霍布斯不同的"二重契约建国"理论。不同于霍布斯的绝对式国家,他加入了委托契约,从而确立了政府对公民的义务。再次,他创立了基于公民同意的政治服从理论,认为政府的统治必须要经过被统治者的同意。政府只是人民所委托的代理人,当代理人背叛了人民时,政府就应该被解散。最后,洛克倡导法治,政府权力在法律之下,必须依法行使。洛克的理论对自由主义的发展起了重要作用,现代的自由意志主义者也将洛克视为其理论的奠基人之一。洛克的自由和社会契约理论影响了后来的汉密尔顿、麦迪逊、杰斐逊以及其他许多的美国开国元勋。通过这一影响,洛克的理论激励了后来的美国革命与法国大革命。

四、普芬道夫

普芬道夫(1632—1694)出生在德意志萨克逊埃格伯格区道茨尼兹镇一个牧师家庭,父亲是路德教派牧师。18 岁时进入莱比锡大学学习路德神学,但他却对专断的教义不满,培养了对人文、自然科学和法学的兴趣,提交了古宪法和国家起源的文章。1656 年,普芬道夫进入耶拿大学。在那里,他阅读了格劳秀斯、霍布斯有关国家理论的书籍,并拿到了硕士学位。毕业后,他成了瑞典驻哥本哈根公使科耶特的家庭教师。因为瑞典和丹麦开战,身为公使从员的他不幸被拘入狱,在狱中待了 8 个月。与其前辈格劳秀斯一样,他虽差点丢掉性命,但最终还是获救了。1659 年他与科耶特一家迁至荷兰,由格劳秀斯的儿子格鲁特的彼得推荐给帕拉廷的选帝候路德维西。1661 年,成为海德堡大学,也是历史上第一个自然法和国际法的副教授。1670 年,成为伦德大学法律系自然法和国际法的全职教授。1677 年,丹麦军队占据伦德以后,普芬道夫迁至斯德哥尔摩,开始给查尔斯十一世做私人咨议员、国家秘书和皇室历史学家。1688 年,普芬道夫迁至柏林,先是为弗里德里希·威廉一世,后是为他的儿子普鲁士的弗里德里希·威廉三世做宫廷历史学家、私人咨议员和司法咨议员。1694 年,他游历瑞典,出版了查尔斯十世史,并从查尔斯十一世那里接受了男爵爵位。1694 年 10 月 26 日,普芬道夫卒于返回德国的航海回程中。在人生的最后 18 年,普芬道夫是欧洲三位统治者(查尔斯十一世、弗里德里希·威廉一世、弗里德里希·威廉三世)的谋士。这些统治者成功而现代,被看成是启蒙专制主义新教国家的缔造者和表率。这既反映了普芬道夫的努力和贡献,也为其赢得了巨大的声誉。

普芬道夫的自然法著作主要有三本,即《普遍法学的要素(两卷)》、《自然法和国家法(八卷)》和《人和公民的自然法义务(两卷)》。概括而言,普芬道夫对古典自然法学的贡献主要体现在以下几点:第一,普芬道夫是近代自然法律理论独成体系的第一人。他上承格劳秀斯、霍布斯,下启莱布尼茨等,是现代早期自然法理论发展进程中的关键人物。第二,普芬道夫是为现代主权国家提供法律理论支持的第一人。作为最早经历和反思威斯特伐利亚和约的理论家,他的自然法理论把和新秩序相一致的标准和概念加在新秩序之上,为现代政治奠定了基础。第三,普芬道夫是道德哲学的奠基人之一,对道德哲学尤其是苏格兰道德哲学有着重要影响。第四,普芬道夫的思想对18世纪中欧开明专制统治、自然法典创制发挥了很大影响。《普鲁士一般邦法典》、《奥地利一般民法典》的制定都深受其影响。

第四节 古典自然法学的基本思想

一、法与正义相关

"什么是法律"这一问题是法哲学所要回答的一个基本问题。在回答这一问题的过程中,古典自然法提出了"自然法"与"人定法"的二分。所谓"自然法",就是适用于人类的、普遍的、永恒的、具有最高效力的法律;而"人定法"则是体现"自然法"的精神、由人类主体(主要是国家)制定的法律。格劳秀斯对自然法的定义是:自然法是正当的理性命令,断定行为善恶的标准。他在《战争与和平法》一书中把法律分为"自然的"和意定的,且认为"自然法"是最基本的、起决定作用的,"意定法"来源于"自然法"。他指出,"自然法"体现了正义和公正,无论平时还是战时都有效,它是永恒不变的;"意定法"是由人制定的、易变的、在战时无效。霍布斯在《利维坦》一书中也进行了类似的划分。他认为"自然法"包括正义、公道、和平慈爱等道德规则,来源于自然和人的本性;"制定法"是主权者的意志,用文字或其他方法表示出来。"自然法"与"制定法"的关系是决定与被决定的关系。"自然法"决定"制定法"且体现人类"理性",是具有最高法律效力的法律。"制定法"必须与"自然法"相适应,是由"自然法"派生出来的法律,只有体规"自然法"精神才有效。"法律只有以自然法为根据时才是公正的,它们的规定和解释必须以自然法为根据。"

法律实定论基于特定的法律制度经验,将命令与服从视为法律之基本属性。"国家的意志,形式化的公民意志,成为法律的源泉和标准。"在罗马人看来,一切法律都应该溯源于一个终极的权力,这个权力表现且认可了法律。经由中世纪后期的发展,这一终极权力发展成了"主权"。主权学说的出现动摇了古代自然法思想的根本:既然主权是法律存在之基本条件,自然法便不能算是法律;既然命令乃是法律之本质,我们便不可能去设想一种自然法之存在。借助"自然法"与"人定法"二分、"自然法"高于"人定法",自然法与法律实定论展开了激烈的斗争。古典自然法指出,法律的本质不是意志而是理性。格劳秀斯指出,实在法需要有强制力,但是这种强制并不是实在法的决定性因素,法律即使没有武力作为后质,亦并非全无效力。换言之,法律所必需的是正义,而非武力。遵守法律需要的是正义,正直者的良心会赞成正义,谴责非正义。在统治者的命令之外,还有法律存在。尽管这一法律的结构可能与一般法律有所不同,但是仍有其拘束力。古典自然法学者所做的便是探求这一"高级的"法律。因为"除非我们超出法律只是命令或禁制的流行见解,否则,我们一定无法充分理解法律之本质。"①在古典自然法学者看来,自然法作为"固有的善与恶"之象征,是不依赖于"任何上司"之意志的。格劳秀斯就认为,自然法作为正当的理性准则,指示着人类的交往,是永恒不变的,是普遍存在的。

我们可以看到,在"什么是法律"这一问题上,古典自然法学摒弃了经验解决法和逻辑解决方法,探寻超验的法律。从正义出发进行理性的批判就构成了古典自然法理论的方法特质,构成了自然法对法律哲学的方法性贡献。同时,它在提供一种方法工具帮助人们认识法律现象的同时,也带出了一种对法律本质的实质主张。古典自然法学的理性批判有一个出发点,那就是正义与法律的必然关联,"自然法学说事实上不外乎主张法律是伦理的一部分","验证法律中的道德,就落在了作为自然的道德律的组成部分的自然法身上。"②

二、权利神圣

古典自然法学的另一个重要思想是权利神圣,这是从其自然权利理论演绎出来的。古典自然法学改变了"ius"一词的含义,法律开始从客观法则向主观法则转变。自然法从法律理论变成了权利理论:"正确地说,近代自然法理论根本就不是关于法律的一套理论,而是关于权利的一套理论。"③经过古典自然法学者的阐述,"天赋人权"是"自然的、不可让渡

---

① Y. R. Simon, *The Tradition of Natural Law: A Philosopher's Reflections*, Fordham University Press, 1992, p. 83.

② [德]海因里希·罗门:《自然法的观念史和哲学》,姚中秋译,193页,上海,上海三联书店,2007。

③ [英]登特列夫:《自然法——法律哲学导论》,李日章等译,68页,北京,新星出版社,2008。

的、神圣的人权"的观念开始深入人心。

理解自然权利的钥匙是自然状态。通过理论还原,古典自然法学者勾画出了一个非伊甸园的(非神性的)、物质的、原初的人类生活状态,即自然状态。在自然状态下,无政治权威存在,人是自然平等的,心智和体力大致接近,也不存在统治人的政治权威。这些自然状态中的人都拥有自然权利。规范派认为是自然法赋予的。例如,洛克指出:理性,也就是自然法,教导着有意遵从理性的全人类:人们既然都是平等和独立的,任何人就不得侵害他人的生命、健康、自由和财产。权利派认为是人的天然嗜好和欲望决定的,霍布斯就如此主张。尽管依据有分歧,但有一点是确定的:古典自然法学者都认为自然状态中的人拥有自然权利。这一自然权利有三大鲜明特征:一是平等,自然状态中人的自然平等,决定了人自然权利的平等;二是优先,自然权利先于政治体而存在,是自然权利产生政治体而非政治体产生自然权利;三是不可剥夺。

人之为人所具有的自然权利是先于政治社会而存在的。通过自然状态和政治国家的二分,古典自然法学者阐明了:公民首先是人,然后才是政治社会的成员;是拥有自然权利的个体通过社会契约创造了国家,而非国家赋予了个体自然权利。这样,个体的自然权利就成了国家诞生的"母体",也就是神圣的、不可侵犯的。国家侵犯公民的自然权利,就既是违背政治契约的,也是违背自然法的。

在进入国家之后,主权国家则成为人的自然权利最大的潜在的侵害者。这就需要给国家划定行为界线来保障人的权利。古典自然法学者面临的问题是:既要维护绝对主权,又要避免公民受专制的祸害。他们找出的方案是:权利神圣,政府负有尊重和保护公民的权利和自由的义务。但关键是,如果政府不履行义务呢? 在统治暴政的情况下,公民是否可以反抗? 霍布斯是为数不多的否认公民反抗权的古典自然学者。格劳秀斯、普芬道夫则不同意霍布斯的观点。他们意识到,统治者很可能会违法,对公民施加各种暴行,于是设计出公民反抗权来制约主权和治权,协调秩序与自由的关系。洛克在论述政府解体的过程中也提出了公民反抗权问题。他指出依据建国时的委托契约,人民享有反抗暴政的权力。"人类不但享有摆脱暴政的权利,还享有防止暴政的权利"[①]。但是同时应注意,人民不具有在任何时候推翻一切法律重新立宪的权力,但当人们"普遍地相信侵犯他们权利的计划正在实施,而事态的一般演进和趋向又不能不使他们强烈地怀疑他们的统治者的不良意图"[②]时,他们有理由去反抗,去保卫社会。

概言之,古典自然法学的自然权利理论有三个突出特点:(1)理性主义。这是古典自然法学的思维方式。通过理性逻辑等研究方法的更新,

---

① J. Locke, *Two Treatises of Government*, vol. II, Liberty Fund, Inc. 2005, p. 220.
② Ibid., 230.

自然法完全被客观化了。和数学原理一样,自然法成了自明的、无须证实的具有绝对效力的规律性法则。(2)个体主义。这是古典自然法学的价值主张。古典自然法学将人的理性视为价值的终极判断标准。个体主义遵循理性主义,将个体视为起点,尊重个体价值,为个人的诸般权利辩护。(3)激进主义。自然权利理论将权利放在法律之前,并认为其具有至高无上性。它极度肯定个体价值与自由,在近代社会环境中极有可能成为革命理论。

三、契约建国

历史上的王朝和帝国多是以武力征服为后盾组建起来的。在武力征服过程中,往往会有种种道德或宗教理由相随,但它们并非统治的基础。王朝或帝国统治的真正基础在于征服者的强大和被征服者的弱小。在王朝或帝国中,统治者异化于和外在于被统治者,统治者和被统治者从根本上是对立的两极,有"屈服",而无"联合"。所以,从严格意义上讲,王朝或帝国这些传统类型的政治体并非政治共同体,它们不是全体成员的联合体,而是"征服——屈从"的妥协体。传统政治学说的君权神授论、血统高贵论,所要做的不过是合法化统治者对被统治者的压服而已。

古典自然法学的政治体建构方案则试图超越统治者和被统治者之间这种根深蒂固的两极对立。传统的政治是只有统治者和被统治者,古典自然法学者则在其中加入了"国家"这一共同体概念,并把"国家"这一共同体凌驾于统治者和被统治者之上。不管是统治者还是被统治者,都是国家的组成部分。国家是共同体内所有人的联合。国家构造的关键在于联合,所有人的有效联合才能构成国家。"只有当人们结成意志和力量联合体的时候,众多个人才变成了一个比其他任何个体都强大的共同体——国家。"①问题在于,众人有效的联合如何实现?答案是契约。只有有效的契约才能把原自由和平等的众人联合起来,组成命运共同体。契约是联合的手段,联合则是契约的目的。古典自然法学者把契约建国划分为两个阶段:一是把人还原到自然状态,自然状态中的人是自由的,不存在政治统治;二是自然状态中的自由人签订契约,组成国家。

关于具体的契约建国模式,大致有三种论述。一是霍布斯为代表的"一重契约建国论"。霍布斯采取的是"个体——国家"一步到位式建国方案。在他那里,自然状态中一个个孤立的个体直接签订契约建立了国家。二是洛克为代表的"二重契约建国论"。先是个体签订社会契约组成共同体,然后再通过契约委托政府管理国家。在洛克这里,共有两个契约,一个是个体之间的建国契约;另一个是公民和政府间的委托契约。三是普芬道夫为代表的"二重契约一项法令建国论"。国家的构造是由两重契约

---

① [德]普芬道夫:《人和公民的自然法义务》,鞠成伟译,150 页,北京,商务印书馆,2009。

和一项法令完成:首先,众人签订联合协议构建一个共同体;其次,颁布政府该如何组织的法令;最后,公民和统治者签订一个委托契约。

对契约建国论的质疑主要有两个:一是它是否与历史事实相符合,即这中间存在着逻辑与历史的内在紧张;二是个体之间一个临时性约定是否可以产生无条件的政治义务、这种义务为何对后世有约束力。换言之,契约是否可以为国家权威提供必需的支持?虽然有诸多质疑,但契约建国论的巨大意义是不容忽视的:首先,契约论矮化了、世俗化了统治者;其次,政治契约的存在意味着国家与统治者的分离,国家是不可改变的,而统治者则是可以更换的;最后,契约给统治者施加了义务,从而为控制统治者提供了手段。

四、政府受限

专制权力统治了人类数千年。古典自然法学者们对此进行了猛烈的抨击,进而提出了政府权力受限的主张。通过"自然权利"、"契约建国",古典自然法重新定义了国家与公民的关系,提出:国家权力来源于公民,组建国家是为了保障民权,国家权力受法律和国家目的等多重限制,当国家实施暴政时公民有权将其推翻等一系列革命性主张。具体而言,古典自然法学的政府受限理论主要体现在以下几个方面:

一是契约建国,让政治世俗化。在西欧中世纪传统中,君主是上帝在人世的代表,君权神授,国家肩负着神圣的使命。通过"自然状态——国家"的契约建国理论,古典自然法学把国家从天堂拉回了人间。这就从理论上摧毁了君主专制国家赖以存在的哲学基础。君主再也不能以君权神授为依据要求至高无上的统治权了。

二是权利优先,以权利制约权力。古典自然法学派认为,人在自然状态中享有生命、自由、平等和财产等自然权利。这些自然权利是不可克减和剥夺的。建国契约签订以后,个体虽然让渡了部分权利,但剩下的权利仍是不可侵犯的。政府的权力来源于人民,是由人民的自然法权利转化而来的。国家负有保护公民保留下来的自然权利的义务。通过建国契约进入国家后,公民还获得了很多在自然状态中没有的权利即法定基本权利。公民的这些权利构成了对国家权力的有效制约。

三是分权制衡,以权力制约权力。分权制衡是古典自然法学说限制国家权力的代表性理论。在《政府论》中,洛克把政府权力分为三种:立法权、执行权和对外权(或"联盟权")。洛克指出,立法权与执行权必须分立,因为"如果同一批人同时拥有制定和执行法律的权力,这就会给人们的弱点以绝大诱惑,使他们动辄要攫取权力"[①],从而满足私利、损害公益。就国内权,洛克仅划分为立法和行政两权,而把司法功能说成是立法

---

① [英]洛克:《政府论》,下篇,叶启芳、瞿菊农译,89页,北京,商务印书馆,1964。

功能的一部分。孟德斯鸠弥补了洛克分权理论的缺憾,把分权的思想与自由的概念联系起来,提出了法权、行政权、司法权三权分立的方案。他指出,"一切有权力的人都容易滥用权力,这是万古不易的一条经验。有权力的人们使用权力一直到遇到有界限的地方才休止"①。为此,必须建立以权力制约权力、防止权力滥用、保障人们自由的分权体制。在孟德斯鸠这里,立法、行政、司法权力分别是制定法律权、执行公共决议权和裁判私人犯罪或争讼权。孟德斯鸠"以野心对抗野心"、"彼此牵掣"和"协调前进"的制衡思想对后世产生了很大影响。

四是人民主权,以公意限制权力。这主要是洛克特别是卢梭有关"人民主权"理论。卢梭以自然权利学说和社会契约论为理论基础,提出国家权力是由人们的自然权利转化的,因而国家主权属于人民。卢梭认为国家主权表现为人民的公意,人民的公意由人民中的多数意志决定。借助主权在民,国家权力最终掌握在人民手里,政府也就受了根本限制。

五是法律至上,以法治限制权力。洛克主张"无论国家采取什么形式,统治者应该以正式公布的和被接受的法律,而不是以临时的命令和未定的决议来进行统治"②。普芬道夫则强调,在签订社会契约之后,必须要颁布最高法令以确定政府之组织。统治者确定之后,也必须要依据最高法令行使权力,这是政治契约的条款之一。关于最高法令,普芬道夫的核心意思有三层:(1)最高法令在国家政治生活中享有最高地位。(2)人民是最高法令的制定主体。因为在最高法令制定之时,统治者还没有诞生。(3)统治者必须依据最高法令执政。普芬道夫高度重视最高法令,并且借此清晰阐释了法治的核心要义。

第五节 古典自然法学的影响、衰落与重生

一、古典自然法学的影响和地位

首先,作为一种"革命"理论,古典自然法对近代革命产生了巨大影响,为改变世界面貌做出了巨大贡献。英国、美国、法国革命都深受其影响,洛克、卢梭等人的思想深深影响了这些国家的革命元勋。1776 年美国的《独立宣言》宣布:"人人生而平等。他们都从他们的造物主那边被赋予了某些不可转让的权利,其中包括生命权、自由权和追求幸福的权利。"1789 年法国的《人权宣言》也曾确认:"人们生来而且始终是自由平等的"。"任何政治结合的目的,都在于保存人的自然和不可动摇的权利,

---

① [法]孟德斯鸠:《论法的精神》,上册,张雁深译,154 页,北京,商务印书馆,1961。
② [英]洛克:《政府论》,下篇,叶启芳、瞿菊农译,85~86 页。

这些权利就是自由、财产、安全和反抗压迫"。法国的《人权宣言》后来以序言的形式被载入1791年法国宪法，并被资产阶级学者称颂为近代人权宣言的最高典型。

其次，作为一种"法学"理论，古典自然法学对近代欧陆法制发展尤其是民法法典化产生了重要影响。自然法作为一种价值判断体系的法律哲学，理性是它的核心，平等、自由和正义等价值是其基本理念。在近代欧陆民法发展过程中，自然法思想成了重要的价值判断调节器。理性的自然法学者们凭着对理性的信仰，力图把法律的调节之手伸进社会的各个角落，以追求详尽具体、无微不至的法典法，并且乐观地认为，人类能够制定出一个绝对完美的法典标准。在近代欧陆理性法典编纂进程中，自然法的理性主义为法典编纂起到了举足轻重的作用，一度成为法典编纂的指导思想与哲学基础。例如，普芬道夫、沃尔夫等人的思想对《普鲁士一般邦法典》、《法国民法典》的编纂产生了重要影响。

再次，作为一种"启蒙"理论，古典自然法学构成了近现代政治法律学说的灵魂，擘划了近现代政治法律体系框架。契约建国、主权在民、权利神圣、政府受限、国际均衡，等等，古典自然法学对新秩序的原创性思考为其后几个世纪的政法理论设定了基本的思维框架，从而为现代社会的政治秩序奠定了思想根基。时至今日，我们的国家、国际体系仍未逃脱这一启蒙框架体系。

最后，作为一种思维方式，古典自然法学还有其法哲学的一般价值。这主要体现在两个方面：一是古典自然法对法之本质的批判性探求。这主要是通过与反对性观点的斗争实现的。法哲学和法律实定论、伦理唯名论、伦理国家学说的斗争，都离不开古典自然法；二是古典自然法对正义法律的追寻。从正义出发进行理性的批判是自然法理论的方法特质。这是自然法对法律哲学的方法性贡献。它坚持实然法与应然法二分、追求正义、拷问法律本质的精神，还不时惊醒人们重新审视法律的正义本质。第二次世界大战后对纳粹恶法的批判再次体现了古典自然法的价值。

二、古典自然法学的衰落

到了19世纪，在十七、十八世纪流行一时的古典自然法理论几乎完全名誉扫地，走向衰落。

首先，19世纪的思想家们倾向于彻底批判自然法理论。这并不只是因为古典自然法学的某些主张经常存在明显的荒谬之处。他们认为，在此之外，只要考察一下被科学家所揭示的自然世界的特征，我们很容易就会发现，价值也好道德也好，在自然界根本就不可能有容身之地。事实不是价值，在事实世界中也根本不可能有价值的位置。对自然法理论而言，更糟糕的是来自休谟教义的致命一击。休谟指出，永远不可能从"实然"

(Is)推导出"应然"(Ought)。所以,在19世纪甚至是其后的许多思想家看来,整个古典自然法理论几乎是奠基于这样一个明显的逻辑错误上的。

其次,是来自历史主义的攻击。伦理学、法学和政治学领域的历史主义者认为,"存在的即是合理的",不管是在正义领域还是在逻辑领域,将自然权利或自然正义等主观臆断的标准凌驾于在民族或国家的历史进程中发展起来的标准之上,是缺乏正当性的。历史主义的倡导者指出,自然法不过是那些学者主观臆断的产物,是欺骗性的、不合逻辑的,超出了历史事实的范畴。历史主义法学对古典自然法的抨击最为激烈。萨维尼认为,法律就像语言、风俗、政制一样,具有"民族特性",是"民族的共同意识","世世代代不可分割的有机联系",它"随着民族的成长而成长、民族的壮大而壮大"。法主要是"民族精神"的体现,是民族意识,而非主观臆断的产物。

最后,是来自法律实证主义的攻击。法律实证主义学者认为自然法并不是法。"不正义的法律非法律"成了19世纪及以后的实证主义法律家批判和攻击的标靶。法律实证主义者认为,法律是主权者的命令。怎么能将被收入法令汇编并实际生效的法律视为非法?如果自然法不过是毫无根基的主观臆想,又怎么能仅靠诉诸自然法就将实在法判定为无效?

三、自然法学的重生

到了20世纪30年代,自然法在西方出现了早期复兴的势头,罗门、西蒙、登特列夫等人进行了大量的拓荒工作。第二次世界大战之后,随着对纳粹战犯的审判,自然法出现了更强劲的复兴,并出现了复兴宗教自然法和世俗自然法两个派别。前者以马里旦、菲尼斯为代表,后者以罗尔斯、富勒、德沃金等为代表。他们对功利主义、实证主义的批判,以及沟通事实与价值形成新自然观的努力,得到了相当的成效。当自然法早期复兴代表人物登特列夫于1985年12月逝世的时候,自然法理论已经重新进入了西方主流的法律哲学和政治哲学领域。

值得注意的是,我们不应就此认为自然法理论在西方的复兴只对西方有意义。他们的理论努力警示我们:被历史证明是有价值的思想也有权利主张其一般价值,任何认真对待法律哲学的人都不应忽视自然法。理论的价值在于其自身的真理属性,而非地域性归属。追寻正义的法哲学不能以所谓的地方特殊性为借口拒绝纯粹理性的普遍性批判。在全球秩序与民族中国的秩序都亟待重新证成与构建的今天,如何重新省思自然法以期探寻新的秩序解决方案构成了我们时代法哲学的紧迫任务。

思考题

1. 你认为,在人类实定法之外,存在着"高级"的自然法吗?
2. 自然权利、自然法和契约建国等古典自然法学思想对现代的法律和政治思维带来了怎样的影响?
3. 如何理解法律与正义的关联?在这一问题上,古典自然法学的思维可以给我们带来何种思考?

阅读文献

1. [英]登特列夫:《自然法——法律哲学导论》,李日章等译,北京,新星出版社,2008。
2. [德]海因里希·罗门:《自然法的观念史和哲学》,姚中秋译,上海,上海三联书店,2007。
3. [丹麦]哈孔森:《自然法与道德哲学:从格劳秀斯到苏格兰启蒙运动》,马庆等译,杭州,浙江大学出版社,2010。
4. [法]马里旦:《自然法:理论与实践的反思》,鞠成伟译,北京,中国法制出版社,2009。
5. R. Tuck, *Natural Rights Theories: Their Origin and Development*, Cambridge University Press, 1979.
6. H. Veatch, "Natural Law: Dead or Alive", in Leonard P. Liggio, *Literature of Liberty: A Review of Contemporary Liberal Thought*, Cato Institute, 1978, October/December 1978, *vol.* 1, No. 4.
7. F. Oakley, *Natural law, Laws of Nature, Natural Rights*, The Continuum International Publishing Group Inc., 2005.

第十五章 格劳秀斯的国际法理论

第一节 生平与著作

被誉为"国际法之父"的雨果·格劳秀斯（Hugo Grotius），1583年生于荷兰的德尔夫特（Delft）。他的家族是当地名门，人才辈出，以博学闻名，并活跃于政坛。在家庭氛围的熏陶下，格劳秀斯自幼年时起就表现出了非凡的才华。他熟读古代希腊罗马的诸多文献，8岁时就用拉丁语创作了题为"航海礼赞"的诗歌，11岁进入莱顿大学。大学理事在入学欢迎辞中对他寄予厚望，期盼他未来的成就能够超越荷兰人文主义学者的卓越代表伊拉斯谟（Desiderius Erasmus）。

自1594年开始，格劳秀斯在莱顿大学的文理学院学习文献学和历史学，还修习了希伯莱语、阿拉伯语等。据说他曾经听过神学院和法学院的课程，但没有资料表明他接受过正式的法学教育。他受到欧洲古典文献学的大家斯卡利杰（Joseph Scaliger）教授的高度赏识，曾经在神学教授尤尼乌斯（Iunius）家里寄宿过，还深受父亲的好友、当时已从莱顿大学退休的著名学者利普修斯（Justus Lipsius）教授的影响，与之保持通信往来。格劳秀斯在莱顿大学经过三年左右的学习，于1597年回到了德尔夫特。

让这位博学神童声名远扬的，毫无疑问是他在1598年作为荷兰特别使团中的随行人员出使法国的经历。当时，年仅15岁的格劳秀斯受到法国国王亨利四世的召见，被称赞为"荷兰的奇迹"，还被授予奥尔良大学的法学博士学位。

1599年底，格劳秀斯获准成为一名执业律师，以其卓越的见识和才华在律师界声誉鹊起。但在私人通信中，他多次抱怨这个职业并不受人欢迎,自己内心中真正向往的是哲学家的生活。在律师业务之余,他撰写了大量著述,内容涉及文献学、历史学、哲学、语言学、天文学、数学、神学、法学等各个领域,并留下了多达两万篇的诗歌和剧作,受到同时代人的高度评价。1601年,他被荷兰政府任命为编史官,以塔西佗(Tacitus)的著作为范本,撰写《独立战争编年史》(*Annales et historiae de rebus Belgicis*),详细记叙了1555年至1609年间荷兰与西班牙哈布斯堡王朝斗争的历史。

这一时期,正是新崛起的荷兰与哈布斯堡王朝统治下的西班牙、葡萄牙等国争夺海上霸权的斗争时期。1603年,荷属东印度公司的商船队在马六甲海峡捕获了葡萄牙的"凯瑟琳"号商船,并将商船上满载的货物运回阿姆斯特丹港。荷兰的捕获法院于1604年裁定这批货物为合法的战利品,大部分收益应该判给东印度公司。但是该公司的许多股东对这一裁决不满,致使荷兰政府和东印度公司备受批评。当时在律师界享有很高声望的格劳秀斯,受东印度公司董事会的委托为其撰写辩护词,即蜚声后世的《论战利品法》(*De jure praedae commentarius*①)。但这本书除一小部分(第十二章)以外,迟迟未能面世,甚至不为同时代人所知晓。直到1864年格劳秀斯的子孙拍卖祖传藏书时,尘封两百多年的原稿才公之于众,并于1868年正式出版。

《论战利品法》并非一篇简单的辩护词,而是一部内容翔实、体系完整的法学论著,格劳修斯在书中详细阐述了法律的基本原则和正义战争的理论。1609年,在荷兰与西班牙举行休战谈判的过程中,东印度公司担心荷兰政府过早妥协,遂发动舆论造势,该书的第十二章经过作者的细微修订,以《海洋自由论》(*Mare liberum*②)为题独立匿名出版,目的在于捍卫荷兰的海上航行自由权和贸易自由权。这本不足80页的小册子立刻引起了巨大的争议,甚至触发了一场关于是海洋自由还是海洋闭锁的"百年书战"。

1607年,格劳秀斯结束了辩护律师的职业生涯,成为一名检察官,这

---

① Hugo Grotius, *De jure praedae commentarius*, The Hague, 1868. 英译本参见在卡耐基基金会的资助下,由斯科特博士(James Brown Scott)主持编纂的"国际法经典文库(The Classics of International Law)"中的译本,该译本由威廉姆斯(G. L. Williams)翻译, Hugo Grotius, *Commentary on the Law of Prize and Booty*, trans. by G. L. Williams, Oxford: Clarendon Press, 1950(以下简称 *Law of Prize*)。中译本参见[荷]格劳秀斯:《捕获法》,张乃根等译,上海,上海人民出版社,2006。另外,李猛在《自然社会》(北京,生活·读书·新知三联书店,2015)中对格劳秀斯的自然法思想进行了极其出色的解释。本文引用依据英译本,适当参照中译。

② Hugo Grotius, *Mare liberum sive de jure quod Batavis competit ad Indicana commercia dissertation*, Leiden, 1609. 英译本参见 Hugo Grotius, *The Freedom of the Seas, or the Right which Belongs to the Dutch to Take Part in the East Indian Trade: A Dissertation*, translated with a revision of the Latin text of 1633 by Ralph van Deman Magoffin, New York: Oxford University Press, 1916(以下简称 *Freedom of Seas*)。中译本参见[荷]格劳秀斯:《论海洋自由,或荷兰参与东印度贸易的权利》,马忠法译,上海,上海人民出版社,2005。本文引用依据英译本,适当参照中译。

一职务给他带来了很高的荣誉和权威。直到1618年他蒙冤入狱时为止，约有十年的时间，格劳秀斯过着忙碌的官僚生活。1608年，格劳秀斯与玛丽·冯·雷格斯伯格（Marie van Reigersberg）喜结连理，夫妇俩感情笃好，育有四男四女。在格劳秀斯颠沛流离的后半生中，玛丽一直坚贞不渝的支持着丈夫，对格劳秀斯的人生和著述活动都产生了巨大影响。

格劳秀斯身陷囹圄是他一生的重大转折点。当时，莱顿大学神学院的两位教授就预定说、恩宠说等宗教教义问题展开了激烈的论争，格劳秀斯亦卷入其中。这场宗教争端引发了政局动荡，1618年，荷兰省总督莫里斯（Maurice）下令逮捕格劳秀斯等人。1619年，特别法庭以扰乱和平、图谋叛乱等罪名，判处格劳秀斯终身监禁并没收家产。这场官司对格劳秀斯的人生影响巨大，彻底打破了他之前平稳而荣耀的生活。在之后的岁月里，他不得不饱尝流亡生活的艰辛，无法重归故里。

判决之后，格劳秀斯一度被囚禁在一个关押政治犯的监狱——卢费斯坦（Loevestein）城堡中。在狱中，他得到当局的许可继续从事研究和著述活动，还可以用大木箱定期搬运所需书籍。格劳秀斯人生中最富有戏剧性的一幕，是1621年的成功越狱。是年3月，他在妻子的帮助下，匿身于搬运书籍的大木箱中，被仆人抬出监狱，辗转逃至巴黎，并得到法国国王路易十三的庇护和一笔丰厚的年金。但是格劳秀斯在巴黎的生活并不宽裕，由于年金的支付很不及时，家计常常陷入困窘。在这种艰难状况下，他依然潜心著述。从1623年开始，在不到两年的时间内，他完成了一部长达800页的鸿篇巨著《战争与和平法》（De jure belli ac pacis①），并于1625年在巴黎出版。格劳秀斯将这部书献给了路易十三，并在生前不断对该书进行修订，1631年、1632年、1642年、1646年都出了修订版。该书的很多观点脱胎于《论战利品法》，但又在很多有趣的方面与之不同。正是这部著作，为格劳秀斯带来了巨大的荣耀。自面世后，它就受到世界各国的君主、政治家、外交官和学者的广泛欢迎，不仅出现了各种拉丁文版本，还被译成多国语言，被视为国际法和自然法的经典著作。

格劳秀斯在流亡期间一直思念故里，在巴黎的生活也并不如意。1631年10月，他秘密回到荷兰，但很快被当局发觉。当局对他下达了逮捕令，他不得不再次背井离乡，逃到德国汉堡。在此地避居两年后，他接受瑞典女王的邀请，出任瑞典驻法国大使。格劳秀斯在巴黎的职业外交

---

① Hugo Grotius, *De jure belli ac pacis libri tres, In quibus jus naturea & gentium; item juris publici praecipua explicantur*, Paris, 1625. 英译本参见"国际法经典文库"中的译本，该译本由凯尔西（F. W. Kelsey）翻译，Hugo Grotius, *On the Law of War and Peace*, trans. by F. W. Kelsey, Oxford: Clarendon Press, 1925(以下简称 *War and Peace*)，英译者所依据的拉丁文原本是1646年的修订版，也是格劳秀斯生前亲手修订的最后一版。近年，塔克（Richard Tuck）教授依据1853年法文版编辑整理的英译本（Richard Tuck ed., *The Rights of War and Peace*, edited from the edition by Jean Barbeyrac, Indianapolis, Ind.: Liberty Fund, 2005)亦被广泛使用。本文引用主要依凯尔西教授的英译本，适当参照了塔克教授的英译本。中译本参见[荷]格劳秀斯：《战争与和平法》，何勤华等译，上海，上海人民出版社，2013。

官生涯政绩平平,但公务之余,他继续撰写了一些神学、法学和历史学著作,直到1644年底被瑞典女王召还回国。1645年8月,格劳秀斯在从斯德哥尔摩(Stockholm)前往吕贝克(Lübeck)的途中,经过德国城市罗斯托克(Rostock)时因病去世,结束了62岁的生涯。其遗体被运回其出生的小镇德尔夫特,安葬在新教堂里。

格劳秀斯一生著述丰富,所涉领域亦极其广泛,无论哲学、神学、历史学、文献学,还是天文学、地理学、语言学、文学和法学,均有所涉猎,是一位杰出的17世纪人文主义学者。在他的全部作品中,法学论著只占一小部分,但从对后世的影响来看,三部国际法学著作——《论战利品法》、《海洋自由论》和《战争与和平法》——具有压倒性的分量,以至于今天人们一提到格劳秀斯,首先想到的便是他作为"国际法之父"的声名。哪怕这一称呼未必完全妥当,也无人能够否认他在早期欧洲国际法思想形成过程中的地位和贡献。一个有趣的现象是,无论是在17世纪欧洲30年战争之后,还是在18~19世纪欧美列强全球殖民争霸的格局之下,甚或是在20世纪两次世界大战后的满目疮痍之中,格劳秀斯的著作都会反复被人征引,奉为圭臬。他的思想似乎具有一种历久弥新的魅力,能够为每个时代国际法的发展提供丰富的思想资源,指明其应有的出路。

何以如此?其中一个重要原因恐怕恰恰在于他作为一名人文主义学者的广博视野和深厚素养。如果我们仔细阅读他创作的这三部与国际法相关的著作,就会发现,它们很难被完全归入国际法的范畴。格劳秀斯在书中不仅探讨了各种国际法问题,如主权、国家、战争权、使节权等[①],而且花了大量篇幅来探讨那些与国际法不甚相关的问题,如市民法上的各种制度——物权、债权、婚姻、继承、时效等。尤其是他所使用的 *Jus gentium* 一词,兼具"万民法"(law of peoples)和"万国法"(law of nations)的意涵,尽管在不同的写作时期具有不同的侧重点,但是无论其内涵还是外延都比我们今天所说的"国际法"(international law)宽泛得多。可以说,格劳秀斯决不是一个当代学科定义下的狭义的国际法学者。他著书立说的时代是人类从总体性思考向专业化思考发展过渡的一个关键性节点。作为17世纪灿烂光辉的人文主义思想的集大成者之一,格劳秀斯从未将自己局限在某一个狭小的领域之中,他对人类精神之树上每一片树叶的思考都与庞大的主干紧紧相连。

因此,要对格劳秀斯的国际法思想做出准确的评价,也必须在一种整体性的视野之下来进行理解和观照,而不能从后世国际法的既定概念出发,回溯性的发掘他思想中与当代理论有直接关联的蛛丝马迹,寻找到表面相似或相反的证据,逐一贴上标签。换言之,只有回溯到格劳秀斯所置身的总体环境之中,关心他所意欲解决的问题,才能对他的思想做出准确

---

① 但是现代国际法中的一些基本概念,如国家平等、不干涉等,在他的笔下只有一些稀薄的影子甚或踪影全无。

的把握和定位。故而,下文不拘泥于现代国际法的基本概念,而是选取格劳秀斯国际法著作中的两个核心论域——"关于战争的法"和"关于海洋的法"——进行分析和探讨,以求简略勾勒出其理论的大致轮廓。但在进入具体分析之前,我们有必要先透过格劳秀斯的 *Jus gentium* 概念,看看他所构想的法律体系具有怎样的整体结构。

第二节 *Jus gentium*

Jus gentium 在不同时代和不同学者那里,被赋予了多种意涵。*Jus gentium* 究竟是基于自然理性而产生的普遍法,还是基于各种政治实体相互交往的实践和合意而形成的共同习惯和制度?它是超越于各个政治实体之上或介于其间的法,还是各个政治实体自身的固有法,只是碰巧具有相同或相近的内容而被视为共同法?它是用来调整从属于不同政治实体的个人之间关系的法,还是也包括那些调整政治实体本身之间关系的法?这些问题并没有统一的答案。

尽管对于 *Jus gentium* 的性质众说纷纭,但在罗马法上,这个词还是有着相对确定的意涵。它一般是作为市民法(*Jus civile*)概念的对称,用来指那些调整罗马公民与外邦人,以及外邦人相互之间民事关系的法律。① 这个意义上的 *Jus gentium* 通常译为"万民法"。万民法具有跨国性,但它和市民法一样,主要是调整公民个人之间关系的法律,属于私法范畴。有时,*Jus gentium* 也可以用来指那些调整罗马国家与其他政治实体之间公法关系的法律,如交战、讲和、条约、使节等,但这种用法属于例外。这个意义上的 *Jus gentium*,译为"万国法"更为恰当。

一、《论战利品法》中的 *Jus gentium*

在早年写就的《论战利品法》中,格劳秀斯使用的 *Jus gentium* 概念脱胎于罗马法,但并非与市民法相对置,而是汲取了市民法中具有普遍适用效力的法律原则,以整个人类作为适用对象,同时也涵盖了一部分调整国家间关系的法律,但总体说来其落脚点主要在于个人而非国家,因此译成"万民法"(law of peoples)更为妥当。在早期的格劳秀斯笔下,万民法和自然法可以各自分成"初级"和"次级"两个层次。

---

① 周枏:《罗马法原论》,上册,86~87 页,北京,商务印书馆,1994。

（一）"初级自然法"是神意自然法，适用于宇宙万物，永恒不变，这是他赖以建构整个法律体系的核心和顶点

规则Ⅰ：上帝意志的体现即为法。

第一自然法：允许保护自己的生命，抵抗伤害；

第二自然法：允许自己取得并保留那些对生存有用的东西；

第三自然法：禁止伤害他人；

第四自然法：禁止占有他人的占有物；

（二）"次级自然法"是世俗自然法，也称为"初级万民法"。它是从神的意志中产生出的正确理性，体现为人类的普遍合意，仅适用于人类，永恒不变

规则Ⅱ：所有人的意愿所体现出的人类共同合意即为法；

规则Ⅲ：每个人所作的意思表示就是关于他自身的法。

第五自然法：恶行必纠；

第六自然法：善行必偿；

第七条法律：公民个人不仅应当不伤害其他公民，而且应当保护他们，既保护作为整体的其他公民，也保护作为个人的其他公民；

第八条法律：公民不仅不应夺取他人占有物，无论是私产还是公产，而且应对这两种对于他人及所有人必不可少的财产有所贡献；

（三）"次级万民法"则是所有国家或多数国家意志的体现，这些法律并非由先验的道德原则所决定，而是建立在实际考虑之上，是可变的实定法

规则Ⅳ：国家意志的体现即为关于所有公民之整体的法；

规则Ⅴ：国家意志的体现即为关于个体的众公民间关系之法律；

规则Ⅵ：执政官所表示的本人意志，即为关于公民整体的法；

规则Ⅶ：执政官所表示的个人意志，即为关于个体的公民的法；

规则Ⅷ：所有国家意志的体现，即为关于所有国家的法。

规则Ⅸ：就司法程序而言，被告国或其公民为被告的国家应行使该程序；但若证明该国未履行其司法义务，则原告国或其公民为原告的国家应成为裁判官；

第九~十三条法律：规定了政治社会中正当的法律程序，官员与公民的法律关系，以及司法程序等①。

格劳秀斯一共提出了 9 项规则和 13 条法律，作为构建其法律体系的基本要素。第一和第二条法律是有关自身善的"许可性自然法"，第三、第四条法律是有关他人善的"禁止性自然法"，从前四条自然法推出"构成共同体的个人分别考虑的善"的第五、六条自然法，以及"共同体作为整体考虑的善"的第七、八条法律，由此分别建立起人与人的社会关系和政治联盟；随后，第九到第十三条法律，根据"规则Ⅳ"，基本属于实定法的范

---

① *Law of Prize*, chap. Ⅱ, pp. 7-30.

```
Primary law of nature
   (初级自然法)
        ‖
Primary Jus gentium   =   Secondary law of nature
   (初级万民法)              (次级自然法)
        ‖
Secondary Jus gentium
   (次级万民法)
```

图　　1

畴,规定了政治社会中正当的法律程序,官员与公民的法律关系,以及司法程序等。在这里,个人的善优先于他人的善,他人的善,首先,体现在确保个体的生命与财产上;其次,通过惩罚确保组成社会的所有个体的福利;最后,通过建立政治单位,考虑作为整体的公共善①。

这些规则和法律都是一些清晰、简明的命题,既有实体性的也有程序性的,可以通过理性的逻辑演绎推导出明确的结论。命题的绝大部分都是以个人而非国家作为权利义务的主体,而且涵盖了一国之内和属于不同国家的个人之间、以及国家之间的法律关系。在格劳秀斯眼里,无论自然法还是万民法,都是建立在个人自然权利基础上的普遍法,通过类比个人权利可以推导出国家的权利,个人与国家没有本质性的区别,国家的每一项权利都来源于个人。例如,对于个人来说,在必要情况下运用暴力手段进行自我防卫是其自然权利;对于君主而言,发动正义战争来保全国家既是自然法上的权利,也是万民法上的权利。战争的正当理由在种类上与正当诉讼的理由相同,当国家之间的争端无法获得法院的公正审理时,发动正义战争就是执行权利诉求的法律手段②。格劳秀斯试图用同一套法律原则和逻辑来解决这两个层面上的问题,把二者纳入同一法律体系之中。

同时,格劳秀斯还强调要区分真正意义上的次级万民法,和被不适当的称之为次级万民法的法。前者指的是基于国家间合意而产生的普遍性规则,后者指的是各个国家分别制定的国内法,只是因为碰巧表现出相似性、或者被他国仿效而体现出一致性,而被称之为万民法。格劳秀斯认为,后者不过是被广泛接受的惯例,不是本来意义上的法③。

二、《战争与和平法》中的 *Jus gentium*

在后年撰写的《战争与和平法》中,格劳秀斯使用的自然法和 *Jus gentium* 概念的基本含义得到延续,但在表现形式和分类方式上做出了

---

① 此处解释主要依据李猛,《自然社会》,81～82 页,北京,生活・读书・新知三联书店,2015。
② *Law of Prize*, chap. VII, p. 69, and *War and Peace*, Book II, chap. I, §II (1), p. 171.
③ Ibid., chap. II, pp. 26-27.

重大调整。首先,他放弃了"初级"和"次级"的划分方法,而是先将"法"分成自然法和意定法两大类。其次,自然法依据其是否具有强制性,又被分成两大类,即义务型的自然法("命令/禁止性规范"),和许容型的自然法("许可性规范")。意定法也被分为两大类,神意法和人意法。所谓神意法,来源于神的意志,既包括普遍的神意法,也包括仅适用于特定民族的神意法。人意法则包括三种,一是国家法;二是比国家法的适用范围更宽的法,即 *Jus gentium*;三是在适用范围上比国家法更窄的法,如主人对奴隶的命令、家长对子女的命令等①。

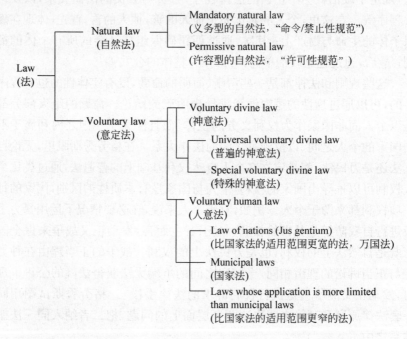

图 2

在这里,"初级自然法"的概念消失了,格劳秀斯把作为神意之体现的法,归为意定法中的"神意法"。由此一来,"自然法"仅仅指《论战利品法》中的"次级自然法",即体现人类理性之内在原则的法,是"正当理性的命令,指示行为是否符合理性的本性②"。合乎理性即为善,神会命令之;反之即为恶,神会禁止之。这一自然法是永恒而不可变更的,"连上帝自己也不能加以改变③","即使我们冒着最大的亵渎,假设没有上帝,或者上帝并不眷顾我们④",自然法依然统治人类。与《论战利品法》不同,格劳

---

① *War and Peace*, Book I, chap. I, §XIII, §XIV (1), §XV (2), chap. II, §V (1), pp. 44-45, 57. See also, TANAKA Tadashi, "Grotius's Concept of Law", in ONUMA Yasuaki (ed.), *A Normative Approach to War: Peace, War, and Justice in Hugo Grotius*, Oxford: Clarendon Press, 1993, pp. 51-55.
② Ibid., Book I, chap. I, §X (1), p. 38.
③ Ibid., Book I, chap. I, §X (5), p. 40.
④ Ibid., Prolegomena, §11, p. 13.

秀斯在这里试图从渊源上区分自然法和神法,把前者置于一个更加稳妥而且更容易取得共识的基础上——理性。每个人都具有理性,是格劳秀斯全部论述中一个隐含的前提假设。这一基础是世俗化的,不体现为外在的超越性诉求。但同时,格劳秀斯又指出,自然法源于人之本性,而"这最终仍应归结于上帝,正是上帝之意志使我辈具有此本性①",永恒的上帝才是最高的创造者。可见,格劳秀斯只在非常有限的意义上将自然法世俗化了,并没有完全摒弃自然法的神学根基。

同时,为了突显自然法和人意法的区别,他还缩小了 *Jus gentium* 的范围,不再把"初级万民法"视同为"次级自然法",而是将 *Jus gentium* 限定为人意法的一种,近似于《论战利品法》中的"次级万民法",是可变的实定法。*Jus gentium* 建立在所有或者多数国家间的合意之上,其适用范围比同样作为人意法的国家法更宽,具有普遍妥当性,在此可以译为"万国法(law of nations)"。如下所述,"万国法"概念的出现对于后来的"国际法"具有先导性作用,但又在很多方面与之不同。

就自然法和万国法的关系而言,自然法居于高位,不能为人的意志所改变。严格定义的自然法只包含一些最基本的命令性和禁止性规范,作为人意法的万国法不能改变自然法上的这些规定。但同时,自然法还存在一个"许容地带"(permissive domain),在这里,自然法与其他法律渊源相互渗透,万国法可以在其中订立规则。② 之所以如此,是因为假如人意法的所有规则都能从命令/禁止性的自然法中自动推衍出来,则人意法就显得多余,许容型自然法的存在为万国法留下了发挥作用的余地。而且如下文所述,作为例外,在战争法领域中,万国法甚至还可以作出一些违背命令/禁止性自然法的规定,当然,对这些规定的法律效果需要另加探讨。对此,后文将予详述。

需要注意的是,格劳秀斯的万国法排除了两个或少数国家之间的合意,③因为他要探讨的是具有普遍适用效力的法,而不是那些只适用于特殊对象的法。今天,我们会很自然的把双边条约、只有少数缔约方的条约、以及地域国际习惯法,都视为国际法的一个重要组成部分。但这些合意或者约定在格劳秀斯的时代是不被纳入视野的。换句话说,并非所有的国家间合意都是万国法,只有那些建立在同时代大多数人的普遍观念之上、通行于所有或者绝大多数国家的"一般国际法",才是真正意义上的万国法。

更值得注意的是,格劳秀斯的万国法,只在不完全的意义上是"国家

---

① *War and Peace*, Book I, chap. I, §XIII, §XIV (1), §XV (2), chap. II, §V (1), pp. 44-45, 57. See also, TANAKA Tadashi, "Grotius's Concept of Law", in ONUMA Yasuaki (ed.), *A Normative Approach to War: Peace, War, and Justice in Hugo Grotius*, Oxford: Clarendon Press, 1993, pp. 51-55.

② Ibid., Book I, chap. II, §V (1), p. 57.

③ Ibid., Book I, chap. I, §XIV (1), p. 44, Book III, chap. II, §VII (1), p. 628.

间"的法。他在《战争与和平法》的开篇明言,本书的研究对象是个人、国王、贵族和自由的民族等"不属于同一国家法体系下的人们"之间的争端①。同时他还说,万国法不是为了谋求特殊国家的利益,而是为了实现由此构成的大结合体的利益而产生的②。这个大结合体,并非如现代国际法所想象的那样,以国家作为唯一的主体和构成单位,而是由君主、国王、领主、家长或其他自立的权力主体所共同构成的普遍的人类社会。这是一个充满了流动性和渗透性的多重权力结构体,从个人到国家,层层类似,步步连续,没有绝对的断裂。国家只是各种社会单位(婚姻、家族、私人结社、国家、同盟、国家间社会等)中的一种存在形态,不具有绝对的特殊性。

另外,格劳秀斯笔下的个人,也决非现代观念中赤手空拳的弱者,而是指能够合法的使用暴力手段、对家庭成员和奴隶拥有绝对权力的家长。在格劳秀斯眼中,社会的基本构成单位是家庭而不是孤立的原子式的个人。家长在一定程度上拥有与君主相类似的权力。家长对于妻儿、主人对于奴隶所拥有的权利,与国家对于臣民的权利并没有本质上的区别③。不难想见,在那个时代,封建体制虽然已经遭到很大程度的破坏,但社会性权力还分散在不同层级的自权者手中,没有被一元化地集中到主权国家手里。格劳秀斯所构想的大结合体,不是以国家作为唯一成员的"国际社会"。相应的,他所意欲建立的法律体系,也不着眼于把国家与社会、国家与个人截然分开,而是试图抽取出一套普遍的共通原则,适用于各种错综复杂的现象。下文将要谈到的战争法和海洋法理论,都体现了这一观念的特点。

第三节 关于战争的法

关于正义战争的研究源远流长。早在古希腊罗马时代,关于国家、正义和法的学说中已经包含了正义战争论的一些基本要素。正义战争的概念由早期基督教思想家正式提出,中世纪晚期最杰出的经院哲学家托马斯·阿奎那(Thomas Aquinas)继承和发展了这一思想源流④。在经院哲

---

① *War and Peace*, Book I, chap. I, §XIII, §XIV(1), §XV(2), chap. II, §V(1), pp. 44-45, 57. See also, TANAKA Tadashi, "Grotius's Concept of Law", in ONUMA Yasuaki (ed.), *A Normative Approach to War: Peace, War, and Justice in Hugo Grotius*, Oxford: Clarendon Press, 1993, pp. 51-55. Book I, chap. I, §I, p. 33.
② Ibid., Prolegomena, §17, p. 15.
③ Ibid., Book I, chap. IV, §IV(6), pp. 143-144, Book II, chap. V, §I, §VIII, §XXVII, pp. 231, 234, 255-256.
④ 马清槐译:《阿奎那政治著作选》,135~136页,北京,商务印书馆,1997。

学中，关于正义战争的理论可以分成两大部分，一部分是"诉诸战争的法（Jus ad bellum）"，它关心的是战争的发动本身，即，谁、出于什么理由、在什么情况下有权发动战争；另一部分是"战争中的法（Jus in bello）"，即，当战争爆发之后，交战者可以使用哪些武器、攻击哪些目标、采取什么样的杀伤行为、如何对待战俘等。经院哲学家关注的重点在于前者，即关键在于判断哪一交战方具有正当理由。只要这一问题得到解决，则合法诉诸战争的一方无论在道义上还是法律上都占据优势，其必然的逻辑后果就是，正义一方可以动用一切手段去杀伤敌人，而非正义方在战争中无法享有任何权利和保护。

格劳秀斯一方面延续了经院哲学中正义战争论的传统；另一方面又在很多方面做出了重要的修正。按照纯粹形态的正义战争论，目的的正当性可以将正义方的一切杀戮手段合法化，由此一来，战争进行过程中的法律规制将被等闲视之。格劳秀斯认为，如果要最大限度的减少战祸给人类带来的危害，不仅要从道义上和法律上谴责那些不具备正当理由的战争，尽可能减少战争的爆发，而且对于已经爆发的战争，也要通过法律来规制具体的战斗行为，减少不必要的残酷后果。正是在这一认识前提之下，《战争与和平法》分了三卷，从不同侧面分别来讨论战争问题。第一卷概述了什么是战争、什么是权利、战争的类型以及发动战争的主体；第二卷详细考察了自然法、万国法和市民法上的各种权利，阐明哪些权利可以构成战争的正当理由，即"诉诸战争的法"；第三卷研究的是当战争爆发之后，两交战方应该恪守哪些战斗行为规则，即"战争中的法"。以下，将以第一卷的论述为基础，分别从"诉诸战争的法"和"战争中的法"这两个方面来概观格劳秀斯的战争法理论。

一、诉诸战争的法

关于"诉诸战争的法"，格劳秀斯的首要关心当然是正当理由。他认为，有三种原因可以构成战争的正当理由：防卫（defence）、恢复（recovery of property）和惩罚（punishment）。[1] 其中，防卫战争针对的是正在进行的侵害，而恢复战争和惩罚战争针对的是已经结束的侵害。关于这三种正当理由的详细分析，已有诸多方家介绍。[2]

---

[1] *War and Peace*, Book II, chap. I, §I (2), p. 171.

[2] Peter Haggenmacher, *Grotius et la doctrine de la guerre juste* (Paris: Presses universitaires de France, 1983); Id., "Mutations du concept de 'Guerre juste' de Grotius à Kant in La guerre", (1986) 10 *Cahiers de philosophie politique et juridique* 105 (Caen: Centre de publications de l'Université de Caen), pp. 105-125; Hedley Bull, "The Grotian Conception of International Society", in H. Butterfield & M. Wight (eds.), *Diplomatic Investigations: Essays in the Theory of International Politics* (London: George Allen & Unwin, 1966), pp. 51-73; 另参见：大沼保昭："戦争"、大沼保昭編『戦争と平和の法：フーゴー・グロティウスにおける戦争、平和、正義（補正版）』、113～196頁、東京、東信堂、1995。

(1) 防卫：当生命、身体的一部分、贞洁或者财产受到强力攻击，而且没有其他途径可以避开危害时，受害人可以对加害人采取包括杀伤在内的防卫措施。这一权利的基础不是加害人的侵权行为或者罪行，而是自然对人类的命令，是自我保存的本性使然。即使在加害者无过错的情况下，这一权利依然存在。只不过，防卫权仅限于在危害非常紧迫且明显的情况下行使，不允许对假想敌进行预防性自卫。①

(2) 恢复：这是一种非常宽泛的权利。格劳秀斯认为，恢复权的对象不仅包括那些依据人类共同的或者固有的权利而为我们所拥有的东西，也包括那些依据契约、侵权行为法和万国法"他人所欠我们的东西"。前者指的是对物的所有权和对人的支配权，后者包括：由合意产生的债权或者由最高统治者之间的条约而产生的权利；侵权行为引起的损害赔偿义务或者恢复原状义务；万国法上外交使节的权利和死者的埋葬权等。总的说来，恢复的对象包罗万象，既涉及物权、债权以及婚姻、继承的权利，也有各种所有权和支配权。②

(3) 惩罚：惩罚是对犯罪的报应。谁有权来实施惩罚？经院学者认为是受害人，因为受害人居于犯罪人的上位。格劳秀斯认为，除了那些犯下同样罪行的人以外，所有人——包括但不限于受害人——都位于犯罪人之上，都有权对其施加惩罚。这样一来，有权施加惩罚者的范围将无限扩大。于是，格劳秀斯又进一步对惩罚权的行使做出了限定：首先，在自然法上，惩罚的目的仅限于犯罪者的矫正、受害者的救济或者示范性的惩戒；其次，依据福音法，即便是正当的惩罚，也需要有一定的节制；最后，针对犯罪行为实施惩罚固然可以成为战争的正当理由，但只限于重大犯罪。③ 接下来，格劳秀斯还探讨了针对神的犯罪是否可以由人来施加惩罚的问题。这里的神不限于基督教的上帝，泛指一切宗教的神。格劳秀斯认为，所有宗教的原理，归根结底是承认神的存在以及神对人类事务的眷顾。违背这两大原理的行为，即无神论和渎神行为，可以由人来实施惩罚。但是，关于不同宗教、不同教派在教义解释上的争论，只能由神而不是人来进行审判和惩罚。④ 格劳秀斯生活的时代，面对的正是无休无止

---

① Peter Haggenmacher, *Grotius et la doctrine de la guerre juste* (Paris: Presses universitaires de France, 1983); Id., "Mutations du concept de 'Guerre juste' de Grotius à Kant in La guerre", (1986) 10 *Cahiers de philosophie politique et juridique* 105 (Caen: Centre de publications de l'Université de Caen), pp. 105-125; Hedley Bull, "The Grotian Conception of International Society", in H. Butterfield & M. Wight (eds.), *Diplomatic Investigations: Essays in the Theory of International Politics* (London: George Allen & Unwin, 1966), pp. 51~73; 另参见：大沼保昭："戦争"，大沼保昭編『戦争と平和の法：フーゴー・グロティウスにおける戦争、平和、正義（補正版）』，113~196 頁、東京、東信堂、1995, Book II, chap. I, §III~XVIII, pp. 172-185.

② Ibid., Book II, chap. I, §I (2), pp. 171-172, chap. II~XIX, pp. 186-461.

③ Ibid., Book II, chap. XX, §I~XLIII, pp. 462-508.

④ Ibid., Book II, chap. XX, §XLIV~LI, pp. 508-521.

的宗教战争,他身陷牢狱的起因也是一场宗教论战,把教派之争从战争的正当理由中排除出去,是最大限度地遏制战争中的重要一环。

这里要留意的是,格劳秀斯并非一个绝对和平主义者,即一味谴责使用武力并视所有战争为非正义和不必要的反战论者。他所试图明确的是,哪些战争是正当的,为自然法和万国法所允许。他不主张禁止一切战争,不仅因为事实上不可能,而且因为法律上不可欲。战争,在格劳秀斯看来,是实现法和权利的正当手段,是执行法律的一种重要方式。因此,他的工作是确定有哪些法和权利需要用战争方式来执行,限定这些法和权利的范围,运用法律手段来规制在这一过程中发生的行为,使得战争的危害降至最低。至于全面否定战争本身、唯愿实现世界大同,并非他的主张。

有人说,他的战争法理论其实为国家提供了一套最广泛的发动战争的权利。① 的确,格劳秀斯曾明确指出:"自然法原则中的任何内容都不反对战争,毋宁说它们都支持战争②","每一个民族的历史、法律和习俗都充分表明,有些战争不会受到万国法的谴责③"。这似乎表明了他对于战争的支持态度。但是通观全书会发现,格劳秀斯所支持的只是非常有限的一些战争,他列举出战争的全部正当事由,是为了将那些不具有正当理由的战争置于不义之地位,来抑制战争的恣意爆发。④ 当然,格劳秀斯从未提出过禁止一切战争的观念,对于那些必要的正义战争,他始终站在拥护支持而非谴责拒斥的立场上。

同时,格劳秀斯依据战争主体的不同,区分了私战、公战和混合战。私战是私人间的战争,公战是由享有最高统治权的主权者发动的战争,而混合战则是私人与公共权力当局之间的战争。相对于公战来说,私战会受到一定的限制,自从国内建立了公共法庭之后,原则上就不允许私力救济,⑤因此格劳秀斯的主要关心对象是公战,但是他也并不否定私战这种具有更古老渊源的战争形式的合法性。在大多数情况下,他都将公战和私战置于同一平面上来处理。⑥ 例如,他对战争的定义是"依武力争斗的状态⑦",由此囊括了以上各种类型的战争。他对于战争正当理由的限定、对战斗行为的规制等也同时适用于公战和私战。之所以如此,固然是因为他认识到,即便设立了公共性的法庭来裁决争端,私力救济依然在一定范围内有其存在的合理性和必要性,⑧而且当时的国家还没有能力垄

---

① [美]理查德·塔克:《战争与和平的权利:从格劳秀斯到康德的政治思想与国际秩序》,罗炯等译,130页,南京,译林出版社,2009。
② *War and Peace*, Book I, chap. II, §I (4), p. 52.
③ Ibid., Book I, chap. II, §IV (2), p. 57.
④ Ibid., Book II, chap. XXII, pp. 546-556.
⑤ Ibid., Book I, chap. III, §II (1), p. 92.
⑥ *Law of Prize*, chap. VII, p. 68.
⑦ *War and Peace*, Book I, chap. I, §II, p. 33.
⑧ Ibid., Book I, chap. III, §II (1)(2), p. 92.

断一切暴力行为,私战广泛存在的现象也使得法律必须回应这一问题。但更重要的,还是上文所述的格劳秀斯的普遍人类社会观:他把个人、团体和国家置于同一条连续轴上来把握,试图用同一套法律体系来规制所有的战争,以最大限度的抑制所有现实的和潜在的战争。

由于战争会给交战双方和无辜者都带来巨大的损害,格劳秀斯强调,在关于战争的正当理由存在疑问的情况下,应尽可能避免发动战争。① 而且,即使具有正当理由,也不应贸然发动战争,作为一种美德,最好放弃这种权利,"放弃权利往往比实践权利需要更多的仁慈和正直之心"②。可见,格劳秀斯不仅通过明确列举出作为正当理由之构成要件的各种实体性权利来限制诉诸战争的理由,而且试图通过诉诸宽宥和克制的美德来进一步加以抑制。尽管这种呼吁只是一种道德劝诫,而非法律义务,但其苦心由此可见一斑。

二、战争中的法

限定发动战争的正当理由是抑制战争的一种途径,而对于已经爆发的战争,限制双方在战争中运用的杀敌手段则是减少战争损害的另一种途径。虽然古谚有云:"枪炮作响法律无声(*Inter arma enim silent leges*)",但是进入交战状态并不意味着人们就可以不受任何法律的约束,格劳秀斯的工作恰恰是为战争立法。在《战争与和平法》中,格劳秀斯从自然法和万国法的角度,详细讨论了在战争中使用诈术、处分战俘及人质、损毁敌国财物(如焚烧粮食、毁坏房屋、劫掠人畜、破坏圣物等)、捕获敌方物资及占领敌国领土等行为的合法性限度,③并再次诉诸道德,呼吁交战双方能够出于人道的考虑、有节制的行使这些权利。④

但格劳秀斯的努力决不止于制定具体的交战规则。除此以外,他还详细探讨了作战双方在战争中的地位。对于已经爆发的战争,他不是根据交战双方是否具有正当理由而对他们采取差别待遇,而是致力于明确平等适用于双方的各种杀敌手段的合法性限度,减少敌对行为的残酷性,并避免新一轮战争的爆发。这也是他和经院学者的最大不同。当然,在他这里,正当理由对于交战规则并非毫无影响。通过导入"正式战争"(formal war, solemn war)这一概念,他在 *Jus ad bellum* 和 *Jus in bello* 这两个层面之间建立起了复杂而微妙的关联,以实现其最大限度抑制战争、减少战争危害的目的。以下将从自然法和万国法两个角度对这一问题进行分析。

---

① *War and Peace*, Book II, chap. XXIII, pp. 557-566.
② Ibid., Book II, chap. XXIV, pp. 567-577.
③ Ibid., Book III, chap. I~IX, pp. 599-715.
④ Ibid., Book III, chap. XI~XVI, pp. 722-782.

（一）自然法

格劳秀斯指出，首先，依据自然法从事正义战争，即具备正当理由的一方，有权使用为了达成战争目的所必需的合法手段。其次，由正义战争引发的因素也可能产生出一些附加权利，例如，对于敌人的盟友或从属者，正义方同样有权对其发动战争。最后，有些超出战争目的的行为，本来是不合法的，但如果附随之善远远超过偶然的灾难性后果，也可以被允许。①

以上观点和经院学者并无大异。那么，依据万国法，交战双方在战争中处于何种地位呢？正是在这里，格劳秀斯展现出其战争法理论中非常独特的一面。

（二）万国法

格劳秀斯认为，在万国法上，还存在着另一种合法形态的战争——"正式战争"（formal war，or solemn war），它不同于自然法上的正义战争。正式战争有两个构成要件：（1）交战双方均为享有最高统治权的主权者；（2）有正式的开战宣言。满足这两项要件，在万国法上就被视为"正当"的战争。② 但是此处的"正当"不同于自然法上的"正当"，因为它不考虑战争爆发的实质原因是否满足自然法上的正当理由，而只看交战双方是否具备了万国法上的形式合法性要件。也就是说，万国法上的正当战争（"正式战争"）未必是自然法上的正当战争（"正义战争"）。③ 从实质正当性的角度来看，通常只能有一方交战者为正当，但在形式合法性层面上，交战双方有可能同时满足"正当性"的要求，从而可以平等的适用战斗规则。

格劳秀斯进一步指出，依据万国法，正式战争——无论其是否是正义战争——还伴随着两种特殊的"外在效果"：不可罚性和所有权的变动。④ 这两种外在效果并非源于战争本身的性质，而是作为万国法上的效果受到承认。不可罚性指的是，正式战争中的交战双方，在战争期间从事的杀伤、加害、破坏和掠夺等行为，在万国法上都被视为合法的战争行为，战争结束后不会遭到惩罚，哪怕是从自然法的角度来看从事了非正义战争的一方也享有这种权利。所有权的变动指的是，正式战争中的交战双方都

---

① *War and Peace*, Book III, chap. I, §II~IV, pp. 599-601.
② Ibid., Book I, chap. III, §IV (1) (2), p. 97, Book III, chap. III, pp. 630-640.
③ 格劳秀斯对自然法和万国法上的"正当性"的区分，或者说对"正义性"与"合法性"的区分，已被很多学者指出。如，Lauterpacht, "The Grotian Tradition in International Law", pp. 5, 7. 劳特派特指出，格劳秀斯的"正义战争学说"中的"正义"（justice）与"合法"（lawful）是不同的，战争即使合法，但也有可能是不正义的。格劳秀斯的"正义"是自然法上的概念。See also Murphy, Jr., "The Grotian Vision of World Order", p. 481. 墨菲（Murphy）也强调指出，格劳秀斯的"正义战争学说"中的"正义"指的是战争的起因（cause）在道德上的正义性，即使对抗的开始是符合法律程序的（lawful），只要战争的起因不具有道德上的正义性，则不属于格劳秀斯所说的"正义战争"。
④ *War and Peace*, Book III, chap. IV, §I~III, pp. 641-644.

有权取得在战争中捕获的人和财产的所有权,其他国家必须尊重这一权利,哪怕对于非正义方亦是如此。当然,这里的所有权,既不同于原始取得(先占等)也不同于继受取得(割让、继承等),而是一种特殊的、基于战时权利而取得的所有权。①

相比之下,在自然法上,从事正义战争的一方,并不能无限制的从敌方那里夺取一切东西。防卫战争以保全自身为限;恢复战争的目的在于恢复原状,或者从敌人那里取得与损失相当的财物;即使是惩罚战争,也不得对敌人造成不成比例的损失。同时,从事非正义战争的一方,依据自然法的观点,所享有的权利更为有限。一般说来,其所有行为均为无效,自然法不承认其对于从正义方夺取的任何东西的所有权。这就造成了一个矛盾。对于正式战争的交战双方而言,本来依据自然法被禁止享有的权利,在万国法下却可以享有,这难道不是会大大刺激甚至鼓励不义行为的发生吗?一直竭力主张限制战争、减少战争危害的格劳秀斯,究竟是出于什么考虑,提出了正式战争的理论?

格劳秀斯在书中并没有对这一问题做出明确回答,但我们可以依循他的论证逻辑做出一些合理的推断。首先,如果完全采用自然法的观点,正义方可以采取一切杀敌手段,非正义方完全被置于"法外"状态,不受任何保护,这在现实中不仅不会减少反而只会增加战争的残酷性。格劳秀斯通过诉诸万国法上的正式战争概念,引入了一个较低限度的、容易满足的形式合法性标准。只要满足这一标准,双方就会被置于法律的平等规制之下,享受同等的权利,负担同样的义务。这意味着,双方都把对方视为"正当敌人",而不是应予歼灭的恶魔,法律也给予非正义方以一定的保护,而不是放任占据道义优势的一方采取任何残酷的杀敌手段。这一非歧视性原则的确立可以大大减少敌对行为的残酷性。况且,虽然就上述两种"外在效果"而言,万国法有逾越自然法之处,但同时,自然法上不加禁止的某些行为,如毒杀、背信弃义的暗杀、强奸等,在万国法上也会受到限制。从事正义战争的一方,如果同时也是正式战争的一方,同样要受到这种限制。从这一点来说,通过自然法和万国法的双重规制,有利于实现减少战争残酷性的目的。

其次,万国法赋予交战双方同等的法律地位,也是因为在缺乏最高裁判者的国际社会中,机械的正义战争论在现实中几乎很难适用,很多情况下无从辨明谁是正义的一方。格劳秀斯自身也不得不在作为理想型的"正义战争论"与社会现实之间进行苦心调和,承认在原则上交战的双方不能同时被承认为正当,但从法律效果($juris\ effectus$)上说,并非没有

---

① 河西直也:"戦争法",大沼保昭编『戦争と平和の法:フーゴー・グロティウスにおける戦争、平和、正義(補正版)』、414~441 頁、東京、東信堂、1995;柳原正治:『グロティウス』、151~153 頁、東京、清水書院、2000。

第十五章 格劳秀斯的国际法理论

这种可能。① 同时,这种做法还可以防止第三方对战争的性质擅自做出评判,导致更多的人卷入战争,扩大战争的规模。在现实中,由第三方来判断哪一交战方具有自然法上的正当事由,是一件非常困难甚至危险的工作,甚至有可能形成连锁反应,引发新的战争。欧洲三十年战争的残酷现实就充分证明了这一点。身处其中的格劳秀斯深切意识到,为了避免战争规模的不断扩大,正义与否的判断权应该交给当事方自己,而不是第三方。他宁愿在万国法上对两者一视同仁,以排除第三方的恣意评判,把实现正义的希望寄托在交战双方自身的理性和良知之上。②

最后,更重要的问题在于,万国法上这种特殊的"外在效果"毕竟只是暂时的。格劳秀斯在这里区分了两种万国法,即"在所有方面都是真正的法"的万国法,以及"与那原初的法相似、但只产生出某种外在效果"的万国法。如前所述,万国法作为人意法,通常只能在许容型自然法的范围内发挥作用,只是在例外情况下,才可以改变命令/禁止性的自然法。但后一种万国法并非"真正的"万国法,它所规定的外在效果无法产生出稳定的法律后果。此时的转换工具是一个独特的概念——"内在正义",这明显是和"外在效果"相对峙的一个概念。③

依据内在正义的观点,在自然法上从事非正义战争的一方,其所有行为都是不义的,其所附随的外在效果仅仅在万国法上得到承认,但依据内在正义的观点却应该被否定。非正义方对于自身在战争中针对正义方从事的所有行为,都负有恢复的义务。只不过,这种恢复义务应该交给负有该义务者的良知来自发履行。即便这项义务没有被履行,也不得成为发动新的战争的借口。④ 换言之,万国法上对于正式战争之外在效果的认可,要受到内在正义的制约,暂时承认非正义方的行为具有外在效果,只是为了避免引发战争的连锁反应,最大限度的消弭再次发动战争的借口。为了在减少战争和实现正义之间达致平衡,格劳秀斯最终寄希望于从事非正义战争一方的理性和良知,期待它能自动放弃其不当获得的所有权,将其恢复给正义方。尽管这样的期待很有可能落空,但在那个时代,法律标准并不比道德诉求具有更强的效力来约束国家行动。正如劳特派特(Hersch Lauterpacht)所指出的,格劳秀斯的伟大贡献在于他同时完成了法律和道德的双重任务,诉诸道德的规范性力量来完善法律,而不是通过分离法律和道德来解决问题。⑤

---

① *War and Peace*, Book II, Chap. XXIII, § XIII, pp. 565-566.
② Ibid., Book III, Chap. IV, § IV, p. 644.
③ [日]河西直也:"戦争法"、大沼保昭編『戦争と平和の法:フーゴー・グロティウスにおける戦争、平和、正義(補正版)』,441~446頁、東京、東信堂、1995;[日]柳原正治:『グロティウス』,151~153頁、東京、清水書院、2000。
④ *War and Peace*, Book III, chap. X, pp. 716-721.
⑤ Lauterpacht, "The Grotian Tradition in International Law", *British Year Book of International Law*, XXIII (1946), pp. 1-53.

不仅如此,格劳秀斯对于从事正义战争的一方,也通过内在正义、爱的法、人性的规则等来加以限制。无论是杀伤权、破坏权、捕获权、战时占领权还是战前复归权,都需要"有节制"的行使①。即便这些行为在自然法和万国法上受到认可,由此被赋予的战时权利,依据内在正义等规范的要求也会受到限制。

综上所述,格劳秀斯的战争法思想,不只具有"正当理由"这一个维度,而是一个多元复合的重层结构体。他利用自然法与万国法、正义战争与正式战争、外在效果与内在正义之间的张力关系,在 Jus ad bellum 和 Jus in bello 两个层面上进行双重规制,来最大限度的实现其遏制战争爆发、减少战争危害的目的。换句话说,格劳秀斯清醒地意识到,对国家发动战争的行为采取完全放任的态度会导致恣意发动战争的危险,因此他通过积极诉诸法律、伦理和道德规范来加以限制。但是关于正义与不正义的区分,作为学者的他,最终只能满足于从道德观念上提出这一标准,希望国家能通过接受这些观念而对自己的行为加以法律约束。至于国家行动的具体边界,最终还是只能交由各个主权国家自己来判断。

第四节　关于海洋的法

占据地球表面面积 70% 的海洋,自古以来作为交通和贸易的航道,发挥着重要的作用。国家领有海洋的主张,在历史上虽然零星出现过,但仅限于沿岸海域。广袤无垠的大洋,从未成为任何人的所有物。可是地理大发现之后,西班牙和葡萄牙这两大殖民国家试图攫取海上霸权、垄断海上航道和海上贸易,提出了分割和领有海洋的主张。作为"海上马车夫"的荷兰,则希望成为世界贸易的中转站来实现经济繁荣,因此荷兰与西、葡之间的对抗和冲突不可避免。格劳秀斯的《论战利品法》和《海洋自由论》(后者作为前者的一部分)正是创作于这一背景之下,他的海洋法理论尤为集中地体现在后者之中。

《海洋自由论》由序言和十三章构成。序言是《海洋自由论》单独出版时新增的部分,第一章开宗明义阐述了普遍的人类社会思想,这是格劳秀斯在其著作中一以贯之的基本理念。基于此,每个民族都有和其他民族自由交往、自由通商的自然权利,这既是上帝的命令也是出于人类的本性。如果有人企图垄断这一权利,战争就不可避免②。序言之后,格劳秀

---

① Lauterpacht, "The Grotian Tradition in International Law", *British Year Book of International Law*, Book III, chap. XI~XVI, pp. 722-782.

② *Freedom of Seas*, chap. I, pp. 7-10.

第十五章 格劳秀斯的国际法理论

斯详细论证了两大命题——航行自由和贸易自由：(1)葡萄牙人不能基于发现、教皇的赠与或者战争而取得对东印度的主权,也不能基于先占、教皇的赠与或者时效与习俗等,享有对东印度海域和海上航行的垄断权；(2)同理,葡萄牙人也不能垄断海上贸易的权利。整体来看,《海洋自由论》的核心在于论证贸易自由权,即所有人,包括荷兰,都可以自由的参与东印度的贸易,这是万民法("初级万民法")所赋予的权利,除非葡萄牙人能够合理的证明那片海域归其所有。而为了论证葡萄牙人无权垄断海洋,格劳秀斯花了全书约一半的篇幅(第五章至第七章)来讨论海洋自由的问题,即,浩瀚无垠的大洋能否成为某个国家占有的对象,还是应该自由开放,属于万民共有？格劳秀斯支持后者。为此,他逐一批驳了葡萄牙人主张海洋取得的三个论据：先占,教皇的赠与,时效与习俗。

一、先　占

葡萄牙人认为海洋是无主物,最初占有海洋的国家可以对其主张所有权。对此,格劳秀斯回溯了财产权的产生和演变过程,由此论证海洋不可能成为先占的对象。他指出,依据初始的万民法或自然法,人类被创造出来时,并无任何个别的权利,所有东西均为共同所有。"因为上帝不是把所有东西给予这个人或那个人,而是给予了整个人类"。随着历史发展,人类进入一个分割的时代,一部分根据自然法曾为公共财产的物品变成了个人财产,最初占有的人能够获得这部分财产的所有权。例如食物、饮料、生活用品乃至耕地和牧场,都被分配到个人以满足其生活需要。但是,格劳秀斯又指出,有些财产无法成为私有财产,如那些不能被占有或者从未被占有的东西,或者那些由自然形成、虽为某人服务但仍足以为其他所有人共同使用的东西,不论是今天还是将来,均应永久保持它们由自然初创时的状态。空气和海洋正是属于这类东西。这些物虽然出于某种理由也可以称为"无主物",却要区别于那些能够通过先占而取得所有权的"无主物",如野生动物、鱼和鸟等,前一种"无主物"依据自然法或万民法应被确切的称为"万民共有物"。正所谓"海洋为众人共有之财产,而海中的鱼却为捕获之人之私产"①。

总之,海洋无论如何不能成为任何人的私有财产。因为自然不仅允许而且强迫人们共同使用,海洋是如此浩瀚,即便为所有人共用也不致枯竭,没有理由妨碍他人的共同使用。而且海洋的自然特性使得它除了很有限的领域以外,人类无法在上面设定界限、建造房屋,国家不可能像占有陆地一样去占有海洋。② 因此,无论是出于道德的理由还是自然的理

---

① Lauterpacht, "The Grotian Tradition in International Law", *British Year Book of International Law*, chap. V, pp. 22-29.

② Ibid., chap. V, pp. 30-31.

301

由,海洋都不能成为先占的对象,无论国家还是个人都不能在海上建立所有权。当然,海湾、海峡、内海等由陆地围起来的海的一小部分,可以由沿岸国通过先占等行为来行使所有权,这不违反自然法。但即使在这种情况下,沿岸国也不得妨碍其他人无害通航的权利,因为该使用不会使海洋自身枯竭。①

二、教皇的赠与

葡萄牙人提出的第二个论据是"教皇子午线"。即 1493 年教皇亚历山大六世发布敕令,以大西洋上亚速尔群岛和佛得角岛以西 100 里格的子午线为分界线,界线以东的陆地和海域划给葡萄牙,以西划给西班牙。这一行为可以视为教皇的捐赠,由此可以确立西、葡两国取得海洋的法律基础。对此,格劳秀斯首先指出,教皇不是世俗事务的统治者,当然也不是海洋的统治者,本来就无权捐赠海洋。甚至连世俗的君主,即使他们真的对海洋拥有权利,那也仅仅是管辖权和保护权,而不是所有权。况且,正如上文已经证明的,任何将海洋和海上的使用权归为私有的行为都与自然法相冲突,教皇也无权从事那些违背自然法的行为。因此,"要么必须断定教皇的捐赠敕令无效,要么至少确认这仅仅是教皇为了解决西、葡之争而划分的界线,但这一行为不应带有侵犯他国权利的意图"②。很自然的,《海洋自由论》一面世,1610 年 1 月就被罗马教皇厅列为禁书。

三、时效与习俗

关于葡萄牙人提出的第三种根据,时效和习俗,格劳秀斯进行了如下反驳。关于时效,首先,时效是市民法上的制度,不能适用于君主之间或者自由独立的国家之间。当它与那些具有更高法律效力的法,即自然法或万民法发生冲突时,通常退居次位。其次,就连市民法本身也禁止把时效制度适用于海洋,因为海洋不是能够被占有或转让的物,不能成为时效适用的对象。③ 而且,如果认为时效制度可以适用于公共财物,除了以时间流逝为条件的持续占有行为以外,还必须具备三个条件:(1)实际有效的占有应该始于远古时期;(2)在实际占有期间,任何其他人都没有行使过同样的占有权利;(3)实际占有人阻止了其他所有人从事这种占有。对照历史事实,葡萄牙人显然不能满足这些条件。④

上述理由同样适用于习俗。毫无疑问,当习俗与自然法或万民法这

---

① Lauterpacht, "The Grotian Tradition in International Law", *British Year Book of International Law*, chap. V, pp. 37-38, 43.
② Ibid., chap. VI, pp. 45-46.
③ Ibid., chap. VII, p. 47.
④ Ibid., chap. VII, pp. 58-59.

些普遍法相冲突时会成为无效。海洋及其使用权为所有人共有,这是一项普遍的法律,习俗并不能使之无效。习俗依特权而建立,没有人有权授予一个人有损于整个人类权利的特权,这种习俗在国家之间也不会产生任何效力。①

四、"百年书战"

《海洋自由论》一经出版,立刻激起强烈的反响,成为一场旷日持久的论争的导火索。英国、葡萄牙、西班牙、威尼斯、热那亚等国的学者,为了拥护本国的海洋领有的主张,纷纷发表论著来反驳格劳秀斯。其中代表性人物有苏格兰人威尔伍德(William Welwood)、葡萄牙人弗雷塔斯(Seraphim de Freitas)、英国人塞尔登(John Selden)等。他们的主要观点包括:海洋与陆地一样,可以成为分割和占有的对象,能够设定所有权;广袤的海洋可以分为两部分:沿岸海和大洋,前者视同领土,后者为万国共有;英国依循惯例可以领有"英国海",对其行使管辖权、保护权、制海权、航行·捕鱼许可权、捕获权等。② 其中,格劳秀斯针对威尔伍德的批评,写作了《对海洋自由论第五章的辩护(De fensio capitis quinti Maris liberi oppugnati a Guilielmo Welwodo)》,但这篇没有完成的论文迟至 1872 年才公之于世。

在这场论战中,格劳秀斯被符号化为"海洋自由论"的代表,另一方则成为"海洋闭锁论"的倡导者。但实际上,双方的对立并没有想象中的那么严重。格劳秀斯并不否认沿岸国可以对周边海域行使一定的管辖权,只不过这种权利并不像陆地主权那样完整牢固。其他作者也并没有声称国家对海洋的权利可以延伸至整个大洋。双方的分歧主要在于,海洋取得是否适用和陆地取得同样的规则,国家对海洋权利的合法性限度在哪里。同时,不可否认的是,参与论战者都具有为本国政府的海洋政策辩护的意图。在后来的英荷渔业争端中,格劳秀斯转而拥护荷兰政府提出的垄断东印度香辛料贸易的主张,这也是他遭人诟病、难以自圆其说之处。

事实上,这场论战的硝烟一直弥漫到"二战"之后。在联合国关于《海洋法公约》的漫长谈判过程中,格劳秀斯的"海洋自由论"频频被国家代表援引作为论据,但是现代海洋法的实际发展却远远背离了格劳秀斯的主张。如果说在他的时代,这个世界大体上还是由"流动的海洋和坚固的陆地"所构成、海上没有主权者的话,自 18 世纪一些海洋国家提出领海主张

---

① Lauterpacht, "The Grotian Tradition in International Law", *British Year Book of International Law*, chap. VII, p. 52.

② See William Welwood, *Abridgement of All Sea-lawes*, London, 1613; Id., *De dominio maris*, London, 1615; Seraphim de Freitas, *De iusto imperio Lusitanorum Asiatico*, Vallisoleti: ex officina H. Morillo, 1625; John Selden, *Mare clausum, seu de dominio maris libri duo*, Stanesbeii pro Richard Meighen, 1636.

并逐渐得到广泛接受之后,海洋被明确划分为"狭窄的领海和广阔的公海"。"二战"后美国总统杜鲁门提出大陆架概念,1982年《联合国海洋法公约》形成了以专属经济区为核心的一系列海洋新制度,广阔的公海进一步被各个海洋国家瓜分蚕食。时至今日,作为"万民共有物"的海洋公域日益缩减,专属经济区也出现了"准领土化"的倾向。随着科技的进步,人类攫取海洋资源的能力飞速发展,更突显出海洋资源的可枯竭性,从而造成了更大的紧张。在格劳秀斯眼中广袤浩瀚、可为万人共同使用而永不枯竭的海洋,今天却由于其资源的有限性而成为万国必争之地。海洋自由的时代已经一去不复返了。

第五节　格劳秀斯的传统

大约从18世纪后期开始,把格劳秀斯视为"国际法之父"的观点渐趋流行,到20世纪初定型为通说。《战争与和平法》刊行三百周年(1925年)之际,世界各地都举行了规模盛大的庆典活动,关于格劳秀斯的生平及其思想的研究成果亦汗牛充栋。通说认为,格劳秀斯奠定了近代国际法的根基,其理论体系历久弥新,能够成为构想新的国际法理论的指针。如,"一战"后反战思潮的出现乃至"二战"后禁止行使武力原则的确立,就被认为是格劳秀斯"正义战争论"的复活,①前述"海洋自由论"的主张也始终得到各国的重视。可以说,他的理论不仅开创了近代国际法体系,而且为现代国际法的发展提供着丰富的思想资源。

但是,对于格劳秀斯"国际法之父"的地位,并非没有质疑。早在20世纪初,美国国际法学者斯科特(James Brown Scott)等就指出,格劳秀斯的理论独创性并不强,毋宁说,他受西班牙后期经院学者的影响颇深,维多利亚(Francisco de Vitoria)、阿雅拉(Barthasar Ayala)、真提利(Albericus Gentilis)、苏亚利兹(Francisco Suarez)等,才是近代国际法真正的先驱和创始人。而国际法史大家瑞士学者哈根马赫(Peter Haggenmacher)则敏锐的指出,如果说近代国际法的本质特征是以主权

---

① 其实这种认识并不准确。首先,如前所述,格劳秀斯并非绝对和平主义者,他从未主张过禁止一切行使武力的行为。其次,根据《联合国宪章》的规定,禁止行使武力原则的主要目的在于禁止主权国家单方面采取进攻性的武装行动,从某种意义上说,这是一种非常形式化的判断准则,将首先行使武力者视为非法。相比而言,格劳秀斯的"正义战争论"详细列举出各种支持正义战争的实体性权利,为了实现这些权利,谁先动手谁后动手并不重要。进攻战争也有可能是正义战争,防御战争也有可能违反正义。因此,"二战"后的新原则与格劳秀斯的战争法理论之间在法律基础上存在着重大差别,某种程度上消解了格劳秀斯在"正义战争"与"正式战争"之间建立的张力结构。

第十五章 格劳秀斯的国际法理论

国家作为其唯一主体的话,格劳秀斯的普遍人类社会思想恰恰是这一观念的对立物,前者是由比格劳秀斯晚出生一百多年的瓦特尔(Emmerich de Vattel)明确提出的。因此,把格劳秀斯视为"国际法之父"的观点并不妥当,《战争与和平法》也不是近代国际法的开山之作,毋宁说只是中世纪以来经院哲学中正义战争论传统下的产物。①

姑且不论"国际法之父"这个称号对格劳秀斯而言是否当之无愧,他对后世国际法学和国际关系学的影响依然无可否认。关于其思想定位,20世纪最伟大的国际法学者之一奥本海指出,格劳秀斯的学说介于国际法的两大流派——自然法主义和实证法主义之间,但更偏向于自然法。②如前所述,劳特派特也认为格劳秀斯的伟大贡献在于他同时完成了法律和道德的双重任务。③"英国学派"的代表人物赫德利·布尔(Hedley Bull)借用其师马丁·怀特(Martin Wight)的说法,认为国际政治学中有三大传统,即马基雅维里-霍布斯的现实主义传统、康德的永久和平传统,以及介于两者之间的格劳秀斯传统。④ 总体而言,后世学者大多将格劳秀斯置于自然法主义与实证法主义、现实主义与理想主义之间,认为他代表了一种折中和过渡的传统,而不是将任何一种立场推向极致。即便是格劳秀斯的自然法思想,如上文所述,同样处于过渡阶段中,虽然没有完全摆脱神学的影响,但是已经表现出一种趋势,把自然法的基础奠定在同时代大多数人所具有的一般观念,即理性和常识之上,把对古典正义理念的追求转化为对现实和平秩序的向往。这一基础并不高贵,却具有根基牢靠的优势,通过降低政治的标准,使得政治的目标更容易实现。

另外,格劳秀斯的 *Jus gentium* 概念,作为普遍人类社会的法,在国际法发展早期对于欧洲国际社会的形成发挥了重要影响。但是18世纪以后,随着实践层面上绝对主义国家的兴起和确立,观念层面上社会契约论、作为抽象人格的国家观念、主权论、均势论等理论的渐趋完善,*Jus gentium* 在国际法学的论著中逐渐被限定为调整国家间关系的法。1879年,边沁(Jeremy Bentham)在《道德与立法原理导论》⑤中首次使用了 international law 一词,这比 *Jus gentium* 更接近于现代国际法的意涵,

---

① Peter Haggenmacher, *Grotius et la doctrine de la guerre juste*, Presses universitaires de France, 1983.

② Lassa Oppenheim, *International Law: A Treatise (Peace)*, Vol. I, Longmans, Green, and Co., 1905, p. 79.

③ Hersch Lauterpacht, "The Grotian Tradition in International Law", *British Year Book of International Law*, XXIII (1946), pp. 1-53.

④ Hedley Bull, "The Grotian Conception of International Society", in H. Butterfield & M. Wight ed., *Diplomatic Investigations: essays in the theory of international politics*, George Allen & Unwin, 1966, pp. 51-73.

⑤ Jeremy Bentham, *An Introduction to the Principles of Morals and Legislation*, T. Payne, 1789. 中译本参见[英]边沁:《道德与立法原理导论》,363页,时殷弘译,北京,商务印书馆,2009。

随后,法文、意大利文、西班牙文和葡萄牙文中也出现了类似的变化和调整。① 到 20 世纪初,international law 成为通用术语,此后的国际法学文献几乎不再使用 *Jus gentium* 一词来指代国际法。②

可以说,从 *Jus gentium* 演变为 international law 的过程,正是国际法逐步缩小其主体范围、从一个多元权力自治体并存的重层结构,走向以主权国家作为唯一主体的法律体系的过程。这一变化趋势在 20 世纪初达到顶峰。随之而来的,是国家主权的空前强化,国家被拟制为一个个孤立而自由的原子,完全独立而不受干涉,在国家之上,不存在任何超越性的普遍秩序规范。战争权是"超法"(ultra-law)事项,国际法无法进行规制。这是一种"国家理由"(raison d'état)至上、无限膨胀的绝对主权学说。以此作为前提的国际法学,必然沦落到为国家自由发动战争的行为进行无条件辩护的可悲境地,更无力阻止两次世界大战的相继爆发。

作为对这一趋势的反动,"一战"后,以 1928 年签署的《非战公约》为代表,出现了禁止战争的思潮,尤其针对那些追求国家利益的战争;"二战"后,《联合国宪章》2 条 4 款确立了禁止行使武力原则,纽伦堡和东京审判所提出的"反和平罪"是对这一原则的典型体现;虽然禁止行使武力原则并不是格劳秀斯"正义战争论"的简单翻版,但是其存在显然具有巨大的合理性。它试图全面禁止国际关系中单方面行使武力的现象,其有效性建立在两个前提之上:集体安全保障制度的有效实施,以及各种和平解决国际争端手段的充实和完善。这是"二战"后新发展的国际形势所提供的有利条件,是缔造和平国际秩序的新的生长点,也是当年的格劳秀斯无从想象的。假如这些制度性条件能够充分发挥作用,则国际社会就像国内社会一样,除了在极少数场合下需要自卫以外,大部分情况都可以借助国际公共机制来制裁或者惩罚违法者,国家既没有权利也没有必要去发动攻击性战争了。但问题在于,今天国际社会的现实是否已经充分满足了这一前提? 格劳秀斯面对他的时代提出了富含张力的解决方案,我们又该如何面对今天的问题?

另外,"二战"之后,尤其是"冷战"结束之后,国际法的主体再度扩展弥散到社会生活的各个空间。主权国家依然重要,却不再是唯一的主体。今天高歌猛进的"国际共同体"、"国际立宪主义"、"人类共同遗产"等概念,其背后的价值预设正是普遍人类社会的观念和人类共同利益的诉求。国际社会似乎正在重新呈现为一个多元重层的结构体。从这个意义上说,格劳秀斯的传统再度复活,现代国际法学正在以某种回归古典的方式来拓展她的视野。

---

① 法文中的 droit international,意大利文的 diritto internazionale,西班牙文的 derecho internacional,葡萄牙文的 direito internacional,以及俄文的 международное право,都是受到边沁影响的术语。但德文中的 Völkerrecht,以及德文的近亲荷兰语中的 Volkenrecht,相当于 law of peoples,算得上是 *jus gentium* 为数不多的继承者。

② [日]板倉卓造:『近世国際法史論』,1～14 頁,東京,厳松堂,1924。

第十五章 格劳秀斯的国际法理论

思考题

1. 试分析格劳秀斯的法律理论中自然法与 *Jus gentium* 之间的关系。

2. 有人认为,格劳秀斯不是海牙和平宫的守护神,而是正义战争的狂热拥护者,你怎么看这个观点?

3. 格劳秀斯是如何论证海洋不能成为私有财产的?

阅读文献

1. Hugo Grotius, *On the Law of War and Peace*, trans. by F. W. Kelsey, Clarendon Press, 1925.

2. Hugo Grotius, *Commentary on the Law of Prize and Booty*, trans. by G. L. Williams, Clarendon Press, 1950.

3. Hugo Grotius, *The Freedom of the Seas, or the Right which Belongs to the Dutch to Take Part in the East Indian Trade: A Dissertation*, translated with a revision of the Latin text of 1633 by Ralph van Deman Magoffin, Oxford University Press, 1916.

第十六章 普芬道夫的自然法思想

第一节 普芬道夫的生平与著述

一、普芬道夫的生平

1632年1月8日,普芬道夫出生在德意志萨克逊埃格伯格区(*Erzgebirge region of Saxony*)费奥教区(*Parish of Fiohe*)道茨尼兹镇(*village of Dorchemnitz bei Thalheim*)一个牧师家庭,父亲是路德教派牧师。1650年,年仅18岁的普芬道夫同他那个时代很多贵族青少年一样进入莱比锡(*Leipzig*)大学学习路德神学。他的父亲想让他将来成为一名牧师。但是他却对该地专断的教义不满,在6年的寄宿生活中,培养了对人文、自然科学和法学的兴趣,①提交了古宪法和国家起源的文章。1656年,普芬道夫进入耶拿(*Jena*)大学。在那里,他阅读了格劳秀斯、霍布斯有关国家理论的书籍,②并拿到了硕士学位。1657年,他跟随艾哈德·维戈尔(*Erhard Weigel*)(1625—1699)学习自然法与道德哲学。③毕业后,他成了瑞典驻哥本哈根公使彼得·朱理士·科耶特(*Peter Julius Copyet*)的家庭教师。因为瑞典和丹麦开战,身为公使从员的他不幸被拘入狱,在狱中待了8个月。与其前辈格劳秀斯一样,他虽差点丢掉性命,但最终还是获救了。牢狱中的苦闷生活并没有浇灭他创作

---

① [日]寺田四郎:《国际法学界之七大家》,韩通仙译,172页,北京,中国政法大学出版社,2003。

② [德]格尔德·克莱因海尔等:《九百年来德意志及欧洲法学家》,许兰译,342页,北京,法律出版社,2005。

③ [德]弗朗茨·维亚克尔:《近代私法史——以德意志的发展为观察重点》,上册,陈爱娥、黄建辉译,300页,上海,上海三联书店,2006。艾哈德·维戈尔是著名数学家,17世纪著名的笛卡尔主义者,普芬道夫接受笛卡尔的理性主义方法主要是受了他的影响。

的热情,他利用这段时间写作完成了《普遍法学的要素(两卷)》(Elementorum jurisprudentiae universalislibri duo)。这是他的第一部自然法著作,出版后即博得多方喝彩,普芬道夫从此一举成名。

1659年他与科耶特一家迁至荷兰,由胡果·格劳秀斯的儿子格鲁特的彼得(Peter de Groot)推荐给帕拉廷(Palatinate)的选帝候卡尔·路德维西(Karl Ludwig)。他把《普遍法学的要素》题献给了卡尔·路德维西(1660年出版)。1661年,海德堡(Heidelberg)大学哲学系拒绝了他做宪法教授的请求。由卡尔·路德维西提议,他接受了该校国家法和哲学,后更名为自然法和国际法的副教授职位。此讲座是为普芬道夫特设的,亦是政治学、法律学史上之首创。1663年,普芬道夫开始研究马其顿的菲利普王,写成《马其顿的菲利普王史》(DRGP, De rebus getis Philippi Am yntai f ilio)。1664年,他写作完成《德意志帝国宪法》(DSI, De statu im perii Germ anici)(1667年出版)。此书对德意志帝国宪法的分析颇具争议,广受批评。普芬道夫虽是用化名Severinus de Monzambano出版,但终还是被德国大学查出,书遭取缔,普芬道夫也受到教皇的严厉斥责。但由于贵人相助,普芬道夫再一次逃脱了惩罚。

1670年,由瑞典国王查尔斯十一世(CharlesXI,1660—1697)提议,普芬道夫接受了伦德(Lund)大学法律系自然法和国际法的全职教授之职。1672年,他出版了最主要的自然法哲学著作《自然法和国家法(八卷)》(De jure naturae et gentium libri octo),题献给查尔斯十一世。1673年,他出版了《自然法和国家法》的简略本《人和公民的自然法义务(两卷)》(De off icio hom iis et civis jux ta legem naturalem libri duo),题献给伦德(Lund)大学校长。1675年,他出版了《学术文选》(DAS, D issertationes academ icae selectiores),回应学界的批评,澄清其理论。1677年出版了《争鸣个案》(SC, Specim en controversiarum),著述《斯堪的纳维亚驳斥》,进一步作出澄清以回应其批评者,但该书直到1686年才出版。

1677年,丹麦军队占据伦德以后,普芬道夫迁至斯德哥尔摩,开始了其给查尔斯十一世做私人咨议员、国家秘书和皇室历史学家的生涯。①1679年,他以笔名Basilius Hyoerta出版了《对罗马精神君主制的历史描述和政治描述》(HUP, Historische und politische B eschreibungdergeistlichen M onarchie des S tuhls zu Rom),评述基督教会史,主张主权(在DZDH中)。1682年,他出版了百科全书式的比较政治和国际关系著作《欧洲现存主要地区和国家的历史导论》(EZDH, Einleitung zu Historie der vornehm stern Reiche und S taaten soitziger Zeit in Europa sich bef inden),综合分析了欧洲的利益和权力。在斯德哥尔摩期间,他还撰写了两部当前瑞典史的作品。1687年,他出版了论

---

① [德]格尔德·克莱因海尔等:《九百年来德意志及欧洲法学家》,许兰译,343页。

国家和教会关系的理论著作《相关于公民生活之宗教的自然本性》（DHR, *De habitu religionis christianae ad vitamcivilem*），回应 1685 年南特敕令（Edict of Nantes）的废止，题献给欧洲新教徒领导人、不莱登伯格-普鲁士（Bran2denburg-Prussia）的大选帝侯弗里德里希·威廉（Fredirick William）一世。

1688 年，普芬道夫迁至柏林，开始其宫廷历史学家、私人咨议员和司法咨议员的生涯。先是为弗里德里希·威廉一世，后是为他的儿子普鲁士的弗里德里希·威廉三世（1688—1713）。1689 年，他开始为其两位新雇主作史。在给弗里德里希三世的史记中含有对英国光荣革命的评论，在《立约之法，或曰，新教徒的共识或异识》（JFD, *Jus feciale divinum sive de consensus et dissensu protestanium exercitatio posthum*）中阐述了他对新教欧洲的观点。1694 年，他游历了瑞典，出版了《查尔斯十世史》，并从查尔斯十一世那里接受了男爵爵位。1694 年 10 月 26 日，普芬道夫卒于返回德国的航海回程中。①

二、普芬道夫的主要自然法著述

普芬道夫的自然法著作主要有三本，即《普遍法学的要素（两卷）》、《自然法和国家法（八卷）》和《人和公民的自然法义务（两卷）》。

（一）《普遍法学的要素》简介

《普遍法学的要素》成书于狱中，是普芬道夫关于自然法的第一部著作。该书采用的是理性主义写作方法。此时的普芬道夫坚信，几何学的公理演绎法是论述自然法的最好方式。普芬道夫在开篇前言中即指出，一个理论体系应当由以下三部分组成：概念界定、基本原理、从原理推出的系列命题。因此，该书分为三个部分。第一部分是概念分析。普芬道夫对自然法领域的 21 个概念进行了界定，以此作为探讨后面基本原理的基石。这些概念主要包括：人类行为、人性、人的状态、道德理性、道德事物、主权当局、权利、价值、人类行为的原则、义务、法律、善行等。第二部分是公理设定，主要有两条。第一条公理是：任何能够受道德规范指引的行为都应当受理性的控制；第二条公理是：任何人都可以自主地享用属于他的东西。第三部分是推论，主要有五个。第一个推论是：就人的知性所能理解的事物，人都可以做出正确的决断；第二个推论是：人可以从内在的原则出发决定采取或不采取某一行为；第三个推论是：人天生就注定要与他人过社会生活；第四个推论是：理性指引人们要以不扰乱社会的方式关爱自身；第五个推论是：仅靠自然法还不能直接满足人类社会生活维续的需要，还需要主权者在特定社会制定法律。两条公理和五个推论都涉及道德和政治生活的本质问题。

---

① ［德］格尔德·克莱因海尔等：《九百年来德意志及欧洲法学家》，许兰译，343 页。

普芬道夫之所以写作此书是因为他觉得要摆脱宗教神学和亚里士多德主义,就必须要创造一种新的自然法理论。一方面他要应对怀疑主义;另一方面又要挑战宗教的不宽容。他认为,如果缺乏为新出现的国家提供合法性并对其政治权力予以证成的客观性政治、法律理论,政治共同体将不可避免地陷入信条纷争和权力角斗。这会导致混乱和动荡不安,从而与国家制度出现时的承诺背道而驰。普芬道夫的计划就是要避免这种情形出现。

《普遍法学的要素》的出版,标志着普芬道夫理性主义自然法的诞生。尽管后来普芬道夫的方法和观点都发生了很大变化,但是该书的方法和结论并没有被完全否定。要研究普芬道夫的自然法思想,该书仍然是最基本的阅读材料。

(二)《自然法和国家法》简介

《自然法和国家法》则是普芬道夫阐述自己自然法思想的最为全面的著作。该书是普芬道夫对其前期自然法思想进行修正的产物。《普遍法学的要素》的出版为普芬道夫带来了很大声誉,但也引来了很多批评。事实证明,《普遍法学的要素》的纯理性主义演绎风格并不能够为自然法的基本原则奠定坚实的基础。建立在抽象理性基础之上的原则只能说服那些已经抛弃了经院神学方法、亚里士多德方法和历史方法转而相信理性方法至上性的人。普芬道夫虚心采纳了针对《普遍法学的要素》的批评意见,开始构建一种新的方法。于是在《自然法和国家法》中,他采取了理性方法和历史方法相互结合的方式进行写作,让理性观点和古代、当代权威就道德和政治事务展开对话。在经过恰当的处理后,古代和当代的权威文本被用来当做实例,补充、加强或者揭示理性的要求;同时,也用理性来暴露、纠正权威文本中的谬误、矛盾和混淆。

《自然法和国家法》既包括普芬道夫对自己的现代自然法理论所进行的辩护,也包括对人类从自然状态向现代国家过渡的逻辑所进行的探讨。普芬道夫认为,自然法是上帝施加给人类的,而不是人的内在本性所具有的。普芬道夫通篇都在努力揭示人类经济、社会、法律发展进程中政治联合体的逻辑。因此,他花大篇幅讨论了家庭的起源、私人所有权的兴起、社会经济权力的本质、主权的本质特征,等等。

该书共8卷74章。第一卷共9章,主要是基本概念界定。探讨了道德实体、人类知性、人类意志、道德规范、道德行为等基本自然法概念。第二卷共6章,主要是自然法一般问题概述。探讨了法律对于社会生活的重要性、人的自然状态、一般性自然法。第三卷共9章,主要探讨了自然法的交往正义问题,比如禁止致他人损害、自然平等、诚信、信守承诺等。第四卷共13章,主要探讨了对物权问题。第五卷共13章,主要探讨了契约问题。第六卷共3章,主要探讨了婚姻、家庭问题。第七卷共9章,主要探讨了国家问题,比如国家出现的原因、国家的内在结构、主权的产生问题、主权形成的当事方问题、政体问题、主权的特征问题、主权的惩罚权问题、主权的义务问题。第八卷共 12 章,主要探讨了国家与公民的关系问题,比如主权者对公民的行为自由、财产和人身、精神自由所可以行使的权利。同时还探讨了战争问题、合约问题等问题。

(三)《人和公民的自然法义务》简介

《人和公民的自然法义务》是普芬道夫主要作品《自然法和国家法》的简略本,出版于 1673 年。他是要借该书"向初学者阐明自然法的基本问题"。因而该书既没有对其结论展开论证,也没有对敌对观点进行不绝于缕、动人心魄的回应,也没有对自然法的古典、基督教、罗马法和现代来源进行详细引证。要领略全景必须转向大部头著作《自然法和国家法》。本书的确是名副其实的概要:简洁而又全面地概括了他的整个政治和道德哲学。此外,对未经删节的版本来说,缜密精细的阐述常常会掩蔽其中心观点,而此书清晰、简洁的陈述使得它既可以独立于未经删节的版本,也可以成为其有用的指南。这一简本的理论精确度令人折服,许多学者宁可以它为基础进行演讲、评注和辩论,而不用《自然法和国家法》。

正如书名所示,普芬道夫在本书中构建了一个完整的自然义务体系。普芬道夫认为自然法本质上就是教导一个人如何使自己成为一个有用的社会成员的律令。因此,自然法的主要内容就是些义务规范,这些义务是社会生活延续、维持共同体和平与秩序所必需的。所以教育的目的应该是阐释"和国家的正义目的以及习俗相一致的道德学说,(保证)公民的心灵自小就淫浸其中",并"避免(传授)会扰乱社会的教条"。他出版本书就是为了"用一种很明显对社会生活有巨大作用的道德学说熏陶他们(学生)的心灵"。

《人和公民的自然法义务》共两卷 35 章。第一卷分 17 章,主要讲抽象的人与人之间的义务关系。普芬道夫认为,社会性是自然法赖以存在的根基。因此,所有必然和通常会有助于社会性的事项都是自然法所允许的,所有破坏和违反社会性的事项都是自然法所禁止的。这是自然法最基本的法则,其余的律令都可以归入这一基本法则。从社会性分化出来的义务主要有三类:第一类是人对上帝的义务;第二类是人对自己的义务;第三类是人对其他人的义务。第二卷共 18 章,主要讲共同体中的义务关系。人不只是抽象的存在,他必然要结成共同体、在共同体中共同生活。要使共同体正常存续,人就必然要承担特定得义务。依共同体性质的不同,共同体义务可以分为两类:非政治服从义务、政治义务。非政治性义务在前政治社会状态中就已存在,主要包括夫妇义务、亲子义务和主奴义务。政治义务存在于政治共同体特别是国家之中,主要包括主权者和臣民间的义务关系。

第二节 自然法作为秩序的支配者

普芬道夫认为,自然法是人类公共生活的最高支配者。世界根据上帝的意志被创造为一个道德世界,在这个世界中存在者特定的自然或道德法则。受法则支配是人的命运所在。

一、世界是道德的存在

自然法理论的头号敌人是道德怀疑论,他们认为,人是一种最关注自己的自我保存的动物,不会太严肃地对待任何道德信念;只要有利,违反道德和习俗就是正当的。

类比自然科学存在着支配物质世界的自然规律,普芬道夫认为也存在着一个支配人的道德律。在普芬道夫看来,存在着两种实体,一种是自然实体(natural entities),即自然律;另一种是道德实体(moral entities),即道德律。就每一种被造实体而言,它们的本质(essences)是不同的。造物主使得它们各有特性、各有存在原则。传统研究存在重自然律、轻道德律的现象。"事实表明,那些从事第一哲学研究的人,包括那些在自然实体研究领域成就非凡之人,并没有给予道德实体应有的重视。"普芬道夫所要做的,就是探寻道德律。

和自然律在上帝创世时就已存在一样,道德律也是创造的,因此也是先验的。正因为这种先验性,道德科学才可以成为完全的科学理论,即一种先天的、演绎性的科学。借着理性演绎方法,道德科学能够使我们获得类似于几何学的确定知识。

在肯定自然法是上帝施加的道德律之外,普芬道夫还为自然法寻找了新的基础,那就是人性。人的认识能力、决断能力使得人类行为具有了自觉性、反思性、自决性。正是这三个特性使得人类具有了道德性,对它的道德评价从而成为可能。纯外力作用下引起的动作、自然本能支配下的动作都不具有此种道德性。如果说是拥有理智和意志能力的人类心灵成就了人性的高贵的话,那么正是自觉性、反思性和自决性铸就了人类行为的德性。人类行为的道德性表明,人是一种道德动物,人的行为应当与普遍戒律相符合,人不可离开法则而生活。

概言之,普芬道夫自然法概念的世界观前提有如下3个:(1)世界是由神创造的。(2)被造的世界分为自然物质世界(物理世界)和道德世界,两个世界各有不同的支配规则。物质是物理世界的存在者,支配它们的是自然物理规律。道德主体(人,包括自然人和国家)是道德世界的存在者,支配他们的是道德律(道德实体)。(3)人作为道德主体,拥有自由意志和理性,受道德实体即道德律支配是人的命运所在。

二、自然法作为施加性戒律

(一)法律是权威者的命令

法律有如下几个要素:(1)权威者是法律的第一个要素。不同于以力生权的霍布斯式权威观,普芬道夫认为,只有"理"与"力"都拥有的主体才是真正意义上的权威者。"理"可以服人心,正当化权威者的统治。理也就成了权威的道德要素。"力"可以压人的行为,物质化权威者的统治。力也就成了权威的物质要素。二者缺一不可。(2)法律的第二个要素是命令。命令不是建议性的,而是强制性的。不管被命令者的意志如何,他都必须要按照命令行事,为或不为某种行为。正是命令的这种特质成就了法律。"所以,法律之所以被遵守,主要在于颁布者的意志而非其内容。"①(3)法律的第三个要素是惩罚。没有惩罚作为后盾,法律只能是建议。在这三个要素的基础上,普芬道夫给出了自己的法律定义:"法律是一种律令,权威者借助它迫使臣民的行为与他自己的命令相符合。"②

(二)自然法的要素与特征

法律的存在必然意味着一个权威者的存在,就自然法而言,这个权威者就是上帝。"尽管这些律令有明显的益处,但只有满足了以下先决条件它们才具有法律的效力:上帝是存在的并用他的律令统治万物;并且他已命令人类将理性的命令——这些命令都是他接天赋悟性亲自颁布的——视为法律。"③上帝是基于创世者的身份而获得这一权威的。这就表明,自然法是一种神圣的施加物(divine imposition)。自然法与上帝是关联在一起的,它是上帝施加的权利和义务的集合体。

施加论只解决了形式问题即自然法的来源问题。如果到此止步,不仅自然法实体内容无法确定,还会面临怀疑论的指责。这样一来,普芬道夫寻求新道德的目标就会落空。普芬道夫的解决办法是把上帝的意志定型。上帝为何要颁布自然法这一法律?是因为上帝希望人利用自己独有的能力来保全自己,并且,上帝希望人的生活不同于无法律的生活。如果人不遵守自然法,便无法达到上述两个目标。所以,作为手段,上帝使人有义务服从自然法。自然法对人的自我保存的关键意义是由它的社会性决定的。就其本质而言,自然法是一种社会性的法律。"这种社会性法律——教导一个人如何使自己成为人类社会一个有用成员的法律——就

---

① S. Pufendorf, *The Political Writings of Samuel Pufendorf*, edi. C. L. Carr, tran. M. J. Seidler, Oxford University Press,1994, p. 119.
② [德]普芬道夫:《人和公民的自然法义务》,鞠成伟译,55页,北京,商务印书馆,2009。
③ 同上书,61页。

是自然法。"①

同市民法、神法相比,自然法具有以下六个特征。② 第一,自然法所涉及的是"那些使他适合于和别人过社会生活"的一系列对任何人都适用的普遍义务;市民法则是特定国家的法律义务;道德神学是特定宗教(比如基督教)的义务。第二,自然法具有正当性是因为经理性证明,它们"对人与人之间社会性的(养成)极其重要";市民法出自主权者的意志;神法则来源于上帝的意志。普芬道夫的原创性观点是:"社会性……是自然法的基石"。第三,自然法的发现靠的是自主的人类理性,而神法的发现靠的则是启示。第四,自然法的目标是在人类法庭中引导人"成为一个有益于社会的人"——自然法"以人要与他人共度社会生活为前提塑造人";而神圣法庭之中的神法则以塑造在另一个世界得救的人为目标。第五,自然法管辖的伦理性对象大多仅仅是"人的外在行为";而神法还支配人的内在思想、意图和欲望。第六,自然法是以堕落的人性为前提的:败坏、倾向于自爱、"恶欲横生";而道德神学则必须既要面对败坏的人性,也要面对未败坏的人性。

三、社会性作为自然法的核心原则

在普芬道夫看来,作为一种施加性戒律,自然法的真正基础是社会性。社会性构成了自然法的基础或渊源。它是整个自然法体系推理的基点。换言之,所有的自然法戒律都是从社会性推导出来的,都要符合社会性的要求。

(一) 社会性作为人性的应然

在普芬道夫笔下,自然状态中的人性有以下四个要素:高贵、邪恶、多欲、脆弱。人比任何动物都要脆弱,离开他人帮助便无法生存下去。③正是人性的脆弱成了人类联合最自然的刺激性因素:正因为人需要他人帮助,人类互利的能力便得到了发展。但是,脆弱性不直接等于社会性,它只是社会性养成的一个必要条件。从它到社会性还需要加入另一个因素,那就是作为人的第一欲望的自我保存欲望。"和所有具有自我意识的生物一样,人最为珍视自己,并想尽一切办法保存自己,努力获取对自己有用的东西,躲避对自己有害的东西。这一激情是如此强烈,以至于其他所有激情都得让位给它。"④脆弱这一人性要件加上自保这一欲望,才可

---

① [德]普芬道夫:《人和公民的自然法义务》,鞠成伟译,55 页,北京,商务印书馆,2009,61 页。
② 同上书,16~17 页。
③ S. Pufendorf, *De Jure Naturae Et gentium Libri Octo* (*On the Law of Nature and Nations in Eight Books*), trans. C. H. Oldfather & W. A. Oldfather, Oxford University Press, 1934, p. 152.
④ [德]普芬道夫:《人和公民的自然法义务》,鞠成伟译,59 页。

以得出社会性。但是，事情并非如此简单。养成社会性并非人的唯一选择。自保这一欲望与人的邪恶性结合起来，会产生人与人之间的彼此侵害。加上错误的判断、邪恶的倾向或是恐惧害怕，人的超凡能力可能会变成巨大的破坏性力量。所以，才需要法律制止或者至少是限制这种破坏性力量的释放。这时自然法就需要出场了。自然法是在人与人之间维持和平的法律。它规定，只要有可能，人在与他人相处时必须要培养和保存社会性。据此而论，不是人天生就是社会性的，而是人性条件使得社会性成为一种道德戒命。

社会性并非人的天性，那么，人为何又应当要具有社会性？答案是，为了人的自身利益。社会性是人必须要努力达到的理想性目标，而非人天生具有的自然性情。应然的社会性是谁施加给人类的呢？首先，是作为造物主的上帝。"因此，上帝希望人利用人独有的能力——人之所以被认为优于动物的那种能力——来保存自己；他也希望人的生活不同于无法律的生活。正因为人不遵守自然法便无法达到这一目标，所以，作为手段，上帝使人有义务服从自然法。这是上帝为了达到目的而自己明示的，不是基于人的意志，也不是人可以因自己的好恶而改变的。"①其次，社会性是人的理性认识到的应然。"自然已经把理性确立为人类行为的最终引导者。"②正是理性，指引人要确立社会性。

与古代目的论的社会性概念相比，普芬道夫的社会性是选择的社会性、理性的社会性，而非自然的、禀赋的社会性。它是人性的一种应然而非实然。正是在这一点上，才有了自然法与自然规律的根本性区别。

（二）社会性的核心是理性和道德禀性对激情的抑制

普芬道夫既看到了人性的软弱，又看到了人性的邪恶。邪恶性会将人引入毁灭。控制人的激情，进而抑制人的邪恶性的希望在于理性。人是不同于动物的。动物只受感觉力量和欲望的支配，而人的主人则是理性。③ 理性可以使人摆脱感性和激情的支配，帮助人自由地认识一般的生活法则，即自然法。④

控制人的激情，希望还在于人的道德禀性。普芬道夫独特的贡献在于，在理性之外，他还提到了人的道德禀性。与霍布斯的动物性想象不同，普芬道夫笔下的人，具有更多的道德洞察力。人、畜之别是普芬道夫一贯强调的。在理性之外，人还具有特殊的道德禀赋。正是这一道德禀赋使得人具有了不同于动物的道德认识能力。这一禀赋可以帮助人认识关于社会行为的一整套原则。

为了寻求确定性，还有必要对道德性和理性在认识过程中的作用做

---

① [德]普芬道夫：《人和公民的自然法义务》，鞠成伟译，62页。
② S. Pufendorf, *De Jure Naturae Et gentium Libri Octo*(*On the Law of Nature and Nations in Eight Books*), p.173.
③ Ibid., p.172.
④ Ibid..

一个高下区分。通过"理性的真正利益"这一概念,普芬道夫完成了理性占据主导地位的折中方案。普芬道夫区分了真正利益与个体认识到的感性利益。在普芬道夫看来,真正利益是由理性发现的。理性不仅考虑眼前的事,它还权衡确定眼前事情可能带来的后果。正是理性可以使人:认识事物的结局、上升和发展,把原因和结果关联起来;比较行为和事件的相似性后果;从现在预测将来;从而,可以概观自己的一生,储备有益于自己生命的所有必需品。① 正是这种理性能力可以帮助人们认识到,与自然法相一致的行为具有双重优点,它不仅是诚实的,即有助于保存并可以提升荣誉,给人带来好的信誉;它还是有用的,即可以增进人的利益,对人追求幸福有很大的助益。②

(三) 社会性的三个层次

在普芬道夫这里,社会性主要有三个层次的含义。

首先,社会性是一种友爱、和平的态度。格劳秀斯认为,社会性的本质在于人有倾向过社会生活的本能。对此,普分道夫并不赞同。在他看来,过社会生活的本能并不意味着社会性。"我们这里说的社会性态度(sociable attitude),不是指人所拥有组成特定社会形态的倾向。为了达成邪恶的目的、以邪恶的方式也可以组成社会,劫匪就是一这种方式结伙的,似乎任何邪恶的目的都足以把他们凝聚起来。"③社会性本质上是一种与他人相处的和平性态度。"我们所称的社会性态度,指的是一种人与人彼此相处的态度;受其约束,人应以善意、和平、友爱的态度对待他人,并互负义务。"④社会性态度的养成,便是社会化的过程。"每个人都应当尽己所能地培养(并终生促进)社会性态度。"⑤

社会性的第二个层次是社会互助与合作。理性告诉人们,自爱与自保离不开他人。但若要实现真正的自保,仅靠社会性态度是不够的,还需要社会互助。社会互助并不只是指狭义上的人与人之间互相提供帮助,在一种社会化状态中,它主要是指通过社会分工的社会互助。社会分工的实质就在于,人既要考虑与自己发生纠葛的他人,也要考虑与自己毫无关系的他人。⑥ 社会中有统治者,有被统治者;有军人,有商人,有手工业者,有农民。这些都是社会分工的要求,各类人各司其职、各尽其能就构成了社会互助的高级形态。

社会性的第三个层次是社会奉献。社会性态度和社会互助都与利益相关。但我们不能因此得出结论说:人们只是出于利益的缘故才进入社

---

① S. Pufendorf, *De Jure Naturae Et gentium Libri Octo* (*On the Law of Nature and Nations in Eight Books*), p. 238.
② Ibid., p. 195.
③ Ibid., p. 208.
④ Ibid..
⑤ Ibid..
⑥ Ibid., pp. 211-212.

会。对此,普芬道夫的回答是,人进入社会可能是出于精神上的需要。这就出现了社会性的第三个层次:社会奉献。普芬道夫指出,尽管上帝凭借其智慧,使得对自然法的遵守几乎总与某些特殊的利益相关,同样,社会性也总与人的至高利益相连,但是,却不可把社会性归于利益,而应归于人性①。人不但有物质性需求,还有精神需求。社会归属感、团体优越感都是人特有的精神感受。这种对共同体之热爱使得人可以为共同体而做出无畏的奉献,这便是社会奉献。

四、对自然法的认识

(一)对自然法的科学认识

普芬道夫认为,我们可以获得真正的关于自然法的证明性知识。自然法关注的不是人类行为的规律,而是人际交往(包括互助和侵害)行为的调整。行为规律不可寻或不存在,并不影响对行为的调整和规范。只要人有推理能力,就可以确立起自然法学科体系。在普芬道夫看来,就一个科学性学科而言,有两种恰当的结构形式可以采用。第一种结构是数学式的。这种结构采用的是从少数几个原则推导出大量结论的方式。这是一种演绎模式。第二种是自然科学式。这种结构采用的是通过大量观察和实验概括出大量结论的方式。这是一种归纳模式。

关于在自然法研究中采行第二种方式的问题,普芬道夫指出,如此一来,首先需要考察所有国家有关正义的规定,然后再把所有国家都共同采用的原则作为自然法的原则。在普芬道夫看来,格劳秀斯采用的这种"后天证明方法"即归纳方法并不能够使自然法研究成为真正的证明性知识体系,理由如下:(1)普芬道夫同意霍布斯的批评,认为不能通过诉诸全人类的同意或最智慧最文明诸国家之同意的方式证明自然法。(2)归纳方法有着如下认识论上不可克服的困难。第一,人的认识能力有限。第二,误认是不可避免的。所以,从归纳法得出的结论不可以作为自然法研究推理的前提,更不可以作为最基础的假定。所以,普芬道夫得出结论,对自然法体系的研究只能通过数学科学应用的方法。这种方法才是研究自然法的正确方法。

(二)对自然法的道德体认

前面我们讨论了研究自然法的科学方法。但是,实际上,就自然法在社会中的实施而言,这些科学原则所发挥的作用实在有限。因为在普芬道夫看来,只有少数拥有超凡智力的人才能够通过独立的反思认识自然法的具体戒律,"大多数人都不知道自然法戒律是如何得到证明的"②。

---

① S. Pufendorf, *De Jure Naturae Et gentium Libri Octo* (*On the Law of Nature and Nations in Eight Books*), p. 214.

② Ibid., p. 204.

对普通大众而言,重要的道德体认。正是普通大众的这种体认,才使得有秩序的社会生活成为可能。

在这一问题上,普芬道夫所要反对的是当时流行的自然道德情感论。在那个高度弘扬人的尊严的启蒙时代,大多数学者都认同这一观点,认为人可以自然而然地意识到核心的道德原则。对此,普芬道夫并不赞同。一方面,他认为,人并不具有任何内在的道德良心;另一方面,他认为,只要人能够运用自己的自然理智能力,他们就可以发现自然法的核心戒律。

需要特别注意的是,普芬道夫虽然主张正常的成年人都具有发现自然法核心原则的能力,但他并不认为普通人就因此具有批评通行法律和习俗的权利。一般人对法律毫无根据的指摘是"影响人类社会的最大的瘟疫"[1]。只有少数受过良好教育者能参与对法则的科学探讨,未受教育者只能服从,除此之外别无选择。普芬道夫指出,一般人在道德问题上根本不用自己的理性,而是倾向于盲目接受流行的观点。在涉及自然法时,情形亦同。即便流行的习俗与自然法不符,也很少会有人去质疑。普芬道夫认为,对流行习惯的既存教导不仅使人倾向于不加批判地接受流行习惯,它还容易误导人们产生错误的道德观,认为核心道德原则是内在于人心的。人们往往记不起自己的道德观念是何时形成的,于是便很容易误以为这些观念自始就存在。

五、自然法实施的动力

促使人主动服从自然法的动力因素主要有以下四个。促进自然法实施的制度因素,将在下节讨论。

(一) 习惯行为

普芬道夫指出,自孩提时期以来,人们受习惯的影响是如此之深,以至于很少有人会反思事情或许还有其他种存在样态。大多数人都是通过这种日常重复的方式认识自然法的。

普芬道夫区分了行为重复所形成的纯粹倾向(mere inclination)和真正的习惯(true habitus)。真正的习惯是纯粹倾向和有意识的欲望的复合物。从普芬道夫的这一区分出发,我们可以对习惯在自然法服从中的地位做如下解释:由于日常性重复,人们已经习惯于遵守自然法则,而不需要刻意的动机,除非某些欲望诱使他们违犯自然法。我们因此可以说,他们是出于习惯服从自然法,但受欲望干扰时则例外。

(二) 对安全的追求

遵守社会性自然法从长远来看对个体的安全是有利的。服从自然法在很大程度上可以避免他人的敌视和侵犯,并可换取他人的善意和帮助。

---

[1] S. Pufendorf, *De Jure Naturae Et gentium Libri Octo* (*On the Law of Nature and Nations in Eight Books*), p. 896.

与此相反,违法自然法则会丧失他人的帮助,并使自己沦为他人攻击的对象。所以,普芬道夫认为,对一个真正理性的人而言,充分考虑他人对自己行为可能有的反应,实在是遵守自然法的一个有力推动器。

(三) 对认可的追求

对绝大多数人而言,对安全的追求只是一个很弱的遵守自然法的动机。在此之外,普芬道夫还提到了另外一个动机:渴望得到他人认可和尊重。

在普芬道夫看来,人不仅希望得到他人的接受,还希望使自己杰出并得到他人赞誉。"如果发现自己拥有某些可能得到他人赞誉的东西,人就会感到无比的高兴。"①人的羞愧感是"德行的保障"和"约束恶行的马勒子",有益于社会秩序的建构。一个完全不在意别人如何看待自己的人,就缺失了大部分的控制自己邪恶行为的内在约束,随时都可能犯下任何罪行。

(四) 对上帝的敬畏

推动自然法实施的最大动力在于对惩罚的恐惧。普芬道夫进一步指出,仅有政治统治者的惩罚还是不够的,和平的社会生活还需要对上帝的信仰,相信上帝会惩罚违犯自然法的人。普芬道夫指出,各种不同的宗教信仰观念是维系社会和平秩序所必需的。从根本上讲,人类已经堕落。单靠社会制度无法维系社会和平,单靠法律无法纠察所有违法。"如果没有了信仰,国家的内在团结也将会一直得不到保障。"②综而言之,尽管上帝的惩罚对人的行为产生的影响不如政治权威的惩罚强烈,它们还是维系人与人之间的最低信任所必需的。

第三节 国家作为永久和平的护卫者

一、理性王国的契约建构

(一) 安全与稳定:国家建立的动因

在普芬道夫之前,关于国家形成的哲学理论主要有两种。(1)一种是亚里士多德主义的目的论,认为人天生就具有社会性,结成社会而生活是人性使然。(2)一种是霍布斯主义的利益论,认为人们组成国家并非天性使然,而是利益的需要。对于这两种理论,普芬道夫都不赞成。他首先要做的就是对这两种理论进行批驳。在普芬道夫看来,国家是人的意志选择的结果。人的意志选择受两重因素的影响,一是做出选择时的既存条

---

① S. Pufendorf, *De Jure Naturae Et gentium Libri Octo* (*On the Law of Nature and Nations in Eight Books*), p. 168.
② [德]普芬道夫:《人和公民的自然法义务》,鞠成伟译,68 页。

件;二是主体的目的欲求。与此相对应,普芬道夫认为应当从两个层面来探讨建立国家的原因:

第一个层面是人性层面,国家建立与人的社会性有关。这是人选择的既存条件。普芬道夫认为,人的社会性品性有利于国家的建立。但是,从社会性品性并不能直接导出人必然要建立国家。因为这些社会性已经使得人的基本社会需求可以得到满足。所以,普芬道夫言道:"他的自然欲求通过最原始的社会组织形式和基于人性及协议而生的义务就应该可以得到满足了。"①

第二个层面是功利方面,国家建立与其给人带来的好处有关。这是人的主观欲求。欲透彻了解究竟是何种功利考虑促使人建立国家,就必须进行对比考察。普芬道夫认为,通过对比考察前政治社会(特别是自然状态)和政治社会,就可以发现政治社会或国家建立的真正动因。② 第一个对比是政治社会建立前后人的变化。从自然自由的个体到绝对服从于权威的公民,这是一个根本性转变。我们要追问的是:什么目的可以使人花费如此大的代价去追求?答案只能是国家可以提供更可靠的安全保障。因为只有生命安全比自由更宝贵。第二个对比是国家建立前后安全形势的变化。自然状态和国家的不同是:在前者,个人靠自己的力量保护自己,在后者,则是依靠全体的力量;在前者,个人的劳动成果无法得到有效的保护,在后者,所有人的劳动成果都可以得到保护;前者受激情的统治,充满了战争、恐惧、贫穷、粗俗、孤独、残暴、无知、野蛮,后者受理性的统治,充满了和平、安全、富裕、高尚、合作、温和、开化、仁慈。③ 所以,普芬道夫认为,通过国家建立前后场景的对比可以推出建立国家是为了摆脱战争状态,提供安全。人们建立国家的真正动因是"建立屏障,对抗人给人带来的灾祸"④。

(二)双重契约一项法令:国家的形成

历史上的王朝和帝国多是以武力征服为后盾组建起来的。在这种政治组织形式下,有"屈服",而无"联合"。所以,从严格意义上讲,王朝或帝国这些传统类型的政治体并非政治共同体,它们不是全体成员的联合体,而是"征服——屈从"的妥协体。普芬道夫的政治体建构方案则试图超越统治者和被统治者之间这种根深蒂固的两极对立。传统的政治是只有统治者和被统治者,普芬道夫则在其中加入了"国家"这一共同体概念,并把"国家"这一共同体凌驾于统治者和被统治者之上。不管是统治者还是被统治者,都是国家的组成部分。国家是共同体内所有人的联合。国家构造的关键在于联合,所有人的有效联合才能构成国家。"只有当人们结成

---

① [德]普芬道夫:《人和公民的自然法义务》,鞠成伟译,146 页。
② S. Pufendorf, *De Jure Naturae Et gentium Libri Octo* (*On the Law of Nature and Nations in Eight Books*), p.949.
③ [德]普芬道夫:《人和公民的自然法义务》,鞠成伟译,133 页。
④ 同上书,147 页。

意志和力量联合体的时候,众多的个人才变成了一个比其他任何个体都强大的共同体——国家。"①

问题在于,众人有效的联合如何实现?答案是契约。只有有效的契约才能把原本自由和平等的众人联合起来,组成命运共同体。具体而言,国家的构造是由两重契约和一项法令来完成的;②

第一步,众人达成联合协议,即社会契约。协议当事方是所有具有政治决断资格的人(在普芬道夫这里就是众男性家长)。在不安全的自然状态中,各自具有独立意志和判断力的众男性家长全体一致地达成协议:组成一个单一而永恒的联合体,共同商讨、共同领导来组织安全防卫。这是第一重契约,它构建了一个联合体或联盟。

第二步,颁布政府该如何组织的法令。共同体形成之后,首要任务就是要组织政府。只有政府组织起来了,共同防御才有实现之可能。"在这一事项确定之前,将无法有效地采取措施确保公共安全。"③

第三步,统治者和公民达成一个双务契约,即政治契约:"任命一个人或一个团体,将初创国家之政府托付给他(他们)。"④这是一个授权性契约,当事方是公民和统治者。这一契约是一个双务契约,包含着对待给付义务:个体性的公民同意服从统治者,因此就负有政治义务;而统治者同意"管理国家"。此外,统治者还要依据前述政府组织法令行使最高权力,并只以公共安全为目的。这一契约生效之时,就是国家诞生之时。

由此可见,普芬道夫的国家构造是以契约作为核心的。尚有疑问的是,对于建国而言,社会契约为何会成为唯一手段?普芬道夫的回应是:第一,社会契约是实现社会成员之间和平、合作的唯一人为手段,暴力不会产生真正的和平。第二,社会契约是实现政治权威的唯一人为手段,暴力不产生任何权利。

两重契约建国论虽然特色鲜明,但并非普芬道夫建国理论最大的特点。普芬道夫建国论的最独特之处在于他对建国最高法令(即前述建国第二步骤)的强调。普芬道夫高度重视最高法令,并且借此清晰阐释了宪政的核心要义。只可惜,后来的学者几乎都把注意力转向了他的两重契约理论,而把这一点忽视了。

二、绝对主权与正常国家

(一)主权的绝对性

在普芬道夫这里,绝对主权替代神的权威成了法则的宣喻者和秩序

---

① [德]普芬道夫:《人和公民的自然法义务》,鞠成伟译,150 页。
② 同上书,149 页。
③ 同上书,150 页。
④ 同上。

第十六章　普芬道夫的自然法思想

的守护者。上帝规定自然法并保证人的行为符合自然法戒律。但是，这种保证是通过不可见的、超自然的、来世的方式实现的。绝对主权诞生后，自然法这一道德法则的实现才有了现世的有力保障。政治主权是普芬道夫沟通"自然"和"超自然"的一个工具。主权塑造的实质是在为道德法则或社会规范寻找根基。概言之，它具有以下属性：(1)主权设立契约具有排他性。建国契约一旦订立，主权授予一旦完成，公民即不可再订立政治契约。(2)主权是国家的一种自然权利。(3)主权具有至高无上性。(4)主权具有不可问责性，不接受任何来自自身之外的评判。(5)主权不受人定法的约束。(6)为谋求实现安全与秩序，主权者拥有决断权。"正如政治主权是为了终结自然状态中的无尽苦难、保全人类而设一样，让主权神圣而不可侵犯同样符合人类的最大利益。"①

普芬道夫认为，主权必须是绝对的，这只是就纯粹的理论而言，就实际的政治实践而言，是否让主权绝对，则完全取决于某特定政治共同体内的人民。"所以，是赋予国王绝对主权还是赋予他受特定法律支配的主权，完全取决于自由民族的决断。"②所以，普芬道夫也为对最高权威的宪法性限制留下了空间。

（二）塑造法理共同体

主权绝对并非普芬道夫主权理论的全部。普芬道夫并非只关注秩序，他还关注秩序的道德意涵。这一道德意涵就是公民在秩序中的主体性地位。公民不再是旧秩序中的被统治客体，而是变成共同体的缔造者。这就涉及普芬道夫对权力与自由张力的调和。他试图克服统治者和被统治者的二元论，实现一元化。

近代以来的秩序哲学则试图弥合统治者和被统治者的二元对立。通过把主权视作为一个政治体总体上的权力和对国家共同体性质的强调，博丹迈出了整合统治者和被统治者二元论的第一步。霍布斯则继续沿着博丹的道路前进，以"国家—公民"的区分取代了"君主—臣民"的区分；以"个体的自然权利—主权"，取代了"共同体权利—君主权"的区分。普芬道夫则第一次全面完成了超越二元论，塑造共同体的工作。通过两重契约一项法令建构起来的国家是一个法理共同体。

法理共同体的建构经历了以下过程：首先，通过理性抽象，将不同种族、地域、性别、年龄、职业、地位、血统的还原成抽象的"人"。这一超越性的人是公民出现的必要条件，没有这个"人"就不会有公民。其次，通过自然状态和自然权利的描述，描绘出"人"的本性条件作为准备性要件。这些条件是其后一系列法权安排的依据和基础。最后，通过契约建国将国家的民主实质固定下来，并通过一系列法权安排予以制度化。

---

① S. Pufendorf, *De Jure Naturae Et gentium Libri Octo* (*On the Law of Nature and Nations in Eight Books*), p. 1103.

② S. Pufendorf, *The Political Writings of Samuel Pufendorf*, p. 234.

323

普芬道夫的努力有效促进了共同体意识的觉醒。只有当掌权者、公民意识到共同体在自己之上存在着的时候,法理共同体才真正形成。如果掌权者和公民都把共同体当私产,那么共同体就会成为王朝,而非法理共同体。在法理共同体中,理性的法律是至高的主宰。这一超越性法律是共同体公共利益的守护者,是所有政治安排(包括政体组织、权利义务分配)的最终依据,也是所有主体行为的最终依据。

(三) 正常国家

在普芬道夫那里,能够实现秩序与和平的"正常国家"主要拥有以下五个要素:(1)主权归属于一个确定的主体。(2)政体与主权归属相对应。(3)统一、中央集权式的中央政府。(4)正确处理国家与国家内各团体的关系,也就是权威要集中于国家。权威弥散的国家就不是正常国家。(5)国家与国家外团体关系的正确处理。

从以上五个要素可以归纳出普芬道夫构建正常国家的三个核心思路:一是要集权化、自由化。国家通过消除封建割据、压服教会、消灭叛乱、打击犯罪等形式实现国家统一、保护公民权利,从而维持国内和平。除此而外,国家垂拱而治,给人充分的自由追逐财富。二是要民族化、去普世化。国家不是普世秩序的代言人,而是公民福利的守护者,其核心使命不过是成为一定地域人民之坚强堡垒。三是要世俗化、去神圣化。国家不是彼岸天国实现过程中的过渡组织、非常状态组织,而是实现大众福利、个体自由的日常组织,"人民的安全是最高的法律"。

三、统治权与政治德性

(一) 主权与治权的分离

普芬道夫国家理论的特色在于提出了主权和治权的划分问题。在普芬道夫这里,主权是绝对的、至高无上的。易言之,主权是一种决断权,核心是塑造秩序。这种决断性的主权存在于日常秩序即法律秩序之上,是法律秩序的确立者。正常秩序状态下持续存在的则是治权。一般而言,国家享有的治权可以分为以下七种:立法权、惩戒权、司法权、组织护卫、组织行政、征税征收征用权、分配名誉。

以上七种权利天然交织在一起,密不可分,都是国家为实现和平和公共福利所必需的。鉴于这些权利的统一性,这些权利都应当置于主权者的控制之下。换言之,这些权利必须集中,"如果其中的任何一个职责在事实上丧失了,那么政府就是有缺陷的,也是不适合实现国家目的的。"[1]与主权不同,统治权并不具有绝对性和决断性。就制度层面而言,治权的行使主要受三种律令的制约。这三种律令分别是:自然法、建国法令、市民法。

(二) 奉公和克制作为权威的核心德性

如果说是安全与和平给了国家权威行使以"国家理由"的话,那么奉

---

[1] [德]普芬道夫:《人和公民的自然法义务》,鞠成伟译,155页。

公和克制就是给国家权威行使戴上的"马勒子"。这是由国家理由赖以立基的公共利益决定的。① 国家统治权威不仅要受法则的限制,还要受德性的制约。而德性又是由国家本身的目的决定的。

统治权威的首要德性是奉公。统治权威必须使自己的一切利益服从于国家的利益。要做到这一点,国家首先要做到"中立",从国内复杂的利益纠葛中超脱出来。这种中立性决定了它不会成为一派社会势力压制另一派社会势力的工具。从此,只以实现正义为目标便成为国家中立的象征。中立是公益的开始。主权在民决定了国家没有自己的私利。只有中立的国家才可能成为公众福利(即和平与繁荣)的追求者。然而,这只是应然或逻辑层面。实际的运作往往不尽如此。为了确保中立目标的实现,普芬道夫开出了专门性官僚阶层治国的药方。这样做的目的,是要把掌权者从封建地产利益、商业贸易利益、宗教教产利益中剥离出来,靠国家薪俸为官僚提供生计,从而确保专门性官僚的中立。

统治权威的第二个德性是克制。主权是绝对的,治权又是垄断暴力的,二者在塑造秩序的同时,也对秩序构成了最大的潜在威胁。所以,统治权威必须要有自我克制的德性。克制的出发点同样是公益:"市民法的管制应当仅以国家利益和公共利益的需要为限。"② 克制的出发点是公益,其界限则是公民的人身保障、行为自由和财产权利。这就要求统治者要长存敬畏之念,心怀国家公益;要长存尊重之心,尊重个体权利。唯其如此,方能不惟暴力、不崇权力,把自己的行为限制在一定范围之内。③

（三）守护国家作为统治权威的义务

普芬道夫认为,为了实现建国目的,统治权威需要承担相应的责任和义务。他对统治权威义务的列举包罗万象,但核心只有一个,那就是要"守护国家",实现"人民安全"。为达到这一目标,统治权威必需要恪守政治德性,把国家利益放在自身利益之上,在国际上实现军事化和平、在国内实现社会化。

第四节 公民作为共同体的缔造者

一、作为新秩序形成者的公民

（一）新秩序与发现公民

正如德怀尔所指出的,公民身份"是范围更广泛的社会变革的产物,

---

① ［德］弗里德里希·迈内克:《马基雅维里主义》,时殷弘译,344～350页,北京,商务印书馆,2008。
② ［德］普芬道夫:《人和公民的自然法义务》,鞠成伟译,165页。
③ 同上书,174页。

代表着对旧有封建社会之秩序的挑战。"①公民概念是普芬道夫国家理论的基石之一。② 在此,有以下三点需要特别予以关注:一是公民发现与国家构建紧密相伴;二是公民发现与政治世俗化彼此相连;三是公民发现与人的发现密不可分。

在普芬道夫的法政哲学中,公民发现与国家构建是一个问题的两个方面,寻找公民的历程与国家构建的进程是密切相关的。普芬道夫虽然接受了国家的重要性,但却不愿意神化国家。宗教战争和基督教政治体的腐朽让普芬道夫对神化的政治彻底失去了信心,转而采取政治世俗化的路径。他把由公民契约设定的公共安全、公益作为国家目的,釜底抽薪,从目的上彻底实现了国家的世俗性。神学论是通过他者的神化,目的论是通过自身的神化,公民的出现就是要破除政治的神话,把政治从天上拉回凡间。由此可知,公民概念其实是政治世俗化的根基,没有公民,国家世俗化便没有根基。

(二) 作为政治动物的公民

在普芬道夫的理论体系中,公民研究是从人学研究开始的。普芬道夫先进行身份剥离,把一个个的属民、臣民从具体而又复杂的生活关系中解脱出来;然后再通过逻辑抽象,把他们变成抽象的类意义上的人;最后,把他们还原为自然状态中的自然人个体。从抽象的人到公民,其过渡则是借助"状态"理论来完成的。"就像物质实体拥有不同的空间——它们在不同的空间中有不同的自然存在形态和运动动力——一样,人也处在某些不同的状态之中,并在其中行动、产生行为后果。"③人有很多种状态,公民状态只是其中的一种。就人际关系而言,重要的是以下三种:个人孤立状态、初级社会状态、政治社会状态。人性的自然条件决定了人必然要摆脱孤立,进入初级社会状态之中。公民则是小型联合体中之人进入国家后产生的新身份。

国家这一政治联合体的诞生并不意味着小型社会联合体的毁灭。这就意味着,公民在具有政治性的同时,其社会性并没有减少。只是,与小型社会联合中的社会性相比,进入国家后公民的社会性有了新要求,要求政治性必须要超越社会性。这种高要求体现在:(1)服从政治权威。(2)考虑、服从社会利益。(3)积极为公共利益服务。(4)寻求、维护社会和平。质言之,政治性在要求臣服的同时,还要求共同体认同、公共服务和献身。政治性的这些要求,实质是要把个体从自然状态中的自利者、社会状态中的交易者,提升到政治共同体中的公益维护者。这是对人的自然性的超越,同时也是对人的社会性的超越。至此,公民变成了政治共同

---

① [英]彼得·德怀尔:《理解社会公民身份》,蒋晓阳译,24页,北京,北京大学出版社,2011。

② 旧的如亚里士多德,是把城邦等共同体作为起点;而新的则是把公民作为起点。

③ S. Pufendorf, *De Jure Naturae Et gentium Libri Octo* (*On the Law of Nature and Nations in Eight Books*), p. 7.

体的元代码。①

问题在于,人在成为公民这种政治动物之后,还是不是一个自然动物?普芬道夫的答案是肯定的。作为一种自然动物而言,保全生命、满足性欲等基本欲望并没有被消灭。所以,在暴政的情况下,公民可以享有反抗权,"人民可以因自卫而反抗君主极端并且不正义的暴力"②。

二、公民的德性与义务

(一)理性与献身作为公民德性的核心

公民德性是实现社会和平的必备前提。作为一种角色相关概念,公民德性是指按照公民标准和角色期待而行为的德性或品性。有公民德性,即是要很好地履行公民角色。普芬道夫重视公民德性,出发点是希望借助公民角色的适当履行实现秩序塑造。

类似于好人与坏人的区分,普芬道夫把公民分为"好公民"和"坏公民"。好公民就是具备公民德性之人,坏公民就是缺乏公民德性之人。真正的政治动物,即好公民,是指下述人士:自愿服从掌权者的命令,竭尽全力为公共利益服务,甘愿把自己的利益放在次要位置;将公共利益作为衡量自己利益的标准;能和其他公民和睦相处。但是,天性如此的人只是少数,大多数人只是迫于惩罚才如此行为。仍有很多人终生都成不了政治动物,只是个坏公民。③ 理性是公民德性的第一要素。④ 好公民是在理性驱动下行为,而坏公民则缺乏理性,而任凭欲望的导引。

理性对欲望的控制构成了共同体和平的基石,但若要进一步巩固这种和平,更重要的是推进社会合作,还需要另一个公民德性——献身。好公民其实是要求人超越自己,献身于政治公共体。

(二)公民的普遍义务和特殊义务

与霍布斯和洛克的自然法理论强调人的自然权利不同,普芬道夫强调的是义务。⑤ 普芬道夫认为,义务(duty, officium)就是"基于责任,人的行为与法律的命令相一致"⑥。

普芬道夫认为,人们要成为有用的国家公民,有三种途径。第一,人们因"畏惧"来自国家权威的"惩罚",被迫服从市民法。第二,家庭和公共权威(所持)的合乎国家目的的学说以及对其他学说的审查制度塑造着公

---

① [德]普芬道夫:《人和公民的自然法义务》,鞠成伟译,146页。
② S. Pufendorf, *De Jure Naturae Et gentium Libri Octo* (*On the Law of Nature and Nations in Eight Books*), p.1111.
③ [德]普芬道夫:《人和公民的自然法义务》,鞠成伟译,147页。
④ 同上书,133页。
⑤ M. Nutkiewicz, "Samuel Pufendorf: Obligation as the Basis of the State", in K. Haakonseen(ed.), *Grotius, Pufendorf and Modern Natural Law*, Dartmouth Publishing Company Limited and Ashgate Publishing Limited, 1999, p.191.
⑥ [德]普芬道夫:《人和公民的自然法义务》,鞠成伟译,17页。

民的思想和意见。第三,(也是最为有效的一种)途径是社会化。社会化不再是达成个体功利目标的工具,它变成了一种义务。在国家当中,社会化有其特殊的要求。它是通过公民履行一系列职责义务来完成的。普芬道夫把公民职责(义务)分为普遍义务和特殊义务。"普遍义务来源于每个公民都应当服从政治权威这一普通义务。特殊义务来源于主权者给个人施加的特殊任务和要求。"① 这些义务要求公民对国家的统治者尊重、忠诚和服从;对国家忠诚、有奉献精神,为国家安全、富强、繁荣献身;对同胞有同胞之谊,和平相处,互助互利。特殊义务是国家对从事不同职业、身处不同岗位的公民的特殊要求。普芬道夫具体谈到了谋士、宗教人员、教师、司法官员、将士、驻外使者、税务官等人的职责义务。

三、人和公民的权利与自由

(一) 人的自然平等和内在权利

在普芬道夫看来,人是自然平等的。在国家建构中,自然平等是基石。普芬道夫声称,自然法要求承认人的价值的自然平等。不过,需要注意的是,普芬道夫自然平等理论的基础与霍布斯的不同。在霍布斯的理论中,这种承认仅被限制在某个共同体的成员之间,其动机是要在无法彼此征服的人中间维持和平。而普芬道夫则认为,存在着一个绝对的自然法义务,它要求承认所有的人天生就具有同样的权利和义务。自然法命令所有的人"把他人当做自己的天然同类,换言之,把他人当人"②。普芬道夫强调,仅靠承认所有人都有能力侵害他人还不足以证成承认他人平等的人性这一义务。人还必须要承认存在一种为人普遍共享的法(ius)。这就是要承认培养社会性这一义务"平等地属于所有人",某些人智力或体力上的优越并没有赋予他侵害能力较弱者的权利。③ 权力或自由的平等即由此而来,它意味着人天生"就是自己行为的主宰者",在达成契约之前,没有人对他人享有权力。④ 普芬道夫的承认所有人的道德平等性的普遍义务比霍布斯的把其他公民视为天生的价值平等者的政治义务要更平等化。

普芬道夫认为,自然义务先于内在权利。内在权利不是来源于自然本能,而是来源于自然法规定的自然义务。在普芬道夫的理论中,内在权利不是以他人对我们的义务为前提的,相反,它们的基础是自然法施加给我们的义务。⑤ 内在权利之所以具有正当性,是因为内在权利是自然法

---

① [德]普芬道夫:《人和公民的自然法义务》,鞠成伟译,188页。
② 同上书,83页。
③ 同上。
④ 同上书,84页。
⑤ K. Haakonssen, *Natural Law and Moral Philosophy: From Grotius to the Scottish Enlightenment*, Cambridge University Press, 1996, pp.10-11.

义务得到履行的手段。普芬道夫把内在权利分为三类:第一类是免遭他人侵害的消极权利;第二类是人格性权利,比如生命、健康、名誉和贞操权等;第三类是自治权。

(二) 公民的抵抗权

博丹式国家对权力的垄断从根本上与公民的反抗权是相对立的。反抗权可以质疑国家的权力垄断,如果允许它存在,则无益于让国家自掘坟墓。所以,从博丹开始,现代的理论家们就不得不要面临一个两难问题:既要维护绝对主权,又要避免公民受专制的祸害。一方面,单一的、绝对的国家主权是绝对必要的。随着现代社会复杂性程度的提高,需要有一个单一而绝对的权力来确保秩序。另一方面,公民自由又是一个重要的现代价值。公民权利不能迷失在秩序的寻求过程中。一边是秩序,另一边是自由,这构成了现代早期理论家不得不认真面对的问题。很多理论家都在竭力寻找折中调和二者的有效手段。

霍布斯否认公民的反抗权。普分道夫也反对一般性的反抗权。他认为公民应该原谅这些来自于统治者的侵犯。如果统治者的暴行极端,公民应该选择离开,而非反抗。但是,普芬道夫认为,在例外情形下,反抗权是存在的。这种例外情形便是自我防卫。公民可以出于自卫的需要行使反抗权。如果统治者通过行为表明自己已经变成了公民的敌人,公民就可以行使自卫权。

自卫基础上的反抗权是普芬道夫"两重契约一项法令"建国理论和主权与治权分离理论的必然结果。把反抗权留给公民,是国家这一法理共同体正常运转的要求。如果统治治权运行失当,统治者违背政治权威所应负担的义务,那么公民便可运用自己的权利,重新选择统治者,从而让政治重回自己的轨道。从而,反抗权便成为了最重要的公民权利。

第五节 普芬道夫的历史地位与评价

17世纪是欧洲从古代社会向现代社会转型的枢纽时代。那是人类文化极其辉煌的一个时期,大师云集、群星璀璨。在此之前的两个世纪里,随着新大陆和新航线的发现,欧洲发生了翻天覆地的变化。这种变化主要沿着两个方向展开:一方面是欧洲秩序逐步得到重建,并开始向外殖民扩张,欧洲人的活动空间急剧扩大;另一方面是随着希腊—罗马古代世界文明的发现,精神活力复苏了,新思潮、新创造不断涌现。

启蒙之花就是在此基础之上的绚烂绽放。在此意义上讲,启蒙实际上就是对新秩序的心灵关照。启蒙对神与人之间、人与人之间、政治体之间以及人与政治体之间关系的处理就集中反映了这一核心问题。从法政哲学视角观之,启蒙对新秩序的这些原创性思考为其后几个世纪的法政理论设定了基本的思维框架,从而为现代社会的政治秩序奠定了思想根基。这一智识资源体系是由一系列伟大人物铸就的,比如格劳秀斯、霍布斯、洛克、普芬道夫、莱布尼茨等。在这其中,普芬道夫功不可没。

提及现代早期的法政哲学,特别是自然法哲学,就必然要提到普芬道夫。他曾长期服务于君主统治者,是早期欧陆开明专制的精神导师。著作的广泛流传和为统治者的长期服务反映了普芬道夫的才智和贡献,也为其赢得了巨大的声誉。在17、18世纪,普芬道夫的理论成为最具影响力的自然法哲学。① 那时的欧洲上层达官贵人大多以阅读普芬道夫的著述为乐,一时间,是否阅读普芬道夫成了有无文化涵养的标识。旧沙俄的伟大革新者彼得大帝在征战之余最喜欢阅读的书就包括普芬道夫的著作,很多俄国贵妇也把普芬道夫的著作当作枕边书。普芬道夫的著作在当时流行的程度由此可见一斑。但到了19世纪,随着开明专制的结束和自由资本主义的到来,普芬道夫的影响力急剧衰落,获得的评价也渐趋负面。这固然和他的论辩对手如莱布尼茨等人对他的贬低有关,更重要的还是他思想中某些因素为激进的自由资本主义所不容。

概括而言,我们可以从以下几个方面来认识普芬道夫在法律思想史上的贡献和地位:

第一,普芬道夫是近代自然法律理论独成体系的第一人。② 自然法理论最早起源于公元前6世纪至5世纪的古希腊伟大哲学家。在古罗马时期得到进一步发展。在中世纪,自然法被基督教神学同化,成为上帝的永恒法的附属品。文艺复兴以后,把自然法附属于神学的做法遭到了世俗派理论家的反对。于是,在17世纪出现了让自然法重新独立的尝试。格劳秀斯、塞尔登、霍布斯、坎伯兰(Cumberland)、洛克等都是做出此种努力的代表性人物。普芬道夫在他们的基础上,第一次塑造了一个完整的、理性的、世俗的自然法体系。近代自然法思想不是起源于普芬道夫,但他却是自然法理论独立、自成体系的第一人。普芬道夫是欧陆第一位自然法讲席教授,是《普遍法学要素》、《自然法和国家法》等一系列自然法著述的作者。他上承格劳秀斯、霍布斯,下启莱布尼茨等,是现代早期自然法理论发展进程中的关键人物。

第二,普芬道夫是为现代主权国家提供法律理论的支持的第一人。③ 普芬道夫的这一理论成就是其特定时代的产物。30年战争结束了始于宗教改革的宗教战争。威斯特伐利亚和约带来了格劳秀斯和霍布斯所梦

---

① [德]维亚克尔:《近代私法史——以德意志的发展为观察重点》,上册,300~306页。
② O. Gierke, *Natural Law and the Theory of Society*: 1500-1800, Cambridge University Press, 1950, p. 415.
③ [日]寺田四郎:《国际法学界之七大家》,172页。

想过的普遍和平与稳定,它所确定的主权国家体系安排构成了现代世界的政治基础。普芬道夫是最早经历和反思这一现代政治安排的理论家。他的自然法理论把和新秩序相一致的标准和概念加在新秩序之上,为现代政治奠定了基础。从自然法支配自然状态,到契约建国,再到最高法令在国家中的支配性地位,现代国家其实是一个法理共同体。普芬道夫用法律安排政治秩序的智识努力是启蒙在政治领域的实施,是人类理性对理想秩序的现代构想。

第三,普芬道夫对后世的法哲学、道德哲学产生了很大影响。在德国,普芬道夫的理论和学说为其后大半个世纪德国法律理论争论设定了基本的框架。莱布尼茨(Gottfried Wilhelm Leibniz,1646—1716)和克里斯蒂安·沃尔夫(Christian Wolff,1679—1754)是普芬道夫最有代表性的批评者,克里斯蒂安·托马修斯(Christian Thomasius,1679—1754)则是他最坚定的捍卫者和传播者。就理论派系而言,普芬道夫是"古典自然法理论"的经典代表者,他所提出的问题及其解决方案为卢梭、休谟、斯密、康德以及康德前后的法哲学家提供了基本的论述背景。比如普芬道夫的"普遍义务"学说、"持久和平"学说对康德的"绝对命令"理论、"永久和平"理论产生了重要影响。普芬道夫还是道德哲学的奠基人之一,对道德哲学尤其是苏格兰道德哲学有着重要影响。

第四,普芬道夫的思想对18世纪中欧开明专制统治、自然法典创制发挥了很大影响。《普鲁士一般邦法典》、《奥地利一般民法典》的制订都深受其影响。

思考题

1. 有人认为,契约建国论不符合历史事实,所以是荒谬无益的。请评价这种观点,并说明契约论对现代国家有何意义。

2. 普芬道夫为什么把自然法称为法律?在你看来,国家实定法之上存在更高位阶的法吗?

3. 在今日之中国,三千年未有之大变仍没有最终完成。构建法理共同体,建设现代国家,仍是我们努力的目标。普芬道夫的思想可以给我们提供哪些镜鉴?

阅读文献

1. [德]普芬道夫：《人和公民的自然法义务》，鞠成伟译，北京，商务印书馆，2009。
2. [德]维亚克尔：《近代私法史》，上、下册，陈爱娥、黄建辉译，上海，上海三联书店，2006。
3. [德]克莱因海尔等：《九百年来德意志及欧洲法学家》，许兰译，北京，法律出版社，2005。
4. [德]罗门：《自然法的观念史和哲学》，姚中秋译，上海，上海三联书店，2007。
5. [丹]努德·哈孔森：《自然法与道德哲学：从格劳秀斯到苏格兰启蒙运动》，马庆等译，杭州，浙江大学出版社，2010。
6. S. Pufendorf, *De Jure Naturae Et gentium Libri Octo* (*On the Law of Nature and Nations in Eight Books*), trans. C. H. Oldfather & W. A. Oldfather, Oxford University Press, 1934.
7. S. Pufendorf, *De officio homiis et civis juxta legem naturalem libri duo* (On the Duty of Man and Citizen according to Natural Law), ed. J. Tully, trans. M. Silverthorne, Cambridge University Press, 1991.
8. S. Pufendorf, *The Political Writings of Samuel Pufendorf*, ed. C. L. Carr, trans. M. J. Seidler, Oxford University Press, 1994.

第十七章 霍布斯的《利维坦》

霍布斯生于 1588 年,那一年,英格兰击败了西班牙的"无敌舰队"。他 15 岁那一年,1603 年,伊丽莎白一世无嗣驾崩,延续一百多年的都铎王朝结束,苏格兰国王詹姆斯继承了英格兰王位,成为英格兰的詹姆斯一世,斯图亚特王朝开始。1608 年,霍布斯从牛津大学毕业后,长期担任卡文迪许家族的家庭教师。其间,从 1619 年到 1623 年,他被卡文迪许家族借调给培根做秘书。1640 年,52 岁的霍布斯完成了他的第一本政治法律哲学著作《法律原理》,也是在这一年,国王查理一世与国会的冲突迫在眉睫,霍布斯惧而流亡法国。1642 年,英国内战爆发,霍布斯的《论公民》在巴黎发表,1647 年又出了第 2 版。1649 年,查理一世被国会送上了断头台,大约在此时,霍布斯开始写作自己最主要的著作《利维坦》①,1651 年,《利维坦》出版。1652 年,霍布斯从法国流亡归来,当时,克伦威尔担任护国公。1660 年,查理二世复辟。1666 年,霍布斯起草了《哲学家和法学家关于普通法的对话》。霍布斯卒于 1679 年,享年 91 岁,堪称长寿。此时,距离英国 1688 年光荣革命发生还有 10 年。霍布斯在英国 17 世纪最动荡的年月里度过了他的一生。

第一节 自然状态和自然权利

霍布斯对"自然状态"的经典描述是"每一个人对每个人的战争"。他是怎么得出这个结论的呢?

霍布斯从人与人之间的自然平等开始推理。他认为,人与人之间体力上的差别很小,即使有差别,"最弱的人运用密谋或者与其他处在同一

---

① [美]马蒂尼奇:《霍布斯传》,陈玉明译,251 页,上海,上海人民出版社,2007。

种危险下的人联合起来,就能具有足够的力量来杀死最强的人。"①至于智力,人与人之间更加平等,因为大部分人的智力来源于经验,只要花费同样的时间,人们在同样的事务上就能获得同样的经验。

不过,在智力上,很多人又不相信人人平等,总是觉自己比别人聪明。霍布斯说,满足于自己的智力,不羡慕别人的聪明,反过来恰恰证明了人在智力上是平等的。因为根据人的本性,只有平均分配的东西,每个人才满足于自己的那一份。不相信智力上的平等,只不过反映人的自负而已。

体力和智力上的平等,导致了人与人之间无休止的争斗。争斗的第一个原因是竞争。两个人都想要同一件东西时就产生了竞争,这同一件东西,可以是财产,也可以是对方的生命和自由;我怀疑你想要我的命,你也怀疑我想要你的命,在互相的猜疑之中,自我保存最合理的策略就是先发制人,先下手为强,而不管那怀疑是不是真的;还有一个争斗的原因产生于人对荣誉的渴望——比如在智力上,人不光认为自己比别人强,还常常想让别人也承认这一点,这样一来,就不免为了别人的一言一笑以及一些鸡毛蒜皮的小事而争斗不休。

竞争、猜疑和荣誉,使得人与人处于持续不断的战争状态之中。霍布斯所说的战争状态,并不是实际的战斗,而是战斗的意图和倾向。人人都对他人有战斗的意图,也都相信别人对自己有战斗的意图,使得每个人都时时刻刻生活在恐惧之中,人依靠自己的体力和智力维系自己的生活、独善其身的愿望也无法满足,生命、自由、财产都没有保障。这种生活,"孤独、贫困、卑污、残忍而短寿"②。

霍布斯并不认为一定要到美洲的野蛮民族那里去寻找自然状态存在的证明。英国内战中人的生活堕落到什么程度就是明证。另外,即使在所谓的和平时期,有法律,有官员,人与人之间互相战斗的意图也会时时流露。霍布斯问道,人出门旅行的时候,为什么要带上武器并设法相伴而行呢?不就是为了防备自己的国人吗?人在睡觉的时候为什么要把门闩上?不就是为了防备自己的同胞吗?人在自己家里的时候为什么还要把箱子锁上?不就是为了防备自己的子女仆人吗?和平时期如此,自然状态下更是如此。

在自然状态中,人拥有的这种保全自己的生命、自由和财产,夺取别人的生命、自由和财产的完整的权利称为自然权利。人人都行使这种权利,使得一个人无论何等强壮和聪明,也完全活不到"大自然通常允许人们生活的时间"③。——这就是自然状态不自然的地方。换言之,自然状态是一种"囚徒困境",人人都知道这个状态不好,但又不可能自己先收手,不去行使这些自然权利,因为那意味着自取灭亡。

---

① [英]霍布斯:《利维坦》,黎思复、黎廷弼译,92页,北京,商务印书馆,1985。
② 同上书,95页。
③ 同上书,98页。

要走出战争状态,一靠激情,二靠理性。激情就是人对死亡的恐惧,对舒适生活的欲望,以及通过自己的勤劳获得这一切的希望。而理性则可以提出让人同意的和平条件,这种和平条件就是自然法。

第二节 自然法

在霍布斯看来,理性发现的第一自然法就是,为了活下去,在战争状态下,人应当利用一切可能的手段自我保存,但一旦有了和平的可能,就应当寻求并信守和平。从这里又推出第二自然法,那就是,如果人停止行使那种对他人的无所不包的自然权利,将其减少到"相当于自己让他人对自己所具有的自由权利"[①],仍然还能够自我保存并得到和平,那就要寻求并信守这种和平。

霍布斯进一步解释说,放弃或转让一些自然权利的目的是为了更好地自我保存,而不是自我毁灭,所以当有人要夺取你的生命,你不会放弃抵抗的权利。所有没人会相信"杀我的时候我不会抵抗"这样的承诺,因为人都知道不抵抗立刻就死是大害,抵抗而死是小害,两害相权取其轻才符合人的理性,所以人不会放弃面临杀戮时的抵抗权;[②]第二,放弃或转让权利是相互的,如果别人不放弃或转让,你自己放弃或转让,那就是自取灭亡。

权利的互相转让称为契约;如果立约方现在立约而在以后履行,这种契约就称为"信约"(convenant),[③]信约面临的最大问题就是如何履行。

仅仅靠信赖是无法保证信约的最终履行的。因为自然状态中人人平等,任何一方都不拥有强制对方履约的能力;又因为自然状态下人人互相猜疑,没有人会比别人先行一步履约,先行履约的人,很容易被他人所乘丢了性命。

但这并不意味着任意违反信约是理性的。因为,即使在自然状态中,一个任意违反信约的人,任何结伙谋求和平和自保的社会都不会接纳他,而自然状态中被驱逐或被遗弃则意味着毁灭。为了自我保存,人便不能任意违反信约。这就得出了第三自然法:信约必须履行。

类似的有利于和平又不违反自我保存的自然法还有很多。比如,对别人的恩惠要感恩,要合群,对悔过的人要宽恕,报复的目的要仅限于使触犯者改过自新和对他人以儆效尤,而不要为报复而报复,不要侮辱他

---

① [英]霍布斯:《利维坦》,黎思复、黎廷弼译,98 页。
② 同上书,106 页。
③ 同上书,100 页。

人,要承认他人和自己生而平等,不要自傲,不要骄纵,要公道,能共享的东西要共享,不能共享的东西则抽签或轮流使用,或者承认先占者的权利,不要涉及自己的案件中充当法官,等等。这些自然法精简到一句话,就是"己所不欲,勿施于人"①。

第三节　社会契约

第一自然法指出,对自我保存来说和平状态好于战争状态,第二自然法为人们走出自然状态指出了方向,那就是互相签订平等契约,第三自然法告诉人们要履行信约。但是自然法本身并不保证信约的履行,信约的履行要靠拥有共同权力的主权者。

共同权力的来源有两种方式,一种外来的,如外来的征服者,这称为以力获取的主权;一种是内生的,就从人们中间产生,这称为按约建立的主权。但是,自然状态中本来人人平等,如果征服者已经具备了征服他人的力量,则意味着征服者内部已经产生了共同权力。所以,归根到底,所有的共同权力都是按约建立的。

我们先分析以力获取模式。在这种模式下,被征服者之间互相订立走出战争状态的信约,接受征服者作为他们的主权者,以保证这个信约的履行。这个信约是被征服者之间的契约,不是征服者与被征服者之间的契约。征服者没有必要和被征服者签订契约。但对于被征服者来说,相互之间签订这个契约是理性的选择,因为这样至少就不用害怕自然状态下的互相伤害了。

那征服者为什么要做被征服者的主权者呢?原因是,这可以让他的征服获得被征服者的同意,从而建立管辖权。"对于被征服者的管辖权便不是由战胜而来的,乃是由于被征服者自己的信约而来的。被征服者之所以被拘束,也不是由于被征服;也就是说,他并不因为被打败、被抓住或被打得奔逃溃窜就负有义务,而只是因为他迁就并服从了战胜者。"②

由此可见,在霍布斯这里,走出自然状态只有一步,只签订一份契约,而不是先签订一份结束自然状态、结成社会的"社会契约",然后统治者和被统治之间再签订一份如何统治的"统治契约"。在霍布斯看来,那种没有共同权力保证的"社会契约"根本不会得到履行,而根本不会履行的契约也没有人真的会去签订;至于统治契约,征服者不需要靠双边的契约去获得统治权,统治权是被征服者单方面的赠与,赠与的目的是为了获得

---

① [英]霍布斯:《利维坦》,黎思复、黎廷弼译,120 页。
② 同上书,156 页(译文稍有改动)。

征服者在契约履行方面的服务,但征服者并没有契约义务要给被征服者提供这种服务,对于被征服者的自由赠与,他只要按照第四自然法行事就可以了:"接受他人单纯根据恩惠施予的利益时,应努力使施惠者没有合理的原因对自己的善意感到后悔。"①只有平等者之间才签订契约,强者从来不需要和弱者签订契约以从弱者那里获得什么。

第四节 授权、代表与国家的统一人格

在征服模式下,征服者对外行使共同权力的前提是对内已经有了公共权力,不光能够制止内部的相互侵害,抵御外来侵略,甚至还能够对外征服。那么,这种内部的共同权力是怎么产生的?如何设想一种完全内在的、不依赖外部力量的建立主权的方法?

霍布斯在《利维坦》中提出了这样一种路径:

> 如果要建立这样一种能抵御外来侵略和制止相互侵害的共同权力,以便保障大家能通过自己的勤劳和土地的果实养育自己,并且满意地生活,只有这样一条道路:所有人把他自己的权力和力量都授予一个人,或者一个能通过多数意见把所有人的意志还原为一个人意志的多人大会。这就等于是说,让一个人或一个由多人组成的大会来承担他们每个人的人格,而在那些有关公共和平或安全方面的事务上,承担他们人格的这个人无论做了什么,或导致他人对它做了什么,每个人都承认这些行动算是自己做出的,因此都将自己的意志服从于他的意志,让自己的判断服从他的判断。这就不只是合意或协同了,而是全体真正统一于一个人格之中;这一人格是每个人和每个人相互订立信约而形成的,其方式就好像是每一个人都向每一个其他的人说:我授权这个人或这个大会,并放弃我统治自己的权利,把它授予这人或这个集体,但条件是你也把自己的权利拿出来授予他,并以同样的方式承认他的一切行为。这一点办到之后,像这样统一在一个人格之中的一群人就称为 Commonwealth,在拉丁文中称为 civitas。这就是大利维坦的诞生。②

霍布斯设想的方法可称为"授权-代表法"。这种方法并不需要事先产生强者,在互相平等的个体之间也能进行。我们先看授权给一个人的

---

① [英]霍布斯:《利维坦》,黎思复、黎廷弼译,115页。
② 《利维坦》第17章第13节,参见[英]霍布斯:《利维坦》,黎思复、黎廷弼译,131~132页。这里采用了李猛的译文,见李猛:《通过契约建立国家:霍布斯契约国家论的基本结构》,载《世界哲学》,2013(5),93页。

情况。可以设想,通过抽签产生一个人选,或者通过轮流的方式产生一个人选,①然后每个人都向其他的人说:我授权给这个人选,并放弃我统治自己的权利,把它授予这人,但条件是你也把自己的权利拿出来授予他,并以同样的方式承认他的一切行为。这就是授权。得到这样的授权之后,这个人就承担了每个人的人格,成为他们的代表者,他在有关公共安全和和平上所做的一切,都算作是授权者自己做出的。这就是代表。在这一过程完成之后,承担授权者的人格的代表者就是主权者,其余人就成为他的臣民。

抽签不必在授权之前进行,轮流的依据也不必事先确定,而完全可以和契约的签订同时进行。这样,就避免了事先确定人选带来的嫉妒问题,避免人们由于嫉妒那个幸运者而不去签订这个契约。如果在签约的同时抽签,每个人都有可能被抽中,那么在他的心目中,他就不是向某个特定的自然人格(natural person)授权,而是向某个虚拟的人造人格(artificial person)授权。

在从平等的个体内部构建共同权力的过程中,最麻烦的问题是如何从"多"中产生"一",从众多意志中产生一个意志。在《利维坦》之前的《论公民》中,霍布斯试图通过把多数人的意志视同所有人的意志来解决这个问题:"如果要开始进行国家的构型,一个人群中的每个人在其中任何一个人所提出的任何问题上,都得与其他人达成一致,即多数人的意志应当被看成是所有人的意志;否则的话,既然人的态度和欲望彼此间的差别是如此之大,那么,一个人群就永远也不会有什么意志。如果有人拒绝同意这一点,那其他人仍会形成一个不包括他在内的国家。那就是为什么国家仍要保留着如同对付敌人一般对付异议者的原初权利即战争的权利。"②

但这样做有两个显而易见的缺点。第一,多数内部的一致如何保持?在一个问题上形成的多数和在另一个问题上形成的多数,可能不是同一个多数;第二,多数以对待敌人的方式对待异议者,那就意味着人对人的战争还在继续,自然状态还没有结束,和平还没有到来。归根到底,这种思路仍然是以征服模式来思考共同权力的建立问题。之所以要把多数的意志当作所有人的意志,根本原因还是因为多数的力量大于少数的力量,就像征服者之所以能征服,就是因为他们力量大而已。但是,正如征服者内部也要建立共同权力才能成为征服者,多数内部也要建立共同权力才能维持多数。多数内部的共同权力如何建立呢?难道也要靠多数中的多数吗?多数中的多数推到极端,剩下的将是一个个体对另一个个体,这两

---

① 霍布斯在讨论第13自然法的时候说,对于不能分割、不能共享的东西,公道的自然法便要求其权利以抽签方式决定,或者轮流使用。见[英]霍布斯:《利维坦》,黎思复、黎廷弼译,118页。这里的公共权力和公共人格便是一种不能分割、不能共享的东西。

② [英]霍布斯:《论公民》,应星、冯克利译,61页,贵阳,贵州人民出版社,2003。

个个体在体力和智力上都是平等的,势均力敌,那以他们哪个人的意志作为共同意志呢?

《利维坦》一书则正式引入人格(person)理论来解决这个困难。全书第一部分"论人(Man)"在讨论完自然状态和自然法之后,插入了一章专论"人格、授权者和人格化的事物"(Persons, Authors, and things Personated),而这部分内容,在《论公民》中是不存在的。

引入人格概念后,一个人就可以扮演多个角色,既可以以他自己的名义说话办事,也可以以别人的名义说话办事。以自己名义说话办事的,称为自然人格(natural person),代表他人说话办事的,称为人造人格(artificial person),承认他的言行的,称为授权者(author)。人的自然权利,可以自己行使,也可以授权代表行使。一个授权者可以授权多个代表,比如霍布斯认为,上帝在历史上曾经由摩西、基督和使徒代表;多个授权者也可以由一个代表代表,如在通过授权确立具有统一人格的主权者的过程中:"一群人,当他们被一个人(man),或一个人格(person)所代表时,就变成了单一人格(One Person),这是经由这群人中的每一个人的同意才能做到的。是代表的统一性(Unity),而不是被代表者的统一性,造就了这个人格的单一性。是代表承担着这个人格,这个单一人格。这样,一(Unity)就不能被理解为多(Multitude)了。"①

有了人格概念,主权者就可以是一个人,也可以是多个人组成的大会,多个人组成的大会也可以有单一人格。这样国家就分为三种,主权者只有一人的国家是君主国,主权者是全部人组成的大会的国家是民主国,主权者是部分人组成的大会的国家是贵族国。

霍布斯偏爱君主国。原因在于,任何人在担任人民的代表的时候,同时还会保留自己的私人利益。而在公私利益冲突时,大多数情形下人会先顾及自己的私人利益。只有在君主国中,"私人利益和公共利益是同一回事。君主的财富、权力和尊荣只可能来自人民的财富、权力和荣誉。因为臣民如果穷困、鄙贱或由于贫乏、四分五裂而积弱,以致不能作战御敌时,君主也就不可能富裕、光荣与安全。"②也就是说,君主国中的君主会把人民的利益当作自己的利益去追求。而在贵族国和民主国中,主权代表者们的私人利益往往会超过人民的公共利益成为他们考虑的目标,这样贪污腐败和满足个人野心的行为就会层出不穷。霍布斯承认,君主的宠臣和谄媚者是很大的祸患,君主经常会为了满足宠臣和谄媚者而剥夺臣民的财产。但他同时指出,在贵族国和民主国也有顾问和游说家,所作所为和君主的宠臣及谄媚者是一样的,而且他们的人数远比君主身边的宠臣和谄媚者为多。

君主自然人格和公共人格同一还有其他优势。比如,君主不可能由

---

① [英]霍布斯:《利维坦》,黎思复、黎廷弼译,125页(译文有改动)。
② 同上书,144页。

于嫉妒和利益而自己反对自己,但贵族会议或者民主会议却会如此,"甚至达到可以引起内战的程度"①。君主的决断除了受人性本身朝三暮四的特点的影响外,不会像贵族会议或民主会议那样经常前后不一。君主可以随时随地听取任何人的建议,还能保守秘密,而贵族会议或民主会议却很难做到这些。

但是,君主国有一个免不了的弊端,那就是主权可能传到一个婴儿或者一个白痴手中,这就需要由某人或一个多人组成的会议来做君主的监护人和保护者,以君主的名义来行使权力。霍布斯认为,这种情况下因为自然人格和公共人格不一而产生弊端,不能归咎于君主制本身,而要归咎于这些监护人和保护者的"野心和他们对于自身义务的无知"②。另外,君主的自然人格和公共人格的同一是常规,这种情形不过是例外,而在贵族国和民主国中,主权代表者的自然人格和公共人格的分裂则是常态。除此之外,贵族国和民主国遇到重大的内忧外患的时候,同样也需要独裁者或保护人做临时的君主,这和君主是一个婴儿或者白痴需要监护人和保护者是同样的道理。所以说,君主国主权传到一个婴儿或白痴手中引起的主权者自然人格和公共人格的不统一问题,并不是君主国特有的。

霍布斯并不想用选任的君主来解决君主制的这个弊端。因为选任的君主并不是主权者,选任他的会议才是主权者,罗马的独裁者就是这样的选任的君主。同理,权力受到限制的君主也不是主权者,限制他的权力的人或会议才是主权者,如古代斯巴达的国王有权领兵,主权却在限制国王权力的监察委员会手中,所以斯巴达并不是君主国而是贵族国。

霍布斯看来,英国符合君主国的定义,国王做主权者已经 600 年了。让霍布斯不满的是,明明国王才是臣民的代表者,但在英国"代表者这一称号竟然毫无异议地被认为是君主命令人民派来呈请请愿书,并在君主许可的条件下向他提出咨议的那些人。"③他指的是英国议会中的那些人,这些人名为代表,实际上并不能代表人民,人民并没有把主权授予他们。霍布斯也不认为国王和议会可以同时代表人民,因为同时代表人民意味着一个国家有两个主权者,意味着战争。

霍布斯的代表理论正是在中世纪代表制向现代代表制转型的时候提出来的。④ 中世纪并不存在整体的人民,而只存在部分的人民,议会里的"代表"代表的是不同等级的人民;在霍布斯的笔下,人民通过签订社会契约授权给主权者之后,才在人格上变成一个整体,这个主权者作为人民的代表者,代表的不是个体的或部分的人民,而是整体的、一体的人民。

---

① [英]霍布斯:《利维坦》,黎思复、黎廷弼译,145 页。
② 同上书,147 页。
③ 同上书,144 页。
④ 关于中世纪代表制和现代代表制的区别,参见[美]曼斯菲尔德:《近代代议制与中世纪代表制》,刘锋译,载刘小枫选编:《施米特与政治法学》,329~364 页,上海,上海三联书店,2002。译文中的"代议制"和"代表制",在曼斯菲尔德原文中都是同一个词"representation"。

能够代表全体英国人民的只能是英国君主,而不是那些只代表特定阶级或地区的议会代表。

当然,霍布斯的理论也不能否认君主主权可以变为贵族主权或者人民主权——只要主权的转移是主权者自己同意的就可以。光荣革命后,君主的主权受到限制,这时君主就不再是主权代表者了,主权就从君主转移到限制君主的议会那里去了,君主主权就变成了议会主权,按照霍布斯的定义,这时的英国就变成了一个贵族国。贵族国当然还可以再变为民主国,由人民组成一个大会行使主权。但需要注意的是,人民主权的意思在霍布斯那里,并不是作为委托者的人民行使主权,而是作为代表者的人民大会行使主权,作为委托者的人民没有统一的意志,只有作为代表者的人民大会才可能有统一的意志。

第五节　主权者的权利和臣民的自由

按约建立的主权和以力获取的主权的区别只有一点。在按约建立主权的过程中,"人们之所以选择主权者是由于互相畏惧而不是由于畏惧他们按约建立的主权者"①,而在以力获取的主权建立过程中,人们除了互相畏惧还会畏惧那个征服者。

但是,正如美国 1776 年《独立宣言》后来表述这一原理时所说的那样:"政府的正当权力来自于被统治者的同意",主权者行使权利和权力的依据并不是畏惧本身,而是立约者们的同意。在两种情形下,立约者们都是自由地把权利和权力授予主权者的。霍布斯认为,"畏惧与自由是相容的。例如一个人因为害怕船只沉没而将货物抛到海中时,他是十分情愿地这样做的。假如愿意的话,也可以不这样做。因之,这便是有自由的人的行为。"②"自由一词就其本义说来,指的是没有阻碍的状况,我所谓的阻碍,指的是运动的外界障碍,对无理性与无生命的造物和对于有理性的造物同样可以适用。"③换言之,立约者们出于畏惧死亡和暴力而彼此立约,并不能说他们不自由;他们恰恰可以自由地不立约,因为并没有外在的阻碍阻止他们这样做。

人可以选择不立约,永远生活在无政府的自然状态中;但按照霍布斯的推论,人终究还是终结了无政府状态,臣服于主权者。这看起来似乎是某种必然性而不是人的意志在起作用。但正如畏惧的存在不能证明人

---

① [英]霍布斯:《利维坦》,黎思复、黎廷弼译,153 页(译文有改动)。
② 同上书,163 页。
③ 同上书,162 页。

的不自由,必然性的存在也不能证明人的不自由。"自由和必然是相容的。比如水顺着河道往下流,非但是有自由,而且也有必然性存在于其中。"①霍布斯认为,对于人来说,这背后的必然性源于上帝的意志。人对于任何事物的激情或欲望最终都是以上帝的意志为原因的。"要是上帝的意志不保证人们的意志具有必然性,因而保证了依存于人类意志的一切都具有必然性的话,那么人类的自由便会跟上帝的全能与自由相冲突、相妨害了。"②也就是说,人必然建立政府的这种意志自由不是源于人自己的历史或习俗,而是源于上帝对人的本性的规定。所以这种自由是一种"自然自由"(natural liberty),是"唯一可以正式称为自由"③的那种自由。美国《独立宣言》后来简洁地表述了这个自然自由的原理:"我们认为这些真理是自明的:人人生而平等,他们从他们的创造者那里被赋予了某些不可转让的权利,其中包括生命、自由和追求幸福的权利。为了保障这些权利,才在人们之间成立了政府。"所以人建立政府对人来说是权利,对上帝来说不过是被造者对创造者履行了一项义务。

就这样,霍布斯切断了上帝和主权者之间的直接联系,上帝和主权者之间只留下一个间接的联系。上帝赋予人生命和自由,但不直接统治他们。人对上帝的义务表现于人以自己的自由建立政府,自己统治自己。在《利维坦》的第三部分,霍布斯通过研究《圣经》文本认为,从亚伯拉罕到摩西到扫罗,上帝曾是以色列人的王,从扫罗为王开始,这种特殊的上帝国就终结了。④ 也就是说,"君权神授"从扫罗为王开始就结束了。从那以后一直到耶稣第二次降临为王主持最后审判之前,没有人能够代表上帝做人类的主权者,包括上十字架之前的耶稣和后来的教会都没有这样的权力,任何主权者的权力都是来自被统治者的授权和同意。

那么,人一旦立了约授了权,他们还能解除契约,回到自然状态,或者取消授权,变更主权者吗?霍布斯的回答是否定的。

在已经拥有主权者的国家,解除契约的理由是什么呢?如果是人与人之间发生了冲突,自然有主权者出面裁决冲突。但如果是主权者对臣民造成伤害呢?霍布斯认为,主权者侵害臣民在逻辑上是不成立的。因为主权者正是根据臣民的授权做任何事的,臣民已经对主权者的一切行为授权了,"抱怨主权者进行侵害的人就是抱怨自己所授权的事情,于是便不能控告别人而只能控告自己。甚至还不能控告自己进行了侵害,因为一个人要对自己进行侵害是不可能的。"⑤即使一个主权者处死一个无辜的臣民,也不能说主权者对他进行了侵害,因为处死他的权利他已经交

---

① [英]霍布斯:《利维坦》,黎思复、黎廷弼译,163页。
② 同上书,164页。
③ 同上。
④ 同上书,382页(译文有改动)。
⑤ 同上书,136页。

给主权者了。①

那么,能以主权者违反信约为由来解约或变更主权者吗? 也不能。因为信约是臣民之间彼此签订的,在主权者和臣民之间没有信约,也就不存在主权者违反信约的问题。

除非主权者自己同意,否则任何废黜主权者、转移主权的行为都是不正义的。② 杀死主权者、惩罚主权者的行为也是不正义的,因为臣民既然是主权者的授权人,做这些事无异于"由于自己所做的事情去惩罚另一个人"③。考虑到霍布斯正是在查理一世被处死的时候开始写作《利维坦》的,我们从这些话中也可以推知他对此事的态度。

由于设立主权者的目的就是为了对内和平和对外防卫,所以主权者自然有权决定用什么手段来达到这个目的。为此,主权者必然要有如下这些权力:学说的审查权,那些与和平相冲突的学说便不能视为真理;唯一的立法权;最高的司法权;主权者还应该是"和战问题的时间和时机的最高审定者,地方长官、参议人员、将帅以及其他一切官员与大臣都由他甄选,荣衔、勋级与赏罚等也由他决定"④,等等。总之,所有的立法、司法、行政、军事、税收等权力都由主权者掌管,而不能在国王、上院、下院之间分割。因为主权的分割意味着战争。

那么,在这样一个拥有无限权力的主权者面前,臣民还有什么自由呢? 首先,既然建立主权的目的就是为了自我保存,那么,主权者命令某人"把自己杀死、杀伤、弄成残废或对来攻击他的人不予抵抗,或是命令他绝饮食、断呼吸、摒医药或放弃任何其他不用就活不下去的东西,这人就有自由不服从"⑤。同理,他还有不自证其罪的自由。如果主权者命令一个人当兵杀敌,要是他能找到一个胜任的人代替自己,也就不算逃避自己的义务;⑥如果他在战争中被俘,他也有权利变为俘获者的臣民,因为这时候他没有其他办法保全自己的生命;⑦如果他犯了死罪,当主权者派人来杀死他的时候,他也可以拿起武器保卫自己的生命。他犯罪诚然是不正义的,但拿起武器自卫却不是一种新的不正义,这也是因为自我保存的权利他并没有让渡出去。⑧

除此之外,"在法律未加规定的一切行为中,人们有自由去做自己的理性认为最有利于自己的事情。"⑨ "如买卖或其他契约行为的自由,选择

---

① [英]霍布斯:《利维坦》,黎思复、黎廷弼译,165~166 页。
② 同上书,133~134 页。
③ 同上书,136 页。
④ 同上书,154、137~139 页。
⑤ 同上书,169 页。
⑥ 同上书,170 页(译文有改动)。
⑦ 同上书,172 页。
⑧ 同上书,170 页。
⑨ 同上书,164 页。

自己的住所、饮食、生业,以及按自己认为适宜的方式教育子女的自由等等"①。总之,他的自由是法律下的自由,他拥有一切法律不禁止他行使的自由。

相对于主权者的无限权利,也许有人会说,臣民所拥有的自由也太可怜了。但是,霍布斯认为,"一切政府形式中的权力,只要完整到足以保障臣民,便全是一样的。"②这与国家是君主国、贵族国还是民主国无关。相对于内战的灾难或者自然状态下的"每一个人对每一个人的战争",有主权者来保卫和平已经是天大的幸事了。霍布斯理论思考的出发点并不是追求人类社会的至善,而仅仅是为了避免最坏的情形。这是我们在理解霍布斯的时候不能忘记的。

思考题

1. 霍布斯在理论上构建了一个无限权力的"利维坦",为什么又被称为现代自由主义的代表人物呢?
2. 霍布斯为什么要用代表理论来思考主权的建立?
3. 霍布斯的理论能用来解释英国光荣革命和美国独立吗?

阅读文献

1. [英]霍布斯:《利维坦》,黎思复、黎廷弼译,13~21章,北京,商务印书馆,1985。
2. [英]霍布斯:《论公民》,应星、冯克利译,5章,贵阳,贵州人民出版社,2003。
3. 李猛:《通过契约建立国家:霍布斯契约国家论的基本结构》,载《世界哲学》,2013(5)。

---

① [英]霍布斯:《利维坦》,黎思复、黎廷弼译,165页。
② 同上书,141页。

第十八章 约翰·洛克的《政府论》

《政府论》作为西方政治和法律思想史上的不朽名篇，奠定了约翰·洛克(1632—1704)自由主义宪政理论之父的地位。《政府论》，特别是其下篇，关注的是政府的起源、范围和目的。为了回答这个政治哲学中的根本问题，洛克提出，处于前政治状态（即自然状态）中的自由、平等而理性的个人由于缺乏明确的成文法、共同的中立法官和对判决的有效执行，因而会产生巨大的不便和冲突，使得走出自然状态、建立政治社会成为必由之路。但是，正由于建立政府是为了更好地保护每个人在此之前就已拥有的自然权利，尤其是财产权，所以政府的权力必须受到明确的限制，而一旦政府越权行事，则人民可予以抵制，甚至在必要的时候可以用武力反抗。《政府论》这套我们耳熟能详的论述已经成为自由主义宪政国家的经典范式理论，甚至在某种意义上已经成为西方政治和法律思想中的常识。一方面，成为常识彰显了洛克理论的巨大影响力和对现代政治思维的基本构塑力；但另一方面，仅仅带着常识的先入之见去阅读《政府论》又容易使我们把洛克及其理论脸谱化，从而忽视洛克理论丰富的底蕴和内在的张力。事实上，洛克迄今为止还是西方政治和法律思想史上争议最大的思想家之一。① 本章将从《政府论》的写作背景和问题意识、绝对主义与父权论、自然财产权理论、自由主义宪政理论等方面入手，力图帮助读者更为深入地理解《政府论》的语境、论证结构和理论贡献。

第一节 《政府论》的写作背景和问题意识

自从《政府论》于1689年出版以来，在很长一段时间之内，人们都认为它是洛克在光荣革命爆发之后所写的、为这场革命的正当性加以辩护

---

① 关于西方学界自20世纪中期以来的有关洛克的研究概况，参见霍伟岸：《洛克权利理论研究》，12～18页，北京，法律出版社，2011。

的急就章。洛克在《政府论》的"前言"中的一段话似乎也明确支持了这种看法,他说他写作此书是为了"证实我们伟大的复建者、我们当前的国王威廉的王位乃持之有据;说明他的国王称号得到了人民的同意,并且向世界证明,热爱他们的正当和自然权利、并有决心保持这些权利的英国人民,在这个国家濒临被奴役和毁灭的边缘时挽救了它"。此外,《政府论》中还提及了发生于1688—1689年的事情,更有助于人们相信关于它的写作时间和写作目的的上述传统观点。

然而,从20世纪50年代开始,这种传统的主流观点已经遭到决定性的挑战。最早颠覆人们认识的是《政府论》最权威的英文校注版编者、英国剑桥学派早期学者彼得·拉斯莱特(Peter Laslett)。① 拉斯莱特在发表于1956年的一篇著名论文中率先提出,《政府论》并不是为一场已经完成的革命做正当性辩护,而是在为一场尚未到来的革命鼓与呼。② 拉斯莱特认为,虽然《政府论》的有些部分(包括"前言")是写于1689年以适应当时的政治局势,但其主体部分则在一个更早的时期就已经完成了。这是因为从《政府论》关注的主题来看,不可能是光荣革命前后的局势促使洛克去思考政治社会的本质、个人的自然权利与政府的道德义务等问题。拉斯莱特通过细致的文本考证和大量的文献旁证,有说服力地证明了《政府论》的写作时间是在1679—1681年,当时的时势背景是废黜危机(Exclusion Crisis)。拉斯莱特还努力表明,洛克可能早在17世纪70年代末期,当他结束了流亡法国之旅回到英国之后就已经开始构思和写作关于政府的起源和性质的论文,这部分手稿后来就成为《政府论》下篇的核心内容,而《政府论》上篇则是在菲尔默的论文集和《父权制》分别于1679年和1680年出版后,出于驳论的需要而写的。故此,拉斯莱特认为,不但上篇的写作时间晚于下篇,而且从逻辑上说应该先有立论再有驳论,因此上篇在逻辑上也应后于下篇。

拉斯莱特的观点在洛克学界掀起轩然大波,《政府论》的写作时间和写作背景的问题立刻成为史学界和政治学界热议的话题。经过超过半个世纪的研究和讨论,虽然关于《政府论》的具体写作时间以及下篇是否先于上篇完成等问题仍然存在着广泛的争论,而且未来如果没有新的关键性文献证据被发现,可以预计这种争论仍将持续下去。但是人们几乎都同意的一点是,《政府论》肯定不是1688—1689年所写的光荣革命辩护

---

① 由拉斯莱特所编辑的《政府论》自1960年问世之后就成为最权威的校注版本,为学界广泛使用。2003年中国政法大学出版社引进的该书的英文原版(中译名为《政府论两篇》)是其1988年第3版,也是最新的一版。拉斯莱特为该书所写的长篇导言也非常有名,对学习和研究《政府论》都极具价值,现已有中译单行本出版:[英]拉斯莱特《洛克〈政府论〉导论》,冯克利译,北京,生活·读书·新知三联书店,2007。

② P. Laslett, "The English Revolution and Locke's *Two Treatises of Government*", XII/1 *Cambridge Historical Journal*, 1956, pp. 40-55. 拉斯莱特后来对此文稍作改写,成为其为《政府论》所写导论的第三部分。

词,而是 1679—1681 年"废黜危机"期间为激进辉格党立场辩护的一部政治宣传册。

1678 年,一个被称作"教皇阴谋"的谣传在英国广为散布,内容是说罗马天主教皇阴谋刺杀查理二世,以便让王位的第一顺位继承人、信仰天主教的詹姆斯马上登上王位,从而使英国改旗易帜,加入天主教阵营。英国作为一个新教国家,从上到下都对天主教有着本能的敌意和恐惧。特别是一个世纪前"血腥玛丽"对新教徒的大屠杀仍然让人记忆犹新,①对历史可能重演的担忧是非常真实而强烈的情感。更重要的是,天主教国家往往是绝对主义国家:在宗教上是教皇绝对主义,教皇有决定人的宗教良知的权利;在政治上是王权绝对主义,专制国王可以任意剥夺臣民的财产乃至生命,这与英国长期以来的宪政传统格格不入。虽然"教皇阴谋"本身是真是假尚待求证,但客观上却造成了人心惶惶的效果。以沙夫茨伯里为首的辉格党感到必须行动起来,避免英国走上天主教的不归路。于是,他们在下议院引入《废黜法案》的动议,要求废黜任何天主教徒继承英国王位的资格,矛头直指詹姆斯。1679—1681 年在英国发生的一系列政治事件史称"废黜危机"。在此期间围绕着詹姆斯废立之事,英国政坛乃至整个社会都发生了分裂,辉格党和托利党针锋相对,双方的支持者分别发表了大量的小册子进行宣传和论战。三年中举行了三次全国性选举,每次都是辉格党占上风,《废黜法案》也在下院通过了三次,但由于国王和上院持反对态度而最终没能成为正式法案。在"废黜危机"刚刚开始的时候,已在法国流亡四年的洛克就被沙夫茨伯里急召回国,协助他进行这场关键的政治斗争。根据包括拉斯莱特在内的很多学者的考证,洛克的《政府论》正是在这一期间写作的,而其直接目的是服务于当时的政治论战,不过由于种种原因并未发表。

了解《政府论》的这一写作背景对我们更好地理解其问题意识和论证结构具有重要意义。

第一,正是"废黜危机"期间有关英国新教臣民是否应该接受一位未来的天主教国王的统治的争论促使人们必须深入思考政治权威和政治义务的本质问题。由于废黜詹姆斯王位继承人资格的议会斗争最终失败,包括沙夫茨伯里、洛克在内的少数辉格党激进分子开始策划武装反抗。与此相关的一个重要理论问题是,臣民是否可以正当地反抗一个主权者?如果可以,要基于何种条件? 显然,上述这些问题都是《政府论》关注的核心问题。有学者甚至提出,洛克《政府论》以论政府的解体和人民的反抗权为结尾,正是因为此书的最终目的是要证成反抗权的正当性,以为他们正在策划实施的武装反抗提供理论基础,甚至以此来唤起更多的人加入

---

① "血腥玛丽"是指 1553—1558 年在位的英国女王玛丽一世。她曾努力把英国从新教恢复为天主教国家,并为此而处决了约 300 名反对者。

到这一反抗事业中来。①

第二,由于"废黜危机"的论战是托利党的王权主义与辉格党的宪政主义之间的论战,而托利党所依仗的主要意识形态理论家是罗伯特·菲尔默爵士,因此《政府论》的主要论战对手是菲尔默,而不是传统上所认为的霍布斯。传统观点认为,《政府论》上篇是对菲尔默观点的逐句反驳,而下篇所构塑的宪政主义理论则意在否定霍布斯的绝对主义王权理论。其理由也有一定的说服力,例如,"利维坦"一词出现在下篇的正文中;洛克强调自然状态与战争状态的区别,并指责有些人把它们混为一谈,显然是在隐晦地批评霍布斯;等等。不过,虽然我们不能排除洛克在阐述个别观点时心中想的是霍布斯,然而其《政府论》下篇的直接对手却仍然是菲尔默。拉斯莱特指出,菲尔默的主要著作在 1679—1680 年不断再版,而《父权制》一文也在此期间首度发表,他的父权论为查理二世追求的王权绝对主义提供了强有力的辩护,以至于他的理论几乎成为官方正统的意识形态。因此,所有辉格党立场的理论家都将菲尔默而不是霍布斯视为最大的对手。在很大程度上,菲尔默是《政府论》下篇的议题设定者。"若不是因为菲尔默,洛克的许多论证也许根本就不会出现。"②例言之,洛克在下篇开篇就讨论人生而自由平等,是因为菲尔默的意图恰恰是要否定这一点;洛克在"论财产权"的第五章为自己设定的任务——证明财产权是自然权利,无须基于任何人的同意,也是因为菲尔默提出的挑战:如果世界最初为全人类所共有,那么要将共有之物个别化为私有财产就必须经过全人类的普遍同意,而这是不可能做到的。

第三,"废黜危机",包括早先的英国内战和后来的光荣革命,看似只是政治权力的斗争,其实背后都有着深刻的宗教背景,要恰当地理解洛克的政治理论,一定不能忽视这个宗教背景。③ 这里所说的宗教背景至少包括两个层面的含义:社会政治层面的和个人信仰层面的。从社会政治层面的宗教背景来说,洛克所思考的哲学问题(理性与信仰的关系)和政治问题(执政官权力与公民自由的关系)无不与当时欧洲宗教改革大背景下的宗教纷争相关。从个人信仰层面的宗教背景来说,我们始终要记住,洛克是一位有着虔诚的基督教新教信仰的思想家(尽管不是一位正统的英国国教徒)。虽然《政府论》可以说是最早以普遍平等的个人权利为基础的、关于现代国家政治秩序的世俗理论,但它浸润着神学的语言,充满了《圣经》的事例这一文本特征也需要我们给予充分的重视。譬如,如果忽视了洛克自然法理论背后的上帝意志,就无法正确理解他的劳动财产权理论。

---

① 参见 J. Marshall, *John Locke: Resistance, Religion and Responsibility*, Cambridge University Press, 1994.
② [英]拉斯莱特:《洛克〈政府论〉导论》,冯克利译,88 页。
③ 参见霍伟岸:《洛克政治哲学的基督教基础》,载《学海》,2009(2),88~93 页。

需要指出的是,虽然我们强调社会政治语境和智识语境对于理解《政府论》的重要性,但这并不等于说对《政府论》的文本只能"历史地"加以理解。历史视角可以帮助我们避免犯时代错置的基本错误,但它绝不是唯一的视角,也不是首要的视角。尽管在某种意义上《政府论》是一本为"废黜危机"时期的政治论战而写的小册子,但它之所以具有深远的历史影响、之所以成为西方政治理论的经典著作,并不是因为它在17世纪的英国政治史中所发挥的具体作用,而是因为它以普遍性的语言所建构的政治理论具有超越历史时空、不断启人深思的恒久价值。因此,我们在阅读《政府论》的时候,首先还是要把它当作一个具有内在逻辑合理性的论证文本,接下来再考察他的政治论证和道德论证是否合情合理。这种阅读方法有助于我们更好地把握洛克政治理论与当今时代问题的相关性。

第二节 绝对主义与父权论

英国的宪政主义传统至少可以追溯到1215年的《大宪章》,而君权神授论则是16世纪后期才出现的新事物。在英国,这一理论最著名的阐释者就是斯图亚特王朝的创始者国王詹姆斯一世本人。[①] 他认为,国王的政治权力完全来自于上帝,任何对君主的反抗都是罪恶的。如果国王要求我们做违反上帝律法的事情,我们定然不能服从其命令,但却要欣然接受由于不服从国王而带来的惩罚。詹姆斯一世主张一种温和的绝对君主制。从《政府论》下篇第200节引用的这位国王的几段演说中可以看出,他格外强调合法的国王与暴君的不同在于前者依照法律来统治,以公众的利益为依归,而后者则是只顾自己的利益和意志。但是,詹姆斯又强调,没有人有权强迫国王履行其义务。这实际上意味着国王可以不受任何限制地进行统治,在法律和政策问题上无须咨询议会也可独自做出决定。

虽然斯图亚特王朝的君主们都追求这种绝对权力,但他们仍然在征税问题上受制于议会同意的传统约束。正是这个问题上的冲突成为英国内战的导火索,也成为查理二世复辟后议会与国王矛盾的主要来源。到了詹姆斯二世统治时期,由于这位国王的天主教徒身份(在时人的观念中,天主教与绝对主义在某种意义上是同义词),这个问题就显得格外突

---

① 参见《国王詹姆斯政治著作选》,北京,中国政法大学出版社,2003,特别是其中的《王室礼物》(*Basilicon Doron*)、《自由君主的真正法律》(*The Trew Law of Free Monarchies*)和《三个绳节对三个楔,或为效忠宣誓辩护》(*Triplici Nodo, Triplex Cuneus. Or an Apologie for the Oath of Allegiance*)。

出。为詹姆斯的王权绝对主义辩护的人声称,国王征税可以无须议会的批准,因为他是这个王国一切财产的正当所有者。为了论证这个观点,这些人搬出了早已去世多年的菲尔默的著作。

菲尔默生于1588年(与霍布斯同年),在他将近60岁的时候才第一次发表作品,但到他1653年去世前已经出版了多部带有鲜明绝对主义父权论色彩的政论文。不过,他真正名声大噪却是在1679年"废黜危机"开始之后。他所有的政治论著都在1679—1680年由托利党的宣传家们结集出版,包括此前从未出版的、他的政治思想集大成之作《父权制》。①

菲尔默的核心观点是,正确理解的政治权威是一个父权式的权威。菲尔默通过《圣经》创世记里的故事来阐发这个观点。他说,上帝创造了亚当之后,就把对世界的统治权和对世界上一切东西的所有权赐予了亚当。亚当是所有人的父亲,是他一切后代的统治者,也是世上万物的所有者。在这个解读中,父亲、政治权威、财产所有者这三重身份是合而为一的。因此,除了亚当自己之外,一切人都是生而处于父亲权威的支配之下,而且这种支配是包括生命、自由和财产在内的全面而绝对的支配。由于父亲权威就是君主权威的原型,因此臣民必须绝对服从君主就像子女必须绝对服从父亲一样自然,臣民不能反抗君主,亦如子女不能反抗父亲一样。这样,菲尔默就捍卫了人生而不自由(受支配)的观点,并认为人生而自由平等的思想违反了《圣经》所构建的神圣秩序。

菲尔默的观点具有强大的意识形态力量。如果它被人们接受,则意味着国王不但可以随意任免任何人的官职(因为王权是这些官职的政治权威的来源),而且可以任意对任何人的财产课税(因为王国的一切财产本都是属于国王的,只是出于他的恩赐才为各人所分有)。

从学理上说,菲尔默对格劳秀斯和霍布斯等人的契约论提出了有力的挑战。他认为,人生而处于一种由神的意志所规定的政治权威的等级秩序中,由此形成的政治共同体的关系不但是自然和神圣的,而且还相当稳固;与此相比,社会契约论传统假定人生而自由平等,如同一盘散沙那样彼此独立,政治共同体需要经由契约来构建,这样一种社会政治关系反而显得不自然,而且以个人同意作为政治共同体的前提将带来极大的政治不稳定,因为没有表达同意的人和未来世代的人(他们并未对生于其中的政治秩序表达过同意)都有可能对政治秩序构成严重威胁。更重要的是,菲尔默对社会契约论的如下假定——世界最初为人类所共有,后来经由默示或明示的契约,各人才分别享有私有财产——发出了致命一击。他说,如果世界最初是共有的,那么每个人要享用这个世界的任何一点资源都要征得其余所有人类的同意,而这显然是不可能的。因此,只有相反的观点才是逻辑一贯的,即世界最初为亚当一人所有,并依照他的意志分给各人财产;由于今天的君王都是亚当的直系后代,所以他们在王国之

---

① 参见[英]菲尔默:《"父权制"及其他著作》,北京,中国政法大学出版社,2003。

内也享有类似亚当的地位,臣民享有财产都是基于君王的恩赐。

既然菲尔默是诉诸于圣经的权威来阐述他的观点,洛克要想针锋相对地予以驳斥,也必须诉诸于同样的权威。在17世纪的英国,《圣经》的权威仍然是最高的权威。但是在那个启蒙的时代,理性的权威也受到越来越大的尊重。因此,洛克的策略是,把《圣经》的权威与理性的权威结合起来。他强调,对《圣经》启示的理解必须要符合理性,否则我们就无法区分什么是上帝的真正意旨,什么是僭称的神圣启示。这样,他就以理性的名义对菲尔默所引用的《圣经》文本进行了重新解读,从而指出后者的谬误。

洛克重新解释了创世记的故事,指出即使亚当同时具有人类的父亲、地球的统治者和万物的所有者这三重身份,但它却不可能同时被他的某个特定的后代所继承。洛克按照理性的要求提出了继承的规则:"就一切种类的继承而论,如果继承人不继承他父亲的权利所根据的理由,他就不能继承那以此为根据的权利。"①如果我们假定亚当的主权是基于他的"全世界唯一所有者"的身份(这正是菲尔默的观点),那么亚当的继承人如果想要继承亚当的主权,就必须也同时继承亚当的全部财产。可是,理性告诉我们,自然法给予每个人以获得财产维持生存的平等的自然权利,因此,在对亚当财产的继承上,其所谓的继承人(无论有没有这样的继承人)并没有高于亚当其他子女的权利。既然亚当的任何一个子女都不可能继承亚当的全部财产,那么建立在亚当财产权基础上的主权就是不可传承的。这里的关键问题还在于,政治权力与财产权的目的不同,因而它们的传承规则也必然不同。洛克反复强调,子女分享和继承父母的权利的目的是为了他们自己的利益,而政府却不只是为了统治者的利益,而且更是为了被统治者的利益。因此,子女不能以其私利为理由而对父亲的统治权提出要求。子女有权向父亲要求的是抚养和教育,这是他们的生存所必需的,因而是他们的自然权利;但他们无权要求父亲的统治和支配权,因为那不是他的生存所必需的。

此外,政治权力与父权也不是一回事。如果政治权力是基于父亲的身份而被继承的,那么亚当的后世有无数个父亲岂不意味着有无数个拥有绝对权力的国王?这在概念上就是自相矛盾的。菲尔默认为,正是由于父亲生育了孩子,所以他对子女具有自然的支配权,因此人生而不自由。但洛克反驳说,父母只是上帝用来繁衍人类的工具罢了,人的生命是上帝给予的,而不是父母给予的,所以除了上帝之外,父母乃至我们自己对我们的生命都没有绝对的支配权。亚当生而是一个完全的人,身体、心智完全成熟。但是亚当和夏娃的所有后代刚出生后都是孱弱无助的,没有任何知识。根据理性的自然法,父母有责任保全、抚养和教育他们的子

---

① [英]洛克:《政府论》(上篇),瞿菊农、叶启芳译,第85节,73页,北京,商务印书馆,1982。本章对《政府论》上篇、下篇的引文主要以目前国内学界通用的商务印书馆中译本为依据,但个别地方会依据英文原著加以调整,不再一一注明。

女,要对上帝负有照顾和培养孩子的自然法义务。因此,父母对孩子的权力首先是一种义务,或者说是由义务所派生的权力。与此同时,上帝还用慈爱和关切来软化父母对子女的权力。因此,这一权力必然是有限的权力,其限度不超出为了孩子的身心健康所采取的手段。洛克指出,父母对孩子的权力不是立法权,不能赋予其永久的义务,父母无权终其一生支配子女的财产和人身自由,乃至运用死刑,这些都是执政官的政治权力。相反,父权是临时性的,不涉及孩子的生命或财产,而仅仅是一种救助或必需的约束,而且当子女成年后,连这种约束也不存在了。子女总有一天会与父母处于同样的法律之下而成为平等的公民。

在否定了父权、政治权力和财产权的同质性之后,要彻底驳倒菲尔默的父权论以及其他形式的政治绝对主义,从而建构一个自由主义宪政理论,洛克还面临着两个理论任务:(1)说明自然状态中的个人可以无须任何其他人的同意而确立对共有世界的一部分的自然财产权,这一财产权先于任何政府而存在,而且在逻辑上也不依赖任何政府的存在为前提;(2)说明生而自由平等的个人可以通过同意和契约构建一个符合上帝意志的、拥有足够权威、稳定、但权力有限的政治秩序,后者的根本目的是为了更好地保护人们的财产权,对违反此目的的政府可以正当地加以反抗。

第三节 自然财产权理论

洛克的自然财产权理论可以说是其政治理论中最重要的部分。《政府论》下篇第五章是专门讨论财产权的,但实际上,洛克早在上篇驳斥菲尔默的财产权理论时就已经开始展开这个话题,而且对财产权的讨论在下篇中也一直作为贯穿始终的主线。洛克的财产权有两层含义,狭义的财产权仅指对财物的私有权利,而广义的财产权则指对生命、自由和财物的所有权。洛克说政府的唯一目的就是保护财产权,是指广义的财产权。

一、智识背景

菲尔默强调上帝最初把对全世界的私人支配权(洛克认为菲尔默的这种表述与财产权同义)给了亚当单独所有,在大洪水过后,这种排他性财产权又被单独授予诺亚。菲尔默的绝对君主论就是建立在这种"世界最初为一人所有,此人即是全世界的君主"的逻辑基础上。从《政府论》上篇第21节开始,洛克就开始驳斥菲尔默的财产权理论,并指出,上帝从未给过亚当或诺亚对世界的私人支配权,而是把世界交给全人类共有。因此,在下篇第五章中,洛克已经可以把世界最初归人类共有当作前提来使用。

在这个前提下讨论财产权,我们可以发现,洛克的财产权概念其实就是指私有财产权。因为,首先,最初世界归人类共有,人人都对世界上的东西拥有共有权利,这是财产权问题发生的背景,换句话说,当人人都对世界上的一切拥有共有权利的时候,还没有发生财产权的现象和概念。洛克所要解决的问题正是在这样的背景下,财产权是如何确立的。这样,我们就必须把财产权理解为私有财产权,不然的话,我们就无法理解财产权问题的意义。既然洛克把共有之物的一部分划拨私用叫作确立财产权,这样的财产权当然是私有财产权。

与菲尔默的奇谈怪论相比,上帝最初把世界交给人类共有的观点更符合基督教神学的教义。因此,不仅是洛克,他同时代的其他政治理论家要想论证私有财产权,也必须首先回答这个共有财产如何个别化的问题。

格劳秀斯认为人类社会早期生活方式淳朴,人际关系友善,曾经有过短暂的财产共有的状况。但是随着各种技艺的发明,生活的复杂化和人的野心的膨胀,人们感到财产共有不再方便了,于是开始重视财产权的观念。应该注意的是,财产为私人占有和财产私有权(或财产权)是两个概念。即使在财产共有时代,人们也必须将共有财产的一部分据为己有,为我所用,才能够维持生存。但是在那个年代,由于物丰人稀,生活简单,民风淳朴,人们不会有财产权的观念。因此,格劳秀斯认为,财产权作为一种明确的观念的确立必定是基于明确或默认的同意,没有自然的财产权概念。

在霍布斯看来,自然状态就是一切人对一切人的战争状态。在那里,人人可以利用一切所能利用之物来保存自身,反对敌人。因此,每个人对一切东西都拥有权利,甚至包括他人的身体。这显然也是一种世界为全人类共有的状态,但是在这种状态中却不可能有财产权,因为财产权就是要区分你的和我的,侵犯了对方的财产权就是不正义的。当没有财产权时,也就无所谓正义和不正义。因此,为了确立财产权,人们就必须相互达成契约。但是要确保人们履行契约,就必须有某种强制性的权力,使人们感到要违反契约所付出的代价比违反契约所获得的好处大得多。而在国家成立之前,是不可能有这样的强制性权力的。因此,没有国家,就不可能有财产权。可见,霍布斯没有自然财产权的概念,他的财产权是一个地地道道的约定俗成的权利。

普芬道夫也同意。最初,上帝不加区分地使一切物品为全人类所共有,任何人都不拥有超出他人的份额。显然,上帝的意志是人们可以利用其他造物来增进自己的利益。开始人们可以将自然所产出之物据为己有,但出产这些物品的东西本身仍然归大家共有。随着时间的推移,人们不满足于采集和游猎,开始过上农耕生活。这时,为了避免冲突和确立良好的秩序,他们开始分割那些能够出产供人们生存利用之物的东西,人人分得自己的适当份额。随后,人们达成协议,在第一次分割之后剩下来的共有之物按照先到先得的方式进行分割。对普芬道夫来说,财产权有两个基础,一个是上帝的意志,一个是人们的同意。在这个意义上,财产权既不是完全的自然权利,也不是完全的约定俗成的权利。

综上所述,与洛克几乎同时代的另外三位主要的政治思想家都认为共有世界的个别化是基于人们的同意,无论是通过明确的契约还是默示的同意。但是,菲尔默提出了这样的疑问:如果世界最初为全人类共有,那么要将共有之物个别化就必须经过全人类的普遍同意,但要做到这一点是不可能的,这就是洛克在财产权问题上所面临的智识难题。一方面,他不承认世界最初为一人所有(菲尔默的这个观点就无须回答共有之物个别化的难题);另一方面,他要解决共有财产个别化的问题一定不能追随格劳秀斯、霍布斯和普芬道夫的理论而把财产权奠定在同意的基础上,因为那样他就必须面对菲尔默的诘难:全人类的普遍同意在实践中是不可能做到的。有鉴于此,洛克在第五章《论财产权》中给自己设定的理论任务就是:

> 我将设法说明,在上帝给予人类为人类所共有的东西之中,人们如何能使其中的某些部分成为他们的财产,并且这还不必经过全体世人的明确协议。①

洛克要使他的财产权概念脱离人类同意的基础除了可以回应菲尔默的诘难之外,还有一层重要的理论意义。我们已经知道,在格劳秀斯、霍布斯和普芬道夫那里,财产权都不是纯粹的自然权利,而洛克的主要理论意图之一就是证成财产权是自然权利。惟其如此,他才可以宣称政府的唯一目的就是保护财产权。财产权先于一切政府而存在,它高于一切人类的协定。在这个意义上,洛克的财产权理论是其政治理论中最具原创性的内容。

二、劳动财产权理论

在格劳秀斯的概念中,是先有的私人占有财产的现象,后来才有的财产权的概念。但是在洛克的概念中,当个人通过某种正当的手段把共有之物据为己有之后,私有财产权同时就发生了,此时其他人对这被划拨私用之物就不再拥有权利了。也就是说,私有财产权是伴随人类始终的。在这个意义上,它当然是一种自然权利。那么,这种使财产权发生效力的正当手段究竟是什么呢?洛克的答案是劳动。

要想从共有的东西中确立私有的权利,洛克必须找到一种本身是属于私有的中介。这个中介首先是人身(person),每个人都对他自己的人身拥有财产权,这种权利是排他性的。由此推理,他身体的劳动及其劳动

---

① [英]洛克:《政府论》,下篇,叶启芳、瞿菊农译,第25节,18页,北京,商务印书馆,1964。

成果都正当地属于他。因此,人天然地就拥有他的人身和他的劳动,这是他确立私有财产权的必要中介和手段。既然人拥有他自身和他的劳动,那么只要他用自己的劳动使任何共有之物脱离其自然所处的状态,他就在这物品上面加上了自己的某些东西,从而使其成为他的财产,从而排除了其他人对它的共有权利。

要正确理解洛克的劳动财产权理论,还必须注意它的神学背景。洛克财产权理论的推理前提是世界最初由上帝交给全人类所有,上帝要求个人要利用他给全人类共有之物来增进个人生活的益处。但是,如果不将共有物品划归私用就不可能让其对任何私人有所裨益,这也就是说,要个人将共有之物的一部分据为己有以便加以利用是上帝的意志。这对财产权的确立来说是根本性的,因为如果没有上帝的意志作为基础,那么仅有个人的劳动并不足以排除他人的共有权利。

为了进一步强化劳动财产权理论的合理性,洛克还为它补充了两条原则。第一条原则通常被称为"腐坏原则",其核心思想就是世界上的物品是上帝交由我们享用的,我们不能暴殄天物,使手中的财产腐败变质,不能再对人有任何用处。我们所能合法占有的财产的限度以其在我们手中不腐坏为限。第二个原则是"充足性原则",它的含义是当一个人通过劳动把共有之物的一部分划拨私用之后,他必须给其他人留下同样多同样好的东西以供他们占有和享用。显而易见,当腐坏原则和充足性原则同时满足时,个人的劳动财产权就具有充分的有效性。与此同时,也不难发现,当这两个原则同时发挥作用时,个人所能合法占有的财产规模大约会是比较有限的。

但是,这两个原则的限制只是表面的。由于货币的发明,腐坏原则轻易就被突破了。在货币出现之前,人们的财产占有通常都保持在适度的规模之内。这时,腐坏原则自动发挥作用使人不拥有超出其所能利用的东西。如果他不能用这些不能持久的东西来交换较为持久的东西,那么贮藏超过自己所能消费的东西是不合理性的,因为那样就等于使自己的很多劳动白白地浪费掉。随着物物交换的发展,贵金属逐渐成为通行的货币。这些贵金属终生都不会腐烂,所以人们可以把超出自己需要的东西都交换了金和银,将其贮藏终生而不侵犯他人的权利。货币的发明的直接效应就是刺激勤劳的人们扩大自己的财产。货币的发明不仅使囤积财富成为可能,而且也使之成为有利可图的事情。

但是仅有货币的发明并不能保证人们所创造的财富可以同时满足充足性原则的要求。就当时的英国社会而言,圈地运动如火如荼地进行,产生了大量无地少地的农民。英国的土地在农民与地主之间的分配状况显然严重违反了充足性原则。然而洛克有些出人意料地指出,时至今日,世界上似乎人满为患,但是土地占有的充足性原则仍然可以满足。为什么会是这样?洛克提醒我们,在大洋彼岸的美洲,仍然有着广袤无垠的土地。今天无论是谁在美洲内地的空旷之地进行垦殖,都会发现他的处境就像世界早期亚当和诺亚的子孙所处的情形一样。

可是,美洲并不是无人居住的大陆,欧洲殖民者圈占美洲土著居民所生活的土地不是会侵犯当地人的土地财产权吗?这个问题貌似有理,但仔细思考洛克关于土地财产权确立的理论就会发现,美洲土著居民对他们所使用的大部分土地都没有洛克意义上的财产权。我们知道,美洲土著居民的主要生活方式不是农耕,而是采集和游牧渔猎,后者可以确立对植物果实和海陆动物的财产权,但却不能确立对采集场和牧场的土地财产权,因为根据洛克的理论,要确立对土地的财产权,只有一种方式,那就是圈占土地并在上面精耕细作。换句话说,只有当时在欧洲处于主流的农业用地方式才能确立土地财产权,而美洲土著居民的采集游牧渔猎的用地方式是不够资格的。其原因是上帝不仅要求人类利用世界,而且要求人类利用世界为生活提供最大的便利。就土地而言,这就是要使土地上的产出最大化。显然,农耕比采集游牧渔猎可以使土地有更大的产出。美洲土著居民不仅不能抱怨欧洲殖民者圈占了他们的土地,而且还要感谢他们帮助大大提高了土地生产力,丰富了供应人类生活的产品。显然,洛克的财产权理论为欧洲殖民者在美洲的殖民扩张提供理论辩护的意图是昭然若揭的。

洛克的财产权理论经常被看作是为不受限制的财产占有,或者为农业资本主义的原始积累而辩护。① 实际上,洛克不太关心财产占有的规模,更关心财产的获得要通过诚实而勤恳的劳动。他对通过勤恳的劳动而扩大了财产占有(特别是土地财产)的人的态度是赞赏而感激的,因为他们一方面贯彻了上帝的意志;另一方面又为人类提供了更多的生活必需品,帮助提高了人类整体的生活水平。洛克最鄙视的人就是懒惰但却抱怨所得不公的人。由于有这样的人存在,洛克一定要极力避免让他的财产权理论取决于共有者的同意。因为他清楚地知道,如果财产权的确立依赖于同意,那么关于财产权的争执一定会无休无止,同时勤劳者的劳动积极性也会受挫。洛克的劳动财产权是自然权利,其基础是上帝的意志而不是人类的同意。只要满足自然法的要求(腐坏原则和充足性原则),财产权的确立是自动完成的。因此,财产权先于政府而存在,政府可以在自然法的基础上对公民的财产权进行调节,但财产权并不依赖国家的法律而存在。

洛克的劳动财产权理论把劳动的价值,也就是人的价值提高到无以复加的地步,以至于劳动资料在他的眼里几乎没有任何价值。基于这样的思考,他特别强调人口众多比领土广阔还要好。因为有人才有劳动,才可以把本身几乎没有价值的劳动资料变成满足和丰富我们生活需要的产

---

① 参见 C. B. Macpherson, *The Political Theory of Possessive Individualism*, Oxford University Press, 1962; N. Wood, *John Locke and Agrarian Capitalism*, University of California Press, 1984。

品,因此人是最宝贵的。一个国家如果人口众多,而其君主又能用自由的法律保护和鼓励人类的诚恳勤劳,那么人民就会受到激发去垦殖拓荒,从而不断扩大国家的疆土,并为国家生产和积累越来越多的财富。这样的国家一定会国力昌盛,日益繁荣,使其邻国倍感压力。我们看到,洛克描述的正是17世纪重商主义国家(包括英国在内)的实践,包括鼓励拓展海外殖民地,强化国际贸易,积累国家财富。洛克的财产权理论正是在为这样一种殖民帝国的历史实践提供理论辩护。

第四节 自由主义宪政理论

洛克之所以被称为自由主义之父,是因为他最早为有限政府的先政原则提供了系统的理论论证。他的政府理论首先描述了一个由自然法支配的、相对和平安宁的自然状态,从自然状态的不便引申出社会契约和政治契约,人们交出自然法的执行权,进入政治社会,再把政治权力委托给政府,唯一的目的就是保障人们在政府成立之前早已拥有的自然财产权。如果政府违背信托,那么人民可以予以撤换,甚至行使反抗权,起而革命。

一、自然状态

在洛克看来,要恰当地理解政治权力的性质及其起源,我们就必须来考察人在自然状态中的处境。洛克指出,在自然状态中,人可以有完全的自由以自己认为适当的方式来支配其行动,处置其财产和人身,而不必仰赖任何其他人的意志。自然自由是人的自然状态的第一个特征。第二个特征是平等,也就是说没有人比其他人拥有更多的权力和管辖权,没有人生而要服从其他人的意志,也没有人生而有权利要求他人的服从,除非上帝通过明确宣布他的意志,而赋予某人对支配权和主权的毋庸置疑的权利。可见,这里所说的平等主要是指政治平等,是在政治权力上的平等,没有人生而比其他人拥有更多的政治权力。

这种自然自由并不是放任的状态,其唯一限度是自然法。基本的自然法有三项:荣耀上帝,保存自我,保存社会。其中保存自我与保存社会同等重要,不可偏废。自然法要求和平和全人类的保存,因此所有人都应该避免侵犯他人的权利,避免互相伤害。一个人可以正当地伤害另一个人的唯一情况就是惩罚罪犯。我们知道,惩罚罪犯是一种执法权,这里所谓的法当然是指自然法。任何法律如果不能被执行,如果没有奖惩附加其上,以便保护无辜和惩罚罪犯,那么都不是真正意义上的法律。上帝是自然法的立法者这一点没有异议,但是在自然状态中上帝并没有亲自执行自然法,自然法的执行权被交在每个人的手中。

为什么自然状态中人人都有自然法的执行权?因为自然状态是一种完全平等的状态,没有人是其他人的上级,没有人比其他人拥有更多的管辖权,因此可以推论,在这种状态下,只要有一个人有权执行自然法,那么所有人就都拥有同样的权利。自然法的执行权是自然状态中一个人能够获得对另一个人的支配权的来源,它也是政治社会的政治权力的来源。

执行自然法惩罚罪犯有两个主要的目的:遏制和赔偿。为了遏制犯罪,防止以后再发生类似的侵犯,人人都有惩罚罪犯的普遍权利(简称惩罚权),任何人只要认为这么做是正当的,都可以——而且必须,因为自然法的执行权同时也是一种必须履行的自然法义务——协助受害方惩罚罪犯和追讨损失;但是要求获得罪犯赔偿损失的权利是特殊权利(简称赔偿权),只属于受犯罪行为损害的人所有。

基于普遍的惩罚权,对于一个杀人犯,自然状态中人人得以诛之。因为前者已经放弃了理性,而理性是上帝给人类的共同规则和尺度,所以放弃理性就意味着把自己降低到野兽的层次。既然人们在自然状态中可以用死刑来惩罚一个杀人犯,那么他们自然也可以用较轻的刑罚来惩罚较轻的犯罪。在自然状态与在国家状态中一样,惩罚犯罪都是依据同样的原则,即足以使罪犯觉得犯罪得不偿失。由于在国家状态中,惩罚罪犯是一种政治权力,所以在自然状态中,执行自然法以惩罚罪犯的权力在本质上也是一种政治权力,而且后者恰恰是前者的基础和来源。这正如各国大部分国内法"只有以自然法为根据时才是公正的,它们的规定和解释必须以自然法为根据"①。

为了让我们更深入地理解自然状态的特征,洛克把自然状态与战争状态进行了对比。"战争状态是一种敌对的和毁灭的状态。"②有两种情形会导致战争状态。第一种情形简单说来就是,企图故意杀人就会使行动者及其攻击对象处于战争状态。第二种情形就是企图置他人于自己的绝对权力之下,因为这意味着要剥夺他人的全部自由,令其变为奴隶。

洛克总结了自然状态与战争状态的区别,他这样做显然是为了反对霍布斯将这两种状态混为一谈的观点:

> 它们之间的区别,正像和平、善意、互助和安全的状态和敌对、恶意、暴力和互相残杀的状态之间的区别那样迥然不同。人们受理性支配而生活在一起,不存在拥有对他们进行裁判的权力的人世间的共同尊长,他们正是处在自然状态中。但是,对另一个人的人身用强力或表示企图使用强力,而又不存在人世间可以向其诉请救助的共同尊长,这是战争状态。③

---

① [英]洛克:《政府论》,下篇,第12节,10页。
② 同上书,第16节,12页。
③ 同上书,第19节,14页。

自然状态和战争状态有一个共同点就是都没有人世间的法官可以裁决争端,它们的区别在于行动所根据的原则不同,自然状态的行动原则是理性,而战争状态的行动原则是强力。

洛克曾经说,在自然状态中,由于人人拥有自然法的执行权,所以人人是自己案件的法官,这就必然存在着巨大的不便,因此政府被认为是对自然状态之不便的必要的补救;但是这里洛克为什么要说自然状态是一种和平、善意、互助和安全的状态?如果自然状态如此美好,那么人们就没有理由脱离自然状态而进入政治社会了。的确,洛克对自然状态的描述会随着语境的不同而滑向两个极端:当他要强调自然状态与战争状态的区别时,就突出自然状态的和平与善意的一面,而当他要强调脱离自然状态的必要性时,就凸显自然状态的巨大不便。但是在这两者之间并没有重大的矛盾,洛克的意思是,自然状态可能会存在两种极端情况,如果人们都按理性原则行动,也就是都严格遵守自然法,那么自然状态就是和平安宁的美好状态;但是如果有人违反理性的自然法,由于人人是自己案件的法官,自然状态就开始出现不便,一些人的安全就开始受到威胁,当这种情况愈演愈烈时,自然状态甚至会演化为战争状态。那么,这两种极端情况是否存在着时间上的先后关系呢?这取决于自然状态的含义。洛克的自然状态至少有两种含义:一种是世界各国统治者相互之间所处的状态;另一种是人类社会的早期状况。如果是前一种自然状态,那么这两种极端状况可能是交替反复的,不一定哪种状况一定在先,哪种一定在后,其表现形式就是国际上战争与和平的交替反复。如果是后一种自然状态,那么和平友善的情况一定是自然状态的早期,而战争状态乃是自然状态的晚期,因为只有这样才有必要摆脱自然状态,进入政治社会。

二、基于同意的社会契约

自然状态是一种人人享有自然自由和平等的状态,这里的平等主要是指政治平等,也就是说除非同意,没有人需要服从另一个人的权力。既然如此,那么自然状态中的个人为什么要放弃这种人人享有的最高统治权,反而去受制于他人?洛克说,答案其实显而易见,在自然状态中,人们对这种权利的享用是非常不确定的,而且不断遭到他人的侵犯。自然状态与政治社会相比,最欠缺三样东西:一种众所周知的确定性法律作为裁决一切纠纷的共同尺度;一个有权依照既定法律来裁判争执的公正的裁判者;支持正确的判决,使它得到应有的执行的公共权力。由于缺乏这三样东西,自然状态只能是一种糟糕的状态,人类被迅速驱使进入政治社会。

洛克认为,政治社会形成的唯一合法途径就是同意或契约,而人们之所以要进入政治社会是为了过上舒适、安全和和平的生活,从而安享财产,可以更好地抵御外来侵害。

自然状态中的个人通过签订一个社会契约而进入政治社会。那么，这个社会契约都有哪些内容呢？首先，它必须规定每个人都要放弃他的做任何他认为适当的事情以保存自身的权力，把这权力交给社会所制定的法律来调节；其次，它还必须规定要把惩罚违反自然法的罪犯的权力全部交给公众，由公众来决定社会的法律和行动，并且承诺用自己的自然力量来辅助政治社会的执行权。但是，公众是一个模糊的概念，如果不对它予以清晰的界定，那么我们就无从知道自然法的执行权在政治社会中究竟是如何来运作的。洛克明确地意识到这个问题的重要性，他对此给出的界定是，公众就是政治体的多数人，多数人有行动的权利和替其余人做决定的权利。

可见，任何合法政府的诞生都要满足三个必要条件：第一，签订社会契约的必须是不对任何人承担政治义务的、享有充分的自然自由的个人；第二，这样的个人要自愿地同意放弃其自然自由和自然法的执行权；第三，他们还要同意把多数人的意志和行动当作共同体的意志和行动。需要注意的是，当上述三个条件满足后，人们就脱离自然状态而进入政治社会，但是政治社会的构建并没有完成。因为这时签订的只是社会契约，而要建立一个有效的政府，还必须有一个政治契约，确定具体的政体形式，向执政官委托政治权力，规定立法机关与执行机关的组成和权限，等等。

洛克对公民服从政府的政治义务的解释建立在他的同意理论的基础上。洛克说，没有人会怀疑，只有明确的同意，例如签署契约或公开宣誓，可以使一个人成为政治社会的完全成员。而且，一旦他明确同意加入某个国家，"他就永远地和绝对必要地有义务成为、并且始终不变地成为它的臣民，永远不能再回到自然状态的自由中去，除非他所属的政府遭受任何灾难而开始解体，或者某种公共行为使他不能再继续成为国家的一个成员"①。明确的同意是自然状态中的个人放弃其自然自由而进入政治社会的充分条件，而且是唯一的充分条件。此外，这种同意是不可撤销的，一旦同意就将背负永久的政治义务，除非其所服从的政府本身遭到解体，或政府将他驱逐国外。不可撤销的明确同意和不可自我解除的政治义务保证了政治社会成员构成的稳定性。

当一个人并没有对政府及其法律做出明确同意的表示（无论是书面的还是口头的），他的何种行为可以被视为默示的同意？这种默示的同意又在多大程度上能够约束他服从政府及其法律？洛克的回答是：

> 只要一个人占有或享用任何政府的领土的任何部分，他就因此表示他的默示的同意，从而在他享用期间，他必须服从那个政府的法律，就像同处于那个政府统治之下的其他人一样。不管他所占有的是属于他和他的继承人的土地，或只是一星期的住处，或只是在公路

---

① ［英］洛克：《政府论》，下篇，第121节，76页。

上自由地旅行；事实上，只要身在那个政府的领土范围内，就构成了默示的同意。①

这段话的意思是说，任何人只要在某个特定政府的领土上享受到了它所带来的安全和便利，那么就意味着此人已经默示同意遵守该政府的法律。洛克的这种推论显然是有问题的。一个人在某个国家短暂居住或旅行并不表示他一定默认同意该国的法律和统治，在这两者之间没有因果关系。曾在美国受训的"9·11"恐怖分子在实施恐怖袭击前一定居住在该国若干时间，但我们怎么可以推论说，他们当时短暂居住在美国，在美国的公路上行走，这就表明他们至少在当时是同意遵守美国的法律和美国政府的统治的？不过，洛克的这种有问题的推论却为后来功利主义对公民义务的论证提供了思路。以休谟和边沁为代表的功利主义认为，公民之所以要服从政府，正是因为他们享受到了政府给他们带来的安全和便利等好处。正是基于这样的思考，休谟认为洛克的同意论对于政治义务的确立来说完全是多余的，人们不是因为同意才服从政府，而是因为政府提供了好处才同意服从政府，同意是服从的结果而不是原因。② 但是，功利主义对政治义务的论证面临着同样重大的问题，那就是如果把政治义务的基础建立在人们所享受的公共服务上，那么由于每个人从政府那里所得的好处和他自己服从政府所付出的成本之间的比例并不相等，甚至悬殊非常之大，则得利少而付出多的人就会感到不公平。洛克的同意论却可以避免这种困难，他把政治义务建立在人们的自由同意之上，政治义务是零售式自我添加的，而不是政府与人民之间批发式的交换协议。

尽管洛克在这里作了无效的推论，但是必须注意的是，洛克从来没有说，仅仅身处一国的领土之上并享受到了该国政府所提供的安全和便利就可以使一个人成为该国的完全成员。显然，一个外国人到某国去游览，短暂住宿，并在其公路上行走，这些行为不足以使他成为该国的公民，而最多表示他默示同意遵守该国的法律。而且，洛克还指出，有的人终生生活在外国，像该国公民一样服从其政府的行政管理，但却并不因此而成为该国的臣民或完全成员。由此我们可以得出结论，同意遵守一国的法律仅仅是成为一国公民的必要条件，而不是充分条件。只有明确的同意才具有这样的效力。

洛克宣称，从历史上看，政府的一切和平的起源都基于人民的同意。洛克说，他之所以强调"和平"二字，是因为有人认为征服也是政府起源的一种方式。在洛克看来，无论外来的征服，还是内生的征服（篡夺），其本身都不是政府起源的合法途径，因为征服本身不能给予征服者对被征服者的统治权，合法的统治权只能建立在被统治者同意的基础上。

---

① ［英］洛克：《政府论》，下篇，第119节，74～75页。
② ［英］休谟：《休谟政治论文集》，张若衡译，118～136页，北京，商务印书馆，1993。

三、通过政治契约建立政府

当自然状态中的个人经过自由的同意,签署社会契约,联合成为政治社会后,他们还需要继续签署一个政治契约,才能够构建一个运转良好的政治秩序。这个政治契约的内容就包括规定政府的形式,政治统治者的产生办法,他的权力和职责,立法权与执行权的限度和相互关系,等等。简言之,这个政治契约就是国家的宪法。基于原始社会契约规定的多数统治原则,签署这一契约而进入政治社会的多数人就可以行使"社会的全部权力"来确定国家的宪法。

关于国家或政府的形式以及政治统治者的产生办法,洛克遵循了传统的学说。依据最高立法权的归属,国家的形式可以分为纯粹的民主制、寡头制和君主制,根据君主产生的不同办法,君主制又可以分为世袭君主制和选举君主制。此外,国家还可以把上述形式的特征结合起来,按照它认为适当的方式而确立复合的和混合的政府形式。洛克在《政府论》中没有明确表示偏好任何政府形式,他关心的是政治合法性。换言之,洛克认为政治合法性与具体的政府形式没有关系。但是,洛克强调一个合法的政治契约必须符合下述原则:

第一,立法权必须是国家的最高权力,但它必须是有限的权力。如果没有立法权,那么国家便不复存在,因为立法权就等于走出自然状态的个人所交给国家的全部权力的集合。立法机关是由公众(多数人)所选举或委派的,因而代表了全体人民的意志。不过立法权仍然是有限的权力。首先,它不是、也不可能是对人民的生命和财产的专断权力。其次,立法机关不能朝令夕改,它的职责是通过颁布长效的法律和授权众所周知的法官来裁决臣民的权利纠纷,从而执行正义。再次,立法权作为最高权力必须以保护公民的财产权为己任,未经本人同意,不得拿走任何人财产的任何部分。最后,立法机关的权力是不可转让的。

第二,立法权与执行权必须由不同的人来掌握。分权的一个核心考虑就是要避免统治者与人民拥有不同的利益。由于人人都有偏私的倾向,都会受到权力的诱惑来为自己谋私利,这是人性所无法克服的弱点,而政治权力的目的却是为了公共利益服务,因此,一定要避免把立法权和执行权让同一些人掌握,从而培育出一个与人民有着不同利益的统治集团。立法权与执行权分立,可以让掌握任何一种权力的人在行使权力时都不能完全从一己私利出发,不然另外一种权力至少出于自身的利益也会对他进行制衡。洛克的分权理论其实只有立法和执行两权分立。至于他为什么没有提及司法权,原因也很简单,因为洛克把国家本身的性质就看作是一个司法机关,是一个公正的法官。立法和执行只是这个大的司法机关的两项具体职能罢了。故此,在洛克的概念中,司法与立法、执行之间并不是并列关系,而是包含关系。① 洛克所提到的对外权(或联盟权)是国家用来处理国家间的战争与和平、合纵与连横等对外关系的权力,它其实也可以算作广义的执行权的一部分,只不过它是专门用于处理对外关系的权力,而狭义的执行权是专门用于处理对内关系的权力。通常,一国的对外权和执行权都掌握在同样一些人的手中,这主要是因为它们的权力性质相似的缘故。

第三,立法机关不必常设,执行机关必须常设,执行机关拥有召集和解散立法机关的权力,但执行权在本质上是辅助和从属于立法权的。由于立法工作可以在较短的时间内集中完成,因此,立法机关不必经常存在。他们可以定期集会,就指导如何运用国家的力量来保存社会及其每个成员来立法,当立法工作结束后,立法机关就可以解散,直至下次集会时间再行召集。执行机关的工作性质与立法机关不同,必须要有一个经常存在的执行权力,才能确保法律的效力能够持续性地得到发挥。既然执行权只是从属于立法机关的一种委托权力,那么在立法机关认为有必要时仍可以收回这一权力,并且处罚违法使用执行权的人。对外权作为广义的执行权的一部分也同样从属于立法权。

第四,为了公众的福利,执行机关可以拥有必要的特权,在紧急情况下甚至可以超越法律而行动。"所谓特权,不外是授予君主的一种权力,在某些场合,由于发生了不能预见的和不稳定的情况,以致确定的和不可变更的法律不能运用自如时,君主有权为公众谋福利罢了。凡是显然为人民谋福利以及把政府建立在它的真正基础之上的任何行为,都是而且永远是正当的特权。"②特权凸显了执行权的一个重要特征。由于法律总是基于既有的经验和合理的推测而制定的,但现实情况总是变化多端,超出人们的预料,因此,法律总是滞后于现实,总有法律未曾规定的,或者法律规定不适用甚至不合理的现实情况发生。因此,执行机关不可避免地要在无法可依,甚至违反既定法律的情况下行动。为了公共利益,必须要授予握有执行权的人以一定的自由裁量权,也就是特权。

关于特权的运用总是无法回避的一个问题是:由谁来判定一项特权的运用是否得当,是否符合人民的利益呢? 洛克的回答既可以说是没有世上的裁判者,也可以说世上的裁判者就是人民自己。当他们感到自己遭受压迫而又不能通过法律途径获得救济的时候,就只有诉诸于天。所谓诉诸于天,就是诉诸于人民的反抗权。

---

① 关于立法、行政、司法三权的历史含义和相互关系的演变,参见[英]维尔:《宪政与分权》,苏力译,北京,生活·读书·新知三联书店,1997;以及霍伟岸:《三权的历史含义及其相互关系》,载《读书》,2003(6),98~100 页。

② [英]洛克:《政府论》,下篇,第 158 节,98 页。

四、反抗权

洛克在《政府论》下篇的最后两章特别突出了反抗权这个主题,似乎那是全书论证最终所归结的要点。但是,《政府论》的最终目的并不是要证成人民的反抗权,而是要从生而自由平等的个人的自然权利出发来构建一个正当合法、运转有效的政治秩序。因此,洛克反抗权理论的主要目的既不是要煽动人民起来反抗不义的统治者,也不是为已经开始的武装反抗辩护,而是要告诫一切统治者不要辜负人民的信托,一个良好的政治秩序构建不易,维持更难,统治者一定要以天下为己任,兢兢业业,勤勉奉公,惯于逆来顺受的人民本来是不易被激怒的,但是一旦统治者由于自己的暴行迫使人民揭竿而起,烽火遍地,那将是"一切事情中最危险的"①。

反抗权所直接针对的就是暴政。简言之,暴政就是行使他无权利行使的权力。暴政并不是君主制所特有的,只要握有权力的人违反了权力授予的目的,越权行使权力,就构成了暴政,这与掌握权力者的人数多少无关。官员未经授权的行为就像是用暴力侵犯他人的权利。无论官员的职级如何,他超越职权的范围都不能为他带来权利,而且职级越高,由于他所担负的责任更重,因而造成的危害就越大。显然,如果越权行动的是国王自己,那么就构成最严重的暴政。这也是洛克最关心的问题,因为君主的暴政会导致政府的解体。

洛克认为,我们必须把社会的解体与政府的解体区别开来。前面说过,自然状态中的个人通过签署社会契约联合成为一个政治社会,然后再签署政治契约在他们中间建立起政府,这样,一个政治秩序的构建才算完成。因此,严格说来,政治社会与政府并不是同一个层次上的事物,先有政治社会,后有政府,而且政府的解体并不意味着政治社会的解体,因为虽然政府垮台了,但处于原来政府统治下的人民却没有直接回到自然状态,他们只是回到了最初政治秩序构建的第一阶段,虽然政治契约被撕毁了,但社会契约仍然有效,人民这时仍然可以签署新的政治契约来构建新的政府。但是,如果社会解体了,那么政府也必然随之解体,理由很简单,皮之不存,毛将焉附?导致政治社会解体的主要途径就是外来征服。社会的解体虽然是更为彻底的解体,但却不是洛克讨论反抗权的重点,其原因在于,洛克的反抗权理论主要处理的是一国之内的统治者与被统治者的关系,这更加关涉政府从内部解体的情况,而不是外来的颠覆。在洛克看来,政府从内部解体通常有两种途径:第一是立法机关的变更,第二是立法机关和君主的任何一方在行动上违背了人民对他们的信托。在政府解体的情况下,人民就可以运用他们的反抗权来推翻滥用职权的暴君,另立新政府。

---

① [英]洛克:《政府论》,下篇,第168节,104页。

第十八章 约翰·洛克的《政府论》

人民的反抗权从根本上说来源于每个人根据自然法在自然状态中所拥有的、做自己认为合适的事情以便保存自身的权力。当人民联合成为政治社会后，他们就把这种权力交给社会所有，而在签订政治契约之后，又由社会把这种权力授予政府。我们已经知道，反抗权所直接针对的就是统治者的暴政，而一旦统治者实施暴政，就意味着政府已经解体，因此保存社会的权力再次回到社会手中，这就是人民的反抗权。个人可以暂时让渡这一权力，但是他们永远不能从根本上放弃这一权力。这是因为保存自身和保存社会是每个人不可推卸的自然法义务，反抗权是他们在特定时刻履行这一义务的必要手段。这是一种属于全人类所有的最终的决定权，它高于任何人定的法律。

把反抗权授予每个个人正是洛克的反抗权理论与此前的反抗权理论的不同之处。富兰克林指出："在16世纪晚期和17世纪早期标准的宪政主义理论中，人民废黜实施暴政的国王及改变其官职权力的终极权利通常被等同于作为人民代表而被建立起来的宪制机构的权利。"[①]这种反君主主义传统一方面反对君主滥用职权，实施暴政，另一方面同样担心民主革命。因此他们只敢把反抗权赋予人民的代表，如等级会议、王国的高级官员和贵族，但坚决反对普通臣民或全体民众起而反抗，后者被视为反社会和无政府主义行为。而洛克的反抗权理论则突破了这一限制。洛克所谓人民的反抗权，其实施主体既可以是人民的代表（如议会，特别是议会下院），也可以是社会公众，乃至每个公民个人。

洛克预料到有人会反驳说，他赋予每个公民以反抗权会使持久稳定的政府成为不可能。洛克为自己辩护说，他的反抗权理论不仅不会埋下叛乱的根苗，而且"是防范叛乱的最好保障和阻止叛乱的最可靠的手段"[②]。因为犯下叛乱罪的不是揭竿而起的人民，而是统治者自己。人民成立政府的一个重要目的就是避免战争状态，而那些违反法律滥用武力的人就是企图恢复战争状态，当这些人自己就是执法者时，人民就不可能通过法律途径获得救济，因此被迫运用反抗权。在这种情况下，真正的叛乱者就是指责人民是叛乱者的暴君。

这其实是洛克反抗权理论最重要的含义，就是告诫统治者，水能载舟，亦能覆舟；告诫他们，权力乃天下之公器，应取之于民，用之于民，倘若徇私枉法，将多行不义必自毙；告诫他们，人民其实本性是惯于忍耐的，一旦多数人揭竿而起，那么一定是政府的"弊害大到大多数人都已感觉到和无法忍耐，而且认为有加以纠正的必要时"[③]，这时罪责只在统治

---

① J. H. Franklin, *John Locke and the Theory of Sovereignty*, Cambridge University Press, 1978, p. ix.
② ［英］洛克：《政府论》，下篇，第226节，136页。
③ 同上书，第168节，104页。

者而不在人民;告诫他们,反抗权是人民始终不会,也不能放弃的权力,因为这一权力是自然法所赋予的,是每个人保存自身和保存社会的必要手段,是先于和高于一切国家法的正当权力;告诫他们,当人民普遍开始行使反抗权的时候,就是他们将会置身的最危险的境地,而这种状态是贤明的君主永远无须担心的,也是所有其他君主最需要避免的。

假如有人担心如果让人民知道他们可以不服从非法的权力,可以反抗侵犯他们财产和辜负他们委托的政府,那么就会引发内战,从而危害社会的和平,则这种看法就不切实际地把和平抬升为最高价值。假设和平的价值高于权利本身,那么就意味着老实人不能反抗强盗的侵犯,因为那会造成流血冲突,这显然是荒谬的。和平不是最终的价值,和平只是让每个人能够安享他们的生命、自由和财产的环境。如果和平是最高价值,那么反抗权就毫无意义。虽然洛克强调反抗权的主要目的是为了警诫统治者,是为了让政治秩序得到更好的维持,但是反抗权还有另外一个重要作用,那就是推翻残暴的统治者,重新建立合法的政府。因此,反抗权既具有事前预防的作用,也具有事后修补的作用。

思考题

1. 了解《政府论》的写作背景对我们理解其问题意识和论证结构有何帮助?
2. 洛克认为父权与财产权的区别以及父权与政治权力的区别分别是什么?
3. 洛克是如何论证劳动可以使人确立对原初共有财产的一部分的私有产权的?
4. 试概述洛克的同意理论。

阅读文献

1. [英]洛克:《政府论两篇》,北京,中国政法大学出版社,2003。
2. [英]洛克:《政府论》,上篇,瞿菊农、叶启芳译,北京,商务印书馆,1982。
3. [英]洛克:《政府论》,下篇,叶启芳、瞿菊农译,北京,商务印书馆,1964。

4. [英]拉斯莱特:《洛克〈政府论〉导论》,冯克利译,北京,生活·读书·新知三联书店,2007。

5. J. Dunn, *The Political Thought of John Locke: An Historical Account of the Argument of the "Two Treatises of Government"*, Cambridge University Press, 1969.

6. J. Tully, *A Discourse on Property: John Locke and His Adversaries*, Cambridge University Press, 1980.

7. R. Ashcraft, *Revolutionary Politics & Locke's Two Treatises of Government*, Princeton University Press, 1986.

8. R. Ashcraft, *Locke's Two Treatises of Government*, Allen & Unwin, 1987.

9. J. Marshall, *John Locke: Resistance, Religion and Responsibility*, Cambridge University Press, 1994.

10. 霍伟岸:《洛克权利理论研究》,北京,法律出版社,2011。

第十九章 孟德斯鸠的法思想

引言

如果说 17 世纪属于英国,因为在这个世纪中,英国完成了国家与社会整体的现代性转型,那么 18 世纪显然让法国出尽了风头。这是一个被后世称为"启蒙时代"(Age of Enlightenment)或"启蒙世纪"(Siècle des Lumières)①的伟大世纪,而这个世纪之所以伟大,就是因为有了孟德斯鸠这样伟大的人物。"启蒙时代"中"自然"和"理性"的观念影响着孟德斯鸠们,孟德斯鸠们也丰富着"启蒙时代"中"自然"和"理性"话语的基本内涵:人类能够根据自身的理性来建构社会,而这种社会建构以模仿自然作为基础,是一个"自然法的世界"②。

康德认为,启蒙"是理性的公开使用","人类摆脱加诸自身的不成熟状态"③。而他的弟子蒂夫特伦克(Johann Heinrich Tieftrunk)却在法国大革命开始之后怀疑启蒙是"荣"还是"耻",甚至还有人批评启蒙导致了革命的发生。④ 无论是赞美、质疑抑或批评,康德以降的德意志知识分

---

① Siècle des Lumières 是启蒙时代的哲学家有意识用以描述所处时代的法语名词,有时也指启蒙运动,这个惯用语字面意思是"光明的世纪",而光明在当时是"智慧"的象征用语,借以表达一种新的哲学——人的理性可以使人类更趋智慧和完美。参见[美]彼得·赖尔、艾伦·威尔逊:《启蒙运动百科全书》,刘北成、王皖强编译,13 页,上海人民出版社,2004。
② 同上书,12 页。
③ I. Kant, "An Answer to the Question: What Is Enlightenment", trans. J. Schmidt, in J. Schmidt(ed.), *What Is Enlightenment: Eighteenth-Century Answers and Twentieth-Century Questions*, University of California Press, 1996, pp. 49-52.
④ See J. H. Tieftrunk, "On the Influence of Enlightenment on Revolution", trans. A. Hirsh, in *ibid.*, pp. 217-224; J. A. Bergk, "Does Enlightenment Cause Revolutions?", trans. T. E. Wartenberg, in *ibid.* pp. 225-231.

子一直围绕"什么是启蒙"这个问题进行思考,德意志的启蒙运动也因此带上了哲理思辨的色彩。但启蒙时代的法兰西知识分子,无论是伏尔泰、卢梭还是其他百科全书派的成员,却用自己的文字与行动热情洋溢地展现着启蒙的形象。① 孟德斯鸠也不例外,他的思想影响了18世纪后期美国和法国的两大革命及其制度建构,但却从未讨论过"什么是启蒙"这样的话题。

虽然伟大的启蒙世纪属于法兰西,但是一般认为牛顿《自然哲学的数学原理》(*Philosophiae Naturalis Principia Mathematica*)的出版(1687)与英格兰的光荣革命(1688—1689)是启蒙运动开始的标志,②而孟德斯鸠就出生于1689年1月18日,二十几天之后(1689年2月13日),英格兰议会正式通过了《权利法案》。这一不经意的历史巧合,或许预示着他不仅为启蒙运动而生,而且他这一生和他的思想与英格兰之间存在着微妙的联系。③

中国语境的孟德斯鸠形象始于清季,维新人士倡导三权分立之制,立宪法、开议会,受孟氏思想影响颇深。至20世纪初,孟氏大作《论法的精神》引入中国,译名《万法精理》和《法意》,④尤其是严复《法意》译本,至今仍流传甚广。百余年来,孟德斯鸠之名伴随启蒙话语,与"理性"、"自然法"、"分权"等观念一道深入人心,而且还因他在《论法的精神》一书中讨论法律与各种环境因素之间关系(即法的精神)并以此对传统中国政制加以褒贬而引发国人持久的争议与反思。⑤

本章主要介绍孟德斯鸠独特的法思想:产生于启蒙时代,却在那个时代的思想中鹤立鸡群;他开创了法律研究的社会科学进路,使"法"这一观念开始祛除形而上学之魅而深植于生活世界之中。

---

① 詹姆斯·施米特认为,"什么是启蒙"是一个地道的德国问题,似乎只有德国思想家才关心它,而在启蒙运动最有代表性的两个地方——法兰西和苏格兰却很少有知识分子关心这个问题。See J. Schmidt, "Preface", in J. Schmidt(ed.), *What Is Enlightenment*:*Eighteenth-Century Answers and Twentieth-Century Questions*, p. ix.

② 参见[美]彼得·赖尔、艾伦·威尔逊:《启蒙运动百科全书》,序言,2页。

③ 关于孟德斯鸠及其思想与英国之间的关系,可参见 U. H. Gonthier. *Montesquieu and England*:*Enlightened Exchanges*, 1689—1755, Pichering & Chatto, 2010。

④ 《万法精理》是日本人何礼之从英文翻译成日文,然后再由张相文译为中文,此译本还经程炳熙润色,何礼之校正,故称三人合译,参见[法]孟德斯鸠:《万法精理》,[日]何礼之、(清)程炳熙、张相文译,上海,上海文明书局,1903(清光绪二十九年)。《法意》为严复于1904—1909年译出,由商务印书馆出版,参见[法]孟德斯鸠:《法意》(全2册),严复译,北京,商务印书馆,1981。

⑤ 例如,参见许明龙:《孟德斯鸠与中国》,北京,国际文化出版公司,1989;侯鸿勋:《孟德斯鸠与中国》,载《哲学研究》,1989(2),42~48页;龚鹏程:《画歪的脸谱——孟德斯鸠的中国观》,载《国学论衡》,第3辑,2004,243~299页;刘星:《"法律"字词的使用是怎样实践的?——在"康熙世界"与"孟德斯鸠世界"之间》,载《清华法学》,2007(3),5~27页;徐爱国:《孟德斯鸠论中国法——〈论法的精神〉与〈法意〉"复案"之比较研读》,载《比较法研究》,2009(6),1~19页;李猛:《孟德斯鸠论礼与"东方专制主义"》,载《天津社会科学》,2013(1),44~48页。

第一节 生平及主要作品

孟德斯鸠,全称为查理-路易·德·色贡达,拉布莱德和孟德斯鸠男爵(Charles-Louis de Secondat, Baron de La Brède et de Montesquieu, 1689—1755)。孟德斯鸠原是地名,为色贡达家族的男爵封地,经过四代男爵传承之后,①成为"查理-路易"的"专用"人名。孟德斯鸠的母亲玛丽-弗朗索瓦·德·贝斯奈勒就是拉布莱德城堡的主人,他的父亲雅克·德·色贡达行伍出身,是一位屡立功勋的战士。父母对孟德斯鸠的道德要求很高,在他出生时选择的教父是一位村里名叫查理的乞丐,"查理-路易"这个名字就是为了"让孩子永远牢记他对穷苦人负有的义务"②,孟德斯鸠果然不负所望,在他担任庭长期间,多次为民请命。③

1708 年,孟德斯鸠在波尔多大学法学院获得学士与硕士学位后进入波尔多高等法院担任律师,但第二年就前往巴黎旅居,并于当年激情洋溢地写就《论西塞罗》一文,这篇文章"语言规范、词句精练,预示着《论法的精神》的风格"④。此次旅居还有另一件大事值得一记,就是他遇上了由耶稣会传教士带到巴黎的中国人黄嘉略。当时的孟德斯鸠正对中国发生兴趣,"中国的政制、中国人的习俗吸引着他去探索这个国家的文明的奥秘"⑤。他在与黄嘉略的交往中了解中国法与俗的信息,并做了很多笔记,这些信息显然影响了他在《论法的精神》中对中国的评价。⑥ 20 年之后(1729),他在罗马与从中国返回的耶稣会士傅圣泽交谈,也做了记录,使他有机会再一次深入了解中国的法与礼俗。⑦

---

① 这块名叫"孟德斯鸠"的土地由孟德斯鸠的高祖父让·德·色贡达受赐于纳瓦尔国王,而法兰西国王亨利四世将这块地升为男爵封地,孟德斯鸠的曾祖父雅克Ⅱ为第一代男爵,他的祖父让-巴普蒂斯特-加斯东和伯父让-巴普蒂斯特不仅继承了男爵封号,而且还获得了波尔多高等法院的庭长之职,孟德斯鸠从他伯父手中继承了爵位和庭长之职,成为第四代孟德斯鸠男爵,而孟德斯鸠这一地名也正式成了他的名字代称。以上介绍参见[法]路易·戴格拉夫:《孟德斯鸠传》,许明龙、赵克非译,北京,商务印书馆,1997;[法]达朗贝尔:《孟德斯鸠庭长先生颂词》,载[法]孟德斯鸠:《论法的精神》,上卷,许明龙译,1~24 页,北京,商务印书馆,2009。

② [英]罗伯特·夏克尔顿:《孟德斯鸠评传》,刘明臣等译,11~12 页,北京,中国社会科学出版社,1991。

③ [法]达朗贝尔:《孟德斯鸠庭长先生颂词》,3 页。

④ [法]路易·戴格拉夫:《孟德斯鸠传》,41 页。

⑤ 同上书,43 页。

⑥ 当然,黄嘉略只是孟德斯鸠了解中国信息的一个来源,那几年他通过各种可能的渠道了解中国,参见同上书,44~48 页;许明龙:《黄嘉略与孟德斯鸠——中法文化交流史上的一段佳话》,载《法国研究》,2002(2),67~81 页。

⑦ [法]路易·戴格拉夫:《孟德斯鸠传》,231~232 页。

1714年，孟德斯鸠买得波尔多高等法院推事职位，两年后他继承了伯父波尔多高等法院庭长的职位，同年当选为波尔多科学院院士，并第一次担任该院院长(1717—1718)。① 又过了10年(1728)，他当选为法兰西学术院(Académie française)的新院士，1730年游历英伦期间他被伦敦皇家学会(The Royal Society of London for Improving Natural Knowledge)接受为会员，并于1746年成为普鲁士皇家科学院(Königlich-Preußische Akademie der Wissenschaften)院士，这些荣誉是孟德斯鸠思想获得欧洲各地普遍承认的标志。如果说后两者是锦上添花的荣誉，那么当选法兰西学术院的院士的过程则颇为曲折和折腾。孟氏匿名出版的《波斯人信札》②中对教会与王室口无遮拦的批评让他在巴黎备受争议，甚至当时作为首相的弗勒里红衣主教都听信了这种批评，致函告知法兰西学术院反对此书。但幸运的是，当他带着《波斯人信札》去拜见弗勒里，这位红衣主教通读了这部作品之后，被深深吸引并改变了初衷，不再反对孟德斯鸠参选法兰西学术院院士。③

但《波斯人信札》引发的争议并未停息，甚至在孟德斯鸠法兰西学术院就职院士那一天，该院常任院长马兰特在发言时还嘲讽了一番，认为该书中"有诸多无稽之谈，并告诫这位新院士，不要认为他的唯一责任是批评别人"。④

《波斯人信札》是一部充满"异国情调"的作品，孟德斯鸠对东方文化如数家珍，而对路易十四统治的法国也极尽辛辣之笔加以讽刺，后来在《论法的精神》中讨论的一些重要问题，例如政体类型、法律与不同环境的关系等，都在《波斯人信札》中有所涉及，孟氏对这部作品非常重视，多次修改，直到去世前一年(1754)还出了一个修订版。⑤ 他另一部重要作品《罗马盛衰原因论》⑥出版于1734年，不同于《波斯人信札》戏谑的风格，这是一部严肃的学术作品，但出版后同样引发了争论。⑦ 从这次争论中我们可以看到不同学者对待历史叙事的不同态度，很少有人因孟氏这部

---

① 20年之后，1739年，他又一次担任波尔多科学院院长。
② 参见[法]孟德斯鸠：《波斯人信札》，罗大同译，北京，人民文学出版社，1958。
③ 参见[英]罗伯特·夏克尔顿：《孟德斯鸠评传》，114~116页；也见[法]达朗贝尔：《孟德斯鸠庭长先生颂词》，6页。关于孟德斯鸠当选院士的过程更为详细的版本，参见[法]路易·戴格拉夫：《孟德斯鸠传》，186~194页。
④ 同上注引夏克尔顿书，118页。
⑤ 1721年，该书就出版了稍有差异的两个版本，1744年和1754年，孟德斯鸠又对此书修订了两次，足见他的重视，该书既有小说的成分，也有孟氏自身经历的影子。参见[法]路易·戴格拉夫：《孟德斯鸠传》，118~124页。
⑥ 参见[法]孟德斯鸠：《罗马盛衰原因论》，婉玲译，北京，商务印书馆，1995。
⑦ [英]罗伯特·夏克尔顿：《孟德斯鸠评传》，200页以下。

作品而认真称他为历史学家,①但他以历史之笔调解释政治的写作风格却为历史研究开创了新的进路。② 在《罗马盛衰原因论》中,孟氏提及了"一般精神"的观念——而这是《论法的精神》最重要的主题:"每一民族都有其一般精神,而权力基于之上而建构;一旦一般精神根基不稳,权力本身必然崩溃,而该民族亦受害停滞"③。

《波斯人信札》和《罗马盛衰原因论》为孟德斯鸠赚得了名声,但他最重要的著作当然是59岁那年(1748)出版的《论法的精神》。1726年他出售了波尔多高等法院的庭长职务,财务相对自由的孟德斯鸠此后大部分时间旅居巴黎,④而1728—1731年在欧洲各国的游历,考察了各国的法律与政制,结识了各种各样的人物,记录了大量的笔记随感,为他创作《论法的精神》准备了大量的资料。⑤ 从1734年开始到该书出版的15年间,他几乎全身心投入撰写工作,孟氏自己说他为该书耗费了整整20年,而后人甚至认为"他为此至少付出了30年的心血,甚至是一生"⑥,这部伟大的作品出版之后,毁誉之争又随之而起,这次争论远非前两部作品引发的争议可以比拟,法国书刊审查局和索尔邦神学院(巴黎大学神学院)都对此书进行了审查,1751年罗马教廷还将之列为禁书。⑦ 他也亲自上阵,匿名为自己的作品辩护,⑧并向索尔邦神学院提交了长篇的辩护与解释。⑨

1755年2月10日,孟德斯鸠因病与世长辞。这位启蒙时代的伟大人物,为法国的现代性转型贡献了智识,也因此获得了极高的声誉。但是在法国大革命期间,他的墓穴被革命者捣毁,遗骸不知所踪。⑩ 这似乎也印证了启蒙运动某种意义上的"洞穴隐喻"。

---

① 参见许明龙:《作为历史学家的孟德斯鸠——纪念孟德斯鸠诞生三百周年》,载《世界历史》,1988(6),62~71页。当时伏尔泰就非常不满意孟德斯鸠对罗马历史的叙事风格,认为这不是书,而只是"一本用奇怪的风格写成的精巧目录",参见[法]路易·戴格拉夫:《孟德斯鸠传》,347页。

② 达朗贝尔在孟德斯鸠的颂词中就称这部书应该命名为《罗马史——国务活动家和哲学家必备》,就指出了该书史学之外的东西,而法国哲学家阿尔都塞甚至认为孟德斯鸠是马克思之前审视历史时不赋之以目的的第一人。参见[法]达朗贝尔:《孟德斯鸠庭长先生颂词》,12页;许明龙:《作为历史学家的孟德斯鸠——纪念孟德斯鸠诞生三百周年》,62页。

③ 参见[法]孟德斯鸠:《罗马盛衰原因论》,130页;译文对照法文版和英文版稍有改动。

④ [英]罗伯特·夏克尔顿:《孟德斯鸠评传》,112页。

⑤ 参见上书,119~189页;[法]路易·戴格拉夫:《孟德斯鸠传》,197~282页。

⑥ 参见[法]达朗贝尔:《孟德斯鸠庭长先生颂词》,2,12页;[法]洛朗·韦尔西尼:《导言》,载[法]孟德斯鸠:《论法的精神》,上卷,许明龙译,51页。

⑦ [英]罗伯特·夏克尔顿:《孟德斯鸠评传》,454页。虽然被列为禁书,但教廷对孟德斯鸠相当偏袒,提出的修改建议对著作本身均无伤大雅,同上书,455~457页。

⑧ 1750年匿名在日内瓦出版的小册子,参见[法]孟德斯鸠:《为〈论法的精神〉辩护》,载[法]孟德斯鸠:《论法的精神》,下卷,许明龙译,842~884页,北京,商务印书馆,2009。

⑨ [法]孟德斯鸠:《向神学院提交的回答和解释》,载同上书,889~911页。

⑩ [法]路易·戴格拉夫:《孟德斯鸠传》,489页。

第二节 《论法的精神》

根据孟德斯鸠自己在序言中的叙述,《论法的精神》是他深思熟虑的规划作品,他告诫读者"不要仅仅翻阅了寥寥数页就对这部花费了二十年心血的著作妄下断言","想要探明作者的意图,也只有读完整部著作才能发现"。① 但此书一出版,就有人批评结构混乱,伏尔泰甚至指责该书"犹如迷宫"②。达朗贝尔在孟氏的颂词中,为他进行了辩护,他认为这是孟德斯鸠故意为之,将一些重要的真理进行模糊处理,这种"善意的人为加工,让可能受到伤害的人看不清楚这些话的真实含义,同时又不会让智者莫名其妙"。③ 大卫·洛温塔尔也持有类似的观点:为了不让"教会和国家报复他",孟氏不得不"将非正统的观点掩盖起来",《论法的精神》是给聪明人看的,虽然隐晦,但"可以通过对他的学说诸部分和诸细节的审查来达到对其整体和原则的理解"。④ 如果这些辩解成立,或许能说明"太阳王"路易十四及其后人治下的法国现实社会是何等糟糕,伟大的启蒙思想家们在同王室及教会的斗智斗勇方面屡有新招。

孟德斯鸠对此是有教训的,他的夫人因笃信加尔文宗,在路易十四治下"面临丧失公民资格,被起诉和监禁的危险"⑤;而《波斯人信札》和《罗马盛衰原因论》的出版都引发了相当的争议,波斯人的戏谑差点让他无缘进入法兰西学术院;伏尔泰因《哲学通信》一书遭当局查禁并出逃国外时,《罗马盛衰原因论》正在排印中,⑥书中关于自杀等一些段落的反复修改,也让他饱受王室与教会折磨之苦。⑦《论法的精神》写作期间他就非常谨慎,尤其是涉及宗教的问题时,常常几易其稿,斟酌措辞。⑧ 为了应对书报检查,《论法的精神》的出版地他选择了瑞士而非与法国关系不佳的荷兰,甚至在排印过程中还删去了有关荷兰政府的一节,缓和了对君主

---

① [法]孟德斯鸠:《论法的精神》,上卷,许明龙译,2 页。(本章引用《论法的精神》主要依据许明龙中译本,并结合其剑桥英译本和张雁森中译本改动部分译词,参见[法]孟德斯鸠:《论法的精神》,上下册,张雁森译,北京,商务印书馆,1963; Montesquieu, *The Spirit of Laws*, trans. & eds. A. M. Cohler, et al., Cambridge University Press, 1989).
② 参见[法]洛朗·韦尔西尼:《导言》,56 页。
③ [法]达朗贝尔:《孟德斯鸠庭长先生颂词》,14 页。
④ 参见[美]列奥·施特劳斯、约瑟夫·克罗波西主编:《政治哲学史》(第 3 版),李洪润等译,512 页,北京,法律出版社,2009。
⑤ [美]彼得·赖尔、艾伦·威尔逊:《启蒙运动百科全书》,267 页。幸运的是,教会最后对此采取了视而不见的态度,参见[法]路易·戴格拉夫:《孟德斯鸠传》,59~60 页。
⑥ [英]罗伯特·夏克尔顿:《孟德斯鸠评传》,200 页。
⑦ [法]路易·戴格拉夫:《孟德斯鸠传》,344 页。
⑧ 参见[英]罗伯特·夏克尔顿:《孟德斯鸠评传》,295~296 页。

政体的批评。①

孟德斯鸠为《论法的精神》一书提供了一个副标题,即"或论法律与各类政体、风俗、气候、宗教、商业等等之间应有的关系,附作者对罗马继承法、法兰西诸法以及封建法的最新研究"②。由此可见,这部作品至少可以分为两部分,前26章与29章为正文,讨论政体类型、法及其精神;27～28、30～31等4章是讨论罗马继承法、法兰西法、封建法,似乎与正文主题相关性较少,甚至可以独立成书,但有学者认为这种安排是对正文的反衬,这4卷看似杂乱,实际都在讨论法国法制的历史渊源及其变迁,阐明当时法国法制的构成,从而引发对最适合法国的政体与法制的思考,是孟氏的一种现实关怀。③

但是这几章确实是最后才成文的,当时适逢《罗马盛衰原因论》再版,所以他对法律史又提起了兴趣,这段时间中孟德斯鸠不仅完成了正文的结论部分(26、29章),还在出版商不停的催促下,艰难地写完罗马法、法国民法与封建法这三部分,甚至熬白了头发。④

因此,《论法的精神》这部作品在结构上的问题确实是存在的,孟氏和其他人的辩解只能说明问题其中一个面向。书中确实存在作者故意而为之的叙述,孟德斯鸠希望读者不要拘泥于细节而一叶障目,仔细思考方能阅读出真意。但另一面向也同样存在,该书看上去结构零落的原因是多方面的,例如酝酿与写作的时间太过漫长,期间几度搁笔,资料与思想来源又非常多样,孟氏经常性的突发奇想等,甚至他对结构"突兀"这一点进行了与众不同的褒扬。⑤ 但这一正一反的理由一经结合,不就是孟德斯鸠思想的准确定位吗?他反对系统化建构,但又主张用理性进行思考;他不再拘泥于法的形而上学推演,主张在丰富多彩却又纷繁复杂的地方性因素中寻找法的精神;他偏爱西欧,却也不得不承认在世界上某些地方,无法直接适用西欧的法律,因此世界历史并非线性发展。

孟德斯鸠对自己这部大作非常自豪,也因此非常在意外界的评价,如果说《论法的精神》是他最伟大的作品,那么他为之所写辩护词的文笔却发挥得淋漓尽致,表现出他最真实的一面,在"不经意之间在文中为自己作了一幅画像"⑥。虽然一开始,他还似乎不屑回应,装聋作哑;虽然《为〈论法的辩护〉》依然匿名出版,但涉及"神启宗教"这样的主题,似乎有人别有用心地利用宗教问题向他攻击时,他反击了,"回答得十分巧妙,既有

---

① 例如,参见[英]罗伯特·夏克尔顿:《孟德斯鸠评传》,300～301页。
② [法]孟德斯鸠:《论法的精神》,上卷,许明龙译,1页。
③ 参见[法]洛朗·韦尔西尼:《导言》,51～71页;[美]列奥·施特劳斯、约瑟夫·克罗波西主编:《政治哲学史》(第3版),李洪润等译,514页。
④ [英]罗伯特·夏克尔顿:《孟德斯鸠评传》,299～300页。更为详细的论述参见[法]路易·戴格拉夫:《孟德斯鸠传》,389页以下。
⑤ [法]路易·戴格拉夫:《孟德斯鸠传》,386～387页。
⑥ 参见[法]达朗贝尔:《孟德斯鸠庭长先生颂词》,17页。

第十九章 孟德斯鸠的法思想

回旋余地,又极有见地"①,甚至"比《论法的精神》更精彩"②。他这样告诫他的批评者,"如果我们要评论鸿篇巨制,只凭热情不够,还得有智识;如果上天没有赐予此等天资,那我们就要以自我怀疑、精确表达、下苦功与反思来弥补之"。③

但这并没有阻止批评的蔓延,当然赞誉也没有间断。18世纪中叶的法国,各种势力已经战线分明,文人"变为国家的首要政治家","作家控制了舆论的领导",在这种"每种公众激情都乔装成哲学"的时代,④孟德斯鸠这部伟大的作品自然也被推到了风口浪尖,注定不能平静。同时代的学者与思想家们,对这部作品褒贬不一,激进的启蒙思想家认为太保守,而保守的教会学者又将之列入《禁书目录》,但是在这个伟大的时代,所谓启蒙思想家,不正是在像对《论法的精神》这样伟大的作品进行不断论战而形成的联盟吗?⑤

第三节 法及其精神

孟德斯鸠的法律观是那么的与众不同,以至于从这本书一出版开始,同时代的学者与思想家们就对此褒贬不一,而他自己也意识到这一点,因此在正文之前,引用了古罗马诗人奥维德神话史诗《变形记》中的一句"无母而生的孩子"已经预示他这部作品的与众不同。⑥虽然他讨论的问题前人都讨论过,甚至他同时代的人也在讨论:全书以法律为主题,但其核心法律观的定义却扑朔迷离;孟氏将法律与自然法联结起来,表面上与自然法学派其他学者使用共同的语词,但事实上孟氏的自然法观念却独树一帜;表面上他讨论政体类型,接续亚里士多德的传统,但仔细一分析,却发现他已经开始远离那个传统;他讨论诸种法律与环境因素之间的关系,而最后却论证这些关系才是真正的"法",即"法的精神"。

一、法律与法则

"loi/droit(law)"这一语词,用汉语来表达,可能是法、法律,也可能

---

① [英]罗伯特·夏克尔顿:《孟德斯鸠评传》,441页。
② [法]路易·戴格拉夫:《孟德斯鸠传》,418页。
③ [法]孟德斯鸠:《为〈论法的精神〉辩护》,881页,译文根据英文版稍有改动。
④ [法]托克维尔:《旧制度与大革命》,冯棠译,179、182页,北京,商务印书馆,1992。
⑤ [英]罗伯特·夏克尔顿:《孟德斯鸠评传》,470~472页。
⑥ 原文为"Prolem sine matre creatum",引自奥维德:《变形记》(Metamorphoses),第2卷,255行。

375

是法则、规律,在孟德斯鸠《论法的精神》中,这些含义都存在,因而,厘清伟大作品中这些含义之区分是理解孟氏法律观的重要前提。有人说,孟德斯鸠希望用独特的"法"的观念,"建立一门与笛卡尔和牛顿物理学相一致的关于人类事务的科学"①,这种说法至少从结果来看是成立的,一种背离形而上学的法观念在《论法的精神》开篇出现了:

> 从最广泛的意义上来说,法是源于事物本性的必然关系。就此而言,一切存在物都各有其法。上帝有其法,物质世界有其法,超人智灵有其法,兽类有其法,人类有其法。②

按照这一个全书开宗明义的界定,"法"包括物理学上的规律法则、动物世界的行为法则以及人类的实在法,同样也包括抽象层面关于在整个世界中界定正义与非正义的法则,甚至基督教至高无上的上帝都"有其法",法的形态是多元的。这种法的定义,既不同于"神意论",也不同于柏拉图"理念影像论",当然与近代"主权者命令说"(例如霍布斯、洛克)或康德"人为自然界立法"的观念也大相径庭。也就是说,在孟德斯鸠的语境中,法并非某种意志或精神的产物,而是客观而必然地存在着的,是自然运作的基本方式,或者说是世界存在的因果律。

孟德斯鸠将法界定为"初元理性"(primitive reason)衍生出来的各种存在物之间的相互关系。③ 这个"初元理性"既不是意志(甚至不是神的意志),也不是盲目的必然性。这样一个论断显得有些晦涩,需要进一步来分析。

首先,他强调法衍生自初元理性,是初元理性与宇宙万物的相互关系和宇宙万物之间的相互关系,而并非来自上帝的心灵或意志,这与基督教的传统,尤其是与圣托马斯·阿奎那的传统发生了背离。在托马斯传统中,虽然强调"法是以与它统治人类完全一样的方式'统治'宇宙万物",但最终源泉是"上帝的心灵",人类之法需要在与永恒法、自然法和启示法的关系中进行理解。④ 而孟德斯鸠强调初元理性与上帝之间的区别,因为上帝并不能超越初元理性而恣意行为。上帝创造宇宙和保护宇宙,都需要依据一定的法则,"创世看似一种随心所欲的行为,其实它意味着一些不变的法则""没有法则世界便不复存在,所以声言造物主可以不凭借这些法则来治理世界,那是谬论"⑤。

其次,他强调法并非来自上帝的心灵或意志的论断并不导致赞成"盲

---

① [美]列奥·施特劳斯、约瑟夫·克罗波西主编:《政治哲学史》(第3版),李洪润等译,512页。
② [法]孟德斯鸠:《论法的精神》,上卷,许明龙译,7页。
③ 同上。
④ [美]列奥·施特劳斯、约瑟夫·克罗波西主编:《政治哲学史》(第3版),李洪润等译,512页;也见本书第6章相关论述。
⑤ [法]孟德斯鸠:《论法的精神》,上卷,许明龙译,8页。

目的必然性"①。这一点在他为《论法的精神》辩护中就可以看出,他不仅在正文中谈到上帝之所以依据一定的法则创造与保护宇宙,是因为这是他凭借自身的智慧和力量制定的规则,他遵守自己制定的规则,怎么是"盲目的必然性"呢?似乎这又回归了托马斯传统,法最终源自上帝的心灵,但真的是这样吗?

最后,前两点看似矛盾,但孟氏的意图就是要将真实的观点隐藏起来,他一直在为他的法的观念并未背离基督教传统而辩护,但却在辩护中始终坚持一点就是强调"上帝的克制"——上帝会(应)遵守自己最初制定的法则。上帝的克制使得上帝在"创世"之后不能(会)去改变他当初制定的规则,一些"不变"的法则产生了。这种不变的法则是有初元理性"自然而生",还是由不再去改变这些法则的上帝"创制",区别就不大了。虽然法可由"意志"而生,但却无法由"意志"而改,这样的观点实质上已经背离了托马斯神意论的传统。

因此,虽然孟德斯鸠在全书中不断使用上帝的概念,但是这个上帝的概念在很大程度上已经失去了"神启"的含义,基本与"自然"无异:世界的运动有其不变的法则,至于这些法则是上帝创造还是由初元理性衍生,已然不那么重要,重要的是这些法则并不因意志的改变而改变,哪怕是神的意志。孟德斯鸠引用了古罗马时代的希腊作家普鲁塔克的名言:"法是一切人和神的主宰"②。而这个引用,将上帝的意志排除出法律变迁的过程(当然更不用说人的意志),并为法的精神这样的概念得以出现奠定了基础,法律的观念进一步世俗化。

孟氏称法本质上是"关系",这一点也令人费解,《论法的精神》一出版,就有人批驳这种作为关系的法理论。③ 当然,"必然关系"这个语词本身就带有着非意志论的含义,"每一种差异,都有其同一性,每一种变化,都有其一贯性"④。法在孟氏的笔下,同样存在特殊性与普遍性,但是这种特殊性与普遍性是独特的:孟氏法的特殊性,则是不同的现象具有不同的法则,物质世界有其法,兽有其法,人有其法,甚至上帝亦有其法,在人类社会,"每个国家的政治法和民事法只不过是人类理性在各个具体场合的实际应用而已",但"这些法律应该量身定做,仅仅适用于特定的国家"⑤;孟氏法的普遍性,并不是指各种法最终要与某种终极的法(例如上帝之法)相符合,而是说,每一种现象因其与不同的"关系"相联系而存在其各自的"法",这种"关系"与"法"之间存在的法则是普遍的,雷蒙·阿隆

---

① 这一点大卫·温格塔尔并不赞成,他还是认为孟德斯鸠法的定义"描述的是彻底的、盲目的、必然的普遍性"。参见[美]列奥·施特劳斯、约瑟夫·克罗波西主编:《政治哲学史》(第3版),李洪润等译,512页。
② [法]孟德斯鸠:《论法的精神》,上卷,许明龙译,7页,注①。
③ 参见[英]罗伯特·夏克尔顿:《孟德斯鸠评传》,304~305页。
④ [法]孟德斯鸠:《论法的精神》,上卷,许明龙译,8页。(译文有改动)
⑤ 同上书,12页。(译文有改动)

将这种法称为"因果律"①。

在孟德斯鸠笔下,还有另外一种法的面向。在实在法存在之前,需要受一些法则支配,例如"裁定是非"的法则,这些法则既非人类社会自己创制的实在法,也不是因为"关系"而存在的因果律,而是与人的本性和理智同存的支配性法则,②这些法则由初元理性直接衍生,是初元法则。

法有其不变性,例如物质世界的因果律与支配法则是不变的,但是智能世界的法却常常改变,同时也可能会不遵守初元法则。例如在人类社会中,因为"人陷于无知、犯错误",或因感情萌生欲念而破坏最初的法则,但这种变化仍能因为宗教法规、道德规范或者立法者创设人类的政治法和民事法来让他们记得人类最初的法则。③

二、自然法与人为法

作为后世公认的古典自然法学派代表人物,孟德斯鸠和其他自然法学者共享着自然法话语。但是他和这些自然法学者又存在着基本的分歧。

孟氏接触自然法学说非常早,在格劳秀斯和普芬道夫这些早期古典自然法学者著作的影响下,孟德斯鸠于1725年就撰写了《论自然法》、《论义务》两篇文章,可以说是《论法的精神》最早的草稿。④与其他古典自然法学派学者一样,他也希望将法律与政治世俗化,而这是启蒙运动和古典自然法共同的旨趣。一般的自然法学家例如霍布斯、洛克和卢梭在这方面的观点主要是自然状态说、社会契约论与自然权利论,联系自然与社会的桥梁不再是神,而是人们的自由意志。或者是因为人生而平等与自由,所以在社会状态中要继续保持这种平等与自由(洛克),或者因为要摆脱狼与狼相互斗争的状态而缔结和平契约(霍布斯)。但孟德斯鸠对自然状态、社会契约与自然权利这些概念都不那么感兴趣。

孟德斯鸠认为,自然法是"先于所有这些法则而存在",之所以称为自然法是因为其"除了我们存在的本质之外,再无其他渊源",自然法是人在"人类社会组成之前的状态中所接受的法则"⑤。他也认为在人类社会产生之前,存在某些公道与裁定是非的关系,这是人类社会组成之后人际关系的自然法基础,这些主张与其他古典自然法学家所见基本相同。但这只是问题的一个方面,甚至并不是主要方面。

孟德斯鸠在书中(第1章第2节)列举了一些自然法,例如自然法四条:(1)和平:在"自然状态"下,人人都有自卑感,几乎没有平等感,因此

---

① [法]雷蒙·阿隆:《社会学主要思潮》,葛智强等译,33页,北京,华夏出版社,2000。
② 同上。
③ [法]孟德斯鸠:《论法的精神》,上卷,许明龙译,9页。
④ [法]洛朗·韦尔西尼:《导言》,53~54页。
⑤ [法]孟德斯鸠:《论法的精神》,上卷,许明龙译,9~10页。

第十九章 孟德斯鸠的法思想

谁也不想彼此攻击,他们需要和平,而非霍布斯所言人与人像狼与狼那样的战争;(2)果腹:由于人类感受到自身的弱小,对于生存的需求促使他们觅食以果腹;(3)吸引异性:人类在同类之间感受到某种亲切感,而异性之间更是相互吸引;(4)社交生活:正因为人与人之间的亲近感,他们有了相互交往的内在理由,于是在社会中共同生活的愿望便是一条自然法。同时他也捕捉到,最重要但并非第一顺序的自然法则是信仰上帝。①这些是他对自然法内容的主要表达。还有一些自然法的表达零散在《论法的精神》其他章节中,例如自卫、自我保护、父母与子女的关系、夫妻关系等。② 孟氏列举这些自然法主要表达人类社会组成之前支配人行为的因果律或自然运作的基本方式。他没有像霍布斯、洛克和卢梭特别强调自然状态与自然权利,也不那么看中社会契约的建构。他的自然法更多指的是作为自然世界组成部分的人的基本法则的描述,在《波斯人信札》中,他甚至嘲笑过对社会起源的研究,认为社会起源之前并不存在什么自然状态,"人一生下来都是相互结合的;儿子出生在他父亲身边,而且不愿离开父亲:这就是社会和社会的成因"③。因此,在孟德斯鸠眼中,自然与社会只是人作为物质世界和智能世界组成部分的两面,自然与社会的两分并不着重在时间顺序上。

因此,如果说孟德斯鸠与其他古典自然法学派代表人物有基本共识的话,那么就是法并非源自神授,但是在承认这一点的基础上,孟氏和其他古典自然法学者分道扬镳,他认为社会性是人与生俱来的,并不存在社会之前的自然状态,④这种社会性使得人与人之间需要一定的规则,这种规则随着人类社会的发展在时间和空间上有所不同,但是这些规则都受到世界上各种"关系"的影响,共同衍生自初元理性。

古典自然法学派的学者们想象了自然状态与社会的基本区别,霍布斯认为,为了避免自然状态中人与人的敌对状态,人们需要签订社会契约来期望强大的国家来确保和平,但是人们从此臣服于主权者,由主权者制定法律来规定"不禁止行使的自由"⑤;洛克的自然状态有意识地区别于霍布斯的敌对状态,他认为自然状态受理性支配,而敌对状态受强力支配,但两种状态会反复交替,而且自然状态欠缺纠纷解决之尺度、公正裁判者和公共权力,因此需要签订社会契约,进入政治社会,并再签订政治契约,建立政府,从而保障人们过上稳定的和平生活;⑥而对于卢梭而言,

---

① 参见[法]孟德斯鸠:《论法的精神》,上卷,许明龙译,9~10页。
② 夏克尔顿把孟德斯鸠在《论法的精神》、《随想录》、《波斯人信札》等书中讨论过的自然法列了两张表格,参见[英]罗伯特·夏克尔顿:《孟德斯鸠评传》,310~311页。
③ [法]孟德斯鸠:《波斯人信札》,罗大同译,161页。
④ 孟德斯鸠在《论法的精神》中也使用过"先于社会"(before the establishment of societies)这样的表述,但这并不意味着曾经有过不生活在社会之中的人,而是说人们可以根据理性设想一下抽掉集体性的人是什么情况。参见[法]雷蒙·阿隆:《社会学主要思潮》,35页。
⑤ 参见[英]霍布斯:《利维坦》,黎思复、黎廷弼译,164页,北京,商务印书馆,1985。
⑥ 参见[英]洛克:《政府论》,下篇,叶启芳、瞿菊农译,北京,商务印书馆,1964。

自然状态也分为两种,纯粹的自然状态和败坏的自然状态,类似于洛克的自然状态和敌对状态之分,但签订社会契约之后,人类并不像霍布斯笔下的臣民那样臣服于主权者,而是首先成为人民,然后将所有权利奉送给包括自己在内的人民(主权者),也就是服从自身。① 无论是哪一种社会契约,都假设了自然状态与社会在时间上的顺序和性质上的基本区别,但这种观念孟德斯鸠并没有接受,他认为人首先面对的不是作为社会意义的人,而是作为自然意义的人,人面对自然的时候,只是感到渺小,但人把对方也当做与自己一样的人时,社会便出现了,而社会的出现则产生了战争。

在孟氏眼中,战争不是产生社会的原因,而是社会产生导致的后果,因此,社会的法律也产生了,以应对不同社会之间和不同人之间的敌对状态,前者产生了万民法(law of nations,也译作国际法),以支配各个民族之间的关系;后者产生了政治法(political law)和民事法(civil law),分别支配治者与被治者之间的关系和支配公民之间的关系。②

因此,在孟氏的笔下,自然法和人为法便构成了一种一般与特殊的关系,自然法是一般法,所有抽取了社会属性之后支配人的行为的法则是自然法,这对于所有人而言都在遵守(不是都要遵守,是描述性的)的法则,而人为法则却是具有社会属性的民族之间和人之间在遵守的法则。因此,孟德斯鸠认为,为一个民族特别安排的符合这个民族秉性的政体,是最符合自然的政体;而为这一民族制定的法律,也应该只适用于该民族。③ 这也是后文要探讨的主题:某一社会的环境因素(物质的和精神的)如何形塑这一社会中法的独特面向。

当然,这种法律多元意义上对各个社会中法的特殊性的强调,并非断言孟氏的法没有普适性特质。如前文所述,孟氏强调基于人自然特性的自然法,同时也承认基于人类理性的自然法(与其他古典自然法学者共享),即使是最不相似的社会,也有某些共同的东西,某些法律在所有社会中都能找到,这些法律甚至不需要人来制定,它们的真理性都能得到证明,这就是孟氏笔下的普适之法。④ 在这个意义上,可以判断孟氏也会主张自然法优于人为法。⑤ 但不同的是,孟氏的普适之法并不是社会存在的前提,而是社会存在的结果,也就是说在不同的社会中它们都会呈现出来,并非需要对其进行先验性的假定,这一点也体现了他与其他古典自然

---

① 参见[法]卢梭:《社会契约论》,何兆武译,北京,商务印书馆,2003(修订3版)。
② 也有人将这里的"法"(droit)译作"right"权利,可参考 Montesquieu, The Spirit of Laws, trans. & eds. A. M. Cohler, et al., p. 7.
③ [法]孟德斯鸠:《论法的精神》,上卷,许明龙译,12页。
④ [法]爱弥儿·涂尔干:《孟德斯鸠与卢梭》,李鲁宁等译,17~18页,上海,上海世纪出版集团·上海人民出版社,2006。
⑤ 孟德斯鸠在《论法的精神》第26章中讨论了相关内容,参见[法]孟德斯鸠:《论法的精神》,下卷,许明龙译,504~507页。

法学者的区别。

当然,孟德斯鸠对自然法和人为法的论述同样延续了古希腊以降自然(physis)与人为(nomos)两分的传统。"立法者是人,是人就会犯错"①,这既是古希腊的观念,也是孟德斯鸠的观念。在古希腊时代,法/习俗(nomos)本质上具有相对性和易变性,而自然physis却有固定性和不可触犯性。② 虽然,最初希罗多德讨论两者区别时,nomos有褒义的色彩,"每个民族都深信,他们自己的习俗比其他民族的习俗要好得多"③,但智术师们将nomos的贬义给夸大了,因为有了不同的nomos,那么比较之中必然会有所臧否,而这种臧否必然会否定某一立法者,而臧否的标准则需要从physis中寻找,即自然中存在的自然法。④

孟氏的自然与人为的两分同样基于立法者可能的错误,在他眼中,立法者只是颁布法律的工具,而不是产生法律的原因,即使立法者不存在,法律依然存在。⑤ 立法者作为智能存在物"限于无知、也会犯错误",因受"本性所限",既"不始终遵守他们的初元规则,也不始终如一地遵守他们自己制定的法律"。⑥ 而各个社会的法律本应由于与环境因素之间的关系而存在特定的法则,立法者需要了解这些关系和法则,也就是"法的精神",从而更好地了解最适合自身社会的法与政体。

三、法的精神

孟德斯鸠区分了法与法的精神,认为"法的精神存在于法与各种事物可能发生的关系之中"⑦。而对于某一个民族来说,因为"受气候、宗教、法律、施政的准则、传统、习俗、仪礼等多种因素的支配",会形成一种"一般精神","在不违背政体的限度内,立法者要尊重这种民族精神,当我们自由依照自然秉性行事时,做得最好"。⑧

孟德斯鸠探讨了各种环境因素与法律的关系。首先他讨论了地理环境因素,包括气候(14~17章)与土壤(18章),接下来是讨论民族的一般精神(19章)作为过渡,但也探讨了法与习俗、仪礼的关系问题,之后开始讨论社会环境因素,贸易(20~21章)、货币(22章)与人口(23章),接下来讨论纯粹精神性因素宗教(24~25章),作为总结,26章讨论法与它所

---

① [英]约翰·麦克里兰:《西方政治思想史》,彭淮栋译,361页,海口,海南出版社,2003。
② [法]菲利普·内莫:《民主与城邦的衰落——古希腊政治思想史讲稿》,张竝译,107页,上海,华东师范大学出版社,2011。
③ [古希腊]希罗多德:《历史——希腊波斯战争史》,上册,王以铸译,211页,北京,商务印书馆,1959。
④ [法]菲利普·内莫:《民主与城邦的衰落——古希腊政治思想史讲稿》,108页。
⑤ [法]爱弥儿·涂尔干:《孟德斯鸠与卢梭》,31页,
⑥ [法]孟德斯鸠:《论法的精神》,上卷,许明龙译,8、9页。
⑦ 同上书,13页。
⑧ 同上书,317、318页。

规定的事物秩序之间的关系。除此之外,孟氏还讨论了法律与政体(5章)、法与军事(9~10章)之间的关系,以及政治自由之法与政制、公民之间的关系(11~12章)、税赋问题等(13章)。这种写法成了关于政治法律理论新型叙事的开端,即社会学(社会科学)的叙事,不仅后世社会学家对此评价颇高,就连哲学家黑格尔也高度评价了这种写法,他认为孟德斯鸠以"伟大的见解考察各种法制,认为法制、宗教以及一个国家里面的一切构成了一个整体"①。

这些环境因素看似并没有系统逻辑,但后世学者一般都认为存在自然因素和文化(社会/精神)因素之分。② 每一个社会/民族的基本秩序与法则的形态,受到各种环境因素不同配置的影响,不同社会,支配性环境因素也不一样,有主次之分。一般而言,对于文明程度越低的社会/民族而言,自然因素影响越大,而对于文明程度越高的社会/民族而言,精神性的因素影响越深。因此,从社会发展的视角而言,自然因素和文化(社会/精神)因素在一般精神中所占的比重随着社会发展而改变。③ 孟德斯鸠在书中的一段话可以验证这一点:"蛮人几乎只受大自然和气候的支配,中国人受仪礼的支配,日本人受暴虐法律的支配,习俗曾为斯巴达定下信条,施政准则和古老习俗则是罗马的基调"。④

孟氏关于法的精神——即法与各种环境因素之间关系论述方式受到后人的指责,他们将之命名为"地理环境决定论"。他认为气候、土壤等自然因素影响人的生理与心理,因此影响作为社会交往的法则,不同的气候条件会产生不同的政体和法律,土地肥沃程度也会影响人的性格,从而影响基本的政治法则。立法者必须与之相适应,"不称职的立法者助长气候的弊害,优秀的立法者则与之抗争"⑤。其他社会/精神因素与法的关系也是类似。雷蒙·阿隆比较公允地评价了孟氏的法的精神论,他认为我们"将地理环境视作一种影响而不是必然的因素,用这样的方法来说明一种制度时,他(孟氏)的这番话才可理解。某种因素可以促进某种制度比其他制度更有可能形成"⑥。因此,孟氏的法的精神,更多的是经验上的验证,而非逻辑上的证立。也正是如此,"一般精神"这个概念才得以使人理解,对于各个社会/民族而言,一般精神是单一的,能够与某一社会/民

---

① [德]黑格尔:《哲学史讲演录》,第 4 卷,贺麟、王太庆译,231 页,北京,商务印书馆,1978。
② 参见[英]约翰·麦克里兰:《西方政治思想史》,361 页;[法]雷蒙·阿隆:《社会学主要思潮》,25~26 页。当然也有人认为其中的结构是凌乱的,也缺乏知识的准确性,参见[美]乔治·萨拜因:《政治学说史》(第 4 版),下卷,邓正来译,238,242~243 页,上海,上海世纪出版集团·上海人民出版社,2010。
③ [英]约翰·麦克里兰:《西方政治思想史》,361~362 页;[法]雷蒙·阿隆:《社会学主要思潮》,29 页。
④ [法]孟德斯鸠:《论法的精神》,上卷,许明龙译,317 页。
⑤ 同上书,245 页。
⑥ [法]雷蒙·阿隆:《社会学主要思潮》,27~28 页。

族的独特性相联系,因此与不同社会/民族独特的法律制度相联系;而构成一般精神的各类自然和文化的因素却是多样的。"一般精神并不抹杀其他因素、位居支配地位、压倒一切的因素",但对某一社会/民族而言,构成了某种生活方式,在相当长的时间和空间共同构成的社会/民族中的影响结果。①

因此,孟德斯鸠笔下的"一般精神"是一种经验的结果,而非先验的前提。立法者发现"一般精神",使得立法符合"一般精神",立法本身就是寻找社会/民族的那个"自然本性",这种法与法的精神之间的关系,就是真正的确定法之正当性的法则。也正是在这个意义上,在孟德斯鸠笔下,法的正当性不再依赖形而上学的基础,而转而求诸经验性的环境因素,创造出一种独特的基于生活世界之上的法理学。

第四节 政体类型学

法与政体之间的关系,同样是"法的精神"命题的组成部分,《论法的精神》一书第2章的标题就是"直接源自政体性质的法",第5章则是讨论"立法应该符合政体原则"。按照写作顺序,第3章原是第1章,②这是孟氏最早成稿的一章,而且从内容上来看,这章也可以是一般政治论文的开篇主题。当然,孟德斯鸠的政体类型学严格意义上来说并非逻辑分类,而是经验描述。

涂尔干认为,科学不能描述个体,只能描述类型。如果人类社会不能被分类,就必然得不到科学的描述。③

传统的政体类型学创始于古希腊,由亚里士多德奠定基础。依据统治者人数(一人、少数人、多数人)以及政体的目标(共同体公益 vs 统治者私利),亚氏将世界上存在的政体分为六种:君主制/僭主制、贤人制/寡头制、(共和)政制/平民制,"/"之前的是正宗政体,而"/"之后的是对应的变态政体。④ 这种政体类型学影响了后世许多思想家,例如西塞罗、托马斯·阿奎那、博丹、霍布斯、洛克、卢梭等,孟德斯鸠的政体类型学显然也是脱胎于亚里士多德的分类,他首先论述了三种政体——共和政体(包括贵族制与民主制)、君主政体和专制政体,然后对这三种政体的经验实体进行了对应性论述。有人认为这种方式有双重使命:建立一种客观的政

---

① [法]雷蒙·阿隆:《社会学主要思潮》,29页。
② [英]罗伯特·夏克尔顿:《孟德斯鸠评传》,297页。
③ [法]爱弥儿·涂尔干:《孟德斯鸠与卢梭》,8页。
④ [古希腊]亚里士多德:《政治学》,吴寿彭译,132~134页,北京,商务印书馆,1965。

体类型学；指明他心目中法国应该优先选择的政体。①

但从讨论政体类型一开始，孟德斯鸠就和亚里士多德的政体类型学分道扬镳，他采取的是经验性分类，而非传统的抽象性分类。孟氏"设定三种定义，或者更准确地说是三种事实"②。

孟德斯鸠的分类并非基于统治者数量。他将少数人统治的贵族政体和多数人统治的民主政体归为一类。而君主政体和专制政体虽然都是一人集权之治，但在孟氏眼中，这两种政体不仅不同，而且还相互对立，前者依法而治，而后者却恣意而治。③

之所以说这种分类是经验性的描述，是因为这些政体能在现实中找到对应的实体：共和政体主要指雅典、斯巴达和罗马等古代城邦国家；君主政体指的英格兰等现代欧洲民族国家；而专制政体主要是东方社会的形式，例如土耳其、波斯等。

涂尔干认为，孟德斯鸠所讨论的政体类型学实际就是社会类型学，这三种政体都是文明程度比较高的社会类型，而在孟德斯鸠的笔下，还存在两类文明程度比较低的社会，他们是低级的民主社会，甚至可能是君主政体的来源。④ 这两类社会一类是未开化之人（savages），另一类是蛮人（barbarians）：前者是一些分散的，因某些原因不可能联合的小民族，以狩猎为生；后者则通常可以联合，通常以畜牧为业。⑤ 尤其是后者，他们经常单独或经常联合起来骚扰文明程度高的社会甚至在军事上击败文明社会。

孟德斯鸠认为，每一种政体都有其独特的性质、原则与目标。这种论述与孟氏"法的精神"命题紧密相关，也就是说，孟氏在讨论政体和其他环境因素的关系中来建构了他的政体类型学。

一、政体的性质

孟德斯鸠认为，"性质决定政体"⑥，政体的性质说到底就是该政体的权力结构。孟氏认为，政体的性质非常容易识别，"即使是学识最浅薄的人，他们所拥有的观念也足以发现这三种政体的性质"⑦。

（1）共和政体的性质是由全体人民（民主政体）或部分人民（贵族政体）掌握最高权力。在民主政体中，人民通过表达其意志的选票成为主权者，任命官吏；唯有人民才能立法；划分选举权拥有者、赋予选举权的方

---

① [法]洛朗·韦尔西尼：《导言》，58页。
② [法]孟德斯鸠：《论法的精神》，上卷，许明龙译，14页。
③ 同上。
④ [法]爱弥儿·涂尔干：《孟德斯鸠与卢梭》，25～26页。
⑤ 参见[法]孟德斯鸠：《论法的精神》，上卷，许明龙译，297页。
⑥ 同上书，26页。
⑦ 同上书，14页。

式(抽签或挑选)、规定投票的方式(公开)也是基本之法;承认大部分公民的参选能力,但同时也认为大部分公民缺乏备选能力,因此在民主政体中,人民有能力听取治理报告,但却不适宜自己进行治理;民主政体中人民也应该划分若干等级。贵族政体是不完善的政体,有可能产生奴隶制,这种政体越接近民主政体越好,反之越接近君主政体则越不完善。

(2)君主政体的性质是由君主单独一人依法而治,君主权力是一切政治权力与公民权力的源泉。君主权力产生了"中间、从属与依附"的权力结构,贵族是最自然的中间权力,贵族在君主政体中,贵族的权力至关重要;如果说没有君主就没有贵族,那么同样可以说没有贵族则只有暴君,没有贵族的君主政体会蜕变为专制政体,所有中间、从属与依附的权力体现了某种"分权"的机制,这种机制遏制了蜕变为专制政体的趋向。除了中间权力结构,君主政体还需要一个法律的监护机构,而宗教拥有的能量使得它自身成为了君主政体常设的法律监护机构,宗教的存在使法律与法治获得尊重。

(3)专制政体的性质为统治者一人恣意而治。行使权力者只有统治者一人,受命替他行使权力者也只有一人——第一奴才,如果出现几个权力行使者,他们也会"耍尽手腕争当第一奴才"。因此设置宰相是专制政体的一条基本法。[①]

孟德斯鸠认为,共和政体与君主政体是正常、合理的政体,共和政体中,贵族政体是不完善的政体,而专制政体则是不合理、被否定的政体。在讨论政体性质的过程中(当然之后的讨论同样如此),孟氏描述了大量的经验性案例作为论据来论证他的观点,而非抽象的教条分析。

二、政体的原则

孟德斯鸠认为,与政体的性质相适应,不同政体具有不同的原则,"原则推动政体",这些原则也体现着人类的情感,[②]说到底,政体的原则就是该政体中所体现的人类某种关键性情感,构成了该政体发展与完善的核心动力。

(1)共和政体的原则是美德(Virtue)。这是一种政治美德,而非精神美德。公民对于美德的追求,是共和政体发展与完善的动力。其中,在民主政体中,美德更为重要一些,这里的美德主要指提倡守法精神,尤其是执法者守法,强调平等的法治;提倡节俭,反对腐败:贪婪、侵占公产、贪图享受等。而在贵族政体中,平民对美德的需求稍逊一筹,而对于贵族而言,则需要美德:一方面借助高度之美德使贵族与平民之间达致一定程度的平等地位;另一方面,借助次高度之美德——节制,使贵族之间相

---

① 参见[法]孟德斯鸠:《论法的精神》,上卷,许明龙译,14~25页。
② 同上书,26页。

互平等,因此,基于美德之上的节制是贵族政体的灵魂。

(2)君主政体的原则是荣誉(Honor)。这个原则要求每个人都尊重各自地位所赋予的一切。荣誉能激发最高贵的行动,如果这些高贵行动依法而行,就能实现君主政体的目标,荣誉看上去是各自追求各自的利益,但实际上会向着公共利益会聚;荣誉使政治系统的各个组成部分各自行动,并通过荣誉本身将各部分进行连接。因此,在基本宪制和法律无法获得稳固地位的国家中,荣誉并不会起作用,也就是说,在专制政体中,暴君与荣誉是相互对立的,无法容忍对方之存在。

(3)专制政体的原则是畏惧(Fear)。在专制政体中,美德根本无须存在,荣誉则是危险之存在。畏惧可以窒息一切勇气、扑灭野心,强调君无戏言,即使国王在酒醉或神志不清状态下下令,也得执行,否则就是前后不一。畏惧是专制政体存在的必要条件,一旦专制政体中,统治权力的行使不能迅速制服作为奴隶的"身居要职的权贵",那专制政体也就崩溃了。①

在孟德斯鸠的语境中,作为政体发展动力的政体原则,与不同政体相互适应,这是一种经验性的存在,因此,追求这些原则也成为各类政体的目标,各类政体通过教育法——对公民实行教育的法律——实现这些目标。

三、政体的目标

孟德斯鸠认为,政体的目标就是教育法的目标,这是公民培养的首要法律。不同的政体具有不同的教育法目标,作为大家庭的政体与家庭共享这些目标。

(1)共和政体以美德为目标。政治美德可以定义为爱法律和爱祖国,共和政体的教育应该激发公民这种爱,要求公民不断把公共利益置于个人利益之上,先公而后私。而教育下一代具有美德最好的方法就是自身也存在美德,如果成年人腐化,新生一代也会堕落。

(2)君主政体以荣誉为目标。因此,君主政体的教育公民提高荣誉感,号召贵族为君主而战,可以重视财富,但不重视生命,不能做不符合身份之事,荣誉要求或禁止之事,即使法律不要求不禁止,也应该按照荣誉的标准去做。荣誉教育主要在社会中进行,社会就是荣誉学校,在这里教授人民"品德要高尚,作风要坦诚,举止要礼貌";教育人民重视财富,但不要重视生命;要求贵族为君主而战。似乎这些教育很像美德教育,但这些教育存有前提:第一,人民要服从君主的意旨,第二,检视君主不能要求人民"去做有损荣誉的事"。

(3)专制政体则以畏惧为目标。专制政体的教育目标与君主政体的

---

① 参见[法]孟德斯鸠:《论法的精神》,上卷,许明龙译,26~35页。

教育目标相反,必须是奴役性的,旨在降低心志。专制政体中,与人相处的教育主要简化为接受畏惧心理,接受极为简单的宗教原则常识。因此,从某种意义上,专制政体无教育。①

在《论法的精神》中,孟德斯鸠接下来论述各类政体中法律的目标。他认为,与政体的基本目标一样,立法者为全社会制定法律也应该符合政体的原则,这也是重要的法的精神。法律以政体原则为目标,能够全面增强政体发展与完善的动力,反之,政体原则也从法律那里获得新的力量,同样促进政体的发展与完善。②

民主政体中法律最重要的目标在于确立平等,贵族政体中法律最重要的目标在于宽和。君主政体立法的目标是适应荣誉,尽可能支持贵族,使得贵族更好地成为君主与平民之间的纽带。而专制政体的法律不需要太多,就如驯兽时,让牲畜牢牢记住的只是两三个手势,无需更多。③

孟德斯鸠还详细论述了因为各类政体的政体原则不同,将这些政体原则作为目标的立法者在制定各类法律时,也会产生不同的后果。例如在不同政体中,民法与刑法及其司法程序的繁简不同;审判方式的稳定程度也不同;刑罚的轻重也有所差别。④ 各类政体中对节俭和奢侈的态度不一,导致节俭立法的内容也不尽相同;妇女地位也随着政体的不同而有所差异。⑤ 然而在这些论述中,孟德斯鸠不再简要的讨论不同政体所对应的单一现象,而是经验性的列举同样的政体中存在的不同现象,这种列举丰富了法律与政体之间的具体关系,法律多元在孟德斯鸠笔下具有了鲜活的生活世界基础。

四、政体的腐化与维持

孟德斯鸠认为,每一种政体的腐化几乎都始于政体原则的腐化,即政体所追求的目标、人民基本情感的腐化。

(1)民主政体的腐化。当人们丢弃平等精神,转而崇尚极端平等精神,每个人都想与自己选出来的领导人平起平坐时,民主政体腐化了。因此,民主政体一方面要防止不平等,使得政体变为贵族政体或一人独裁的政体,另一方面也要防止极端平等精神,导致暴君的产生。民主政体的平等,不是极端的平等,而是通过法律实现的平等,这就是有序的民主政体,其中,人民只有在"公民"这一身份上是平等的,而在其他很多具体的身份上,无须追求平等。否则这种民主政体就是无序的民主政体,即大众专制政体。无序的民主政体只有两种结果:"不是拥戴一个暴君,就是自己当暴君。"

---

① 参见[法]孟德斯鸠:《论法的精神》,上卷,许明龙译,36~41页。
② 参见同上书,48页。
③ 参见同上书,50~69页。
④ 参见同上书,78~101页。
⑤ 参见同上书,102~117页。

（2）贵族政体如果变得独断专行，那么治者与被治者都不再有美德。贵族政体腐化的表现就是掌权的各个家族不再守法，这就变成了由若干专制君主治理的专制政体。贵族之间的共和与贵族和平民之间的专制互不相容，政体的存在就难以为继，要么出现一个集权的暴君，要么国家孱弱，失去动力。

（3）君主政体中，集团的特权或城市的优先权被剥夺时，也就此腐化，因为此时君主需要事必躬亲，或者钟情于自己的心血来潮胜过热爱自己的意志；专断地更换执行治理职能的官吏，君主政体就覆亡了。君主的权力越大，他的安全就越小，腐化也越快。

（4）专制政体的腐化从不间断，其本质上就是腐化的，专制政体可能一时被驯化，但无法从根本上加以改变。①

那么，如何保持三种原则有效发挥作用呢？

孟德斯鸠认为，在共和国中，应该保持幅员较小；君主国保持幅员适中；而专制国则幅员辽阔。因此，小国适合共和政体，稍大之国适合君主政体，大国宜由专制君主来治理。保持既有的疆域有助于国家一般精神的保持。②

孟德斯鸠比较钟情于君主政体，当然他非常谨慎，认为君主政体一直有向专制政体堕落的危险，③因此，在他眼中，一种中间机构，可以拿来平衡君权，就是有用的，包括教会和封建制度，哪怕是"一种邪恶，如果能够遏制专制的倾向，也是好事"④。在这个意义上而言，孟德斯鸠在启蒙时代的思想家中较为保守，是有其思想基础的。

在法国大革命期间，以革命的名义攻击一切封建余迹，孟德斯鸠所倡导的这种中间力量逐渐消失，虽然法国的政体转变为具有民主外壳的多数人之治，但因为没有中间结构的平衡力量对其进行节制，造成雅各宾派的"集体专制"，形成一种无序的民主政体，至今有关法国大革命与民主之间的关系，学术争论依旧，无法达成共识。

第五节　宪政：分权与自由

孟德斯鸠对君主政体的推崇有其法国政制和国情的情结原因，但也与他对英国的考察密不可分，孟德斯鸠的重要作用乃在于传播和强化了

---

① 参见[法]孟德斯鸠：《论法的精神》，上卷，许明龙译，118～128页。
② 参见同上书，130～133页。
③ 尤其对法国君主制，他一直有非常深的隐忧，在《波斯人信札》中，他意识到了皇家的专断，贵族的堕落，和中产阶级的富有引起的君主制的衰落。参见[美]列奥·施特劳斯、约瑟夫·克罗波西主编：《政治哲学史》（第3版），李洪润等译，519页。
④ [英]罗伯特·夏克尔顿：《孟德斯鸠评传》，345页。

视英国的制度为实现政治自由的手段这样一个信念。①

孟德斯鸠认为,"君主政体倘若不向政治自由靠近,就将蜕化为专制政体"②。这句话既是对君主政体腐化的警告,也是对君主政体与政治自由的一种基本定位。他认为,英国君主政体的直接目标就是政治自由。③

孟氏笔下的自由,是"在一个有法可依的社会中",人们可以做他们"应该想要做的是和不被强迫做他不应该想要去做的事"④;也就是说,自由乃是法律之下的自由,法律并不会被自由支配。他区分了人民的权力与人民的自由,只有权力未被滥用时,政治宽和的国家里才有政治自由。但拥有权力的人都倾向于滥用权力,所以必须通过制度设置,"以权力制止权力"⑤。这就是分权思想。

有证据表明孟德斯鸠参考了洛克的著作。⑥ 洛克区分了立法权与执法权(还有一种权是对外权),如果有人拥有"全部立法和执行的权力,那就不存在裁判者"⑦。孟氏区分了三种权力:(1)立法权:即君主或执政官制定临时或永久的法律,修改或废止已有的法律的权力;(2)适用万民法的执行权:即国家行政权,媾和或宣战,派出或接受使节,维持治安,防止外敌入侵的权力;(3)适用民事法的执行权:即司法权,惩治罪行,裁决私人争执的权力。⑧ 这种权力划分显然比洛克的划分更能够促进自由,保障人民的安全。如果这三种权力不是掌握在不同的人手中,那么自由和安全就不复存在了。但洛克和孟德斯鸠在分权的根本目的上并不相同,洛克的分权思想着重在限制君主(王室)的权力,如果君主权力超过某种限度,那么主权者——人民有权作出回应;而孟德斯鸠的分权思想在于强调权力之间的平衡,以权力制约权力才能获得政治自由。⑨

孟德斯鸠认为,如果立法权和行政权集中于一个人或一个机构,那么就可能会出现暴虐的法律创制并付诸实施;如果司法权不与立法权分离,法官与立法者合二为一,那么公民的生命和自由将由专断的权力处置;如果司法权与行政权合并,法官就将拥有压迫者的力量;如果同一个人或同一个机构拥有这三种权力,那么"一切都完了"。⑩

孟氏考察了不同国家权力的分立情况,他认为在土耳其,苏丹掌握三种权力,形成了专制;而意大利一些号称共和国的地方,三权也是合一的,因此,这些地方名为共和,实为专制;威尼斯虽然表面上三权为三个

---

① [美]乔治·萨拜因:《政治学说史》(第4版),下卷,244页。
② [法]孟德斯鸠:《论法的精神》,上卷,许明龙译,177页。
③ 同上书,166页。
④ [法]孟德斯鸠:《论法的精神》,上卷,许明龙译,165页。
⑤ 同上书,166页。
⑥ [英]罗伯特·夏克尔顿:《孟德斯鸠评传》,353页。
⑦ [英]洛克:《政府论》,下篇,55页。
⑧ [法]孟德斯鸠:《论法的精神》,上卷,许明龙译,167页。
⑨ 参见[法]雷蒙·阿隆:《社会学主要思潮》,22页。
⑩ [法]孟德斯鸠:《论法的精神》,上卷,许明龙译,167页。

机构所掌握,但是因为这些机构的官员都来自同一个集团,实质上"几乎只有一种权力";欧洲一些国王也独揽大权,这是专制的开始。①

因此,孟德斯鸠认为,司法权不应赋予一个常设机构,法官应出自民众,形成一个特别的裁判团;在重要的诉讼中,被告人甚至可以依法选择法官,要求一些法官回避;法院虽然不应固定,但判决却应该固定,判决书永远是一纸精确的法律条文;在重大诉讼中,法官应该是与被告地位相同的人。② 对应于现实,他指的是英国的陪审团制度,这种"同侪审判"来自于中世纪多元法律体系的传统,③而在英国生根发芽,形成了一种独特的法律制度。

孟氏认为,立法权和行政权可以赋予一些官员或常设机构,而这两种权力在本质上是不同的,立法权体现国家的一般意志,行政权则是执行国家的一般意志。立法机构要么由人民执掌(小国),要么实行代议制(大国),代议制由各个选区选举代表参与国家公共事务的讨论,代表由人民授权。同时立法机构应该由两部分构成,除了人民选举的代表之外,另一部分由贵族集团构成,两部分分别集会、分别讨论,互相遏制。④

孟德斯鸠认为,行政权归于君主。君主通过否决权参与立法,但不能通过创议权参与;他的手下却要受到立法机构的审查和惩罚。⑤

孟德斯鸠在讨论英国式分权政体时,同样考察了君主、贵族与平民之间相互的合作与平衡,并与罗马的国王、元老院与人民进行比较。两者都是融合君主政体、贵族政体和平民政体的混合政体,分享主权之行使。⑥

写到此处,孟德斯鸠对英国制度的推崇之情溢于言表。但有人认为他描述的并非18世纪英国的政治现实,而只是一种"自由的逻辑"⑦或一种"理想型"⑧。当然,孟德斯鸠在《论法的精神》中提了一句"探究英格兰人现今是否享受这种自由,这绝不是我的事。对于我来说,阐明他们的法律已经确立了这种自由,这已足够"⑨。而他之前游历英伦时,对英国的观感并不如《论法的精神》中描述的那么好,甚至他在考察英国政府机构运作时认为:英国人已经不配享受他们的自由了,他们把自由卖给了国王;如果国王把自由还给他们,他们还会把这个自由再次卖掉。⑩

---

① [法]孟德斯鸠:《论法的精神》,上卷,许明龙译,167~168页。
② 同上书,168~169页。
③ 参见[美]伯尔曼:《法律与革命》,第1卷,贺卫方等译,北京,法律出版社,2008。
④ [法]孟德斯鸠:《论法的精神》,上卷,许明龙译,169~171页。
⑤ 同上书,173~174页。
⑥ 同上书,181页。
⑦ [美]列奥·施特劳斯、约瑟夫·克罗波西主编:《政治哲学史》(第3版),李洪润等译,522页。
⑧ S. Kraus, "The Spirit of Separate Power in Montesquieu", 62/2 The Review of Politics, 2000, pp. 231-265.
⑨ [法]孟德斯鸠:《论法的精神》,上卷,许明龙译,176页。
⑩ [法]路易·戴格拉夫:《孟德斯鸠传》,280~282页。

第十九章 孟德斯鸠的法思想

无论孟德斯鸠对英国君主制的推崇是否出于本心,并不妨碍他对这一政体进行深入的描述。无论如何,孟德斯鸠与英格兰之间形成了微妙的关系,①这种关系或许也存在于一百多年后马克斯·韦伯与"英格兰问题"之间。对于我们只要记住他在《论法的精神》一书中主旨的表达,他所提的原则对应了各民族的历史事实。② 君主制也好,民主制也好,本身并不比所有其他政体优越,"对某种政府形式的追求,取决于特定的时空条件"③。

当然,他的分权理论墙里开花墙外香,法国大革命显然并没有完全贯彻他的理论,而更钟情于卢梭更为激情洋溢的理论,但在北美(包括在英伦和德国),他却有更大的影响。在某种意义上,他的理论启发了麦迪逊、杰伊和汉密尔顿等联邦派去构建结构合理的美国联邦制度,美国宪法将分权原则作为新政体的基础。甚至有人认为,杰斐逊和汉密尔顿之间的争论,只不过是强调分权的孟德斯鸠和强调混合政体的孟德斯鸠之间的争论。④

第六节 影响与评价

孟德斯鸠用他独特的"法"与"法精神"观念完成了作为一名启蒙运动思想家的基本定位。显然,他在启蒙运动思想家群体中非常另类。在《启蒙运动百科全书》中,对他的评价是"最博学、最重要的启蒙哲学家之一","批判当时法国社会,促进了英国君主立宪思想在全欧洲的普及……他在政治理论、历史学、社会学等方面的遗产无疑是启蒙运动为现代西方文明留下的最重要的成就之一,也肯定是启蒙运动最广为人知的贡献之一"⑤。而孟德斯鸠之所以稳稳当当成为启蒙运动思想家的前排交椅,和《论法的精神》一书出版之后引发的争论是分不开的,正是在这场争论中,启蒙派开始结成联盟。⑥《论法的精神》在其出版后的第二年(1749),就有了22个版本。⑦ 在孟德斯鸠临终时,宗教团体和启蒙派为他是否为自己所持异端观点向教会忏悔都进行了争论。⑧

很多人认为孟德斯鸠无法脱离其所在的阶级,因此,他是保守的,甚

---

① See F. T. H. Fletcher, *Montesquieu and English Politics*, 1750—1800, Porcupine Press, 1939.
② [法]孟德斯鸠:《论法的精神》,上卷,许明龙译,2页。
③ [法]爱弥儿·涂尔干:《孟德斯鸠与卢梭》,15页。
④ [英]约翰·麦克里兰:《西方政治思想史》,379页。
⑤ [美]彼得·赖尔、艾伦·威尔逊:《启蒙运动百科全书》,266页。
⑥ [英]罗伯特·夏克尔顿:《孟德斯鸠评传》,471页。
⑦ [法]路易·戴格拉夫:《孟德斯鸠传》,399页。
⑧ 同上书,482页以下。

至还有人说他是反动的。① 对于他死后三十多年爆发的那场革命来说，他既没有预料也不曾希望发生，但他本人和他的著作却在客观上为这场革命作了准备。②

他和伏尔泰、卢梭这些同样为著名启蒙运动思想家之间关系也很微妙，后两者都攻击过孟德斯鸠，但在另外一些地方又支持他。伏尔泰在《论法的精神》争论中站在了孟德斯鸠这边，并撰文支持他。③ 卢梭显然是反对英国代议制的，又强调主权不可分割，这两点和孟德斯鸠的思想非常对立。而苏格兰人大卫·休谟则高度赞扬孟德斯鸠，认为他是一位"才华横溢的作者"，而《论法的精神》构建了"大概是世界上前所未有的，最佳的政治理论体系"④。

孟德斯鸠在《论法的精神》中使用的写作方法，使得政治理论的写作方式发生了从形而上学向社会科学的转型，即使在最进阶传统政治理论的政体类型学写作时，叙事方式也渗透着经验性的社会科学原则。这对于他自己而言，有这种方法论的自觉，但没有这种学科的自觉。他对自己的评价是"他是一位对以往千百年有着透彻了解的历史学家；他是一位善于思考的社会学家"⑤。后世学者都将他视为社会学的先驱。"社会学"一词的创造者孔德承认孟德斯鸠对社会科学所做的贡献，但涂尔干直接认为孟德斯鸠"首次确定了社会科学基本原则"，并认为"后继者们确立的社会学，不过是为孟德斯鸠所开创的这一领域赋予的名称而已"⑥。雷蒙·阿隆也认为孟德斯鸠是第一位社会学家，"用社会这一总概念重新解释古典政治思想，并力图用社会学的观点对社会集体的各个方面做出解释"⑦。德国法社会学家埃利希在他的名著《法社会学原理》(Grundlegung der Soziologie des Rechts)⑧中没有提及孟德斯鸠，美国法学家霍姆斯大法官专门写信批评了这一点，埃利希也欣然接受，并且专门撰写《孟德斯鸠与社会学法学》一文以示回应。⑨

孟德斯鸠的思想影响了德国历史法学派的萨维尼，两者各自的"民族精神论"共同为后世学者反对法律移植论提供了思想渊源。⑩ 另一位历史法学的人物，英国法律史学家梅因则批评了孟德斯鸠"法的精神论"，认为"他过低地估计了人类本性的稳定性"，不重视"种族的遗传性质"。⑪

---

① [法]雷蒙·阿隆：《社会学主要思潮》，37～38页。
② 同上书，38页。
③ [英]罗伯特·夏克尔顿：《孟德斯鸠评传》，443页。
④ 同上书，305页。
⑤ [法]路易·戴格拉夫：《孟德斯鸠传》，494页。
⑥ [法]爱弥儿·涂尔干：《孟德斯鸠与卢梭》，44、41页。
⑦ [法]雷蒙·阿隆：《社会学主要思潮》，40页。
⑧ 参见[奥]欧根·埃利希：《法社会学原理》，舒国滢译，北京，中国大百科全书出版社，2009。
⑨ E. Ehrlich, "Montesquieu and Sociological Jurisprudence", 29/6 *Harvard Law Review*, 1916, pp. 582-600.
⑩ O. Kahn-Freund, "On Uses and Misuses of Comparative Law", 37/1 *The Modern Law Review*, 1974, pp. 1-27.
⑪ [英]梅因：《古代法》，沈景一译，67页，北京，商务印书馆，1959。

这一批评同样出自涂尔干之口,涂尔干认为孟德斯鸠是考虑到横向的环境因素对社会的影响,但没有考虑到社会发展的纵向因素,"没有看到社会之间的连续性和亲缘关系",没有考虑历史因素。① 这种批评是公允的,孟德斯鸠强调法的特殊性与多元性,不同的社会具有不同的法律;但是社会演进所产生的历史动力对社会本身的影响,却没有太多的关注,他对法的普适性的描述,是环境因素与社会秩序或法之间关系的恒定性,而这种恒定性关系是普适的。因此,涂尔干和雷蒙·阿隆用更为精练的归纳指出了孟德斯鸠的不足,即孟德斯鸠缺乏"进步"的观点,而这一点正是孔德和马克思的强项。②

孟德斯鸠笔下的"法",兼有实在法和普遍法则的双重含义,而这种双重含义在《论法的精神》中广泛存在着,联结着各个共同体的生活世界,化为各个共同体的生活方式;而生活在各个共同体中的智能主体,不仅要去把握自然世界中的法则,同样要去创制、完善生活世界本身的规则,按照孟德斯鸠的话来说,"我们观察局部,只是为了对整体做出判断;我们考察一切原因,是为了看清一切结果"③。

于是,我们在历史与环境构成的文化共同体中,各自寻找并实践着自己的"法的精神"。

思考题

1. 如何理解孟德斯鸠语境中的法?
2. 孟德斯鸠的自然法概念有何独特之处?
3. 如何理解孟德斯鸠的从形而上学转向社会科学的方法论?
4. 简述孟德斯鸠的分权理论及其影响。

阅读文献

1. [法]孟德斯鸠:《论法的精神》,上下卷,许明龙译,北京,商务印书馆,2009。
2. [法]孟德斯鸠:《罗马盛衰原因论》,婉玲译,北京,商务印书

---

① [法]爱弥儿·涂尔干:《孟德斯鸠与卢梭》,42~43页。
② 参见同上书,41~42页;[法]雷蒙·阿隆:《社会学主要思潮》,40页。
③ [法]孟德斯鸠:《论法的精神》,上卷,许明龙译,3页。

馆,1995。

3. [法]孟德斯鸠:《波斯人信札》,罗大同译,北京,人民文学出版社,1958。

4. [英]罗伯特·夏克尔顿:《孟德斯鸠评传》,刘明臣等译,北京,中国社会科学出版社,1991。

5. [法]爱弥儿·涂尔干:《孟德斯鸠与卢梭》,李鲁宁等译,上海,世纪出版集团·上海人民出版社,2006。

6. [法]雷蒙·阿隆:《社会学主要思潮》,葛智强等译,北京,华夏出版社,2000。

7. M. H. Wadicor, *Montesquieu and the Philosophy of Natural Law*, Martinus Nijhoff, 1970.

8. R. E. Kingston (ed.), *Montesquieu and His Legacy*, State University of New York Press, 2009.

9. E. Ehrlich, "Montesquieu and Sociological Jurisprudence", 29/6 *Harvard Law Review*, 1916.

10. S. M. Mason, *Montesquieu's Idea of Justice*, Springer-Science & Business Media Dordrecht, 1975.

第二十章 卢梭：人性、社会与国家

按照法国作家罗曼·罗兰的看法，卢梭是心灵的力量压倒其时代的最突出的范例之一，他渗透和改变了现代世界的人心处境、社会形态和政治理想。事实的确如此，其心灵的力量不仅体现在曲折的生命经验和心路历程中，而且更与他充满激情和思辨的著述密不可分。但也正是因此，如何理解和澄清卢梭的思想不得不面临巨大的困境，一方面要面对卢梭著作中诸多的"矛盾"之处；另一方面又必须严肃对待卢梭对自身思想统一性的宣称。就其法政哲学思想来说，情形尤其如此。根据我们的看法，仅仅从《社会契约论》来理解其法政哲学并不足够，相反，卢梭对公意、主权、政治法和公民宗教等主题的阐发恰恰都建立在他对现代人性和社会的考察之上，因此，《论科学与艺术的复兴是否有助于使风俗日趋纯朴》与《论人与人之间不平等的起因与基础》①构成了理解其法政哲学的必由之路。

第一节 意见法与趣味的败坏

如《论科学与艺术的复兴是否有助于使风俗日趋纯朴》的题目所示，卢梭所要反对的并不是"科学和艺术"本身，而是科学和艺术的"复兴"对道德风尚的败坏，或者说，当欧洲人试图用古典文明的复兴来面对新的现

---

① 本章涉及的卢梭作品采用以下英译本：C. Kelly & R. D. Masters (eds.), *The Collected Writings of Rousseau*, vol. 2(1992), 3(1992), 4(1994), 13(2010), University Press of New England；并参考相关中译本：《论科学与艺术的复兴是否有助于使风俗日趋纯朴》，李平沤译，北京，商务印书馆，2011；《论人与人之间不平等的起因与基础》，李平沤译，北京，商务印书馆，2007；《社会契约论》，李平沤译，北京，商务印书馆，2011；引用时会分别注明英文著作集卷页与中译本页码；感谢这些译者的辛劳和努力，当然，为了突出引文的核心，本章的翻译会与中译本有所出入。

代处境时,卢梭彻底质疑了它在教化意义上的社会和道德效果。我们可以从两个方面来理解这一点。首先,如何对待古典文明或文化遗产的现代意义,这是任何具有历史传统的文化实体都会面临的现代性挑战,也意味着传统的激活和重新生成存在诸多困难。在卢梭看来,在古今之分的脉络之下,如果试图直接把古典文明安置在现代人的精神结构里,进而在改善个体道德的同时促进社会风尚的敦厚,那不仅不会带来古典文明在现代的重生,反而会使得古典文明的精神遗产成为一种毫无内容的教条和意见,因为这种直接的"移植"不仅忽视了古典文明本身曾经植根于其中的社会形态,而且也等于是武断地漠视了现代人所处的真正现实。

其次,更为关键的是,推动科学和艺术之复兴的并不是一般的普通民众,而是追逐虚荣和骄傲的"公共文人",他们在鼓噪和搅扰社会风尚的时候,却自以为在探究自然和上帝的真理。在卢梭看来,当这些公共文人的意见和行事方式成为在社会中流行开来的潮流(fashion)时,人们就会慢慢在精神上脱离自己的真实生活和自然本性,而把他人的目光和意见当成认识自身价值的标准,在这个意义上,社会意见(social opinion)便构成了人们生活的"法则",但它却无法造就稳定的社会结构,因为,它在本质上是一种由变动不居的"意见"所构成的无形支配力。在《论人与人之间不平等的起因与基础》结尾对比野蛮人和文明人的存在形态时,卢梭极为深刻地指出了意见法的内在机制:

> 野蛮人活在自身之内,而社会人(social man)却总是活在自身之外,他只有通过别人的意见才知道自己怎么生活;这也就是说,只有从别人的评判里,他才能获得自身的存在感(sentiment of his own existence)。①

事实上,这就是生活在文明状态中的"社会人"的精神形态;按照《爱弥儿》的论述,这并非源于个体本身的缺陷,而恰恰是由于他们在科学和艺术的复兴中过早地实现了"社会化",即在尚未形成稳定和独立的自我意识之前,就已经被诸多光怪陆离的教条和意见所填满。在这个意义上,意见法的支配性不是别的,就是它使每个人在思考自己该如何生活时,总是首先想到别人对自己的看法和判断,他们看似在"认识自己",但却不过是在各种社会意见里"兜圈子"。甚至,卢梭本人在年轻时也曾深受此种"意见法"的深刻影响:

> 由于长期受到我们这个时代的偏见的引诱,我将文艺看成唯一值得聪明人去从事的工作,对科学与艺术敬重备至,对学者们十分钦佩。我那时想象不到他们在论证真理的时候已经迷失方向(astray)……我

---

① C. Kelly & R. D. Masters (eds.), *The Collected Writings of Rousseau*, vol. 3, trans. J. R Bush, et al, University Press of New England, 1992, p. 66;[法]卢梭:《论人与人之间不平等的起因与基础》,李平沤译,119页。

经过了许多时间的反思和洞察之后才摧毁了所有那些空洞的文艺花哨给我造成的幻象(illusion)。①

当卢梭承认自己曾被当时的科学与艺术之"潮流"(fashion)所裹挟的时候,并不单单是回顾自身的成长,而且同样意味着,在他眼里一般民众在根本上所处的精神状态正是如此。也正是因此,才使得那些公共文人、启蒙派哲学家能够"不失时机"地给失去传统伦理支持的个体营造着关于生活的美好幻象,它们的外衣不仅漂亮,而且优雅;在《论科学与艺术的复兴是否有助于使风俗日趋纯朴》"引言"的开始,卢梭引用的贺拉斯的一句诗指向的正是这里,"我们被精致的外表所迷惑"。而在《爱弥儿》中,让雅克对爱弥儿的培养所要面对的最大威胁不是别的,恰恰就是这种败坏的社会状态给人造成的幻象和自我奴役。

不过,他并没有仅仅停留在对人们"愚蠢"行为的感叹上,而且真实呈现了社会意见在人性上留下的痕迹和持久影响,这一点集中体现在人们"趣味"(taste)的改变上,也就是趣味本身的精致化和审美化。我们需要从两个层次来理解这个问题,一方面,趣味和风尚、民情之间有着根本的关联。在卢梭这里,恰切而中正的正义感和道德趣味(moral taste)是以自然情感的指引为特征,它是更为普遍的风尚和民情的深层根基,而当原有的风尚被碎片化的公共意见所取代的时候,必然会反过来对趣味产生作用,要么正义感和道德趣味被削减,要么淹没在繁杂多样的众多审美性趣味之中。这正是《论科学与艺术的复兴是否有助于使风俗日趋纯朴》题目本身的内在含义,因此,卢梭说,"风尚的瓦解必然带来奢侈,随之导致趣味的败坏"②。

另一方面,趣味本身的转变在根本上代表着人性(human nature)的某种扭曲,这是更为根本的挑战。在给《纳尔西斯》这部喜剧所写的导言里,卢梭重新梳理了《论科学与艺术的复兴是否有助于使风俗日趋纯朴》的根本关注并对诸多反驳做了一次总回应,其中非常鲜明地提出了趣味和身心的关系,"对文学、哲学和优雅文艺的趣味使人的身体(body)和灵魂(soul)变得柔弱了。书房里的作品让人变得娇柔脆弱了,人的性情变得懦弱了,而当身体失去活力的时候,人的灵魂也很难保持其活力"③。因为审美性趣味则是人为性的,它意味着人们在社会意见和生活幻象(opinion and illusion)的引导下对举止和品位的丰富化和再生产。我们可以从另一个文本来捕捉审美性趣味的真正本质:

---

① C. Kelly & R. D. Masters (eds.), *The Collected Writings of Rousseau*, vol. 2, trans. J. R Bush, et al, University Press of New England, 1992, pp. 188-189;[法]卢梭:《论科学与艺术的复兴是否有助于使风俗日趋纯朴》,李平沤译,49 页。

② C. Kelly & R. D. Masters (eds.), *The Collected Writings of Rousseau*, vol. 2, p. 15;[法]卢梭:《论科学与艺术的复兴是否有助于使风俗日趋纯朴》,李平沤译,31 页。

③ Ibid., p.192;[法]卢梭:《论科学与艺术的复兴是否有助于使风俗日趋纯朴》,李平沤译,54 页。

对人来说,除了通过模仿,就不会做出那些"漂亮"(beautiful)的行为。趣味的真正模板都在自然之中。我们越将自身远离那造物主,我们的神态和气象就越丑陋。于是,我们从我们所喜爱的诸多对象中获取我们(趣味)的模板,而这些好看的模板本身除了屈从于任性和权威并没有什么内在的逻辑,它除了代表着那些引导我们的人的喜好之外并无其他任何含义。①

这段非常锐利的表述出自卢梭《论趣味》的手稿。由此看来,卢梭所反对的并不是趣味的多样化本身,而是在意见和幻象对人的生活理想占主导影响的情况下,审美化的趣味就自身而言并不具有自然基础,也不包含实质性的关于美和善的理解,它在本质上仅仅是公共文人们主观任性的喜好,并以无形的支配—服从的逻辑弥散在整个社会中。因此,卢梭接着这段话说道,"那些引导我们的人是文艺家、显贵和富人;而引导他们的其自身的虚荣"②。在这个意义上,卢梭毫不留情地要刺穿和打碎这些外表"好看"的趣味模板就变得再合理不过了,因为它们最终会导向两种结果,要么人们的趣味随着意见的改变和差异的不断涌现而流动;要么在对一种幻象的竞争性追求中使彼此的趣味趋向平庸和单一。

在此基础上,让我们再次回到《论科学与艺术的复兴是否有助于使风俗日趋纯朴》所关注的德性主题,这里包含着一个无法回避而又难以解决的困难。的确如当时的批评者所言,随着人们获得精致而细腻的审美性的趣味,人的性情在文明化(civilization)的风潮中柔顺了,形成了彬彬有礼的社交仪态,或者说是一种讲求文雅和修饰的礼貌社会(politeness)。然而,对卢梭来说,真正的德性起点是一种身心意义上的单纯(simplicity),其所指既包含一般而言的天真和纯朴,也意味着在人伦日用的为人和做事中能够表里如一,真心待己诚意待人。在这个意义上,上述的礼貌和柔顺恰恰不是一种单纯,反而是指向了表里不一的身心分裂,因为它所代表的仅仅是文明化的礼仪所构成的"面具";在这里,并不存在内心情感的自然呈现和表达,而是一种只追求交往效果的"取悦术"(art of pleasing),最终必然导致"邪恶而具有欺骗性的一致性,好像人人的心智都是从一个模子里造出来的"③。

不过,更为根本的问题是,为什么这种"礼貌"无法获得人内心情感的支持和滋养,达到一种新形态的内外一致(simplicity),换句话说,人性在自然意义上的构成是什么样的,以至于趣味的审美化仅仅只能沦为外在而空洞的虚伪;同时,如果人的自然构成对人的塑造而言是一种限度,那

---

① C. Kelly & R. D. Masters (eds.), *The Collected Writings of Rousseau*, vol. 11, trans. J. R. Bush, et al., University Press of New England, 2010, p. 17.

② Ibid..

③ C. Kelly & R. D. Masters (eds.), *The Collected Writings of Rousseau*, vol. 2, p. 6;[法]卢梭:《论科学与艺术的复兴是否有助于使风俗日趋纯朴》,李平沤译,12页。

么这一限制体现在哪里。对这个问题的回答,取决于卢梭对人性内在构成的深入考察,这超出于《论科学与艺术的复兴是否有助于使风俗日趋纯朴》的结构,而《论人与人之间不平等的起因与基础》正是在哲学上对此问题的延伸和实质性推展。

第二节 纯粹自然状态与新的人性

尽管《论人与人之间不平等的起因与基础》与《论科学与艺术的复兴是否有助于使风俗日趋纯朴》一样,都是偶然地源于第戎科学院所设立的有奖征文启事,但这并没有妨碍卢梭在"命题作文"之下真正延续自己的哲学思考。在《论人与人之间不平等的起因与基础》中,卢梭并没有像霍布斯那样从人的心理学层面把自然状态描绘为一种一切人对一切人的战争状态,而是运用笛卡尔式的还原,把自然环境、历史、社会等因素在人的身上所刻印、层叠下来的道德意见、伦理习俗、知识和才能都一一剥离开来,唯独剩下类似本能的自爱和怜悯,并以此为基础勾画了平和而自足的自然人。这使我们想起卢梭对霍布斯的批评,而笛卡尔式的还原恰恰是为了避免类似的错误:将社会习俗在人身上形成的习惯和倾向当作自然所赋予人的本性(nature)。既然人的自然状态是一种没有战争和财产,也没有虚荣和欺诈的天真无辜的处境,那么,自然人所感到的就只是生命本身的存在与和谐。在卢梭看来,这是一种类似于动物式存在的纯粹自然状态。尽管关于纯粹自然状态究竟是一种历史事实,还是一种道德虚构仍然存在诸多争议,但是,不可回避的问题是我们如何从这种纯粹自然状态的描述中厘清卢梭对人性的重新理解,根据我们的考察,这主要体现在以下三个方面:

首先,是卢梭对人之自然身体(physical body)的考察。既然"要推导自然法的原理,就应当从人性(human nature)着手,从其构成和状态(constitution and state)开始"①,那么,他对"人性"本身的考察就是从人的自然构成(natural constitution)和自然状态(natural state)两个方面开始的,事实上,在《论人与人之间不平等的起因与基础》第一部分的开始,卢梭就以一种特殊的方式指向了这个问题:

我不打算通过它的一连串的发展来研究他的肌体构造,我不想把时间花在从动物的系统中去探索人是怎样从当初的样子变成现在这个样子的。我也不会像亚里士多德那样去研究他长长的指甲当初

---

① C. Kelly & R. D. Masters (eds.), *The Collected Writings of Rousseau*, vol. 3, p. 13; [法]卢梭:《论人与人之间不平等的起因与基础》,李平沤译,35~36页。

是不是钩形的爪子……比较解剖学现今进步甚微,而博物学家的论述又既不确切。①

这段话包含了非常重要的信息,却很少获得应有的重视,卢梭以注释方式展开的对博物学的引用和澄清也遭遇着同样的命运。倒是后来的人类学家列维·施特劳斯非常深刻地看到了其中的思想意义,即卢梭对自然人的研究和当时的博物学有一个共同之处,即二者都反对以形而上学的方式研究人性的传统道路,并倡导以新的范式研究人性,后来的人类学所接续的正是这个源自西方思想母体的根本问题。既然卢梭宣称自己的研究不是针对人的器官结构,不是博物学式的考察,也不是像亚里士多德的动物志一样关注人和动物在形态上的异同,那么,他们之间的差别就成了关键问题。

在卢梭看来,它们都包含了许多"超自然的猜测",这其实是说当器官结构的生理或物理研究(physics)试图过渡到器官的机能和官能(faculty),乃至机能产生的更抽象的观念(idea)时,当动物志试图从人和动物的生理差别过渡到人的灵魂或道德的特殊性时,它们都无法合理地从生理或物理层面的质料研究过渡到抽象的机能和观念,就像当今的脑科学试图将人的某些观念和情感(比如梦)落实在大脑的某块区域时,它们始终无法解释这块大脑的物质和质料是如何产生观念和情感一样,即便最后落实在神经刺激上也是如此,因为所谓的"刺激"就已经超出了自然"传导"的范畴。换句话说,机能或能力(faculty)的这种"突生属性"无法还原为器质性的质料(matter),在卢梭看来,这是一条无法跨越的鸿沟;与此类似,涂尔干在解释人与社会的关系时采取了同样的进路,即"社会"作为整体所具有的"性质"(nature)无法还原为每个个体的"性质"(nature),它本身具有特定的神圣性。② 正是基于这样的理由,卢梭才从一开始就将人或人体(body)看成一种"自成一类"的存在物,因而他并不关注人和动物在生理或物理上的异同,而是人体结构的独特性,那些突生性的机能和能力本身就已经存在,只不过是处于潜在状态。

其次,是人体所蕴含的几乎是无限的自我完善(self-perfection)的潜能。如果说人是"自成一类"的存在物这一点主要是针对博物学研究并强调身体在自然构成上的一体性的话,那么,他还必须进一步撇清自己与法国机械唯物主义(mechanic materialism)的关系,因为后者同样以类似的方式将人界定为一种已经"结构化"的东西。拉美特利(La Mettrie)是其中最为著名的代表,宣称人如同机器一样,完全受机械因果的必然性法则

---

① C. Kelly & R. D. Masters (eds.), *The Collected Writings of Rousseau*, vol. 3, p. 20;[法]卢梭:《论人与人之间不平等的起因与基础》,李平沤译,49页。
② 参见[法]涂尔干:《孟德斯鸠与卢梭》,李鲁宁等译,27~34页,上海,上海人民出版社,2006。

支配。① 卢梭自己似乎也抱有类似的看法,"每个动物都是一部精巧的机器;自然赋予它以各种感官,使之能够活动起来,保护自己,并在某种程度上防范一切可能伤害它或打扰它的事情"②,考虑到卢梭的自然人与动物在构造上的相似性,这里的问题就变成了:如果人和动物在自然的意义上都具有机器般的身体,那么自然人与动物的"自然差别"是什么,卢梭的回答再次指向了"自成一类"的身体,它包含着一种独特的品质:

> 自我完善的能力(faculty of self-perfection),它在环境的帮助下会不断地使其他能力发展,它既存在于个体身上,也存在于人类中间。而动物则不然,一个动物在几个月之后长成的样子,以后终生都不会改变;即使时间过去一千年,它的种类还依然是这一千年开头那一年的那个样子……③

这样看来,虽然动物的躯体和人的身体都是一种机器或工具,但动物体却被自然赋予了固定不变的必然性法则或者说本能,哪怕面临死亡的危险,它们也无力去改变这些法则;对此,卢梭有些调侃地举例说,"一只鸽子在盛满鲜肉的盘子旁边饿死也不会吃盘子里的肉"。从根本上说,动物体本身完全是自然物理世界的一部分,其中的法则即是自然必然性本身。对人的身体而言,它一方面像动物体一样完全服从自然世界的必然性,比如饥、渴和生老病死等;另一方面又包含着一种能够使它超出自然世界的能力,或者说,这是一种能够使人通向形而上学秩序(metaphysics)的潜能;在这个意义上,卢梭式自然人的特征非常微妙,他一方面是完全自然的,因为他仅仅受感觉和自然需求的引导;另一方面又有某种程度的"非自然性",他的身体中潜藏着一种"超出自然"的自然潜能,一旦环境带来足够的压力它便会向着"非自然"的方向生长。

最后,在卢梭看来,人性中包含着两个先于理性的内在本原,即自我保全和同情,正是它们的作用推动了机器般的自然身体,使得身体的官能和感觉能够感知到他人与外物。对此,卢梭有段非常复杂的论述:

> 让我们抛开所有那些仅仅对我们讲述已经变成如今这个样子的人的哲学论著,沉思(meditating)人的灵魂最初的和最单纯的活动(operations),我相信我感知到(I believe I perceive)其中有两个先于理性的本原(principles),一个极力推动我们关心自身的幸福和自我保全(self-preservation),另一个在我们内部激发一种对看到任何感觉存在物(sensitive Being)死亡或遭受痛苦的自然厌恶(natural

---

① 参见吴增定:《利维坦的道德困境——早期现代政治哲学的问题与脉络》,331 页,北京,生活·读书·新知三联书店,2012。
② C. Kelly & R. D. Masters (eds.), *The Collected Writings of Rousseau*, vol. 3, p. 25;[法]卢梭:《论人与人之间不平等的起因与基础》,李平沤译,57 页。
③ Ibid, p. 26;[法]卢梭:《论人与人之间不平等的起因与基础》,李平沤译,58 页。

repugnance),尤其是针对那些像我们一样的存在。①

在卢梭的文本里,像这样具有强烈分析性的段落并不多见,它包含着极为复杂的信息。第一个本原的活动表现为从格劳秀斯以降的现代政治思想家几乎都会着重论述的"自我保全"(self-preservation),而真正的理论挑战是如何具体地理解自我保全,以及它与自利、功利的不同。对格劳秀斯来说,自我保全是一种自然权利,它指向的是一种"对自身的拥有"意义上的内在权利②,但在卢梭这里,问题的真正核心恰恰是如何理解在自然意义上所拥有的"对象"或者说我们的"自身"是什么性质。换句话说,自我保全的确首先是对"生命"的照护,但对这个问题的回答却要取决于对"何为生命"的理解。在格劳秀斯那里,借助于原有的法(ius)转换为一种"道德能力"(moral faculty),自然法变成了某种现代意义上的"自然权利",所谓的"自身"或"生命"既包含身体,也包括自由和财产,它们都是主观权利意义上的财产(property),他人对这些东西的冒犯就是对其道德"人格"的侵害。但在卢梭这里,自然人的生命仅仅集中于自成一类的身体及其自然需求的满足,自我保全就完全等同于对这一自然身体的保护。而且,这里的自然身体并不是特定个体在理性意义上的占有物,而是"种和类意义上"作为感觉存在物的身体。事实上,这同样涉及我们如何理解《论人与人之间不平等的起因与基础》中的"劳动"问题,在卢梭看来,自然身体之所以不是个体的财产,是因为自然人对它的拥有以及那种"拥有的感觉"并不需要"劳动"的过程,人的"自成一类"从一开始就意味着某种自然的、直接的对自身的把握和运用。正是基于这个道理,卢梭式的自我保全才不是一种财产意义上的权利,更不会引发霍布斯式的战争状态,而是灵魂中的某种本原所推动的对自然身体的亲近和关照。

第二,一个本原是同情(pity),在面对任何感觉存在物遭受痛苦时,它促使我们产生一种先于理性反思的、近乎本能的厌恶之感。既然它所带来的情感是某种自然厌恶,而在另一处卢梭再次强调它是一种先于理性的"自然本身的纯粹运动"(pure movement of Nature),那么,我们就需要仔细考察同情的自然性体现在哪里。在回应博物学家夏尔·波勒以"费罗波里斯"为名发表的批评文章时,卢梭有一段话提供了合适的入手点:

"一个人或其他有感觉的生物,如果从未体验过疼痛(pain),那

---

① C. Kelly & R. D. Masters (eds.), *The Collected Writings of Rousseau*, vol. 3, pp. 14-15;[法]卢梭:《论人与人之间不平等的起因与基础》,李平沤译,37~38 页。

② 参见 H. Groutius, *The Rights of War and Peace*, ed. R. Tuck, Liberty Fund, 2005, p. 138. 尽管作为"一种道德能力"的定义比较独特,但至少表面上和苏亚雷斯的论述极为相似,在《论法律与上帝作为立法者》里,他说"ius"这个概念的真正含义是"一种每个人都有的道德能力(power),要么是针对他自身的财产,要么是针对应当属于他的东西",F. Suarez, *Selections from Three Works of Francisco Suarez*, trans. Gwladys L. Williams, et al., Clarendon Press, 1944, p. 30. 对自然权利之历史的研究,参见 R. Tuck, *Natural Rights Theories: Their Origin and Development*, Cambridge University Press, 1979.

他是否具有同情,当看到一个婴儿被勒死时,他会被触动(moved)吗?"我的回答是,他不会。①

可以看出,卢梭的回答指向了作为一种自然运动的同情所具有的内在动力机制。如果任何感觉存在物都具有同情,而且没有体验过疼痛就不会对别人的疼痛产生怜悯,这意味着同情首先是一种感觉,或者说,它的前提是一种对自身疼痛的感受和记忆。而只有在此基础上,同情者才会由于看见(视觉)或者听见(听觉)同类因痛苦发出的姿势或声音而感到类似的痛苦,仿佛那痛苦发生在自己的身体上,产生一种"感同身受"的自然情感。由此看来,同情的自然性不是别的,而是指它的运作完全以自然身体和感觉过程为载体。不过,这里的"感同身受"并不是对对方痛苦的纯粹"想象",也和后现代主义所谓的疼痛的不可沟通性毫不相干,相反,正是由于"自成一类"的身体所具有的自然性和种、类意义上的普遍性,彼此自然情感的通达才真正得以可能。

其次,就同情的对象而言,它所针对的也不是一般意义上的苦难和不幸,而是仅仅指向以感觉为限的"自然痛苦"(physical pains),比如那些因贪欲或野心没有获得满足而产生的痛苦就不在此列。事实上,对卢梭而言,即使是社会舆论所提倡的慈善和个体之间的友爱,它们的动力基础同样是这种"自然同情"。他禁不住说道,"大度(generosity)、宽厚和人道如果不是指对弱者、罪人和整个人类怀抱的普遍同情,又指的是什么?",而"善意和友谊无非对一个特定对象的持久的同情"。正是在这个意义上,我们才能够真正理解为什么卢梭说,除了身体的疼痛和良心的不安,人的一切痛苦都是想象的。

联系到他对自然法学说的反驳,我们发现这两个本原的相互关联构成了卢梭意义上的自然法以及对自然法理论根本困难的回答:"只要我们的心智(mind)能使这两个本原互相关联、结合起来,而无需引入社会性(sociability)的作用,对我来说,关于自然权利的规则也能从其中产生出来"②。考虑他对现代自然权利的质疑和对严格的政治权利的强调,此处对"自然权利"的使用就仅仅含有非常弱的意义,或者说,卢梭仅仅在类比的意义上承认自我保全(self-preservation)是一种"自然权利",因而,关键的问题就变成了他如何引入一种与自我保全相对的、对其构成约束的规则机制。对卢梭而言,这种约束机制不是别的,恰恰就是同情,作为一种自然情感,它能够在人作恶的时候激起一种厌恶之感,因为这种恶会给别的感觉存在物带来痛苦,这正是前面引文中"自然厌恶"(natural repugnance)的真正体现。在这个意义上,它对那种以自我保全为目的的自爱(self-love)构成了直接的内在缓和与抵制,从而有助于"整个人类的相互保全";或者说,卢梭发现了一种先于理性的、以感觉和自然情感为

---

① C. Kelly & R. D. Masters (eds.), *The Collected Writings of Rousseau*, vol. 3, p. 131;[法]卢梭:《论人与人之间不平等的起因与基础》,李平沤译,173 页。
② Ibid., p. 15;[法]卢梭:《论人与人之间不平等的起因与基础》,李平沤译,38 页。

中介的新自然法本原。它一方面不再诉诸于高度发展的理性,因而能够极为普遍地被所有人,甚至是任何感觉存在者,所感受和知道;另一方面,它也不再把上帝的立法意志作为约束力的源泉,而是直接落实在人自然情感的内在运动上。

第三节 社会契约与财产权

《社会契约论》是卢梭法政思想的核心文本,但其实质含义却一直晦暗不明。我们要极力避免把它看作卢梭用怨恨之笔写下的"乌托邦"之书,宣称它的理想主义意味着对现实国家与政府的颠覆和革命,或者把它当成一曲浪漫主义式的对城邦政治生活的追慕。

萦绕着《社会契约论》的第一个难题是,如何理解卢梭所说的"社会契约"或"社会公约",或者更具体地说,既然社会契约的确立意味着从自然状态过渡到政治社会,那么,此处的自然状态是否等同于上文所谈到的纯粹自然状态。在霍布斯那里,"一切人对一切人的战争"构成了自然状态的实质,从自然状态到国家的过渡源自人们对"暴死"的恐惧和理性对恐惧的计算;在洛克那里,以劳动和占有财产为核心的自然状态是一种理性状态,政治社会和政府的确立是为了保障人们能够享受和平的财产生活方式;而在卢梭这里,自主而独立纯粹自然状态及其幸福的自然人何以能够迈进政治社会的门槛呢?要回答这一问题,我们就必须看到自然状态理论本身在这里发生的决定性变化,也就是说,原本在霍布斯和洛克那里主要作为政治社会之起点的自然状态被卢梭分割为两个部分,一是作为原点的"纯粹自然状态";一是自然状态本身的演化史。按照《论人与人之间不平等的起因与基础》第二部分的阐述,这一演化史过程包括自然家庭、语言的形成、自然群居的野蛮人社会、占有权的战争状态、私有制和政府的产生等,而最终的阶段是重新回到了一种败坏的自然状态,"一切又都以强者之法为依据,从而又回到了一种新的自然状态"①。在此基础上,让我们来考察卢梭在《社会契约论》中对立约处境的刻画:

> 我认为人类曾经达到过这样一种境地:在自然状态中危及其自我保全(self-preservation)的障碍之大,已经超过了每一个人为了在这种状态下保全自身所能运用的力量(force)。因此,这种原始状态已不可能再继续存在;人类如果不改变其生存方式,就会灭亡……因此,除了把大家的力量集合起来形成一股力量,在一个本原的推动

---

① C. Kelly & R. D. Masters (eds.), *The Collected Writings of Rousseau*, vol. 3, p. 65;[法]卢梭:《论人与人之间不平等的起因与基础》,李平沤译,117页。

第二十章 卢梭：人性、社会与国家

下，一致行动，来战胜阻力，否则，就没有别的方法来达到自我保全。①

事实上,《社会契约论》第一卷对家庭模式、强力模式、自愿奴隶制的反驳可以看作卢梭从"权利"的角度对上述自然状态演化史的重新理解。在卢梭这里，从权利的角度而言，存在两种自然状态，一是纯粹的自然状态；一是败坏的自然状态，构成政治社会之起点、社会契约之处境的恰恰并不是前者，而是后者。二者的根本不同在于，前者之中的个体只具有自然身体和感觉，既没有财产也没有虚荣心；而后者之中的个体之能力已经获得极度的发展和完善，他们在客观上具有各种能力、财物和土地作为自己的财产(property)，而在主观上则又具有一种无限的激情和需求(passions and desires)，甚至，每个人都会把自己的激情和需求当成一种无限的"自然权利"，虚荣、野心和战争成为势所必然。在这个意义上，引文中的所说的危及自我保全的"障碍"并不是源自外部环境，而正是来自他们自身的虚荣和骄傲。看起来，这几乎重述了霍布斯关于战争状态的描绘，但差别同样不可忽视，在霍布斯那里，每个个体并不真正占有自己的能力和财物，而仅仅具有一种对整个世界的"主观权利"；而在卢梭这里，每个人既具有客观形态的对物的占有，同时又具有一种主观的无限激情和"权利"。

另外，如上文所述，危及人类生存的障碍来自人本身，其解救办法亦须向人自身求取：

> 即找到这样一种联合形式，它将用全部的共同力量来捍卫和保全每一个联合者的人身和财产，而借助于这样联合，每个联合者在与全体(all)结合的同时，仍然只是服从其自身，仍旧像以前一样自由。②

在此基础上，卢梭说这些要求可以全部归结为一句话，"每个联合者及其自身的一切权利全部都转让给整个共同体"。毫无疑问，这就是让许多研究者都感到棘手的"完全让渡"难题，将自身的人身和财产都让渡出去的同时却反而获得了某种更为完美的自由和平等，这的确让人感到困惑。事实上，更让人匪夷所思的是，卢梭在"论奴隶制"一章批判格劳秀斯的时候曾经驳斥了某种完全转让自身的约定，他说"一个人无偿地奉送自己，这是荒谬和不可思议的，这样一种行为是不合法的、无效的"。同时，他也否认了全体人民的自愿臣服于一位绝对君主的合法性。不过，卢梭对格劳秀斯的批评为理解此处的"完全让渡"提供了重要线索：

---

① C. Kelly & R. D. Masters (eds.), *The Collected Writings of Rousseau*, vol. 4, trans. J. R Bush, et al., University Press of New England, 1994, p. 138；[法]卢梭：《社会契约论》，李平沤译，18 页。

② Ibid., p. 138；[法]卢梭：《社会契约论》，李平沤译，18～19 页。

格劳秀斯说,人民可以把自己奉送给一位国王。然而,按照他的说法,在把自己奉送给国王之前,人民就已经是人民了。这一奉送行为本身就是一种政治行为,它设定了一种公共的意愿。因此,在考察人民选出一位国王这一行为之前,最好还是先考察一下人民是通过什么行为而成为人民的。因为后一行为必然先于前一行为,所以它是社会的真正基础。①

按照卢梭的理解,"人民"奉送自身之前必然有着更为一种更为根本的行为,即成为人民。这意味着,像所有的契约一样,在进行某种交换之前,在可被交换的东西之外,必须要有某种在背后主导着这一交换、但其本身不能被交换的东西,否则交换过程就纯粹变成了物理意义上物与物的移动。人民是如此,参与立约的个体亦是如此,其在让渡那些可被交换的东西之前,必须首先拥有一个真正的"自我",也只有这样,才能保证让渡的连续性和约束力。与此相关,立约方也必须知道哪些东西是可被交换的,一个野蛮的自然人是无法与人立约的,因为他不知道什么东西是属于他的。由此,就可以明白,为什么卢梭可以在前面批判了完全转让之后自己反而又运用了类似的做法,因为二者之间有着本质性的不同,前一种转让在卢梭看来要么是根本没有还没有获得确定的"自我",要么就是将那个真正的自我也当做了交换的内容,进而颠覆了立约本身;而后一种契约尽管表面看来也是完全让渡,但仍旧有一个东西是不可让渡的,正是它保证了契约的进行和有效,这个神秘之物不是别的,即是卢梭所谓的"自由"或"自由意志"(free will)。它是上帝给予每个人的礼物,无法被让渡给任何人;放弃自由,就等于是放弃自己作为人、作为绝对主体的资格。在这个意义上,社会契约所要求的"完全让渡"并不是指在经验的意义上把自己的人身和财产上交给国家和主权者,而是指参与立约的每个人都在意志的层面达成一种"合意",像投票一样形成一种超越私人利益、具有公共性的"普遍意志",即公意(general will)。另外,正是由于这一"公意"的神圣性,才使得每个人在把自己的自由意志参与到公意之中的时候,并不是放弃自己的自由,反而是以一种更高的方式实现自己的自由,因为这种参与在根本上是源于对上帝所造秩序的热爱和模仿。

神圣的公意在政治秩序上的体现就是主权。在卢梭这里,个体与主权之间并不是纯粹的霍布斯式的臣民关系,也不是洛克式的财产保护关系;尽管每个个体都要参与到主权的生成过程、服从主权的公共决定,但这种参与和服从并不是外在的;在实质意义上,个体与主权的关联恰恰就是个体与自身内在神圣性之间的关联。因此,对主权的参与就是对自身神圣性的一种伸张,而对主权的服从则是对自身神圣性的一种确证。

---

① C. Kelly & R. D. Masters (eds.), *The Collected Writings of Rousseau*, vol. 4, trans. J. R Bush, et al., University Press of New England, 1994, p. 137;[法]卢梭:《社会契约论》,李平沤译,17页。

联合的行为包含着一项公共与私人之间的相互规约,每个个人在可以说是与自己缔约时,都被两重关系所制约着:即对于个人,他就是主权的一个成员;而对于主权,他就是国家的一个成员。①

这两重关系及其神圣性也体现在"让渡"出来的财产上,相对于外在的占有和财产,每个人的自由意志都构成了主权总量的一部分;而相对于神圣的主权,所有人的外在财产共同组成了国家的具体化和具象化形态。正是在这个意义上,卢梭才在"论真正的财产权"一章写道:"这种让渡所具有的唯一特点就是:共同体在接受让渡时远不是剥夺个人的财物,而只是保证他们对财物的合法享有,使占用(usurpation)变成为一种真正的权利,使享用(use)变成为所有权。"②在形成普遍性的公意之前,每个人对物的使用和拥有仅仅是一种事实层面的"占有",它既没有获得其他人的同意和认可,也就难以合法地阻止他人的侵夺和掠取;而在公意形成之后,不仅个体自由意志的神圣性通过公意的普遍化获得呈现和确证,而且,公意所蕴含的道德人格和集体力量可以保障每个人对自身财产的所有和享用,并对那些侵犯财产权的人进行合法的规制和惩罚。

第四节　公意之法

在卢梭的法政思想体系里,其法律学说大概是最受误解的内容之一。在现代自然法学派的架构里,从自然状态到政治社会的创生过程中,自然法起着决定性的枢纽作用,而卢梭已经抛弃这种路径。不过,自然法路径的放弃并不意味着它所处理的根本问题的消失,卢梭必须以自身的方式应对这一问题,即现代国家及其法律的神圣性和道德性如何确立。根据我们的理解,这一难题是通过普遍化的公意来实现的,在很大程度上,公意学说取代了自然法理论的奠基性位置。在卢梭看来,公意并不单单是个人意志的汇合和聚集,而是所有个体用自由意志联合而创生出来的整体神圣性,或者说是,人民意志的神圣性。由于"人民"这个整体本身可以随着世事流转而不断地实现自身的创造和重生,成为人世间不朽的存在,因而,政治社会和国家法才能持久地从永不停息的公意中吸取神圣性和约束力,就像在现代自然法学派那里,上帝意志保证自然法的有效性一样。在这个意义上,卢梭的公意之法成功地克服了现代自然法理论的两

---

① C. Kelly & R. D. Masters (eds.), *The Collected Writings of Rousseau*, vol. 4, trans. J. R Bush, et al., University Press of New England, 1994, pp. 139-140;[法]卢梭:《社会契约论》,李平沤译,21页。

② Ibid., p.143;[法]卢梭:《社会契约论》,李平沤译,27页。

个难题,一是法的约束力;一是法的可知性,因为它是自由个体通过参与公意而实现的自我立法。

卢梭如何界定法律呢?或者说,法律的定义和特征是什么呢?这是需要进一步追问的问题。按照社会契约和公意的要求,真正的法律就必须是公意对自身的表达,是人民以整体的方式对公共事务所作的原则性安排,而如果仅仅是君主或首领个人的意志,哪怕它凑巧符合人民整体的利益,也不能称之为正当的法律。

> 当整体人民对整体人民(entire people)做出规定时,这便只是考虑着其自身;如果这时形成了一种"关系"的话,那也只是某种观点之下的全体(the whole object)对另一种观点之下的全体之间的关系,而全体本身并没有任何分裂。这时,人们所规定的事情就是公共的(general),正如做出规定的意志是公共的(general)一样。正是这种行为,我就称之为法律。①

在卢梭的架构里,每个个体在主动的意义上是公民,而在被动的意义上则是臣民。只有当所有适格的个体以公民的身份共同对作为臣民的自己做出规定时,才能称得上是法律。或者说,此处的法律需要两个条件,一是意志的普遍性;一是对象的普遍性。前者意味着立法意志的形成必须源自每个个体对自身意志的表达;而后者则要求立法所规制的对象和内容本身必须是普遍性的公共事务,能够平等地适用于政治共同体中的所有成员。在这个意义上,君主的个人意志之表达无法成为法律,原因在于他的个人意志是趋向于其私人利益的,不具有公意的普遍性;另外,如果公意针对个别事务或具体的个人做出规定,也无法被算作法律,因为它的目的和指向不是为了约束共同体的所有成员。

需要注意的是,意志的普遍性和对象的普遍性仅仅是立法的形式条件,二者无法决定法律的具体内容,那么,它的具体内容从何而来?在《社会契约论》的第二卷,卢梭花了大量篇幅来讨论何为人民,以及什么样的人民才能获得法律。事实上,在以"论人民"为题的三章里,卢梭给出了极为全面的答案,它不仅包括启蒙的潜在可能性、一般而言的风俗和精神意义上的历史传统,还包括地缘的环境和气候、领土和人口,而其真正指向都是要考察孟德斯鸠意义上的"法的精神",使得每个特定的民族都能找到适合于自身的立法体系。在卢梭看来,法律在现代处境下承担着一种奠基性的任务:规划和成就一种特定的生活方式,或者说,法律本身要成为个体和人民实现美好生活的中介和手段,而这种美好生活的目的就是自由和平等。这样看来,卢梭所说的法律或公意之法一方面需要公意的普遍化表达,保证形式上的平等;另一方面又需要每个特定民族找到恰

---

① C. Kelly & R. D. Masters (eds.), *The Collected Writings of Rousseau*, vol. 4, trans. J. R Bush, et al., University Press of New England, 1994, p. 153;[法]卢梭:《社会契约论》,李平沤译,42页。

切的伦理生活之道,使得抽象的公意之法获得具体内容的充实。因此,"一切良好制度的普遍目的,在各个国度都应该按照当地的形势以及居民的性情这两者所产生的种种对比关系而加以修改;应该根据这种对比关系给每个民族都确定一种特殊的制度体系"①。

尽管社会契约的确立是以完全让渡为基础的,但是,这并不意味着立法权能够对人们的生活进行全面规制,在卢梭这里,法律有着特定的限度和范围。从分类而言,他认为,立法权只能涉及三类关系,即整体对整体的关系、成员之间的关系和惩罚关系,它们分别对应三种法律形态:根本法或宪法、民法和刑法;只有这三种关系才普遍地适用于政治体所有成员,保证法律的形式平等性。因此,"主权权力无论多么绝对、多么神圣和多么不可侵犯,都不会超过而且也不可能超过公共约定(general conventions)的界限,而且每个人都可自由处置这种约定所留给他的财产和自由"②。从立法权力的形态而言,立法权直接寓于人民主权之中并有赖于人民意志的呈现,它只能"确立法律",而不能执行法律。这是卢梭法政思想中,最为与众不同的地方。从表面上看,既然立法权在根本等于人民主权,那么,它的权能难道不就成了绝对和无限的吗?不是,而事实正相反,人民主权仅仅作为权威的源头而具有绝对的正当性,但这种权威和正当性恰恰没有"行动"的能力,它只能"表达"自己的意愿,却无法直接"执行"自己的决定。换句话说,尽管卢梭赋予了人民主权以绝对的正当性,但却同时又用立法权能来规范和限制人民主权,因此,当人民主权仅仅将自身的权威限定在立法权的范围之内时,它就实现了"自我驯化"。

第五节 作为执行权的政府

如同洛克一样,卢梭的思想里没有权力制衡意义上的三权分立。后人对此虽多有诟病,却无法掩盖他的政体或政府学说的原创性:

> 一切自由的行为,都是由两种动因(causes)的结合而产生的:一种是精神的动因,亦即决定这种行动的意志(will);另一种是物理的原因,亦即执行这种行动的力量(force)。当我朝着一个目标前进时,首先必须是我想要走到那里去;其次必须是我的脚步能带动我到那里去。一个瘫痪的人想要跑,一个矫捷的人不想跑,这两个人都

---

① C. Kelly & R. D. Masters (eds.), *The Collected Writings of Rousseau*, vol. 4, trans. J. R Bush, et al., University Press of New England, 1994, p. 163;[法]卢梭:《社会契约论》,李平沤译,58～59页。

② Ibid., p. 150;[法]卢梭:《社会契约论》,李平沤译,37页。

将停止在原地。政治体也有同样的动因,我们在这里可以区别力量和意志(force and will);后者叫做立法权(legislative power),前者叫做执行权(executive power)。没有这两者的结合,便不会或者不应该做出任何事情来。①

这是卢梭对政体或政府进行思考的根本原理,有三点需要仔细澄清。第一,尽管二者都被称为"权力"(power),但它们的性质在根本上是截然不同的,立法权的本质是一种意志(will),是由个体意志联合而成的公共意志;而执行权则是一种纯粹的力量或强力(force),是所有个体让渡给政治体的"财产"总量,既指实体的财物,也指抽象的力量。区分二者的意义在于,既将立法权牢牢限制在"意志"的表达上,而不能掌握实施的能力,又将执行权锚定在适用和执行法律的"行动"上,而不能具有关于公意之法对错与否的判断。第二,意志(will)是不能代表或代议的,而公共力量(force)的运用则必须由具体的人员来代理;如同卢梭所说,"法律所表达的是公意,因此很显然,人民在立法权上是不能由被代表的,而在执行权上,人民则可以,而且也应当由他人来代表,因为行政权只不过是实施到法律上的公共力量而已"②。在这个意义上,卢梭排除了立法(本质是立宪)层面的代表制,而提倡执行层面的代表制。第三,就内容而言,立法权(will)只能针对宪法、民法和刑法意义上的普遍关系和公共事务;而执行权(force)则恰恰要处理个别的事务,将普遍的法律以恰当的方式运用于特定的事件。由此而言,执行权在根本上就是一项为了实现法律而设置的职能机构,它是由委托和任用而来的中立性制度设置。事实上,在卢梭的分析里,职能层面可以而且需要诸多不同的分工,来分别实现对不同事务的法律处理,在这个意义上,执行权本身的分工同样可以实现制衡意义上的权力分立,至于是三权分立,还是五权分立,相比于卢梭要处理的根本问题就显得次要了。

那么,政府是什么呢?在卢梭看来,政府就是执行权,它是执行权的制度化形态。

> 政府就是在诸臣民(subjects)与主权之间所建立的一个中间体(intermediate body),以便两者相互沟通,它负责执行法律,既维护社会自由(civil freedom),又保障政治自由(political freedom)。③

细心的读者不免疑惑,既然法律已经对臣民的义务、公民的权利和公共事务的限度做出了原则性安排,为什么还要建立政府来调和臣民与主权之间的关系?原因可以从两个方面来理解,一方面,就法律本身的性质

---

① C. Kelly & R. D. Masters (eds.), *The Collected Writings of Rousseau*, vol. 4, trans. J. R Bush, et al., University Press of New England, 1994, p. 166;[法]卢梭:《社会契约论》,李平沤译,64 页。
② Ibid., p. 193;[法]卢梭:《社会契约论》,李平沤译,107 页。
③ Ibid., p. 166;[法]卢梭:《社会契约论》,李平沤译,64 页。

而言,它是公意的表达,但它本身并没有自动实施的能力,正所谓"徒法不足以自行";而且,卢梭意义上的法律仅指那些规制人们基本生活方式的宪法和宪法性法律,为了保证普遍的适用性,其中难免会由许多抽象性和原则性的规定,而如何将它们进行细化和解释,使之能够与纷繁复杂的具体情形和案件结合起来,就不得不依赖政府之力了。另一方面,如同卢梭所说,"作为个人来说,每一个人都有一种与他作为公民的公意相反的或不相同的个别意志;他的个人利益对他的行为产生的影响与公共利益对他产生的影响完全不同"①。这意味着在法律适用的过程中,即便是公正的法律也会遭遇个体私人利益的对抗,此时,只有掌握着公共力量的政府才能对其间的冲突进行调和,迫使追逐私利的个人认识到自己的公民身份,服从自身的神圣性。换句话说,将这样一个"政治体"区分开来的,不是具体的个人所组成的特殊群体和阶层,而是体现在每个个体身上的两种力量,即公共利益和私人利益。正是这两种力量的冲突构成了政府存在的理由和基础。由此而言,这也意味着此处的政府不是指狭义的、与司法权相对的行政权,而是一种更为基础性的公共力量的组织化形态;狭义的司法和行政只是其中的不同职能分工而已。因此,政府可谓是政治体总体力量的制度化和客观化,卢梭将其称为政治体本身的一个"缩影",是那个包括政府本身在内的大型政治体的小型化。

更进一步的问题是,如果政府的职能是受主权委托、按照法律运用公共力量,那么,政府本身是如何确立的?既然执行权需要实行委托代表制,那么,人们如何来选出政府的执政官?在卢梭看来,创建政府是由两种行为的复合来完成的,即法律的制定和法律的执行:

> 前一种行为是:主权者制定一项法律,规定要以这样或那样的形式(比如民主制、贵族制等)建立一个政府共同体。很显然,这种行为是一项法律。
>
> 后一种行为是:人民任命执政官,由其掌管所建立的政府。不过,这一任命是一种个别行为,所以不是另一项法律,而仅仅是前一项法律的执行,是政府的一种职能。②

在卢梭看来,规定政府形式的法律是一种政治法(political law),也就是根本法或宪法。这是人民主权在立宪层面的行使,其目的是以宪法条文明确规定执行权的运用方式。随后,就可以按照这一宪法的规定,选出执政官来负责和掌握政府的运作。但是,在这两种行为之间有一个巨大的断裂,即在人们以立宪的方式规定了政府形式之后,政府还尚未产生,那么,怎么能说后一种行为是政府对法律的执行?或者,按照卢梭自

---

① C. Kelly & R. D. Masters (eds.), *The Collected Writings of Rousseau*, vol. 4, trans. J. R Bush, et al., University Press of New England, 1994, pp. 140-141;[法]卢梭:《社会契约论》,李平沤译,22页。

② Ibid., p. 195;[法]卢梭:《社会契约论》,李平沤译,111页。

己的表述：在政府成立之前，人民怎么能够有一种政府行为？这并非纯粹的理论逻辑推演，而是涉及我们如何理解政府的权威和正当性来源。出路只有一条：人民在立宪确定政府形式之后，同时在瞬间转换身份，全部变成执政官，也就是说，人民此时以行动的方式采取了民主制政府。卢梭用英国国会的例子为这一身份转换做了例证，"英国的国会里天天都有这种情形：下议院在某些情况下为了更好地讨论事务便变成全院委员会。前一瞬间还是主权的议院，一下子就变成了一个普通的委员会"。事实上，这种瞬间转换而来的民主制是一种临时的政府形式，但它可以接着执行宪法的规定，建立那种已经由宪法预先确定的政府形式，不管是贵族制政府，还是君主制政府。

在此基础上，有两点需要特别澄清。第一，既然在建立宪法规定的政府形式时，必须经过一个人民全部变身为执政官的民主制政府阶段，那么，这就意味着，在卢梭这里，所有的政府形式，若要成为合法的政府，都必须以民主制作为自己的前提和基础。正是在这一意义上，我们也才能理解，为什么卢梭说所有合法的政府都在根本上是共和制，因为无论政府形式如何，只要是合法的，就意味着它以立法权层面的民主制为基础，在他眼里，立法权的民主制即是共和的本质。第二，民主制对卢梭而言有着不同层面的含义，要么指人民主权或立法权层面的民主制；要么指政府或执行权层面的民主制。前者是社会契约和公意的根本要求，不能被任何法律缩减和排除，而必须以明文规定在根本法中；后者则仅仅是组建政府、运用执行权的一种特定方式，它并不是必须的，而是取决于特定国家对自身力量和情势的考量。由此，可以顺理成章地澄清卢梭所谓"民主制适合于小国，而君主制适合于大国"的真正含义：即此处的民主制和君主制仅仅是指政府运用执行权的具体方式，而不是指人民行使立法权的制度形态。如果忽视这一区分，不仅会严重误解卢梭，而且更会错失他的真正洞察。

第六节 公民宗教

"论公民宗教"原本并不在《社会契约论》的写作计划之内，而是在完稿后又重新增补的内容。值得注意的是，在论述公民宗教时，卢梭并没有直接阐明公意构成的政治社会需要何种宗教，而是勾画了一组关于宗教与政治之关系的变化形态。他认为，从原初社会、经希腊、罗马和基督教、再到现代社会，存在三种政教形态，一是古代的"公民宗教"（Religion of Citizen），它是以原初社会为代表的绝对的政教合一，意味着"宗教完全依附于规范着此种宗教的国家法律"。二是以新约福音书为代表的基督教，他称之为"人的宗教"(Religion of man),它"没有庙宇、没有祭坛、没有仪式,只限于对至高无上的上帝发自内心的纯粹崇拜,以及对道德的永恒义务"。三是以罗马天主教为代表的双头体制,它要求人们要同时服从教会与国家。可以看出,尽管古代的公民宗教与政治的关系最为紧密,能够实现集体意义上的认同和团结,但却最容易导致不宽容的宗教战争;"人的宗教"与政治的关系最为疏离,可以避免宗教战争,却会消解人对现世政治的热情与关注,"使公民脱离国家,正如他们脱离现世的一切事物一样";与此相对,双头体制的罗马天主教则最为糟糕,它明确要求人们履行互相矛盾的义务。在此,我们不应仅仅从表面上来看待这些批判,而是要以此理解来卢梭对社会现实的洞察。他已经看到,经基督教洗礼之后,政治与宗教逐渐分离,政治已经丧失了决定整体生活的主导地位,能否为此种分裂的现实提供一种统一的可能性是三种宗教模式都必须面对的难题。

不过,卢梭的不满还有更为深刻的含义,即三种宗教模式与他的政治社会之间存在不可调和的矛盾。这一点集中体现在他对罗马基督教与福音基督教的批判上,(罗马基督教)"造就了一种混合的无以名状的非社会的权利(unsocial right)","我不知道还有什么比(福音书基督教)更加违反社会精神(the social spirit)"。如前所述,政治社会的成立并不仅仅是个体自由意志的抽象联合,在个体意志与公意之间、作为中介的是"人民"及其所规定的法律生活方式,而无论是罗马基督教模式,还是福音基督教模式,都会造成对人民及其生活方式的破坏和分裂,差别仅仅是前者的方式是确立一个与"人民"并立的现实的教会共同体,后者的方式则是确立一个与"人民"对立的彼岸的友爱共同体;也正是基于此,卢梭才称前者是"非社会的",而后者是"反社会精神的",它们都会"破坏社会之统一性","使得人们与其自身相对立"。

三种宗教模式似乎已经穷尽了政治与宗教之关系的可能性,我们很难想象还能够再给出什么新的答案,而这正是卢梭的选择:

> 因而,就要有一篇纯粹的、关于信仰的政治社会宣言(purely civil profession of faith),其条款应有人民主权来规定,这些条款并非严格地作为宗教的教条,而只是作为社会性的情感(sentiments of sociability),没有这些情感则一个人既不可能是好的公民,也不可能是忠诚的臣民……①

由于《社会契约论》只是简单地列举了公民宗教的条款,若要深入理解其内容,我们就必须回到他对自然宗教的论述。在《爱弥儿》第四章"萨瓦牧师的告白"中,卢梭借牧师之口阐述了"自然宗教"(natural

---

① C. Kelly & R. D. Masters (eds.), *The Collected Writings of Rousseau*, vol. 4, trans. J. R Bush, et al., University Press of New England, 1994, p. 222;[法]卢梭:《社会契约论》,李平沤译,156页。

religion),与基督教兴起时所面临的多神论异教局面一样,自然宗教也是要试图应对基督教教派及其与其他宗教之间的冲突和对立。准确地说,自然宗教的确包含着与"自然"(nature)的某种深层关联,但这里的"自然"并不是机械唯物论的物理自然,而是被上帝所造的(created)自然,因而,对自然的"崇拜"的实质是对上帝的爱和崇敬。正是在这个意义上,自然宗教才能区别于那些把信仰仅仅理解为仪式和教义的狂热的教派;或者说,他们根本没有认识到那种支撑其狂热、促使其进行教派之争的对上帝的"情感"才是宗教的核心。我们可以把自然宗教的内容分为两部分,一是通过对物质性自然所呈现的和谐秩序的认识体会那个造就和维持这一秩序的能动本原——上帝;一是运用上帝所赋予的自由意志来实现上帝所期望的道德和正义。前者是一种对秩序本身的爱;后者是对上帝的模仿和对道德、政治秩序的创造。

在此基础上,我们会发现公民宗教与自然宗教在内容上的实质关联以及公民宗教本身的精微结构。卢梭这样界定公民宗教的内容,相信"有力的、睿智的、仁慈的、先知而又圣明的神之存在;来世的生命;正义者的幸福及对恶人的惩罚;社会契约与法的神圣性",同时,"禁止不宽容"。在此,有必要具体考察一下各条款的意义和指向:

"有力的、睿智的、仁慈的、先知而又圣明的神之存在",其实是对应着自然宗教中对物理性自然秩序及其本原的崇敬和爱,而他的五个圣名也暗示这并不是一个复仇的上帝。

"来世的生命",并不是指福音基督教的彼岸世界,而是指人的自由意志和灵魂不朽,在上帝所造的整体秩序中,灵魂是唯一一种以"自由"为自身法则的本原,因而,必然性法则所导致的身体衰败和死亡并不意味着灵魂的终结。

"正义者的幸福及对恶人的惩罚",指的并非是法律上的保障和惩罚,而是意味着个体在道德上的自我统一性,即能否与内在自我所发出的良知保持一致,卢梭说,良知是人的灵魂对上帝所怀有的最为自然的情感,行善的人不仅顺从了这种最原初的情感,而且在上帝的面前为自己的行为做了见证,他感到自身之内的安宁以及与上帝所保持的一致,因此他能自足地感到快乐和愉悦,作恶的人则是在触犯和违背内在的自然倾向,仿佛自己在反对着自己,甚至"悔恨的呼声"会像自动执行的自然法一样"暗暗地惩罚那些隐藏的罪行",他无法体会到生活中的善和美好,他自我嫌恶、害怕与自己这个坏人单独相处。

"社会契约与法律"的建立,是个体对自由意志最高程度的运用,也是对上帝及其自然秩序最为成熟的模仿,它们的神圣性并不仅仅在于彼此的联合和同意,而更是因为政治自由的实现本身即是上帝赋予其自由的本意所在。

这样看来,按照上帝、个体灵魂、道德与政治四个逐步推进的层次和环节,卢梭的公民宗教所展现的不仅是政治的价值,而且也指出了政治社会所必需的神学根基。不过,这里的神学根基已经不同于传统的神学政治论,结合此前对自然宗教的考察,我们可以在公民宗教的反面条款"禁止不宽容"中清楚地看到这一点。在"萨瓦牧师的告白"中,卢梭和洛克一样将教派之间的差别描述为像风俗习惯一样多变的、人为形成的意见之争,但目的却是要证明人的理性与上帝之间遥不可及的距离,即任何一种教派和教义都不能掌握上帝的真义。这仅仅为宽容提供了必要性,由于与上帝的距离而带来的意见之间的"平等"并无法保证宽容的真正实现。在卢梭看来,真正支持教派之争的或许并不是教义本身的差别,而是各种教义背后鼓舞着人心的宗教情感的狂热。这是各教派共同分享的东西,当这种狂热的情感冷却并恢复到自然宗教所允许的限度之内,它们就能够为宽容奠定真正的人性基础。

综合公民宗教正反两方面的内容,我们发现,如果说正面的条款是为了矫正当时盛行的无神论,那么,禁止不宽容则是为了应对延续已久的宗教狂热和教派纷争。在卢梭看来,无神论之所以能够避免冲突和对抗,"并不是由于爱好和平,而是由于对善漠不关心(indifferent)",而宗教狂热尽管在直接效果上比无神论更有害,但却不失为一种强烈的情感,只要好好引导,就能产生种种崇高的德行。在这个意义上,公民宗教并不是弃宗教如敝屣的无神论,它所要求的情感是一种对上帝与邻人的温和而克制的爱,既不能因为上帝如此遥不可及而只沉迷于现世卑俗的利益,也不能因为对上帝的爱而打碎对邻人的同情和敬畏,而要以爱上帝胜于爱一切和爱邻人如同爱自己作为良知和法律的根本。

思考题

1. 结合《爱弥儿》第一卷和第二卷,思考社会意见的内在机制、意见法与自我奴役的关系。

2. 梳理《论人与人之间不平等的起因与基础》第一部分对霍布斯的批评的内在逻辑,思考卢梭的自然人为何能够如此平和而自足?

3. 梳理《论人与人之间不平等的起因与基础》第二部分关于财产的论述,并对比《社会契约论》第一卷第九章的内容,思考财产在社会契约成立前后的变化。

4. 梳理《社会契约论》第二卷第六章、第三卷第一章、第三卷第二章中对立法权与执行权的区分,思考这一区分与三权分立的不同。

5. 阅读《社会契约论》第三卷第十四、十六、十七、十八章,思考约束执行权的方式和困难,以及人民出场与革命的关系。

阅读文献

1. [法]卢梭:《论科学与艺术的复兴是否有助于使风俗日趋纯朴》,李平沤译,北京,商务印书馆,2011。
2. [法]卢梭:《论人与人之间不平等的起因与基础》,李平沤译,北京,商务印书馆,2007。
3. [法]卢梭:《社会契约论》,李平沤译,北京,商务印书馆,2011。
4. [法]卢梭:《爱弥儿》,李平沤译,北京,商务印书馆,2007。
5. [法]爱弥儿·涂尔干:《孟德斯鸠与卢梭》,李鲁宁等译,上海,上海人民出版社,2006。
6. 渠敬东:《教育的自然基础:解读〈爱弥儿〉前三卷》,载《教育与现代社会》,上海,上海人民出版社,2009。
7. 渠敬东:《自由与教育:洛克与卢梭的教育哲学》,北京,读书·生活·新知三联书店,2012。
8. 汲喆:《论公民宗教》,载《社会学研究》,2011 年第 1 期。
9. 张国旺:《自然状态的困境与人性研究的新范式——卢梭的现代人性论》,载《北大法律评论》,2012 年第 2 期。
10. 张国旺:《趣味、思考与身体:卢梭论民情与现代个体的关系》,载《社会学研究》,2014 年第 4 期。
11. [美]列奥·施特劳斯:《自然权利与历史》,彭刚译,北京,生活·读书·新知三联书店,2003。
12. C. Kelly & R. D. Masters(eds.), *The Collected Writings of Rousseau*, vol. 2(1992),3(1992),4(1994),13(2010),University Press of New England.
13. R. D. Masters, *Political Philosophy of Rousseau*, Princeton University Press, 1968.
14. H. Rosenblatt, *Rousseau and Geneva: From the First Discourse to the Social Contract* (1749—1762), Cambridge University Press, 1997.

第二十一章 柏克论英国宪法

论及埃德蒙·柏克(Edmund Burke,1729—1797),多以"保守主义之父"称之。的确,保守主义算是柏克最为知名的标签。[①] 但是,柏克本身并非专门的政治理论家,也很难说他创建了一套系统性的政治哲学,更为重要的是,他的所有政治思考都与其所参与的实际政治事务密切相关。柏克的政治生涯,主要在18世纪后半期;而此一时期内,英国所面临的问题尤其是各类政治问题也是空前的;这其中既有国内的,也有国际的,而且往往互相交织在一起。作为政治家——用柏克自己的话来说就是"行动哲学家"[②],柏克在参与众多政治事务的过程中不断阐明其立场、态度,逐步形成了其特有的思想风格。但是,关于柏克思想的研究,或者将其解释为自由功利主义的预言家,或者称其为现代保守主义之父,甚至是所谓的资产阶级政治经济学家,纷繁杂呈、不一而足。[③] 然置柏克于18世纪后期的英国宪政发展的背景中,则不难发现柏克的思想历程与这一时期英国的宪政转型之间存在着密切联系,柏克在其政治生涯中关于英国宪法的讨论不仅成为其政治思考的核心内容,而且在政治哲学和法律哲学层面上有其普遍的启示意义。

[①] R. Hamowy(ed.), *The Encyclopedia of Libertarianism*, SAGE Publications, Inc., 2008, pp.45-46.

[②] [英]柏克:《美洲三书》,缪哲译,297页,北京,商务印书馆,2003。

[③] 如何理解柏克的政治思想一直以来在柏克思想研究中存在广泛分歧,形成了众多研究进路,有自由主义的解释,也有保守主义的阐发,还有马克思主义的批判,以及剑桥学派的深度发掘。约略言之,在19世纪和20世纪之初,柏克的形象主要是自由主义的,以约翰·莫利(John Morley)的研究为代表;而在"二战"之后,主要是在美国,则尤其重视强调柏克的保守主义面相以及自然法传统。晚近以来,在剑桥学派的影响下,看重柏克思想形成的历史"语境"成为英国学者研究柏克思想的主流。麦克佛森则是从马克思主义的视角研究柏克政治思想的典型。

第一节　柏克的生平与著述

埃德蒙·柏克1729年1月12日出生于爱尔兰都柏林。柏克的父亲理查德·柏克是爱尔兰财务法院(court of exchequer)的律师,是一名新教徒,而其母亲则为天主教徒。柏克的这种混合宗教家庭背景的出身对其一生坚持宗教宽容的主张具有深刻影响。①

1744年至1749年,柏克进入都柏林三一学院学习,目的是研习法律,以便将来子承父业,从事律师业务。与此同时,柏克对文学有着浓厚的兴趣,此间还主编过一个为时不长的杂志《改革家》(The Reformer)。1750年,柏克前往伦敦中殿(the Middle Temple)继续其法律教育。18世纪50年代的伦敦群英荟萃,是英国思想和文化交流的中心。柏克的文学追求将其带入到由塞缪尔·约翰逊、亚·雷诺(Joshua Reynolds)、奥利弗·哥德斯密等人所构成的文艺圈。对文学的追求使得柏克放弃了法律学习,开始了文学生涯。②1756年,柏克出版了他的第一部著作《自然社会辩》。该著刻意模仿已故的博林布鲁克的写作风格,将其对于自然社会的各种观点推向极致,进而显示其社会观的荒谬,是对唯理主义哲学家博林布鲁克的讽刺性回应。作为一部文学著作,《自然社会辩》显示了柏克驾驭文字的非凡能力,以及对修辞效果的把握,这不仅仅是作家更是政治家和演说家必备的工具。③《自然社会辩》之后紧接着的是1757年出版的《对崇高与美两种观念的起源的这里探讨》;这本书主要讨论的是当时流行的美学问题,并由此奠定其文学地位。在美学史上,柏克的《论崇高与美》虽然不如康德1764年所著之《对美与崇高情感的观察》思辨和意义重大,但的确是18世纪文学和艺术审美的重要发展。柏克在其中显示了对古典文学和英国文学丰富知识和对艺术的了解。1757年,柏克同书商罗伯特和詹姆斯·多兹利签约撰写"英国史纲要",但并未完成。1758年,柏克开始编辑《年鉴》,这是一份由罗伯特·多兹

---

① 参见 Sir J. Prior, *Memoir of the Life and Character of the Right Honourable Edmund Burke*, 5th ed., G. Bell, 1878; W. Dixon, *Edmund Burke and His Kinsmen*, Univ. of Colo. Press, 1939; Sir P. Magnus, *Edmund Burke*, Murray, 1939。

② 参见 P. B. Dematteis & P. S. Fosl, *British Philosophers*, 1500—1799, The Gale Group, 2002, pp. 85-97。

③ 参见 Jr. J. C. Weston, "The Ironic Purpose of Burke's Vindication Vindicated", 19/3 *Journal of the History of Ideas*, 1958, pp. 435-441; M. N. Rothbard, "A Note on Burke's Vindication of Natural Society", 19/1 *Journal of the History of Ideas*, 1958, pp. 114-118; R. Boyd, "The Unsteady and Precarious Contribution of Individuals: Edmund Burke's Defense of Civil Society", 61/3 *The Review of Politics*, 1999, pp. 465-491。

利出版的政治和文学年刊,柏克一直编辑到1765年。柏克的这个经历事实上也是其政治生涯的一个准备,在其中展示出令人印象深刻的历史感和对政治与社会状况的细致把握。

柏克的政治生涯正式开始于1759年,为爱尔兰总督秘书威廉·杰拉德·汉密尔顿聘为私人秘书。直到1764年,柏克一直就任此职,期间两次重返爱尔兰。在爱尔兰期间,柏克开始撰写"论爱尔兰的天主教法",此文并未出版,直至1813年收录于其著作集的第12卷。该文讨论的是人们关于立法机关以及源自上帝的更为高级的自然法原则的关系。其中,柏克提出,任何压迫大多数人民的法律不是法律,因为法律是人民经由其立法机关的意志表示。柏克认为,政府对人民乃有一种信托义务,着眼于人民自己也许难以看透的更大的利益。法律必须建立在功用和平等的基础上,禁止天主教徒投票、参政以及其他基本权利的天主教法,既非有益,亦不公平。这种论断在反天主教氛围浓厚的英国是难以立足的,这也可以解释柏克为何生前不予发表此义的缘由。

1765年7月,柏克接受了时任第一财政大臣罗金汉姆侯爵私人秘书的职位。在罗金汉姆这位辉格党领袖的支持下,柏克在该年12月当选为温多弗的下院代表。此后柏克直到1794年退休以前一直是下院议员。三十多年的政治生涯,使得柏克的政治思考不是依据抽象的推理,而是以实际经验为准绳,形成了其独特的思想性格。对英国现实政治的关注和思考,使得贯穿柏克的政治著述的是对凝结在英国宪法之中的传统和历史所继承的智慧的尊重。柏克的主要著作都是出自于对当时的核心问题的回应,如美洲殖民地问题、爱尔兰问题、英国之于印度的责任问题,以及法国革命的性质和蔓延问题。在这些具体问题的背后,均可见柏克对捍卫作为自由之堡垒的英国宪法传统的关切。

虽然柏克希望自己在印度问题上的著作能为人所铭记,但其最为知名的著作乃是晚年关于法国革命的著作,特别是1790年出版的《法国革命论》。这部著作,如其全称所显示的,是写给巴黎一位年轻绅士的信,解释了法国革命缘何不同于1688年的光荣革命,以及为何他自己不赞同法国革命,即便他本人曾是美洲革命者的同路人。柏克的反革命立场令其友人颇感诧异,并使他在辉格党内被孤立,并引发了激烈的论战。最为知名的包括潘恩的《论人权》以及沃尔斯通克拉夫特的《为人权辩护》等。

在柏克看来,法国革命并非只是政府的改变,而是根本的情感、风俗和道德的剧变,这些正是人们之间相互联系和交往的基本结构。在《法国革命论》中,柏克不仅对抽象的权利概念再次进行了抨击,而且高度称赞英国宪制的优良。柏克的主要担忧是防止法国革命的观念输出到英国,但对法国革命的反对立场却造成了辉格党内的分裂。面对那些关于其信仰和立场前后不一的指责,柏克主要在《新辉格党人对老辉格党人之呼吁》一文中做了说明。柏克回顾了其议员生涯,并将其所作所为与英国宪法相联系,从来都是以英国宪法为依归,支持其一个部分对抗另一部分。柏克坚持其行为须放在具体的环境中来判断,其思想的一致性是出于对英国宪法的忠诚,而不是执迷于某些所谓的抽象概念。在柏克生命的最后几年,其著述通信的重点除印度、爱尔兰问题外,批评法国革命依然不遗余力,1796 年先后出版了《致本届国会内某议员的两封信》《论与弑君之法国的和平建议》以及其他信件和文字。1794 年,柏克挚爱的长子理查德不幸逝世,同年他接受了国王提供的一份 1200 镑的年金,并回到贝康斯菲尔德的宅邸。柏克接受年金,受到了许多辉格党人士的抨击,柏克在《致某贵族书》中作了回应。1797 年,柏克身体状况每况愈下,但依然保持活跃的通信活力,柏克在 1797 年 7 月 9 日因病去世。

第二节 柏克英国宪法思想的发展

总体来看,柏克的著述与生涯显示其在实践的和微观的层面上深深地与当时的政治和社会问题纠缠在一起。不过,从柏克对时政的观察和评论以及对王权、政党、帝国问题的思考中,我们可以体悟到其中的宪法关切,也就是说,柏克所思考的这些问题实际上都是涉及英国宪制的基本问题,或者更为确切地说,是光荣革命之后的 18 世纪后期转型之中的英国宪制所面临的问题。柏克的"政治活动确乎是由他对英国宪制的忠心耿耿所指引着","柏克的政治理论就是(或者说倾向于成为)一种有关英国宪法的理论"[①]。

从柏克的政治生涯来看,柏克之于英国宪法的思考大致分为如下几个阶段,且主题各有所重,但皆是着眼于宪法政治层面的思考。

首先是 1765—1770 年,即自第一任罗金汉姆内阁至柏克发表《论当前不满原因之根源》时期。1765 年 7 月,柏克开始成为罗金汉姆侯爵的私人秘书,同年 12 月即出任温多弗市的下院代表。这标志着柏克事业的转折点,开始成为面对实际政治问题的政治家(或者说政客),而不再是此前的文人(man of letter)。在这一时期内,虽然柏克首先遭遇的问题就是美洲问题——印花税法案的存废,但此一时期美洲问题还未成为英国政治的中心问题,不过该问题的重要性日后日益凸显。罗金汉姆党人此一时期内所面对的最重要的问题实际上还是宪法问题。柏克关于宪法问题的讨论散见于其演讲和一系列政论性的小册子之中,其中最为重要的就是 1770 年发表的《论当前不满原因之根源》一文。但是需要指出的是,这

---

① [美]列奥·施特劳斯:《自然权利与历史》,彭刚译,301、326 页,北京,生活·读书·新知三联书店,2006。

一时期的政治背景突出的是国王的行政权力和议会的立法权力之间的界限这一宪法问题。当然,在柏克的笔下,乔治三世是一位试图颠覆宪法并实施个人统治的君主,这虽然不免夸张,但柏克的意图显然不在于个人攻击,而是集中于诊断宪法周围的弊病,即为国王所直接控制的王室职位"影响"或者"腐败"议会所带来的宪政危机。可以理解的是,柏克试图显示只有罗金汉姆党人拥有真正的宪法原则。柏克并不否认国王的宪法权利,而是提出国王所支持的"双重内阁体制"违背了宪法精神。也就是说,虽然在理论上国王享有选择其内阁大臣的自由,但在实际上是有限的。不但王权如此,在王权的影响下,议会作为立法权的代表也开始堕落腐败。柏克认为,议会显然已经越出了其作为立法机关的权力界限,开始行使其司法权力。由于议会正在受到行政权力的操控,因而这就十分接近于孟德斯鸠所谓的当国家的三种权力合并为一之时"一切都完了"的境地。也就是说,柏克的立论基于权力分立,而他所看到的政治现实却与之背道而驰。柏克的补救之道在于政党——由一批绅士或大人物所组成,不具有现代意义的政党组织和纪律,也不是基于广泛的选举,但目的在于限制王权,即祛除其行政权力并交由议会掌控。

其次是美洲革命时期。早在1757年柏克即与威廉·柏克合作撰写过《欧洲殖民美洲述论》(*An Account of the European Settlements in America*),不过这虽然显示柏克在此时对美洲殖民地有其兴趣并对其历史略有所知,但该著只是历史性的和描述性的,并没有太多的政治立场。事实上,柏克卷入英国的美洲事务是在其担任罗金汉姆私人秘书之后的事。短暂的罗金汉姆内阁任期内,美洲事务的处理几乎是其最为重要的任务,柏克亦借由对美洲事务的了解而在下院声名鹊起。罗金汉姆内阁倒台后,特别是随着1767年汤申法案的通过,美洲事务再次变得紧迫和重要,而政府的众多因应举措则成为在野反对派的抨击目标。不过,一方面是由于反对派之间的分裂;另一方面也是由于对美洲殖民地反抗政府之激进的政治要求的厌恶,使得包括柏克在内的罗金汉姆党人在美洲局势的最初发展中并未从宪法秩序或宪法政治的高度来认识美洲问题,当然也就谈不上去认同美洲殖民地的"革命大业"。可以说,自1774年诺斯政府通过"强制法案",决定对美洲殖民地采取强硬立场之后,罗金汉姆党人开始试图提出严肃的美洲政策,柏克亦相继发表《论课税于美洲的演讲》、《论与美洲的和解的演讲》,强调罗金汉姆党的美洲政策之明智、一贯性。需要指出的是,柏克在关于美洲事务的著述之中着重从宪法的视角来考虑帝国的治理以及与殖民地的关系问题。约略言之,即理论上承认大英帝国之主权,而实际上则赋予殖民地或多或少的其所要求的自主权,当然除了独立之外。霍夫曼认为,柏克的和解立场是手段而非目的,即一种维持大英帝国之北美属地的手段。帝国的安定和繁荣是其美洲事务的目标,而非着眼于"自然正义"①。但是,我们从柏克的演讲以及通信之中可以明显看出,其兴趣并非仅仅在于维持帝国的存在,亦在于殖民地利益和帝国利益之调和。帝国的安定与繁荣自然重要,但柏克认识到这一安定和繁荣的基础却在于"自由"——即宪法。在柏克看来,英国宪法推己及人,扩展至其疆域之全部,才是帝国利益之根本所在。②

最后是法国革命时期。较之于抽象的理论问题,柏克在1765年至1789年间可以说是更为关注实际政治问题。不过,柏克被称为政治哲学家,就严格意义而言,是要到其撰写关于法国革命的著述之后的。不过,柏克论述法国革命的著作,在某种意义上似乎类似于早年的文学和哲学著述,但是应当指出的是,与其说柏克是在继续其早年的理论兴趣,不如说是直接源出于其作为罗金汉姆党人实际的政治实践。威尔克斯事件的爆发,引出的是18世纪后期英国激进政治之一脉,基本主张就是扩大选举权,实施议会改革。但18世纪依然是一个贵族的世纪,平民政治的时代尚未来临;罗金汉姆党是一个贵族集团,并不热心于激进派们所极力主张的议会改革。因而柏克的任务实际就是将这种反激进的政治立场加以系统化,并反驳激进派的立论根据。柏克之于议会改革的立场也确实继续在法国革命论中得到了体现。法国革命的爆发导致的现实情势的特殊性在于,柏克及其党派所一直保持距离甚至敌视的激进主义,首先在法国取得了突破性进展——即法国革命之爆发,而且进而刺激着英国激进主义者的情绪和神经。这就使得柏克不得不对这一激进主义的政治潮流予以完整的和系统的回应。柏克的这一回应即是其后来写下的《法国革命论》。③ 不过,柏克在其中之于法国革命的认识,可以说早在成书之前。当法国革命的消息传来,柏克在诸多通信中即表明其对法国革命的消极看法,④但显然并未决心写一部专论来批评法国革命。促使他决心写作的,使他意识到法国革命与英国国内激进主义者的思想气质的一致性。当时的报纸舆论充满了关于法国革命的报道和解释,甚至法国国民议会的辩论。引起柏克注意的是革命协会(Revolution Society)在1789年11月由普莱士发表的演讲。革命协会是一个主要由Dissenters构成的社团,每年在威廉三世的生日11月4日集会,旨在纪念1688年的光荣革

---

① R. J. S. Hoffman, *Edmund Burke, New York AgentNew York Agent: With His Letters to the New York Assembly and Intimate Correspondence with Charles O'Hara*, 1761—1776, p. 73.

② 在美洲独立之后直至法国革命之前,柏克对印度问题投入了相当的精力。自柏克的议会政治生涯开始至结束,柏克对印度事务的关注可以说是持续了将近30年之久。印度问题是美洲问题引起柏克思考帝国问题的延伸,其焦点在于统治者之于印度人民的责任。柏克表示,其他国家的宪法旨在制造"顺民",英国的宪法则关心"良好的统治者"。

③ 中译本见[英]柏克:《法国革命论》,何兆武等译,北京,商务印书馆,2009。

④ C. Cruise O'Brien, *The Great Melody: A Thematic Biography of Edmund Burke*, Sinclair-Stevenson, pp. 387—392.

命。普莱士在演讲中表示,法国革命及其所体现出的精神原则,与1688年的光荣革命一致。有感于此,柏克乃撰《法国革命论》。《法国革命论》出版后,一时"伦敦"纸贵,反应分为两个极端,对于欧洲的保守势力而言,可谓"於我心有戚戚焉";而对信奉洛克自然权利学说以及卢梭社会契约论等启蒙精神的激进派而言,则对其抨击不遗余力,其中以托马斯·潘恩之《论人权》最为知名。① 对柏克个人来说,《法国革命论》也造成了他在辉格党内的孤立;就其内容而论,《法国革命论》虽纵论法国革命的渊源与前景,然其根据却在于英国的宪法历史与经验,着力阐发的正是英国宪法的精义。在涉及法国革命的论著中,柏克的思考可以说是其之于英国宪法最系统的辩护。②

第三节 柏克英国宪法思想的主要内容

柏克之于英国宪法的立场和理解无疑源自于其对实际英国政治的参与,究其实质内容而论,对传统、权力平衡以及自由的强调乃是其最为值得注意的特征。概而言之,在柏克的宪法思考中,传统不仅仅是宪法演进的客观线索,更是宪法的合法性来源,这集中体现在他的"古宪法"思想中;权力的平衡则是宪法的基本架构,自由则是宪法的目的所在。传统、平衡以及自由共同构成了柏克宪法思想的基本内容。

一、古宪法——英国宪法的性质

在柏克关于英国宪法的理解中,最为引人注意的也许是其对英国宪法之历史性的强调了。历史,对于英国而言,不仅仅意味着其演进的客观线索;更为重要的是,英国宪法经由历史的传承与积累,乃获得其有效性

---

① 参见[美]潘恩:《人的权利——驳柏克并论法国大革命与美国革命》,田飞龙译,北京,中国法制出版社,2011。
② 柏克晚年的另一个重要关切对象是爱尔兰问题。柏克在求学之际,即哀叹其"可怜的祖国"之不幸。不过,自1761年柏克担任爱尔兰总督汉密尔顿后,柏克在1761—1762年和1763—1764年返回都柏林,期间还写了《论爱尔兰的天主教法》。1765年担任罗金汉姆私人秘书之后,柏克有一个时期并未参与到爱尔兰政治中去。柏克在1773年积极推动爱尔兰议会向不在地主征税,1778年推动支持爱尔兰的自由贸易要求,等等。柏克对爱尔兰政治的最大贡献还是在其晚年,主要是法国革命之后。1789年之后,部分是受法国革命的影响,爱尔兰继续要求其在1782年革命中获得的独立地位,以及进一步的改革,主要是天主教徒的解放问题。对此,柏克积极参与,力图实现爱尔兰人的渴望,尤其是天主教问题。柏克生命最后的七八年中,法国革命和爱尔兰问题是其持续关切的主题。柏克对爱尔兰事务的关切,当然有其个人的情感因素在内,作为一个天主教家庭出身的后裔,对此可谓感同身受,但柏克之于爱尔兰问题的思考,实际上依然是帝国的关系问题。

和正当性。也就是说,英国宪法之所以成为英国宪法,正是由于其久远的历史传承和不断进化所致,而非来自于抽象的理论建构。柏克指出:

> 英国人向来所主张拥有的各种自由权利的做法乃是……一个祖先所传至我们接受的方法,并亦将经由我们传之后世。这是不列颠国内人民所拥有之天然财产,并无需借助其他理论或某种权利来加以证成。①

所以,这种经由历史之传承和积累而不断演进所形成、并获得人民所认可,就是英国宪法之正当性的来源。用柏克的话来说,这种宪法就是一种约定俗成的宪法(prescriptive constitution):我们的宪法是约定俗成的宪法;其权威存在之唯一理由是其已存在久远且无可追溯其渊源。②我们应该尤其注意柏克在这里所使用的"约定俗成的宪法"(prescriptive constitution)概念。所谓"约定俗成"(prescriptive),其核心正在于其历史的传承与累积,在于其历史之无可溯源。与众多思考宪法问题的理论家不同,柏克的 prescription 概念赋予经过长期确立和运用的现存制度以权威。对柏克来说,仅仅是这种应用本身就有了一种资格。因此,历时悠久的约定俗成,就为社会和政治带来了稳定和秩序。特别是,约定俗成,不仅巩固了社会秩序的构架,也使得文明社会中的权利和义务成为可能。自由也许是英国政治和宪法结构的内在要素,对此我们下面还要特别阐述,但而历时悠久带来的约定俗成(Prescription),正是其基础所在。③

波考克则将柏克的这一宪法概念概括为"古宪法"说(ancient constitution)。柏克明确强调的是,英国宪法并非奠基于一种自然权利的基础,因为"它是约定俗成的宪法,其唯一的权威正是它存在的时间久不可考"④,而且不仅宪法的权威以及其中权力的分配可以主张这种历时悠久的权威,"你的国王、你的贵族你的法官、你的陪审员、无论贵贱,所有一切都是历时悠久约定俗成之物"。柏克持有的这种古宪法的信念,将历史的传承与累积作为政治社会之基本构架的宪法的正当性来源,不仅不同于洛克在光荣革命之际所提出的自然权利学说和社会契约理论,更是与在 18 世纪启蒙时代的欧洲大陆所风行的卢梭的社会契约论大异其趣。这无疑表明了他们之于政治社会何以形成的不同理解。但重要的是,柏克所理解的政治社会,不是洛克或者卢梭所设想的逻辑推演,假定在某个虚构的历史时刻基于纯粹的功利目的发生的联合的产物。柏克指出:

> 社会的确是一份契约,涉及有关短暂利益的次要契约可以随意

---

① [英]柏克:《法国革命论》,43~44 页。(译文有改动)
② *The Works of Edmund Burke*(16 vols,1815—1827), vol. X, Rivington, pp. 96-97.
③ P. Lucas, "On Edmund Burke's Doctrine of Prescription: Or, an Appeal from the New to the Old Lawyers", 11/1 *The Historical Journal*, 1968, pp. 35-63.
④ *The Works of Edmund Burke*(16 vols,1815—1827), vol. X, p. 96.

解除，但是国家绝不可以被视为形同交易胡椒、咖啡、印花布、烟草之类，或更没有价值的货物的契约，为了一点短暂的利益而订立，又可以随各方的喜怒而解除。①

尤其是，这一源自历史的契约自历史中来，并在历史演进中不断完善，柏克指出：

> 我们历史上最早的改革范例是大宪章。自伟大的法学家柯克爵士以来，其追随者至布莱克斯通为止，莫不致力于发现我们现在所拥有的自由之渊源。他们证明了约翰王之大宪章与亨利王所颁布的宪章的关联，而这二者都只是对我们国家存在已久之古老法律的重新肯定而已。事实表明，这些法学家与人民的心理，早已经被远古所占据，我们国家现有的一贯不变之政策，同样来自这种将诸多神圣权利视为源自远古的信念。②

所以，柏克关于英国宪法的理解，中心就在于对其历史与经验的发掘与强调。这一点是不同于光荣革命之际洛克阐发的自然权利学说的，同样更是与18世纪卢梭的社会契约论判然有别。上面柏克提及柯克与布莱克斯通，事实上，这已经显示出柏克所属的英国特有传统，即普通法传统。正是这种普通法传统，无疑是柏克理解英国宪法的思想支撑。关于普通法传统在英国宪政主义演进中的扮演何种角色，当然是一个富有争议的问题，但是对历史与经验的强调的确是普通法传统的核心。所以，在柏克那里，并不要依赖任何特别抽象的理论建构，同样可以对英国宪法加以勾勒。他需要的仅仅是对历史的体察和感悟，宪法的存在以及其延续古今的事实本身就足以表明了这种约定俗成的宪法的观念的正确性。与英国宪法相比，法国革命呈现的则是一种相反的情形，法国的革命党人试图依赖自己相信的理性和理论来建构法国的宪法，其所造成的灾难性后果事实上也就进一步使柏克确信英国宪法之历史性质的重大意义。这当然不是说英国宪法是完美无缺的，柏克也从未将其视为对英国人而言的完美宪法。柏克只是视之为历史、时代的产物，是一种充分发展和成熟并因而具有其正当性的政治结构。

二、混合与平衡——英国宪法的结构

在理解英国宪法的历史性之外，柏克还十分强调英国宪法的混合性和平衡性。在柏克看来，英国宪法不仅是历经了历史的演变和累积，而且具有一种混合和平衡的性质。混合和平衡这种独特的宪法结构，乃是英国宪政的内在品质。简言之，柏克认为，英国宪法是君主、贵族和平民三

---

① ［英］柏克：《法国革命论》，129页。（译文有改动）
② 同上书，41~42页。（译文有改动）

425

种成分的有机结合,这种混合的结果是使得三种政制成分的优点得到保留并同时抑制了各种政制成分的缺陷,最大限度地发挥出作为政治社会之拱顶石的宪法的政治功能。正如柏克自己所言:"执掌权力的人,除非是人民所接受的,或者说,得势于宫廷的派系,除非有国民的信任,议会则拒绝支持政府。这样一来,民众选举的一切好处,我们都可以得到,而起于无休止的阴谋或者为了某一具体官职而向全体人民兜售选票的弊病,却可以避免。这是我们宪政体制之最高贵最精纯的部分。人民被委以立法的审议权(经由其代表、其显贵);国王则被委以否决权以相制约。国王被委以慎选推举官员的权力;人民则通过议会的拒绝支持而享有否决权。"①

这一关于英国宪法之混合性质的认识,柏克虽没有系统的专门著作来加以阐述,但的确在其著述和演讲中是十分显而易见的。在论及光荣革命之时,柏克指出:"(光荣)革命之起因是对一个原始契约的违反,这个契约是隐含在我国的宪法之中的,它表明了我国的政府机构是基于国王、贵族和平民三者之上。"②他也一直强调了混合的宪政结构之中权力平衡的重要性。"我们的政体,是站在一个微妙的平衡物之上的,四面是陡峭的悬崖,和无底的深渊。朝某一侧移动它,是异常危险的,这容易倾覆它的另一侧。"③而且"由平衡的权力组成的宪法,永远都是至关重要的。"④

无疑,对混合政体的推崇,一直是西方政治思想史上的主题之一。柏拉图在晚年认为,哲学王的统治的理想国之外,切实可行的最好政体是将君主制和民主制结合起来的政体,因为君主制有其智慧,民主制则有其自由。亚里士多德同样主张将民主制与寡头制相结合,其中民主制倾向强烈的属于自由国家,寡头制倾向强烈的则属于贵族制国家。相比而言,贵族制更好,因为美德、财富和自由均得到了代表。波利比阿的历史研究发现,君主制、贵族制、民主制均存在腐化堕落的动荡循环,并认为最好最稳定的政体是能够将这三种政体成分适度结合的政体。西塞罗可以看作是古典时代混合政体学说的集大成者,他概括说混合政体融合了"君主对臣民的父爱,贵族议政的智慧和人民对自由的渴望。"⑤这些关于混合政体的认识虽是属于古典的政治思考,但的确是一直连绵不绝的思想源流。18世纪的英国,关于英国政制的混合性质的理解,显然是主流。特别是,经由孟德斯鸠的著名观察和概括,无疑进一步使得这种认识得到强化。在这种思想的流变与氛围中,柏克所理解的英国宪法是混合的、平衡的,

---

① [英]柏克:《美洲三书》,244~245 页。
② I. Hampsher-Monk, *The Political Philosophy of Edmund Burke*, Longman Group, 1987, p. 240.
③ [英]柏克:《美洲三书》,288 页。
④ 同上。
⑤ 王天成:《论共和国——重申一个伟大的传统》,载王焱编:《宪政主义与现代国家》(公共论丛第七辑),192~193 页,北京,生活·读书·新知三联书店,2003。

应该说不令人奇怪。但是,柏克在讨论18世纪的英国政治时虽然偏爱的是使用"宪法的平衡"这种习惯用语,他并没有机械地理解平衡宪法中的"平衡"。柏克所理解的平衡,并不同于18世纪的人们关于平衡的一般理解,而是有着独特的内容。

最重要的也许是,柏克突出强调的是宪法之混合结构中的平民部分。在柏克看来,虽然宪法由国王、贵族与人民三部分构成,但是:

> 国王是人民的代表,贵族也是,还有法官。他们和下院一样,都是人民的信托人,没有哪一种权力是为了持有者的单一缘故而授予的;虽然政府是一种有着神圣权威的机构,但它的形式和它的经营者,却通通源出于人民。①

柏克指出,"下院的性质,既在于它是统治者和被治者的中介,则人们自然希望它比起另一支较远的较为恒久的立法机构(指上院)应该更关心更体贴与人民相关的每一件事。"②下院,因而就是宪法最为重要的机构。这是柏克为什么尽管他接受王权贵族以及下院,但不接受其代表的权力的精确平衡的更为重要的原因,因为平衡暗示着平等。

这其中首先涉及的是君主在宪法中的地位问题。柏克认为王权当然是一种的必要宪法构成,王权之正当的和适当的影响——足以保持其尊严,以支付其家政并在与国家尊严相适合的程度上坚持——柏克认为这是可以接受的,而且是必需的。但是,需要将王权置于日常政治冲突之外,这些权力应当基于公共原则和国家原则而加以行使,这最好是将这些权力的运用交予得到下院支持的内阁之手。柏克极力反对的是王权主张作为"政府之主要的甚至唯一的支持"的影响。③

我们在此可以明显看出,柏克虽然主张权力的混合与平衡,但是其中内涵显然不同于18世纪的通行的理解。无论是在孟德斯鸠那里,还是在博林布鲁克那里,他们所理解的平衡显然有一种严格的意义。在他们所理解的混合宪法中,三种性质的权力是要大致旗鼓相当的,足以各自抗衡。特别是王权,在平衡宪法中或者混合宪法理论中,是要落到实处的,也就是说,王权是实实在在的王权,并非虚君之意。这也是为什么博林布鲁克以违背宪法之平衡来抗议沃普尔所代表的辉格党寡头体制了。事实上,即便在柏克的时代,虽然柏克倡导一种君主严守政治中立的立宪君主体制,依然受到违背宪政平衡的抨击。而在柏克那里,他所主张的王权,则是中立的、象征意义的王权。在他看来,宪法最重要的部分并不在于王权是否构成一种实质性的权力平衡要素,正好相反,王权在实质上必须成为象征性的,中立性的。也就是说,柏克所主张的王权,和他所理解的混合宪法和平衡宪法,就和18世纪的一般认识有着重大不同,更类似于立

---

① [英]柏克:《美洲三书》,261页。
② 同上。
③ L. S. Sutherland(ed.), *The Correspondence of Edmund Burke*, Vol. II, p. 194.

宪君主制的宪法意义。如我们所见，而立宪君主制的实质性确立正是18世纪后期到19世纪中期英国宪法最为重大的演变之一。

但是，柏克关于宪法中君主地位的理解并不意味着他要走向平民主义的立场。18世纪还是一个贵族的世纪，他虽然认识到宪法渊源的人民性，甚至主张下院在宪法中具有最重要的地位，但是他并不认为人民就此应该登上政治舞台。

这就涉及柏克使用的一个十分关键的概念：信托与代表。在《论当前不满原因之根源》中，柏克曾写道政府源自于人民，而且应当基于公共的而非私人的基础而行动；不过，他拒绝承认人民来分享政府。柏克相信，人民的利益虽应当被倾听，但政治权力应当为了他们而被托管持有："国王是人民的代表；贵族也是，法官也是。和下院一样，他们都是人民的受托人，没有哪一种权力是为了持有者的单一缘故而授予的。"① 对柏克来说，世袭的贵族就是时代所积累的经验宝库，是共同体之价值和智慧的受托者。但是，信托的观念并不是一个排他的和狭隘的概念。通过将更新的人道主义要素，它们开始在瓦解旧有的政治现实，灌注其中，柏克赋予其一种新的活力和相关性。② 从信托这种观念出发，柏克另一个著名和具有影响的概念是他的"代表"概念。对柏克而言，代表，并不意味着照本宣科般地代表本王国的人民、地方和利益。而是，它表示的是对所有基于总体之善和公共福利而公正地行为，即实质代表。实质代表是指，其中存在利益分享，以及对以人民的名义行事的人们和他们要以其名义行事的人民之间的感情和愿望的同情，尽管受托者没有被他们选择。③ 代表体制主要不是一种汇总国家意见的机制，而是国家内部调和不同利益的最原初且最为重要的舞台。虽然政治权力必须是为了人民的利益，但它应当既不是通过人民也不是在他们的监督之下来行使。"我一直遵从人民的意志，并努力将其引导到正确的所在，无论是以任何私人利益或党派利益为代价，我认为这种比较是没有意义的。"④ 显然，柏克更为关切的是代表人民的最佳利益，而非其意见，他自豪地告诉其布里斯托里的选民，"我坚持你们的利益，反对你们的意见"⑤。

所以，虽然柏克相信政府应当给予民众的利益而存在，但这并不是说政府应该受人民控制。他坚定的信念是政府应当给予公共原则，这并不

---

① [英]柏克：《美洲三书》，261页。

② H. Eulau, et al., "The Role of the Representative: Some Empirical Observations on the Theory of Edmund Burke", 53/3 *The American Political Science Review*, 1959, pp. 742-756; C. A. Beard & J. D. Lewis, "Representative Government in Evolution", 16/2 *The American Political Science Review*, 1932, pp. 223-240.

③ *The Works of Edmund Burke* (16 vols., 1815—1827), vol. VI, p. 360.

④ J. A. Woods(ed.), *The Correspondence of Edmund Burke*, Vol. IV, 1963, p. 274.

⑤ J. Conniff, "Burke, Bristol, and the Concept of Representation", 30/3 *The Western Political Quarterly*, 1977, pp. 329-341; H. F. Pitkin, *The Concept of Representation*, University of California Press, 1972, pp. 168-189.

意味着应该不时向人民请教,"至于特定问题的细节,或者任何总体的政策规划,他们既不能在秘密讨论中进行充分的思考,又没有经验来决定之。"①那么,在宪法的三个必要的构成要素中,柏克所真正属意的是什么呢?他所欣赏的宪法价值所赖以维系的基本结构又是什么呢?显然,柏克怀疑君主权力的滥用,事实上也已经存在滥用的后果和继续滥用的危险;这也是他之所以积极呼吁以财政途径来进一步控制王权滥用的缘由;柏克同样对普通民众的激进主义保持戒心,平民大众固然反映着人民的呼声,这也是宪法存在的理由,但是他们显然无法认识到自身真正的利益所在。在柏克看来,真正值得人民将自己的利益加以托付的,唯有人民选举的代表。用柏克自己的话来说,就是"自然贵族"。柏克指出:"一国之内,代表的方式如果不能表现能力和财产,就不是适当而公正的代表。"在柏克看来,真正的自然贵族不是一个国家中的一个独立的利益集团,不可以和国家割裂开来,这些自然的贵族们理应具有一种领导、指导和统治的地位。"在英格兰与苏格兰,尚未衰老的成年人、有相当闲暇来从事这种讨论的人、多少有某种途径来获得消息者以及身为一家之主者(诸如此类),总共或可有四十万人之多。人民有其自然的代表,上述这个集体就是那种代表;民选的代表是从这个集体而不是从法律规定的选举人团体中选举出来的。这些就是英国的公众。"柏克相信,"我们的代表被认为足以胜任所有那些被称为人民代表所被期望或赋予的目的。我不认为反对我们的制度的人,能够提出反驳的意见。"②

总之,柏克所理解的英国宪法,反映的正是18世纪的英国宪法现实,这集中体现在他对英国宪法之混合性的强调上;虽然柏克认同英国宪法的混合性与平衡性,但是在宪法的基本结构要素方面,他的理解某种意义上反映了英国宪法在18世纪后期的实际演进。王权逐步消退,民权已在兴起但尚未获得足够的力量和认同。唯一事实上成为宪法的主导因素的正是英国的国会两院所代表的政治力量。柏克理解其之于英国宪法的关键意义和价值,并认同这一部分的政治力量。

三、自由——英国宪法的内在价值

柏克将英国宪法的正当性之于英国政制的历史演进之中,并且认定这一宪法具有特定的混合结构,但是,何以文明社会的政治秩序如此依赖于在历史演进中形成并且具有特定的结构与内容的宪法呢?这就牵涉到不仅英国宪政史实际上也是人类政治社会历史中的一个恒久问题——即形成宪政秩序的目的,或者内在价值为何?其正当性何在?在英国政治思想史上,不仅是柏克,实际上是众多思想家一直加以阐述的一个主题就

---

① *The Works of Edmund Burke* (16 vols., 1815—1827), vol. X, p. 76.
② 转引自[加]麦克佛森:《柏克》,杨肃献译,55 页,台北,联经出版事业公司,1985。

是宪政秩序之于自由保障的重要性。① 与洛克不同,与此后的密尔亦不同,倒是与休谟和孟德斯鸠颇为接近,柏克所理解的自由并不是一个抽象的观念,而是附着在"一定的事物"之上。这里所指的一定的事物,在柏克看来,一是历史的累积与演进;二是自由有赖于一定的政制结构。柏克这种关于自由的立场可以说是一以贯之的,既在美洲革命时期作过阐述,也在法国革命时期进一步强调。

在《论与美洲的和解》中,柏克苦劝议会不得冒险使用武力来处理美洲问题,就以自由作为最为重要的根据。柏克认为,美洲人对自由的热爱这个因素,作为美洲人民的气质和性格,使其成为在处理美洲问题时应执行什么样的政策时比美洲的人口和贸易更为重要的因素。柏克指出:"在美洲人的性格中,对自由的热爱是压倒一切的特征,它是美洲人之整体性格的标志和有别于其他人的要素;……自由的精神在英国殖民地中,比在地球上的任何其他民族那里,或许都强大而猛烈。"柏克认为,这种情形即"他们心灵的脾性和这一自由精神的趋向"的原因在于"殖民地的人民是英国人的后裔。"柏克回顾道,"他们不仅深爱自由,更以英国的观念,英国的原则深爱着自由。"②

在此,柏克明确指出了英国人民的自由的历史和经验来源。"抽象的自由,如其他纯抽象的东西一样,天下是找不见的。自由是内在于某一具体事务的;每个民族,莫不形成自己所钟爱的观点,后来他脱颖而出,变成了衡量他们之幸福与否的标准。"就英国的历史而言,其自由则始终与赋税问题紧密关联在一起。③ 所以,对柏克来说,自由问题,作为宪法之内在价值,依然不是一个理论和抽象的概念问题,而是一个历史的和经验的问题,深深植根于英国宪政实际演进的历史之中。

可以看出,柏克在美洲革命的立场上侧重于"自由";而在法国革命问题上的重心则在于"均衡"。的确,柏克围绕法国革命的众多著述在阐述宪法的精神上显然与此前大为迥异,但是这其中一以贯之的却依然是将自由作为宪法的目的。一如自由仰赖于历史的累积,自由也是仰赖于政制的特定结构的。柏克表示,自由,是存在于不同势力对垒的夹缝之中,倘若一支势力打垮了其他的势力,自由就没有了安身之处;所以,当英国的君主制因法国革命的原则而动摇时,他便来扶持君权;当议会因宫廷帮的阴谋而腐化之时,他便来增援议会;当议会来宰割殖民地时,他

---

① 洛克的政府论中大谈天赋之自由权利,而后来的密尔所阐述的自由哲学,某种意义上也是另一个版本的政府论。参见高全喜:《为什么我们今天依然还要读穆勒?》,载《读书》,2011(6),42~49页。

② [英]柏克:《美洲三书》,88~89页。

③ 同上书,89页。柏克继续指出:殖民地……对自由的爱,牢牢地胶附于赋税这个具体问题。在许多别的事情上,自由之安全,不足使他们高兴,自由处于危险,也不足使他们惊恐。但在这个问题上,他们感受到了自由的脉搏;他们之认为自己是有病的还是健康的,向来是依据它的跳动。

便来保卫殖民地。① 所以缪哲认为,"爱自由的人,即使受虐于一支既有的政治势力,也不应该动匹夫之怒,而任由并帮助其他政治势力将之摧毁。这些话,即是柏克一生的自道;自由的制度中,有危者必持之,有颠者必扶之,这可谓柏克政治生涯的大概。"②

当然,柏克对自由的理解,并未形成后来密尔详加阐述的自由主义理论体系。但是,宪法,在历史中累积演进的宪法,以及具有特定政制结构的宪法之正当性何在,正是基于自由这一价值蕴含。柏克在19世纪以降之被视为自由的功利主义者,其关于宪法之自由价值的保障无疑是关键因素。而柏克之被视为保守主义之父,固然是源于对法国革命的抨击,但显而易见的是,柏克并不是在抨击法国革命所倡导的"自由理念"③,而是在为抛弃了自由的根基——历史与政制结构——之后,自由必然面临枯萎的悲剧性、吊诡性命运而扼腕。④

第四节 "革命的反革命"——柏克宪法思想的气质

任何思想都是时代的产物。苏格拉底和柏拉图的哲学无疑反映着古希腊城邦政制的流变;西塞罗的思考则揭示了古罗马共和政治的理想与现实。马基雅维利的冷酷甚至冷血表明佛罗伦萨城市共和国的命运浮沉,亦标志着现代政治哲学的开端;霍布斯将安全视为最根本的政治价值,则与其面对的内战动荡、法权崩溃以及臣民的生灵涂炭密切相关。洛克的政府论鼓吹自然权利学说,特别是肯定反抗权,显然是主导光荣革命的辉格党政治的迫切需要。因之,思想的时代渊源就要求我们必须从思想之所源出的"语境"来理解思想本身的意义。故理解柏克的宪法思考,显然是不能与柏克身处的时代和经历政治实践隔离开来的。

应该说,柏克投身于英国政治,已是18世纪的下半叶。首先这是光荣革命之后,而且经过了18世纪上半叶相对来说政治上十分平静的一个时期;与18世纪上半叶的平静不同,18世纪的下半叶之于英国则是多事之秋;对柏克而言更是如此。柏克首先遭遇的正是美洲问题,紧接着则

---

① 这很类似孟德斯鸠关于权力分立的论述,以自由为落脚点。参见[法]孟德斯鸠:《论法的精神》,上册,张雁森译,154~156页,北京,商务印书馆,2002。
② 缪哲:《伯克小传》,载[英]柏克:《美洲三书》,306页。
③ 法国革命时,柏克在一封信中指出"英国人正在惊愕地看着法国人争取自由的奋斗,不知道该赞许他们还是指责他们……他们的精神是无法不令人为之钦佩的。"转引自陈思贤:《西洋政治思想史:近代英国篇》,132页,长春,吉林出版集团,2008。
④ 参见 M. W. McConnell , "Establishment and Toleration in Edmund Burke's Constitution of Freedom", *The Supreme Court Review*, 1995, pp. 393-462.

是英国国内的激进民主运动,到18世纪末年,也就是柏克的晚年,又爆发了与英国关系密切的法国革命。这些国内的和国际的政治事件的出现,带来的是英国政治的一波又一波危机和挑战。这不仅反映出实际政治的复杂性,而且对光荣革命的成果也就是经由光荣革命所确立的英国宪制提出了必须面临和加以化解的重大课题。英国政治向何处去?英国宪法向何处去?英国又向何处去?这些问题无疑是十分宏大的,但是对英国来说,又是极具利害关系的。

面对现实的政治情势,柏克的立场既是审慎的,同时也是鲜明的。当乔治三世试图扩大王权、恢复个人统治的危险行为,柏克坚决维护光荣革命所确立的立宪君主制遗产,寻求通过实质性的政治改革来进一步削弱王权,迫使其复归政治中立的"正轨";当激进的民主主义者诉诸于街头政治,柏克则坚守贵族政治的底线,不为来势汹汹的民主洪流所动;当法国革命的浪潮不仅对英国同时也对全欧洲的政治文明构成挑战,柏克又奋而与之抗辩,系统阐发英宪之精义。柏克关于英国政治或者说英国宪法问题的思考,实际上是一种反革命的政治宪法学。这种反革命的政治宪法学立场,不仅表明了柏克之于英国宪法的立场,更代表着英国政治思想的自觉与成熟,从英国宪政在18世纪后期的演变着眼,实是支撑英国从光荣革命之后直至19世纪这一期间君主立宪制转型的思想基础。

所谓革命的反革命,前提在于"革命",所以"反革命"是基于革命精神的反革命,它意味着通过宪法而终结革命,革命因宪法而完成,革命精神转化为富有生命的宪政体制。反革命是革命的自我否定,但需要一个中介,那就是宪法或宪制;其本质是通过宪法完成了革命的反革命,宪政弥合了政治与法治的两分,从非常政治富有活力地转为日常政治,政治宪政主义转为司法宪政主义。

柏克政治思考的"革命的反革命"气质,正是体现在其之于英国宪法的理解之中,体现在英国宪法所附着其上的英国现代历史的变迁之中。柏克的革命性当然是其之于光荣革命的辩护。实际上,柏克的《法国革命论》虽然针对的是法国革命,其中对光荣革命的解释及其精神、义理的阐发则贯穿始终。① 正是基于对光荣革命的认同,柏克才在实际政治中为捍卫其成果不遗余力,其呼吁注意王权不当影响的增加,推动经济改革法案,为美洲的利益而奔走,皆源出于此。但柏克同样清醒的是,革命虽然不易,但守护革命更为不易。革命本身并不是目的,而是政治秩序的重建,如何守护革命成果实际上就成为革命之后的中心任务,他之所以阐发宪法的历史性、传统性,将宪法奠基于"久不可考的"古宪法,而且十分强调政治实践必须审慎为之,也正在于他认识到革命之后的反革命任务的重要性,或者说从革命时期的非常政治步入革命所确立的宪制有效运作的日常政治的重要性。这正是革命的反革命的法理之应有之义。

---

① 《法国革命论》全书开篇即是从对英国光荣革命的解释开始的,见[英]柏克:《法国革命论》。

从柏克宪法理论的革命的反革命性质出发,我们就不难理解柏克之于美洲革命和法国革命立场之差异。一直以来,柏克之于美洲革命和法国革命立场之差异成为研究柏克思想的重要谜题。① 实际上,所谓柏克之于美洲革命和法国革命立场的不同,往往暗含的前提是美洲革命和法国革命是同一种性质的革命。如果这两场革命确是同一种性质的革命,则的确可以说柏克前后的立场存在重大差异。事实上,虽然这两场革命被称为姊妹革命,相继发生,但其中的差异要比其表面的类似要大得多。事实上,美洲革命更类似于英国的光荣革命,而法国革命则与之精神迥异。② 法国革命之际,在英国就不是要不要革命的问题,而是如何捍卫革命成果并在此基础上不断改良的问题。而在法国,则实际上还是刚刚进入现代革命制宪的非常时期。当然,柏克对法国革命的评论存在一定的误读,过分美化了法国的王权政治,柏克所理解的法国实际上带有强烈的英国视角。但是柏克之考察法国革命,目的是回应英国国内鼓吹乃至响应法国革命的风潮,这实际上才是柏克最大的关切所在。从柏克理解法国革命的英国情结出发,则就不难理解他为何着力从对英国光荣革命出发诠释来阐发英国宪法之意义和价值了。这并不是说这对法国没有启示意义,只是在革命风起云涌之际,柏克所阐发的反革命的宪法精义显得颇为"不合时宜",进而为之所淹没不显。但如此,法国也就随后付出了高昂的代价。革命之后持续动荡的法国政局某种意义上也一直在提示这一反革命政治哲学逻辑的价值和必要性。也许这种哲学卑之无甚高论,柏克也好,斯密、休谟也罢,的确没有那些法国启蒙哲学家的声名,但对于一个优良的宪政秩序的形成来说最具价值。③

值得注意的是,柏克论及英国宪法所体现出来的反革命气质,并不是柏克所独有的。柏克同时代的休谟、斯密等一批苏格兰启蒙运动中的健将可以说都在不同程度上具有这种气质。也许柏克与休谟更为接近些,但这种精神气质的近似实是英国思想界的高度理论自觉。这倒不是说他们发展出了一种精确的政治哲学,而是说他们从英国本身的历史发展与经验中业已把握到了英国政治发展的时代脉动。正是存在这种关于英国政治发展的高度自觉,他们才能准确地体察到英国光荣革命的宪政意义,并不遗余力加以捍卫;同时他们也体认到革命与宪制这个早期现代中的政制主题的重要性,用实际行动走出了一条反革命的实践轨迹,支撑着英国宪制的渐进改良和完善。英国政制之幸即在于柏克这样的思想家、政治家具有这样的思想自觉。也正是有了这样成熟的政治思想自觉,才能

---

① I. Hampsher-Monk, *The Political Philosophy of Edmund Burke*, Longman Group, 1987, pp. 30-43. 另参见 I. Ward,"The Perversions of History: Constitutionalism and Revolution in Burke's Reflections", 31 *Liverpool Law Review*, 2010, pp. 207-232。

② 参见 Bruce Mazlish, The Conservative Revolution of Edmund Burke, *The Review of Politics*, Vol. 20, No. 1, 1958, pp. 21-33。

③ [美]格特鲁德·希梅尔发布:《现代性之路:英法美启蒙运动之比较》,齐安儒译,185页,上海,复旦大学出版社,2011。

最终为宪制的成熟或者说一个民族的政治成熟奠定基础。英国宪法的历史如此,其动力和活力亦源自于此,往昔如是,未来亦将如是。

思考题

1. 为什么说柏克的政治思考以英国宪法为主题?
2. 柏克的英国宪法思考对我们有何启示?

阅读文献

1. [英]柏克:《法国革命论》,何兆武等译,北京,商务印书馆,1998。
2. [英]柏克:《美洲三书》,缪哲译,北京,商务印书馆,2003。
3. [英]柏克:《自由与传统:柏克政治论文选》,蒋庆等译,北京,商务印书馆,2001。
4. [英]柏克:《埃德蒙柏克读本》,陈志瑞、石斌编,北京,中央编译出版社,2006。
5. F. O'Gorman, *Edmund Burke: His Political Philosophy*, Routledge, 2004.
6. F. O'Gorman, *The Long Eighteenth Century: British Political and Social History*, 1688—1832. Arnold, 1997.

第二十二章 布莱克斯通及其《英格兰法释义》

第一节 布莱克斯通的生平、著作和影响

一、生平、著作及《释义》的影响①

威廉·布莱克斯通(William Blackstone)因其撰写的《英格兰法释义》(Commentaries on the Laws of England)(以下中文简称《释义》,英文简称 Comm.)名垂法律史。② 他1723年7月10日生于伦敦一中产阶级家庭,7岁进入有名的查特豪斯公学,15岁时转到牛津大学读书。1741年进入伦敦中殿律师会馆学习,1746年成为一名出庭律师。

1743年11月,他成为牛津大学万灵学院(All Souls College)的成员。1753年在此开设英国法讲座,这成为他一生事业的转折点,也是英国历史上第一次在大学中讲授英国法。1758年,布莱克斯通讲座的成功使他顺理成章地成为第一任瓦伊纳法学教授,在此教职上一直到1766年。这些讲座成为后来在1765年至1769年出版的四卷《释义》的基础。此后他担任过副总检察长(Solicitor-General)、王座法庭(King's Bench)法官、皇家民事法庭(Court of Common Pleas)法官等职位,不过表现都没有他撰写《释义》那样出众。他于1780年2月14日在皇家民事法庭法官的任上去世。

他的第一部著作是一本小册子《建筑学原理》,但他的声誉在于其法

---

① 关于布莱克斯通的生平,主要参见 W. Holdsworth, *A History of English Law*, vol. XII, Sweet and Maxwell, 1938, pp.702-737。

② *Commentaries on the Laws of England*, with notes selected from the editions of Archbold, Christian, Coleridge, Chitty, Stewart, Kerr, and others, Barron Field's analysis, and additional notes and a life of the author by George Sharswood. , J. B. Lippincott company. 1859.

律著作。除《释义》之外，布莱克斯通的大部分法律著作都收在1762年首次出版的《法律文集》(Law Tracts)中。当然，为他赢得不朽名声的还是《释义》。

《释义》不仅在英国法律史上占据重要地位，而且对英国的殖民地，特别是美国有着深远的影响。

《释义》在英国出版后，先后再版数十次，许多学生都用它作为学习法律的入门著作。并被布莱克斯通同时代和其后的律师和学者们视为经典。

布莱克斯通对于英国的殖民地，尤其是美国法律的影响更为深远。殖民地不似英国本土那样有着古老的法律传统，有着复杂而繁多的判例和程序，对殖民地的律师来说，通过一部简明扼要的著作来了解和学习英国法当然要方便得多。当时美国并不存在英国那样的律师会馆；美国最早的法学院成立于1784年，解散于1833年。许多设在大学中的法学院则成立于美国独立战争结束50年之后，而且在南北战争之前，其中的大部分法学院学制都只是一年。再者，美国广阔的地理范围和司法形式的多样性也使法律教育变得更为复杂。① 于是，在这样的背景下，《释义》就成了某种"民主式的律师会馆"。当布莱克斯通在牛津大学给那些上层的年轻人开设英国法讲座的时候，他一定不会想到，在若干年后的大洋彼岸，无数勤奋而抱负远大的美国年轻人——就像年轻的马歇尔、肯特、林肯那样——将他的《释义》视为法律上的圣经，并由此学习了英国法的原理，甚至以此就敢于挂起一个法律执业的招牌。事实上，在1900年之前，几乎每一个美国律师都或多或少地读过布莱克斯通。Black's Law Dictionary中有一个词条是Blackstone lawyer，它的一个解释就是"尤指美国南北战争前主要通过自学布莱克斯通的《释义》来获得法律训练的律师"②。

布尔斯廷甚至这样指出，在美国独立后的第一个世纪中，对于那些学习法律的学生来说，布莱克斯通的《释义》不仅是一个学习法律的途径，它甚至构成了法律的全部。③

二、布莱克斯通及其《释义》何以重要

一般认为，英国法律史上一共有五部经典的法律著述：《格兰维尔》、布拉克顿的《论英国的法律与习惯》、利特尔顿的《土地保有法论》、柯克的

---

① 参见 D. J. Boorstin, *The Mysterious Science of The Law: an Essay on Blackstone's Commentaries Showing How Blackstone, Employing Eighteenth-century Ideas of Science, Religion, History, Aesthetics, and Philosophy, Made of the Law at Once a Conservative and a Mysterious Science*, The University of Chicago Press, 1996, the foreword.

② *Black's Law Dictionary*, 7th edn., West Group 1999, p. 163.

③ 参见 D. J. Boorstin, *The Mysterious Science of The Law*, p. 3.

《英国法总论》和布莱克斯通的《释义》。《释义》不仅是最后一部全面系统阐述英国法的经典著述,而且它最初就是讲给牛津大学的外行人的,因此其结构和内容的阐释充分适应了初学者的特点。除此之外,《释义》还具有其他一些特点:

第一,《释义》的风格。当这部著作出现之时,吉本就评价道,"它是一部理性的英国法学体系,运用了自然的方法,并将那些迂腐学究、含混模糊、多余冗杂的气息一扫而光",曼斯菲尔德勋爵认为这部著作的风格"令人愉悦且清晰晓畅"①,波斯纳认为《释义》除了具有"明晰和精确"这个最明显的优点外,还"把两种法律著述的风格融合起来了:一是孟德斯鸠的《论法的精神》,这本书分析了从抽象层面考察的法律的社会功能,只是顺带提及了任何实在的法律制度。二是,以布拉克顿关于英国法律的专著或波特尔(Pothier)关于民法的专著为例证,描述一个社会的实际法律"②。

第二,《释义》高超的语言技巧。正如戴雪所说的那样,"他知道何时应该简略,何时应该详述,他知道自己的身份是一个法学教师,而非立法的改革者,教义论者,或法律文物的收藏者。他晓得一个教师最重要的目标就在于唤起学生智力上的兴趣。于是他选取了一些一下子就让人觉得有趣和重要的主题,并且吸引了一代又一代的读者。"③边沁这样评价布莱克斯通的语言,"总之,在所有讲授法理学而又是法律制度评论者的作家中,他是第一个用学者和绅士的语言来谈法理学的人。他使这门文句艰涩生硬难读的科学得到了润饰,为它洗清了官府里的尘埃和蛛网。即使他没有用那些只能从科学宝库中获得的精密的思想来充实法律,至少也是从古典学术的梳妆台上拿了许多化妆品,把法律打扮得非常漂亮。他用许多引喻和隐喻使法律生色不少,然后再把她送到五花八门、甚至是最爱挑剔的社会人士中去;一方面是为了启迪他们,而更重要的是却是给他们娱乐。"④

第三,尽管《释义》并非一本英国法律史著作,而是一部关于布莱克斯通时代法律的评述,但事实上,他依然对到他为止的英国法律史做了出色的研究。在这本书的导论中,他强调了法律史学习的重要意义,⑤而在全书关于具体制度的阐释中,他依然运用了历史的研究方法,布莱克斯通认识到,英国法本来就是历史的产物,其中的许多成分只有通过历史的方法才能够得到理解。

第四,《释义》是对于布莱克斯通时代英国法律的非常准确的概括和

---

① 参见 W. Holdsworth, *A History of English Law*, vol. XII, Sweet and Maxwell, 1938, p. 724。

② 参见[美]波斯纳:《正义/司法的经济学》,苏力译,14~15页,北京,中国政法大学出版社,2002。

③ 参见 W. Holdsworth, *A History of English Law*, vol. XII, p. 724。

④ 参见[英]边沁:《政府片论》,沈叔平等译,113页,北京,商务印书馆,1997。

⑤ 参见 *Comm.*, vol. 1, the introduction。

说明,不仅仅限于一般的介绍,而是对英国法进行了通盘深入细致的阐释。在布莱克斯通之前,这种完备性是极为少见的,甚至放在整个世界法律史的视野中也是如此。这种完备性不仅使读者仅仅手捧一部著作即可获得整个英国法的大致内容,而且对英国法律的未来产生了一定影响:这在某种意义上使得对英国法律进行一次总体上的法律编纂变得没有必要。①

第五,布莱克斯通之所以重要,并不仅仅在于上面所说的《释义》本身的风格、语言以及对于英国法律制度的杰出阐释等方面,而同时更在于他通过《释义》对于普通法法律制度现代化所作的重要贡献。用马克斯·韦伯的理论来说,在使一种存在于18世纪却仍具有明显的中世纪特征的法律系统的近代化进程中,布莱克斯通的《释义》成了极其重要的第一步。② 密尔松指出,布莱克斯通通过向外行人阐释法律的做法,在英国法律史发展的重要转折时期,不仅总结了过去,而且开启了未来。③ 邓肯·肯尼迪则认为,"布莱克斯通的最大成就在于他能将自由主义的政治口号"权利"转化为几千个普通法规则。④

第六,布莱克斯通的重要性还在于他在法律思想史谱系中的重要位置。就普通法传统而言,以他为代表的理性概念与以柯克为代表的理性概念构成了普通法传统中的"两种理性概念",而这两种理性概念的互相补充则在理论上为形成一种更为完善的普通法"科学"创造了条件。⑤ 就更为一般的法律哲学而言,布莱克斯通乃是英国法律哲学中的"两面神"(Janus),⑥处于连接自然法学说和法律实证主义学说的枢纽地位,同时开启了英国现代法律哲学。⑦

---

① 参见 W. Holdsworth, *A History of English Law*, vol. XII, p. 726。
② 参见[美]卡尔文·伍达德:《威廉·布莱克斯通爵士与英美法理学》,载[美]肯尼思·W. 汤普森(编):《宪法的政治理论》,张志铭译,82页,北京,生活·读书·新知三联书店,1997。
③ S. F. C. Milsom, "The Nature of Blackstone's Achievement", in *Studies in The History of the Common Law*, The Hambledon Press, 1985, chap. 9, pp. 197-208.
④ Duncan Kennedy, The Structure of Blackstone's Commentaries, 28 *Buffalo Law Review*, 1979, pp. 205-382.
⑤ 参见 G. J. Postema, *Bentham and the Common Law Tradition*, Oxford: Clarendon Press, 1986, pp. 30-38。
⑥ Janus,指杰纳斯(天门神,头部前后各有一张面孔,故也称两面神,司守护门户和万物的始末。)这里用这个词语表示布莱克斯通思想中既有自然法的色彩,又有法律实证主义的影子。
⑦ 参见 R. A. Cosgrove, *Scholars of the Law: English Jurisprudence from Blackstone to Hart*, New York University Press, 1996, p. 22。

第二十二章 布莱克斯通及其《英格兰法释义》

第二节　布莱克斯通的问题意识及其困难

从11世纪晚期开始的罗马法复兴运动的力量非常强大,其影响席卷了整个欧洲,英格兰也未能例外,但最终并未全面接受罗马法。不过因此英国的法律教育呈现出了某种分裂的状态,即教授罗马天主教会法律(即教会法以及作为其基础的罗马法)的大学(主要指剑桥大学和牛津大学)与传授英国普通法的四大律师会馆(Inns of Court)①之间形成了某种分离。前者是具有抽象或思辨特点学问的机构;后者则是一种与困扰普通公民的众多法律问题相联系的纯粹的世俗机构。直到布莱克斯通生活的时代为止,在剑桥大学和牛津大学没有开设过英国法的任何讲座和课程,当然已经有了罗马法、民法和教会法方面的讲座,而英国普通法也一直存在于伦敦四大律师会馆的范围内。律师会馆中培养出来的律师也对于大学中的涉及法律的各种"学术"的或"哲学"的论述表现出了某种冷漠态度。

这种法律教育的分离状态深刻影响了普通法的发展。贝克指出,普通法之所以呈现出某种不规则状态,主要是由于它未能得到某种全面而系统的讲授。② 另外,罗马法虽然在英格兰比较早地被了解和在大学中讲授,但却一直没有在王室法院的实践中立足。

布莱克斯通在解释这个原因的时候,首先引述了约翰·福蒂斯丘爵士的理由:福蒂斯丘爵士认为语言问题是其中的关键,即普通法的程序运作需要三种语言(英语、拉丁语、法语),而在大学中所有的学科都用拉丁语授课。③ 布莱克斯通认为这个理由并不充分,他认为首先是由于普通法长期以来形成的规则和习惯对于大学教育来说,显得有些格格不入;其次,基于抽象逻辑和理性的罗马法,不似基于实际需要产生的普通法那样,其价值更容易被教育青年人的大学法律教师所发现和认可;不过,布莱克斯通认为最为关键的原因在于二者是沿着不同的轨迹前进的,而普通法在律师会馆中得到了发展。④

的确,就牛津大学和剑桥大学而言,它们并没有什么理由将律师会馆所进行的训练囊括在它们的教学项目中。只有那些外来的课程,如法律史、法理学、罗马法和教会法才被视为人文科学以及法律教育的一部分,

---

① 也包括预备律师会馆(Inns of Chancery)。
② 参见 J. H. Baker, *An Introduction to English Legal History*, 4th edn., Butterworths, 2002, p.170。
③ *Comm.*, vol. 1, p.15.
④ *Comm.*, vol. 1, pp.15-20.

由大学加以规定。后来大学曾试图在其法律教育中为律师训练设一席之地,却被律师会馆的主管们执拗地拒绝了。像其他行会的师傅们一样,律师会馆的主管们深恐更为系统和合理的训练将从他们那里夺去某种垄断的利益。事实上,普通法的一些复杂而花费高昂的程序正是通过律师会馆才保留下来。① 同时,以罗马法为基础的大学教育虽然能够有助于掌握一起案件的正确处理方法,但并不能保证胜诉,因为法律诉讼中的复杂程序只有在律师会馆中才能学到手。

而就律师会馆而言,律师会馆中的主管和诵讲人既非大学教授,也非为法律作注释的法学家,而是现任法官和律师,这些人的教学与法院工作密切相连。学徒式的训练,加之学习的是一门技艺而非一门科学,就其性质而言便是一种保守的方法。他们形成了严密的组织结构、较强的职业内聚力和政治影响,他们致力于维护普通法,为了原则,也为了利益。他们又靠近王室法院而远离大学,并且在排斥罗马法方面与法庭有着共同的利益。同时,他们有意识地在议会背后施加影响,而议会常常是那个时代最后斗争中的胜利者。在同专制王权的斗争中,普通法成为议会政党手中的强大武器,因为普通法在长期的历史发展中,形成了某种韧性,它的烦琐和形式主义的技术,使得它能够顽强地抵制住来自上级的进攻。② 而律师会馆成功地排斥了罗马法便也在相当程度上排斥了大学法律教育的影响。

18世纪英格兰的律师会馆法律教育的确问题重重,甚至可以说处于内忧外患之中。在这一时期,外界对于律师会馆的批评越来越多,并且借助媒体这一新近出现的公共领域在积聚舆论。一方面,随着大学教育的改革,律师会馆在接纳学徒和授予律师资格的数字方面都处于几个世纪以来的最低点。同时,律师会馆内部纪律松散,传统的训练项目诵读和模拟法庭训练都难以正常维系。在这种背景下,一些出庭律师和律师会馆的师傅们作出了一些努力,但是成效甚微。而布莱克斯通作为年轻的出庭律师和牛津大学万灵学院的研究员,虽然能够直接感受这些危机和困难,但却无法直接影响到那些根深蒂固的律师会馆制度。他只能在自己开设的讲座中通过提高法律教育的质量来间接应对这种困难和危机,他在自己的讲座中警告说,倘若律师会馆这种状况一直延续下去,那么法律很快就会执掌在那些糊涂不清而缺乏教育的人们手中。③ 另一方面,由于他讲座的地点在牛津大学,而该大学则决定了听众的性质。这些听众多数是贵族或绅士,有些人将来会进入律师会馆继续学习普通法;而另外一些学生并无意成为律师,无论对于哪部分听众,他的讲座都可以起到

---

① 参见[美]H. W. 埃尔曼:《比较法律文化》,贺卫方、高鸿钧译,102~103页,北京,清华大学出版社,2002。

② 参见[德]茨威格特、克茨:《比较法总论》,潘汉典等译,355页,贵阳,贵州人民出版社,1992。

③ *Comm*., vol. 1, pp. 31-33.

相当的作用。对于前者而言,讲座可以使那些未来的律师事先获得对英国法的系统理解和把握,对于后者而言,他们在受教育之后将在其他职业和领域内发挥重要影响,他们同样会因此改善这个国家的统治方式,而且有的人会成为议员,从而会对英国的法律状况起到直接的影响作用。正因为这个原因,试图准确而清晰的论证布莱克斯通的动机侧重公民教育方面还是法律教育方面都会面临困难。毋宁说,他的讲座中包含了所有这些关切。

不过,律师会馆中法律学徒学习的材料,或者说普通法是什么性质的,是否可以在大学中得到讲授,还是只能通过自己的亲身实践和"默会"来领悟?律师会馆中训练法律学徒讲授的方法是否可以系统化和科学化?或者说,普通法是否能够以一种系统和科学化的方式呈现在法律学生面前?

事实上,这个问题也正是布莱克斯通面临的最大困难。而布莱克斯通的讲座之所以能够出名和获得巨大成功,恰恰就在于他做了许多人认为根本无法做的事情。也就是说,普通法强调程序并怀疑所有一切将其归纳为"实在的"形式的努力,而布莱克斯通则设法给庞大而杂乱的普通法以一种清晰连贯的形式,从而使这些年轻的外行听众能够理解和把握。

密尔松认为,从历史长时段的观点来看,布莱克斯通处于普通法(包括美国法在内)发展历史上的一个转折性阶段。无论是大陆法系还是普通法系,它们都要经历这样一个阶段:即在程序之外,在法律诉讼如何进行的过程之外,将那些规范人们行为并且体现社会关系的实体性规则发展为一个易于理解的关于权利和义务的体系。在这一点上,两大法系经历了相似的发展历程。① 在大陆法系,许多学者努力推动了此种进程,而在普通法系,布莱克斯通则用教科书这种形式实质性地推动着这一进程。用马克斯·韦伯的话说,在使一种存在于 18 世纪却仍具有明显的中世纪特征的法律系统的近代化过程中,布莱克斯通的《释义》成了极其重要的第一步。作为一种基于习惯并且凭借口头性质的传统而永久存在的法律形式,18 世纪的英国普通法完全不能满足在下一个世纪里不断出现的经济和政治发展的复杂要求,因为在下一个世纪,一个以农耕经济为基础的小型岛国社会,将转变为"世界的作坊",并且成为一个全球性帝国——它负责维护的英国强权下的世界和平甚至连罗马帝国也相形见绌的心脏。一种更为现代、合理和实证主义的法律系统和法律形式将变得不可缺少。恰恰是这个时候,布莱克斯通似乎指明了道路,并且促进了一种为实现上述转变所必需的法律论述、法律学识和法律评论。② 从这个角度而言,当我们知晓了布莱克斯通在普通法现代化过程中的这种枢纽性位置,也就

---

① S. F. C. Milsom, "The Nature of Blackstone's Achievement", p. 200.
② 参见[美]卡尔文·伍达德:《威廉·布莱克斯通爵士与英美法理学》,82 页。

意味着理解了他的困难所在。

第三节 对英国法的体系化努力及其内在逻辑

一、《释义》的结构

《释义》一书由导论和四卷组成。在导论之后,四卷的标题分别是"人的权利"、"物的权利"、"侵犯个人的不法行为"、"公共不法行为",整个论证是从个人的权利到公共的不法行为。

当时的普通法自身并无所谓的结构,布莱克斯通为了讲授英国法的需要,不得不用某种外在的结构对普通法内容进行整合。事实上,如果仅仅将法律建立在一个个判例的基础之上,根本无法形成一个逻辑清晰的结构。不过,幸运的是,对布莱克斯通来说,存在查士丁尼《法学阶梯》这样一个罗马法的结构来作为整合普通法内容的模本。许多学者在研究布莱克斯通的时候,也认为《释义》的结构受到了查士丁尼《法学阶梯》的影响。①

在布莱克斯通所处的时代,英格兰已然存在两种悠久的法律传统:罗马法传统与普通法传统。就法律教育层面而言,前者通过大学承接;而后者则通过律师会馆延续。就法律著作层面而言,前者主要表现为《民法大全》,特别是其中的查士丁尼《法学阶梯》,以及对这些罗马法经典文献进行阐释、评注、研究的著作。而后者则大致有以下几种形式:第一类是对于种种令状、判例进行整理、评注和汇编的著作,比方最早的"格兰维尔"、利特尔顿的著作、柯克的著作,这一类由于立基于具体的令状和判例,因此在结构上显得较为凌乱,律师除非浸淫已久,否则很难对其很好地把握。这一类著作可以视为最能体现普通法传统特色的著作;第二类法律著作存在一定的体系性,但基本上依靠的是日常简单的分类标准,比方成文法令的汇编、法律辞典,其编排主要标准是字母顺序或者时间顺序;而第三类则是试图用罗马法结构特别是查士丁尼《法学阶梯》的结构来整合英国法内容的法律著作,早期有布拉克顿的著作,不过囿于当时英国法的实际状况,这部书还无法很好地实现整合两种法律传统的任务。尽管这部著作一度被作为早期律师会馆的必读书目,但是随着时间的推

---

① 参见 Alan Watson,"The Structure of Blackstone's Commentaries",*The Yale Law Journal*,Vol. 97,1987,以及 Michael Lobban,"Blackstone and the Science of Law",*The Historical Journal*,30,2(1987),pp. 311-335。另外,伍达德的文章认为布莱克斯通受到了盖尤斯的影响,不过,查士丁尼《法学阶梯》的结构就直接来源于盖尤斯的《法学阶梯》,因此来源于盖尤斯或查士丁尼,这二者之间并没有实质性的分歧。参见[美]卡尔文·伍达德:《威廉·布莱克斯通爵士与英美法理学》,80页。

移,这部书的内容就显得过时了。① 后来,直到17世纪,开始有学者完全以查士丁尼《法学阶梯》的结构为模本来整合英国法的内容。不过,这种简单照搬的整合方式并不能够令布莱克斯通满意,因为这些作者并没有很好地照顾到英国法不同于罗马法的一些固有特征,比方英格兰的实体法和程序法互相纠缠在一起,英国的契约法是晚近才发展起来等特点。

布莱克斯通对于利用罗马法结构来整合英国法内容的种种困难有着清醒的认识。不过,讲授英国法的任务使得他必须将英国法体系化,因为正如当时一般人认为的那样,以众多散乱的判例和令状为基础的英国法根本不适合在大学中进行讲授。由于他曾经在牛津获得过民法博士学位,所以自然而然的将查士丁尼《法学阶梯》的结构作为参照模本。为了将英国法体系化,他必须将英国法中本来纠缠在一起的实体法与程序法在结构上作出某种分离,他认识到,诉讼程序可以视为一种对于不法行为的救济手段,而不法行为本身则是对于权利的侵犯,于是他实现对权利和不法行为的二分法,并且顺理成章地将诉讼程序安排在以不法行为为标题的篇章中。同时,针对当时英国法中契约法尚处萌芽的现状,他将契约作为一种获得财产的手段而放置在了物的权利下面。当我们考察英格兰历史上法律著作的时候,可以发现布莱克斯通处理问题的方式与黑尔之间的相似性。而实际上,布莱克斯通也承认了他从黑尔那里获益良多。

在利用罗马法结构整合英国法内容的作者中,布莱克斯通绝非第一个,但却是最为成功的一个。布莱克斯通以查士丁尼《法学阶梯》为模本,并从黑格尔那里借鉴了一些克服困难的方法,最终构建出了一个适应当时英国法内容的全面细致并且优美对称的结构框架。这在形式上满足了他将英国法加以体系化的要求。

二、在自然法与法律实证主义之间

布莱克斯通在对律师会馆进行批评和法律学生表达期望的同时也阐明了自己的理想。他希望通过自己的讲授能使英国法成为一个可以从一般原理进行演绎推理并运用于法律实践的体系,同时,他认为应该将自然法的普遍原理作为进行演绎推理的一般原理。从查士丁尼《法学阶梯》到中世纪的大学法律科学,整个罗马法传统的思维模式都是从一般原则出发进行演绎推理的。因此,布莱克斯通并不仅仅借鉴罗马法的结构,同时也试图借鉴其中内在的逻辑推理模式,即从一般原理出发进行演绎推理的模式。当然,他还需要从其他地方借鉴自然法理论作为这种进行推演的一般原理,这个自然法理论来源便是普芬道夫和伯拉马基。

布莱克斯通论述从自然法到国内法的理论脉络大致是:

---

① 参见 J. H. Baker, *An Introduction to English Legal History*, p.176。

第一,他认为自然法具有普遍性,任何人法或国内法倘若与它矛盾,那么将失去效力。按照他的理论,发现自然法需要借助理性,同时,判断一个法律是否与自然法基本原则相冲突同样需要依靠人们自身的理性,于是,理性就成为连接自然法与人法之间的某种枢纽。不过,布莱克斯通并不认为仅仅依靠具体个人的理性就可以判断具体法律违背了自然法,他在另外的地方赞同了柯克的观点,认为单个个人的理性已经散落在了时间的薄雾中了,于是,能够作出这一判断的就并非个人,而是时间的权威。① 因此,作为一种最高准则的自然法虽然是永恒的,但却镶嵌在了历史被隐藏的理性当中。

第二,他认为自然法的基本原则是查士丁尼《法学阶梯》里阐述的"为人诚实,不损害别人,给予每个人他应得的部分",而这几条原则其实同时也具有道德含义,同时,他认为人们应该追求自己的幸福,并将此作为道德或自然法的基础,这就意味着,布莱克斯通心目中的自然法同时也具有道德含义,而不仅仅是作为逻辑上形成体系和演绎推理的基本原则。

第三,布莱克斯通认为国内法是"由一个国家的最高权力所规定了的哪些行为是正当权利或是不法行为的种种规则",国内法应该约束人们的行为,而不干涉人们的道德领域。

第四,布莱克斯通在阐述国内法的时候,认为人们服从法律并不依赖于人们对它的认可,而依赖于制定者的意志,这句话又基本上坚持了某种法律实证主义的立场。

对布莱克斯通而言,国家的最高权力就是立法权。当然这并非一般意义上的立法权,而是霍布斯意义上的主权。实际上,由于普芬道夫赞同霍布斯的观点,因此布莱克斯通在借鉴普芬道夫自然法理论的时候也相应地受到了霍布斯的影响。布莱克斯通认为,人类的需要和恐惧使得他们从自然状态进入了公民社会,公民社会的起点是无政府状态,而其倾向则是专政。既存在着人们的权利被专横的、暴虐的君主所压抑的时代,也有这种权利和自由非常放肆以致达到无政府状态的时代。相比较而言,无政府状态要比专政更糟糕,因为有一个政府总比没有好,否则人们就将退回到自然状态中去了。② 因此,布莱克斯通认为,由主权者发布的法律必须得到人们的遵守,人们的权利和不法行为之间的界限需要由国内法来规定。甚至当国内法与自然法可能会发生冲突的时候,也首先应遵守国内法而非自动地求助于自然法本身。和普芬道夫一样,他认为永恒的自然法除非得到统治者的认可,否则对人们的行为便没有效力。而人们所谓的绝对权利虽然建立在自然和理性的基础之上,但却可能会随着政体的变化而变化,因此它们依然是基于人性而非形而上学的。③

---

① *Comm.*, vol. 1, pp. 69-70.
② Ibid., p. 48, 127.
③ Ibid., p. 123.

不过,普芬道夫认为在通常的情况下,公民没有权利反抗违反自然法的君主,但还留有了特殊情况,即只有在君主成了国家的真正敌人并使国家面临实际危险的非常情况下,个人或人民才拥有权利为保卫自己和国家的安全而反抗君主。那么布莱克斯通在这一点上是否依然追随普芬道夫呢?

事实上,布莱克斯通同样也意识到在理论上个人或人民依然有反抗统治者进行革命的权利,但他却否认了在实践中和在法律上的反抗权利。他认为,因为统治者的权力在法律上并没有界限,所以法律根本就无法知道哪里是统治者行为的边界。他认为宪法一经确立,统治者的权力同时就变得没有边界。① 事实上,在布莱克斯通那里,人们由自然状态过渡到公民社会仅仅是一种形而上学的工具,他试图以此来说明个人权利、义务和政府的权力,而他并不认为这种由自然状态到公民社会的过渡事实就同时意味着某种关于自然法原则契约的形成。他认为由自然状态出发并不能够产生任何法律上的义务,而只能产生一种道德上的义务。② 自然法只能作为某种判断正确与否的依据,但是并不能够作为对于违法行为救济的法律手段,除非依靠自己的私力救济,③因此,自然法只能在个人层面上有效,而在公共层面上则要受到许多限制。

布莱克斯通认为,不仅在个人和人民是否有权利反抗统治者的问题上自然法不能取消国内法,事实上,他认为在针对个人违法行为的私力救济以及刑罚的具体问题上自然法的原则也要受到一定的限制。洛克认为,一个人倘若遭遇到了不公正的任何形式的武力,那么这就意味着将他推入到了与动武者的战争状态;因而,作为结果,他就可以合法地杀死将他推入这种非自然的强制之下的动武者。布莱克斯通认为,一定不能像洛克那样不切实际地贯彻这种原则。他认为,这个原则在未开化的自然状态下也许是正当的,因为那是作为自然法的原则而存在的,但在像英国这样得到良好管理的公民社会中,由于非常关注人民的和平和生命,因此不会采取那么有争议的制度;也不会泰然地容忍通过杀死对方来遏制犯罪的做法,除非如果有人犯了同样的罪行也会被处以死刑。④ 不过,英国的法律的确为这个私力救济的杀人规则提供了例外,也就是所谓的正当防卫的杀人,比方,在一个人与另一个人发生争执的过程中,为了保护自己免受攻击和杀害而将攻击者杀死的情形下,他就可以免遭法律的惩罚——假设倘若等待法律的帮助就会面临着直接而即时的危险和痛苦,而且也并无其他的可能办法来逃避他的攻击者。⑤ 不过,在布莱克斯通看来,最好的解决办法还是,如有可能,受到攻击的人必须转头就跑,而在

---

① *Comm.*, vol. 1, p. 157.
② Ibid., pp. 47-48.
③ Ibid., p. 186.
④ *Comm.*, vol. 4, pp. 181-182.
⑤ Ibid., p. 184.

445

事后再将他的攻击者送上法庭。显然,布莱克斯通在这里还是倾向于首先维护国内法而非自然法的。

这种强调国内法和主权者的观念影响了布莱克斯通的整本著作。因此,当我们仔细讨论布莱克斯通自然法思想的时候,会发现他一方面承认在理论和形而上学层面自然法是永恒的,任何人法的规定倘若与其发生冲突将自然失去效力;但另一方面在法律和实践层面他又竭力维护国内法的权威,强调人们对于国内法的服从,认为人们在法律上并无反抗统治者的权利,甚至在私力救济层面,在所谓的绝对权利上,自然法的原则也要受到某种限制。

事实上,布莱克斯通非常重视既存的制度和传统,而他写作《释义》的其中一个出发点就是试图论证现存的制度本身就是理性的。这就意味着,在布莱克斯通那里,法律归根结底并非由一般原则演绎出来的,而是被规定了的——当然这是由悠久的传统和时间所规定了的。布莱克斯通一再告诉人们古老的法律规则的结构非常精妙,"这些规则紧密地联系、交织在一起,它们互相支持、互相说明、互相证明。"① 他甚至认为,"国内法是某种永恒的、一致的、普遍的东西"。②

因此,在布莱克斯通试图建构的体系当中,作为演绎推理出发点的自然法基本原则就遇到了很大问题,它并不能够帮助布莱克斯通形成一个逻辑一致的体系。这种重视现存制度的实证主义倾向使得布莱克斯通忽视了——或者不得不忽视了——作为演绎推理出发点的自然法基本原则的效力以及立基于其上的理论体系的建构。事实上,对布莱克斯通来说,比演绎推理理论体系更重要的乃是法官的角色,法官可以通过具体的案件来发现那些散落在时间的薄雾中的理性和人们的自然法观念。③ 而这种发现法律的方式与演绎推理体系本质而言是对立的,它是由司法出发来发现理性乃至自然法。于是,当布莱克斯通试图构建一个演绎推理体系的时候,他最终还是滑向了传统普通法的思维模式之中——也即由以法官为中心的具体司法实践来发现理性和体现理性的模式之中。

三、在逻辑与历史之间

《释义》另一个内在紧张源于基于悠久历史形成的英国法内容是否能够纳入到某个逻辑一致的体系当中,尤其是英国法中关键的地产制度和令状制度。这意味着,理解普通法所需的历史视野和布莱克斯通试图达至的演绎推理的体系之间存在着某种难于调和的矛盾。

布莱克斯通在《释义》第二卷讨论地产制度之前,插入了一章专门讨

---

① Comm., vol. 2, p. 129.
② Comm., vol. 1, p. 44.
③ Ibid., p. 69.

论英国封建制度及其历史,他指出,倘若对于英国封地、领地制度的性质和原则缺乏一般的了解,就根本不可能理解这个王国的民事制度和土地制度。① 他无疑是正确的——英国的地产制度是如此的复杂和缺乏逻辑,以至于根本无法从中归纳出演绎推理的一般原则。这就意味着他不得不在著作中通过讲述历史的方式来说明现在法律的由来。

不过,布莱克斯通并不准备完全从历史的角度来阐述英国法的内容,因为他依然有着理论化的理想。在对于土地保有制度的阐述中,他将这一部分整合成一个制度逐渐演变并在17世纪达到完美状况的编年体结构,在此基础上他声称封建制度中存在一种内在的理论化和体系化的形式,并且随着时间的推移逐渐清晰和完善。他声称,无论封建保有制度的起源如何,它依然是一种逻辑一致的制度;历史和逻辑在这里互相缠绕,因此回顾历史便意味着阐释公共政策诸多方面的基础以及法律中理性的来源。② 在关于封建制度的讨论中,布莱克斯通为了说明现存制度的合理性,不得不运用历史来解释其中的原则以及那些被遗弃的制度的不合理性。于是,某种意义上,封建制度的逻辑就可以超越历史并且能够用来证明当下现存制度的合理性。③ 不过,布莱克斯通的这种分析进路事实上已经并非某种演绎推理的体系化方法,他并不将法律视为一种逻辑一致并且自洽的科学体系,而是通过历史的描述来归纳出其中原则的合理性。他不得不将分析过程着眼于历史的实际情况,并且运用历史的概念来解释英国的封建保有制度。不仅如此,他为了获得一种与当时法律相一致的纯粹的基本原则,从而证明现存法律仅仅是一种永恒理性的延续并建立在这些基本原则的基础之上,甚至没有提到其中的一部分古代历史史实。通过这种手法,他虽然使著作中封建制度部分看起来显得体系化了,但是对于这部分的阐释和理解依然需要对于实践和历史的描述,何况,这种根据需要剪裁历史的方式本身就意味着历史在其中的重要意义。事实上,布莱克斯通在叙述封建保有制度的时候,其方法更大程度上是一种分类的方法,而并非某种体系化的思考方式。④

这种对于英国法具体特征的分类方法在《释义》第三卷中关于诉讼形式和诉讼程序的讨论中体现地更为明显。

中世纪的诉讼以"令状"为基础。在当时,令状是来自教会或世俗上司的信件,其中包含给受件人的信息,通常是一个要求或一项指示。在法律上,令状是国王对于有关争议问题的简明指示,命令接收令状者将被告传唤到法院并在当事人出席的情况下解决纠纷。后来令状的文本逐渐标准化,就形成了固定的"诉讼形式"(forms of action)。到12世纪末,由大

---

① *Comm.*, vol. 2, p. 11.
② Ibid., p. 52.
③ Ibid., p. 57.
④ 参见 M. Lobban, "Blackstone and the Science of Law", 30/2 *The Historical Journal*, 1987, pp. 330-331.

法官签发的定型令状约有 75 种,在 13、14 世纪,令状的数量有较大的增加,它们被以半官方的形式收集在一起。到 14 世纪末,王室法院的法律创造力渐趋衰弱,这些法院的诉讼程序在许多方面都过于原始和充满形式主义,可适用的法律变得太僵硬和残缺不全;败诉往往只由于技术上的错误,或者因为证人受贿、诉讼程序的捉弄及对手的政治影响。于是后来出现了以大法官判决为基础的一套复杂的衡平法规则,衡平法发展出许多救济手段,它们是对普通法中过于原始的诉讼制度的很大补充。① 就令状的种类而言,开始时包括债务、返还被侵占财产、契约、返还扣押财物以及账目等令状,后来种类又有所扩大,增加了侵权令状,并且包括了侵犯不动产、非法占用他人财物以及违约赔偿等等,而且对于这些令状还有不同的解释,令状本身还会增加和变化。② 令状的这种复杂程度使得外行人根本无从对其进行把握。

虽然令状制度在历史中有过一些变化和改革,但在布莱克斯通的时代,仍然有 70~80 个不同的"诉讼形式"(forms of action),在提起诉讼时原告必须宣布他的请求基于哪个诉讼形式。他的选择是至关重要的,因为这种选择最终决定着将来能够根据哪些先例判决案件,也决定着如何传唤被告,以及如何提出证据和如何执行判决等一系列相关的程序。③

《释义》第三卷从表面来看经常被人们以为是讨论实体法的内容,但实际上却是讨论诉讼程序方面的内容。这些诉讼的程序和规则不仅数目繁多,复杂特殊,而且基本上无章可循,其中并无内在的合理性可言。因此布莱克斯通在《释义》中只好采取了分类、列举和描述的方式,而根本无法采取某种演绎推理的方式。他自己也承认这种安排根本无所谓方法可言。不过,他依然寻找理由试图为自己辩护:"任何科学都不可避免地要使用概念或术语,要想熟悉和理解这些概念就必须依靠经常的使用。科学中的分类越多,那么就需要运用越多的概念来说明这些分类的不同性质以及准确说明这些概念试图表达的思想……因此,我们在阐述诉讼程序时的这种混乱主要是由于英国法的精致,在我们的法律制度中,一种救济方式就针对一种不法行为的情形,而不同的不法行为不会采用同一种诉讼程序,而对这些诉讼程序的阐述当然就只能分别进行具体说明。这种复杂的程序的好处是,每个人都知道法院如何采取怎样的措施才能让自己满意,同时,当向法院提起诉讼的时候,能否获得救济就用不着看法官的心情而定,因为这已经是由程序明确规定了的。"④

布莱克斯通为英国法内容中繁复的诉讼程序寻求合理性的辩护理由一方面,表明了他自己关于正当程序问题的价值立场;另一方面也主要

---

① 参见[德]茨威格特、克茨:《比较法总论》,338~348 页。
② 参见[美]格伦顿等:《比较法律传统》,米健等译,96~97 页,北京,中国政法大学出版社,1993。
③ 参见[德]茨威格特、克茨:《比较法总论》,361 页。
④ Comm., vol. 3, p. 266.

是试图证明：只要这些复杂的令状和诉讼程序本身发挥着重要的作用，那么它内容和形式上的复杂和无序便是有道理的。

因此，无论是对于封建保有制度，还是对于诉讼制度，布莱克斯通所采取的结构分类和内容描述的方式，以及他为这种现存和历史的制度寻求合理性的理由，恰恰从另一个侧面证明了，根本不可能将这些根源于英国法历史实践的具体制度纳入到一个演绎推理的逻辑体系中去。即便他试图在对历史的回溯中寻求某种历史的合理性甚或必然性，但这种事后归纳的历史的逻辑也并不意味着某种逻辑的历史，更不意味着英格兰的历史制度是先有逻辑和观念，而后再在此基础上推演形成了历史和实践。归根结底，布莱克斯通试图达至的科学体系和英国法的具体内容之间存在着深刻的内在矛盾。布莱克斯通这种试图将罗马法结构套用于英国法内容的努力，以及在逻辑和历史之间痛苦纠缠的方法论，使得他在英国法律史中处于一种特殊的位置。

四、布莱克斯通的理性概念：在柯克与边沁之间

布莱克斯通思想这种内在矛盾主要是他试图将罗马法结构纳入英国法内容这种努力的后果，他虽然最终并未实现将英国法内容整合成一个演绎推理体系的目的，但依然声称英国法的理性蕴含在历史当中。布莱克斯通的这种努力实际上意味着，一方面布莱克斯通非常重视英国法中既存的制度和历史传统；而另一方面又试图论证英国法本身也是理性的，也同样可以像罗马法一样通过讲授的方式来学习——事实上，这一点本身就是布莱克斯通的动机和出发点。因此，在布莱克斯通那里，理性概念乃是一个核心的问题。而他的理性概念特点恰好可以通过在与罗马法思维模式、柯克、边沁的对比中显现出来。

以柯克为代表的普通法理性（或者普通法思维模式）区别于罗马法思维模式的特点并不在于是否承认自然法的一般效力，而关键在于：柯克论述的自然法或理性与历史和传统之间的紧密联系。柯克认为，法律的理性建立于长久以来的习惯和人们的意识之上。① 换言之，在柯克那里，自然法或理性是与历史和传统伴生的，甚至是同一个事物的两个方面；而在罗马法那里，自然法或理性则基本上与具体的历史经验没有关系。这一点是理解这两种思维模式区别的关键所在。

之所以说这一点是两种思维模式区别的关键所在，还在于从这一点出发可以顺理成章地派生出普通法理性的其他重要特征：正因为普通法是理性历久经年的产物，加入了无数人的智慧，而非立法者一时的恣意之举，所以才是完善的理性；正因为普通法的完美理性存在于古老的历史

---

① 参见 G. J. Postema, *Bentham and the Common Law Tradition*, Clarendon Press, 1986, pp. 4-6. 另外，Postema 认为普通法有两个基础：其一是历史；其二是理性。

和实践之中而非不证自明或是以明确的文本方式表现出来,所以才令人难以把握,从而从逻辑上才需要人们去"发现"它;只有受过专门训练掌握技艺理性的法律家才能够把握它,从而通过司法的方式来彰显理性才变得重要。因此,普通法的古老性和由此产生的普通个人无法直接发现法律理性的事实就成为证明普通法正当性的核心观念。

就这种普通法理性如何在法律实践中具体操作的层面而言,波斯特马(Postema)在他的著作中认为,柯克的理性概念可以称为一种"特殊主义"(particularist)的概念,它的基础就是常人的"自然理性"与普通法法律家的"技艺理性"之间的区分。根据这种概念,法律理性完全是具体而特殊的,必须针对不同案件的具体情形作出不同的判断。因此,这种理性概念是建立在具体个案而非规则或原则之上,而能够保证这种法律理性在历史中前后一致的并非外在的理性标准或原则,而是一种内在的一致性和完整性,以及无数个案汇集起来的整体。而在具体的法律推理中,则采取了一种类比的方式(即比较案件之间的相同点和不同点),而非演绎推理或是归纳推理的方式。①

正因为这种"特殊主义"的"技艺理性"并不依靠某种一般的系统化原则和知识作为指导,而只能通过长期沉浸在一个个具体判例中的方式得到掌握,所以律师会馆法律教育模式才具有了存在和延续的内在理由,同时也才能够在相当长的时间里抵御一种系统化法律科学的影响。而这正是布莱克斯通之前普通法传统的一般情形。

而将布莱克斯通的理性概念与柯克进行比较则可以发现。首先,在柯克的理论当中,并非不承认自然法的普遍效力,但他并不将此,也并不试图将此作为整个体系演绎推理的一般原则。在柯克那里,自然法是隐藏在古老历史当中需要拥有技艺理性的法律家去发现的对象。而在布莱克斯通这里,自然法基本原则则是他试图构建体系的出发点,同时他也从具体法律制度中抽象出一般原则和普遍"理性"并试图以此来印证自然法基本原则,虽然他最终未能将其贯彻始终,但仍然使著作留下了相当浓厚的自然法色彩。其次,在柯克那里,理性概念乃是某种"特殊主义"的,发现理性的基础是个案而非原则,而布莱克斯通则从这些具体的法律制度中抽象出了一般原则和普遍"理性"。

不过,布莱克斯通和柯克的这些分歧并不意味着这两种"理性"概念是不相容的,更不意味二者的根本对立。首先,最重要的是,布莱克斯通同样认为理性蕴藏于古老的历史和传统之中。布莱克斯通认为,法律并非被演绎的,归根结底乃是被规定了的——当然这是由悠久的传统和时间所规定了的。布莱克斯通一再告诉人们古老的法律规则的结构非常精

---

① 参见 G. J. Postema, *Bentham and the Common Law Tradition*, Clarendon Press, 1986, pp. 32-33。

第二十二章 布莱克斯通及其《英格兰法释义》

妙,"这些规则紧密地联系、交织在一起,它们互相支持、互相说明、互相证明。"①他甚至认为,"国内法是某种永恒的、一致的、普遍的东西"②。正是因为布莱克斯通坚持理性与历史之间的这种伴生关系,才使得布莱克斯通的理性概念归入了普通法传统的思维模式之中。③ 其次,布莱克斯通抽象出的一般原则并非是先验的,或是反历史主义的,而是从具体的法律制度包括芜杂散乱的判例中归纳和概括出来的,正因为这样,从本质而言,他与柯克的理性概念本身是相容的,因为他们面对和处理的材料是共同的,区别仅仅在于一个坚持特殊主义的方式来对待判例;而另一个则试图从中抽象出一般原则。更进一步,从理论上说,这有助于形成一种更为一般的普通法法律推理理论:从具体的案例中归纳出一般的规则和原则,由此可以为那些无从类比的疑难案件提供参考,而正因为这个一般原则是历史的经验的,而非先验的超越的,所以会随着具体案例和具体情形以及无数人的参与而发生变化,从而保持了某种开放的体系。

于是,布莱克斯通在对此前普通法法律教育模式不满的驱使下,在将普通法和罗马法思维模式艰难整合的过程中,最终通过自己的努力发展、完善以及维护了此前以柯克为代表的普通法传统。而正是这种对普通法的保守态度引起了边沁的强烈不满。

边沁之所以选择布莱克斯通而非柯克进行猛烈攻击,其原因并不在于他认为布莱克斯通更能够代表普通法传统,或者是不熟悉柯克(因为边沁曾经在林肯律师会馆研习过普通法并且获得律师资格,所以不可能不熟悉柯克),而在于他认为布莱克斯通的著作在相当程度上实现了对普通法进行"改良"的目的,从而成为实现全面完善"终极法律体系"④这一"革命"性目标的主要障碍。⑤ 布莱克斯通不仅维护了普通法传统,而且对以

---

① Comm., vol. 2, p. 129.
② Comm., vol. 1, p. 44.
③ 在对法律中一般原则的意义方面,曼斯菲尔德爵士也坚持与布莱克斯通相似的观点,因此 Postema 将以他们为代表的理性概念与柯克的理性概念相区别,并作为普通法传统中的两种"理性概念"。参见 G. J. Postema, *Bentham and the Common Law Tradition*, pp. 30—38。
④ 参见[英]边沁:《道德与立法原理导论》,时殷弘译,53 页,北京,商务印书馆,2000。
⑤ 事实上,边沁并不掩饰自己何以选择布莱克斯通作为抨击对象的理由,他说:"如果我想到有任何著作家(尤其是声名显赫的著作家)竟然发誓要竭尽一切可能,成为这种努力的死敌。那么我们又将怎样说他呢? 我们会说,这种改革的利益以及通过改革而取得的人类的福利,和摧毁他的著作是不可分割的:要摧毁他的大部分著作,至少要摧毁它们所受的重视和影响,不管这些著作可能以什么名义获得这些重视与影响。我的不幸(不仅是我的不幸)是我看到,或者以为曾经看到,有名的《释义》一书的作者,就是这样一个敌人。周围作者的著作,流传之广是无与伦比的。他比历来有关这一问题的任何其他作者所受到的重视和赞美都多,因之也就发生了同样大的影响。"参见[英]边沁:《政府片论》,93 页。

451

制定法来实行全面改革表示了强烈怀疑,甚至还抨击了法典化的原则。①波斯纳认为,"边沁对布莱克斯通的抨击典型展示了人们熟悉的、现代意义的激进主义对改良主义或'自由主义'解决社会问题之进路的敌视。"②

因此也有必要将布莱克斯通的理性概念与边沁的理性概念作一个简单的比较,通过这种比较,将有助于进一步廓清布莱克斯通的思想。

第一,在布莱克斯通那里,与普通法伴随的理性是蕴涵于古老历史中的自然法观念;而边沁则既反对自然法,又反对历史,边沁法律理论中的理性是一种有理智的人能够理解和接受的判断是非的标准。③

第二,布莱克斯通认为,法律理性并非被演绎的,归根结底是被悠久的传统和时间所规定了的,因此古老的习惯和法律才是最好的法律。而边沁则认为最完善的法律是从功利原理演绎所形成的一个法律体系,其表现形式就是由立法者颁布的法典。

第三,布莱克斯通认为,单个人发现理性的能力以及推理能力是有限的;而边沁则看不到推理能力(特别是他自己的)在决定任何全新政策问题上,在没有权威、共识或先例的帮助时的令人担忧之处。④边沁对于理性的能力非常信任。

第四,布莱克斯通理性概念中的一般规则和原则是从具体的案件中归纳出来的;而边沁的一般原则则是由最高的原则层层演绎而得出的。可以说,一个是基于经验的;而另一个是基于逻辑的。

第五,就法律的运作层面而言,普通法的"完善理性"不是通过封闭的逻辑形式体系建立的,而是通过开放的法律技术完成的。而边沁则希望建立一套完美无缺的法律制度,从这一普适性的制度出发规定每个社会成员行事的规则和拥有的权利,同时以此为根据判决具体的案件。

布莱克斯通这种体系化的努力及其结果在法律史上具有重要意义,他的努力最终证明了,一方面,不可能将普通法彻底整合成某种一劳永逸的演绎推理系统;另一方面,在不根本改变普通法基本框架内容的前提

---

① 布莱克斯通这样说:"当法律由公民大会制定时,即使是由代议制的会议制定,这项工作也太沉重了,乃至不可能重新开始立法工作,不可能从五百多位议员的不一致意见中抽象出一个新的体系。一个独立无二的立法者和一个努力向上的主权者,一位梭伦或莱库古(Lycurgus),一位查士丁尼君主或一位弗里德利希大帝,也许在任何时候都可以制定出一部简明、并且也许是统一的法典,而自以为是的臣民质疑该计划是否明智或是否有用,他们就会大祸临头。但是有哪位知道重塑我们任何制定法分支(尽管只与道路或教区和解有关)之艰难的人,会认为真的可以改变普通法的任何基本点以及它所有的包袱和后果,可以设立另一规则而取而代之?"参见 Comm., vol. 3, p. 267。
② 参见[美]波斯纳:《正义/司法的经济学》,38页。
③ 哈特在他为《道德与立法原理导论》所撰写的导言中认为这一点对边沁的全部论证极为重要,"那就是它们在被如此使用时提出了一个依照理性可以解决的问题,因为只有在这样的情况下才援引一个外在标准,有理智的人会接受这个标准来确定是对是错。……边沁提出了一些考虑,其用意在于显示得到恰当理解的功利原理是有理智的人会接受,或者他能够接受的判断是非的唯一外在标准。"参见[英]边沁:《道德与立法原理导论》导言,14~15页。
④ 参见[美]波斯纳:《正义/司法的经济学》,45页。

下,从具体的制度中归纳出某种系统性的一般原则又同时是可能的。于是,在布莱克斯通之后,这种试图将全部英国法整合成一个系统的"全景式图画"的努力停止了,法律学家们选择了新的努力方向:一方面,那些坚持普通法传统思维模式的法律学家们开始像布莱克斯通那样在各个具体法律部门著书立说,并试图归纳出其中的一般原则,于是出现了一批优秀的教科书和专门著作。其中最为重要的著作有巴林顿(Daines Barrington)撰写的 *Observations on the more ancient Statutes*(1766),伊登(William Eden)的 *Principles of Penal Law*(1771),费恩(Charles Fearne)的 *Contingent Remainders*(1772),琼斯(Sir William Jones)的 *Bailments*(1781),以及1780—1790年代出现的在对曼斯菲尔德勋爵杰出贡献总结的基础上撰写的一系列商法教科书。① 另一方面,那些推崇演绎推理思维方式的法律学家则放弃了"改良"既有普通法的企图,转而追随边沁走上了推动立法和法典化的道路。虽然在这些法律学家的呼吁和推动下,英格兰法律制度后来进行了一些改革,并在个别的领域制定了一些成文法律,但从那时起直到现在,在英国的主要法律领域,仍然没有进行全面的法典编纂。因此,我们可以说布莱克斯通是真正"结束了一个旧时代,并开启了一个新时代"。

思考题

1. 你如何理解布莱克斯通的历史贡献。
2. 布莱克斯通为何要将普通法系统化?他的主要困难是什么?
3. 为何有学者说布莱克斯通是英国法律哲学中连接自然法学说和法律实证主义的"双面神"?
4. 边沁为何对布莱克斯通进行猛烈抨击?这一法律思想史上的"革命与改良"之争有何现代意义?

阅读文献

1. *Commentaries on the Laws of England*, with notes selected from the editions of Archbold, Christian, Coleridge, Chitty, Stewart,

---

① 参见 J. H. Baker, *An Introduction to English Legal History*, p.191.

Kerr, and others, Barron Field's analysis, and additional notes and a life of the author by George Sharswood., J. B. Lippincott company. 1859.

2.［英］布莱克斯通：《英格兰法释义》，第1卷，游云庭、缪苗译，上海，上海人民出版社，2006。

3. M. Lobban, "Blackstone and the Science of Law", 30/2 *The Historical Journal*, 1987, pp. 311-335.

4. Duncan Kennedy, The Structure of Blackstone's Commentaries, 28 *Buffalo Law Review*, 1979, pp. 205-382.

5. S. F. C. Milsom, "The Nature of Blackstone's Achievement", in *Studies in The History of the Common Law*, The Hambledon Press, 1985, chap. 9, pp. 197-208.

6. G. J. Postema, *Bentham and the Common Law Tradition*, Clarendon Press, 1986.

7. A. Watson, "The Structure of Blackstone's Commentaries", *The Yale Law Journal*, Vol. 97, 1987.

8.［美］卡尔文・伍达德：《威廉・布莱克斯通爵士与英美法理学》，载［美］肯尼思・W. 汤普森编：《宪法的政治理论》，张志铭译，北京，生活・读书・新知三联书店，1997。

第二十三章 联邦派的《联邦论》

《联邦论》产生于要不要批准新美国宪法的论战中。1787年秋费城制宪会议结束后,为了保证纽约邦通过新宪法,刚刚参加过制宪会议的纽约邦代表汉密尔顿先后邀请杰伊和麦迪逊撰写一系列文章,在报纸上发表,向纽约邦人民阐述新宪法的义理,劝服人民批准新宪法。从1787年10月27日到1788年5月28日纽约邦召开审议新宪法的公民大会召开之前,三人合用一个笔名,一共在报纸上发表了85篇文章,结集后称为《联邦论》。

论战的对象是反对新宪法的反联邦派。尽管有不少分歧,联邦派和反联邦派都分享同一套共和主义的语汇,好用共和历史的例证,喜欢用罗马古人的名字作为笔名。当时的反联邦派中有人选择罗马共和国晚期试图从恺撒手中挽救共和的政治人物,如布鲁图斯(Brutus)和加图(Cato)做他们的笔名;汉密尔顿等人的选择则是参与创建罗马共和的帕伯琉斯(Publius)。

根据普鲁塔克的《希腊罗马名人传》,帕伯琉斯曾参与结束塔昆王政、创立了罗马共和的事业。《希腊罗马名人传》中将其与雅典的立法者索伦对举。共和建立后,帕伯琉斯曾四次当选为执政官,并在共同执政布鲁图斯死于任上时成为唯一的统治者。他利用这个时间巩固初生的罗马共和,扩大元老院的规模,给被告以上诉权利,减轻税负,并命令执政官的权杖在公民大会前收低,以显示人民的尊贵。《希腊罗马名人传》记载的一件事是:当帕伯琉斯听到人民议论他的住宅堪比王宫,就立即召集了一批工人,乘着黑夜拆毁自家房屋,夷为平地。罗马人称其为普布利科拉,意为"人民敬爱的人"①。

《联邦论》85篇虽然是以报纸文章的形式发表的,但内容上仍不失为是一个整体。在汉密尔顿执笔的第1篇中已经基本列出了全书的大纲:

---

① 参见[古希腊]普鲁塔克:《希腊罗马名人传》,上册,陆永庭、吴彭鹏等译,214~215页,北京,商务印书馆,1990。

"坚持联合对政治繁荣的好处"——第2~14篇;"眼下的联盟,不足维系联邦"——第15~22篇;"需要建立起一个拟议中的那样有力的政府,以达到这个目的"①——第23~36篇。前36篇构成本书的上卷,论证的核心问题是联合(Union)的必要性。

第37篇到第85篇构成本书的下卷,论证的核心问题是"拟议中的宪法和真正的共和政府原则的一致性"。其中第38~46篇是总论;第47~83篇是分论,分别讨论了分权原理(第47~51篇),立法机关(包括众议院—(第52~61篇,参议院)第62~66篇),行政机关(第67~77篇),司法机关(第78~83篇),旨在说明新宪法要建立的全国政府不仅是必要的,而且是美好的。剩下两篇是答复反对意见和结论。

《联邦论》本来是服务于一时一地的需要,劝说纽约邦人民批准新宪法的急就章,从这个意义上说,它的任务到1888年7月26日纽约邦批准新宪法就完成了。但是,由于日后美国宪法在美国政治、历史和文化中所扮演的巨大作用,这部最早系统阐述1787年美国宪法原理的著作,也逐渐取得了宪政经典的地位,成为理解美国宪政的必读之作。

第一节 共和病:党争

《联邦论》主张,从英国统治下独立出来的北美殖民地各邦建立一个统一的联邦大共和国,反对反联邦派提出的各邦自建共和国、最多成立一个或几个松散联盟的小共和国方案。

在《联邦论》开首几篇,杰伊极力论证各邦联合起来才能共同对外,而不联合则容易被各个击破或者彼此为敌;论证联合的时候,他举的是18世纪初英格兰和苏格兰联合的例子,是汉密尔顿首先把美国放在西方共和政治传统的大视野中加以讨论。汉密尔顿执笔的《联邦论》第9篇一开头,首先回顾了"希腊和意大利的那些小共和国的历史",这些小共和国"在暴政和无政府状态两个极端之间,荡来荡去","偶尔闪现短暂的幸福时光……很快就会被煽动暴乱和疯狂党争的巨浪淹没。"汉密尔顿指出,只有"坚定的联邦",才"是防止国内党派之争和内乱的屏障"②。需要注意的是,汉密尔顿讨论问题是从共和制,而不是从联邦制入手的;联邦制是大共和国的外在形式,这个外在形式是靠内部的共和制维系的。

针对希腊和意大利历史上史不绝书的"共和病",汉密尔顿自信已经找到了治疗方案:那就是现代政治科学。他说,由于"政治科学"的"长足

---

① [美]汉密尔顿等:《联邦论》,尹宣译,第1篇,3~4页,南京,译林出版社,2010。
② 同上书,第9篇,51页。

进步",古人原来"完全无知,或一知半解"的一些手段现在已经发明出来。这些手段包括:"把权力按规则分配给各个独立部门,对立法加以平衡制约,建立由法官组成的法庭,法官行为良好得继续任职,实行代表制议会,议员由民众选举①。"也就是三权分立、司法独立、代表制,等等。这些科学手段的价值在于它是否能够治疗传统共和制的顽疾。

共和制的顽疾就是"党争"泛滥。麦迪逊执笔的《联邦论》第10篇中这样定义党争:"所谓党争,据我理解,是一定数量的公民,不论在总体中占多数还是少数,受到某种共同激情、共同利益驱使,联合起来,采取行动,不顾其他公民的权利,或整个社会的长远利益、全体利益②。"

如果把麦迪逊的定义分解列在下表中,就会发现,如果不考虑动机,党争有四种可能;如果考虑动机,则可能有八种类型。

发起者	动机	损害的对象
多数	激情	其他公民的权利
少数	利益	社会的长远的全体利益

少数出于激情或利益,损害其他公民的权利或者社会的长远的全体的利益,所在多有,并不奇怪;但是,是否存在多数损害社会的长远的全体的利益的可能呢?难道多数不可以直接宣称它就代表了社会的长远的全体的利益,从而也就没有多数损害其他公民的权利这回事了吗?

事实上,麦迪逊最担心的正是有多数参与的党争。"倘若一个党派的人数,尚未达到全体的半数",以往的共和原则,即其他人通过正常投票来击败这个少数党派,还可以发挥作用。麦迪逊最担心的是:"倘若一党一派包含了全体的过半数,民众政府形式,反而促成多数党牺牲公益和其他公民的权利,实现党内居于统治地位的激情和利益。"③问题的关键是要找到一种既能有效抑制多数党争,又不走向共和制的反面——"摧毁作为党派基础的公民权利"④的道路:"为确保公益及各种私人权利,制止这种党派的危险,同时又保全民众政府的精神和形式,是我们的探索要寻求的伟大目标。"⑤

在写下这段话之前,麦迪逊已经论述了治疗共和病的传统药方行不通。古代的药方是"使全体公民观点相同、激情相同、利益相同";⑥通过公民教育造就具有相同观点、激情和利益的公民是古典政治哲学反复探

---

① [美]汉密尔顿等:《联邦论》,尹宣译,第9篇,52页。
② 同上书,第10篇,58页(译文稍有改动)。在党争问题上麦迪逊与休谟的思想关联,参见 D. Adair, "That Politics May Be Reduced to a Science: David Hume, James Madison, and the Tenth Federalist", 20/4 *The Huntington Library Quarterly*, 1957, pp. 343-360。
③ [美]汉密尔顿等:《联邦论》,尹宣译,第10篇,61页。
④ 同上书,第10篇,59页。
⑤ 同上书,第10篇,第61页。
⑥ 同上。

讨的话题。①

但麦迪逊完全否认了古典政治哲学开出药方的可行性：人的理性会出错，人自由行使理性就会形成不同的观点；人的观点和激情会互相影响，不同的观点会成为激情的依附对象，从而造就不同的激情；更重要的是，人的能力多种多样，人们获取财产的能力各不相同、互不平等，产生了不同程度和种类的财产占有的结果，这些东西又对不同的财产所有者的情感和观点有影响，把社会分成不同的利益和团体。麦迪逊举当时的例子为证："国内的制造业，是否需要立法加以鼓励？用多大的力度？是否要限制外国制成品的进口？这些问题，对拥有土地的人和制造业老板来说，答案不同。"②因为制造业的老板，为了避免竞争，当然是想立法限制外国廉价制成品的进口，而拥有土地的人，则是欢迎这样的进口的。麦迪逊据此认为，党争根植于人性；无法通过改造人性的方式消除党争。

既然党争的原因无法消除，那就只能控制其结果。

第二节　代表制是治疗"共和病"的药方

《联邦论》将代表制作为治疗共和病的药方。要控制党争的后果，代表制好于直接民主制，大共和国代表制好于小共和国代表制。

《联邦论》的论证理路如下。首先，直接民主制往往会形成那种麦迪逊最担心的、由多数参与的损害其他公民的权利或者社会的长远的全体的利益的党争。在直接民主制下，"几乎在所有的情况下，一种共同激情或利益，总会被全体中的多数感知；实行直接民主制的政府，本身就会促成交流和合唱；没有什么可以制止牺牲弱小群体或可憎个人的诱因。"③也就是说，直接民主制下非常容易形成具有共同激情和利益的多数，而直接民主制下又没有什么机制能遏制多数去损害其他公民的权利或者社会的长远的全体的利益。

而在代表制下，权力掌握在"其他公民选出的少数公民手中"，如果"这批人的智慧，能辨识国家的真实利益，他们的爱国热情，他们对正义的热爱，不大可能为了眼前的利益或部分人的利益，牺牲国家利益和正义"④。也就是，代表制下人民可以选出比自己好的少数人，而他们甚至会比人民更好地认识和表达人民的利益。

---

① 比如柏拉图的《理想国》。
② [美]汉密尔顿等：《联邦论》，尹宣译，第10篇，61页。
③ 同上书，62页。
④ 同上书，63页。

第二十三章 联邦派的《联邦论》

但这里存在一个巨大的风险。如果能够选出比普通公民更好的人，那么代表制就比直接民主制更好；但如果坏人"通过阴谋诡计，通过拉拢腐蚀，通过其他手段，先骗取选票，然后背叛选民利益"①，代表制就变成了一种少数针对其他人的党争，这甚至比直接民主制下那种多数参与的党争更坏。

由此可见，代表制本身并不一定优于直接民主制；但《联邦论》的目的并不是要证明代表制相对于直接民主制的优越性。其实主张小共和国的反联邦派也明白，独立后的北美13个邦，其实实行的都是代表制，没有人在邦那样大的范围内，实施直接民主制。理论上证明代表制一定优于直接民主制并不容易，但《联邦论》只要证明联邦大范围的代表制优于各邦小范围的代表制就可以了。

直接民主制并不是作为一个政治选项提出来的，麦迪逊提出直接民主制的真正目的是树立一个理论范型，即直接民主制就等于多数的党争，这是要防备的最大的恶，哪一个体制能更大程度地远离这个最大的恶，这个体制就是更好的体制。

麦迪逊接着论证，大国更能避免代表制走向坏的结果。在一个大国，选出少数杰出者的可能性增大，选出阴谋者弄权的可能性减少。② 麦迪逊是从代表和选民两个角度论证这一点的。假如一个小共和国有10万人，一个大共和国有100万人，但小共和国无论多小，为了防止少数人玩弄阴谋诡计，代表人数不会少于一定数量，比如100人；大共和国无论多大，为了防止人多造成混乱，代表人数也不会大于一定数量，比如1000人，而会是——比方说——500人。从代表角度看，从100万人中选出500个好代表的可能性（相当于从1万人选出5个好人），大于从10万中选出100个的好人的可能性（相当于1万人里选出10个好人）；从选民角度看，在100万人中玩弄阴谋诡计，比在10万人中玩弄阴谋诡计更难。另外，大国管辖人口多、国土大，利益更分散，利益集团多数不容易形成，即使形成，人口越多，集体行动的不便就越大。也就是说，国家越小，代表制越趋向于直接民主制；国家越大，代表制越远离直接民主制。在《联邦论》看来，联邦共和国是一种用"扩大共和国的半径"③来治疗共和病的方案。

就这样，《联邦论》推翻了以往共和制只适用于小政治共同体的理论，而奠定了"只要在可行的范围内，社会越大，越能妥当自治"④的现代共和理论。

与此同时，《联邦论》也把通过教化培育有德性的公民这个环节从共和的概念中剔除了，而这正是构成古典共和的必不可少的前提条件。《联

---

① [美]汉密尔顿等：《联邦论》，尹宣译，第10篇，63页。
② 同上。
③ 同上书，第9篇，52页。
④ 同上书，第51篇，357页。（译文有改动）

459

邦论》认为,"好公民"是选出来的,而不是教化出来的。"选择"替代"教化"成为现代"共和"概念的内核。

第三节 三权分立,让政府自己控制自己

在代表制这个问题上,联邦派和反联邦派的分歧并不在于要不要实行代表制,而是实行代表制的范围有多大;在分权这个问题上,联邦派和反联邦派的分歧也不在于要不要实行分权,而是如何实行。在这一点上,他们共同诉诸的权威都是孟德斯鸠。

孟德斯鸠的三权分立理论论证了分权的必要性,孟德斯鸠认为,无论是在世袭制还是在选举制下,如果没有分权,都会导致暴政。对《联邦论》的作者来说,分权的必要性没有疑义,关键是如何分权。《联邦论》认为三权分立的首要环节是人民分别授权。

在美国 1787 年宪法中,立法、行政、司法机关的权力都来自分别授权。众议员由各自选区选出,参议员由各邦议会选出,总统由专门成立的选举团选出,选举议员和总统的时间和方式各不相同;法官则由总统提名,由参议院任命。众议院、参议院、总统和司法机关都是彼此独立地从不同的来源、通过不同的渠道获得了授权,这些来源和渠道彼此互不隶属,没有哪个来源能包含其他来源,也没有哪个渠道能代替其他渠道。

分别授权的效果还因为联邦制而得到加强。"在美利坚这个复合共和国里,人民交出的权力,首先在两层分立的政府之间分配,各分一部分,然后,再把两层分立的政府,各划分为三个分立的部门。"①这就使得联邦和邦两层政府,两层政府的各个分支,都只能获得部分人民在特定时间的授权,而没有哪个部门可以宣称它获得了全体人民在所有时间的授权。这同时也意味着,没有哪个选民团体能够号称他们选出的机关是最高的,因此它就是那个最终的主权者。分别授权意味着在任何选举中也不会出现一个掌握主权的人民。

麦迪逊在《联邦论》第 51 篇正式提出分权的政治哲学之前,首先在第 49 篇中否定了杰斐逊在《弗吉尼亚纪事》中提出的一种随时召开公民大会(convention),以纠正政府中弱部门受强部门侵犯的方案。麦迪逊承认,"人民是权力的唯一合法基础……在三个权力部门之一侵犯其他部门的法定权力时,重新回到人民这个原始权威,似乎与共和原则严格一致。"②但是,写作《联邦论》时的麦迪逊认为,一味地诉诸人民这个原始权

---

① [美]汉密尔顿等:《联邦论》,尹宣译,第 51 篇,355 页。
② 同上书,第 49 篇,343 页。

威,很容易使共和原则走火入魔,走向无政府,然后走向无政府之后的暴政。麦迪逊说:"每次向人民呼吁,都暗含着政府有某种缺点的意思,频繁地向人民呼吁,会大大削弱政府的尊严,没有尊严,即使最贤明、最自由的政府,也无法具备必不可少的稳定。"①所以他"反对频繁地把宪法问题,重新让整个社会决定。"②

麦迪逊还推论,共和制下,议会势力会越来越大,所谓强部门侵犯弱部门,多半是议会侵犯行政和司法部门,而倘若诉诸公民大会,可以预见许多议员将充任公民大会的成员,所谓向人民呼吁无非使议会"自己担任自己的法官"③。也就是说,频繁将宪法问题诉诸公民大会,将出现麦迪逊最担心的多数党争这种最坏的情况,为代表制蜕变为直接民主制和走向无政府状态打开了方便之门。

随后,麦迪逊又在第 50 篇否定了定期向人民呼吁,以解决违宪问题的做法。他举 1783 年和 1784 年宾夕法尼亚的监察委员会为反面例证:这个监察委员会本身陷入剧烈党争,证明了自己就是疾病本身,而非药方。

在分别排除了将宪法争议诉诸公民大会或专门的监察委员会的方案后,麦迪逊提出了让各个部门互相对抗来防备权力集中的方法:

> 最需要防备的,是各种权力被逐渐集中到一个部门。防备办法,是赋予各部门主管官员必要的宪法手段,是他们各自具备个人动机,抵御其他部门蚕食他们的权力。对付这种情况,和对付其他情况一样,提供的自卫条文,要足以对付可能来自其他部门的进攻危险。野心必须用野心来对抗。个人利益,要与宪法授予的职权结合起来,这,或许就是人性的反映,这种机制,对控制政府滥权必不可少。建立政府这个做法,不就是人性弱点的最大反映么?倘若人人都是天使,就用不着政府。倘若组成政府的人都是天使,对政府的外部控制和内部控制,也都成为多余。设计人管理人的政府时,最大难处就在于此:你必须使治人者先具备控制被治者的能力;然后,使治人者有责任控制他们自己。让政府依赖人民,无疑是对政府的首要控制;经验告诫人类,还必须设定辅助防备措施。④

这也许是《联邦论》一书中最为沉痛的文字。在《联邦论》第 10 篇中,麦迪逊认为党争根植于人性之中,所以党争的原因无法消除,只能控制其结果;在第 51 篇中,则进一步提出,需要利用人性中根深蒂固的弱点,设计一种制度化的党争,通过政府各部门之间的攻防来让政府自己控制自己,只不过这种攻防要使用宪法手段,在宪政的轨道上进行。但麦迪逊并

---

① [美]汉密尔顿等:《联邦论》,尹宣译,第 49 篇,343 页。
② 同上书,第 49 篇,344 页。
③ 同上书,第 10 篇,61 页。
④ 同上书,第 51 篇,354 页,译文有改动。

没有进一步说明，人固然不是天使，但也不是野兽，通过把人降低到野兽的地位来换取一个"美好的"政治，这代价是不是太大？

第四节 法院行使违宪审查的权力

根据麦迪逊的三权制衡理论，违宪审查的权力既不能交给人民，也不能交给专门设立的监察委员会，在《联邦论》第78篇中，汉密尔顿把这一权力交给了法院。"宪法就是，而且必须是，法官眼中的根本大法。因此，确定宪法的含义，确定来自议会的任何立法的含义，都属于法官。倘若二者之间不巧发生不可调和的分歧，自然应该以握有最高责任者为优先；换句话说，宪法高于议会立法。人民的意向，高于议员的意向。"①

人民制定的宪法高于议会的立法，人民主权高于议会主权。人民主权和基本法在这里会和，也到这里止步：人民主权仅限于制定宪法这部基本法。正如1787年宪法序言所说，"我们人民……为美利坚联邦设立和奠定这部宪法"，是为"人民制定宪法"；紧接着的第1条第一款是"本宪法所授予的所有立法权，寓于联邦议会"，是为"议会制定法律"。人民立宪，议会立法，泾渭分明；立宪完成，人民退场，议会进场；倘若议会立法违反宪法，人民不能再次出场维护宪法。

司法审查正是弥补人民不能再次出场的缺陷而设。违宪被想象成人民和议会两造之间隔空不碰面的纠纷，法院这时要"担任人民和议会之间的调解机构，除其他目的外，就是要使议会行使权力时，不要超出对他们的授权范围"②。之所以是法院而不是行政机关担任这个角色，是因为"解释法律的权力，是法院的适当而又特有的领域"③。

《联邦论》所承认的人民主权，是一种一次性的、只用于立宪的人民主权。正如亨廷顿所言：

如果说美国人在某种程度上承认主权概念的话，那他们也认为主权在"民"。但除了偶然机会，如选举过一个制宪会议，又或如批准过一部宪法，人民是无法行使主权的。权威寓于许多机构之中，每一机构皆可标榜其来自于民，从而为自己的权威辩护，但没有一个机构可以下结论说它比其他机构更具有人民性。主权在民之说同主权在神之说一样含混不清。人民之声和上帝之声一样，也可呼之即来。所以，它是一种隐伏的、被动的和终极的权威，而非积极的有活力的

---

① ［美］汉密尔顿等：《联邦论》，尹宣译，第78篇，537页。（译文稍有改动）
② 同上。
③ 同上。

权威。①

从三权分立的角度理解司法审查,司法审查是给司法这个"最不危险的一支"一个进攻立法的武器,而法官终身任职,是用来防御其他部门的武器。但是从《联邦论》整本书的主旨看,汉密尔顿在希望司法审查发挥和代表制同样的作用。法官不是按照直接或间接选举出来的,任期亦不固定,以麦迪逊在《联邦论》第39篇所定义的"共和"的必要条件(选举产生)和充分条件(任期限制)衡量,说其是共和之机构无论如何有些勉强。但是,表面上不那么吻合现代共和之形式要件的法官职位,却在实质上和选举产生的机关一样符合现代共和的实质要件。司法审查的存在,取消了人民随时出场维护宪法的理由,防止共和蜕变为直接民主,从而导向无政府状态;法官终身任职,旨在吸引比普通人优秀的人物加入到司法机关。这种优秀既体现在德性上——"我们期望从法官身上得到的那种不屈不挠,始终坚持宪法和个人权利的精神,显然不能从短期任期的人身上得到"②也体现在知识上——"为了避免法庭任性断案,法官必须受到严格的规则和先例的束缚,……先例中的记载,势不可免会膨胀成堆积如山的文件,要求使用漫长的时间,通过艰苦卓绝的研习,才能成长为能干的、知识渊博的法官。因此,在社会中,只有很少一部分人,能在法律方面获得足够的技能,堪当法官之任。"③这和《联邦论》第10篇说大国共和旨在通过选举找出比普通人还要卓越的人物,是一个道理。

第五节　宪法本身就是权利法案

反联邦派对1787年宪法一个主要的批评是它缺少一个《权利法案》。对此,《联邦论》的回答是:人民的权利无法一一列举,列举一些权利的《权利法案》很可能被曲解为否认其他权利;如果说权利法案的目的是"宣布并具体规定公民在政府结构和管理中的政治特权",④那么一部建立了代表制共和制的宪法本身就是权利法案。至于权利法案要界定的个人和私人关心的某些豁免权和诉讼程式,联邦派认为1787年宪法也并非付之阙如。汉密尔顿列举了1787年宪法关于弹劾、人身保护令、褫夺公权和追溯既往的法律,以及关于贵族爵位、陪审团审判、叛国罪的规定加

---

① [美]亨廷顿:《变化社会中的政治秩序》,王冠华、刘为译,98页,上海,上海人民出版社,2008。
② [美]汉密尔顿等:《联邦论》,尹宣译,第78篇,540页。
③ 同上书,第78篇,540页。
④ 同上书,第84篇,595页。(译文稍有改动)

以说明。①

汉密尔顿认为,只要能够保证公民在政府结构和管理中的政治特权,就无须用权利法案的方式保证公民的权利。英国的"权利法案",是"国王和臣子间的一种约定,减国王的王权而申臣民的特权,保留的是臣民没有让渡给君主的权利"②。约翰王时的《大宪章》如此,查理一世时的《权利请愿书》如此,1688年光荣革命时的"权利宣言"亦如此。英国的权利法案是建立在英国的贵族共和基础上,权利法案写的是贵族们保留不愿让渡给君主的权利,不适用于公开地建立在人民的权力上、由人民的代表和公仆执行的人民共和的美国,"严格地说,这里,人民并没有交出任何东西,由于他们保有一切,他们没必要再做什么特定的保留"③。

1791年宪法前10条修正案通过,构成美国宪法的《权利法案》,其理论基础正是反联邦派的保留权利理论:"宪法未授予联邦的权力,宪法未禁止给予各邦的权力,保留给各邦,或保留给人民。"整个《权利法案》,大部分为豁免权(如第一、二、三修正案)和诉讼程式(如第四、五、六、七、八修正案)。这些豁免权不受代表制共和制下联邦政府的权力的侵入,这些诉讼程式在任何情况下都要得到尊重,所体现的正是一种基本法高于人民主权的思想。这和《联邦论》认为人民主权止于立宪、不得立法一脉相承。实际上,美国宪法第一修正案采取的正是"国会不得立法"的句式。他们的区别仅仅在于,《联邦论》认为,人民事实上保留了一切权利,无须再用宪法文字申述,权利宣言中的那些格言警句,"放在伦理学的著作中,比放在宪法里好"④。而反联邦派则认为,为了保险起见,这些豁免权和诉讼程式,还是白纸黑字写在宪法里比较好,而且"宪法列举的若干明确权利,不得被解释为否认或蔑视人民所保留的其他权利"⑤。联邦派和反联邦派在这个问题上,和他们在其他问题上的争议一样,并不是原则性的。

正如亨廷顿所说:"坚持基本法与拒绝主权原则形影相随。社会与政府交相作用,以及宪法各部分之间和谐平衡的旧观念,仍然是当时政治思潮的主流。在英国,都铎时代的史密斯、胡克、科克等政治理论大家的思想'刚刚奠定就已经变得不合时宜了'。但在美国,他们的学说却很盛行,而霍布斯倒一直无人理会。无论是君权神授,还是绝对主权抑或国会至上等观念,在大西洋的西岸都没有市场。"⑥

联邦派建立了一个当时绝无仅有的代表制联邦共和国,他们在旧的共和概念中抽去了"德性",塞进去代表制;这个代表制共和国

---

① [美]汉密尔顿等:《联邦论》,尹宣译,第84篇,592页。
② 同上书,592页。(译文有改动)
③ 同上书,第84篇,593页。(译文稍有改动)
④ [美]汉密尔顿等:《联邦论》,尹宣译,第84篇,594页。
⑤ 见美国宪法第九修正案,载同上书,641页。
⑥ [美]亨廷顿:《变化社会中的政治秩序》,97页。

的全部目的,在于挫败导致以往的民主制共和国走向无政府、进而导致暴政的多数党争。为此,他们扩大了共和国的半径,设计了复杂的互不隶属的官员产生模式,以及复杂的互不重叠的官员任期。他们设计了代表制下的分权体制,这种分权既是为了限制官员的权力,也是为了限制人民的联合;他们设计了三权的攻防制衡体制,既是为了限制官员的权利,也是为了防止人民的出场。他们认为,人民主权只限于立宪,它的行使是一次性的。

思考题

1. 梳理《联邦论》第 10 篇关于如何控制党争的后果的论证逻辑。
2. 梳理《联邦论》第 47~51 篇的论证逻辑。
3. 《联邦论》阐述的现代共和理论与亚里士多德、西塞罗等人所阐述的古代共和理论有什么不同?

阅读文献

1. [美]汉密尔顿、麦迪逊、杰伊:《联邦论》,第 10、39、47~51、78、84 篇,尹宣译,南京,译林出版社,2010。
2. M. Diamond, *As Far As Republican Principles Will Admit: Essays by Martin Diamond*, ed. W. A. Schambra, American Enterprise Institute for Public Policy Research, 2011.
3. [美]斯托林:《反联邦党人赞成什么》,汪庆华译,北京,北京大学出版社,2006。
4. [美]亨廷顿:《变化社会中的政治秩序》,王冠华、刘为译,第 2 章,上海,上海人民出版社,2008。

第二十四章 托克维尔《论美国的民主》

1831年5月9日,阿列克谢·德·托克维尔(1805—1859)和他的朋友古斯塔夫·德·博蒙抵达美国罗德岛的新港,开始他们为期9个月的美国之旅。表面上,他们是受法国政府的指派,来美国考察监狱惩戒制度。但实际上两人的考察远远超出这个范围,而涉及美国社会的方方面面。回国后,两人除了1833年合作出版了《美国的惩戒制度及其在法国的运用》这篇考察报告外,博蒙还以小说的形式表达了他对美国社会问题尤其是奴隶制问题的看法,①而托克维尔则分别在1835年和1840年发表了他对一个更广泛的题目的思考:《论美国的民主》上、下卷。

《论美国的民主》上卷开头第一句话就是:"我在合众国逗留期间见到一些新鲜事物,其中最引我注意的,莫过于身份平等。我没有费力就发现这件大事对社会的进展发生的重大影响。它赋予舆论以一定的方向,法律以一定的方针,执政者以新的箴言,被治者以特有的习惯。"②但如果同时浏览一下博蒙的著作,人们马上就会提出一个疑问,奴隶制难道不是美国最不平等的制度吗?为什么从一个奴隶制国家考察回来的人,会认为平等却是这个国家的最吸引他注意的呢?

第一节 民主与不平等

实际上,托克维尔在美期间,不是没有注意过美国的奴隶制问题。博蒙在《玛丽或美国的奴隶制》一书的第六章,曾栩栩如生地描述过一个被

---

① [法]古斯塔夫·博蒙:《玛丽或美国的奴隶制》,裴亚琴译,上海,上海人民出版社,2006。
② [法]托克维尔:《论美国的民主》,上卷,4页,董果良译,北京,商务印书馆,2009。英译本中,"身份平等"被译为"equality of conditions" A. de Tocqueville, *Democracy in America: Historical-Critical Edition of De la démocratie en Amérique*, ed. E. Nolla, trans. J. T. Schleifer, vol. 1, Liberty Fund, 2010, p. 4.

第二十四章 托克维尔《论美国的民主》

奴隶贩子残害以至于精神失常的黑人奴隶：

> 正当我陷入这些伤感的沉思时，我听到一阵令人毛骨悚然的尖叫声。一个守卫告诉我，这是一个极其疯狂的黑人在叫喊；他疯掉的原因是这样的：马里兰有一个名叫沃尔福克的职业奴隶贩子，他把这种生意做得很大，而且他也许是美国最早的人肉贩子。所有的有色人群都知道他的名字，并对他极端痛恨，仿佛他就是奴隶制的全部邪恶的化身。这个可怜的黑人曾被沃尔福克从弗吉尼亚带到马里兰来售卖，路途中遭受了极其残忍的对待，以致精神突然崩溃了。从此，一种固执的念头就占据了他的头脑，使他得不到瞬间休息：他相信他的死敌始终在他身旁等待着时机从他身上割下一块块渴望已久的人肉来。他的狂乱十分可怕，没有人敢接近他；他把看到的每个人都当作沃尔福克；……①

托克维尔的旅行笔记显示，他们两人是1831年11月4日在马里兰州巴尔的摩的济贫院里见到这个精神失常的黑人奴隶的：

> 今天是11月4日，我们在济贫院见到一个精神错乱得很严重的黑人：在巴尔的摩有一个著名的奴隶贩子，黑人们似乎很害怕他。我说到的这个黑人想象这个人日夜紧紧跟随着他并抓去他身上的肉。当我们进入他的单人囚室时，他正躺在地上，裹在一张毯子里，这是他唯一的衣物，他的眼睛在眼眶里转动，他脸上同时显示出恐惧和狂怒的表情。他不时地扔掉他的毯子并用手支起身子，一边喊叫着：走开，走开，别靠近我。这是一个可怕的景象。这个男子是我见过的黑人中最漂亮的一个，他正当壮年。②

但托克维尔并没有像博蒙那样把这个黑人奴隶写进他的作品。"在马里兰，托克维尔研究民主，而博蒙则看到了黑人。"③在《论美国的民主》上卷的最后一章"概述美国境内的三个种族的现况及其可能出现的未来"中，托克维尔集中讨论了黑人问题，但不是放在奴隶制的背景下，而是放在白、红（印第安人）、黑三个种族的种族背景中。人们会对托克维尔笔下的这个场景印象深刻：

> 我还记得，在我途经至今仍覆盖着亚拉巴马州的森林时，有一天来到一个拓荒者的木房前边。……我刚在那里坐下，来了一个印第安女人（这里离克里克部的居住区不远），手里拉着一个五六岁的白人小女孩，看来是拓荒者的女儿。一个黑人女人跟在她们后面。这个印第安女人的打扮，集尽了野蛮人华丽装饰之大成：鼻孔和耳垂

---

① ［法］古斯塔夫·博蒙：《玛丽或美国的奴隶制》，裴亚琴译，56～57页。
② ［法］托克维尔：《美国游记》，倪玉珍译，140页，上海，上海三联书店，2010。
③ G. W. Pierson, *Tocqueville in America*, Johns Hopkins University Press, 1996, p. 511.

挂着铜环,头发缀着玻璃珠披散在肩上。我看得出她还没有结婚,因为她还带着贝壳项链,而按照习惯,她要是新娘,该把它放在新婚的床上。那个黑人女人,穿着一身褴褛的欧洲式服装。

她们三人都来到水池边坐下。那个年轻的印第安女人抱起小姑娘,像母亲一般对她爱抚备至。坐在旁边的黑人女人,想尽各式各样的办法逗弄小混血儿高兴。而这个小混血儿,却在她那慢条斯理的动作中表现出一种优越感,这与她的幼小年龄形成了使人惊异的对照,好像是她在屈尊接受同伴的关怀。

黑人女人蹲在小主人的面前,想尽办法迎合她的愿望,好像既分享着一种母爱,又怀着一种唯恐得罪小主人的奴性心理。而那个印第安女人,则在她的温柔表情中,流露出一种自由自在、有点骄傲和近乎愤世的神气。

我向他们走去,默默地看着这个场面。我的好奇心显然引起印第安女人的讨厌,因为她霍地站立起来,粗暴地把孩子推到一边,怒视了我一眼以后,便走进丛林里去了。①

这一段在托克维尔的旅行笔记中也可以找到。② 比起笔记中的原始记录,托克维尔在《论美国的民主》中做了一些小小的改动。笔记中说这是在亚拉巴马州蒙哥马利附近"一个种植园主的房子近旁",在《论美国的民主》中则说这是"一个拓荒者的木屋"。也许两者都对,但《论美国的民主》中的表述显然减弱了这幅画面的奴隶制背景,在一幅自然荒野的背景上,白人、黑人、印第安人之间的种族关系被凸显出来,好像他们自地老天荒就生活在那里一样。

托克维尔通过印第安女人和黑人女人的不同服饰显示她们与白人之间的不同关系:印第安女人穿着华丽的民族服饰,而黑人女人却"穿着一身褴褛的欧洲式服装"。虽然我们没有理由说这是托克维尔的虚构,但在原始的《美国游记》中并没有三个人服饰的记录。《论美国的民主》中托克维尔对于印第安女人和黑人女人服饰的描写,需要和他的以下判断连起来看:"黑人希望同欧洲人混成为一体,但他们没有能够办到。印第安人在一定程度上可以做到这一点,但他们不屑于做此种打算。"③

黑人没有自尊,而印第安人又过于自尊,这也体现在黑人女人和印第安女人对待白人小主人的神态上。托克维尔在两人的神态中都观察到了那种自然的母爱,但黑人女奴的母爱夹杂着奴性,印第安女人的母爱则夹杂着骄傲。托克维尔预言道:"一个是奴性使自己注定为奴,另一个是傲慢使自己必然灭亡。"④

---

① [法]托克维尔:《论美国的民主》,上卷,董果良译,373页。
② [法]托克维尔:《美国游记》,倪玉珍译,150~151页。
③ [法]托克维尔:《论美国的民主》,上卷,董果良译,372~373页。
④ 同上书,373页。

最令人惊讶的,是那个白人小女孩身上那似乎是与生俱来的"优越感"。她还是个孩子,印第安女人爱抚她,黑人女人讨好她,而她好像是在"屈尊接受同伴的关怀"。黑人没有自尊,印第安人过于自尊,而这个白人小主子则始终保持着恰当的自尊。她的优越感不予区分地施加于两个成年人。黑人女人对此懵然不觉,而印第安女人则很敏感。当印第安女人觉察到托克维尔观察的目光后,不愿在一个成年白人面前将自己混同于那无知无觉的黑人女人,愤然走进丛林中去了。

托克维尔非常理解那印第安女人的举动,他评论道:"印第安人在他们的森林里过着悲惨的生活,他们的思想和观点同中世纪在古堡里生活的贵族一模一样。"印第安人的丛林就像中世纪贵族的城堡。"没有一个印第安人认为在自己的树皮盖的茅屋里生活就失去了个人的尊严和因而觉得可悲。他们认为辛苦的劳动是下贱的活动,将种田的人比做耕田的牛,把我们的每一种手艺都看成是奴隶的劳作。他们对白人的能力和高超智慧倒是不乏钦佩之感,但他们在赞扬我们的勤劳的成果时,却又瞧不起我们获得这种成果的手段;在承认我们的高超时,却又觉得他们比我们还高明。在他们看来,打猎和打仗是值得人干的唯一工作。"①印第安人这种不合时宜的贵族心态,托克维尔并不陌生,因为他本人也出身在一个法国的贵族世家。

托克维尔本人生于法国大革命爆发以后,他的外祖父母、姨妈、表兄弟都在大革命中被处死;他的父母本来要在监狱里等待上断头台,因罗伯斯庇尔政权垮台意外逃出。但和他的家人不同的是,托克维尔在法国大革命之后的知识环境中成长为一个自由派;不过,和其他自由派不一样的是,托克维尔终其一生都是个贵族自由派。②

《论美国的民主》一书是从一个贵族自由派的角度看待美国的"民主政治"(上卷),和当时已经开始流行的"平等文化"的(下卷)。通观全书,托克维尔虽然研究的是"平等",他最关心的却是"自由";他笔下写的是美国这个没有发生过大革命的国家,他心里想的却是被革了国王和贵族的命的法国。

第二节　政治集权与行政分权

《论美国的民主》上卷的第一部分研究的是美国的"政体"即政府形式,从最基层的新英格兰乡镇到联邦政府都涉及了;上卷第二部分研究

---

① [法]托克维尔:《论美国的民主》,上卷,董果良译,382页。
② 参见[英]拉里·西登托普:《托克维尔传》,林猛译,北京,商务印书馆,2013。

的是美国的"国体"即主权形式,即人民主权在美国的各种表现。

托克维尔在研究美国政体时,区分了政治集权和行政集权这两个概念。"有些事情,诸如全国性法律的制定和本国与外国的关系问题,是与全国各地都有利害关系的",在这类事情上,"领导权集中于同一个地方或同一个人手中的做法称为政治集权"①(governmental centralization)。托克维尔认为,法国、英国这样的国家都已经实现了"政治集权",路易十四号称"朕即国家",在英国"国家就像一个单独的人在行动,它可以随意把广大的群众鼓动起来,将自己的全部权力集结和投放在它想指向的任何地方"②。一个国家在国家层面上实现民主的前提,恰恰是这个国家已经实现政治集权。没有实现政治集权的国家,如当时还没有统一的德意志帝国,是没有办法谈论民主的。

和自由有关的问题是,一个国家在向"政治集权"发展的同时,是否伴随着"行政集权"。托克维尔认为,所谓"行政集权"(administrative centralization),是指在一些"国内的某一地区所特有的"、"地方的建设事业"上也集中领导权的做法。③ 之所以说美国是民主政体,是因为它在实现政治集权的同时,却保持了地方分权。

这和法国形成鲜明的对照。托克维尔认为,法国大革命同时把法国的政治集权和行政集权推进到一个新的高度。法国在路易十四时代就已经实现了政治集权,但那时的行政集权却大大不及法国大革命后。法国大革命具有"两重性","一个趋向于自由,一个趋向于专制"。④ 法国大革命是一场反对君主政体的共和革命,这是它自由的一面;但革命在反对君主的同时,又反对革命前存在的、尽管已经残缺的地方分权,而试图以中央集权取代之。这样一来,政治集权和行政集权就难分难解地相伴随而发展了。托克维尔后来在《旧制度与大革命》中进一步分析了法国大革命的这个特点。⑤

与法国不同,英、美这两个国家在实现政治集权的同时,却保留了地方分权等有利于自由的制度。这一点上美国更优于英国。托克维尔特别重视美国新英格兰地区的乡镇自治制度。这些乡镇当时人口两三千,行政权掌握在每年一选的"行政委员会"手中,委员会的组成,大的乡镇九人,小的乡镇三人。如果行政委员会或者一些选民打算创办一所学校,行政委员的工作就是找一个日子,召集全体选民开会,会上把所有问题讨论清楚之后,责成行政委员会执行大会的决议。

除了行政委员会,选民大会还会选出其他一些官员,比如财产估价员、收税员、治安员、文书、司库、济贫工作视察员、校董、道路管理员、教区

---

① [法]托克维尔:《论美国的民主》,上卷,董果良译,96 页,北京,商务印书馆,2009。
② 同上书,97 页。
③ 同上书,96 页。
④ [法]托克维尔:《论美国的民主》,上卷,董果良译,107 页。
⑤ [法]托克维尔:《旧制度与大革命》,冯棠译,第 2 编,北京,商务印书馆,2009。

管理员,另外还有各种负责组织救火、看青护秋、测量森林、检查度量衡具等等的视察员,每个乡镇大约有19名这样的官员。每个乡民都有义务承担这些职务,不承担者罚款,承担者有报酬,这样穷人担任这些职务也没有后顾之忧。

但乡镇自治并不是乡镇独立。乡镇也要尽一些全州性的公共义务。不过,州政府规定这些义务的时候只规定一个原则,乡镇在执行的时候有它的自由和自主。比如,"赋税是由州议会表决的,但计征税款的却是乡镇;设立学校是上级的命令,但花钱办学和管理学校的却是乡镇"①。托克维尔观察到,在法国,是国家的收税员去收村镇的税;而在美国,则是乡镇的收税员去收州的税。前者体现的是行政集权已经深入到乡村,而后者则体现了政治集权和地方分权的结合。

托克维尔把新英格兰乡镇自治的起源,追溯到这些殖民地建立的初期。和南方弗吉尼亚等殖民地不同,新英格兰的殖民地是由追求宗教自由或躲避母国的宗教迫害的清教徒建立的。这个清教徒社会非常平等,既没有大领主,也没有属民,成员也都受过良好的教育。更重要的是,"清教的教义不仅是一种宗教学说,而且还在许多方面掺有极为绝对的民主和共和理论。"②现代宪法的一些原则,如"人民参与公务,自由投票决定赋税,为行政官员规定责任,个人自由,陪审团参加审判"③,在17世纪还没有被大部分欧洲人理解的时候,在新英格兰就已经被写进了法律之中。"在新英格兰,乡镇的政府在1650年就已完全和最终建成。根据乡镇自主的原则,人们将自己组织起来,为自己的利益、情感、义务和权利而努力奋斗。在乡镇内部,享受真正的、积极的、完全民主和共和的政治生活。各殖民地仍然承认宗主国的最高权力,君主政体仍被写在各州的法律上,但共和政体已在乡镇完全确立起来。乡镇各自任命自己的各种行政官员,规定自己的税则,分配和征收自己的税款。新英格兰的乡镇没有采用代议制的法律。在新英格兰的乡镇,凡涉及全体居民利益的事务,也像在古雅典一样,均在公众场所召开公民大会讨论决定。"④

托克维尔在追溯美国民主的根源的时候,仍然采用了他一贯的方法。他首先从生活在北美大陆的各个种族中区分出白人殖民者,又从白人殖民者中区分出英裔美国人,又从英裔美国人中区分出新英格兰的清教徒,从清教的教义中他发现了一种民主和共和的理论,而这些清教徒正是按照这种教义组织他们的政治社会的。

但是,清教的教义中也不全是自由和平等。康涅狄格州1650年的法典中,直接从《圣经》中抄了不少条文,"渎神、行妖、通奸和强奸者,均处死

---

① [法]托克维尔:《论美国的民主》,上卷,董果良译,73页。
② 同上书,36页。
③ 同上书,44页。
④ 同上书,45页。

刑"①。对这样的带有强烈宗教色彩的法律,以及英裔美国人从英国带来的一些并非源于清教、而是源于英国的法律——如保释这种有利于富人不利于穷人的法律,②托克维尔都仔细地区分了出去,没有将之纳入"民主共和"的范畴。

托克维尔的考察说明,作为美国民主基础的人民主权原则并不是美国革命一声炮响带来的,而是从新英格兰殖民地建立之初就已经确定下来的。只不过,那时的人民主权原则还仅局限在乡镇。"美国的革命爆发了。人民主权原则走出乡镇而占领了各州政府"③,美国革命使得源于清教、来自新英格兰乡镇的这个政治原则,成为整个美国的政治原则。

革命将这一原则扩散到新英格兰之外的其他地区。如马里兰本来是一些大地主建立的,却第一个宣布了普选。"选举权的范围越扩大,人们越想把它扩大,因为在每得到一次新的让步之后,民主的力量便有增加,而民主的要求又随其力量的增加而增加。没有选举资格的人奋起争取选举资格,其争取的劲头与有选举资格的人的多寡成正比。最后,例外终于成了常规,即接连让步,直到实行普选为止。"④革命中,从英国带来的长子继承制被废除,限嗣继承法被修改,带有贵族色彩的美国南方的社会状况,也由于继承法变为平分继承制而变得更为平等了。到托克维尔访问美国的时候,这一始于新英格兰地区的平等浪潮,已经涌向了密西西比河流域的西部和西南部诸州。访问过这个地区的托克维尔评论道:"在西部,我们可以看到民主达到了它的极限。"⑤

第三节 人民主权与多数的暴政

托克维尔在《论美国的民主》上卷第一部分中的考察表明,美国的政治集权和地方分权实际上是建立在同一个原则基础之上的,这个原则就是人民主权原则。乡镇自治的基础是它,州权的基础是它,联邦宪法的基础也是它。在这一部分,托克维尔的分析基本上没有超出汉密尔顿等人在《联邦论》中的议论。实际上,《联邦论》也是托克维尔描述联邦政府的主要参考资料之一。

但是,在上卷第二部分,一旦从原则的层面进入实践的层面,托克维尔立刻敏锐地发现:"在美国,也像在由人民治理的一切国家一样,多数

---

① [法]托克维尔:《论美国的民主》,上卷,董果良译,45页。
② 参见同上书,50页。
③ 同上书,62页。
④ 同上书,63页。
⑤ 同上书,57页。

是以人民的名义进行统治的。"①

《联邦论》中曾经处理过多数以人民的名义进行统治这个问题。麦迪逊在《联邦论》第十篇中称之为多数参与的党争。为了防范这种党争,联邦派主导的美国立宪,将共和国的半径从各邦扩大到联邦,为多数的联合制造地域上的困难;立宪者还设计了复杂的互不隶属的官员产生模式,以及复杂的互不重叠的官员任期,这种分权既是为了限制官员的权力,也是为了限制选民的联合。他们设想的人民主权的直接行使是一次性的,只限于立宪。立宪之后的立法完全交给人民代表,在联邦层面就是国会两院。这就是美国 1787 年《宪法》文本中的立宪与立法二元制。《宪法》序言宣称"我们美国人民……制定宪法",《宪法》第 1 条第一款则规定"本宪法授予的全部立法权,属于由参议院和众议院组成的合众国国会。"

然而托克维尔一到美国,就发现这种将人民主权的行使排除出立法过程的设想根本没有实现。当时美国的北方致力于发展工业;而南方还是农业区,北方和南方在关税和贸易自由问题上持针锋相对的立场。北方主张贸易禁运,以保护自己孱弱的工业不受欧洲进口产品的影响,而南方则主张贸易自由,因为进口的工业品质优价廉。这种基于利益不同而形成的党争,在麦迪逊看来,根本无法消除,只能控制其后果。② 联邦派的思路是将这种分歧纳入一个代表制的政治过程,由地主、商人、知识分子等精英组成的代表们在议会中理性地协商解决。③

然而,在托克维尔看来,联邦派本质上还是来自南方的贵族党,虽然"他们是一种与人民群众只有微小差别的贵族,容易考虑群众的感情和利益,没有激起人们的爱或憎"④,但"他们抗拒了他们时代和他们国家一些难以抵制的偏好","他们的理论……不适用于他们想要去治理的社会,所以这个社会迟早要由杰斐逊去治理"⑤。联邦党是一个贵族党,他们想要治理的社会却是一个民主的社会。到托克维尔访问美国的时候,联邦党退出全国政治舞台已经 30 年了,那种人民只有在制宪时才能以全国会议(convention)的形式出场的观念早已变得陈腐不堪。《论美国的民主》记载了一个关于关税的全国会议怎么开起来的例子:

> 1831 年,当争论处于最激烈的时候,一个名不见经传的马萨诸塞州公民想出一个办法,即通过报纸向反对现行税制的人建议,请他们派代表到费城,共同研究恢复贸易自由的办法。这项建议,经过报刊转载,没有几天就由缅因州传到新奥尔良。反对现行税制的人热烈地采纳了这项建议,他们到处开会,推选代表。选出的代表都是知

---

① [法]托克维尔:《论美国的民主》,上卷,董果良译,194 页。
② [美]汉密尔顿等:《联邦论》,尹宣译,第 10 篇,61 页,南京,译林出版社,2010。
③ 同上书,第 35 篇,228~230 页。
④ [法]托克维尔:《论美国的民主》,上卷,董果良译,53 页。
⑤ 同上书,198 页。

名人士,有的人还大有名气。南卡罗来纳州为此问题还拿起了武器,仅它一州就派去63名代表。1831年10月1日,一个按照美国人的习惯取名为全国代表大会的大会,于费城召开,有二百多人参加。会上的辩论是公开的,大会自开幕日起就具有立法的性质。会上讨论了国会的职权范围、自由贸易理论和税则。第十天,大会在草拟一封致美国人民的信后闭幕。这封信中宣称:(1)国会无权制定关税税则,现行税则是违宪的;(2)不准自由贸易对任何国家均无利益,特别是对美国。①

这件事的原始记载在《美国游记》中也可以找到。这位发动全国会议的马萨诸塞州公民,托克维尔还与他见过面。在笔记中,托克维尔还写下了他当时的感想:"召集全国会议的权利是人民主权学说最极端的后果。""我在美国见到的一切事物中,最令我震惊的是作为人民主权的危险后果并且在我国难以实施的这种全国会议。"②在《论美国的民主中》,托克维尔只是将这个例子作为美国的无限结社自由的一个证明,并说"至今在美国还未产生在别处也许会产生的致命后果"③。但他同时也提到,"1831年的大会对不满政府措施的人起了很大影响,促使他们对联邦商业法进行了公开造反"④。

一方面相信"一切权力的根源""存在于多数的意志之中",另一方面又认为"人民的多数在管理国家方面有权决定一切"这句格言是"渎神的和令人讨厌的"⑤;一方面认为"必然有一个高于其他一切权力的社会权力",另一方面又相信,"当这个权力的面前没有任何障碍可以阻止它前进和使它延迟前进时,自由就要遭到破坏"⑥。托克维尔本人都感觉到了自己的自相矛盾。他只好自我解嘲说,他相信在人民的主权之上还有"人类的主权"(sovereignty of the human race)。但是,当人类中的多数也"团结得像一个人似地行动,以在观点上和往往在利益上反对另一个也像一个人似地行动的所谓少数"⑦的时候,不也会造成人类中的"多数的暴政"吗?因为所谓"多数的暴政"中的多数,本来就是一个组织概念,而不是一个数量概念。举一个数字的例子。在一万人中有两个人联合起来,在观点或在利益上达成一致,而其他人都还各自为政的时候,这两个人就是多数,因为其他没有联合起来的九千九百九十九个个体都是"一",而二总是大于一。这个道理既适用于一个1300万人组成的国家,也适用于几十亿人组成的人类。托克维尔不可能看不到这一点。

---

① [法]托克维尔:《论美国的民主》,上卷,董果良译,216页。
② [法]托克维尔:《美国游记》,倪玉珍译,196~197页。
③ [法]托克维尔:《论美国的民主》,上卷,董果良译,216页。
④ 同上书,217页。
⑤ 同上书,287页。
⑥ 同上书,289页。
⑦ 同上书,288页。

在讨论"多数的暴政"时,托克维尔举了两个例子。一个是巴尔的摩一家报纸编辑告诉他的,是1812年战争期间发生的一件事。当时巴尔的摩人非常支持这场战争,而当地一家报纸则持相反态度。结果"人民自动集合起来,捣毁了报社,袭击报社人员的住宅。……最后,为了保护生命受到愤怒的公众威胁的那些无辜者,而把他们当作罪犯投入监狱。这项预防措施并未生效。人民在夜里又集合起来,当地的行政官员去召集民兵来驱散人群,但没有成功;监狱被砸开大门,一名记者就地被杀,还要处死报社的其他人员,但犯下这些罪行的人经陪审团审理后,被宣判无罪"①。

这种民粹主义的暴力行为毫无疑问是"多数的暴政",这很好理解。但托克维尔同时又举了另外一个例子。在宾夕法尼亚这个教友会教徒建立的州里,已经获得解放的黑人在法律上是享有选举权的,但是在选民的会议上却连一个黑人也见不到,"法律因为得不到多数的支持而失效。……多数对黑人最有偏见,各级行政官员也爱莫能助……"②一位很有学识的教友会教徒史密斯先生对托克维尔说:"黑人享有选举的投票权,但他们却不可能出现在投票站而不受虐待。"③虽然这位史密斯先生自己相信黑人和白人是同样的人种,"就好比一只黑母牛和一只白母牛是同种的一样"④。但宾夕法尼亚的多数显然不这么认为。

能说这种舆论上和民情上的多数专制也是一种暴政吗?在托克维尔看来,显然是可以的。和行动上的多数暴政不同,这种舆论上和民情上的多数暴政,并不一定体现为有形的暴力,却可能比有形的暴力还强大。比如,古今奴隶制都是一种暴政,但后果却是不一样的。"在古代,奴隶与其主人属于同一种族,而且奴隶的教育和知识水平往往高于他的主人。有无自由,是他们之间的唯一差别。一旦赋予奴隶以自由,奴隶就与奴隶主容易混为一体。因此,古代人取消蓄奴制的办法很简单。这个办法就是给予奴隶以自由。"奴隶获得自由之后,会有"一种扎根于民情的想象的不平等。但在古代,奴役的这种第二次效果有一个极限。奴隶一旦获得自由,就将与生来自由的人完全一样,以致很快就无法把他与那些自由人区别开来"⑤。

但美国白人对黑人的种族奴隶制却与此不同。这种奴隶制,"把蓄奴制的无形的和短期的压迫与种族差别的有形的和长期的压迫极其有害地结合在一起来了"。"黑人一出生就将其耻辱的外在标志传给了他们的后

---

① [法]托克维尔:《论美国的民主》,上卷,董果良译,290页。译文稍有改动。另见 A. de Tocqueville, *Democracy in America: Historical-Critical Edition of De la démocratie en Amérique*. vol. 2, p. 414;[法]托克维尔:《美国游记》,倪玉珍译,140~141页。
② [法]托克维尔:《论美国的民主》,上卷,董果良译,290页。
③ [法]托克维尔:《美国游记》,倪玉珍译,137页。
④ 同上书,207页。
⑤ [法]托克维尔:《论美国的民主》,上卷,董果良译,397页。

代。""你可以使黑人获得自由,但你无法使欧洲人把他们看成是自己人。"这种扎根于民情的想象的不平等似乎比真正的不平等还要强大,白人看黑人,"只勉强承认他们具有人类的一般特点",除此之外,普遍认为"他们的面貌可憎,他们的智力有限,他们的趣味低下,而且几乎把他们视为介于人兽之间的生物"。那种认为黑人和白人之别就像黑母牛和白母牛之别的观点是很少见的,就连托克维尔本人都认为"为了使白人放弃他们的认为黑人智力和道德均不如古代奴隶的观点,黑人必须转变,而且如果不能转变,白人的这种观点仍将存在下去"①。一句话,美国的奴隶制不但是法制上的,而且是民情上的,不但是有形的,而且也是无形的。

要废除有形的法制上的奴隶制容易,但要废除无形的民情上的奴隶制却很难。在美国期间,托克维尔还观察到,法制上的奴隶制和民情上的奴隶制甚至存在一种此消彼长的关系。在废除了奴隶制的北方州,种族偏见和肤色偏见比保留奴隶制的南方州还要强烈。在南方,"黑人有时还能与白人一起劳动和一起娱乐,白人也同意在一定范围内与黑人混在一起。立法对待黑人很严,但人们的习惯却有比较宽容和同情的精神。"②托克维尔在亚拉巴马州观察到的黑、白、红三个种族不失温馨聚在一起的那一幕,就是一个例子。

但在官方法律废除奴隶制的北方地区,民间却建立起种族隔离制作为替代。在学校、剧院、医院、教堂甚至墓地,黑人都被白人隔离在外。博蒙在《玛丽》一书的开头,就描绘了一幕让他瞠目结舌的剧院里的种族隔离的情景:白人坐一等包厢,混血儿坐二等包厢,黑人坐三等包厢。血统而不是肤色才是最终的判断因素。一个皮肤纯白的少女,因为祖先中有一个混血儿,坐在二等包厢里,而一个肤色很黑的女士,因为血管里流着西班牙人的血,则坐在一等包厢里。③

奴隶制在法律上的废除的同时,种族隔离却在民情上建立了。托克维尔深刻地分析了白人的心理。他说,如果法律上不容许黑白通婚,一个白人男子倒可能找一个黑人女子作为临时伴侣行乐,像在南方常见的那样;但法律上容许黑白通婚的地方,白人男子却不会再接近黑人女子。除了害怕舆论的咒骂,白人男子更重要的心理是,法律上已经没有黑白的壁垒了,找个黑人伴侣,不就变成黑人了吗?在南方之所以没有这样的顾虑,是因为南方的白人知道,再怎么和黑人厮混,黑人还是奴隶,白人还是奴隶主,最落魄的白人也不会担心自己变得和黑人一样。这就像托克维尔描绘的那个亚拉巴马州的白人小女孩,她身上有一种与生俱来的优越感,以至于在成年黑人和印第安人妇女面前,都会表现出一种主人的自尊。

---

① [法]托克维尔:《论美国的民主》,上卷,董果良译,398页。
② 同上书,400页。
③ [法]古斯塔夫·博蒙:《玛丽或美国的奴隶制》,裴亚琴译,9~10页。

美国的奴隶制是一种最不平等的制度,但这种制度却是建立在美国的民主——也就是白人多数的暴政上面。在南方,这种暴政体现于白人的法律,而在北方,这种暴政却体现于白人的民情。南方的白人因为有法律奴隶制的存在而不惧和黑人混在一起,北方的白人却因为法律奴隶制的废除而建立了其替代——种族隔离制。其共同的心理都是拒绝和黑人平等。托克维尔所说的"身份平等"趋势,在这种"民主"面前止步了;美国的民主,加上美国的地方分权,恰恰维系着美国的种族不平等。

第四节 平等的文化与温和专制

当然,对于缓和美国多数的暴政的因素,托克维尔也注意到了。美国不存在行政集权、法学家精神,以及陪审团制度是他特地提到的三点。

托克维尔所谓法学家精神制衡民主的理论,不过是对汉密尔顿用共和来制衡民主的理论的一个翻版。汉密尔顿认为,司法作为联邦政府三权中一个非民选的分支,之所以能够制衡立法机关,是因为非民选的法官具有特殊的德性和知识;托克维尔则认为,法律人爱秩序,尊重权威;他们也爱自由,但一般会把法治置于自由之上;另外,法律人"从工作中养成了按部就班的习惯,喜欢讲究规范,对观念之间的有规律联系有一种本能的爱好。这一切,自然使他们特别反对革命精神和民主的轻率激情"①。总之,法律人天然地具有贵族的倾向。托克维尔所谓借助法学家精神平衡民主的理论,其实质就是借助贵族精神来平衡民主的冲动。

但是,托克维尔也认识到,法学家精神平衡民主需要一些制度前提。他比较英、法两国的历史,发现英国的贵族政体一直为法律人敞开大门,所以英国法律人一直是秩序的友人和改革的敌人。而法国的法律人由于不能在政界获得地位,就成为革命的急先锋,1789 年领导人民推翻了法国的君主政体的就是这帮法律人。在美国,因为本来不存在贵族,律师、法官这些法律人就乘虚而入成为美国的贵族阶层;除了司法机构,美国的法律人还垄断了立法机构,司法的概念和语言也被用于党派的日常论战,公务人员则把法律人的习惯和思维应用到公务活动中去。通过陪审团制度,这种精神渗透到社会的所有阶层。"司法的语言差不多成了普通语言;法学家精神本来产生于学校和法院,但已逐渐走出学校和法院的大墙,扩展到整个社会,深入到最低阶层,使全体人民都沾染上了司法官的部分习性和爱好。"②托克维尔甚至得出了这样的结论:"我们越是深思

---

① [法]托克维尔:《论美国的民主》,上卷,董果良译,303 页。
② 同上书,310 页。

发生于美国的一切,就越是确信法学界是美国的能够平衡民主的最强大力量,甚至可以说是能够平衡民主的唯一力量。"①

托克维尔显然言过其实了。美国历史上最大的多数暴政——奴隶制并不是靠法学家精神平衡掉的,打掉奴隶制的是南北战争,主持战后南方重建的是联邦政府的行政集权;如果说美国最高法院后来在1954年的布朗案②中对废除种族隔离立过大功,但我们也不会忘掉,美国最高法院在此前的 Plessy v. Ferguson③ 一案中曾经宣布,种族隔离并不违反法律的平等保护("隔离但平等"),这大大支持了种族隔离这种多数的暴政。法学家精神平衡民主、缓和多数暴政的命题,与其说是一个事实,不如说是一个理想。至于陪审团,从长远、总体看,可能是一个将法学家精神涓滴到人民中的一个学校,但这不排除它本身会成为民粹主义多数暴政的工具,如在托克维尔所举的1812年巴尔的摩打杀记者的暴力事件中,杀人者就是被陪审团无罪释放的。

对于美国不存在行政集权、从而有利于自由这一点,托克维尔在1840年发表的《论美国的民主》下卷中也给出了稍微不同的看法。

相比1835年发表的《论美国的民主》上卷,1840年发表的下卷主要讨论的已经不是美国,而是更为一般的民主问题,其更恰当的名称应该是《论民主》。④ 下卷首先讨论了民族对人的思想、情感和民情的影响,然后在此基础上,又回头讨论民主的思想与情感对于政治社会的影响。托克维尔的结论是,在民主制下,人民的思想和情感将会不断引导他们走向行政集权。

托克维尔认为,随着民主制下平等的不断深化,人们和其祖先、阶级甚至周围人的联系不断弱化,大家的智力越来越接近,谁也不承认别人比自己强,最后每个人都只能依靠自己的理性对事物作出判断。表面上这似乎意味着每个人都在独立思考,但因为每个人想的都差不多,人人独立思考形成的公共意见,却又高度一致,久而久之,反而形成一种"以多数为先知的宗教"⑤。

随着民主制下平等的不断深化,人们的情感也越来越个人化,形成一种个人主义的情感模式。所谓"个人主义","是一种只顾自己而又心安理得的情感,它使每个公民同其同胞大众隔离,退回到亲属和朋友的小圈子里。因此,当每个公民各自建立了自己的小社会后,他们就不管大社会而任其自行发展了"⑥。贵族制下形成的人们对家庭、家族、阶层、阶级的忠

---

① [法]托克维尔:《论美国的民主》,上卷,董果良译,309页。
② *Brown v. Board of Education*, 347 US 483 (Supreme Court 1954).
③ *Plessy v. Ferguson*, 163 US 537 (Supreme Court 1896).
④ 参见甘阳对《论美国的民主》的另外一个译本的导言,即甘阳:《托克维尔与民主》,载[法]托克维尔:《民主在美国》,秦修明等译,1~8页,长春,吉林出版集团有限责任公司,2013。
⑤ [法]托克维尔:《论美国的民主》,下卷,董果良译,527页,北京,商务印书馆,2009。
⑥ 同上书,625页。

第二十四章 托克维尔《论美国的民主》

诚越来越淡漠,这使得人一方面可以去同情一个陌生的但和自己类似的人;另一方面这种同情却变得极其稀薄。"在民主时代,每个人对全体的义务日益明确,而为某一个人尽忠的事情却比较少见,因为人与人之间的爱护情谊虽然广泛了,但却稀薄了。"①

无数在思想上越来越趋同、情感上越来越脆弱的平等的个体,在政治上最需要的就是一个能够无微不至地呵护他们的巨大的利维坦。这个利维坦的"范围将会很大,但它的方法将会很温和;它只使人消沉,而不直接折磨人"。这是一种新型的专制,它和贵族制下出现过的少数的暴政,和托克维尔看到的美国的多数的暴政都有不一样的地方,它不一定是有形的、外在的,体现在法律和制度上,而更多地作用于人们的头脑和心灵,虽然温和,却更加让人窒息。托克维尔将这种民主文化中出现的新的专制,称为"温和专制":

> 我想描述这种专制可能以哪些新的特点再现于世界。我认为,到那时候将出现无数的相同而平等的人,整天为追逐他们心中所想的小小的庸俗享乐而奔波。他们每个人都离群索居,对他人的命运漠不关心。在他们看来。他们的子女和亲友就是整个人类。至于其他同类,即使站在他们的身旁,他们也不屑一顾。他们虽与这些人接触,但并不以为有这些人存在。每个人都独自生存,并且只是为了自己而生存。如果说他们还有一个家庭,那么他们至少已经不再有祖国了。

民主难免多数暴政,平等走向温和专制,与其说《论美国的民主》在赞颂民主和平等,不如说,这是一个贵族子弟对一个越来越民主和平等的世界留下的警告。

思考题

1. 托克维尔在《论美国的民主》"绪论"中说:"想要仔细阅读本书的读者,将会发现全书有一个可以说是把各个部分联系起来的中心思想。"请问这个中心思想是什么?托克维尔是怎么用这个中心思想和全书各个部分联系起来的?

2. 《联邦论》和《论美国的民主》对民主的态度是一样的吗?试比较之。

---

① [法]托克维尔:《论美国的民主》,下卷,董果良译,626页。

阅读文献

1. [法]托克维尔:《论美国的民主》,上卷:第1部分2～8章,第2部分第1～4章,6～10章;下卷:第1部分第1～2章,第2部分第1～9章,第3部分第1～4章,第4部分第1～6章,董果良译,北京,商务印书馆,2009。

2. A. de Tocqueville, *Democracy in America: Historical-Critical Edition of De la démocratie en Amérique*, 4 vols., ed. E. Nolla, trans. J. T. Schleifer, Liberty Fund, 2010.

3. [法]托克维尔:《旧制度与大革命》,冯棠译,北京,商务印书馆,2009。

4. [英]拉里·西登托普:《托克维尔传》,林猛译,北京,商务印书馆,2013。

第二十五章 边沁的法哲学*

边沁是英国的著名哲学家和改革家。他提出的功用主义学说影响广泛而深远。他对普通法的批评和他的立法理论极大地推动了英国的法制改革。本章主要论述他的法哲学,分为两节。第一节简单勾勒边沁的诸多脸谱和他关怀的领域,介绍边沁著作的文本状况与关键的二手文献,以为大家研读边沁,提供初步的导引。第二节初步讨论边沁法哲学的一些基本命题。

第一节 边沁研究导引

一、边沁的脸谱、关怀与他的思想在中国的传播

边沁(1748—1832)是"功用主义"的哲学家,《政府片论》和《道德与立法原理导论》的作者。这或许是当下汉语学界通常的认识。法学界(尤其是刑法学和法哲学)的同仁或许还知道,他是《立法理论》和《法的普遍理论》的作者。

西方学界对边沁的认识,可以说是毁誉参半。歌德笑他是"激进的傻瓜;激进地、傻地吓人"。在《艰难时世》里,狄更斯通过葛莱恩(Gradgrind)这个角色,对边沁做了嘲讽,说他是只要事实和数据、把人生完全归结为柜台上的现金交易关系的人。马克思肯定边沁的经验主义和

---

* 赵丰、王亚和张颖曾阅读本章,并提出了完善建议。
① [英]边沁:《政府片论》,沈叔平译,北京,商务印书馆,1995;《道德与立法原理导论》,时殷弘译,北京,商务印书馆,2000;《立法理论》,孙力等译,北京,中国公安大学出版社,1993;《论一般的法》,毛国权译,上海,上海三联书店,2008。(我更愿把它 *Of Laws in General* 译作《法的普遍理论》,但该书的英文版已停止印行,被 the Bentham Project 新编辑的 *Of the Limits of the Penal Branch of Jurisprudence* (hereafter *Limits*) (ed. P. Schofield, Oxford University Press, 2010 取代)

唯物主义的倾向,但却在《资本论》中说他是"19世纪凡浅的资产阶级智识的乏味、迂腐且无聊的圣贤——资产阶级的愚蠢的天才"。"疯子"尼采也作诗耻笑边沁:"擦桌布般的灵魂,扑克牌般的面容,势不可挡的平庸,无才也无趣!"凯恩斯"对关于边沁和边沁主义的一切都极感兴趣",但却说边沁的观念"是咬噬现代文明的心脏的蛀虫,应为当前的道德堕落负责"。熊彼特说他的生命哲学是"一切哲学中最浅薄者"。爱默生说它是"恶臭的哲学"①。在哲学史上,很难找到另一人,被如此妖魔化。但边沁同时也被神圣化。小穆勒说他是英国的观念、方法和制度的普遍性革命之父,老师的老师,稀奇地兼备独立思考之精神和道德之敏感;他把"精确性"的价值引入了对道德与政治问题的探讨,改变了英国知识阶层的思考方式;他既是伟大的分析性的批判者和颠覆者,更是伟大的综合性的建设者。② 托洛茨基曾说"边沁的功用主义是人类思想的最高成就"③。福柯说"对当代社会来说,边沁要比康德和黑格尔更重要"④。刚去世的政治哲学家柏里(Brian Barry)则不无夸张地说:"西方智识史上,除了卢梭和边沁,其他人都是废物(defunct chaps)。"⑤这些大人物对边沁的极端化毁誉,孰是孰非,暂且不论。这些高层次的毁誉至少表明:边沁的思想很复杂,值得认真对待。

就涉及的主题说,边沁的关怀极广博,是百科全书式的,宏纤毕举。就处理问题的方式说,他的目光既如苍鹰之宏深,又如苍蝇之纤密。⑥ 他是英国的政法、社经、教育、刑狱与公共行政等制度的最伟大的改革家之一。梅因说,他不知道自边沁以来英国法的哪项制度不可归功于边沁的影响。甚至英帝国的拓展与国际和平(国际法)的推进,也都从边沁那里获得了很多资源。在伦理学领域,他提供了对功用主义理论的经典阐释;自18世纪以来,他的阐释已成为道德哲学的主流。在宪法学和政治学领域,他不仅是既定学说(如自然法)的批评者,还是代议民主制的主要证成理论之一的原创者。在经济学领域,他关于功用之测量的观念,是成本效益分析和福祉经济学的根基。然而,奥格登⑦说,即便边沁从未发动或参

---

① 关于这些,见 H. F. Pitkin, "Slippery Bentham: Some Neglected Cracks in the Foundation of Utilitarianism," 18/1 *Political Theory*, 1990, p. 104.

② J. S. Mill, "Bentham(1838)," in J. M Robson (ed.), The Collected Works of John Stuart Mill, Volume X-Essays on Ethics, Religion, and Society, University Press, 1985.

③ [苏联]托洛茨基:《我的生平》,赵泓、田娟玉译,88页,上海,上海人民出版社,2007。

④ M. Foucault, *Dits et écrits*, 1954—1988, vol. 2, Gallimard, 1994, p. 594.

⑤ 根据 Steven Lukes 的回忆,见 http://www.guardian.co.uk/books/2009/mar/31/brian-barry-philosophy。(最后访问时间:2012年10月4日)

⑥ H. L. A. Hart(ed.), *Essays on Bentham*, Oxford University Press, 1982, p. 4.(下文简称 *EB*)

⑦ C. K. Ogden,基本英语运动的推广者,著名哲学家和边沁的崇拜者,曾编辑边沁的《立法理论》(*The Theory of Legislation*, London: Kegan Paul, Trench, Trubner & Co. Ltd., 1931)和《边沁的拟制理论》。(*Bentham's Theory of Fictions*, Kegan Paul, Trench, Trubner & Co. Ltd., 1932)

与过实践的政法行动,从未提及最大多数的最大幸福的原则,从未阐发过功用主义,他将依然是"整个欧洲思想史上最伟大的人物之一"。边沁对人类最富持久价值的贡献是他致力于"理解由人构成的世界"的哲学。除了功用主义的道德哲学外,它还包括关于"实存"的本体论、语言哲学与逻辑学;也包括奠基于上述哲学的其他分支学科,如法哲学、心理学与意志逻辑学、舆论法庭、刑法学与惩罚、民法学、证据法学、民主宪法学、国际法学、性学、人口论与教育学,等等。关于上述每个主题,边沁都做过深入细致的研究,撰写过很多极富原创性的论著,其中的很多在他生前都不曾出版。

边沁的思想,除全方位影响了英国的学术与法制外,还在19世纪通过迪蒙(Etienne Dumont)的法语编译本而影响了欧美多国的学术与法制。我国少数明哲之士很早就认识到了边沁学术的特殊价值,对它做了正确而系统的介绍(甚至是研究与批评)。1902年,梁启超根据日语文献,撰写《乐利主义泰斗边沁之学说》,系统介绍边沁的伦理学与政法论,以图纠正汉宋以后的中国学者"讳言乐"、"讳言利"且视"乐利"为"道德之累"的虚嚣倾向;他在文中还表达了编译可荟萃边沁学说精义之读本的愿望。章士钊在20世纪前20年也多次撰文,介绍边沁学术与功用主义。他明确表示,应以功用主义对儒家所持的根本观念加以革命,整饬中国之旧伦理(也即"哄人"与"吃人"的伪善的仁义道德)。①《边沁全集》(*The Collected Works of Jeremy Bentham*)的总编辑,斯科菲尔德教授(Philip Schofield)也说过:中西文化的对话,与其说应以人权话语为基础,不如说是应以功用主义和最大幸福的话语为基础。"文革"结束后,边沁的《政府片论》、《立法理论》、《道德与立法原理导论》与《法的普遍理论》(*Of Laws in General*)的中译本也陆续出版。

不幸的是,边沁学术与功用主义在我国长期遭受误解。在汉语里,"功利"常被混同于"功名利禄"或"急功近利"等;功利主义或者被当作提倡物欲肉欲之享受的低俗乏味的学说,或者被当作是鼓吹自私的可鄙的学说;不论是前者,还是后者,边沁学术与功用主义大体上被视作很负面的东西,甚至被称作毒药或瘟疫。这种认识是完全错误的,它表现了这些议论者对边沁本人的著作与他接受、发扬和传递的传统的彻底无知,表现了这些议论者耽于胡乱联想的毛病。除了对待知识与思想的轻浮态度外,上述错误认识的流行,还与另外两个因素相关。第一是译名选择的不当。我国知识界最初是从日本进口 utilitarianism 一词的。日本早期似乎至少用过下述词语来翻译这个概念,如乐利主义、功用主义、效用主义与功利主义等。不知何故,功利主义逐渐先后在日本与中国成为流行译名;因为"功利"这个词的概念在汉语传统中早已确定,功利主义这个译

---

① 关于中国学者对边沁学说的介绍,还可参见浦薛凤:《西洋近代政治思想》,第8章"英国功利主义派之政治思想",北京,北京大学出版社,2007。

名便轻易令人联想到功利一词在这个传统中古已有之的含义,而非它旨在传达的 utilitarianism 的含义。正是为避免和纠正这种误解,笔者倾向于选择"功用主义"这个译名。第二是马克思的片面影响。中国知识界在很长时期内总体上是通过马克思的"眼镜"来认识西方思想的。马克思对边沁曾做过很刻薄、偏颇但却很著名的评价:"庸鄙之首","19世纪凡浅的资产阶级智识的乏味、迂腐且无聊的圣贤","自鸣得意的粗俗之王","把一切正常人都视作英国店主","资产阶级的愚蠢的天才"。马克思是个伟人,但他对边沁的上述宏大的几近谩骂的评价,只是在他读了边沁的很小部分的与经济相关的著述后作出的,带有情绪化倾向。

只要认真阅读一下边沁的《道德与立法原理导论》的前5章,就会意识到:人的各种品德与各种精神的追求,都可在边沁的切实而精细的功用主义系统内找到恰当位置。边沁的敦实且大胆的创见是,各种(他分析出14种)快乐与痛苦(他分析出12种)在"质"的维度上,并无高低、优劣与贵贱之别。边沁的确认为,各种快乐是很不相同的,因为根据边沁所说的7种估算苦乐感觉的"量"的标准(强度、时间之长短、确定性质高低、远近、孳生相同感觉之概率、不孳生相反感觉之概率、影响的人的多寡),它们在"量"上是很不相同的。所谓的仁义道德之士与所谓的男盗女娼之人都在追求快乐;这两类人的唯一差别只在于,他们给不同行为的"值"的估计与他们的计算方法不同。

边沁的学说绝不是鼓吹自私。功用原则以最大多数的最大幸福,作为衡量一切行为的道德性的标准:"最大多数"指的是一切有感觉的存在,包括动物,它不只是不限于公民,而且不限于人;幸福指的是快乐之增加与痛苦之减少,它又可从四个方面来讲求:生存、安全、平等与富足,其中,安全低于生存,但却高于平等;一切行为是指个人行为与公权力行为:个人会以最佳方式追求快乐,在这方面,公权力无越俎之地;公权力的干预主要应致力于减少痛苦。功用原则显然向人提出了"无私"的要求,如边沁所说,功用的指令恰是最博大且开明的仁慈的指令。正是基于这一点,一些人批评说,功用主义向人提出了过高的超出人性承受力的要求;对此,功用主义的回应之一是,"道德"本来就是超出寻常行为模式的标准;"做个道德高尚的人"本来就是很难的,它与"做个不坏的人"是两回事。也正是基于这一点,一些人指出,世俗的功用主义的道德要求,其实与基督的博爱与佛陀的普度在一些方面是相通的。不过,功用主义与通过政权来强行均产的诸多主义是截然不同的。如果再考虑到功用主义(它本身也不是铁板一块,而是百家争鸣)脉络内的代表性成员的名单,如伊壁鸠鲁、贝卡里亚、穆勒父子、西季维克、皮特·辛格(Peter Singer)、德里克·帕菲特(Derek Parfit)等,你就更会认识到,以边沁为代表的功用主义一点都不低俗、不乏味、不迂腐、不无聊,不鼓吹自私。功用主义在过去与当代的政治、政策实践与哲学争鸣中的持久、强健甚至是主导性的生命力,也说明了这一点。当然,边沁未必会拒绝对他本人的"乏味性"的指责:边沁会说,是的,我的理论很乏味,但那是因为,"幸福感觉起来很美但谈论起来却很乏味"。

二、边沁的文本与入门读物

与其他西方学术大家相比,边沁的学术是极难认识的,这有两方面的原因。

其一,边沁文风晦涩。《爱丁堡评论》的创立者西德尼·斯密(Sydney Smith)承认自己曾兴致颇高地阅读边沁出版的一切,但他却如此评论边沁:

> 博学的经济学家曾怀疑,种植者和所有者之间,中间人是否必要。但不论是神和人,还是书商,都不会怀疑,边沁先生和公众之间,中间人的确实必要的。边沁先生很冗长;边沁先生玄奥晦涩;边沁先生发明令人惊恐的新词;……因此,唯独那了解其原创性、知识、力度和勇气的人,才会读他的原著。很多读者不愿付出如此巨大的代价来寻求进步,而会选择通过书评等中间渠道来认识边沁先生——在这个杰出哲学家被洗涤、修剪、刮削和整理之后。①

边沁喜欢发明新词,如常用的"最大化"(maximize)、"最小化"(minimize)、"法典化"(codify)、"国际"(international)、"义务学"(deontology)等都是边沁的"杰作"。托马斯·库伯(Thomas Cooper)和哈兹立(Hazlitt)②认为,得把"晦涩复杂的边沁土话"翻译成英语:"它(《司法证据原理论》)真的是最晦涩但也激动人心的著作。它不会被阅读;因为我发现,我过去6个月正在学习的希伯来语,也不如边沁的著述难读。"③另一位评论者则说他的著作是"现代立法的梵文"④。边沁的文风随年龄增长而益发晦涩:"浓烈的古怪且气死人的学究味,杜撰的众多源于希腊词根的专业术语,对每个课题的无穷细节的探究⑤。"不过,他的这种晦涩,却是追求精确性的结果,如他的秘书瓦尔特·库尔森(Walter Coulson)所说:"他时刻都在努力精确地、附条件地表达他的观点,这和流畅性是不可兼容的。他在修饰语前加修饰语,这些修饰语就像瓶内的

---

① S. Smith, "Bentham's Book of Fallacies," 84 *Edingurgh Review*, 1825, p. 367.

② W. Hazlitt, "Jeremy Bentham", *The Spirit of the Age*, http://www.blupete.com/Literature/Essays/Hazlitt/SpiritAge/Bentham.htm.(最后访问时间:2012年10月10日)

③ T. Cooper, "Letters of Dr. Thomas Cooper, 1825—1832", G. *American Historical Review*, 1901, p. 734.

④ J. Dinwiddy, *Bentham: Selected Writings of John Dinwiddy*, ed. W. Twinning, Stanford University Press, 2004, p. 100.

⑤ H. L. A. Hart, "Bentham", 48 *Proceedings of the British Academy*, 1962.

一大堆小药丸；由此，便生出了那令读者厌烦的长句。"①边沁本人也一再强调说，明确性和简洁性是内在矛盾的："我尽一切努力，来避免塞壬的动听歌喉的迷惑，来避免所谓的文笔优美的倾向：绝不讨好读者的想象，诱惑读者的心灵，绝不追求以精确性为代价的任何装饰。"②同属功用主义传统的西季维克也在类似意义上说过，他的文字之所以乏味，是因为他要追求精确。从风格上说，《政府片论》的表述和修辞是简易而精湛的，这表明边沁的文字功夫是很高的。他的玄奥晦涩，诚如他自己所说："纯粹是出于令人遗憾的必要性，绝不是刻意选择的。"③阅读边沁（尤其是他后期的著作）时，一定要把遣词造句的晦涩与思想的混乱区别开来：在西方学术史上，很少有人的语句像边沁的那样晦涩难通，但却很少有人的思想像边沁的那样清晰明亮；边沁遣词造句的晦涩，完全是出于明晰、准确、毫无歧义地表达他那复杂的观念和思想的必要；一旦你理解了他的语句，你就轻易地领会了他那明晰、精确、毫无歧义但却复杂的观念和思想；相反，另一些人的著作，文字明白流畅甚至生动美丽，但这种流畅与美丽却只是为了掩盖那混乱、模棱两可、歧义丛生甚至丑陋浅薄的思想。

其二，边沁的文本尚不确定。在近来的观念史研究中，方法之争（即如何阅读文本）已成首要议题，剑桥学派和施特劳斯学派等大显身手。在边沁研究上，这种方法之争显得太过奢侈，因为边沁文本尚不确定。与其他思想家不同，边沁并无所谓的核心文本，像《利维坦》之于霍布斯，《社会契约论》之于卢梭。在长达半个世纪的创作期内，边沁这个"疯狂的天才"，几乎每天都从早6点工作到晚10点，完成20页的手稿：他的写作速度几乎比正常人的阅读速度还要快，尽管他很少完整写就任何著作。思绪的奔涌和写作的激情使他无暇顾及出版。边沁生前亲自出版的著作，还占不到其全部著作的十分之一，其中影响较大的，是《政府片论》(1776)和《道德和立法原理导论》(1789)。他的绝大多数著作都是他死后由别人整理出版的。

幸运的是，他结交了一位忠实追随者，即日内瓦人迪蒙（Dumont）。迪蒙不是深刻的原创性思想家，但却可迅速领会和接受边沁的思想，还具备简明表达的艺术。从1802年到1828年，迪蒙从边沁手稿中提炼和译述了5部著作，其中影响最大的是《民事和刑事立法论》，其他4本分别是《惩罚与赔偿理论》、《立法会议的程式》、《司法证据论》和《司法组织与法

---

① J. Dinwiddy, *Bentham: Selected Writings of John Dinwiddy*, p. 100.
② University College London Library, Bentham Papers（下文简称 UC）：027/099/002.
③ J. Bentham, *An Introduction to the Principles of Morals and Legislation*, eds. J. H. Burns & H. L. A. Hart, Oxford University Press, 1996, p. 5.（下文简称 *IPML*）

典化》。①迪蒙把边沁晦涩和冗长的英文转化成雅致和简明的法文,这使边沁在法语世界的读者和追随者要远比在英语世界的多。这5部著作(又被译成其他文字,甚至是英文)几乎是欧洲大陆了解边沁的唯一渠道。马克思读的就是这些。对既懂法文又懂英文的读者来说,从迪蒙的法文编译本入手,或许是理解边沁的更便捷的渠道。当然,这些都不是对边沁著作的忠实翻译,而是对它们的主动、灵活和自由的选择、提炼、编撰和译述:一方面,迪蒙说,"在这些著作的撰写中,我没任何份额:它们完全属于作者,也只属于他。"另一方面,他却说,"我做的,不只是对这部著作的翻译,而是译述(interpretation):它在一些方面是删减;在另一些方面是评注。"②

边沁去世后,根据他的遗嘱,他的弟子、曾作过香港总督的鲍林(John Bowring)于1838到1843年指导编辑了11卷的《边沁著作集》(*The Works of Jeremy Bentham*),③这在很长时间内一直是边沁研究的标准文本。它包括边沁生前亲自出版的和由弟子编辑出版的著作,还包括一些从未出版手稿中整理出来的著作;一些文本甚至是从迪蒙的五卷本重译成英文的。鲍林版本很不完整。基于政治、道德和宗教等方面的考虑,它排除了关于宗教的著述,多处删改了边沁的原稿;它的编辑和印刷的质量都很差:每页分成两栏,字很小,排列很密集,令人泄气,读起来很吃力,很少人阅读它——这在一定程度上导致了如《立法论》的译者西德里斯(Richard Hildreth)(1864)所说的情形:"在欧洲大陆,边沁的著作已获得极高声誉,但在英美,它们很少被阅读,……他的著作只存于法语世界。"④目前英语学界普遍阅读的边沁著作,不超过三部:其一是《道德和立法原理导论》,实质上主要是它的前五章;其二是《政府片论》;其三也许还包括批判法国人权宣言的所谓的《无政府谬误》(*Anarchical Fallacies*),边沁本来给它起的标题是《胡说八道》(*Nonsense upon Stilts*)。因为新版《边沁全集》尚未完成一半,鲍林版现在仍是边沁学者的主要参考。鲍林版的一个贡献是,它编写了近400页的"分析性索引";因为边沁著述庞杂且浩繁,这个索引的用途是很大的。

对边沁的未出版手稿的价值的新认识,加上鲍林版本的低劣性,促使

---

① *Traité de legislation civile et pénale*, Paris, 1802; *Théorie des peines et des recompenses*, Paris, 1811; *Tactique des assemblées legislatives*, Paris, 1815; *Traité des preuves judiciaires*, Paris, 1823; *De l'organization judiciaire et de la codification*, Paris, 1828.

② E. Dumont, 转引自 J. Bentham, *Theory of Legislation*, trans. R. Hildreth, Kegan Paul, 1896, pp. Iv~vi, 关于迪蒙的法文编译本与边沁手稿之间的关系, 可以参见 R. Harrison, *Bentham*, Rougledge, 1983, pp. xi~xiv.

③ J. Bentham, *The Works of Jeremy Bentham*, ed. J. Bowring, William Tait, 1838-1843(下文简称 WKS),也参见 http://oll.libertyfund.org/people/jeremy.berttem。(最后访问时间:2012年10月18日访问)

④ J. Bentham, *Theory of Legeislation*, trans. R. Hildreth, Kegan Paul, 1896, p. iii.

一批学者考虑出版全新的《边沁全集》。因为鲍林把边沁的手稿(约60000页)交由现在的伦敦大学学院(UCL)保管,这个责任自然落到了该院的头上。此前,美国的边沁学者埃弗里特(Charles Warren Everett)曾从这些手稿中发现并编辑了边沁的《评论评注:对威廉·布莱克斯通的〈英国法评论〉的批评》(1928)和《法学的确定疆界:〈道德和立法原理导论〉之第二部》(1945),即后来哈特编辑的《法的普遍理论》(1970),这让世人知晓了边沁对分析法学的空前的、至今尚无人超越但却在一百多年内不为人知的贡献。1932年3月8日,即边沁去世后的100年,伦敦大学学院的边沁手稿委员会召开第一次会议,哈耶克和奥格登(C. K. Ogden)曾与会。委员会最初只计划编辑边沁的经济著作,如哈耶克所说,"目前之急要是批判地编辑边沁的经济著作",但它很快便决定整理边沁的全部著作。根据哈耶克的建议,拟议中的新版本分为四个大的主题:经济学;哲学,包括心理学、逻辑学和语言学;社会学,包括政治科学、宪法学、公共行政和国际关系;法学。整理工作先从经济学论著开始,但却被二战打断了。其间,奥格登曾于1933年整理出《边沁的拟制理论》(*Bentham's Theory of Fictions*),这让世人领悟了边沁的语言哲学和逻辑学的魅力。斯达克(Werner Stark)在凯恩斯的全力支持下整理的《边沁的经济论著》(三卷本)于1952到1954年出版,①第一次向世人展示了边沁关于货币、投资和雇佣劳动的思想的广度和力度。20世纪50年代,在哲学家艾耶(A. J. Ayer)的推动下,伦敦大学学院又开始考虑编辑权威的边沁版本。1959年,伦敦大学学院成立边沁委员会,伯恩斯(J. H. Burns)1961年被任命为《边沁著作集》第一任总编辑,新版本的编辑和研究者被称作边沁项目组(the Bentham Project)。哈特于1968年加入边沁项目组,后曾任边沁委员会的主席,曾为边沁著作的编辑和研究作出极大贡献。第二任和第三任总编辑分别是丁维迪(John Dinwiddy)和罗森(Frederick Rosen)。当前边沁项目组的主任和总编辑是斯科菲尔德(Philip Schofield)教授。

边沁项目组的新版本,正在取代鲍林版本,成为边沁研究的标准文本。目前,新版本已出版32卷。除了第12卷的《通信集》外,其他的19卷主要是法学论著,它们分别是(以出版时间为序)《道德和立法原理导论》、《法的普遍理论》、《评论评注和政府片论》、《宪法典》(第一卷)、《论教育》、《义务学与行为渊源表及功用主义》、《宪法典的首要原则》、《反对恶政的保障和其他为的黎波里和希腊撰写的宪法论著》、《官员资质最大化;成本最小化》、《殖民地、商业和宪法》、《"世界的立法者":关于法典化、法和教育的论著》、《政治程序论》、《论济贫法》(第一卷)、《权利、代表制和改

---

① 详见 P. Schofield, "Werner Stark and Jeremy Bentham's Economic Writings", 35 *History of European Ideas*, 2009, pp. 475-494。

革:胡说八道及关于法国革命的其他论著》、《法学的刑法分支的疆界》(取代哈特编辑的错讹甚多的《法的普遍理论》)、《论济贫法》(第二卷)、《英格兰教会及其问答集之检讨》、《论出版自由、公共讨论和其他为西班牙和葡萄牙所写的法政著作》、《论非常规的性,和关于性道德的其他论文》。① 关于语言、逻辑和政治谬误的论著、关于司法改革和证据原理的论著、宗教论著和经济论著也正在整理或编辑过程中,将很快出版。据粗略估计,新版本要完工,至少还要编辑 40 多卷。

面对卷帙浩繁又晦涩难通的文本,该如何阅读呢?对那些写出了一二部经典著作的思想家来说,了解其思想的最佳途径是直接研读原著,而不是研读二手文献。对边沁感兴趣的读者,若直接研读原著,会觉得坠入了汪洋大海。较好的办法,一是先找到"中间人",以之为指南,然后再选择性地进入原著;二是借助索引的帮助:新编的《边沁全集》中的每卷都附带了很详尽的高质量的索引。幸运的是,在通往边沁原著的路上,不乏杰出的"中间人"。这里简单介绍可以作为边沁学术入门读物的 4 本中间人文献。② 其一,丁维迪(J. R. Dinwiddy)的《边沁》:该书的作者曾于 1977—1983 年担任《边沁全集》的总编辑。本书是本短小精悍的学术传记,简朴而忠实;其主体目录是:传记大纲/最大幸福原则/语言和方法/法典化和普通法/宪法论/政策和福祉/边沁和边沁主义。其二,斯科菲尔德(Philip Schofield)的《邪恶利益与民主:边沁的功用主义政治宪法思想》。③ 该书作者是现任的《边沁全集》的总编辑;该书由作者经 30 年的艰苦研究后写成,全面地叙述了边沁思想发展的哲学与历史的轨迹;该

---

① *Of Sexual Irregularities, and other Writings on Sexual Morality* (2014); *On the Liberty of the Press, and Public Discussion and Other Legal and Political Writings for Spain and Portugal* (2012); *Church-of-Englandism and its Catechism Examined* (2011); *Writings on the Poor Laws*, vol. 2 (2010); *Of the Limits of the Penal Branch of Jurisprudence* (下文简称 *Limits*, 2010); *Rights, Representation, and Reform-Nonsense upon Stilts and Other Writings on the French Revolution* (2002); *Writings on the Poor Laws*, vol. 1 (2001); *Political Tactics* (1999); "*Legislator of the World*". *Writings on Codification, Law, and Education* (1998); *Colonies, Commerce and Constitutional Law* (1995); *Official Aptitude Maximized* (1993); *Securities against Misrule* (1990); *First Principles preparatory to Constitutional Code* (1989); *Deontology* (1983); *Chrestomathia* (1983); *Constitutional Code*, vol. 1 (1983); *A Comment on the Commentaries and A Fragment on Government* (下文简称 CCFG) (1977); *An Introduction to the Principles of Morals and Legislation* (1970 with new intro 1996); *Of Laws in General* (1970). 除 CCFG 和 *Of Laws in General* 由 London 的 Athlone 出版社出版外,其余皆由 Oxford University Press 出版。

② 除去这四本著作外,另外值得一提的著作如下:D. Lyons, *In the Interest of the Governed: A Study in Bentham's Philosophy of Utility and Law*, Oxford University Press, 1973; D. G. Long, *Bentham on Liberty*, University of Toronto Press, 1977; L. J. Hume, *Bentham and Bureaucracy*, Cambridge University Press, 1981(下文简称 CUP); F. Rosen, *Jeremy Bentham and Representative Democracy*, Oxford University Press, 1983; R. Harrison, *Bentham*, Routledge, 1983.

③ P. Schofield, *Utility and Democracy: the Political Thought of Jeremy Bentham*, Oxford University Press, 2006.

书主体目录是：真确的和虚拟的实体/功用原则/自然法和自然权利/法国革命/邪恶利益的出现/议会改革/教会/殖民地和宪法/法典化、宪法和共和主义/公开性、责任和政府建筑/邪恶利益的解药：官员资质/法制改革的政治学/最后的话。其三，哈特的《论边沁》(Essays on Bentham)。本书已成为毋庸置疑的法学经典，它主要是对边沁的法理学和政治理论的研究；其主体目录为：法的祛魅/边沁与贝卡利亚/边沁与美国/边沁与小穆勒论自然权利/边沁的《法的普遍理论》/法律义务/法律权利/法律权力/主权与法律上的有限政府/命令与权威性理由。其四，庖斯蒂默的《边沁与普通法传统》。① 庖斯蒂默是当代英语世界最具影响的法哲学家之一；该书对边沁和经典的普通法理论之间的历史性论争提供了哲学式解读。该论争对法哲学思想来说是根本性的，它塑造了关于法和裁判的性质、任务和限制的当代观念；该书的主体目录为：第一部分：法、习惯和理性：经典普通法理论的要素/法、社会统一和集体理性/休谟的法理学：法、正义和人性/休谟的法理学：普通法的成规主义；第二部分：边沁对普通法的批判：实证主义之根：功用主义正义和法的任务/边沁作为普通法的修正主义者/习惯、规则和主权/剥去神秘的面罩/功用主义的实证主义；第三部分：法、功效和裁判：法官作为家长/司法美德和公共观念的制裁/法典阴影下的功用主义裁判/边沁法理论的一致性。另外值得一提的是两个近来出版的选编了边沁重要著作的读本：其一是安格尔曼（Stephen Engelmann）的《边沁选读》；②其二是哈里森（Ross Harrison）的《边沁论功利主义和政府》。③

第二节 边沁的法哲学

一、边沁的三本主要法哲学著作

边沁是个百科全书式的人物，但他首先，始终且主要是法学家。法学著作构成边沁全部著作的主体；他出版的第一部著作，是对布莱克斯通

---

① G. Postema, *Bentham and the Common Law Tradition*, Oxford University Press, 1986. 该书是对原初文本的仔细解读，它的主题是边沁的裁判理论。Postema 提出，边沁主张直接/行为功用主义的裁判理论，其中，法官不受实在法的严格约束，而应在每个案件中适用功用原则；制定法的主要功能是为确定的预期提供基础，界定和维持社会互动的框架；在几乎每个案件中，制定法的严格适用将促进功用；但在特定个案中，在考虑完一切相关因素后，若功用原则要求偏离制定法，法官便应遵循功用原则。

② S. G. Engelmann(ed.), *Selected Writings: Jeremy Bentham*, Yale University Press, 2010.

③ R. Harrison(ed.), *Selected Writings on Utilitarianism by Bentham*, Wordsworth Editions Ltd, 2010.

的《英国法评注》的批判；最后的主要著作是《宪法典》,贯穿边沁一生最重要的事业是法制改革。明智而成功的法制改革显然是以对法现象的深刻理解为前提的。这种理解所要求的努力,是一种哲学式的努力。在边沁宏大驳杂的思想体系里,过去的近二百年中影响最大、被最频繁研究的是他的法哲学思想。早在一百多年前,布鲁厄姆、密尔和戴雪等都异口同声地认为,边沁是英语世界第一位法哲学家,他第一次把对法的研究转变成了科学。20世纪英语世界最伟大的法哲学家哈特认定,他的法实证主义属于边沁开创的传统；他把边沁视作法实证主义的奠基人；他还明确强调,边沁是英语世界最伟大的法哲学家。①

边沁的父亲曾殷切期望他成为大法官(Lord Chancellor)。在听过布莱克斯通的英国法讲座(1765—1769年以《英国法评注》为名出版)后,他对英国法却极厌恶,虽曾执业,但只接过一个案子,却还劝客户放弃,因为他付出的成本要远超过他可获取的赔偿。普通法是普通人难以理解的,它给了律师和法官制定它、解释它、用它赚钱的巨大权力。在学业完成后,他决定致力于研究、批评和改善英国法。在这个时候,他曾自问:"我有何才干？能做什么？什么是一切世俗追求中最重要的？"爱尔维修(Helvetius)的回答是"立法"。"我有立法才干吗？""是!"边沁"恐惧而颤抖"地自答。自此以后,对《英国法评注》及其表达的普通法的批评和法制改革便成为横贯边沁一生的主题。

边沁早期手稿《预备原则》(*Preparatory Principles*)和《批判法学大纲》(*Elements of Critical Jurisprudence*),便是对布莱克斯通的《英国法评注》反思的结果。20世纪,由埃弗里特(1928)和哈特(1977)先后整理的两个版本的《评论评注》,最初是《批判法学大纲》的一部分。布莱克斯通的《英国法评注》和边沁的《评论评注》涵盖英国法的一切主要方面。边沁把《评论评注》中论述政府的那部分先行出版,此即《政府片论》(1776)。《政府片论》虽是边沁早年的"小书",但却是他整个思想的胚胎。他在其中第一次提出,"最大多数的最大幸福是正确和错误的标准"。这本小书主要是一部关于主权的性质、起源和形式的论著。它还可以说是分析法学的开山之作,依然界定和支配今天的法学论争。关于法学角色的著名的阐释者和批判者的分别,在该书中首次被明确提出,并得到系统论述。值得强调的是,边沁这本书的重心是依照功用原则来批判和改革法体系。不受批判的体制,绝无改善的可能。边沁在此强调批判者的价值,他认为错误的愤青远比正确的马屁精更有用：前者最多是傲慢无礼,后者则是卑鄙无耻。"在法治政府下,好公民的座右铭是……严格地遵守,自由地批判"；拒绝或放弃批判,就是与公共幸福为敌；"存在即正当"的命题,

---

① D. Sugarman, "Hart Interviewed: H. L. A. Hart in Conversation with David Sugarman", 32 *Journal of Law and Society*, 2005.

不仅与理智和功用矛盾,也自相矛盾。① 在这里,边沁批评说:某些腐朽昏庸的政客怕改革,就如猫头鹰怕阳光;这些人拒绝某种改革又拒绝为此给出理由,整天只是叫卖教条;律师(包括法官)的偏执和诡计把很多法律锁入晦涩的行话之内;法律充斥了大量的拟制、同义反复、拐弯抹角、不规则和不一致之处,尤其是,瘟疫般的拟制毒害了它接近的每项法律的意义。②

18世纪70年代末和80年代初,边沁主要致力于探索以功用原则为基础的立法科学。他的抱负是制定一套"万全法典"(Pannomion)。《道德和立法原理导论》(IPML)便是初步的成果。边沁力图开创一个关于犯法和惩罚的哲学体系,以取代此前以好恶感为基础的论调。《道德和立法原理导论》的标题很宽泛,但边沁认为它主要是一部刑法导论。③ 前六章主要界定功用原则:功用原则旨在筑造福乐大厦,而筑造它的手段则是理智和法制。④ 从第七到十七章,边沁讨论了危害行为、是否一切危害行为都应受惩罚、犯罪与惩罚的比例、惩罚的不同纬度及各种惩罚间的关系、对一切犯法行为(offences)的彻底而详尽的分类、刑法和立法及道德的其他方面的关系。任何惩罚本身都是一项痛苦,唯独它减少的痛苦或增加的快乐超过它本身时,它才是正当的。《道德和立法原理导论》和他这个时期写的关于刑法的其他手稿,⑤系统严谨地阐发了关于惩罚的预防或威慑论(朝向将来,区别于朝向过去的报应论);他强调犯法行为和惩罚应符合正当比例,强调对犯法者的改造和矫正;他指出,惩罚的量、种类和确定性的设定,应确保潜在的犯法者认为自己不能从犯法中获益。这些内容总体上构成边沁的惩罚理论,它们依然是当代刑法哲学论争的主题。在该书中,边沁还提出了他关于立法原理也即万全法典的总体写作计划:(1)民法及私分配法;(2)刑法;(3)刑事和民事程序法;(4)奖赏法;(5)宪法也即公共分配法;(6)政治程序法;(7)国际法;(8)财政法;(9)政治经济学;(10)普遍法学,即关于一切部门法的形式也即方法和术语(如义务、权利、权力、所有权、资格(title)、豁免、公民权、特权和效力等)的分析。当边沁8年后决定出版《道德和立法原理导论》时,他发现,在该书中,他的研究"几乎已涵盖立法的整个领域","包含了为其他部分的法律论著所必要的原理"。⑥ 实际上,边沁的确以丰硕的著述,在上述每个领域都作出了卓越贡献。可以不夸张地说,"立法科学及与立法相

---

① *CCFG*, pp. 398-403.
② Ibid., pp. 410-411.
③ *IPML*, pp. 1, 4.
④ Ibid., p. 11.
⑤ 新版《边沁全集》尚未完成,目前关于边沁惩罚理论的文本,除 *IPML* 外,见 *WKS*, vol. 1, pp. 365-580(*The Rationale of Punishment*; *Jeremy Bentham to his Fellow Citizens of France on Death Punishment*); *WKS*, vol. 4, pp. 1-35. (*View of the Hard Labour Bill*)
⑥ *IPML*, p. 1.

关的道德科学,是边沁发明的"①。

《政府片论》和《道德与立法原理导论》是边沁最广为人知的两部著作,但却都是"早期的""半成品",一是片论,一是导论;他的很深刻的思想,经常出现在脚注里。这两本书的"特长"是,它们是由作者本人整理出版的。

当边沁要完成《道德和立法原理导论》时,他发觉自己始料未及地坠入了形而上学的迷津,此即罚(penal)法②和民法的区别和关系,这迫使他思考:"一个法(a law)是什么?这里说的,是一个完整却单独的法(one entire but single law);一个法可被分成的若干部分是什么?或者换句话说,可在被恰当地叫作一个法的每项客体里发现的属性是什么。"③

这些问题貌似初级,但他之前的任何人都不曾认真解说过。边沁关心的是作为"逻辑的、理念的和智识的整体"的法概念:这种概念,作为一个智识单位,是从一切法现象中抽绎出来的,因此也可用来分析一切复杂的法现象。如此定义的法概念之于个别制定法,正如解剖学家分解的单一完整肌体之于屠夫砍下的肉骨。④ 边沁本计划用三节的篇幅来回答这个问题,但它的复杂性远超出他的预料;1780 年年底,在《道德和立法原理导论》付印前,他为此写就的篇章实质上已达到了一本书的篇幅;1782年,他又补写了一些。当边沁于 1789 年决定出版《道德和立法原理导论》时,他计划在时机成熟时把这些篇章作为他的立法原理或科学全书的第 10 卷也即"普遍法学"出版。⑤ 但在边沁生前,这个时机从未成熟。此后,这部手稿被埋葬了 160 多年。1939 年,埃弗里特发现了这部手稿;1945年,他以《法学范围之确定》(*The Limits of Jurisprudence Defined*)为名把它出版。⑥ 因为该书思想价值极高,又因为埃弗里特版本的一些瑕疵,1970 年,边沁项目组推出了哈特编辑的新版本;哈特版本把书名改为《法的普遍理论》(*Of Laws in General*);他说这是边沁定的书名,他还根据手稿对文本做了实质性的删减和增补。与埃弗里特版本相比,哈特版本改进了很多,但作为杰出法哲学家的哈特不是杰出的编辑:他不愿承担繁重和细琐的誊抄和编校工作,过分依赖助手。哈特版本问世后,一些细心的学者发现了其中存在两千多处誊抄错误,章节顺序和书名也都不符合、甚至歪曲了边沁本来的安排。于是,边沁项目组的主任斯科菲尔德教授开始重编此书。他的版本纠正了哈特版的誊抄错误,做了不少修改,

---

① 见 J. Bowring 为 *WKS* 的总序言。
② 如哈特所说,边沁所用的 penal 要比 criminal 的含义广很多,因为它涵盖设定义务和为这些义务规定制裁的一切法。因此,它不仅针对犯罪,还针对民事违法或过错,如侵权、违反合同义务和违反信托。*EB*, p. 106。它无疑也针对行政违法。
③ *IPML*, pp. 299-300.
④ *Limits*, p. 35.
⑤ *IPML*, p. 6, 301.
⑥ *The Limits of Jurisprudence Defined: Being Part Two of An Introduction to the Principles of Morals and Legislation*, Columbia University Press, 1945.

493

恢复边沁本来的书名，即《法学的刑法分支的界限》(*Of the Limits of the Penal Branch of Jurisprudence*)。边沁这本极富原创性的巨著，终于获得了一个可靠的文本。

与他关注法的实质和法制改革的著作不同，这是关于"一个法"(a law)的形式和结构的著作，也即法解剖学著作。边沁确信，若无形式的改革，关于实质的任何改革都难以产生实效。这不是一部易读的书。边沁对此也很清楚，他提前向读者就该书里的"冗长且晦涩的讨论"道歉，①称它为"思辨形而上学的干货"(dry cargo of speculative metaphysics)。②尽管如此，"总体上，这本书的风格是清澈而生动的，抽象观念经贴切悦人的比喻而得以阐明"③。最关键的是，这是迄今为止最伟大的法哲学著作之一，如哈特所说：

> 这部著作的原创性和力量，确定地使它成为边沁对分析法学的最大贡献；我认为，很显然，若该书在边沁生前出版，那支配英国法学的，将是它，而非约翰·奥斯丁后来那明显是派生性的著作；分析法学——不仅在英国——也本会前进地更迅速，成长地更繁茂。④

关于该书的基本思路，边沁(1789年)曾在《道德和立法原理导论》的末注(concluding note)里做了简练的交代。与学界知道较多的奥斯丁的僵化的命令论相比，关于服从习惯和倾向(是主权的基础；对不同的主体而且在不同的领域，它都可能是不同的)、主权(逻辑上是可以分割的，可以受限制的)、命令、宪法(对主权者的法定限制——而非道德限制——是可能的；宪法是法，不单是实在道德)、法与制裁(主权者的命令，即使只受道德或宗教制裁的支撑，仍可能是法)或惩罚/奖赏[法可分为罚法(penal law)和赏法(praemiary or invitative law)]的关系等议题，该书的论述都更加微妙灵活。

哈特认为，真正把边沁和奥斯丁区别开、使前者成为如此原创和博大的法哲学家的品质是：前者自觉地革新了对法的结构的探究方法和逻辑；当代的法学家、哲学家和逻辑学家都从这种革新中获益匪浅。该书对法的定义是：

> 一组符号：宣告一个由一国的主权者构造或采纳的意志，该意志是关于某个人或某些人在特定情形下所应做的行为的，后者在该特定情形下是或被假定是服从于上述的主权者的权力的；这个意志把它的实现寄托于对某些事件的指望，而且根据主权者的意图：他的意志的宣告有的时候应成为导致这些事件发生的手段，对这些事

---

① *Limits*, p. 219.
② Jeremy Bentham to Lord Ashburton, 03/06/1782.
③ *EB*, p. 125.
④ *EB*, p. 108.

件的指望应成为一种动机来作用于那些其行为在此被调整的人。①

接下来，边沁运用极其强大的逻辑头脑，从法的渊源、法的目的、法关系的主体和标的、法的客体即法调整的行为和界定行为的环境、法适用的主体范围、地域范围、持续期间、法的普遍性、法的向度（aspects）即意志适用于客体的方式、法的力度或手段、法的表达或符号、法的救济性附设（Appendages）等12个方面，对法的概念做了精细地阐释，精细地令人震撼。

在《道德和立法原理导论》中，边沁提出，应该创立一门叫作"意志的逻辑学"（logic of the will）的学问。意志的逻辑（展示祈使（imperation）的形式），比亚里士多德发明的"理解的逻辑学"（logic of the understanding）（展示论证的形式），更易于、也更值得提炼出一些规则。它比"理解的逻辑学"更重要，因为理解力的运作是为意志的运作服务的：若无后者，前者就无意义。法学，正是意志逻辑学的最大分支和最重要的应用。它之于立法艺术，正如解剖学之于医术。政治体因为对它的无知而遭遇的危险，丝毫不亚于人身因对医术的无知而遭遇的危险。② 就此而言，《法学的刑法分支的界限》实乃一部意志逻辑学的开创性和奠基性著作：它之于意志逻辑学，正如亚里士多德的《形而上学》和《工具论》之于理解的逻辑学。

意志逻辑学的首要分支是关于法的逻辑结构的理论。边沁把意志的形式（即与作为它的客体的行为的关系）归结为四种，即命令与禁止，许可做与许可不做。这四种形式间存在"必然的排斥或共存关系"③，也即"理解的逻辑学"中的反对和矛盾关系，所以，意志的形式关系大体上也可用传统的逻辑方阵来表示。这种意志的逻辑，对理解法的结构、法体系的结构和法相互间的冲突，是极其必要的；它是立法者最基本的工具：唯独通过它，立法者才可制定出严整而连贯的法。这也就等于是说，边沁在18世纪80年代便已发现了"二战"后才引起西方知识界关注的祈使或道义逻辑学的基石。关于意志的四种形式的理论只是法的逻辑结构论的开端；意志逻辑学还涵括很多其他重要主题，如行为的逻辑、对行为的描述、逻辑和描述的关系、法和行为的条件性，等等。根据这种意志逻辑学，边沁认为，除了许可法、赏法外，其他的法都是惩罚性的。包含大量陈述性和说明性内容的所谓的民法，不是完整的法，它只是罚法的一部分，确定后者的适用范围和条件。所谓的民法的存在的独立性，并不影响法的惩罚性本质；罚法和民法的区别，只是法的阐释上的区别，而不是法自身的区别：为了阐释或教学的方便，法（是祈使性的）的不同部分可以被分

---

① *Limits*, p. 24.
② *IPML*, pp. 8-9, 299-300, note b2.
③ *Limits*, pp. 253-254.

开并被重组。①

《法学的刑法分支的界限》关于意志逻辑学和法的祈使论的阐释很精细、很深刻。哈特曾批评奥斯丁的命令论,但当他发现边沁的祈使论后,不得不承认,边沁的论述要求批评者探究人的行为被法引导和评判的方式等很基本的议题,而他自己与很多其他人的理论都不曾做到这一点。法的祈使论,丝毫不因为哈特对奥斯丁的批评而倒塌。不幸的是,由于边沁风格的艰涩性,由于他的思想的惊人的复杂性和厚密性,该书初版至今已60多年,但却仍是一座"处女矿"(virgin mine)。②

本章难以对边沁的法哲学思想做全面介绍,对此感兴趣的读者自可根据笔者在上面提供的线索,来钻研边沁法哲学的相关方面。我在此集中讨论边沁在法哲学的三个基本问题上的思考。第一,阐释法学与自然安排的方法论;第二,法和强制或惩罚的关系;第三,法的规范性与法体系的基础。

二、普遍阐释法学与自然安排的方法论

边沁把法学分为两类:阐释法学与批判法学。前者探究法是什么;后者确定法应当是什么。从范围上说,法学可以只处理属于特定地方的法的特殊属性,也可处理属于一切法的普遍属性。法应该是什么,边沁认为,在一切地方大体上是相同的,因此,不论是在术语方面,还是实体方面,普遍的批判法学施展的空间都很大。③ 批判者应该是世界公民。④ "法是什么"在不同地方差别很大,所以普遍的阐释法学便不得不自限于为不同法体系共享的概念或术语,如法、义务、法权、权力和权威,等等。关于阐释法学与批判法学在具体操作上的差别,边沁提供了很精练而系统的概括:前者说明或探究事实,后者讨论理由;前者针对人的智力官能,包括理解、记忆和判断;后者针对的是人的意志,要与情感打交道;前者面对已然,后者面对未来。⑤

阐释者所做的是历史性的和单纯展示性的工作。⑥ "表明当下的法的状况"是单纯的展示,它包括"安排、叙述和推测"⑦:

> 当法被认为是明白、清晰和确定时,它的工作是叙述;当法被认为是模糊、沉默和不确定时,它的工作是推测或解释。为普遍考察的

---

① See *EB*, p. 121.
② D. Lyons, 'On Reading Bentham', 47/179 *Philosophy*, 1972, p. 77.
③ *Limits*, p. 17.
④ J. Bentham, *A Fragment on Government*, ed. R. Harrison, Cambridge University Press, 1988, p. 8.
⑤ Ibid., p. 8; *Chrestomathia*, p. 202.
⑥ Bentham, *A Fragment on Government*, p. 24.
⑦ Ibid..

目的,把若干真实的或假定的制度分成不同类别,并确定展示它们的序列,而且给每一类别都起个合适的名字,这样的工作是安排。①

叙述和解释主要处理特定制度,边沁对此不感兴趣。他关心的主题是安排,这是"展示者的最艰难和最重要的职能"②。笔者认为,对安排的研究是边沁的阐释法学的方法论的核心,也是他最原创的贡献之一。边沁的法哲学的很多命题,唯独根据这个核心理念,才可获得正确而充分的理解。

边沁把安排法制材料的方式分为两种:行话式的和自然的。用特定行当的人(如律师)才可听得懂的话来展示和命名这些材料,就是行话式安排。法制材料的一些属性,是人根据共同的本性自然地就会关注的,是很易被理解的;根据这些属性来安排法制材料,就是自然安排:③

> 一个客体如何才可吸引或锁定人的注意力呢,若非是通过影响他的利益而使他对之感兴趣(interesting him)?一个行为的情境如何可以让人感兴趣呢,若非是借助它对某个人自己或与他相关的人的幸福所可产生的影响?④

自然安排"根据材料的最醒目和有趣的属性"来安排材料。⑤ 它们的"有趣属性"就是它们的可以增加或减少快乐与痛苦的倾向;关于痛苦与快乐的含义,我们无须律师的帮助即可理解。⑥ 产生与增加快乐或消灭与减少痛苦的倾向即功用性,相反的倾向则是危害性。向一个人直接或间接地指出法制材料的功用性或危害性是"让他明白每个人都在寻找的属性的唯一办法;是让他满意的唯一办法"⑦。

(一) 自然安排与日常专业语言的缺陷

自然安排是"为普遍考察的目的,把若干真实的或假定的制度分成不同类别,并确定展示它们的序列"。分类与排序是人心的高度复杂的运作,在很大程度上取决于语言,而语言不只是交流的工具,更是思想的工具。若无语言,尤其是它的指称体系,人心的很多官能(除了感觉外)都很难相对持久且有效地展开。⑧ 无名字的东西难以被固定在心中、难以被表达和交流,从而难以被持续地思考。然而,"命名的行为经常是先于对被命名的材料的性质的正确而完美的认识"⑨。

边沁对日常语言的不完善性很敏感、很纠结。首先,日常语言的缺陷

---

① Bentham, *A Fragment on Government*.
② Ibid., p. 25.
③ Ibid., pp. 25-26; *WKS*, vol. 3, p. 171; also see *IPML*, pp. 272-273.
④ *IPML*, pp. 272-273.
⑤ *WKS*, vol. 3, p. 171.
⑥ J. Bentham, *A Fragment on Government*, pp. 25, 28; *WKS*, vol. 3, p. 171.
⑦ J. Bentham, *A Fragment on Government*, p. 26.
⑧ *WKS*, vol. 8, p. 298.
⑨ *IPML*, p. 187, note a..

之一是，名词被使用的方式表明它们似乎代表了真正存在的东西，但实际上，很多名词表面上指代的东西是不存在的。名词要么代表真确实体，要么代表虚拟实体。真确实体是一个物体或一项物质，是可以由感官来感知的真实存在的东西。虚拟实体的名字，如权力、法权和义务等，并不与物理世界中的客体相对应，它们的存在主要是依赖于语言。① 基于诸多复杂的原因（包括历史方面的和心理方面的），日常语言不可避免地混淆了真确实体和虚拟实体的名字，这种混淆是某些持久错误的根源。②

其次，政法领域的日常语言神秘混乱，充满了行话。它随便运用没任何意义的词语，或者运用意义很多甚至意义相反的词语；这些词语在含义未被表明的情况下被不加区别地使用。词语的含义"经常是既不确定也不统一"③。本来是依赖于某词语的甲含义的命题经常被从在完全不同的意义上使用该词语的前提中推导出来。不同的客体频繁地被视作相同的，反之反是。④ 最荒谬的是，两个东西在意义和实质上的相似性，有时竟成了拒绝把一个东西的名字给予另一个东西的理由。⑤ 日常语言经常不曾表明各种东西间对人们来说有趣且关键的差异性或相似性；相反，它经常混淆和遮蔽了关键的界线与问题。

最后，日常语言充满了褒义词和贬义词，缺少中性词。⑥ 褒义词以赞许的方式来呈现它的所指；贬义词以谴责的方式来展示它的所指。中性词则搁置贬褒情感，只是单纯地呈现和描述它的所指。某特定行为或动机或许只是偶然地或附条件地是不可取的；用贬义词来指称该行为或动机，就等于在未经考察的情形下绝对地、一劳永逸地把与之相应的整类行为都打入了道德低谷。某特定行为或动机或许只是偶然地或附条件地是可取的；用褒义词来指称它，就等于是故意包庇或掩盖与之相应的一整类行为或动机。⑦ 边沁认为，贬义词和褒义词都是骗人的术语（impostor terms），对它们的使用回避了真正的问题。以这些词语为主语的命题，尽管要求证据的支持，但在运用这些术语展开的所谓（冒牌）论证中，该命题却只是一次又一次地被重申而已；在此，证明的过程只是给出好名字或坏名字而已，这些名字因此只是骗人的工具而已。通过使用这些骗人的名词，作者有意无意地把基于个人或大众偏见的结论掺入了他的定义和描述之中，从而使自己或别人无法明了他在谈论的东西的真性质。这些

---

① J. Bentham, *De l'ontologie*, ed. P. Schofield, trans. J.-P. Cléro & C. Laval, Paris, Seuil, 1997, pp. 82-86. 详见［英］菲利普·斯科菲尔德：《邪恶利益与民主》，翟小波译，1 章，北京，法律出版社，2010。
② WKS, vol. 6, p. 237.
③ IPML, p. 230.
④ IPML, p. 187, note a.
⑤ *Limits*, p. 31.
⑥ J. Bentham, *Deontology together with A Table of the Springs of Action and Article on Utilitarianism*, p. 96.
⑦ J. Bentham, *Deontology*, p. 95.

骗人的名词"最有效而且最隐秘地"①掐断人们的研究，关闭人们的论证，是人们最易坠入的谬误之一。②

边沁认为，上述的这些缺陷主要是少数统治者的邪恶利益和多数被统治者的偏见和智力虚弱的产物。③它们反过来又很易导致错误的观念联络、谬误论证和骗人的胡说八道。由于这些不完善性，少数统治者便能很轻易地混淆和掩盖法制的真实状况：他们在公众的头脑中强行塞入大量令人智力虚弱的骗人谎言，腐化公众的理解力，使得老百姓不知道什么是他们的真正利益，把他们转化成胆小而盲从的幼儿，向他们灌输尊崇虚假法制的卑贱意识，从而使他们对真正存在的法制完全无知。边沁痛苦地抱怨这种作为公众恣意的产物的日常语言的镣铐与暴虐。④他警告我们不要把自己捆绑于最常用的语言；否则的话，我们的命题就会与真理、从而与功用背道而驰。

（二）日常语言的悖论与自然安排的技术

一个的悖论是：语言的缺陷与思想的混乱似乎是鸡与蛋的关系。清晰与正确的思想可以改善语言，但若语词存在严重缺陷，清晰与正确的思考便几乎是不可能的。⑤走出这个困境的捷径是不存在的。⑥边沁承认，完全的成功是不可获得的：

> 我努力在法理学的荒原中开辟一条新路，但我发现自己总是很沮丧，因为缺乏合适的可资运用的工具。要完全制造一套新工具也是不可能的。我可以做的一切，就是时不时地在绝对必要的时候制造一个新工具；在其他场合，我只能时不时地修补过去的缺陷。⑦

我们从日常语言的可悲状况中得到的教训是，名词与它们的日常用法只是出发点：它们不能、也不应成为向导，更不是标准。边沁并不认为，在名词的日常使用中存在任何可靠与正确的标准。

语言是我们与世界交往的基本媒介。我们习惯上借助事物的名字来处理事物。为了理解与安排事物，我们或许不得不从相关的名字开始，但我们必须"穿透"词语，进入事物的"真实状态"⑧。如前面已指出的，日常语言不可避免地混淆了真确实体与虚拟实体的名字。真确的和虚拟的实体的区分是"综合的、极富启发的区分"⑨。面对一个名词，首先要追问的是，它所代表的是真确实体还是虚拟实体。若是后者，理解、说明和确定

---

① WKS, vol. 2, p. 436.
② Ibid..
③ Ibid., p. 465.
④ IPML, p. 190, note f.
⑤ WKS, vol. 3, p. 171.
⑥ IPML, p. 187, note a.
⑦ IPML, p. 215.
⑧ Limits, p. 287.
⑨ WKS, vol. 8, p. 344.

它蕴含的观念的正确方法便是要找回(retrieve)这个名词与相关的真确实体间的关系,因为唯一存在的客体是真确实体——它们是"真正的渊源、有效因或连接性原则。"① "找回"的过程要求边沁的著名的"恢复原型"(追回词根)[archetypation (etymologation)]、补全(phraseoplerosis)和训疏(paraphrasis)的技术。恢复原型是表明相应词语最初表达的物理形象。补全与训疏通常是合为一体的;它们要求先把词语置于相应的短语或句子之中,然后把这个短语或句子转化为另一个短语或句子;在经过转化后的短语或句子中,主要的词语应该是真确实体的名字。训疏与定义不同:定义用短语或句子来解释单词;训疏用短语或句子来解释短语或句子。② 如果这些操作是不可能的,相关的名词便"什么都不是"("a mere nothing"),③或者只是无意义的声音;包含它的命题便是胡说八道。④ 如果这个操作成功了,我们便进入了真确实体的领域。在进入真确实体的领域后,我们便应抛弃那些在刚开始时有用但却是误导性或欺骗性的名词,后者的命运不得不等待对真确实体之探究的最终判决。从逻辑上说,唯独在事物的性质被了解后,我们才可以为它们提供一套适当的名字。⑤ 原初的名字与它的意义会被抛弃、修正或再造。面对真确实体,在做任何自觉的考察之前,人们首先得选择他们认为有趣的、也即与他们的快乐和痛苦有关的东西或属性来考察。唯独在做了这个选择之后,人们才可以开始理解他们所选择的东西或属性。理解一个东西就是要知道它的属性。理解它的有趣属性,就是探究它与其他东西的不同点与相似点。⑥ 要做到这一点,唯一的方法便是二分法(bifurcation)。二分法或穷尽的分类法把逻辑规则适用于法制材料。为完成一次二分,我们首先得确定有意义的分类标准,即根据法制材料与人的快乐与痛苦的关系来确定分类标准。在找到分类标准之后,二分法便可以提供关于真确实体的有趣属性的完整知识。边沁在几乎所有著述中都沉浸和着迷于这种二分法。对他而言,这种方法是如此地重要,以至于他宣布,他的原创性的见识都源于它。⑦ 通过这种二分法,重要属性相同的客体被放在一起,与和它们不同的客体区分开来。在科学发展的当前阶段,要严格而彻底地运用二分法,对作者来说或许会太累,对读者来说也会很乏味。⑧ 然而,人们应努力在可能的限度内来运用这种"极富启发"的方法。⑨

---

① *WKS*, vol. 8, p. 246.
② Ibid., chap. 7.
③ Ibid., p. 246.
④ *Limits*, p. 287.
⑤ *WKS*, vol. 3, p. 171.
⑥ *IPML*, p. 187, note a.
⑦ Ibid., p. 196, note q.
⑧ Ibid., p. 196, note q.
⑨ Ibid., p. 196, note q. Bentham, *Chrestomathia*, p. 157.

熟悉了事物的属性之后，我们对之便有了清晰与准确的观念。① 为确定和表达这个观念，我们必须得给它一个名字。这个名字得适合我们要表达的观念，②它应当只指涉这个观念的独特属性。为此，它应当是中性的。边沁强调说，它的命名方法论的"唯一创新""在于执着地坚守中性的表达法，完全拒斥那些其含义受到偶尔附随的、不适当的观念感染的术语"③。然而，要为某特定事物发现或制造适当的新观念，要使事物的旧观念变得更确定，都是极艰难的工作。④ 在理想情境下，事物的性质本应是唯一的指导，每个真实而有趣的差别都应该对应一个不同的名字。然而，这等于是说，一套新的不同寻常的语言必须得被发明出来："改变旧名字的含义，你将永远地被误解；引入全新的名字，你肯定不会被理解。"⑤完全摧毁日常语言既不实际，也不方便。⑥ 边沁的策略，首先是，"尽可能用人们已熟悉的名字"来处理事物。⑦ 如果不可能做到这一点，就应该发明或制造新名字。在大多数情况下，为了避免制造全新的词语所带来的不便，发明它们的办法是把两个或三个既存的词语组合起来。⑧然而，在这两种情况下，作者都不得不"做冗长的讨论，以表明故事的全貌，承认他为促进特定目的的实现而违反了语言的既定规则，从而把他自己交由读者来评判"⑨。

（三）自然安排的例证：边沁的法概念

"法"这个词，经常以不同的方式来使用，用来指涉很不相同的东西，如普通法、自然法和制定法等等。对边沁来说，"法的观念从未获得精确的界定"；"法这个词是无确定而完整的指涉的"⑩。他的工作"因此不是提醒读者法的意义是什么"⑪。法"是个抽象的集体名词；如果它有任何意义的话，它只能是大量个别法律的总和"⑫。换句话说，法所指涉的是一个虚拟实体或逻辑整体。要理解法这个词，我们不得不熟悉它所指涉的真确实体或物理整体，也即个别的完整的法。这里要求的智力操作过程也叫"法的个别化"，也即描述"一个完整的法"⑬。经由训疏、个别化或二分法，边沁发现，调整臣民行为的立法者的意志的某种符号或标记，是

---

① *Limits*，p. 224.
② *IPML*，p. 214.
③ Ibid.，p. 102.
④ Ibid.，p. 187，note a.
⑤ Ibid.，p. 187，note a.
⑥ *Limits*，287.
⑦ *IPML*，p. 190，note f.
⑧ Ibid.，p. 102.
⑨ Ibid.，See also pp. 216，275.
⑩ 转引自 P. Schofield, 'Jeremy Bentham and HLA Hart's "Utilitarian Tradition in Jurisprudence",' 2 *Jurisprudence*, 2010, pp. 147-167.
⑪ UC，Box lxix, fo 86.
⑫ *IPML*，p. 294.
⑬ *Limits*，p. 237.

法这个名词的原型或真确实体。① 然后,他开始了对事物的探究:他遍搜人类经验,寻找那些与上述原型共享有趣属性的事物,把它们分门别类。

边沁发现,与法这个名字所代表的真确实体的原型共享有趣属性的事物,是主权者自身的或它所支持的命令性意志的某种表达:不论它们是直接由立法者制定的,还是由它间接采纳的;不论是公共的(立法、司法、军事或行政),还是私人的;不论是永久性的还是暂时性的;不论是命令还是对命令的取消;不论是制定法还是习惯法;不论是出自个人还是出自某个实体。对这些不同种类的意志的表达,尽管人们倾向于基于不同理由而拒绝用"法"这个称谓来指称它们,但它们仍与法的真确实体的原型共享很多有趣属性。② 这些客体是如此紧密地联系在一起,以至于很多命题都相同地适用于它们,从而有必要为它们发现同一个名字或用同一个名字来描述它们。"最不怪异"的名字便是"法";"法"也经常在这种意义上被使用。③ 这里也存在很多其他的选项;边沁然后参照词语的日常用法,仔细解释了为什么"法"这个词优于其他的名字,从而把法这个观念与其他观念区别开来。

边沁充分意识到,他"给予法这个词的含义要比它通常的含义要宽广"④。他强调他的法的概念与立法的概念的差别,以之来提醒读者:当他"猎用""法"这个词来表达"这个宽广而综合的观念"时,他已扩展了这个词在日常语言中的含义。⑤ 这样一来,边沁便赋予法这个词他认为应当由法来指称的观念或意义。这样的观念是分析法材料的基本模式,是法学的混沌宇宙赖以构造的单子。⑥

三、法与制裁或惩罚

边沁对"一个法"(a law)的完整定义是:"一组符号:宣告一个由一国的主权者构造或采纳的意志,该意志是关于某个人或某些人在特定情形下所应做的行为的,后者在该特定情形下是或被假定是服从于上述主权者的权力的;这个意志把它的实现寄托于对某些事件的指望,而且根据主权者的意图:他的意志的宣告有时应成为导致这些事件发生的手段,对这些事件的指望应成为作用于其行为在此被调整的人的动机。"这是一个很复杂的定义,笔者在此只关注它的两个方面,即它强调的法与惩罚的关系和法体系的基础。

在上述定义中,边沁说,"一个法"所宣告的意志把它的实现寄托于它

---

① *Limits*, p. 250.
② See ibid., p. 32.
③ See ibid., pp. 32, 34-35.
④ Ibid., p. 25.
⑤ Ibid., pp. 26-36.
⑥ Ibid., pp. 34-35, 269.

的臣民或主体的某种动机。根据这些动机是对快乐还是痛苦的指望,它们被区分成诱发性动机和强制性动机。在前一种情况下,法可以说是提供了一项奖赏;在后一种情况下,它宣告了一项惩罚。快乐或痛苦的人为起源主要有三种:政治的、道德的和宗教的。① 立法者可以把他的意志的实效寄托于道德和宗教这两类"外来的"和"辅助性的"赏罚(sanctions),但"在大多数情况下",立法者"把它的意志的现实化"寄托于政治性赏罚(political sanctions)。宣告政治性赏罚的最通常的办法,是给表达立法者关于臣民行为的意志的部分,补充上表明它提供给臣民的动机的部分。一个法显然包括两个部分:宣告立法者关于臣民该如何行为之意志的指导性部分,和宣告立法者给臣民提供的确保后者服从其意志之动机的制裁性或激励性的部分。如果动机是惩罚性的,提供动机的部分就是惩罚性的;如果动机是奖赏性的,那个部分就是邀请性的。严格说来,唯独在前一种情况下,立法者的意志的表达才构成一个命令;在后一种情况下,边沁称之为一个邀请,他称这类法为邀请性法或奖赏性法(invitative or praemiary laws)。② 边沁无疑认为,一个意志的表达是否构成一个命令,主要取决于表达者提供的动机的性质。唯独在动机是惩罚性的之时,它才构成一个命令。命令、禁令和许可这些用来表达意志与行为的不同关系的名词,都直接或间接地以惩罚作为行为者的动机,而且都指向惩罚。③ 许可不直接地以惩罚为动机,但对许可性意志与被许可行为间的关系的落实,必定是以对相应执法官在没履行保障职责时要遭受的惩罚作为他的动机的。

一个真诚的命令者意图他的听者做他命令的行为。为促使(而非简单地强迫)它的听者去做被命令的行为,命令者得给后者提供这么做的理由。边沁认为,唯一可能存在的行为理由只能是"功用的考量"④,而"功用"是"任何客体的对相关人产生好处、便利、快乐、善或幸福(这些观念在这里的意思是相同的)的倾向或(这实际上是一回事)对相关人的防止危害、痛苦、恶或不幸福的倾向:如果相关人是普遍的共同体,这里指的便是共同体的幸福;如果是特定个人,便是指那个人的幸福"⑤。如果一个人的相关考量来自于他无私的、对其他更多人的功用的考量,相应的理由便是道德性或规范性的理由,是行为的正当的根据;如果他的考量只是源于他对他自己或与自己亲近的少数人的特殊利益的关注,相应的理由便是审慎的或解释性的理由。这两类理由,本质上都是功用的考量,二者的差别只在于它们涉及的范围的不同。

听者对命令者要求他做某行为的这个事实本身的承认,本身显然不

---

① *IPML*, p. 34.
② 参见 *Limits*, §13. Force of A Law.
③ *Limits*, p. 143.
④ *IPML*, p. 32.
⑤ ibid., p. 12.

能像哈特所解释的那样，①成为他做该行为的理由，因为理由只能是某种形式的快乐与痛苦的考量。一个真诚的命令者要使他的听者做他命令的行为，"显然必须"依靠某些动机以产生他要追求的效果：动机之于行为，正如原因之于结果。② 动机，这里指的是实践性动机，而非单纯的沉思性动机。实践性动机是可以催生或防止实践行为的任何动机。对痛苦的避免和对快乐的指望，"以特定方式，因果性地和与它们相对应的行为连结在一起。"③因此，"指出这些动机，就是我们所说的'给出理由'的意思。"④命令者通过给他的听者提供行为动机来给他提供行为理由。听者或许有很多不同的动机或理由来做命令者命令他做的行为，这些动机与理由中的很多本身可能与命令者本人无任何关系，命令者最多不过向他的听者提示这些动机与理由而已。命令的独特性在于，它通过给法的指导性意志部分附加惩罚性部分，从而给听者无中生有地创造了做某个行为的新动机或新理由。⑤ 惩罚的可能性是命令之为命令的决定性要素，是命令概念本身固有的要素，不是像哈特所说的那样，是在基础性的阻断性（peremptory reason）理由（法的指导性部分作为理由）失败后起作用或出场的第二位的辅助性理由。⑥ 惩罚的可能性所创造的动机与理由，也不是旨在砍断或取消听者的实体反思过程的阻断性或排他性的理由；⑦立法者意图让它成为一种压倒性理由（overriding reason），意图使它可以打败在决定听者是否遵守相关命令的利益计算中起作用的其他冲突性理由。

大体说来，一个完整的法是一个命令；一个命令"预设了最终的惩罚"；"若无最终的惩罚或对它的担忧，服从便是无因之果"⑧。然而，一个法，不只是一个孤独的命令：

> 到目前为止，关于指导性部分的实效或预测性部分[即惩罚性部分]的真实性，还完全缺乏任何坚固的立足点。让一个法就此停止，……那么，它所已做的，几乎一文不值：作为意志的表达，它是无力的；作为预测，它是错误的。立法者关于相应问题的意志的确被宣告，在不服从该意志时遭受惩罚的威胁也的确存在，但关于落实这种威胁的手段，却还丝毫不见踪影。⑨

在此，立法者只有一条路可走，即继续命令，再发布一个法"要求某个

---

① H. L. A. Hart, "Commands and Authoritative Legal Reasons", in *EB*, pp. 243-268.
② *Limits*, p. 142.
③ Ibid., p. 142.
④ *IPML*, p. 99.
⑤ *CCFG*, p. 40.
⑥ *EB*, p. 254.
⑦ 关于这个观念，见 ibid., p. 253。
⑧ *WKS*, vol. 3, p. 217.
⑨ *Limits*, p. 147.

主体来落实那个伴随第一个法的预测"①。这第二个法也叫从法（subsidiary law），它旨在帮助主法（principal law）。从法是独立的、区别于主法的法，但要使某个意志的表达成为一个真实的法，从法则是绝对必要的：若是没它，"法所已做的，一文不值"。一个从法又要求另一个从法，正像一个主法要求一个从法一样。因此，为使某个立法者意志的表达成为一个法，便要构造一个从法之链。于是，必然的，为使立法者最初的某个意志的表达成为一个真实的法，一个命令便要紧随另一个命令，一个惩罚便要紧随另个惩罚。即便是一个许可性或奖赏性的意志的表达，若要成为一个真实的法，也须要一个从属性的惩罚性意志紧随其后。② 于是，一个真实的法的存在便要求一个命令体系的存在：在此命令体系中，每个法制官员都不得不服从针对他的命令，否则的话，其他的处于同一链条的法显然都将"无力"且"瘫痪"："法在此便睡着了，政府的整个机器便也停止了。"③

现在，我们便可充分理解，究竟什么是边沁的命令者所意图的：边沁明确说，一个命令"把它的实现寄托于对某些事件的指望，而且根据主权者的意图：他的意志的宣告有时应成为导致这些事件发生的手段，对这些事件的指望应成为作用于那些其行为在此被调整的人的动机"。换句话说，命令者意图他的听者理解，如果他们没能做被命令的行为，"某些事件"将会发生；而且，命令者意图（intends）听者的这种理解可以成为一种压倒性动机，以促使听者来做被命令的行为。这里所说的"某些事件"，准确地说，包括一个命令与惩罚之链。

四、法的规范性问题与法体系的基础

法的规范性问题指的是：如何理解法制陈述对规范性词语如"应当"或"必须"等的使用？"义务"是否等于"应当"？这是当今法哲学聚讼纷纭的焦点问题之一。边沁的义务概念有两个面向：盖然性和祈使性。盖然性面向是指被命令者在没做特定行为时遭受法制官员惩罚的可能性；祈使性面向是指这种惩罚必须是根据法来确定的。这里要强调的是，盖然性与祈使性只是义务概念的两个面向，它们不像哈特所误解的那样，④是两个相互独立的东西：祈使性要素是盖然性要素的固有部分，是后者的渊源。就法定义务来说，在不服从时遭受痛苦的可能性来自于法，因此这种可能性并不是直接的事实可能性，而首先是祈使的可能性，一种"法制框架内"的可能性，尽管它最终必然间接地（通过法体系的中介）是某种事

---

① *Limits*, p. 149.
② Ibid., pp. 155-156.
③ Ibid., pp. 151-152.
④ H. L. A. Hart, "Legal Duty and Obligation", in *EB*.

实的可能性。从属于某个义务,是成为受法指示去做特定行为的人。义务纯粹是法的作品。某个特定的惩罚是不是不服从某个特定法的事实的结果,对边沁的法或法定义务的性质或效力的理论来说是不相关的,这一点在下述引文中得到了最明确的体现:

> 如果一个主权者对某个人表达了一个意志,但该人却并不从属于这个主权者,在这种情况下,这个意志的表达仍旧是个法;它对那个人却是无力的,但它仍旧是一个法。这个法没力,不服从它……是一个不可能被惩罚的违法行为。然而,即便如此,我们仍不可以说,发布它是个违法行为:因为发布它的那个主体的行为永远不可能是违法行为。①

不服从某个被表达的主权意志的行为或许不会受到惩罚——这并不足以否定相应的法定义务的存在。这或许是个边沁最遭受误解的主题。②

如我们在前面已说明的,对边沁而言,理由,不论是规范性的道德理由,还是解释性的审慎理由,只能是关于快乐和痛苦的某种考量。某个人为的主体的观点或行为本身是不能够成为一个理由的,更别说是规范性理由了。接受某个人为的事件作为理由本身,即哈特所谓的规范性态度,③在边沁眼里,是无原则的同情或反感的态度(an unprincipled attitude of sympathy and antipathy),是恣意或想象的果实,而这些都恰是理性的反面。④

边沁的确意识到,法制官员经常把立法者的指导性意志的表达作为他们自己和公民应根据立法者的指导来行为的规范性理由。然而,这些法制官员,在边沁眼里,只是"虚弱的法制心灵"⑤,"消极和孱弱的一群人:时刻准备吞食一切,安乐于一切:其智力不足以分辨对错,其情感则麻木于对错:荒唐、短视和固执;萎靡不振,易被错误的恐慌所吞噬;聋于理性和公共福祉之声;媚于利益之私语和权力之敲打。"⑥这些人"跪伏在权威的脚凳前,认为拥有与权威的观点不同的观点是一种犯罪。"⑦

再者,在一个政治体中,如果官场是一个系统分化的领域,适用法的官员群体(包括法官和律师)构成独立于、区别于其他官员尤其是立法者与政治人物的系统,那么,适用法的官员群体所谓的规范性态度或许是一项有趣的或有价值的发现;然而,如果整个官场(包括适用法与制定法的官员)构成一个作为少数统治者的统一而同质的系统,分享共同的利益、

---

① *Limits*, p. 44.
② 哈特对边沁的误解,见 H. L. A. Hart, "Legal Duty and Obligation".
③ H. L. A. Hart, "Commands and Authoritative Reasons".
④ *IPML*, chap. 2.
⑤ J. Bentham, *A Fragment on Government*, p. 13.
⑥ *CCFG*, p. 402.
⑦ Ibid., p. 403.

意识形态或语言,那么,这种法制官员的规范性态度不过表明少数统治者接受或承认他们自己关于多数服从者得做 X 的意图的表达构成多数服从者应做 X 的排他性或阻断性理由。其中的逻辑也即:A 接受或承认 A 关于 B 得做 X 的意图的表达构成 B 做 X 的阻断性理由。这一方面是滥用语言;另外,它只不过等于是说,少数统治者认为他们对多数服从者的"这么说"应成为后者"这么做"的阻断性理由。这种解释丝毫不曾促进我们对法现象的理解。

那么,边沁如何理解或解释关于法的内容的规范性态度或陈述呢?在边沁的思想体系中,人们的服从倾向(disposition)源于他们关于福乐的计算(felicific calculation);主权者指望法所规定的赏罚可以在他们的福乐计算中成为压倒性理由。对一项法,人们可以有两种不同的态度:或者我不得不或不必服从它;或者我应该或不应该服从它。关于后者,边沁可能会说,它要么是愚蠢的胡说与骗人的谬论,要么是一种以对相关法制的道德评估为基础的规范性态度。一个法是一个法这个事实本身不可能赋予它以规范性,不可能使之成为一个理由。对"应该"和"必须"这类规范性术语的适当和有效的使用,是建立在功用考量的基础之上的:"唯独如此解释,'应该'、'对与错'和其他类似的词语才有意义;否则,它们便无意义。"①"就实践来说,唯独功用原则才可以给我们提供理由,而且它不再依赖于任何高阶的理由,它自身就是唯一自足的理由。"②关于法定义务的陈述并不必然是规范性陈述。边沁并不认为在法定义务与"应该"之间有任何概念上的联系,除非这里的"应该"是凯尔森意义上的很惨白与微弱的"应该"。边沁的学说可能在很多方面都与菲尼斯(John Finnis)的学说不同,但边沁至少会同意菲尼斯的一个观点:单是说存在某项法定义务,并没解决它所规定的行为是否应该被实施的问题。后一问题只能通过福乐或道德计算或评估来解决。

如果人为的立法不是要帮助创造、增加和保护社会或个人的幸福,边沁说,就不可能"存在要遵守该立法和服从相应惩罚的理由"③。如果法不是它应该是的那样,普通的臣民该怎么做呢?边沁认为,这是一个"很有趣的问题"④,他让读者参考他的"反抗底线"理论;根据该理论,"引导一个人走出这种困境的唯一线索"是由功用原则提供的;如果一个人可以做的最好的计算告诉他,抵抗可能给他带来的痛苦少于服从给他带来的痛苦,那么,"每个人都可以抵抗,这不仅是利益所要求的,也是义务所要求的"。虽然恐怕只有先知才可知道这个"底线"的共同的标记或符号,但对每个人来说,"他自己关于功用的内在计算对反抗的支持"便是特定

---

① *IPML*, p. 13.
② *CCFG*, p. 448.
③ Ibid., pp. 377-378.
④ *IPML*, p. 292.

的标记。① "对法的反抗的正当性或错误性取决于反抗所导致的痛苦在我看来是否比抵抗所带来的痛苦少"或反抗"是否值得"。边沁认为,这是唯一的确定服从与反抗的规则;对此,一个好臣民不必恐惧,一个好公民也不必羞于承认。正如立法者"这么说"的表达本身并不提供"应当"或"理由","一个人攻击政府或法制的、道德与宗教的行为及其环境本身,并不表明他所做的事情有任何可被谴责之处"②。

有人③主张说边沁认为臣民必须或应当把法作为阻断性理由来服从;他们的论据之一是来自边沁的很著名的一句话:"在法治政府下,什么是好公民的座右铭?严格地遵守;自由地批评。"④问题是,这句话并不必然支持他们的结论,因为,一方面,边沁在此的重心显然是"自由地批评";其次,对这句话的另一种完全可能、或许更加合理的解释是,边沁在此只是给大家提出建议:在法治政府下,对好公民——精于福乐计算——来说,聪明而审慎的态度是严格地遵守,否则的话,他便会遭受惩罚。

一些接受和欣赏阻断性行为理由之观念的人经常求助于承诺的观念来支持他们的观点。他们认为承诺典型地提供了阻断性的行为理由。边沁完全不接受这个理论;在讨论遵守承诺的理由时,他如此说道:

> ……基于什么理由,人们应当守诺呢?……任何可理解的理由……都只能是,为了社会的利益,人们应守诺;如果他们不守诺,那就应该用惩罚来强迫他们守诺?……这一点,而不是别的,是使人们守诺的理由,即为了社会的好处,他们应守诺;这个解释也适用于对下述问题的回答:……为什么臣民应服从国王?……为什么他们应服从呢?一句话,只要服从可能导致的痛苦少于抵抗可能导致的痛苦。整体说来,为什么他们的义务是服从呢?因为这符合他们的利益,不为别的。⑤

是功用的考量而非别的因素,在"隐秘而且不可避免地"⑥主导人们在这些事情上的判断:

> 承诺的义务不可能抗衡功用,但功用则会压倒承诺。……承认任何承诺都可能是无效的,就等于是承认如果任何一个承诺是有约束力的,那么这不只是因为它是一个承诺。承诺的效力所依赖的环境(不论它是什么)而不是承诺本身,才(必定)是承诺所创造的义务

---

① *CCFG*, pp. 57, 484.
② *WKS*, vol. 2, p. 440.
③ 如 H. L. A. Hart, "Commands and Authoritative Reasons"; K. Lee, *The Legal-Rational State: A Comparison of Hobbes, Bentham, and Kelsen*, Avebury, 1990.
④ *CCFG*, p. 399.
⑤ Ibid., p. 445.
⑥ Ibid..

的原因。①

赋予一个法或承诺以效力的环境,而非这项法或承诺本身,才是这个法或承诺确立的义务的原因。这个深刻的观念,若与边沁的关于义务的服务观念结合起来,便可被更充分地理解。一个义务本身产生痛苦,从而是一种恶。那么什么是它存在的理由?边沁的回答是,在义务被确立的过程中,"可作为它的限制、导引和基础的唯一明确与唯一合理的观念"是"服务的观念"。功用原则要求义务所造成的恶必须由服务所造成的善来补偿。义务的观念预设了服务的行为。"义务的观念是后于服务的观念的";"坏法是那种设定义务但却没提供任何服务的法"②。

如果关于其他人之行为的意图的表达不可以被接受为阻断性的行为理由,那么,拥有实践权威便不表明这种表达被接受为阻断性的行为理由。对边沁来说,拥有权威或成为一个优势者,要么是成为一个主权者,要么是为从属性的权力拥有者。在这两种情形下,"拥有权威"都是指"拥有给被要求服从其意志的人制造痛苦的力量"③。然而,这并不等于说权威就是强力,因为,主权者的存在依赖于臣民的服从倾向,而这种服从倾向显然并不完全依赖于主权者的力量或权力。边沁有时说,主权依赖于臣民的服从习惯。这导致了对他的思想的极大误解。比如说,哈特便把习惯与规则或规范完全对立起来,把习惯当作行为的单纯的机械的一致性。因为这样的误解,哈特便主张说,在边沁的理论中,强盗情境(gunman situation)与法的情境之间的差异"是相对次要的:作为命令的法是普遍地针对习惯服从这些命令的人发布的"④。哈特在此完全错了。边沁不会像哈特那样,夸大"负义务"(having an obligation)与"被迫"(being obliged)之间的差别。边沁认为,"负义务"预设了"被迫",但这绝不等于是说,二者之间的区别像哈特所说的那样是"相对次要"的,因为"负义务"是被一个主权者迫使,而一个主权者,根据边沁的成熟的观点,是由普遍服从的倾向(disposition)构造的。边沁时而交替使用"服从习惯"与"服从倾向"这两个术语,认为服从习惯是主权或法体系的基础。然而,他的成熟的观点是:倾向与习惯,虽然紧密联系但却很不相同,一个主权者或法体系的构造性(costitutive)基础是服从的倾向。⑤ 一个倾向是一些意图的总和,⑥它面向未来;一个习惯则是"面向过去的行为",它是"其开端遗失在时间之渊的一系列行为的结果"⑦。一个倾向或许以习

---

① CCFG, pp. 445-456.
② WKS, vol. 3, p. 180.
③ Ibid., p. 233; CCFG, p. 275.
④ H. L. A. Hart, *The Concept of Law*, Oxford University Press, 1994, p. 7.
⑤ Limits, p. 42; WKS, vol. 3, p. 219.
⑥ IPML, p. 134.
⑦ WKS, vol. 3, 219; CCFG, p. 429; IPML, p. 78.

惯作为其原因之一。①"服从的习惯是这种有用的、社会性的,而且(幸运地是)很普遍的倾向(disposition)的不很确定的原因与不很牢固的基础。"②从二者之间的这种差别与联系出发,边沁强调,政府或政治社会或"唯一真正的法"源于或依赖于服从的倾向。服从的普遍倾向反过来又依赖于公共观念:"如果这种观念转变了方向,一方的服从习惯便终止了,另一方的全部权力也就终止了。"③事实的权威(a de facto authority)的存在条件问题实际上是:什么程度的服从倾向是为一个主权者(而非一个好的或正当的主权者)的存在或构造绝对必需的?这实际上再次提出了"反抗的界线"的问题,而这个界线实际上依赖于每个与其同胞交流的个体的内在判断。超出这个界线,甚至法定义务都不再存在,更别说义务性陈述的规范性了。在这个界线之内,法体系和义务的确存在,但这些法与义务的规范性却不得不依赖它们与功用原则的关系。

边沁是一个伟大的法哲学家;长期以来,他的法哲学的复杂性和丰盈性被极大地忽略了。法哲学是关于法之为法的普遍属性的抽象探究。本章介绍和分析了他的法哲学理论的三个命题:第一,关于法的普遍属性的研究的正确方式是自然安排,即提炼和抽象法制材料与人的苦乐感觉的关系,这种自然安排要求我们去考究关于法的话语与真确实体尤其是苦乐感觉的关系,并根据这种关系来构造、命名和安排相关的法概念。第二,法,尤其是典型的法,是一种命令,这种命令包括两个部分,其一是主权者关于行为模式的意志的表达,其二是主权者关于惩罚违反该意志的行为的意志和这种惩罚的可能性的表达;一个法的实效依赖于该法所处的命令之链的完整性;这样的法,构成了臣民遵守主权者的相应意志的压倒性理由。第三,法定义务是法、也即主权者的意志的作品;法的规范性是暂时的和被推定的规范性,这种规范性依赖于功用原则,并可以被功用计算推翻;法体系的基础是共同体的以服从习惯为要素、以功用计算为基础、表达在公共观念之中的普遍服从的倾向。

思考题

1. 边沁的功用主义是"猪"的哲学吗?
2. 边沁的法哲学方法是道德上中立的描述吗?
3. 如何理解"法作为主权者的命令"这个命题?

---

① WKS, vol. 3, p. 219.
② Ibid..
③ J. Bentham, *First Principles preparatory to Constitutional Code*, p. 279.

4. 边沁是否认为法是一种阻断性、排他性的行为理由？
5. 根据边沁的法哲学，公民有守法的道德义务吗？

阅读文献

1. J. Bentham, *A Fragment on Government*, Cambridge University Press, 1988.
2. J. Bentham, *An Introduction to the Principles of Morals and Legislation*, Clarendon Press, 1996.
3. J. Bentham, *Of the Limits of the Penal Branch of Jurisprudence*, Clarendon Press, 2010.
4. H. L. A. Hart, *Essays on Bentham: Jurisprudence and Political Philosophy*, Clarendon Press, 1982.
5. R. Harrison, *Bentham*, Routledge, 1983.
6. G. J. Postema, *Bentham and the Common Law Tradition*, Clarendon Press, 1986.
7. J. Dinwiddy, *Bentham*, Stanford University Press, 2004.
8. P. Schofield, *Utility and Democracy*, Oxford University Press, 2006.

第二十六章 梅因的历史法学

导言

英国历史法学是一个颇难谈论的话题。

首先,如我们所知,英国法的发展以其历史延续性著称,[①]英国法学也以其对历史的持续关注著称,[②]由于英国革命的早发与其革命形式的特殊性,英国法律职业阶层的自我复制以及英国法律家阶层与一般学术思潮的相对疏离,使得自然法的观念未能在英国法律史上获得统治地位,因而,某种程度上,历史法学在英国缺乏一个自然法的敌人。[③] 在通常认为的英国历史法学兴起的 19 世纪 60 年代,历史、社会与法律之间似乎并不存在那么严重的断裂,需要人们去重新发现和建立法律与历史、社会的

[①] 高鸿钧:《英国法的主要特征——与大陆法相比较》(下),载《比较法研究》,2012(5),102~112 页。

[②] 霍兹沃斯也称,英国的判例法体系以及英国法发展的连续性,已经在英国法律家中建立了一个历史传统。See Sir W. Holdsworth, *Some Makers of English Law*, Cambridge University Press, 1938, p. 265. 另外,伯尔曼教授则更进一步,将历史法学的起源归诸于柯克、塞尔登与黑尔,将柏克与布莱克斯通纳入了历史法学的传统,在伯尔曼教授看来,历史法学是英美法遵循先例原则的基础。See H. J. Berman, "The Origins of Historical Jurisprudence: Coke, Selden, Hale", 103 *Yale Law Journal*, 1994, pp. 1651-1738.

[③] 可以说,促成德国历史法学兴起的背景在英国几乎都不存在。关于德国历史法学兴起的背景,参见谢鸿飞:《法律与历史:体系化法史学与法律历史社会学》,13~28 页,北京,北京大学出版社,2012。

联系。① 我们似乎可以说，当时的英国法律家并不缺乏历史意识。② 因此，英国历史法学的兴起不太容易谈论。

其次，当我们在说英国历史法学的时候，我们很难说得清楚，哪些人、哪些著述可以归入英国历史法学的范畴，它的存续又如何？国内学者谢鸿飞梳理英美历史法学的理论谱系时，首先强调了"普通法心智"③，即普通法的历史维度，而后讨论了梅因与梅特兰，在美国"历史法学派"，则提及了霍姆斯、赫斯特与霍维茨。④ 程琥一方面将英国历史法学追随到了英国保守主义思想家埃德蒙·柏克（Edmund Burke），另一方面又认为英国历史法学的奠基人是梅因和梅特兰，另外，他也将维诺格拉多夫、波洛克、霍兹沃斯归入英国历史法学。⑤ 显然，柏克不是一个法律家，他的著述的主要影响领域也不在法学领域，将柏克列入英国历史法学未免牵强。梅因之前的英国法律家们只是遵循了普通法传统，很难说他们有意识地要建立一种新的法学研究的范式；梅因之后的诸位学者，如梅特兰，则是英国法律史学最重要的奠基人，我们可以说他是伟大的法律史学家，但法律史与历史法学并不是一回事；维诺格拉多夫主要以历史学家身份出现，在其晚年巨著《历史法学》中，他所主张的历史法学研究更多的是提出了一种法律史研究的方法——历史类型的研究，并限定于欧洲文明范围内法律观念的演进；⑥波洛克虽因其与梅特兰合著的《爱德华一世之前的英国法律史》享有盛誉，但波洛克的主要贡献却是对普通法历史素材的体系化整理。因此，所谓英国历史法学，很大程度上是梅因的历史法学，甚至是《古代法》的历史法学。1861年《古代法》的出版通常被视为英国历史法学诞生的标志，⑦在《古代法》之后，所谓英国历史法学著述中似乎也

---

① 19世纪中叶，英国的法律改革与司法改革已经开始并且在持续推进，社会演化的观念（斯宾塞）与物种进化的思想（达尔文）也盛行一时。See W. Cornish, et al., *The Oxford History of the Laws of England*, Vol. XI, 1820—1914, *English Legal System*, Oxford University Press, 2010, pp. 22-40, 102-106.

② 即便是分析法学最重要的代表奥斯丁也曾受历史法学的熏陶。奥斯丁在1826年接受伦敦大学教职后即前往德国游学，在德国期间与德国历史学家也是历史法学的主要人物尼布尔等人交往密切；做一个像胡果或者萨维尼那样的杰出而令人尊敬的教师对奥斯丁来说是世界上最值得羡慕的事情。而胡果和萨维尼则是德国历史法学的开创者和灵魂。参见[英]约翰·奥斯丁：《法学讲演录》，第1册，支振锋译，萨拉·奥斯丁所写的"前言"，27、45、47页，北京，中国社会科学出版社，2008。

③ 参见谢鸿飞：《法律与历史：体系化法史学与法律历史社会学》，49～57页。谢鸿飞先生的标题写作"从布莱克斯通到黑尔"，较难理解，或有笔误。

④ 参见同上书，57～61页。

⑤ 参见程琥：《历史法学》，72～73页，北京，法律出版社，2005。

⑥ [英]维诺格拉多夫：《历史法学导论》，徐震宇译，174～179页，北京，中国政法大学出版社，2012。

⑦ 在为梅因《古代法》一书所作的导言中，英国学者亚伦写道："就英国而论，如果说现代历史法律学是随着这本书的出现而出生的，也不能谓言之过甚。"[英]梅因：《古代法》，沈景一译，亚伦撰写的"导言"，5页，北京，商务印书馆，1959。而梅因在《古代法》之后的著述，更像是法律史的研究。

难以提出第二本标志性的著述,而在梅因还在世的时候,英国历史法学即已衰落。①

另外值得一提的是,尽管通说认为,在19世纪下半叶,英国法学曾经存在过一个英国历史法学占统治地位的时期,或者英国历史法学曾经是与英国分析实证主义法学分庭抗礼的法学流派,美国著名史家汤普森甚至还写道:梅因的"历史的和比较的方法结束了奥斯丁实证主义法律学派的统治"②。不过事实上,英国分析实证主义法学开始盛行恰恰是在这一所谓的"历史法学占统治地位"的时期。在《古代法》出版的同一年(1861年),奥斯丁的遗稿《法学讲演录或实证法哲学》得以出版,其中1832年出版的《法理学的范围》作为第一卷首次再版。在其有生之年,奥斯丁的分析实证主义并未获得广泛的影响,③但从19世纪60年代初开始,奥斯丁的思想在英国法学界逐渐生根,并获得了支配性的地位,此后百年,几乎所有的英国法学家都以这样或那样的方式受到奥斯丁的影响。④ 因此,19世纪的英国法律思想史,并不是一个英国历史法学取代分析实证主义法学的故事,而是一个法律家们的分析实证主义不断生根发展以及一本优秀的畅销书——《古代法》逐渐被淡忘的故事。⑤

第一节　梅因的生平及其著述

亨利·梅因(Sir Henry James Sumner Maine)生于1822年8月,少年时代在基督慈惠院就学时即被认为在文学上将有所成就。1840年,梅因获得剑桥彭布鲁克学院的奖学金并给人以很有天赋的年轻的古典学者的印象。在剑桥,他获得了许多奖学金并成为该年级最优秀的古典学者。1844年,他成为剑桥大学三一堂学院的导师并开始了对古代法的持续研究。由于梅因的杰出声誉,在1847年,25岁的他被任命为剑桥大学钦定

---

① See A. Diamond(ed.), *The Victorian Achievement of Sir Henry Maine: A Centennial Reappraisal*, Cambridge University Press, 1991, pp. 1-8.

② [美]汤普森:《历史著作史》,下卷第4分册,孙秉莹、谢德风译,529页,北京,商务印书馆,1992。

③ 奥斯丁的遗孀萨拉·奥斯丁证实,奥斯丁的教授生涯并不成功,他的研究很难吸引众多的公众,他的教授职位"几乎成了一个空头衔"。在《法理学的范围》于1832年出版后,公众给予他著作的认可并不令人乐观。参见[英]约翰·奥斯丁:《法学讲演录》,第1册,35~41页,萨拉·奥斯丁所写的"前言"。

④ See N. Duxbury, "English Jurisprudence between Austin and Hart", 91 *Virginia Law Review*, 2005, pp. 15-22.

⑤ Ibid., pp. 22-29; R. Pound, "Fifty Years of Jurisprudence", 50 *Harvard Law Review*, 1937, pp. 564-582.

民法讲座教授(1847—1854)。1852年,律师学院效仿牛津和剑桥大学的改革,任命了罗马法与法理学、不动产法、衡平法、普通法、宪法5位讲师。他作为伦敦的律师学院(Inns of Court)的讲师为未来的出庭律师们讲授课程。1862年,在《古代法》出版后,梅因去往印度,成为英国印度总督顾问委员会的法律专员,主要负责编纂英属印度的法律。19世纪60年代末他回到英国,成为牛津大学首任法理学圣体讲座教授(1869—1883年)。他在此开设了一些引人注目的课程,这些课程内容出版后为梅因带来了国际声誉,梅因不再仅仅被视为杰出的罗马法学家,同时也是杰出的法律人类学家与当代法专家。1878年,他成为剑桥大学三一堂学院院长,1887年被任命为剑桥大学休厄尔(Whewell)国际法讲座教授。1887年,他的健康状况急剧恶化并于1888年逝世,享年66岁。

与19世纪英国绝大多数法律家不同,梅因既非法律世家出身,①早年也未曾接受系统的法律教育。② 就其职业生涯来说,梅因只是在诺福克巡回法庭(Norfolk Circuit)非常短暂地从事过出庭律师的工作。尽管通常认为是健康原因使得梅因没有继续自己的法律职业生涯,③但也有论者认为19世纪中叶英国的司法与法律职业环境使得梅因对继续执业失去了热情和兴趣。据说,梅因短暂的法律职业生涯使得他"没有任何理由去钟爱英国法"④。

除了前述短暂的出庭律师经历,梅因的一生大致可以概括为享有盛誉的公职人员、著名的报刊作家以及杰出的教师。

梅因的公职生涯始终与印度联系在一起。1862年,梅因去往印度,成为英国印度总督顾问委员会的法律专员(legal member of the Governor-General's Council),直至60年代末才回到英国。梅因任职印度期间,英国治下的印度通过了209项法案,其中包括《统一习惯法案》、《商船海员法案》、《建立英属缅甸季审法庭法案》、《公司法案》、《合伙法案》、《森林法案》、《帕西人(parsi)婚姻法》、《帕西人(parsi)无遗嘱继承

---

① 同时代的英国法律家大多出身法律世家,而梅因的父亲是位医生。See R. C. J. Cocks, *Sir Henry Maine: A Study in Victorian Jurisprudence*, Cambridge University Press, 1988, p. 9.

② 梅因获得法律职业资格的具体经过并不清楚。科克斯教授推断,由于那时尚无职业准入的考试,任何有一定社会地位的人很容易就可以成为出庭律师,梅因应该也是经过申请加入律师学院,并根据传统与其他未来的出庭律师们一块吃几顿饭而成为出庭律师的。R. C. J. Cocks, *Sir Henry Maine: A Study in Victorian Jurisprudence*, p. 40.

③ Sir M. E. G. Duff, *Sir Henry Maine: A Brief Memoir of His Life—With Some of His Indian Speeches and Minutes*, Selected 7 ed. W. Stokes, Henry Holt, 1892, p. 14. 科克斯教授提供了更详细的材料,但缺乏明确的时间界定。他认为,梅因在19世纪40年代经申请获得了出庭律师资格;在1852年去伦敦之前,梅因作为出庭律师在诺福克巡回法庭执业;到伦敦后,梅因选择作为衡平法律师执业。但因自身的健康原因以及大法官法院及衡平法律师在19世纪50年代正陷于困境中而迅速放弃。R. C. J. Cocks, *Sir Henry Maine: A Study in Victorian Jurisprudence*, pp. 40-44.

④ R. C. J. Cocks, *Sir Henry Maine: A Study in Victorian Jurisprudence*, p. 44.

法》、《汇票法》、《高等法院刑事程序法》、《不动产转让登记法》、《离婚法》等,梅因在这些法案的草拟以及获得通过过程中发挥了主导性的作用。①1871年,梅因由于他对英属印度的统治所作出的杰出贡献而受封为爵士,并于同年进入内阁印度事务大臣领导的印度事务部(India office,这一工作至少持续到了1878年他被选举为剑桥大学三一堂学院院长),承担繁重的行政工作,他的建议深受重视,对英国的印度统治政策影响巨大。

梅因一生热衷于为报章撰文,从19世纪50年代初到伦敦开始一直持续到1886年。他长期为《纪事晨报》(*Morning Chronicle*)与《星期六评论》(从其1855年开始出版以来)写作,其主题涵盖广泛,除印度事务外,包括了政治、国际关系、教育改革、文学评论、社会政策等。②

与同时代的英国法科教授相比,梅因是一位成功的法科教授。据1853年听他上课的学生说,梅因授课声音洪亮有力,字字珠玑,句句圆融。③ 被视为最具文学感染力的法学著作《古代法》就是梅因在这一时期的讲稿基础上整理出版的。梅因在牛津大学法理学圣体讲座教授任期内同样声名显赫,劳森教授称"梅因教授讲到的一些主题,不仅深深地吸引了每一位前来听课的学生,更是牛津法学专业本科生最重视的内容"④。梅因的主要著作除《民众政府》外,均来自于他的授课讲稿。

从梅因生涯的这些不同侧面,我们可以发现梅因不同于同时代或稍晚时代的英国法学教授的一些特征以及这些特征与其著作之间的某些关联。总体上说,梅因所代表的知识人的形象更像是传统的"文士"向现代的学者过渡的形象。传统的"文士"大体上接受过良好的古典训练,通过报章文字发表公共意见,接受政府职位从事公务,公余从事撰述。古典训练、行政历练、报章文字使得梅因的写作延续了传统文士的撰述风格,文笔简洁优雅,充分考虑非专业受众的阅读体验。⑤ 而英国大学教育改革的缓慢也有助于梅因维持这一传统的文风。在梅因的时代,英国的大学教育包括大学法律教育仍然立足于培养绅士以及公共生活中的精英阶层而非职业人才。1850年,法律与现代史专业方才成为牛津大学的三个专

---

① Sir M. E. G. Duff, *Sir Henry Maine: A Brief Memoir of His Life—With Some of his Indian Speeches and Minutes*, pp. 24-25. 梅因为上述法案草拟与通过写作的一些重要的演讲以及备忘录参见该书。

② 梅因发表在报章的文章目录,See A. Diamond(ed.), *The Victorian Achievement of Sir Henry Maine: A Centennial Reappraisal*, pp. 405-412。

③ Sir M. E. G. Duff, *Sir Henry Maine: A Brief Memoir of His Life—With Some of his Indian Speeches and Minutes*, p. 13.

④ [英]F. H. 劳森:《圣殿:1850年至1965年的牛津法学教育》,黎敏译,51页,北京,法律出版社,2010。

⑤ See W. Cornish, et al., *The Oxford History of the Laws of England*, Vol. XI, 1820—1914, *English Legal System*, pp. 106-107. 美国著名史家汤普森在谈到《古代法》时称"这本书读起来像文学作品"。[美]汤普森:《历史著作史》,下卷第4分册,529页。

业之一,该专业虽然设置了若干法律课程,但因为包含了政治学、经济学等现代学科在内,整个学科所具有的现代哲学色彩,远远超过了法学色彩,学生中的绝大多数人成为了历史学者。① 不得不说,梅因著述风格及其著述的流行与上述因素直接相关。当然,梅因作为学者的声誉的在19世纪80年代以后的迅速衰落也与此相关。以梅特兰为代表的专业的学院式的法律史学代替了梅因的历史法学。伍达德教授(Calvin Woodard)也因此说,梅因更适合也更应该作为人类学家而非法律家被人家重新记起和讨论。②

通常被提及的梅因的主要著作有 5 种,分别为 1861 年首版的《古代法》,1871 年出版的《东西方的村落共同体》,1875 年出版的《早期制度史讲义》,1883 年出版的《论早期法律与习惯》,1885 年出版的《民众政府》。在上述著作中,《古代法》占有了异常重要的地位,按照英国法学家亚伦的说法,这本书"应该被认为好像是梅因毕生工作中的一个宣言书",在该书中,梅因就已经阐明了他的理论体系的一般原理(尽管是最粗糙的),而他所有的后期作品中,"除了二本比较不重要的之外,只是用了更详细的和更明确具体的例证,以深入阐明他在开始其专业时所提出的各项原理"③。梅因本人也承认《古代法》的特殊地位,承认除《民众政府》外的后续著作延续了《古代法》的方法和主题。④ 在上述著作中,自首版迄梅因逝后百年(1988 年),《古代法》(1861 年首版)在英美两国再版重印了 61 次,其中,在梅因生前印了 25 版,在 20 世纪的诸版本中,仅"人人文库"本与牛津大学出版社的"世界经典"本就重印了 12 次,可谓长盛不衰。相比之下,《东西方的村落共同体》再版重印了 12 次,1913 年以后仅在 1973 年重印了一次;《早期制度史讲义》再版重印了 12 次,1914 年以后仅在 1966 年由不同出版社各重印了一次;《论早期法律与习惯》再版重印了 6 次,1901 年后分别于 1975 年和 1986 年在纽约和新德里重印;《民

---

① [英]F. H. 劳森:《圣殿:1850 年至 1965 年的牛津法学教育》,22~31 页。直到 1876 年,牛津大学的法律专业才与现代史专业分离。历史学家斯塔布斯在 1876 年所作的关于法律与现代史两个专业的分离的演说中提及,牛津当时的法学教授,如梅因、布赖斯、霍兰的讲授都偏重于历史性,很难达到独立设置的法律专业的教学要求;而梅因在 1877 年向牛津大学管理委员会表示过"对拆分两专业之举深感遗憾"。同上书,36~37 页。

② C. Woodard, "A Wake (or Awakening?) for Historical Jurisprudence", in A. Diamond (ed.), *The Victorian Achievement of Sir Henry Maine: A Centennial Reappraisal*, p. 228. 梅因最忠诚的追随者维诺格拉多夫教授在晚年也将梅因的主要贡献归入法律人类学领域,他认为梅因是英国乃至全欧洲法律人类学界的翘楚。参见[英]维诺格拉多夫:《历史法学导论》,155 页。

③ [英]梅因:《古代法》,沈景一译,亚伦撰写的"导言",11~12 页。

④ See Sir H. S. Maine, *Popular Government: Four Essays*, new edition, John Murray, 1890, "Preface";[英]亨利·萨姆纳·梅因:《早期制度史讲义》,冯克利、吴其亮译,"第一版前言",上海,复旦大学出版社,2012;H. S. Maine, *Dissertations on Early Law and Custom*, Henry Holt & Co., 1883, "Preface".

众政府》再版重印了8次,1918年后仅于1976年重印了一次。① 显然,在梅因的主要著作中,无论如何强调《古代法》的重要性都不为过。② 下文的叙述也将主要围绕《古代法》展开。

第二节　进化论的历史法学及其研究方法

在梅因的著述与思想中,进步时代的乐观精神主宰了一切。依据这一进步时代的乐观精神,梅因建立了其历史法学的基本理论预设:即世界的演化是一个单线的过程;就其起源而言,并不存在根本性的差异,有的只是各个社会的发展与静止的问题;③而"稳定的社会是明显地向着一种稳健的坚实的方向前进的"④;梅因还认为,所有现代社会及其思想都可以从人类最早的社会及其观念中找到其起源。

在《古代法》一书中,我们几乎可以随处找到类似的表达。在序言中,梅因就明确指出,《古代法》一书的主要目的,"在扼要地说明反映于'古代法'中的人类最早的某些观念,并指出这些观念同现代思想的关系。"⑤如果把这句话倒过来,梅因所传达的他的理论预设就非常明显了,即在梅因看来,现代思想都有着其远古时代的渊源,并且远古时代的这些观念是可以查明的,对于远古时代的知识有助于深刻地理解现代思想。梅因主张,"若想搞清楚进步社会的原始状况,最好的办法是从非进步社会可以观察到的状况入手"⑥。甚至,现代思想也许不过是远古时代的某些观念的放大而已。在正文的论述中,梅因的表述更为直白和露骨。他写道:

似乎在先就可以看到,我们应该从最简单的社会形式开始,并且

---

① 根据 Alan Diamond 书附录整理,上述数据截至 1988 年。See A. Diamond(ed.), *The Victorian Achievement of Sir Henry Maine: A Centennial Reappraisal*, pp. 402-405. 另外,梅因的遗稿《国际法》(*International Law: A Series of Lectures Delivered Before the University of Cambridge*)于 1888 年由波洛克与哈里森整理出版,该书仅于 1894 年再版过一次。

② 科克斯教授在其论述梅因的专著中直接将讨论梅因后 4 本著作的章名命名为"法学家的衰退"(Decline of a Jurist),See R. C. J. Cocks, *Sir Henry Maine: A Study in Victorian Jurisprudence*, pp. 101-140。

③ 需要指出的是,这一进化论的历史观并非梅因所独有或为梅因所首创,而是维多利亚时代的普遍观念。19 世纪 50 年代,随着法国社会学家孔德的思想在英国的传播,进化论的观念在英国人文社会科学领域已经非常流行,其中巴克尔(H. T. Buckle)与斯宾塞转向以演化理论解释人类社会的发展影响最大。See W. Cornish, et al., *The Oxford History of the Laws of England*, Vol. XI, 1820—1914, *English Legal System*, pp. 102-106; C. Woodard, "A Wake (or Awakening?) for Historical Jurisprudence", pp. 221-222.

④ [英]梅因:《古代法》,沈景一译,亚伦撰写的"导言",11 页。

⑤ 同上书,亚伦撰写的"导言",4 页。

⑥ [英]亨利·萨姆纳·梅因:《早期制度史讲义》,111 页。

越接近其原始条件的一个状态越好。换言之,如果我们要采用这类研究中所通常遵循的道路,我们就应该尽可能地深入到原始社会的历史中。……因为现在控制着我们行动以及塑造着我们行为的道德规范的每一种形式,必然可以从这些胚种当中展示出来。①

几乎完全类似的表述也出现在梅因另一段谈论衡平法的文字中。在这段文字中,梅因写道:

> 英国法学家很容易看出,"英国衡平法"是建筑在道德规则上的一种制度;但是却忘记了这些规则是过去几世纪的——而不是现在的——道德,忘记了这些规则已经几乎尽它们所能的受到了多方面的应用,并且忘记了它们虽然同我们今天的伦理信条当然并没有很大的区别,但它们并不一定同我们今天的伦理信条处在同一个水平上。②

这样的理论预设同样也出现在人们熟知的梅因"从身份到契约"公式的论述中。对于这一公式,梅因用了一个限定词组:"所有进步社会的运动在有一点上是一致的。"尽管这一限定在梅因的支持者看来,可以证明梅因并非卡尔·波普尔意义上的"历史主义者";但在我们看来,这一限定并不具有实质的证明力。因为在梅因那里所谓的"进步的社会"与"静止的社会"之间的区别并不是质上的,而是量上的,它们之间的区别仅仅在于从同一个起点走向同一个终点的速度快慢有别。这一说法也同样适用于亚伦为梅因所作的辩护。亚伦说:"在《古代法律与习惯》中,梅因不但不主张人类种族的各个支系应该有一个单一的、一成不变的发展图式,他并且毫无隐瞒地对这种想法表示着怀疑。"③在此,梅因所怀疑的并非人类种族的各个支系的历史起点与终点的不同,甚至也不是从起点到终点所经过的阶段的不同,而是怀疑在行进的过程中,人类种族的各个支系的发展速度有所不同而已。梅因承认,"我确实不否认,东西方之间在新观念产生速度上的差别,仅仅是一种程度上的差别"④。而且这一过程也是不可逆的。梅因在谈到"从身份到契约"的运动时,强调在运动的发展过程中,"前进是以不同的速度完成的,有些社会在表面上是停止不前,但实际上并不是绝对停止不前,……变化是绝少受到反击或者倒退的"⑤。

在《古代法》一书中,我们经常可以发现诸如"社会进步的某一阶段"、"根据公认的社会规律"之类的表达。在《古代法》中,梅因写下了许多类似的规律总结,如:"在一个英雄国王历史时代的后面跟来了一个贵族政治的历史时代,这样一个命题是可以被认为正确的,纵使并不对于全人

---

① [英]梅因:《古代法》,沈景一译,68~69页。着重号系笔者所加。
② 同上书,40页。着重号系笔者所加。
③ 同上书,亚伦撰写的"导言",14页。
④ [英]亨利·萨姆纳·梅因:《早期制度史讲义》,112页。
⑤ [英]梅因:《古代法》,沈景一译,96页。

类都是如此,但无论如何,对于印度—欧罗巴系各国是一概可以适用的";"因为大多数古代社会似乎迟早都会有法典的,并且如果不是由于封建制度造成了法律学史上重要的中断,则所有的现代法律很可能都将明显地追溯到这些渊源中的一个或一个以上上去";"这(法典的出现)所谓同一个时期,我的意思当然并不是指在时间上的同一个时期,而是说在每一个社会相对地进步到类似的情况下出现的"①;"大体而论,所有已知的古代法的搜集都有一个共同的特点使它们和成熟的法律学制度显然不同。最显著的差别在于刑法和民法所占的比重。……我以为可以这样说,法典愈古老,它的刑事立法就愈详细、愈完备";"文明社会所施行的法律的民事部分,有十分之九是由'人法'、'财产和继承法'以及'契约法'组成的。但是很显然,当我们越接近社会的萌芽时代,这一切法律学领域就愈缩小到更狭小的范围之内"②;等等。

尽管梅因在总结历史规律时的态度不乏审慎,但梅因对"历史规律始终是存在的并且可以通过对历史的研究获得对历史规律的认知"这一理论预设的认可,应当是没有疑问的。对此,梅因还是表现出了充分的客观与信心。他说:"以我们今日有限知识所可能达到的,也许只是比较地接近的真理,但我们没有理由以为这是非常遥远的,或以为(实在是同样的东西)它须要在将来作很大的修正,因此是完全无用的和不足为训的。"③ 由此,梅因认为,所有对于现时代的正确的知识只能从对历史的研究中获得。他为此曾经写道:"研究一切制度的法律家都不辞劳苦,力求以某种易解的原则来说明这些分类;但在法律哲学中去寻求划分的理由,结果必然是徒劳无功;它们不属于法律哲学而属法律历史。"④

梅因对自然法理论的批判更是从反面证明了这一点。⑤ 在梅因看来,自然法学"仍旧是'历史方法'的劲敌;并且(除了宗教上的反对以外)凡是拒绝或责难这种研究方式的人,一般都是由于有意或无意地受到了信赖社会或个人的非历史的即自然的状态的一种偏见或武断的影响的结果"⑥。因此,梅因对自然法学的批判不遗余力。梅因写道:现代的"自然法"假说不复是罗马法中指导实际的一种理论,而是"纯理论信仰的一种信条"⑦。这种信条"产生了或强烈地刺激了当时几乎普遍存在的智力上的恶习,如对现实法的蔑视,对经验的不耐烦,以及先天的优先于一切其他理性等。这种哲学紧紧地掌握住了那些比较思想得少、同时又不善于

---

① 分别参见[英]梅因:《古代法》,沈景一译,7、9 页。
② 参见同上书,207 页。
③ 同上书,66~67 页。
④ 同上书,155 页。
⑤ 同上书,尤见第四章"自然法的现代史"。
⑥ 同上书,52 页。亚伦也在导言中提到,梅因"对那些不科学的缺乏批判的,被野蛮地但简略地称为'先天主义'的那种很盛行的思想习惯,从不放松加以反对"。参见同上书,亚伦撰写的"导言",9 页。
⑦ [英]梅因:《古代法》,沈景一译,49 页。

观察的人,它的发展趋势也就比例地成为明显的无政府状态"①。在谈论英国两位最具代表性的自然法学家洛克与霍布斯时,梅因直接指出了自然法学的基本特征就是"以人类的、非历史的、无法证实的状态作为他们的基本假设",都"认为在原始状态中的人和在社会产生后的人两者之间,存在着一个巨大的鸿沟把他们分离开来",并对之大加嘲讽,他说:"如果法律现象的确像这些理论家所认为的那样——即认为是一个庞大、复杂的整体——,那么,也就难怪人心往往要规避它所担任的工作,否则它有时候就会失望地放弃系统化的工作;而人心所采取的规避的办法,是退而求助于某种似乎可以调和一切事物的智巧的推测。"②梅因批判自然法学的几乎所有火力都集中在自然法学的非历史性——或者亚伦所说的"先天主义"上。

梅因对以边沁和奥斯丁为代表的英国分析法学的批判同样也是集中在分析法学的"非历史性"上。在梅因看来,分析法学"既然从法律学的领域中排斥了历史的考虑,就使它陷入了一种根本的谬误,即把一切法律制度都认为是以西欧的君主国家作为典型的"③。

上述梅因对自然法学与分析法学的批判,从反面表达了梅因历史法学的基本立场。就这一基本立场,英国著名法学家波洛克给出了非常清晰的说明:

> 梅因之所为,盖不下于创造法律之自然史(He did nothing less than create the natural history of law)。梅因一面示明法律观念及制度,有实在之演进途辙,有同生物之属与类(species);且在每期之演进中,有其循常之性质;一面又示明此种历程,应有真切之研究,不能视此为其所在之社会普通史内偶然之事云。④

即,在其进化论的理论预设下,梅因主张,法律之研究必须以历史的研究为前提,而这一历史的研究必须以真切的材料作为基础,并且,这一历史的研究应当阐明法律制度的来源及其发展,揭示法律发展的规律,进而发现"可以促使法律改进的有力因素"⑤。

因此,在具体的研究方式上,梅因首先强调了历史材料对于这一研究方式的特殊重要性。在其《早期制度史讲义》中,梅因强调:"英国法律人通常接受的历史理论,不但对法学研究,而且也对历史研究造成了很大伤害,因此,在评估新材料和重估旧材料的基础上解释我们法律制度的起源

---

① [英]梅因:《古代法》,沈景一译,52页。
② 同上书,66页。
③ 同上书,亚伦撰写的"导言",8页。梅因对分析法学的态度相对复杂,下文另行说明。
④ [英]梅因:《古代法》,第1册,方孝岳、钟建闳译,波洛克撰写的"导言",3~4页,上海,商务印书馆,1930。
⑤ 参见[英]梅因:《古代法》,沈景一译,亚伦撰写的"导言",10页。

和发展,或许是为英国人的知识作出贡献之最为迫切的需要。"① 在《古代法》中,梅因也由此创造性的将荷马文学(《荷马史诗》)纳入了基本史料的范畴,为古史的研究提供了新的材料。就此,梅因指出:

> 我们没有理由相信,他(荷马)的想象力曾受到道德或形而上学的概念的影响,因为,这些概念当时还没有作为有意识观察的对象。就这一点而论,荷马文学实远比后期的文件更为真实可靠,因为,这些文件虽然也是为了要说明同样的较早时期的情况,但是它们的编纂是在哲学的或神学的影响之下进行的。如果我们能通过任何方法,断定法律概念的早期形式,这将对我们有无限的价值。这些基本观念对于法学家,真像原始地壳对于地质学家一样的可贵。这些观念中,可能含有法律在后来表现其自己的一切形式。我们的法律科学所有处于这样不能令人满意的状态,主要由于对于这些观念除了最最肤浅的研究之外,采取了一概加以拒绝的草率态度或偏见。在采用观察的方法以代替假设法之前,法学家进行调查研究的方法真和物理学与生物学中所用的调查方法十分近似。②

这一段表述无疑对此后法律史研究、法律人类学研究中的材料的收集与利用提供了无数的启发。梅因同时也提供了处理这些早期材料的方式。他写道:

> 如果我们能集中注意力于那些古代制度的断片,这些断片还不能合理地被假定为曾经受到过改动,我们就有可能对于原来所属社会的某种主要特征获得一个明确的概念。在这个基础上再向前跨进一步,我们可以把我们已有的知识适用于像《摩奴法典》那种大体上其真实性还可疑的一些法律制度;凭了这个已经获得的关键,我们就可以把那些真正是古代传下来的部分从那些曾经受到过编纂者的偏见、兴趣或无知的影响的部分,区分开来。至少应该承认,如果有足够的材料来从事于这样的研究过程,如果反复的比较是被正确地执行着,则我们所遵循的方法,必将像在比较语言学中使能达到惊人结果的那些方法一样很少有可以反对的余地。③

其次,由于起源问题在梅因历史法学研究中的特殊重要性,为澄清早期法律史的基本问题,梅因在其单线的进化论的理论预设下,发展出了比

---

① [英]亨利·萨姆纳·梅因:《早期制度史讲义》,168页。另见[英]梅因:《古代法》,沈景一译,亚伦撰写的"导言",9页。
② 参见[英]梅因:《古代法》,沈景一译,1~2页。梅因还借此攻击了自然法学派的伪历史的不良后果。"凡是似乎可信的和内容丰富的、但却绝对未经证实的各种理论,像'自然法'或'社会契约'之类,往往为一般人所爱好,很少有踏实地探究社会和法律的原始历史的;这些理论不但使注意力离开了可以发现真理的唯一出处,并且当它们一度被接受和相信了以后,就有可能使法律学以后各个阶段都受到其最真实和最大的影响,因而也就模糊了真理。"同上书,2页。
③ 同上书,70页。

较法律史的研究方法。在梅因看来,尽管早期社会所提供给我们的各种现象并不是一看就容易理解的,但"这种困难的产生;是由于它们的奇怪和异样,而不是由于它们的数量和复杂性",在这一点上,早期法律是无法与现代社会组织错综复杂情况相提并论的。他认为"当人们用一种现代的观点来观察这些现象时必然会引起不易很快克服的惊奇;但当惊奇被克服时,它们就将很少也很简单的了"①。但由于材料的限制,对于早期社会与法律的研究必须要借助于比较法律史的方法才有可能。在1871年的《东西方的村社共同体》中,梅因写道,要想在英国使历史的和哲学的法学昌盛,有两种知识是不可或缺的:关于印度的知识和关于罗马法的知识。前者之所以需要是因为"它是古代习惯和法律思想那些可以证明的种种现象的巨大博物馆;罗马法之所以需要是因为……它把这些古代习惯和古代法律思想和我们今天的法律思想联系起来"②。而《古代法》本身,就是一份雅利安民族各个不同支系,尤其是罗马人、英国人、爱尔兰人、斯拉夫人以及印度人的古代法律制度的一个杰出的比较研究。③ 也正是在这一意义上,波洛克认为,梅因的工作"无异于创造了法律博物学"④。

最后,法律的发展与社会的发展密不可分,历史法学的研究必定是"外在的"法律史研究。⑤ 在《古代法》一书中,梅因对法律史的梳理绝大部分是通过对社会文明、社会观念等等外在于法律的素材的研究实现的,他也试图通过这种研究发现法律与社会之间的关联。这一"外在"法律史的研究开启了后世法律社会学、法律人类学、制度史学的基本研究方式。在《古代法》一书中,从第六章开始直到结束部分对具体的法律制度,如遗嘱、继承、财产、契约、侵权和犯罪的早期史的研究,非常充分地体现了梅因的这一研究方式。

---

① [英]梅因:《古代法》,沈景一译,68~69页。
② Sir H. Maine, *Village-Communities in the East and West*, Spottiswoode & Co., 1872, p. 22. 另参见[美]汤普森:《历史著作史》,下卷第4分册,528页。
③ [英]梅因:《古代法》,沈景一译,亚伦撰写的"导言",12页。
④ [美]汤普森:《历史著作史》,下卷第四分册,527页。
⑤ 这里所谓的"外在的"法律史研究的提法借用自林端先生对萨维尼历史法学的分析,在萨维尼那里,法律史的研究对象限定在"内在的"法律史。在林端先生那里,"外在的"法律史指的是被德国历史法学所批判的过去时代的法学家们对法源、法院及法学文献的研究。但在此处,我们所强调的是梅因的历史法学中对法律发展与社会变迁(包括物质生活层面的,也包括精神观念层面的)之间的关系的重视。参见林端:《德国历史法学派——简论其与法律解释学、法律史和法律社会学的关系》,载许章润主编:《萨维尼与历史法学派》,104页,桂林,广西师范大学出版社,2004。

第三节 "从身份到契约"及其他

梅因的进化论的历史法学必须落在具体的分析框架中,这一框架得说明单线的进化论的理论预设与现实世界中东西方明显的差异,为此,梅因推出了他关于"进步的社会"与"静止的社会"这一关键的区分。遗憾的是,梅因并未清晰地说明何为"进步的社会",何为"静止的社会"。在《古代法》中,梅因承认,"静止的和进步的社会之间的差别,是还须继续加以探究的大秘密之一",但他强调,"在人类民族中,静止状态是常规,而进步恰恰是例外"①,他也由此明确地把他的研究"局限于进步社会中所发生的情况"②。找到进步社会的起点,也就界定了静止社会。而静止社会(非进步社会)是"人类心智漫长的幼年期,而不是我们所最熟悉的不同的成熟状态"③。

在《古代法》中,梅因所提供的进步社会的起点的判断标准既有形式的,也有实质的。从形式上来说,这个标准是法典的出现。梅因提示说,"如果我们注意到,在法典时代开始以后,静止的社会和进步的社会之间的区分已开始暴露出来",而法典则是"每一个社会相对地进步到类似的情况下出现的"④。从实质上来说,这个标准则是契约的盛行。梅因强调,"所有进步社会"的"新的社会秩序"中,所有关系都是"因'个人'的自由合意而产生的"⑤。"关于我们所处的时代,能一见而立即同意接受的一般命题是这样一个说法,即我们今日的社会和以前历代社会之间所存在的主要不同之点,乃在于契约在社会中所占范围的大小";"由于一个人对另外一个人的话加以信赖而产生积极义务,是进步文明最迟缓的胜利品之一"⑥。在《早期制度史讲义》中,梅因增加了两个实质标准,一是"一切制度均应当用于产生最大多数人的最大幸福";一是"妇女人身自由和财产权资格在某一特定国家或共同体中得到承认的程度"⑦。不过,

---

① [英]梅因:《古代法》,沈景一译,14页。
② 同上书,15页。
③ [英]亨利·萨姆纳·梅因:《早期制度史讲义》,111~112页。
④ [英]梅因:《古代法》,沈景一译,13、9页。
⑤ 同上书,96页。
⑥ 同上书,172、176页。
⑦ [英]亨利·萨姆纳·梅因:《早期制度史讲义》,112、167页;另见[英]梅因:《古代法》,沈景一译,亚伦撰写的"导言",10~11页。就妇女解放,梅因也视之为"从身份到契约"的运动的一部分,他写道,"所谓的妇女解放,仅仅是同样影响到其他很多类人的过程、即人类个体取代人类的紧密家族而成为社会单元的过程中的一个阶段。"[英]亨利·萨姆纳·梅因:《早期制度史讲义》,161页。

梅因并未就进步社会提供一个整体性的界定或判断标准,从上述这些所谓标准来看,毋宁说,梅因的标准只有一个,即只有现代西方文明才是进步社会。梅因说,进步的社会"显然是极端少数的。……在整个世界史中,(西欧的文明)实在是一个罕有的例外"①。因而,梅因所认同的西方文明的特征就是进步社会的标准。②

在上述标准中,最著名的莫过于身份社会与契约社会的区分,或者按梅因总结的著名"规律"称为"从身份到契约"。梅因这一论断的原文如下:

> 所有进步社会的运动在有一点上是一致的。在运动发展的过程中,其特点是家族依附的逐步消灭以及代之而起的个人义务的增长。"个人"不断地代替了"家族",成为民事法律所考虑的单位。……用以逐步代替源自"家族"各种权利义务上那种相互关系形式的……就是"契约"。在以前,"人"的一切关系都是被概括在"家族"关系中的,……从这一个起点开始,我们似乎是在不断地向着一种新的社会秩序状态移动,在这种新的社会秩序中,所有这些关系都是因"个人"的自由合意而产生的。……这个规律是可以足够地确定的……所有进步社会的运动,到此处为止,是一个"从身份到契约"的运动。③

梅因在此所谓"身份",并非意指社会地位或社会等级的高低,"身份"一词在梅因那里仅仅指个体被作为群体的一员对待,仅仅指作为群体的一员并拥有特定的身份的个体在群体中依其特定的身份行事。个体的行为与他的身份相符意味着个体的行为合乎特定身份的规范以及群体的自觉。而群体,在梅因那里,则指原初的血缘和地缘群体。④ 梅因明确表示,"在'人法'中所提到的一切形式的'身份'都起源于古代属于'家族'所有的权力和特权"⑤。梅因强调,在原始社会组织中,必须首先了解的一点是,"个人并不为其自己设定任何权利,也不为其自己设定任何义务"。他所应遵守的规则,"首先来自他所出生的场所,其次来自他作为其中成员的户主所给他的强行命令"⑥。

而在契约中,契约当事人完全无视对方的任何其他属性(properties),

---

① [英]梅因:《古代法》,沈景一译,13~14 页。
② 这也正是梅因的声誉在 19 世纪末期迅速衰落以及后世学者诟病梅因的主要原因之一。
③ [英]梅因:《古代法》,沈景一译,96~97 页。
④ See E. Shils, "Henry Sumner Maine in the Tradition of the Analysis of Society", in A. Diamond(ed.), *The Victorian Achievement of Sir Henry Maine: A Centennial Reappraisal*, p. 144.
⑤ [英]梅因:《古代法》,沈景一译,97 页。除了指向原始血缘关系组成的共同体外,梅因也认可地缘共同体为此处所谓"群体",梅因称,血缘共同体"通过接纳陌生人,将很多人为关系引入社团。这时土地就会成为群体的真正基础","共同的乡土是他们唯一真实的纽带"。参见[英]亨利·萨姆纳·梅因:《早期制度史讲义》,40~41 页。
⑥ [英]梅因:《古代法》,沈景一译,176 页。

只考虑对方履行契约条款的能力。每一方契约当事人原则上仅就契约本身考量对方当事人,而将对方当事人作为群体成员或群体自觉的一员相关的属性、特征完全排除。契约当事人是自足的、自我界定的,他通过契约追逐的目标是为了他自身的利益所设想和预期的。① 如梅因自己所说,"旧的法律是在人出生时就不可改变地确定了一个人的社会地位,现代法律则允许他用协议的方法来为其自己创设社会地位"。他还强调,"承认过去和现在之间存在这种差别"是"最著名的现代思想的实质"②。

在梅因的两个社会中,一个是群体主导个人隐而不显的,另一个则是个人主导群体隐没的。在梅因看来,尽管每一社会是由自然分离的个体组成,但在群体社会中,每一个体自我认同的也是他人所认定的属性,与他作为群体的一员的身份所拥有的或给定的属性相关,他的独一无二的属性和行为则是无关紧要的。他们的身份是他们在群体中的身份,在作为群体成员的身份之外,他们不被认为拥有个人化的独特的品质或独特的个性。③

在著名社会学家爱德华·希尔斯看来,梅因的身份社会是诸如核心家庭、家族或家族定居的村落这样的社会。这些社会人口稀少,地域狭小,巫术与宗教盛行,法律与道德规则通常是具体而微的,传统主宰一切,经济则完全是农牧业,经济单位倾向于自给自足,交换则是偶尔有之。这些社会实行等级制,长老们掌握着权威,文字书写要么不存在要么非常有限。政府倾向于与家族权威保持一致。这些社会通常实行帝制或君主制,但它仍然在相当可观的尺度内维持着家族自治。而契约关系占主导地位的社会,成员资格由其在公共主权权威统治下的固定疆域内定居这一事实来决定。理性与功利计算逐渐取代了传统,世俗化广泛传播,文字书写相应也日益普遍,法律规范制定为明晰的、体系化或理性化的成文法,经济活动日益细分,职业日益分化并得以专业化,产品以及他们需要雇佣的劳动力均在市场中买卖等。这样的社会中,个体为实现其自身的决定的行动完全自由而合乎理性。在作出回应他人的决定时,个体被认为具有确实的意义,而他在家庭或家族群体中的身份则相应地变得无关紧要了。④

梅因的两个社会的区分——静止(身份)社会与进步(契约)社会的区分——虽富有启发意义,看似简明扼要地说明了现代西方社会独有的特征,但是仅仅适合于对社会类型做非常宽泛的区分,它无法为一个封闭的解释体系或精确简明的制度史叙述提供支持。梅因的这一理论适合用于

---

① See E. Shils, "Henry Sumner Maine in the Tradition of the Analysis of Society", p. 144.
② [英]梅因:《古代法》,沈景一译,172页。
③ See E. Shils, "Henry Sumner Maine in the Tradition of the Analysis of Society".
④ See Ibid, pp. 146-147.

构建理想类型,而非解释历史因果。① 比如,梅因的身份社会只考虑了原始的家庭、家族或村落的身份,而完全无视了诸如社会阶级、宗教机构与教会团体、专业协会或职业团体这些根本不原始的群体以及民族、民族国家或族群这些半原始的群体。所有这些群体都赋予其成员各类身份。这些群体中,除了民族领土国家或主权领土国家,其他的他都未予考虑。即便民族领土国家或主权领土国家,梅因也视之为与身份主导的社会全然有别的社会。② 然而,契约社会同样也是民族性的社会。梅因本人也在《早期制度史讲义》中意识到,如果注意到构成现代民族国家的民族性的那些东西,就可以发现现代社会本质并非仅仅是契约控制性质的或政府管制性质的社会。③ 但梅因并未能将这些观察与其"从身份到契约"的理论联系起来,事实上,适合于原初群体的"身份"生存的群体的团结,在有所削弱的情形下,也存在于现代民族国家。④

虽则梅因的"从身份到契约"在理论上遭受了后世不少批评,但在当时,梅因的这一理论获得了极大的社会认同。这一理论完全契合了19世纪盛行的自由竞争的个人主义的意识形态,为这一意识形态提供了反对政府所有干预或限制契约权利的原创性的论证——梅因的结论既非以法律理论为基础,亦非以道德或宗教观念为基础,而是建立在对进步社会的长时段的历史趋势的考察之上。他的这一理论表达了这样的观念,即不仅仅是某个人、某个家庭,甚至某个阶级的利益由于对契约自由的干预而处于危难中,历史进程本身也处于危急关头。对契约自由的干预,不仅将使"进步"停滞,社会也将退回到专制时代,身份将再次取代契约并且将像古代法律一样界定人类可能的界限。简言之,进步的现代国家将退回到晦暗、停滞的"静止状态",如同世界其他此类黑暗地区一样。梅因也因此以新的面目重申了非难激进改革的传统,特别是反对通过社会立法进行改革。通过他的著作,尤其是晚期的论文,法官、立法者、政府官员以及社会公众得以熟知政府干预契约的可怕后果。梅因也因此被上层社会的许多圈子视为政治预言家。⑤

在梅因的"进步社会"理论中,还有一个非常重要的问题需要讨论,

---

① See Ibid, pp. 148-151.

② See Ibid, pp. 146-148.

③ 梅因尽管不主张由血缘形成了民族统一体这样的理论,但他也明确表示,"不论在何处,只要有关'民族性'的政治理论得到清楚的表述,它便等于宣布,同种族的人应当纳入同一个整体,但不是纳入同一个部落,而是纳入同一片领土主权"。[英]亨利·萨姆纳·梅因:《早期制度史讲义》,37页;See E. Shils, "Henry Sumner Maine in the Tradition of the Analysis of Society", p. 177。

④ See E. Shils, "Henry Sumner Maine in the Tradition of the Analysis of Society", p. 178.

⑤ 而随着福利国家时代的到来,梅因理论的公众声誉急剧下降,1914年后,梅因不再被视为学术典范或政治预言家,他的法学理论也常常被无视或直接忽略。See C. Woodard, "A Wake (or Awakening?) for historical Jurisprudence", pp. 226-228.

即,在梅因那里,进步是如何实现的。在梅因看来,进步的实现与法律发展直接相关。在《古代法》中,梅因写道,"除了世界上极小部分外,从没有发生过一个法律制度的逐渐改良。世界有物质文明,但不是文明发展法律,而是法律限制着文明"。① 换言之,当法律限制着文明发展时,社会陷于停滞,而当法律逐渐适应社会发展时,则社会日益进步。梅因曾写道,由于"原始法律的僵硬性","曾阻碍了或停住了更大一部分人类的进步",使得"社会在幼年时代"要"招惹到危险"②。对进步社会来说,梅因则认为,在进步社会中,"法律是稳定的",而"社会的需要和社会的意见常常是或多或少走在'法律'的前面","我们可能非常接近地达到它们之间缺口的接合处,但永远存在的趋向是要把这缺口重新打开来",社会的进步,"人民幸福的或大或小,完全决定于缺口缩小的快慢程度"③。梅因以罗马为例说明了这一观点。梅因认为,进步的社会之所以从罗马人那里才得以从静止社会中区分开来,原因在于罗马法"从它的开始到它的结束","是逐步地改变得更好,或向着修改者所认为更好的方向发展,而且改进是在各个时期中不断地进行着的",而与之形成对照的是,在这些时期中,"所有其余的人类的思想和行动,在实质上都已经放慢了脚步,并且不止一次地陷于完全停滞不前的状态"④。

在梅因看来,使法律和社会相协调的手段有三,即"法律拟制"、"衡平"与"立法"⑤。所谓拟制,梅因解释为"是要用以表示掩盖,或目的在掩盖一条法律规定已经发生变化这事实的任何假定,其时法律的文字并没有被改变,但其运用则已经发生了变化"。在梅因看来,英国的"判例法"和罗马的"法律解答"都是以拟制为其基础的。所谓衡平,"是指同原有民法同时存在的某一些规定",这些规定"建筑在个别原则的基础上",这些原则由于其"固有的无上神圣性"可以公开地、明白地干涉法律。梅因指出,衡平不同于立法之处即在于这些原则的权力基础并不来自于任何外界的人或团体的特权甚至宣布它的官吏的特权,而是来自于认为有一套原则比普通法律具有更高的神圣性并且可以不经任何外界团体的同意而主张单独适用的观念。而立法则是"由一个立法机关制定的法规",梅因同意,"没有谁能够限制"立法机关"任意制定法律"⑥。

梅因认为,在上述三种手段中,有些法律制度没有受到三者中的这一个或另一个的影响,在历史顺序上,有时其中两个在同时进行,但它们的

---

① [英]梅因:《古代法》,沈景一译,14 页。
② 同上书,44 页。
③ 同上书,15 页。
④ 同上书,14~15 页。
⑤ 同上书,15 页。另外,梅因认为,早期社会都会经历一个习惯法与古代法典的编纂时代,而进步社会与静止社会的区分则始自古代法典编纂完成后,因此,古代法典不能作为开始研究法律史的最早起点。参见同上书,1~13 页。
⑥ 同上书,16~17 页。

历史顺序则一定从法律拟制到衡平再到立法。① 在梅因看来,法律经过拟制后,表面上仍保持原样,原封不动,但"它已只成为一个躯壳",早已破坏了,藏在其外衣里面的则是新的规定,我们因此将很难断定,实际上可以适用的规定究竟应该归类于其真正的还是归类于其表面的地位,梅因因此视法律拟制为"均称分类的最大障碍",并明言法律拟制的时代早已过去。② 衡平同样也会面临困难,梅因认为,当"原来采用的道德原则已经发挥出了所有的合法的结果"后,建筑在这些道德原则上面的制度,就会像"最严峻的法律法典那样地生硬、那样地没有伸缩、那样地不得不落后于道德的进步"。梅因同时认为,衡平还有一个特点是"原来用以辩护衡平主张比法律规定优越的这个假定,是虚伪的",梅因承认,衡平法自有它的地位和它的时期,但"当衡平法的活力消耗完了时,立法已经准备好来继承它了"③。

不过,在《古代法》中,梅因似乎尚未完全准备好去讨论立法这一主题。④ 直到《早期制度史讲义》中,梅因花了两讲的篇幅讨论了边沁和奥斯丁的学说,部分展开了立法这一主题。梅因认为,尽管分析法学派未能看到大量只有借助于历史才能解释的事情,但他们却看到了许多即使今天那些所谓随历史脉搏而动的人也没有完全明白的事情,"被视为事实的主权和法律,是逐步呈现出与霍布斯、边沁和奥斯汀[奥斯丁]的概念相符的样子","这种相符在他们的时代确实已经存在,而且不断趋向于更加彻底"⑤。事实上,梅因只是批评了分析法学的非历史,但却全盘历史地接受了功利主义与分析法学,仅仅指出分析法学的理论是对现代西方社会的解说,并不适用于那些非西方的社会、前现代的社会,或者总称为静止的社会。

梅因认为,在现代国家的机制中,最重要的事实就是"立法机关的能量";在所有西方社会,制定法,即主权国家直接发布的命令,日益成为法律的唯一来源。⑥ 梅因还以罗马为例,说明立法的巨大效用。在他看来,罗马帝国与其他早期帝国、东方帝国一个非常重要的区别在于,罗马帝国是一个立法帝国,"它摧毁当地的习俗,代之以自己的制度。它仅靠立法就在一大部分人类的历史上造成了巨大的断裂"。在梅因看来,罗马帝国"直接或最终导致了高度集权化、立法活跃的国家的形成",梅因将之称为"第一个不但征税而且立法的伟大统治"⑦。梅因也提供了现代世界从事

---

① [英]梅因:《古代法》,沈景一译,15页。
② 同上书,16页。
③ 同上书,39～41页。
④ 在《古代法》中,梅因只是在谈到罗马共和晚期的独裁官苏拉(哥尼流·西拉,L. Cornelius Sylla)在公元前81年左右制定的一系列被称为《科尔内利亚法》(《哥尼流律》,Leges Corneliae)时,认为直接立法的方法可以达到迅速改进法律的作用。同上书,24页。
⑤ [英]亨利·萨姆纳·梅因:《早期制度史讲义》,193页。
⑥ 同上书,194、24页。
⑦ 同上书,163、190页。

创制的立法机构得以发展的条件,这些条件是:"使社会得以形成的原始群体在某种程度上被完全打破;建立了一个集权政府,它可以无距离地对个人采取强制性的和不可抗拒的行动。"①在梅因所述的这两个条件中,前一个条件是由"从身份到契约"的历史进化完成的;后一个条件,则完全承认了奥斯丁学说中的暴力或者说强制性的因素。梅因认为,奥斯丁学说中的这一观点是不证自明的,"法律在这里被视为制度化的武力,仅仅是因为武力是可以成为其他一切概念所依附的初始概念的唯一要素"②。

就立法所应遵循的原则本身,梅因完全接纳了边沁的功利主义立场。梅因认为,对一个人口众多、具有相当同质性的共同体来说,能够"大规模指导立法活动的唯一可能和可以想象的原则,就是最大多数人的最大幸福"。梅因认为,功利理论"最令人感兴趣的是它预设了平等理论";他指出,边沁一而再、再而三地强调"最大多数是作为计算单位的人的最大多数",其中,"一个人只能算作一个人"。他承认,边沁完全意识到人类天生平等的主张是"无政府主义的诡辩",因此,在梅因看来,功利主义信条"仅仅是立法的一条工作规则而已"③。梅因还为边沁的功利主义立法原则补充了一个重要的事实论证,他指出,"现代政治社会中的最高权力是远距离地施行于臣民,由此必然忽略社会的构成单位之间的差异,甚至是实质性差异"④。对边沁功利主义立法理论的意义,梅因给予了高度评价。在《古代法》中,梅因即已指出,"边沁提出社会幸福,把它作为优先于其他一切的首要目的,这样,就使一个长期以来正在寻找出路的洪流,得到了发泄",从而使得英国避免了因为法律的僵硬性陷于停滞的危险。⑤

最后需要注意的是,在梅因那里,立法由于其理性、开放以及作为法律变革的公开方式,与支撑现代的、资本主义的、契约型的社会的理性契合无间。但在其饱受诟病的晚期著作《民众政府》中,梅因对立法权落入民众的多数(popular majority)手中表达了忧虑。在梅因看来,立法权落入多数民众手中,将使管制立法由于多数的激情得以制定通过,这些管制立法将限制契约自由,而且,这些立法对权利义务的配置并非以人与人之间的自由协议为基础,这样一来,进步将走向终结,社会将退回到身份时代。《民众政府》从而将梅因的前述两个历史图景("从身份到契约"与习惯法—早期法典—法律拟制—衡平—立法的法律演化)的冲突揭示了出来,即民众主导的立法将与契约秩序的维持相抵触。因此,在《民众政府》中,原先单向进化的"从身份到契约"的法则,被纳入了对生命周期(life-

---

① [英]亨利·萨姆纳·梅因:《早期制度史讲义》,15页。
② 同上书,178页。
③ 参见[英]亨利·萨姆纳·梅因:《早期制度史讲义》,194～195页。
④ 同上书,195页。
⑤ [英]梅因:《古代法》,沈景一译,44～45页。

cycle)的想象之中。即进步有其终点。① 在《古代法》中,梅因在论述"从身份到契约"时,将"到此处为止"的社会描述为进步法则(law of progress)的开端,而在《民众政府》中,则明确预言了道德的衰败与死亡。尽管梅因从来不是一个为小规模的、自组织的社会辩护的有怀旧情结或嗜古癖的人,但梅因对诸如智识贵族这样的特权阶层的消失以及民众政府的出现所导致的德行与智识的日趋平庸饱含忧虑,他因此认为,古老的统治模式(民主制)与现代集权国家之间脆弱的联结势必导致巨大的灾难以及深切的失望。② 在梅因那里,进步社会的法律是由少数人为多数人保存的一种属于专门领域的技能。梅因预言道,"我们被不可抗拒力量沿着确定的道路推向避无可避的终点——走向民主,同时走向死亡"。③

第四节 历史法学、分析法学与梅因

总体上来说,作为19世纪法学最重要的两个流派之一,历史法学与分析法学迥然有别,但如深入细究,则可以发现,二者有着共同的出发点和目的地。他们的区别不过是各自所选择的道路不同而已。分析法学家通过比较分析发达法律体系及其准则和成熟的制度来探寻普遍的法律原则、普遍的法律观念和一种普遍且系统的法律框架。历史法学家则主张对法律、法律体系以及特定的法律准则和法律制度的起源和沿革进行比较研究,并且力图从这种研究中推演出一种普遍的法律理论、普遍的法律观念和普遍的原则。④ 作为"后自然法"时代的法律理论,分析法学与历史法学都不可避免的以对17、18世纪古典自然法学的拒斥、反动与清算的面目出现。其中,分析实证主义法学派采用了拒斥的立场,将古典自然法学视为政治社会理论对法律理论的僭越,并进而将法律规则的社会价值层面清除出了法律研究的范围,彻底逃离了对法律本身正当性的解释,他们事先假定了一个特定法律体系所接受的整个法律律令体乃是根据它们严格符合的一项逻辑方案一举制定而成,所以他们便试图通过分析去发现这一项逻辑方案。⑤ 他们也由此将规则本身的正当性从法律研究的领域中放逐了,甚至放弃了对规则内容本身的研究梳理。而历史法学派

---

① See A. Diamond(ed.), *The Victorian Achievement of Sir Henry Maine: A Centennial Reappraisal*, pp. 22-23.
② See K. Mantena, *Alibis of Empire: Henry Maine and the Ends of Liberal Imperialism*, Princeton University Press, 2010, pp. 117-118.
③ Sir H. S. Maine, *Popular Government: Four Essays*, p. 170.
④ [美]庞德:《法理学》,第1卷,邓正来译,81页,北京,中国政法大学出版社,2004。
⑤ 同上书,74页。

则是对自然法学的反动与清算,它以历史的理性代替了纯粹的理性。它将实在法视为一个自人类社会出现以来连续的历史发展的结果,认为历史本身即赋予了实在法规则的合法性,而法律学的研究应当立足于在历史情境中发现实在法内在的体系逻辑及其历史规律。因此,无论是历史法学还是分析法学,都可以将之视为更大范围内的19世纪法律实证主义潮流的一种表达;也可以在某种程度上,将之视为19世纪法学为法律理论塑造自身独立的品格和面目的影响深远的努力和尝试。① 也正是在这一意义上,梅因在强调"解释法律制度的起源和发展"是为英国人的知识做出贡献之"最为迫切的需要"的同时,也主张除了新的法学史之外,"我们最需要的是一种新的法哲学"。而英国诞生新的法哲学的优势之一是英国的分析法学派,尤其是边沁和奥斯丁的研究,梅因认为,这是英国的垄断优势。②

然而,无论是分析法学还是历史法学,它们的努力和尝试都是以放弃对法的超验品格的介入和追求为代价的。

分析法学直截了当地将法学的范围界定在了实然法的范围之内。奥斯丁在其《法学讲演录》开篇的"预备性说明"中直接宣布:"一般法学或实在法哲学只涉及必然是如何的法律(实然法),而不涉及应当如何的法律(应然法);只涉及那些必然存在的法律,无论它们是好是坏,而不是涉及那些必然存在的法律——如果它们是良善的法律的话。"③而"每一个实在法或实在法的规则都是根据主权者的意愿而存在的",它由"最高统治者直接制定,或由从属于主权者的某个政治优位者来制定",它"来源于这样或那样的权力渊源"④。

历史法学所界定的法同样不具有超验性质,仅仅是历史所给定的实在法。这种实在法同样谈不上是好是坏。德国当代著名法学家阿图尔·考夫曼就曾质疑:历史法学"没有提出,由于时空条件法的内容是不是偶然的产物,或者是否不存在合法律性这种法哲学疑问,更谈不上回答。人们也可以这样来表述那个疑问:当一种法秩序非总是和处处有约束力,但至少在此时此地有效时,它可能是这个时代,这个文化圈的应然之秩序吗?"⑤虽则考夫曼教授的评论更多地是针对德国历史法学发出

---

① 作为一个有趣的现象,17、18世纪的法学理论史,无疑是哲学家们(更确切的应该说是宽泛意义上的思想家们)所书写的。在17、18世纪的法学理论史中,法学理论更多的是作为一个宏大的政治社会理论的附属物的面目出现的,如果不恰当地套用马克思的话来说,这一时期的法学理论也是"没有自己的历史"的。而19世纪的法学理论史的主角们,更多的则是那些纯粹的职业法学家。在某种意义上,19世纪的法律实证主义潮流是否可以视为职业法学家们夺回对法学理论的控制权的一种策略呢?

② [英]亨利·萨姆纳·梅因:《早期制度史讲义》,168页。

③ [英]约翰·奥斯丁:《法学讲演录》,第1册,97~99页。

④ 同上书,109页。

⑤ 参见[德]阿图尔·考夫曼:《法哲学的问题史》,载[德]阿图尔·考夫曼、温弗里德·哈斯默尔主编:《当代法哲学和法律理论导论》,郑永流译,98页,北京,法律出版社,2002。

的,但大体上也适用于批评梅因的历史法学观。

回到梅因自身,晚年的梅因虽然荣誉等身,深受敬重,但他应当已经感觉到他的时代已经开始迅速地隐入历史。按科克斯教授(R. C. J. Cocks)的描述,在光鲜的公众形象之下,晚年的梅因是落寞的,甚至已经没有什么事情能够点燃他的激情。① 而我们似乎也不太容易总结在百余年后重新讨论梅因的意义究竟何在。科克斯教授勉强总结了梅因历史法学对现代法学的四点意义。其一,梅因仍然可作为纠正任何声称可用于分析任何时代任何地域的各种法律安排的特定概念的资源。在读了梅因之后,很难有人能够全然接受法律乃是一个与社会事实毫无关联的领域,很难有人相信法律推理可以先于社会观察。其二,梅因著作有力地提醒人们,法学远不仅仅是涉及或根本不涉及社会事实的法律哲学。在梅因那里,社会事实是关于法律如何创制以及它们在社会中的功用如何的整体分析中不可或缺的一部分。其三,梅因也提醒我们法学可以富有成效的用于解决专业法律问题。他不断强调,法学研究如果无法探究法律家们的职业生涯及其确信,法学研究也就无法回应那些对理解法律变迁而言最为基本的信息。最后,梅因在发展他关于卷入法律变革者的责任的观念的过程中对运用历史的坚持,在多方面影响了现代法学的发展。梅因坚持要求法学家对其所提出的历史问题要有一个完整的理论论证,尽管梅因本人也没有做到这一点,但梅因的著述的存在,使得法学家始终无法绕开这一问题。② 不过,很大程度上,科克斯教授总结的这四点在梅因逝后百余年已日益成为人们的常识,这些教益也许无须回到梅因便能获得。

无论如何,在 19 世纪的下半叶,正是在梅因那里,历史法学曾经获得了充沛的生命力。在这个意义上,接替梅因成为牛津大学法理学圣体讲座教授的英国著名法学家波洛克爵士悼念梅因逝世发表的演说,依然未曾过时。波洛克饱含深情地说:

> 梅因……不会因为近代学者努力钻研、机智新颖而变成陈腐,正如孟德斯鸠不会由于拿破仑的立法而过时一样。某些事实将被纠正,某些思想的顺序和比重将有所变化,新的困难将要求新的解决办法。有用的知识将尽到其应尽的职责,时机一过,即被遗忘;但在一切真正的天才中也许有一种艺术的色调;梅因的天才并不是仅仅有些艺术色调,而是杰出的艺术的天才;而艺术则是不朽的。③

---

① R. C. J. Cocks, *Sir Henry Maine: A Study in Victorian Jurisprudence*, pp. 11-12.
② See ibid., pp. 210-212.
③ Sir F. Pollock, *Oxford Lectures and Other Discourses*, MacMillan & Co., 1890, p. 154. 该段译文见[美]汤普森:《历史著作史》,下卷,第四分册,529 页。

思考题

1. 梅因的进化论历史法学观是什么样的?
2. 梅因的"从身份到契约"理论具体的含义是什么?
3. 梅因所说的法律发展的三种手段分别是什么?

阅读文献

1. [英]梅因:《古代法》,沈景一译,北京,商务印书馆,1959。
2. [英]梅因:《古代法》,方孝岳、钟建闳译,上海,商务印书馆,1930。
3. [英]亨利·萨姆纳·梅因:《早期制度史讲义》,冯克利、吴其亮译,上海,复旦大学出版社,2012。
4. [英]维诺格拉多夫:《历史法学导论》,徐震宇译,北京,中国政法大学出版社,2012。
5. 谢鸿飞:《法律与历史:体系化法史学与法律历史社会学》,北京,北京大学出版社,2012。
6. Sir H. S. Maine, *Popular Government: Four Essays*, new edition, John Murray, 1890.
7. Sir M. E. G. Duff, *Sir Henry Maine: A Brief Memoir of His Life——With Some of his Indian Speeches and Minutes* (Selected & ed. by W. Stokes), Henry Holt, 1892.
8. A. Diamond(ed.), *The Victorian Achievement of Sir Henry Maine: A Centennial Reappraisal*, Cambridge University Press, 1991.
9. R. C. J. Cocks, *Sir Henry Maine: A Study in Victorian Jurisprudence*, Cambridge University Press, 1988.
10. K. Mantena, *Alibis of Empire: Henry Maine and the Ends of Liberal Imperialism*, Princeton University Press, 2010.

第二十七章 英国的宪政思想

　　宪制之终极目的在于促进国民之福祉；为达此目的，世界各族通常采取两条路径：一是明确宣示民众之基本权利，二是形成或设立各种公共机构为民众服务，同时限定其权力范围。前者是为了从正面昭告天下，为了民众之幸福，作为个体之权利不容侵犯和践踏；后者则从反面通过明确授予权力而限制公权力，以使之既能为社会服务，又不至于侵犯民众的基本权利。这种宪制安排其实反映了人类的一种矛盾心态：既需要个体的自由，又不能独立于世而需要联合起来处理公共事务。于是，权利必须旗帜鲜明而且是反复不断地得到张扬；另一方面，公权力则成了一种不可避免的"恶"，在增进民众福祉的进程中既处处不可或缺，又时时面目狰狞，让人防不胜防。民众和公权力之间的关系遂成为宪政关系中最为重要也是最为本质性的关系，它往往通过个体的基本权利与公权力之间的互动体现出来。那么，如何协调这种关系，就成了一个世界性、永久性的宪政难题，围绕此问题也生发出许多的宪政思想和实践。而英国在这方面算是比较有特色的，在其历史的大部分时间里，它在上述两者之间都保持了适度的张力，既没有走向极端的无政府状态，也没有走向极端的专制主义。因此，本章就将梳理英国宪政及其思想的发展脉络，探寻所谓的"英国规律"。

　　就结构而言，本章将围绕上述三个问题展开：一、英国人权利和自由的宣示；二、英国公权力的形成和发展；三、两者关系的协调。但由于其独特的历史进程和社会实践，英国与世界其他国家的宪政有着诸多的不同。比如它没有统一的、成文的宪法法典，因此无论是对民众权利和自由的宣示，还是对公权力的规范，都只是体现在一般的制定法和普通法之中；宪法性惯例在整个宪政体系中起着独特的作用；政治体制上并非严格的三权分立；司法在整个宪政体系中地位突出……这些制度性的细节本书不会系统论述，但作为背景却需要读者注意。

第一节 "我们虽然不平等,但却是自由的!"

所谓权利,从一定意义上说就是为某种行为的可能性。人来到这个世界,为了生存和发展,必须时时行为劳作,故作为行为之可能性的权利对人之重要性不言而喻;尤其是那些令人之所以为人而应当享有的、不可或缺的基本权利,如生命、自由和拥有财产等。因此,"为权利而斗争"是一个基本的宪政话题。

世界各族人民对自己的权利都相当珍视,但珍视到如英国人这般程度以至为之不怕牺牲、不懈奋斗的可能并不多。不列颠自古以来就屡遭外敌入侵,但自盎格鲁-撒克逊人入侵以来,在长期的对外战争中不列颠开始逐渐形成自身的民族认同感,即英国人的概念;尤其是九、十世纪在对抗北欧人入侵的过程中,阿尔弗雷德大王的努力更强化了这种认同。因此在接下来遭遇到的迄今为止不列颠的最后一次征服(即诺曼征服)中,他们向征服者提出,后者必须尊重他们的权利和自由,要允许他们继续沿用自己原来的法律。无论是因为英国人对自己权利的执着和坚持,还是因为诺曼人的明智和统治天赋,抑或当时社会形势所迫,在随后颁布的《威廉一世之法》中明确确立了这样的原则:英国人可以继续沿用他们原来的法律。此后亨利一世又不断地通过宪章确认了英国人和英国各地的特权和权利,这一做法甚至为其外孙子亨利二世所继承:后者在1164年通过宪章(《克拉伦敦宪章》)的形式确认了自己作为国王所应该享有的权利(权力)——与其外祖父等同。而《大宪章》则是骑士阶层要求国王确认并尊重自己依照习惯法所享有之权利的最著名的尝试,以致后来每位国王在即位时都要对《大宪章》进行重新确认,或宣誓要保护英国人的权利和自由。这种相安无事的状况一直持续到17世纪,来自苏格兰的斯图亚特王朝采取了一种非英国式的统治方式,致使英国人不得不再次以《权利请愿书》请求国王尊重并保障他们固有的权利和自由,经过内战和光荣革命,王权受到了制约,《权利请愿书》最终变成了《权利法案》,英国人的权利和自由最终得到了全面、系统的法律宣示。"二战"后,英国和世界各国一道不断推进对基本人权的保障,联合国、欧盟先后通过了相关的法律保障人权,1998年的《欧洲人权公约》则使英国的人权保护实现了与欧洲和世界的同步,达到了一个新的水平。

那么,为英国人所如此珍爱的这些权利和自由都包含什么内容?又是从哪里来的呢?下面将分几个方面予以讨论。

第二十七章 英国的宪政思想

一、"宣示"而非"赋予"

英国——连同诸多西方国家——不存在所谓宪法或法律自上而下"赐予"或"赋予"民众基本权利的说法或观念,而毋宁说宪法和法律只是承认和列举、宣示这些权利。换言之,就前者而言,是宪法和法律先于并高于权利,宪法和法律的制定者相对于民众而言是高高在上的,基本权利是统治者对民众的恩赐;而在后者,则是基本权利作为社会事实先于宪法和法律而存在,制定者只是尊重此事实并予以忠实地表述、列举和宣示而已。

比如1215年《大宪章》第1条规定:"……根据本宪章,英国教会当享有*自由*,其*权利*将不受干扰,其*自由*将不受侵犯。……此外,余等及余等之子孙后代,同时亦以下面附列之各项自由给予余等王国内一切自由人民,并允许严行遵守,永矢勿渝。"其中说教会应当享有"自由"且此"自由"不受侵犯,其"权利"不受干扰,那么这些权利和自由是什么内容呢?又是从何而来的呢?宪章并未予以说明,结合语境我们认为它并不是本宪章赋予的,而是先前已然存在的。后面一句虽使用了"以下面附列之各项自由给予余等王国内一切自由人民"的表述,但考察后续条文中所列的各项"自由",却发现它们都是先前已经存在的习惯和做法,而并非从无到有的创设和恩赐;换言之,约翰王只是被迫以书面形式承认先前已经存在的、没有体现为成文的习惯和做法,而不是他赐予了他的臣下宪章中的权利。

此外,1998年的《欧洲人权公约》经过转化今天也已经成了英国法的一部分,其第1条这样写道:"缔约国应当保证在它们管辖之下的每个人获得本公约第一章所确定的权利和自由。"这里的"确定"(define)显然也并非从上而下的恩赐,而是根据过去的社会实践进行的总结和归纳。而美国联邦宪法中人权法案的表述则多是否定性的,即不得侵犯民众的何种权利等,显然也是默认了这些权利先行存在的事实。法国1789年的《人权宣言》则直接使用了"承认并宣告下述人和公民的权利"的表述。

二、盎格鲁-撒克逊起源

既然这些权利和自由是先于宪法和法律存在的,那它又是从何而来的呢?在这个问题上,英国和欧美其他国家存在较为明显的分歧。

以法国《人权宣言》和美国联邦宪法为例,它们都带有明显的古典自然法学色彩,或将基本权利归之于上帝的创设。众所周知,美国的国父们,如华盛顿、富兰克林、杰斐逊、潘恩等,多数是自然法学的信徒,而法国大革命则深受以卢梭为代表的古典自然法学和启蒙运动的影响。因此,《人权宣言》是"国民议会在上帝面前和庇护下"发布的,它视基本权利为

537

"自然的、不可让与的、神圣的人权",认为"人们生来并且始终是自由的,在权利上是平等的","一切政治结合的目的都在于保存自然的、不可消灭的人权"。由此可见,欧陆和美国的基本权利多被归之于自然或者神创,借此使之带上了神圣性。

而英国人则诉诸了另一种逻辑:古老的传统。尽管柯克曾夸张地提出,英国宪制的源头应该追溯到特洛伊王子登临不列颠之时;①1470年,甚至有高级律师提出普通法自创世之时即已存在,②但在英国,主流的意识形态(柯克自己也承认)认为,英国民众的权利和自由起源于盎格鲁-撒克逊社会,而非来自于神创或别的地方。换言之,为后来英国人所极度珍视的权利和自由其实在日耳曼人的丛林和部落生活中已经形成了,英国人对此是如此地珍视,以致在每一个社会变革的危急关头都会向统治者提出:必须尊重并保护我们这些源自盎格鲁-撒克逊时期的权利和自由,否则就抗争到底!因此才有了后来的威廉一世之法、亨利一世之法、大宪章、权利请愿书、权利法案,等等。而后来的历代国王在就职宣誓中也都必须承诺,要保证英国人享有其固有的权利和自由。再者,从救济出发的普通法在其产生之初所救济的实体性东西,也正是这些源自盎格鲁-撒克逊时期的权利和自由。到14世纪时,普通法已经被英国人视为了"自己的"法律,而对普通法的这种高度的、内在的认同感正来源于后者对英国人自身权利和自由的认可和保护——而这可能在很大程度上可以解释,为什么英国人更愿意自觉地守法。

诚然,"日耳曼丛林"的说法无法不让人联想到霍布斯的"丛林时代"及其自然权利,但如同古典自然法学的其他理论一样,权利的自然起源学说从未被证实过——这也成了这一理论最大的软肋;而盎格鲁-撒克逊人则大约在他们能够谱写文字的时候就在对自己的权利和自由进行着记录。梅特兰为我们简要地展示了这个过程:公元600年左右肯特国王埃塞尔伯特,680年左右肯特王国的联合国王霍瑟利和伊德里克,公元700年左右的威特里德,大约公元690年左右威塞克斯国王伊尼,公元890年左右的阿尔弗雷德,十、十一世纪的长者爱德华、艾塞尔斯坦、爱德蒙、爱德加、艾塞尔雷德、克努特和忏悔者爱德华,都有过自己的法律。③ 布莱克斯通则认为,阿尔弗雷德对当时习惯法的汇编(据说传至爱德华四世时遗失)奠定了后世英国习惯法或普通法的基础,因为其中已经包含了后来普通法的许多格言、对轻罪的惩罚和司法程序方面的内容;以此为基础,

---

① Coke, 2 *Rep.* pp. vii-viii. 转引自 D. E. C. Yale, "Hobbes and Hale on Law, Legislation and the Sovereign", 31 *Cambridge Law Journal* 121-156, 1972, p. 127 and references at n. 33.

② *Wallyng v. Meger* (1470) SS 38, per Catesby sjt. 转引自 Sir J. H. Baker, *An Introduction to English Legal History*, Oxford University Press, 2007, p. 1.

③ 参见[英]F. W. 梅特兰:《英格兰宪政史》,李红海译,1~5页,北京,中国政法大学出版社,2010。

忏悔者爱德华又对王国的法律进行了重新整理和统一。这些法律就是诺曼人到来之后本土英国人所力争维持的、也是后世历代国王在内忧外患逼迫时所经常承诺维持和恢复的、体现英国人权利和自由的法律,它们经受住了罗马法的反复冲击,并在后者致使大陆诸国失去政治自由时提升而不是贬抑了英国的自由宪制。这就是英国古老而弥足珍贵的习惯,就是它们,构成了后来英国普通法的实质性内容。

而与抽象的自然权利相比,这些法律中所体现的英国人的权利和自由都是具体的、可以真实感受得到且可以被救济的,这一点可以从《伊尼法典》中那些决疑式条款看得出来。布莱克斯通在描述早期英国法的内容时将其大致归纳如下:土地的继承问题,获得和转让财产的途径和方式,合同生效所必须的形式和合同义务,遗嘱、法律文书和议会制定法的解释规则,针对民事侵害行为所提供的相关救济,世俗性犯罪的种类及对其进行惩罚的方式和限度;此外还有无数的细节,以使之广泛扩及为实现正义所需要的每一个角落。①

三、权利和自由的内容及其流变

英国人将自己权利和自由的起源诉诸了传统和历史,并时时将之追溯至盎格鲁-撒克逊时期,从而体现出极强的历史性。但这是否意味着英国人今天的权利和自由就和盎格鲁-撒克逊时期存在直接的一一对应关系呢?在这个问题上,柯克显得过于机械。比如,为了从历史的角度论证普通法的效力,他说今天法律的很多内容(这就包括民众的权利和自由)可以并且应该直接被追溯至盎格鲁-撒克逊时代,并且和过去的规则存在对应关系!但17世纪的平等派(Levellers)却反驳说,历史证明,今天法律中的内容与撒克逊时代不存在任何类似之处;事实上,今天法律中的元素都可追溯至每一次具体的法律变革。② 因此,柯克此处客观、机械的立场,不仅没有支持反而是削弱了英国民众权利和自由的历史性。相比之下,黑尔的观点更为中肯。黑尔认为,柯克和平等派都错误地认为历史性是可以将法律追溯至过去某一具体的源头,因而都误解了普通法历史性的真正含义。在他看来,机械地探寻今天某一规则的源头不仅不可能,而且也不必要;说法律历经世纪而不变也是没有意义的。因为,法律实际上是处于不断变动之中的;从本质上来看,法律是要适应民众的生活状况、需求和便利,而这些东西的生长是无法感知的,所以法律的生长同样无法感知,尤其是在长期的历史进程中。因此,在黑尔看来,探寻普通法规则的起源并不重要——因为这并不构成它们成为规则、具备法律效

---

① See Bl. *Comm.*, Introduction, pp. 63-67.
② See J. G. A. Pocock, *The Ancient Constitution and the Feudal Law*, Cambridge University Press, 1957, p. 127.

力的真正原因；他认为，它们之所以能够成为法律，是因为它们被这个王国的民众所认可并接受了。① 普通法如此，它所保护的英国人的权利和自由同样如此，因为从一定意义上说，普通法就是对这些权利和自由的保护和救济之法，普通法的变化很大程度上就是由它所保护的权利和自由的变化所引起的。

因此，英国人权利和自由的内容并非一成不变，而是随着时代的变迁而不断变化的。在盎格鲁-撒克逊早期，它主要来自于日常的习惯，是人和人、人和社区之间长时间磨合的结果，是当时人们生活方式的反映。但随着封建化的不断深入，除原有的习惯被继承和不断认可外，英国人权利和自由的内容又受到了封建契约的型塑。随着中世纪的结束和 17 世纪英国革命的展开，英国的社会结构发生了重大变化，民众的权利内容也在不断扩展。先前范围有限的选举权、妇女的权利等，都在 19 世纪及之后逐渐得到了扩展或认可。时至今日，英国顺应世界潮流，接受了《欧洲人权公约》（以下简称《公约》）的内容，借此对英国民众的基本权利进行了梳理和列举。《公约》第 2~14 条列举了公民所享有的以下基本权利：生命权；免于酷刑；免于奴役和强制劳动；人身自由和安全；公平审判和无罪推定；隐私与家庭生活、通信权；思想、宗教自由；言论自由；集会结社权；婚姻家庭权；请求救助权；免于被歧视的权利。

四、封建主义的贡献

如上所述，英国人权利和自由的内容并非一成不变，而是随着社会的发展而不断变化的。在这个变化的过程中，作为起点的盎格鲁-撒克逊时代和作为"终点"的当代分别起到了源头性和总结性的作用，因为就前者而言，英国人权利和自由的很多内容被认为是起源于盎格鲁-撒克逊的"丛林时代"以及后来的对外征服过程中；而在当代，英国则分享了世界范围的经验和成果，实现了自己权利和自由与世界的同步。但在这二者中间阶段英国宪政实践中，封建主义却对英国人权利和自由的内容起到了重要的型塑作用。

9、10 世纪时，盎格鲁-撒克逊人已经在英国确立了封建体制，但 1066 的诺曼征服给又这种体制带来了新的变化：在注定松散的分封建国体制中加入了统一和中央集权的因素。根据维诺格拉多夫的研究，在封建体制下，领主和封臣之间存在一种封建契约关系，依此他们之间相互享有权利并承担义务；更为重要的是，这种权利和义务的内容是确定的，即双方都不能随意变更权利义务的多少——除非是经过了封建法庭的集体决定。这种封建契约一般体现为庄园的习惯，它实际上就是领主和封臣之

---

① See Sir Matthew Hale, *A History of the Common Law*, Printed For Henry Butterworth, Law-Book-Seller, 1713, p. 43.

间的法律,它所确立的关系也是当时社会中最为基本和重要的关系。当庄园遍布整个王国之时,实际上意味着王国是由许多个封建契约来构建的,而亨利二世的司法改革使得这些封建契约逐渐统一为了整个王国的一个共同契约:普通法;对于原来封建契约的遵守现在基本上转化为了对普通法的遵守。因此,在维诺格拉多夫看来,英国的法治精神其实源自于这种封建主义和封建契约的实践中。

封建契约中权利和义务的确定性对于英国人权利和自由内容的影响非常大。因为如果我们视法治之要义为对既有规则的认真遵守,那么只有规则是明确、确定之时,民众的权利和义务才可能是确定的,他们对自己、对他人、对政府的行为之后果才会有预见性,他们的心理才会平静而不是忐忑不安。梅特兰在谈到庄园封臣(自由地产保有人)和农奴之间的区别时调侃说,头天晚上躺下睡觉时知道第二天一早起来要干什么的是自由人,不知道的则是农奴。这个例子背后体现的是这两种人与领主之间不同的关系:自由人与领主的关系是由法律确定的,而农奴与领主的关系则完全是由领主说了算。同样,也只有规则是明确的、权利义务是确定的时候,一个人才是自由的。自由人的负担也许比农奴还要重,但他知道自己一旦完成了这些任务他就是自由的了,领主就不能再让他多干一丁点;而农奴也许今天只干了一丁点,但他随时都可能被要求再去做什么事情。因此,自由的真谛并不是想做什么就做什么,而是知道自己应该做什么和不需要做什么。所以直到今天英国人仍然这样评价自己:虽然可能不平等,但却是自由的。

第二节 国王与议会:公权力的演变史

作为英国宪政的另一个重要组成部分,公权力是在漫长的社会发展过程中逐渐演变为今天这种架构的,这其中最为关键的要素是国王作为王国的统治者为治理整个王国而形成和建立的各种机构。

在日耳曼人征服不列颠的过程中,随着战争的日常化,其原始的马尔克公社民主制逐渐崩塌,王的地位不断上升。其结果是,在盎格鲁-撒克逊时期就形成了王、贤人会议和部落大会三者并存的格局。其中,王是从部落联盟的首领发展而来,战斗获胜所需要的有效组织和勇武精神客观上使得王的地位日益突出,并成为王国治理的主角;贤人会议主要由部落的长老、贤达之士组成,其目的是为了协助王对王国进行统治;而部落大会则是原始民主制的遗骸,由部落或王国中所有的成年男子组成,对重大事件作出决策,但随着前两者地位的上升其召开的频率越来越低,地位逐渐下降。在英国人看来,这三者分别对应了后来的国王、贵族院和平民院，这大概也是为什么他们习惯于将自己今天的宪制追溯至盎格鲁-撒克逊时代的重要原因。

但诺曼征服之后，这种格局发生了变化。首先，王权得以进一步地加强，这部分源于征服的事实和征服者威廉的个性。1086年，征服者威廉在索尔兹伯里召开王国民众大会，要求各地派代表出席，并向他直接宣誓效忠，所谓"我的封臣的封臣还是我的封臣"。这就打破了欧陆封臣只向自己的领主而非自己领主的领主效忠的格局——"我的封臣的封臣不是我的封臣"，使得英国的封建体制呈现出了欧陆所不具备的集中统一的特点。其次，征服者以自己的御前会议取代（如果不是融合的话）了原有的贤人会议，成为辅佐国王进行统治的有力工具。御前会议由国王的家臣、直属封臣、主教、大主教、修道院院长等成员组成，它不仅议事并作出决策，其中的一些成员还负责落实执行这些政策，包括司法。如果从后世三权分立的角度看，此时的体制显然并非分权而是各种权力混合为一体的，立法、行政、司法都由这个以国王为核心的团体在操持。只是到了后来，为了提高统治效率，文书、财政和司法才纷纷从御前会议中独立出来。尤其是司法，其独立性竟然到了如此的程度，以至于后来它甚至主张国王也应该在法律之下！因为，实际上，从理论上说司法权本身也是源自于国王的，而国王授权其臣下司法并没有穷尽他自身的司法权，这也可以解释为什么后世还会有衡平法院及16世纪出现的其他各种特权法庭。最后，先前的部落民众大会现在已转化为王国的民众大会，由各地各阶层派代表出席——这映射了后来的平民院。但其召开的次数已经极少，即使召开，也更多的只是为了实现国王的某种目的，比如获取王国民众的效忠，征税等。因此，总体而言，诺曼征服的后果是，英国的王权和中央集权进一步加强，贵族参与王国治理的传统得以延续，但普通民众在政治生活中的声音进一步削弱。

但诺曼征服却并未带来英国社会的巨大动荡，这部分得益于征服者的铁腕，但更主要在于他采取了明智的治理策略：允许英国人继续沿用自己原有的法律和习惯；这使得英国被顺利地纳入了一个新的体制之下。但以王为主体的统治架构必然以王个人的"魅力"为基础，于是直至光荣革命（甚至是这之后），英国社会的稳定与否都与当时国王的个人能力和统治策略有直接关系。因此，诺曼征服之后，英国有威廉一世、亨利一世这样的中央集权的建构者，也有威廉二世、斯蒂芬这样的"败家子"；有亨利二世、爱德华一世这样的制度奠基者，也有约翰这样的"失地者"和制度的破坏者；有亨利八世这样的强势国王，也有爱德华二世、理查二世这样的被废黜者；有和平稳定、安居乐业的盛世，也有战乱频仍、民不聊生之乱世……

如果说诺曼王朝主要是从政治方面建构中央集权的话，那么亨利二世则主要是从司法方面恢复和巩固了中央集权。亨利深知"法治"在"治天下"方面的重要意义，因此面对"斯蒂芬乱世"留下的烂摊子，为了恢复社会秩序、重新加强王权,他在司法改革方面大做文章。他建立了完善的王室法院系统,引入了陪审制,革新了令状制,为普通法的诞生奠定了基础。与威廉一世征服英国建立中央集权相比,亨利二世"无心插柳"所确立的普通法传统对英国的影响同样巨大——如果不是更大的话。亨利的做法开启了英国以司法治理、整合社会的传统,该传统同时要求国王本人也应该遵守法律,但亨利之子失地者约翰却悍然违背了当时的封建契约,为维持战事而横征暴敛,最终激起了手下骑士的反抗,约翰被迫就范并最终签署了旨在明确宣示民众之权利和自由的《大宪章》。这一事实表明,国王和其臣民在社会治理方面应该以遵守既有的规则为默契,并维持一个双方都能接受的限度,即使强大如亨利二世,也不会糊涂至将其民众逼上绝路;而约翰的做法则从反面表明,如果国王不这样做,那么他的臣下会迫使他这样做——不是取而代之,而是将其逼回原来的轨道。约翰的做法让他的贵族、骑士对王的"美德"产生了怀疑,因此他们决定必须从体制上对国王予以牵制——这直接殃及其子亨利三世。亨利三世即位时年幼,贵族们遂组成委员会予以辅政,这个委员会已不再仅限于先前御前会议的成员,而是扩及到了更大的范围;这逐渐形成了一种新的传统:国王在重大决策之前,必须征得其大谘议会(grand council,对应于后世的贵族院)的同意。及至亨利三世亲政,这个大谘议会的枷锁已经无法逆转地套到了他的脖子上。因此,13世纪对于英国的宪政意义重大,约翰的一意孤行和亨利三世的年幼即位,给国王受到贵族的体制性制约带来了契机,贵族不再像过去那样只是咨询或建议,而是要对国王予以制约:威廉一世和亨利二世那样的"英雄"时代已经过去,国王和他的御前会议要受到更多的制约。

在13世纪后半期与国王的斗争中,贵族们联合了平民参与进来,其结果是,国王的重大决策——尤其是征税——都必须征得贵族和平民的同意:国王需要和每一个阶层(教士、贵族和平民)分别谈判税收事宜。为此,需要从各郡、自治市选出代表来参加与国王的谈判,1295年,举行了第一次全王国三个阶层的这种大会,成为了后世议会的先驱,被称为"模范议会"。14世纪中期左右,平民们离开原来的会议场所转至另外一个地方,遂出现了贵族院和平民院的分离。尽管议会此时已开始发展,但王权依旧强大,尤其是在爱德华一世、爱德华三世这样的强势国王当政之时。不过14世纪开始的英法百年战争和15世纪的玫瑰战争使得国王必须更多地依赖税收,而且这两个世纪中对王位的争夺使得争斗各方都需要借助于议会来获取更多的合法性,因此议会在此期间获得了更为长足的发展,地位也不断上升。

15世纪持久的战乱使得人心思定,这为都铎王朝的强势和专制提供了社会心理基础。在以亨利八世为代表的都铎时期,16世纪的议会变成了柔顺的议会,它会配合国王通过他所需要的任何法律。和罗马教宗决裂,解散修道院,设立各类特权法庭,将御前会议缩小为更有效率、更便于控制的枢密院(privy council),整个都铎时期仿佛又回到了13世纪之前以国王为主的英国。但国王并未废弃议会,议会仍在一如既往地召开、运行,国王只是控制它,因此这仍然属于一种英国式的统治。但斯图亚特王朝的詹姆士一世和查理一世则是以他们熟悉的法国思路来治理英国,议会因为并不驯服被视为累赘而长期不被召集,而在查理因为需要钱而被迫召开议会时,后者提出了为查理所无法接受的条件而矛盾激化,国王要逮捕议会中的带头闹事者,最终导致内战爆发。持续的内战使得军队的领导层崛起,这在过去没有常备军的时代是一个重大的事件,因为如后来我们所看到的那样,纵使国王和议会双方都不想再打下去了,军队为了自己的利益却需要将战争继续下去。因此接下来是军队主导的年代,他们处决了国王,建立了共和制,废除了贵族院、各类特权法庭和封建特权……无论如何,这是英国宪政史上的一个独特时期;但缺乏民众基础和合法性的政权终究无法长久维持,斯图亚特王朝复辟了。不过,之后的詹姆士二世并未吸取其列位先王的教训,无法在国王和民众之间保持良好的关系,最终导致1688年的光荣革命。

　　光荣革命的结果并不是国王不再统治这个王国了,而是他的统治受到了议会的极大限制:很多过去由国王及其枢密院直接决定的事情现在需要议会决定,国王只须表示同意即可,到安妮女王于1707年最后一次否决议会通过的《苏格兰民兵法案》之后,国王就再也没有否决过议会通过的法案;国王的大臣需要由议会为其选择……但国王仍在通过其大臣对国家进行着治理,他仍然需要参加枢密院的会议并作出决策。只是到了汉诺威王朝,其头两位国王乔治一世、二世由于不懂英语且关心德国事务胜于英国而不再参与其大臣的讨论,会后会由一位领头的大臣向国王汇报讨论的结果并请国王在决议上签字,由此出现了今天的内阁和首相——国王在整个政治生活中变得更为消极!

　　综上,光荣革命之前英国公权力的发展历史反映出,没有一个机构拥有绝对的、不受限制的权力——包括国王。相反,契约精神以及依据既定规则行事的做法已经深入人心,即使是国王也必须遵守法律,也在法律之下。这样的法治精神可以说构成了英国宪政的真正基石!

第三节　从王权至上到有限君权:光荣革命之前的宪政思想

　　宪政思想是对特定时期宪政实践在理论上的反映,因此必然随着后者的演变而变化。根据英国宪政实践的历史,笔者将英国宪政思想的流变划分为三个阶段:光荣革命之前;光荣革命到"二战";"二战"到今天。

第二十七章 英国的宪政思想

每个阶段的社会经济发展和政治形势不同,导致宪政实践的重点不同,相应地宪政思想的内容也有所不同。

总体而言,光荣革命之前的英国宪政实践主要是围绕王权而展开的,因此在宪政思想方面也主要围绕王权、君权而形成了各种不同的思潮,如绝对君权、君权受限等理论。光荣革命之后,议会主导了英国的政治,相应地议会主权的理论成为宪政思潮的主流。"二战"之后,以行政法为代表的公法逐步崛起,行政的力量不断扩张,对行政的限制变得必要起来,以越权无效原则为代表的行政法思潮成为新的宪政热点。正是因为立法和行政的持续扩张,导致对民众基本权利和自由的威胁不断加大,在《欧洲人权公约》出台尤其是进入21世纪之后,对立法和行政进行限制,保障人权成为了宪政思想发展的新方向,基于此普通法宪政主义重新抬头,成为当今的前沿思潮。下面笔者将分阶段对这些不同的宪政思想予以讨论。

一、绝对君权

如前所述,在光荣革命之前,国王是整个王国治理的核心,他掌握着王国的统治权,无论是御前会议还是议会,很大程度上都只是在协助他对王国进行统治。那么,国王的统治权缘何而来呢?在实践中,如我们所知,国王脱胎于盎格鲁-撒克逊社会的部落联盟首领,其地位因战争而不断提升,诺曼征服则使得英国的王权几乎强大到了独步整个西欧的地步。但王权的提升和维持不仅需要以武力为后盾,也需要理论上的支撑。

"君权神授"几乎是世界各地早期论证王权合法性的不二选择,就西方而言其理论基础主要来自于基督教。《申命记》记载,以色列人应该"立耶和华所拣选的人为王";《罗马书》告诫其信徒:"在上有权柄的,人人当顺服他;因为没有权柄不是出于神的,凡掌权的都是神所命的。"也就是说,世间任何权柄都是耶和华所授予的,要对其俗权恭敬服从,并为神所选中的人"纳粮上税",否则就是违背神命。① 中世纪早期的基督教教父借助圣经的记载和传说,着力将其中朦胧的君权神授观念转化为较为系统的神权政治理念。他们认为,带有"原罪"的人类,需要神命的权威来惩罚和拯救,而国家就是神设置的、负有这种双重使命的宗教机构。为让自己的代表(国王)统治尘世,上帝为王特设一职位,王就职后就获得上帝的恩典和神授的统治权,任何人都必须服从。因此,既然国王之职位系上帝所设,它的神圣性和权威性并不会因国王施行苛暴之政而丧失。② 与

---

① 《圣经·旧约全书》,《申命记》17:15;《罗马书》13:1、2、5、6、7。
② 参见孟广林:《中世纪前期的英国封建王权与基督教会》,载《历史研究》,2000(2),135页。

此同时,"君权神授"观念还通过一系列庄严神圣的典礼和仪式在英国社会得以广泛而深入的传播。其方式之一是由教会为国王涂油加冕礼。787年,麦西亚国王奥法让教皇代表为其子爱克格弗斯涂油加冕;973年,约克大主教在巴斯为威塞克斯国王埃德加施行涂油加冕礼;威廉于1066年圣诞节让约克大主教在威斯敏斯特为他涂油加冕……方式之二是,每逢宗教节日,国王都召集群臣,首先由教士为之吟诵祷文,然后佩戴象征着神授其权力的标志——王冠,接着在卫队与教、俗贵族前呼后拥下,在一些重要的公共场所巡视,其目的之一是令臣民目睹和感受其作为神命君主的威严。方式之三是国王为病人治病,中世纪民众乞求国王触摸治病的场景屡见不鲜。①

12世纪时,教权和王权之间的矛盾不断激化,罗马教廷提出"教权至上"说,鼓吹教皇权为上帝所授,君权为教皇所授,否定君权直接源于上帝的"神授"原则。对此,英国神学家索尔兹伯里的约翰(John of Salisbury,1115—1180)却为君权辩护,宣称君权高于教权。他在其《论政府原理》中指出,"国王权力来自上帝,君权是神权的一部分","谁抵抗统治权力,谁就是抗拒上帝的命定",就应受到严惩。另外,他还提出了"诛暴君"这一政治命题。一方面,他抨击不依照法律统治王国者就是暴君,人人得而诛之;另一方面,他又为暴君及其暴政作辩解。他指出,人是有原罪的,暴君虽然可憎,但仍旧是上帝在俗世的代表,他实施苛政,是贯彻上帝惩罚臣民罪过的意旨。因此,暴政的原因不在于国王的品质,而在于臣民的原罪,这样暴政也就被披上了上帝惩恶扬善的神圣外衣。他宣称,不管国王如何暴虐,其封臣都必须效忠于神命之王,无论什么理由,"谁都不应诛杀与他以誓约或效忠义务相联系的暴君"②。实际上,能否反抗暴君,谁来惩罚暴君,是君权神授理论最大的软肋;尽管如此,君权至上论者仍然认为,因为君权为上帝所授,惩罚暴君的行为只能由上帝执行。

俗界人士也在为君权至上辩护。在1190年左右问世的《论英格兰的法律与习惯》中,格兰维尔就引用了《法学阶梯》中的罗马法格言作为开篇:皇帝的意志就是法律。理查·菲茨·尼尔在《财政署对话录》中,则通过讨论森林法和普通法之间的不同,从一个侧面反映了国王意志和法律之间的关系:"森林有自己的法律,而且据说不以王国的普通法为基础,而是建立在国王的任意决定基础之上……"③13世纪的布拉克顿虽然提出了"王在法下"的观念,但他接着又反复强调英王为"上帝在人间的代理人","英王在世间是至高无上的"。如果国王违背法律,除了交由上帝,臣民无权控告和惩处他。臣民唯一能做的,就是对他宣读一份请愿,祈求

---

① 参见郭丰秋:《审判查理一世与英国君权观的变化》,武汉大学博士学位论文,2011。
② 参见孟广林:《试论中古英国神学家约翰的"王权神授"学说》,77～79页。
③ 转引自[英]詹姆斯·C.霍尔特:《大宪章》,毕竞悦等译,75页,北京,北京大学出版社,2010。

他予以纠正。①

14、15世纪的百年战争及随后的玫瑰战争给英国带来了社会秩序的混乱和民不聊生,王权衰落;15世纪后期,人心思定,这为都铎王朝的专制提供了一定的社会心理基础。加之此后开始的圈地运动更加剧了英国社会阶层中的贫富分化,到了16、17世纪,经济局势的恶化使英国社会充满危机,反对圈地的农民起义和暴动不断。在此情境下,对社会秩序的追求为绝对君权铺平了道路,与法国相关联,绝对主义的思潮也在英国缓慢发展。此时,绝对君权理论与自然法中的有机体理论结合起来,家庭生活中的父权主义逐渐与政治上的绝对主义找到了契合点。父权主义政治思想植根于早期社会结构,长期以来人类社会最基本的单元是家庭,家庭中的首领是父亲;一个人如果懂得服从家长的权威,就必定懂得服从家庭以外的权威。法国政治思想家博丹在《共和国六书》中将绝对君权论与父权主义完美结合起来。他认为家长是自然共同体中的主宰,而君主是政治共同体中的最高权威,二者从本质上是相同的。因此,父权和君权都是不可反抗的。而对于专制君主,博丹认为臣民"应该逃避、藏匿或躲避专制君主的袭扰,甚至安然忍受死亡,但却不应该去攻击他的人身或荣誉"。博丹认为,君主制国家的主权属于君主一人,主权者的权威是无人能抵抗的,"无论拥有主权的君主如何邪恶和残酷,作臣民的绝对不要作任何反对他的事情"②。博丹的君父思想比较简单明了,缩短了政治和普通人生活经验之间的距离,因此,该书于1606年被译成英文后,在英国产生的影响似乎比在法国更大。一些绝对君权理论家认为,君权和父权本质相同,父权也源于上帝的恩赐,那么,父亲有权以死刑惩罚其子女,君主也可以此惩罚其臣民。詹姆斯一世在1610年告诉议会,"在《圣经》中国王被称为神祇,因而在某种程度上他们的权力相当于神权。国王是……臣民的政治之父。最后,国王类似于微小人体器官中的首脑","至于家庭中的父亲,他们在古老的自然法中对其子女或家庭具有父权,也就是生杀大权,我的意思是这些家庭中的父亲就是国王最初来源"。詹姆斯一世进一步强调,国王是上帝的代理人,只有上帝能够惩罚他。③

而17世纪,霍布斯则从自然法的角度对君主的权力作了最著名的辩护。霍布斯认为,在人类早期,每个人对世界上的每样东西都拥有权利,人们也可以尽一切所能来保护自己,而这必然导致"所有人对所有人的战争",最终使人们陷入"孤独、贫困、污秽、野蛮又短暂的"自然状态。出于自身安全和免被他人侵犯,人们渴望结束战争,因此霍布斯认为,社会其实就是一群人服从于一个人的威权之下,而每个人都将自己的自然权利

---

① 参见[英]F. W. 梅特兰:《英格兰宪政史》,67页,北京,中国政法大学出版社,2010。
② [法]让·博丹著,朱利安·H. 富兰克林编:《主权论》,李卫海、钱俊文译,183-190页,北京,北京大学出版社,2008。
③ See J. P. Sommerville (ed.), *King James VI and I Political Writings*, pp. 181-182,北京,中国政法大学出版社(影印版),2003。

交付给这个权威,让它来维持内部的和平、并抵抗外来的敌人。这个主权,无论是君主制、贵族制或民主制,都必须是一个强大而有威信的"利维坦",即在一个绝对的威权之下,方能令社会契约实行。而霍布斯所推崇的恰恰是绝对的君主制,因为只有强有力的君主制才能保证和平和秩序,而其理由则在于民众已经将自己的权利通过社会契约转让给了君主,因此民众自己便不再享有任何自然权利,尤其是针对君主的暴力革命权。面对暴君,民众所能做的只是请愿和劝告,并将对暴君的惩罚权留给上帝。霍布斯认为,国王只服从上帝的律法,不管是成文的还是不成文的,而不服从任何其他法律;征服者威廉就是这样的,而他的权力又被全部传给了我们目前的国王。我们的国王是我们的立法者,不仅是制定法的立法者,也是普通法的立法者。①

英国内战前的绝对君权论经历了一个转变的过程,理论家们借助的工具从最初的圣经中的命定论发展到自然法中的有机体理论、父权主义。虽然不同时代的政治思想家曾经提出"王在法下"、"依法而治"等观点,但大多处于对实践层面的政府组织形式或运作模式的关怀,并未否定君主的绝对权威。到 17 世纪上半叶,以圣经和父权主义为主要内容的绝对君权理论掌握着主流话语权,成为普遍常识。在这种理论指导下,主权由君主独享,由此阐发出具有一定恒常性的君权观。根据自然法和上帝法,最高主权属于国王,该权力源自上帝恩赐,君主制是最好的政府组织形式,国王是绝对的、不可侵犯的,是为"君权神授"观。由于君权的至高性和神圣性,在任何情况下都可以将其概括为臣民无权反抗君主;因为国王不可能做错事,因此又可称之为"国王无错论"和"不可反抗国王"。

二、君权受限

尽管光荣革命之前君权至上的观念为官方所推崇并奉被为主流意识形态,但限制君权的思想却也绵延不绝,从未停止过。从社会史、政治史的角度看,这是因为对于王权的制约力量从来就没有消失过,而这种力量主要来自于两个方面:一个是教会,一个是贵族。

王权和教会是中世纪英国的两大重要社会力量,二者相互依存,却又相互斗争:国王需要得到教会的支持和认可,教会也需要国王提供保护和支持;国王力图独霸天下,而教会也想天下归心于其自身。从历史上看,在英国,王权在与教权的斗争中多数取得了胜利并占有优势,比如征服者威廉通过人事变动来控制教会,亨利二世与贝克特的争执虽给自己带来了麻烦,但最终并没有从根本上改变既有的格局;而到亨利八世时,国王则更是与罗马教廷决裂,建立了以自己为首脑的本土教会……尽管

---

① 参见[英]托马斯·霍布斯:《哲学家与英格兰法律家的对话》,姚中秋译,4~120 页,上海,上海三联书店,2006。

第二十七章 英国的宪政思想

英国这种王权占优的格局与西欧有所不同,但天主教教廷力图对包括英国在内的欧洲各世俗政权施加影响力的努力却并无二致。12世纪,罗马教廷提出"教权至上"说,鼓吹教皇权为上帝所授,君权为教皇所授,否定君权直接源于上帝的"神授"原则。此外,很多世俗的法律家也力图通过神对王权进行制约,如布拉克顿曾提出:"国王虽在所有人之上,但却在上帝和法律之下。"很多著述家,包括霍布斯,在讨论对暴君的效忠与反对时,也将对其的惩戒权留给了上帝。但必须承认,这些论述总体上对英国的君权至上观念没有构成实质性影响。

真正对英国王权构成有效制约的,反倒是世俗的力量。如前所述,这得益于封建主义的社会政治体制和封建契约的观念。封建主义的社会现实,要求国王在统治这个王国时也必须履行自己所承担的责任,而不是简单地、单方面地只要求臣民付出,这是一个双务契约!而且,国王和其臣民之间的义务是通过协商来确定的,协商的机制在庄园为庄园法庭,到王国则为后来的议会,协商的结果则为庄园的习惯或后来王国的法律。因此,封建主义的体制和观念在后来的宪政实践和宪政思想的发展方面造成了两方面的后果:一是国王应该遵守自己的承诺,即封建契约、庄园习惯和王国之法律,这为后来"王在法下"观念的形成奠定了基础;二是凡征税等王国重大事务均应该由国王和民众共同商量决定。这构成了英国宪政思想中两个重要的观念:王在法下和君民共治。

13世纪,布拉克顿在《论英国的法律和习惯》中提到,国王虽处于所有人之上,但却在上帝和法律之下;并认为,是法律造就了国王,而不是国王造就了法律,因此国王有义务服从法律。这被后人总结为"王在法下"。布拉克顿法律造就国王而非国王造就法律的说法,与后来霍布斯的观点截然相反;霍布斯认为,成就法律的不是普通法法律家们所宣扬的理性或其他,而只能是权威,因此法律(包括普通法)是国王制定和成就的;到后来,奥斯丁更将法律的定义简化为"主权者的命令",违反之则会召来"制裁"。布拉克顿和霍布斯之间对立的关键在于对法律概念的理解,在前者看来,法律是过去流传下来的习惯,是人们在长期的社会实践中形成的规则,因此是先于国王而存在的;后世历代国王就职时都需要宣誓保护民众的权利和自由,也证明了有些与法律相关的东西是早于国王的。这种对法律的看法孕育了后来普通法的基本理论,因此布拉克顿才会被后世(尤其是柯克)经常提及和引用。而霍布斯、奥斯丁的观点则将法律视为了主权者权威的结果、主权者的意志,这成为了后世英国实证主义法学的源头。但无论如何,布拉克顿"王在法下"的提法从观念上拉开了对王进行限制的序幕,要求国王遵守法律、通过法律对国王进行限制,成为了未来英国宪政实践最重要的内容。

对王权进行限制的另一个重要思想是福蒂斯丘提出的"君民共治"。福蒂斯丘是兰开斯特王朝的大法官,在携小王子流亡法国之际,他曾拿法

549

国和英国的法律和政制进行过对比,并将英国的统治定位为"君民共治"①(dominium regale),即国王通过由其臣民同意之法律进行统治;以区别于"君主独治"(dominium politicum et regale)——"王可以凭借他自己制定的那等法律来统治他的人民"②。尽管只是对比,但福蒂斯丘所揭示的在很大程度上却是事实。实际上,君民共治的体制在英国有着久远的历史基础。比如,盎格鲁-撒克逊时期的贤人会议和民众大会就很好地体现了君民共治的特点:不仅王的权力极大地受到贤人会议的制约(比如在有些时候国王登基需要经过贤人会议的推举或赞同),而且此时国王所颁布之法律的内容主要是对王国既有习惯的宣示。诺曼王朝时期,民众对政治的参与受到较大的制约,但征服者允许英国人继续沿用原有的法律以及亨利一世时期诸多宪章的颁布,实际上是对民众既有法律的认可和让步。陪审团从亨利二世时期开始的广泛使用,为民众参与社会治理和普通法的形成(王室法官通过陪审团了解了地方习惯,然后将其整合为普通法)提供了重要途径;而《大宪章》的问世则开启了民众直接、主动参与王国治理的新时代。后来由贵族组成的大谘议会以及再后来出现的议会,更使得君民共治在体制上得以确立。因此,从一定意义上说,君民共治在英国自古即是现实而非某种需要去争取的理想,而在共治的体制下,王权受到某种程度的制约则是其内在的必然逻辑。从这个意义上说,与作为国王之理想或所宣扬之意识形态的君权至上相比,君民共治则是臣民一方孜孜以求的政治目标,英国的宪政体制就是在这两种思潮的紧张关系中逐渐发展演变的。如果超越我们所讨论的这个时间段就会发现,君民共治思想是贯穿于整个英国宪政史的,只是在不同的历史阶段,"君"和"民"的力量对比不同而已:总体的趋势是"君"的力量在不断下降,"民"则在不断上升。君民共治思想最终在16世纪结出了一个体制性的果实:国王加议会(King in Parliament)。其含义是,英国的至高权力或主权存在于国王加议会这样一个组合体,而非单独的哪一方,这与后来戴雪所述的"议会主权"其实就是一回事。

综上所述,在光荣革命之前,英国的宪政思想主要是围绕君权展开的,并形成了君权至上和君权受限两种主要思潮,前者以君权神授为代表,后者则以君民共治的思想为典型。两种关于君权的宪政思想在17世纪的英国内战中其对立达到了顶峰:斯图亚特王朝国王们君权至上的观念将英国宪政体制或君民共治思想中原本存在的张力之弦彻底绷断了,而各种君权受限的思潮又为先是处决国王(查理一世被送上断头台)、后

---

① 就英国的情况而言,这里的"民"大致包括贵族、教士、骑士和平民(保有土地的自由民)。但随着社会的变迁,教士逐渐退出了和世俗人士一起商讨向国王纳税的机制,转而在教士大会上自行讨论;而国王分封的骑士也开始与地位更高的贵族出现分裂,而与普通的平民一起参与郡内议会代表的选举并经常出任代表,由此形成了贵族院和平民院并立的格局。

② 参见[英]约翰·福蒂斯丘爵士,[英]谢利·洛克伍德编:《论英格兰的法律与政制》,袁瑜珍译,117~125页,北京,北京大学出版社,2008。

是限制国王权力(光荣革命)提供了理论依据。此后,国王为主的时代过去了,英国的宪政迈入了以议会为主的新时代,英国的宪政思想也展现出了不同于此前的重点。

第四节 议会至上:从光荣革命到"二战"

　　如开篇所示,宪政的核心问题是解决一个国家不同社会力量之间的关系平衡问题,而这又往往体现为被统治者争取自己权利自由、限制统治者权力的斗争实践及制度、思想成果。因此,按照白哲特的观点,光荣革命之前英国人是在解决为权利而斗争的问题,而之后的问题则是要在不同公权力机构之间重新配置权力。因此,光荣革命之后,英国的宪政思想更多围绕的是国王、议会、内阁等不同机构之间权力分配及其间所应遵循之原则展开的,而在这两方面则以戴雪和白哲特的论述最为重要。

　　光荣革命之后,英国政治的主导权逐渐从国王转向了议会,议会开始比以往更为积极地参与到了国家的治理过程中,有几个方面可以佐证:(1)1707年,安妮女王拒绝批准议会已经通过的《苏格兰民兵法案》(Scotch Militia Bill),这是迄今为止英国国王最后一次行使否决权。(2)国王开始淡出直接的行政管理。光荣革命之后登基的威廉以及后来的安妮还习惯于出席内阁委员会的会议——这在法律上也是枢密院的会议。但汉诺威王朝的乔治一世和乔治二世就停止参加内阁的会议了,因为他们都不讲英语,对英格兰的内部政策也几乎不闻不问,他们更加关心的是汉诺威。这个偶然的原因导致了内阁的独立和首相的出现——会议讨论的结果需要由一位大臣交于国王;这奠定了今天英国政治的基本格局。(3)18世纪英国议会事必躬亲,力图完全掌控国家治理。这可以从它所制定的法律看得出来,它完全不满足于仅制定一般性的规则,而是扩及诸如某人改姓、某夫妻离婚、某人入籍归化、某条街道是否需要重新铺设等原本应该由行政机关负责的事务。梅特兰认为,其重要的原因在于对国王权力"复辟"的担忧;而当19世纪尘埃落定之后,议会才又恢复到原先仅制定一般性规则的正常轨道上来。正是在这样一种背景下,当19世纪末戴雪总结英国的宪政原则时,他才重点突出了"议会主权"的问题。

一、议会主权

　　议会主权,涉及的是国家统治权或主权的归属问题。在这个最基本的宪政问题上,英国的主流思想认为英国的主权在于国王加议会,而并非简单地从国王向议会的转变。

从字面上看,议会主权的含义是主权归"议会"享有,但其真实的含义却是"国王加议会(king in parliament)"才是主权的真正享有者;换言之,主权的享有者不是单纯的议会(上下两院),而是国王加议会的合体。所以,"议会主权"的说法和译法,实际上是一个极易引起歧义和误解的表述,而这又源于对"parliament"一词的错误理解;在这个意义上,"议会主权"甚至不如"君民共治"或"君民共主"的说法更为恰当。但无论如何,这种体制的形成源于如下事实:今天英国宪政的体制和框架,其实源于盎格鲁-撒克逊的民主自由传统和诺曼征服所带来的集权传统。千百年来,民众和国王两种力量此长彼消,最终形成了今天的格局:民众通过议会的形式与国王一起分享了这个国家的主权。需要提醒的是,尽管议会(尤其是下议院)在今天的政治生活中拥有极大的权力,但这并不意味着国王就是可有可无的;事实上,至少截止到今天,国王仍然是国家政治结构中一个不可或缺的角色,许多职能仍然需要而且也只有他/她才能履行。如果国王不在了,就必须为之寻找合适的"替身";否则,国家将无以维系,政治也无法继续运作。

议会主权有时也被表述为议会至上,这一原则在戴雪那里被解释为:"大凡巴力门所通过法案的全体或一部,无论用以造一新法,或用以毁一旧法,法院俱不敢不遵行……无一人复无一团体,在英宪之下,能建立规则以与巴力门的法案相反抗;万一竟相反抗,这种规则必不能得到法院的承认与遵行。"具体又包括以下两方面:

(1) 议会拥有无限的立法权。议会可以制定或废除任何法律,包括为王位继承立法,可以通过法律干预私人事务,通过赦免法案,等等。对此,伊丽莎白女王时期的国务大臣托马斯·史密斯爵士在其《英王国及其治理模式》(*The Commonwealth of England and the Manner of Government There of*,1589年)一书中曾有如下论述:

> 英王国至高和至上的权力存在于议会……经其同意之所作所为将被视为有强制性、永恒性和合法性,会被视为法律。议会可以取缔旧法、制定新法,规范过去之事,并为将来确立范例,它可以改变民众的权利和财产占有,将非婚生子女合法化,确定宗教的形式,改变度量衡,规范王位继承的方式,还可以在法律没有规定的情况下界定有争议的权利,批准并发放各项津贴、征收各种税赋和摊派,决定大赦和作出无罪宣判,对国王交付审判之人予以定罪或赦免,并以最高司法机构之名恢复其人身和名誉。简言之,所有罗马人曾经可以在百人团民众大会(*centuriatis comitiis*)或部落民众大会(*tributis*)上做的事,现在都可以由英国的议会完成,它代表并拥有着整个王国(无论是国王还是平民)的权力。因为每一个英国人都被认为或者是亲自或者是通过代理人出席了议会,从国王(无论是国王还是女王)到最底层的人士,无论其身份、地位、荣誉如何。议会的同意即被视为

每一个人的同意。①

詹宁斯也曾以嘲讽的语气总结过议会至上原则的含义：英国议会可以重塑宪法，可以延长自己的任期，可以颁布溯及既往的立法，可以确认非法行为为合法，可以决定个别人的案件，可以干涉契约并授权强征财产，可以授予政府独裁的权力，可以解散联合王国或英联邦，可以引进共产主义、社会主义、个人主义或法西斯主义，而完全不受法律限制。②

（2）议会的立法权没有竞争者。无论是国王，还是议会的任何一院，抑或选区、法院，都不可能推翻议会通过的法律，或宣告它无效。所有关于限制议会权力的说法都是无法成立的，包括君主的诏令、枢密院的法令、两院之一的决议，选民团体的训示（选民的合法权利以选举议员为限），法院的司法判决，均得被议会所否决。所有这些（包括授权立法和法院立法在内）都是一种从属立法，以议会的同意而存在，受议会的意志表示而生效。这就是"议会主权"在法律上的精义。

以上是英国议会主权原则的主要含义，从中我们可以看出，它与美国的宪法至上、国会只是三权中之一极非常不同。在美国，国会通过的法案不仅总统可以行使否决权，而且联邦最高法院也可以通过行使违宪审查权而宣布其中的某些条款无效；而在英国，这是不可能的。但议会至上并不意味着议会可以随意通过任何的法律，在实际的政治运行中，议会实际上受到多种限制。首先，内部限制。由于英国议会受作为政府之内阁的控制，因此其在立法过程中必然受到政府的强烈控制；而政府又是由多数党组阁而成的，因此它又必须考虑选民的意见。如此，议会的立法实际上必然受到社会各种力量的左右，它必然要考虑有组织的民意，必须和商会、工业联合会、工会等组织进行协商。此外，苏格兰等地一直在要求大不列颠王国议会将相关权力转移给苏格兰议会，类似的权力转移行为都使得议会至上原则受到了直接的冲击。其次，议会通过的法律也受外部权力——如英国所参加的国际条约——的限制。比如1972年的《欧洲共同体法》（*The European Community Act*）、1998年的《欧洲人权公约》等，就会对英国议会的立法产生重大制约。作为欧盟的一员，英国必须遵守欧盟的法律和体制，限制自己的主权。最后，戴雪提到的一个悖论也推翻了议会至上的绝对性：议会不能阻止未来的主权者（新一届议会）推翻其已经制定的法律，即前一个议会不能阻止后一个议会废除自己已经制定的法律；换言之，一个议会不可能制定永远有效的法律。从这些意义上说，所谓议会至上只是相对而并非绝对的，这一点在今天更为明显。不过尽管如此，议会主权仍是英国宪政的基本原则。

---

① Smith, *De Republica Anglorum*(ed.), L. Alston (with a preface by F. W. Maitland), Cambridge, 1906, Bk. II, c. I.
② 参见[英]詹宁斯：《法与宪法》，龚祥瑞、侯健译，100页，北京，生活·读书·新知三联书店，1997。

二、法治或法律主治

法治原则可能是英国宪政中最为重要的原则,因为如戴雪所指出的那样,其他宪政原则的落实最终还需要法治原则的支持,比如宪法性惯例的落实就是如此。法治原则的含义是,一切人的一切行为皆应遵守法律或有法律依据,或不得与法律相违背。如果考虑到"法律"(制定法)是由国王加议会制定的,那么此原则又是议会主权原则自然而然的结果。

那么英国的法治原则又是如何形成的呢?根据维诺格拉多夫的研究,英国的法治可能来源于其封建主义的社会结构,因此较之其他宪政原则历史更为悠久。1066年的诺曼征服将本已在英国开始的封建化过程予以了进一步的深化,并在西欧建立起了第一个世俗的、统一的、中央集权的封建王国。王国自上而下形成了金字塔式的封建结构体系,在这个过程中,英国的封建体制中产生了两个对后世法治产生重要影响的因素:一是依据习惯,封臣对于领主的权利和义务(主要是义务)是确定的;二是这样的权利和义务有封建法庭(或曰庄园法庭)予以保障和实施。领主与封臣之间权利和义务的确定性意味着领主不能随便增加封臣的义务,如果要这样做,就必须通过封建法庭来变更;而封建法庭尽管由领主或其官家主持,但全体封臣则享有表决权。因此,至少从理论上来说,封建上下级之间权利义务的变动是双方协商的结果。正是基于此,维诺格拉多夫才认为在封建领主和封臣之间存在着一种封建契约,但显然这种契约并非总是(而且经常不是)体现为任何纸面上的协议或法律文书,而主要体现为庄园的习惯。

也正是这种权利和义务的确定性和契约性的关系孕育了后来英国的法治。如果我们视法治之要义为对既有规则的认真遵守,那么依据该既有规则人们的权利和义务显然也应该是确定的。而只有规则是明确、确定的,民众的权利和义务才能是确定的,我们对自己、对他人、对政府的行为之后果才会有预见性,我们的心理才会平静而不是忐忑不安。前文提到的梅特兰对庄园封臣(自由地产保有人)和农奴之间区别的调侃,就体现了这两种人与领主之间不同的关系:自由人与领主的关系是由法律确定的,而农奴与领主的关系则完全是由领主说了算。同样,也只有规则是明确的、权利义务是确定的时候,一个人才是自由的:自由人的负担也许比农奴还要重,但他知道自己一旦完成了这些任务他就是自由的了,领主就不能再让他多干一丁点;而农奴也许今天只干了一丁点,但他随时都可能被要求去做什么事情。因此,自由的真谛不是想做什么就做什么,而是知道自己应该该做什么和不需要做什么。所以,如前所述,直到今天英国人仍然自诩自己虽然不平等,但却是自由的。而这一切都源于封建契约中领主和封臣权利义务的确定性。

很显然,确定领主与封臣之间权利义务的庄园习惯也必定是双方博弈的结果。这期间领主在事实上可能享有很大的发言权,但一旦习惯确定下来,领主也应当遵循、也只能依照约定的程序行事。而庄园法庭就成了落实、修改、达成这些习惯的场所,成了领主和封臣进行角力的舞台,成了一种确立规则、修改规则、落实规则的制度性机构。随着封建化进程在英国的全面铺开,随着国王(全国最大的领主)之王室法庭的建立和巡回审判的展开,随着王室法官通过陪审机制对地方习惯的了解和整合,上述原本仅限于一个庄园的治理模式、治理理念、法律关系扩展到了整个王国,普通法取代了地方习惯,王室法庭取代了庄园法庭,但不变的却是其中的封建契约关系,是其中权利和义务的确定性,是那种依照既定规则进行的治理。

这就是英国的法治。当然,这种法治的确立和维护绝非权利义务的确定性和封建法庭的存在就可了事,臣下的斗争(尤其是有组织的斗争)、联合抗争及精英人物的存在等都是非常重要的因素,这些因素聚集起来最终保证了法治原则在英国的落实,并深入人心。因此,法治原则可以视为英国宪政的基础。

那么,法治原则在英国的宪政实践中有何体现呢?戴雪将法治原则的含义归纳为了以下三个方面:

(1)除非经法定程序并由普通法院认定为违反法律,否则任何人不得受到法律的制裁。英国人得受法律之统治,且只受法律之统治,一个人可因违反法律而被惩罚,且只能因为违反法律而不是其他而受到惩罚;这与任何专断、不受限制的裁量截然相反,因为有裁量必有专断,政府的专断必定意味着民众自由的不安全。在英国,相对于专断的权力、特权和政府的宽泛裁量权,常规的法律是最高的;戴雪认为,就欧陆各国而言,在专断的政府体制下,民众的自由不可能是安全的。

(2)法律面前人人平等。所有人,不分等级,都平等地受到普通法院和普通法律的统治和管辖,没有人可以处于法律之上。这意味着,官员也不能免于对普通法律的遵守和普通法院的管辖。因此,戴雪认为,法国式的行政法、行政法院在英国是不存在的,因为行政法和行政法院背后的观念是,凡涉及行政部门及其职员的事务免受普通法院之管辖,而这种观念与英国完全不符。

(3)在英国,宪法不是立法的产物,而是法律运行和司法实践的结果。首先,英国民众的权利和自由并不来自于宪法的赋予,不是立法的产物,不像在欧陆诸国那样,个人权利是从宪法原则中演绎出来的,相反,它是法院司法实践成果的总结。换言之,在戴雪看来,英国私法(主要涉及民众的权利和自由)的原则源于法院的裁判,不夸张地说英国的宪法原则都是从法官的决定中抽取出来的,是司法造法的结果,这也可以解释为什么英国宪法中缺乏对公民权利的宣示和界定。不过无论是立法赋予,还是从司法实践中进行总结,戴雪认为人权在18世纪的英国和欧陆多国都得到了保护,因此这种形式上的区别也许并不重要,关键是立宪者背后的理念：在欧陆，宪法的建立者是从对权利的定义和宣示开始；而在英国，则是从对这些权利的救济之设计开始。因此，欧陆立法的重点是对权利本身的宣示和列举，而英国立法的重点则是对这些权利的救济方法——如此，早期英国法注重程序的特点就不难理解了。其次，政治制度的建立和发展也与个案的积累有关。戴雪否认了政治制度完全自然演进的学说，他认为政治制度并不像树，一旦种下，就可以在人们的沉睡中不知不觉地成长；相反，在其成长的每一个阶段，它们都是人类自觉活动努力的结果。但他同时指出，英国宪制并非一蹴而就，更不是某次立法一劳永逸的结果，而是私人之间在法庭上就其个人权利角力的产物。很多涉及私人权利和自由的案件同时扩及了对国王及其机构权力范围的界定，因此宪法是王国普通法律运行的结果，宪法原则是法院司法裁判的结果，这是一部法官制造的宪法，无论好坏，都带有法官法的印记。因此，宪法这个在其他国家最为重要的部门法、法律渊源，在英国却与普通法律无异；这也决定了，在英国，宪法宪政问题与其他问题一样，都只是一般法律的问题。梅特兰就曾说过，很多在我们看来属于宪政的问题在英国都体现为了具体的某个部门法的问题，与宪法、宪政相关的问题也就成了一般的法律问题。这也是为什么梅特兰在讨论议会问题（宪法问题）之前会先讨论封建主义和地产权制度（私法问题）的原因所在——在很长时间内选举权与地产保有都直接相关；17 世纪初波澜壮阔的国王和议会之间的斗争，其实在很大程度上只是一个刑事诉讼法的问题：国王的指令能否构成对人身保护令的有效回复？这种将宪政问题予以法律格式化的做法其实在一定意义上触及了法治的内涵：试想，如果宪政问题都可以（一般）法律化，那还有什么不可以呢？也正是在这一点上，在英国我们可以将宪政和法治予以勾连；也正因此，有人强调，美国强调的是宪政，而英国强调的则是法治。

三、宪法性惯例

戴雪将与英国宪政相关的规范分为两类，一种是与宪政相关的法律（law of the constitution），另一种是与宪法相关的惯例（convention of the constitution）。前者体现于议会的立法、普通法等之中，违反之则可以诉诸法院并引用之作出判决；而后者并不见于任何立法性文件或判例中，只属于"宪政或政治伦理"（constitutional or political ethics）、宪德或为政之德（constitutional or political morality），即使违反之也无法诉诸法院，更不可能被引用作为判决的依据。但事实上，这些宪法性惯例在通常情况下都会得到很好的遵守。

那么，这些宪法性惯例都是什么内容呢？戴雪就此进行了不完全的列举：

"一个阁部若遇反对党人赢得多数的反对政府的票数，应即自行辞职。""一个内阁,纵遇反对党人赢得多数的反对政府的票数,仍可以解散现存众民院,以求公断于国民。""倘若在公断后,选民仍多数选回反对党人,则选民的意思经已明白表示,内阁再无权以作第二次的解散。"

"关于政治措施,内阁应以全体向巴力门负责。""关于阁中各部的任免人员,内阁在一定范围内亦应以全体向巴力门负责。"

"凡在众民院中居多数的政党应有权利(就大致说)以任用该政党党员。""该政党中之最高领袖应被(就大致说)任为内阁总理。"

"缔结条约并不一定需要巴力门的法案,但元首(实际上只是代表元首的一个阁部)总不应订定巴力门所不能与以同意的条约。""本国的外交政策,宣战,及媾和,应交由元首(或元首的仆役)办理。但在外务,一如在内务,两院的意旨总应被随从;万一两院的意见不能融洽,众民院的意旨必不应被蔑视。""倘若有一阁部,对于宣战媾和,竟敢公然不顾两院的意旨,这种行动可谓违宪已极。"

"倘若关于某一政策,贵族院与众民院不同意见,贵族院应稍与让步(但让步到哪一处为止境则未经确定)。万一贵族院竟不愿让步,而众民院又仍然得到全国人民的信任,在此际,元首(或他的辅相)负有一责任以增设贵族院的议员(或只须以此事相恫吓),一务使院中反对力受了均衡势力而至于消失,因之,两院得以复相融洽如初。"

"巴力门,为迅速处理政事之故,应每年至少召集一次。""倘若事变碎起,或因内乱,或由外患,内阁为取得较大威权以应变计,应即召集巴力门开会,以请求巴力门授予相当权力。同时,阁臣应即当机立断,务有所以压抑乱萌,或抵抗外侮,虽至于破坏法律亦可不顾。万一国法竟被侵犯,在此际,阁臣惟有请命于巴力门,随后通过一宗赦免法案,以求庇护。"①

……

就性质而言,这些宪法性惯例意在规范主权者对其统治权的行使。这其中又包括两个部分:一是规范国王行使其特权(prerogative)的方式;二是规范议会特权(privilege)的行使。就国王的特权而言,它来自于国王历史上所形成的对于王国的统治权。如前所述,亦如 18 世纪末的法律史学家里夫斯(Reeves)所描述的那样,就宪政这棵橡树而言,国王是树身,其他机构(如枢密院、议会等)都只是枝叶,只是后来国王的统治权因为各种原因被通过各种方式转移给了其他机构,但它仍然保留了一些权力,这些权力就是所谓的"君主特权"。这些特权可由国王自己行使,也可交由其大臣代为行使;这些权力并没有制定法上的依据,但其行使却是合法的。比如国王解散议会、宣战和媾和、创设新的贵族、将其大臣解职

---

① [英]戴雪:《英宪精义》,雷宾南译,423~424 页,北京,中国法制出版社,2009。

等并不需要制定法的授权,而仅凭自由裁量即可行使,而很多宪法性惯例就是规范国王的这类自由裁量权的。这种裁量权(基于君主特权产生的裁量权)与大臣因从制定法那里获得某方面的行政权而产生之相应的行政裁量权(基于制定法产生的裁量权)完全不同:后者受制定法的约束,因此可以被诉至法院以是否合理为由而受到司法审查,是一个法律问题;而前者则没有制定法依据,不是法律问题,是宪德问题。除君主特权外,议会也有自身的一些特权,不过它不被称为"prerogative",而被称为"privilege",比如下议院相对于上议院的优先权。那么在规范议会特权之行使方面,也存在一些宪法性惯例。因此,宪法性惯例实际上是规范法律上的主权者(包括但不限于国王、议会等)行使其特权的道德、伦理、惯例、共识、常规等法律之外的规范,其最终目的是确保这些特权的行使能够和政治上的主权者(即全体英国民众)的意志保持一致。比如,当国王认为下议院已经无法代表广大选民的意志时即可解散下议院,并重新举行大选;若大选的结果仍与被解散的议会相一致,则国王不得再次解散议会;当上下两院意志相左而上议院又不肯退让时,如果国王认为下议院仍然能够代表民意,那他就可以通过创设新贵族或以此相威胁,来保持下议院的优势地位……

但关于宪法性惯例最重要的问题在于,作为"宪政潜规则"的这些宪法性惯例,既无成文的表述,亦未体现在司法判例中,却能为人们所自觉遵守,其背后的原因是什么呢?或者说其效力依据何在呢?

有人说这是政治道德的问题,这话有些似是而非,因为道德并没有真正的强制力,在权力的极大诱惑和支持下,政治道德很多时候都相当苍白。还有人将此归于弹劾制度,但如果弹劾制度真是宪法性惯例背后的支撑力的话,那么宪法性惯例可能因为有相应的法院(比如作为弹劾案审理者的议会)加以落实也就不再是宪法性惯例,而是一般的法律了。再者,戴雪还提出了这样的可能性:如果惧怕被弹劾,大臣就可以请求国王不要召集议会。而这样的后果却只能是回到1640年英国内战之前的情形了。还有人将宪法性惯例的责效力归之于民众的公意,但戴雪认为,公意的背后仍然需要法律的支持:譬如公意支持认真履行契约、不能犯罪,但实际上违约、犯罪者比比皆是,而人们之所以认真履行契约、没有去犯罪不是因为公意认为这是对的,而是因为有法律制裁的威胁存在。同理,宪法性惯例也并不会因为大家都认为这样是对的而得到遵守,其背后必然还有更为强硬的支撑力。

戴雪认为,这其中的关键在于法治。因为一旦宪法性惯例被破坏,其最终会通过法治原则而引起整个政治体制和社会的崩溃。如一旦国王拒绝御准议会两院已经通过的法案,那么议会最终可能拒绝通过拨给国王年费的法案,而其结果则必然是国王和议会之间的激烈冲突,甚至可能重蹈17世纪革命的覆辙,而这可能是谁都不愿意看到的结果。于是双方会各让一步,与其相互敌对,还不如彼此合作,以国家大事和社会稳定为重。

从一定意义上说,这其中确有"德"的成分,但戴雪认为其最终的保障机制还在法治,如果没有那样的法律途径(议会可以拒绝通过拨付给国王年费的法案),国王能否遵守这种惯例还真会是个问题。

因此宪法性惯例的作用机制是,其在被违反后首先会引发舆论哗然,从而使违反者颜面丧尽;如果违法者依然我行我素,则法治的原则开始发生作用,使违反者的目的无法得逞,或者实现其目的的成本将会出奇地高。这就使得违反者必须考虑违反惯例是否真的必要或值得:顺势下台还能保存颜面;我行我素则不仅是颜面尽失,而且还会产生法律上的严重后果;而真的诉诸武力(如查理一世那样)又未必能达到目的。所以,自光荣革命以来,宪法性惯例的地位逐渐上升,人们一般都会遵守这些宪法"潜规则",英国也从未因此而发生剧烈的政治变动,其重要性可见一斑。而宪法性惯例能够得到遵守的真正原因可能既包含了德的因素,也更多地包含了法治的因素。

四、责任内阁:尊荣与效率

内阁被视为今天英国的最高行政机关,从一定意义上说是今天英国政治生活的主宰者,但从起源上说,它体现的仍然是国王的统治权。如前所述,光荣革命之前英国的统治权主要在国王,诺曼征服后形成的就是以国王为主、御前会议辅佐执政的格局;13世纪晚期议会出现后,国王仍占据主导,御前会议仍然存在并仍起着辅政的作用,只是某些时候、某些问题上需要征得议会的同意,比如征税等;玫瑰战争时期,斗争的双方(指兰开斯特家族和约克家族)都希望获得议会的支持,因此议会在15世纪获得了较大的活动空间;都铎王朝时期,议会由于国王的专制而变得柔顺起来,亨利八世从当时已经臃肿的御前会议中又组建了更为精干的枢密院,以强化自己的统治。因此,在光荣革命之前,国王是政治生活的主导,整个王国的统治权(包括立法权、行政权和司法权)都归国王所有:司法权只是由国王交给了作为他的臣仆的法官去行使,而议会则作为反映民情的通道和国王一起分享着立法权,但行政权则一直是由国王通过御前会议、枢密院直接行使。

但光荣革命改变了这种一边倒的格局,国王的统治权受到了全面限制:司法更加独立,议会的权力则得到了前所未有的扩张。除控制立法权外,18世纪,基于对王权复辟的忌惮,议会还通过制定细如行政命令式的立法来限制国王的行政权。① 不过,尽管如此,国王仍然保留了行政

---

① 这一点我们从18、19世纪英国议会所制定法律的内容甚至是标题上都可以得到证明,如果关于某对夫妻离婚的立法、某人可以归化为英国公民的立法、某市镇铺设有轨电车的立法等;而当19世纪国王已经实质性退出行政系统之后,它才恢复了制定一般性规则的正常做法。参见[英]F.W.梅特兰:《英格兰宪政史》,李红海译,245~247页。

权：枢密院、大臣都是他行使行政权的手段。光荣革命之后，国王还一直在参与以枢密院会议为形式的行政会议，以决定相应的政策和措施。后来由于汉诺威王朝的乔治一世和乔治二世（出身于德国）不懂英语且关心德国事务甚于英国而不再参加此行政会议，国王遂退出了枢密院会议的讨论，并由众大臣选择一位首领（即后世的首相）在讨论结束后向其作专门报告，国王实质上脱离行政也从此逐渐成为惯例，这个开始独立开会的枢密院组织慢慢演变成了内阁，并逐渐成为了政府系统的核心。也正是在这个意义上，梅特兰认为内阁会议从法律上说属于先前的枢密院会议的一种。

因此，从内阁的演变历史来看，它是国王行使行政权甚至整个统治权的遗留物。当王国的统治权逐渐从国王转向全体民众之时，他最后把持的行政权也交给了这个他先前控制、现在则由下议院多数党领袖（即首相）组建的统治团队。这当然是民主、人民的胜利，但如同司法、立法一样，负责行政的内阁仍然与国王有着无法分割的联系，对此我们不准备从其具体运作的层面进行分析，而要从其运作的效率和权威来源方面看它和国王之间存在何种关联，而在这方面，白哲特的理论特别值得重视。

白哲特认为，英国宪制中存在两个部分：一个是那些激发和保护人民的尊崇的制度，即尊荣的部分；第二个是有效用的部分，即它事实上运作和统治所必需的那些部分。每一个宪制都必须首先赢得权威，然后再利用权威；它必须首先取得人们的忠诚和信任，然后再利用这种效忠进行统治。在英国，分别对应这两部分的就是王室和内阁，女王是宪制之尊荣部分的首脑，首相则是有效率部分的首脑。政府的尊荣部分是那些带给它力量的部分，那些凝聚其运动力量的部分；有效用的部分则仅仅是利用这些力量。英国宪制尊荣的部分非常复杂并且有些威严，非常古老且相当令人敬畏；而其有效率的组成部分，至少在重大和关键的行动中，却绝对简单并且相当现代。因此，在白哲特看来，英国的宪制存在两个优点：它包含了一个简单的有效率的组成部分，这个部分在有事的时候和在需要时可以比任何没有试验过的政府机构都运作得更为简单、更为容易；而且它还同样包含着历史性的、复杂的、威严的、戏剧化的组成部分，这个部分是继承自长久的过去——它抓住了大众——它通过一种感觉不到但却无处不在的影响力引导其臣民的联想。它在本质上具有现代的简单性所具有的力量；它的外表很威严，具有一个更为威严的时代所具有的哥特式的宏伟。总之，内阁作为英国宪制中"有效率"的部分，它所运用的权威产生自人们本能地对"高贵者"、主要是王室的尊崇，以及更为一般地对"社会的戏剧表演"的尊崇。因此，"这些少数人通过把持权力进行统治，不是凭借大众的理性，而是凭借他们的想象、他们的习惯；凭借他们对自己根本就不了解的遥远的事物的想象，凭借他们有关自己非常了解的眼前事物的习惯"。

另一方面，白哲特认为，英国宪制有效率的秘密在于行政权与立法权的紧密联合和几乎完全的融合。内阁是立法机构的一个委员会,它被选举出来成为行政机构。立法机构中有很多委员会,但这是它最重要的委员会。它选择自己最为信任的人组成这个委员会,它并不直接选择他们,但它在间接选择他们时却几乎是无所不能。同时,内阁又是一个可以解散任命自己的立法机构的委员会,它可以选择向下一届议会进行申诉:由一届平民院选出的内阁拥有向下届平民院进行申诉的权利。立法机构的主要委员会有权解散该立法机构的主导部分(即下议院)——该部分在紧要关头就是最高的立法机构;还可以通过提请国王设立更多的贵族来重组上议院,由此来控制立法机构的另一部分。因此,英国的制度并不是由立法权吸收行政权;它是两者的融合。内阁是一个被创造出来的机构,但是它有权破坏自己的创造者。它在来源上是衍生性的,但是它在行动上却是破坏性的。因此,在白哲特看来,英国宪制"有效率的秘密"并不在于权力分立和均衡,而在于"行政权力与立法权力的紧密联合和几乎完全的融合"。内阁作为被下议院选举出来的机构,是一个将行政权力与立法权力联合起来的"连字符"和"皮带扣":通过政党政治,下议院只能选择多数党的领袖进行组阁,而党纪制度又能保证内阁在下议院获得多数支持。因此,内阁实际上很容易控制下议院,行政很容易控制立法,与美国的三权分立不同,英国的内阁可以很容易获得自己需要的法律,这是英国宪制高效的秘密所在。

因此,从光荣革命后到"二战"前,英国政治实践的核心特点就是议会主权,与此相关的宪政思想经布莱克斯通,尤其是戴雪的理论化之后,更为深入人心。在实践层面我们也已经看到,从刚开始对国王复辟的担忧因而事无巨细均通过正式的立法来处理,到19世纪才恢复为只制定一般性规则,将具体事务留给行政部门,议会经历了一个逐渐放权给内阁的过程。如同和国王的关系一样,议会和内阁的关系也经历了一个不断磨合的过程,前文提到的许多宪法性惯例其实就是在这个过程中产生的。政党、选民、首相、议会信任等这些国王主政时期不曾出现的元素反复博弈,奠定了近代英国宪政画卷上各种图案的基本格局:下议院、内阁、首相及各部大臣成为活跃在政治舞台最前沿的角色,而国王、选民、政党、上议院等则退居后台利用不同时机通过不同方式施加不同的影响。

因此,议会和内阁的关系成了18世纪中期之后英国宪政实践中的主要问题。议员由选民决定,而政党会有组织地参与竞选,获胜后其党首会出任首相、组成内阁……如白哲特所分析的那样,虽然名义上是议会主权,但实际上英国的宪政实践很大程度上是政党政治,行政对于议会有很大的主导性。很难说是议会在通过信任案控制着内阁,还是政党(因而也是内阁)在通过选举活动控制着议会。再者,20世纪以来,随着战争的频繁发生和社会问题的复杂化,很多问题都需要得到高效快速的回应和解决,办事拖沓的议会显得力不从心,因而将更大的权力授予了内阁,因此在20世纪出现了行政权力的不断扩张,三权当中行政权的影响甚至超过了立法和司法。许多本应事前得到议会批准的措施都因情势紧急而变成了事后追认,这在一定意义上消减了内阁责任这一宪政原则本身。

第五节 对议会主权及行政权的限制:"二战"后发展

如果说光荣革命之前英国宪政的主题是民众向国王争取自己的权利和自由,那么光荣革命之后则是以议会和内阁为代表的公权力的发展和完善。当然,这样说并不意味着这之前就没有公权力发展的内容,之后也没有关于公民权利和自由的实践,而只是说这之前和之后的发展的重点颇为不同而已。因此,除议会权力和议会主权观念在 18、19 世纪的持续膨胀外,行政权力和与此相关的行政法在 20 世纪的英国也得到了迅猛发展,它甚至使得英国传统的法学格局发生了巨大变化。

传统上,英国的法学是不区分公法和私法的,最常见的是刑事和民事的分类,因为在普通法看来,官员和普通民众在法官面前是一样的,并不具有多少特殊性,因而没有必要专为行政机关设立一种法律。加之戴雪的影响,致使行政法和行政法学研究在英国长期被忽视。但自 20 世纪 30 年代后,行政法及其研究在英国得到了迅猛发展,在短短几十年间俨然已成为显学,令其他部门法汗颜。在 20 世纪的最后 25 年里,行政法经历了前所未有的发展和扩张,使其从幼年迅速发展至中年,有人把它形容为"非常危险的速度"。英国行政法的发展令人振奋,但行政法研究尤其是对司法审查之宪法基础的研究却没有跟上潮流,以致约翰·劳斯(John Laws)认为,如此快速的发展可能要付出代价,将原则建立在太多沙土而缺乏岩石的根基上有诸多的危险。的确,议会主权和行政权的扩张对个人权利和自由构成了不可避免的侵犯,这在"二战"之后人权观念风起云涌的背景下显得更为明显。为此,需要对此二者进行必要的限制,而行政诉讼中的越权无效原则和近年来兴起的普通法宪政主义则正是对此二者扩展的回应。

一、越权无效原则

(一) 背景

越权无效是英国行政法上的一个重要原则,它是立法支配行政的结果。如前所述,19 世纪后,英国议会放弃了前一个世纪因担心王权复辟而事必躬亲的做法,开始只制定一般性规定,而将具体事务交给行政机关去处理和落实。再者,随着社会分工的不断细化和复杂化,加之突发形势不断增多,越来越多的行政机关被创设,越来越多的行政权力被授予,先前行政机关的权力不断扩展,未经授权先行处置、事后再寻求议会认可的做法也屡见不鲜。到20世纪后半期,行政的扩张(无论在速度还是实质影响方面)甚至超过了立法,随之而来就产生了这样的危险:这些行政机关的行为是否遵守了议会的规定?其不断扩张的权力是否会侵犯个人的权利和自由?基于此,原本在英国并不发达的司法审查逐渐兴起,具体是由法院对行政机关行为的合法性进行审查,在此背景下越权无效原则开始登上法律史的舞台。

(二)含义

其实在英国,普通法法院审查行政机关的行为并不是新鲜事,只是过去更多地隐藏在对个人权利进行保护的幕布之后。从这个意义上也可以说,司法审查(甚至包括对议会立法的审查)在英国由来已久,但其广泛适用则是19世纪之后的事了。

作为司法审查的核心原则,越权无效的含义是,法院在对行政机关的行为进行司法审查时,主要看后者是否超出了立法机关的授权,一旦超出即宣布其为无效。因此,法院司法审查的主要手段就是通过解释制定法,来衡量行政机关的行为是否超越了权限。但在实践中逐渐形成这样一种趋势,即法院通过宽泛地解释制定法规定的行使权力的条件,行政机关种种不合理的行为都可以定性为越权。例如,行政裁量必须按照法律授权的目的行使,如果行政机关的行为出于不正当动机,没有考虑相关的因素或者考虑了不相关因素,或者恣意、反复无常,它就超越了权限。在1969年的安尼斯米尼克案中,法官认为行政机关所有的错误,包括违反自然正义、不相关考虑、错误适用法律标准等,统统都是越权。如此一来,越权原则似乎一统天下,成为无所不包的司法审查根据。

(三)基础:议会主权

但实际上,越权无效原则背后的基础是议会主权。因为越权原则的核心信条是,坚持对行政机关裁量权的所有限制均来自议会,而法院所作的仅仅是通过实施授权法中的明示和默示条款实现议会的意志,并履行其监督职能。它要求将法院对行政事务的司法干预与议会的意志紧密联系起来,强调司法审查的目的在于确保行政机关在议会所确定的范围内来行使职权,同时也仅到此为止:如果行政机关在其范围内行使职权,那么它即在履行由立法机关委任的职能,法院便不能干预。

从中可以看出,法院、被审查的行政机关与议会三者的关系通过越权原则之中的权力范围而联结在一起:议会在授权法中已划定了行政机关的权限范围,在司法审查中法院所要做的是发现议会的意图,依据议会明示或默示的意思确定行政机关应行使职权的范围,只要行政机关的行为逾越了议会事先确定的范围,法院就可以撤销或宣布它无效。因此有人认为,越权原则在英国的高扬是与英国议会地位不断提高、议会主权原则的确立相适应的,是议会主权的必然产物。①

(四)学界的贡献

威廉·韦德首先在理论上把越权无效奉为行政法的核心原则。在1977年版的《行政法》中,他首次醒目地把越权无效提升为"司法权的宪法基础"之一,与法治、议会主权、政府守法相提并论——而它串联立法、行政和司法以及多出于对个人权利和自由保护的事实,也使这个行政法的原则能够跻身宪法领域而受到重视。"公共机构不能超越权限行事,这个朴素的观念可以被恰当地称为行政法的核心原则。"②这一论断在后来的版本中得到了沿用。

由于韦德在英国公法学界的领袖地位,他的论断成为权威,虽然没有得到普遍认可,但无人能够忽视。韦德认为,公共机构诚意行政、合理行政、自然正义等原则,虽然没有制定法的规定,但可以理解为制定法"隐含的要求",因此公共机构任何违背上述原则的行为,就可以被认为超越了制定法赋予的权限。韦德强调,由于英国没有成文宪法,司法审查的权力基础有限;对法院来说,唯一安全的办法是证明行政机关的行为超越了制定法赋予它的权限。通过对议会法律的巧妙解释,法院不断地"发现"议会法律隐含的要求,从而不断地拉伸越权无效的准绳,使它能够包容法院希望的任何意思。这样,法院就能够保护公民权利,抵制行政机关滥用权力。③

(五)对越权无效原则的批评

但过去的三四十年以来,越权无效原则不断受到攻击和责难,攻击的理由多集中在以下几个方面:

1. 越权原则对公法范围的偏离

随着社会与国家在当代的日益融合,法院把司法审查原则扩大适用到许多非传统意义上的公共机构,如商会、工团等组织。这些机构虽非传统上的行政机关,但事实上享有垄断权,英国法院在审查它们的行为时,采用公法或类似公法原则判定它们行为的合法性,伴随英国救济法的改革,这种趋势十分明显。但这一趋势和司法审查的理由并非越权原则所能解释,因为这些机构或组织的权力并非来自制定法或英王特权,因而法院对它们的司法控制也就并不能通过援引是来自议会明示或默示的意志所设定的权力范围来加以说明。克雷格(Paul Craig)教授认为,如果不根本改变越权原则的含义,要想将它适用于这些组织、机构上是困难的。换言之,他认为,若想使越权原则适应这种发展,只能对越权原则作大的改

---

① 参见杨伟东:《越权原则在英国的命运》,载《政法论坛》,2000(3)。
② W. Wade, *Administrative Law*, Clarendon Press, 4th edition, 1977, p. 40.
③ 参见何海波:《"越权无效"是行政法的基本原则吗?——英国学界一场未息的争论》,载《中外法学》,2005(4)。

变;而若果真如此,越权原则的现有内涵将会有颠覆性的改变。

2. 缺乏现实性

这种批评认为越权无效原则与现实不相容,很大程度只是作为一个借口、一种虚假的外衣而存在。因为议会虽希望这种权力能基于相关的考虑、理性和为正当目的而行使,但它却几乎并没有为法院对行政自由裁量权的司法控制提供任何合理的引导。

3. 越权原则存在内在的紧张

英国议会在立法中往往明示或默示设置排除法院司法审查权的条款,但法院出于防止行政专断和保护公民自由的考虑,并没有在这些条款面前畏缩不前,而是积极运用解释技巧限制排除条款的作用。因而英国议会立法中这样的条款实际上并不能真正起到限制或者排除法院司法审查的效果,而法院经常运用的武器正是越权原则。其解释是,排除任何司法审查的条款只能保护行政机关在管辖范围以内的决定,不适用于越权的决定,一切越权的决定都是无效的决定,不受法律的保护。反对派认为,对越权原则的这种解释,恰恰容易与越权原则所坚持的法院是执行议会旨意的基本要求相冲突。

4. 不确定性和缺乏指导性

从降低当事人申请司法审查资格到申请救济程序的简化,由过去仅对管辖权法律错误进行审查拓宽至现在对所有法律问题都可纳入审查范围等,司法审查表现出越来越大的作用。但法院始终是在越权原则下进行运作,越权原则表现出极大包容性和灵活性。但反对派认为越权原则的灵活性除保留法院简单服从议会旨意的外表外,却没有提供更多符合理性的理由。越权原则并没有为法院和人们在司法审查的审查标准和发展方向上提供有力的指导。

面对这样的责难和批评,越权无效原则的支持者们也进行了反驳。但争论的双方都认识到,该原则的确存在一定的问题:如对非行政机关的司法审查,对滥用职权中的不当目的,对议会默示意志的"拟制性"等,越权原则确实无从作出很好的解释。至今,正统理论者仍坚持认为越权原则仍然是目前英国司法审查的基础。因此,无论有多少缺陷,越权无效原则都是对近现代以来不断扩张的英国行政权的一个很好的制约。而对于越权无效原则的质疑则让我们看到了其背后更深层次的问题,即作为该原则基础的议会主权原则或立法权至上所面临的问题。而围绕对越权无效原则的修正,对立法至上的质疑也浮出水面;在行政权之外,对立法权和议会权力的制约也开始成为英国宪政思想新的主题,普通法宪政主义就是在此背景下出现的。

二、普通法宪政主义

（一）兴起的背景

承接上文，普通法宪政主义的兴起其实与对英国司法审查中越权无效原则的反思和批评直接相关。工业革命开始后，英国的社会结构和社会生活方式发生了重大变化：原来静态的社会组织形态为不断加剧的人口流动所打破，先前靠封建契约和普通法维持的人际关系、社会关系现在变得越来越复杂，普通法的迟滞性导致它无法跟上社会形势的迅速变化。因此，先是议会（如在 18、19 世纪）而后是行政（如在 20 世纪）都变得比以往更为积极主动，以回应瞬息万变的社会形势。这方面以 19 世纪的社会变革最为典型，比如选举权的扩大，济贫法的贯彻实施，通过立法实现司法改革，等等。20 世纪延续了这种变革，并仍然由议会和行政主导，如财产法的变革，而后是建立在贝弗里奇报告基础上的福利国家的建设……在过去的两个世纪中，这种由立法和行政主导的社会变革导致议会和内阁的行为方式越来越受到重视，反应在法律上就是，如前所述，公法这个概念或法律领域在原来并不强调公私法之分的英国的出现并突显。尤其是宪法和行政法：在宪法领域，戴雪明确地阐述了议会至上的原则；在行政法领域，行政行为必须基于议会立法之授权，必须限于立法授权之范围内，成了基本的共识。如上所述，出于对行政权的控制，发展出了越权无效原则，但关于越权无效原则的基础在理论上却引起了越来越多的争论。

在这些争论中，越权无效原则的维护者认为，行政行为的基础是议会立法的授权，因此探求立法者的原意从而确定行政行为是否超出了立法的授权范围是司法审查的关键。但这种观点背后体现的仍然是议会至上的宪法原则；随着新形势的出现，有一批学者开始以法治原则而不是议会至上来重新评价越权无效原则的基础。在对越权无效原则的修正过程中，反对派阵营中的"温和派"的主张是，要求将普通法而不是议会旨意作为司法审查的基础。法院进行司法审查时以普通法为理由，而不必关注议会旨意。他们要求认可法院在司法审查中的司法创造性。而反对派中的"强硬派"则更进一步，他们以越权原则的缺陷为矛头而直接向议会的主权和最高性提出宣战，力主法院有权推翻议会的立法，而并不希望在现存的宪法背景下探讨司法审查的基础。约翰·劳斯爵士是持强硬观点的主将，他认为："一个民选政府的民主授权书不能成为其可以享有剥夺基本自由的理由……。正是法治政府这一观念的逻辑决定了要求更高等级法律……。议会主权原则并不能为议会立法所保证……"[①]一种较之于

---

① Christopher Forsyth, "Of Fig Leaves and Fairy Tales: The Ultra Vires Doctrine, the Sovereignty of Parliament and Judicial Review", *The Cambridge Law Journal*, Vol. 55, 1996, Part One.

议会制定法更高的法律呼之欲出,在众多的高级法资源中,英国人回归到了自己的普通法!

而普通法宪政主义背后还有着更深的社会背景。撒切尔夫人执政后抛弃了凯恩斯主义,减少政府对经济活动的干预,对多数国营事业实行私有化,使劳动力市场变得更具弹性。她还抨击福利制度所衍生的"不劳而获"思想,颂扬传统的中产阶级道德,鼓励通过努力工作以创造财富,而非追求财富的再分配。这对因福利政策而显得暮气沉沉的英国经济和社会来说是一个极大的冲击,人们仿佛又回到了19世纪初那种个人本位、自由放任、自由竞争的时代——但实际上这是管控之下的竞争。这种变化在法律上也引发了一系列的后果。比如普尔(Thomas Poole)就认为,传统的、适应福利政策的、仅规范公共领域事务的公法原则(如平等、无偏私的原则)此时变得不适用了,因为公私的领域之分已经被模糊了。① 很显然,法律、司法——如果不单纯是公法的话——不仅要注意传统上对国家和社会的全面操控,而且要注重对私人权利的保护;不只单向地施恩于民,而且要激发并保护民众的个人意愿和创造力……不太精确地比喻,这是一个亚当·斯密和凯恩斯都要发言的时代,是自由放任、自由竞争和国家干预同时并重的时代,这就是英国法律所面对的新的时代挑战,而议会立法对此则心有余而力不足。

英国法律所面临的上述挑战,在欧洲一体化和全球化的背景下显得更为突出。人权几乎已经在世界范围内成为普世价值,英国自然无法回避,而对人权最大的威胁不是来自个人而是作为公权力的立法和行政,对立法、行政的限制成为各国宪法发展的基本动向。由此,再将越权无效原则的基础定位为议会至上就显得有些掩耳盗铃了,法院的司法审查需要寻找新的理论基础,正是在这样的背景下,普通法宪政主义应运而生。

(二) 普通法宪政主义的要点

普通法宪政主义的理论包括两个要点:第一,对人权的威胁不仅来自于行政,同样来自于立法。普通法代表了英国社会的基本价值观,是一种更高级的法律,因此议会制定法也应受制于它;普通法法院扮演着英国社会基本价值和基本人权的主要守护者的角色,因此应在英国宪法的政治框架中处于核心位置,在整个政治体制中起关键作用。第二,普通法法院在这种政治体制中发挥作用的主要方式就是司法审查。因此,总体而言,普通法宪政主义理论的目的在于,将公法重塑为一种以普通法法院为中心的宪法政治。下面我们将从几个方面予以展开。

1. 立法也会侵犯个人的权利和自由

实际上,以越权无效原则为核心的司法审查观和以普通法宪政主义

---

① See Thomas Poole, "Back To the Future? Unearthing the Theory of Common Law Constitutionalism", *Oxford Journal of Legal Studies*, 2003. 23 (435).

为基础的司法审查观,其终极政治目标都是保障个人自由,但二者的主要区别在于,这个目标怎样才能得到最好的落实。越权无效原则与戴雪的宪政理论有着同样的预设:遵守议会的意旨,与一个良好运作的民主框架所产生的政治压力保持一致,如果制定法能由法院恰当落实,那么传统的自由便不会受到侵犯。它认为对个人自由的主要威胁不是来自于议会而是下级决策者,对自由的侵犯最有可能发生在公共官员超越议会授权行事之时;相反,议会则被认为是保护而非对自由构成威胁——即使它没有做到,其救济也是政治而非法律性的。

普通法宪政主义则认为,对个人自由的威胁来自议会和行政两个方面:议会也可能制定压迫性的法律,而行政则可能以压迫性的方式来执行非压迫性的法律,唯一能够免于这种质疑的政治机构就是普通法法院。劳斯认为,这是因为法院本身无权、无钱,而且没有民选的基础赋予其合法性,但也正因此它才可以在决策过程中将个人意志自由放在首要位置——不仅可能,而且是必须,因为法院只能靠决策的合理性来证成自己对权力的行使。

因此,在普通法宪政主义看来,普通法才是宪政体系中更高级的法律,普通法法院才是宪政平台上的核心,司法审查应该以法治而不是议会至上为原则和基础。那么,为什么普通法应该成为更高级的法律呢?

2. 普通法优于议会立法:作为社会公德的普通法

从实质意义上说,普通法宪政主义颠覆了作为越权无效原则之基础的传统宪政原则(主要是议会至上)及其所形成的法律渊源等级体系(制定法高于普通法)。传统上认为,所有合法的法律都源于议会的制定——这与戴雪的主权不可分割观念是一致的;但普通法宪政主义则认为存在两种有效的法律:议会的制定法和法院的普通法。相比之下,议会制定法的合法性更低。那么,普通法宪政主义为什么会认为普通法高于制定法呢?普通法宪政主义者在论证时采取了以下进路。

(1)本质主义的进路。之所以说普通法是高级法,是因为它本质上是一种道德理性,是英国社会基本价值信条的汇集和英国民众长期社会实践经验的总结,它尊重了个人的基本需求,反映了英国社会基本的生活规律。

劳斯认为,宪法是为个人之利益而存在的,所以其首要任务便是确认人在社会中的本质需求——这就是个人的意志自由。如康德所说,个人本身就是目的,而非手段。但人与人之间在行为上必定有交集,并导致对彼此自由意志的干扰,因此需要一套权利规则体系对个人行为予以规范和制约。这说明,从本质上看,是个人的意志自由(作为目的)导致了权利和法律(作为手段)的诞生,因此法律要获得真正的合法性,要从道德上获得支持,就必须尊重和体现个人的意志自由——而普通法恰恰就是这样的法律。①

道恩·奥利弗(Dawn Oliver)则认为,公法理论的核心在于确认一套"共同的价值观——个人的意志自由、尊严、荣誉、地位和安全",这些都充斥于法律中,贯穿于判决制作过程中。这五项对于人类来说是最基本的,因此应被赋予最高的等级,它们为良好的执法造就了一个更高级的义务、更高的原则和制度性道德,而这些在普通法中得到了最连贯的表述。②

杰弗里·乔沃尔(Jeffrey Jowell)在阐述法院开始操控一种"宪法性司法审查"制度时,引用了劳斯的话:"通过明确承认在我们的宪政民主中存在一个更高等级的权利体系,我们的法院已经开始将行政法的边界转移到了宪法境内。这些权利不受来自于任何议会立法的默认,而是来自议会立法所基于的现代民主框架,它们不是民主过程的结果,而是先于其存在。"③

这些论述触及了法律的本质和其背后的道德基础。在普通法宪政主义者看来,法律不应只是掌握和运用权力的结果而是其前提,是对人本质需求的尊重和对为实现这些需求进行社会实践所形成之规律的反映。从这个意义上说,法律具有极大的道德性基础。这本质上是一种对更高级法的追求,欧陆的思想家们在解决这一问题时诉诸了自然法,而当代的英国法律家们则回归到了自己更为熟悉的普通法。通过将普通法与道德、基本人权、社会生活基本规律相关联,普通法宪政主义者赋予了普通法以自然法在欧陆法学中的地位:一种真正的高级法!

这样,普通法宪政主义者就为普通法建立了一个道德哲学的平台,将道德的恰适性作为政治权力合法运用的最终审查标准,这使得他们可以作出两个重要的扩展:一、将合法的政治权威与掌握政治权力的事实相区别;二、为其法官法在宪法上的至上性提供了基础。如果政治权威的合法性建立在对特定政治机构道德能力的评估上,那么宪法-政治的优先性就必然体现为道德的优先性。这样的话问题就简单了,究竟是立法还是法院能够在其决策过程中持续地尊重那些与意志自由相关的基本道德原则呢?到这一步,普通法宪政主义者仅需将普通法推理的力量与一般政治决策的不足和缺陷对比就够了。这是稍后第三种进路的论证,但在这之前,我们还是先来看看历史主义的进路是如何论证普通法是高级法的。

(2)历史主义的进路。实际上,从 17 世纪的柯克、黑尔到 18 世纪的布莱克斯通,都曾从历史的角度总结和论证过普通法的特点和优点,这集

---

① See Sir J. Laws, The Constitution: Morals and Rights, 622 *Public Law*, 1996.

② See D. Oliver, "The Underlying Values of Public Law and Private Law", in M. Taggart (ed.), *The Province of Administrative Law*, Hart Publishing, 1997, pp. 230-231.

③ See J. Jowell, "Beyond the Rule of Law: Towards Constitutional Judicial Review", 671 *Public Law*, 2000, p. 675. 转引自 Sir J. Laws, "Law and Democracy", 72 *Public Law*, 1995, p. 79。

中体现在一种被普斯特玛称为经典普通法理论的学说中。该学说认为,普通法是由超出人们记忆之外的习惯经过长久的历史积淀发展而来,它是整个王国历代智识的体现,是全体民众集体智慧和经验的结晶。

从起源上看,柯克将英国法律的源头追溯到了盎格鲁-撒克逊时代,甚至更早——他曾夸张地宣称,英国法起源于特洛伊王子登临不列颠的那一刻。而关于英国法的起点,英国法律史上比较一致的看法是1189年,这也被称为法律的记忆年份(legal memory);而那些后来成为普通法的习惯,通常会被认为是超出了法律记忆年份的。布莱克斯通则指出,所有英格兰的法律都是普通法或都基于普通法,而普通法则是一种共同的、古老的习惯,一种"古老的、不成文的习惯和格言的汇集",它记录于民众的头脑中,是一种态度、实践、观念和思维模式的集合,"通过传统、运用和经验得以传承"。(1 Comm. 17)

就效力而言,普通法规则的效力也是和历史联系在一起的。时间和历史则赋予了习惯在社会生活中的实际效力:大浪淘沙,时间最终将纷繁复杂的习惯中的合理因素沉淀下来,使得普通法规则成为了一种合理的规则。因此在经典普通法理论看来,普通法来源于社会生活,是民众生活习惯、规则的长期积淀,它反映的不是某个人或某些人的意志,而是整个英格兰社会长久的生活规律,是对英格兰社会现实的长期历史记录。黑尔认为,"(普通法规则)通过长期和久远的惯例,通过习惯和被王国接受之事实获得拘束力。……其形式、强制力通过长期的习惯和使用而得以成长。"[1] 所以,普通法规则的效力是与其历史恰适性(historical appropriateness)联系在一起的。时间、历史和实践赋予并不断地修正了其合理性,而这种合理性又赋予了其作为规则的权威和效力。

普斯特玛在谈到这一问题时说,我们必须屈从于那些在历史长河中建立起来的规则所带给我们的更大的智慧:这倒不是说就个人而言我们的祖先比我们要更聪明、更有智慧,而是说没有哪一个或哪一代人能够比得上这个民族历经无数代所汇集起来并贮存于法律中的经验和智慧。法律就是一本有关社会经验的厚重的教科书,它记录了这个社会就秩序安排所进行的持续不断之尝试所产生的成果。[2] 柯克也说,我们的法律历经数代,经过长期和持续的试用,不断得以优化和再优化,它集中了那些最杰出人士的智慧。[3] 所以,为什么在普通法宪政主义者眼中制定法不应高于普通法?因为它只是一部分人(恰好成为议员的那部分人)的智慧而已,而普通法则是这个民族全部历史的经验和智慧。基于此,柯克认

---

[1] Sir Matthew Hale, *A History of the Common Law*, Printed for Henry Buttertoorth, Law-Book-Seller, 1713, 17.

[2] G. J. Postema, *Bentham and the Common Law Tradition*, Clarendon Press-Oxford, p. 64.

[3] Coke, 'Calvin's Case', 7 Coke's *Reports*, quoted in J. G. A. Pocock, *The Ancient Constitution and the Feudal Law*, Cambridge University Press, 1957, p. 35.

为,"没有人仅凭其个人的自然理性就会比法律更智慧,因为法律(指普通法——作者注)是理性之极致(perfection of reason)。"①

当代的普通法宪政主义者在从历史主义的进路论证普通法的优先性时纷纷引用或重复了柯克等人的这些观点。比如,普尔认为,普通法裁决的独特性源于普通法的历史悠久性及所包含之原则的演进性质。艾伦(T. R. S. Allan)则将普通法视为一种实践理性的集合,由此生发出一个不断演进的法律原则的体系。他认为,历经漫长的发展,普通法原则体现了社会的基本价值;普通法则代表了一个实现正义的框架,这个框架体现了英国这个族群的传统,包括自由和相互容忍的传统。艾伦争辩说,普通法实际上是一个汇集这个政治体中智慧的原则库,因为作为不断演进之道德理性的储藏所,普通法是独一无二的,因此它可以提供反映和体现这个族群经验及持久价值的共同道德。艾伦认为,这些价值对人类繁荣发展和构成其法治理想来说是必要的;鉴于普通法与社会的这些基本价值存在有机联系,因此它在社会中扮演着奠基性的作用。换言之,艾伦和其他普通法宪政主义者都认为,普通法实际上构成了这个政治社会的基本秩序;依据社会的共同价值和传统,普通法阐释了共同善好的内容;法官是其权威的阐释者,因为其功能就是表述这种集体的共识。②

不仅在理论上,而且在实践中,柯克的先例也反复被提到。艾伦反复引用博纳姆案(Bonham's Case)中的名言:普通法要控制议会立法,有时要将它们判为完全无效。奥利弗则将班戈案(Bagg's Case)视为典范:法院将普通法价值信条用于抵制权力的滥用。劳斯则提到了卢克案(Rook's Case),认为它表明英国的法院一直在寻求以法律和理性之名限制公共权力;他说,该案与其他众多案件一样,绵延至温斯伯里案,都是将理性原则用于对裁量权的法律限制。

因此,历史进路论证的核心在于,认为在普通法和社会的基本价值信条之间存在独特的联系。这实际上是将普通法视为了公共理性的一种高级形式,由此将制定法置于普通法之下。它强调普通法的连续性,以区别于制定法的权宜性。重复哈耶克的话,普通法宪政主义者力图通过历史表明,由于其演进性和理性的方法,法官法能够扮演自由之守护者的角色;而议会立法因为操控于变动不居的议员之手而在这方面无能为力。

除上述功效外,历史进路的论证还可以帮助普通法宪政主义者抛弃其他一些竞争性的概念,尤其是那些以议会主权为起点从而削弱普通法规范效力的概念,如越权无效原则。其次,普通法法院实践的宪法政治具有持续性,这也支持了普通法在宪政实践中扮演基础性作用的主张,并导致它在如下意义上优先于立法:制定法解释必须与根基深厚的普通法原

---

① Coke, I *Institutes*, sect. 138.

② T. R. S. Allan, *Constitutional Justice: A Liberal Theory of the Rule of Law*, Clarendon Press, 2001, p. 19.

则保持一致,如柯克所言,当制定法有悖共同的理性和常识,则必须受到恰当的控制。因此,在普通法宪政主义者看来,普通法必须作为一个宪政框架而存在,并对共同体最重要的价值信条予以表述。

历史主义的进路的确为普通法宪政主义的观点赢得了不少喝彩,但过去的正确和辉煌不一定能保证今天的合理性,而普通法真正优于制定法的地方,恰恰在于它解决问题的机制和方式,因此还需要从这方面予以进一步的论证。

(3) 决策机制的进路。论证普通法优于议会立法、普通法法院较之议会在整个宪政体制中应该处于更高位置的另一条思路,与二者的决策过程和机制有关。

柯克和布莱克斯通都认为,导致英国法混乱、不一致和不公正的唯一(或至少是主要)事由是议会的立法。布莱克斯通具体解释了其中的原因:议会之意志具有临时性和武断性,再加上议员之变动,更导致了其意志无法形成一个连贯的整体,而不像普通法那样因为必须从先例中寻找解决方案,从而使得其规则体系更具有连续性(1 *Comm.* 46)。①

黑尔则从法律实效的角度予以了解释:在他看来,能否真正成为法律("活法")的关键不是它被引入法律体系的方式(议会制定或法官造法),而是其现实的权威基础。制定法所导致的激进变革如果能够为民众的实践所接受,那么它也会融入这个法律体系——事实上,今天普通法的很多规则都来自于过去的制定法。而如果制定法严重脱离民众的生活现实,那只能是一纸具文。② 而黑尔所要求的"融入",则是要经过社会生活实践的检验,反复适用并为民众所接受;普通法由于来自于习惯,是过去习惯的积淀,因此本身已经为社会所接受,是这个国家真正的法律,但议会立法却未必都能如此。

劳斯认为,立法因要顾及多数人而可能对特定个人不利,因此不可能被指望对个体意志自由予以持续的尊重;再者,立法的民选基础使得它更容易认为自己的意志就代表了权威和正义,从而将自己的意志强加于社会。而法院无权、无钱、无民选基础,正因此才可以在决策过程中将个人意志自由放在首要位置;不仅可能,而且是必须,它只能靠决策的合理性来证成自己对权力的行使。因此劳斯的基本立场是,法院是唯一值得信赖的政治权力运用机构,它能够保证个人的权利得到保障。当然劳斯也认为,就对个人自由意志这一基本价值的尊重而言,民主是最好的政治

---

① G. J. Postema, *Bentham and the Common Law Tradition*, Clarendon Press, p. 15. 这让我们想起了边沁对普通法的批评,他的观点和柯克、布莱克斯通正好相反:导致英国法律混乱的正是普通法。但双方的观点并不能被视为矛盾,因为彼此基于了不同的立场、而且是在描述不同的问题:边沁主要是从普通法的形式而言的,而柯克和布莱克斯通则讨论的是法律的实质根基。

② See Sir Matthew Hale, *A History of the Common Law*, Printed for Herry Butterworth, Law-Book-Seller, 1713, 43.

形式,因为它在立法过程中赋予了民众平等的发声权,民主预设个人在价值上是平等的。但就其本身及内在而言,民主也是有问题的:好,只是因为作为一种政治模式,它赋予了多数人意志自由的基本价值;但对特定的个人却未必如此,所谓多数人的暴政即是这个道理。从这个意义上劳斯认为,良好宪法的理想(对意志自由的尊重)在逻辑上应该是先于民主的。①

艾伦也是这一进路的竭力倡导者。他的理论致力于一种更新了的法治理论,内部浸入了自由主义的实质;依此,政府的行为应该以基本价值和权利之名受到法院的审查。在他看来,正是普通法赋予了这种法治理想以实际的形态和实质。他认为,普通法司法裁决的特殊性质使之成了一种内在的道德裁决模式:当事人可以自由地型塑其主张,以自己选择的方式来论辩诉讼是否适当。正是这种本质上具有合作性质的裁决过程,衍生出了普通法独特的道德品质;而裁决过程所赋予当事人参与的核心地位,又使得普通法的程序具备了一种类似于民主那样的内在道德品质。正因为普通法司法是一个道德的裁决模式,普通法法院就应该被认为是进行道德-政治衡量的最佳场所。② 艾伦的这个观点只能在他有关一般政治理论的语境下才能理解。他认为,政治辩论可以被理解为一种平等、意志自由之民众间的道德权衡,权衡在具体的案件中应该适用哪种基本价值信条,而普通法法院是进行这种辩论的理想模板。因此,既然政治决策的最佳场所是最能保证道德-政治争辩的最高品质之地,他的结论就是,"就作为解决正义问题的方法而言,普通法在很多方面都优于立法过程"。

上述论证总体而言是从宏观(如黑尔、布莱克斯通、劳斯和艾伦)和普通法司法的民主性(如艾伦)方面展开的,但实际上这其中可能忽视了一个技术或机制上的因素:司法是面向个案的,而立法是面向整体的,因此要求立法顾及每一个个体的诉求几乎是不可能的,但我们在现实生活中碰到的又都是具体的场景,所以司法在这方面又具有了天然的优势。而普通法司法的四个特点保证了它能将司法的优势发挥得淋漓尽致:一是它当事人主义的诉讼模式(部分包括陪审制)营造了一种民主、开放的机制,能够保证当事各方的诉求和理由在这个平台上都得到充分的展示和交锋——这是它民主、审慎的一面,也是它相对于行政的优势;二是个案的处理方式能够使得每个案件的特定情节都被考虑进去,从而避免一般性规则对特定场景下特殊利益的忽视,保证个案的公平——这是它相对

---

① See Sir J. Laws, 'The Constitution: Morals and Rights', 622 *Public Law*, 1996; also his "Judicial Remedies and the Constitution", 57 *Michigan Law Review*, 1994.

② See T. R. S. Allan, "The Rule of Law as the Rule of Reason: Consent and Constitutionalism", 115 *Law Quarterly Review*, 1999; also his "Dworkin and Dicey: The Rule of Law as Integrity", 8 *Oxford Journal of Legal Studies*, 1988 and *Constitutional Justice: A Liberal Theory of the Rule of Law*, Clarendon Press, 2001.

于立法的优势；三是遵循先例，这保证了其决策的连续性和对民众心理预期的尊重——这是它尊重传统的一面；四是判例法对判决理由的要求和遵循先例原则的存在使得个案的规则具有了一般性意义，从而实现以个案统一法律、以司法整合政治的宗旨——这是它理性化的一面。因此，考虑到立法和行政已经能够或其本性就是照顾社会的大多数，其作用和功绩已经在宪政实践中得到了彰显和认可；而对少数同样值得尊重之利益的维护就显得更加意义重大，正是在这一点上，普通法法院在整个宪政体系中应该扮演更为独特的角色。

而较之于普通法司法，议会决策在机制方面则显得问题多多。如艾伦认为，在今天的英国政治中，重要的自由都是由议会的临时多数来决定，而这些多数一般又是由甚至无法获得民选支持的政府所操控。① 劳斯认为，在以人民之名对行政进行控制的问题上，议会过于软弱，以致无法让民众满意。② 奥利弗则认为，在回应下议院日渐明显的无能和不情愿（进行政治辩论和纠纷解决）方面，法院正扮演着全民论坛的角色。③ 正是在这样的背景下，普通法司法、普通法法院被视为了公共理性的典范，并被要求在英国宪政实践中扮演公共讨论平台和最终决策者的角色。

以上三个论证的结果是，普通法应该被认为是一种宪法性的高级法。它与道德密切关联，是公共理性的典范，具有连续性和演进性。相反，议会立法并非与道德直接关联，也不是公共理性的完美模式，权宜、易变。由此，普通法宪政主义者所发展出的宪政模式，把在普通法法院进行的宪法政治实践与主要发生在立法过程中的一般民主政治进行了截然的区分，认为后者尽管可以面向社会的普遍性问题，尽管在很多情况下并不会对个人自由构成威胁，但其运行机制决定了它在某些情况下必然会产生这样的问题。而普通法法院的司法则是一个开放、平等、民主、审慎理性的场所和过程，它在控制议会立法和行政执法的偏离方面具有天然的优势，因此应该在英国的宪政体系中占据核心地位。那么，如果普通法法院可以控制议会立法和行政机关的执法行为，它又该如何控制呢？这就是司法审查。

3. 司法审查：普通法法院对议会和行政的控制

普通法宪政主义在英国颠覆了传统的议会和法院之间的关系，普通法法院就变成了政治权衡的绝对重要场所，司法审查则成为了这种权衡的利器，并被赋予了这样的重任：保证人们的基本需求（生发于与意志自由相关之道德律）在政治实践中得到落实。其目的在于防止政府侵犯民

---

① See T. R. S. Allan, "Legislative Supremacy and the Rule of Law: Democracy and Constitutionalism", 44 *Cambridge Law Journal*, 1986.
② See Sir J. Laws, 'Judicial Remedies and the Constitution', 57 *Michigan Law Review*, 1994.
③ See D. Oliver, "The Underlying Values of Public Law and Private Law", n M. Taggart (ed.), *The Province of Administrative Law*, Hart Publishing, 1997, p. 241.

众的基本权利和社会的基本价值信条。艾伦写道:"当代的司法审查大致可以解释为保护民众在公法领域之基本权利的一种框架。"①

传统的司法审查观念为越权无效原则所主宰,认为司法审查的主要功能是落实议会的真实意图——至少是通过制定法表达的意图,因此其背后体现的是议会至上的传统宪法观念。而普通法宪政主义则认为,司法审查不应该以或仅以议会的立法意图为标准,而应扩及尊重个人意志自由这样更高级的道德律;而如前所述,普通法正是这样的高级法,其言下之意无须言表:司法审查应该以普通法为最终的审查标准——从一定意义上说,这是从议会主权原则向法治原则的转向或回归。

那么,如果普通法宪政主义的司法审查观付诸实践,会有什么结果呢?该理论认为,法院应当适用政治道德的基本尺度(它们体现在普通法之中),以保护个人自由免受国家公权力的干涉,因此普通法宪政主义可以说是一种朝向公共辩论和决策的价值驱动进路。换言之,它设计的司法审查框架具有这样的特点:各种主张都直接源于对基本权利和基本价值的保护,法官在判决时必须考虑案件应该适用哪些道德原则。因此,如果政治被理解为一种选择和权衡——看在具体纠纷中应适用何种共同的基本价值,如果普通法被视为立法的最高形式,那么就可以得出以下两个结论。首先,被认为是宪法政治主要场所的普通法法院及其司法审查,必须成为政治共同体道德律意志的终极裁决者,其基本目的必定是,对在个案中应适用何种基本价值信条作出最终和最权威的决定。其次,法院在作出这样的决定时不必与其他政治机构(包括立法机构)的意见或决定进行交易;而且必须如此,因为在普通法宪政主义者看来,就作出符合道德的决定而言,法院处于独一无二的地位,而其他机构的意见则应受到怀疑,甚至是反对。②

4. 结论

综上,普通法宪政主义实际上是在针对过去行政法中的越权无效原则的反思过程中逐步形成的,本质上是对过去 17 世纪以来经典普通法理论的翻版,是在光荣革命之后议会取得至上地位和行政权不断扩张的一种理论回应,而这种回应借助的则是英国的普通法传统和法治原则,从这个意义上说,法治原则(而非议会至上)才是英国宪政中的真正基础性原则。通过论证普通法与道德和公共理性之间的关联,普通法宪政主义者力图证明普通法应该是英国宪政体系中的高级法,行政机关的行为甚至是议会立法都应该受到其制约;而普通法法院及其司法过程则因其民

---

① See T. R. S. Allan, "Dworkin and Dicey: The Rule of Law as Integrity", 8 *Oxford Journal of Legal Studies*, 1988.

② See Thomas Poole, "Back To the Future? Unearthing the Theory of Common Law Constitutionalism", 23 *Oxford Journal of Legal Studies*, 2003.

主、平等、开放、审慎的特点而应在整个宪政问题的最终决策中处于比议会更为核心的地位；其实现对行政行为和议会立法控制的手段则是司法审查。因此,看上去一场源于行政法领域的原则之争,实际上却因涉及终极决策权的分配和影响到公民个人的权利和自由而带上了不折不扣的宪政色彩,也成为了当今英国宪政思想中的核心议题。

第六节 结语

英国的宪政思想如同其政治社会的发展,跌宕起伏,波澜壮阔。从初始直至光荣革命,经济、科技发展进步迟缓,社会结构稳定,相应地宪政体制也演进缓慢,宪政思想也主要围绕王权这个核心展开。光荣革命之后,议会取得了压倒王权的优势,成为宪政体制中的至尊；而社会形势的复杂化也促使行政权不断扩张,因此光荣革命之后直到"二战",英国宪政思想的核心都是围绕议会而展开。但对行政权的控制逐渐抬升了司法的地位,而越权无效原则的缺陷则使得英国的公法在司法审查方面迈出了更大的步伐,普通法宪政主义致力于将普通法和普通法法院打造为英国宪政体系和宪政实践中的新的核心。但无论这些思想如何流变,都没有脱离开对个人权利自由的保护和对公权力的制约这两个本章一开始就提到的主题。而如果这两个主题对于宪政不可或缺,那英国宪政实践及其思想的演变又能带给其他国族何种启示呢？

思考题

1. 谈谈你对戴雪议会至上和法治原则的理解。
2. 戴雪所谓的宪典是什么含义？其对英国宪政的意义如何？
3. 为什么说越权无效原则的讨论带有宪政意义？
4. 试述普通法宪政主义的基本观点及其论证。

阅读文献

1. [英]戴雪:《英宪精义》,雷宾南译,北京,中国法制出版社,2009。
2. [英]沃尔斯·白哲特:《英国宪制》,李国庆译,北京,北京大学出版社,2005。
3. [英]梅特兰:《英格兰宪政史》,李红海译,北京,中国政法大学出版社,2010。
4. [英]詹姆斯·C.霍尔特:《大宪章》,毕竞悦等译,北京,北京大学出版社,2010。
5. [英]托马斯·霍布斯:《哲学家与英格兰法律家的对话》,姚中秋译,上海,上海三联书店,2006。
6. [英]约翰·福蒂斯丘爵士:《论英格兰的法律与政制》,[英]谢利·洛克伍德编,袁瑜琤译,北京,北京大学出版社,2008。
7. J. G. A. Pocock, *The Ancient Constitution and the Feudal Law*, Cambridge University Press 1957.
8. T. Poole, "Back To the Future? Unearthing the Theory of Common Law Constitutionalism", 23 *Oxford Journal of Legal Studies*, 2003.
9. G. J. Postema, "Classical Common Law Jurisprudence", 2 *Oxford University Commonwealth Law Journal*, 2002.

第二十八章 康德的法哲学思想与体系

第一节 生平与著作

　　伊曼努尔·康德(Immanuel Kant),1724年4月22日生于东普鲁士的格尼斯堡(今俄罗斯的加里宁格勒),终其一生,康德都生活在这个城市。与其他哲学家和法学家相比,康德的一生相对平淡,甚至在很多人看来,这种生活更显得刻板与枯燥。但正是在这种平淡、刻板甚至枯燥的生活中,康德却掀起了哲学史上的"哥白尼革命",在整体上引领了德国乃至整个欧洲的哲学思想的发展。这是因为表面的枯燥甚或刻板的生活形式之下隐藏的却是思想的胎动。康德虽然从未离开过格尼斯堡,但却自始至终一直都在关注德国甚至整个欧洲的思想动态。康德生活的真正重心从来都在于思想,而非现实的生活。正是这种对于德国乃至整个欧洲思想的持续不断的关注与思索,使得康德作为一个"固定"在"某处"的人能够接受来自不同国度、不同时期且具有不同立场的思想的冲击与洗礼。而在这一冲击与洗礼的思想进程中,1769年乃是至关重要的一年。正是在这一年,康德所承袭的莱布尼茨—沃尔夫的思想体系遭遇到了"休谟问题"的挑战。这一挑战一直伴随着康德后半生的哲学与法律思考。用康德自己的话来说,休谟不仅将其从"理性主义的独断论之梦中唤醒",更使其获得了"巨大的启明"。在此之后,康德一直与独断论和休谟的怀疑论作抗争。由于既要从独断论的泥潭中走出,又要回应怀疑论的挑战,因此,康德必须找到一个基点来对这两种进路进行评判。最终,康德将他的整个批判哲学的事业定位为一个"法律进程",将"自我启蒙了的理性"视为是一个能够确保哲学思维的永恒斗争归结于"永久和平"的"裁决者"。正是在这个意义上,《纯粹理性批判》不仅是整个康德哲学的知识论起点,更是其法律与政治哲学的起点。

在《纯粹理性批判》出版之前,康德只是格尼斯堡大学的一位知名哲学教授,并没有多少人将他视为一位伟大的思想家。但是这本积康德十年之功写成的著作彻底改变了康德在人们心中的印象,迅速跻身于伟大思想家的行列。可以说,《纯粹理性批判》所带来的不仅是哲学史的"哥白尼革命",更重要的,该书为康德的道德、政治和法律哲学提供了方法论的原则。正是在这一方法论原则的指引之下,《实践理性批判》、《判断力批判》、《道德形而上学基础》、《道德形而上学》等著作以及《答复这个问题:什么是启蒙?》、《论永久和平》等论文才能够在1781年之后的十几年间一气呵成,共同构成了一个完整的思想体系。康德一方面将他之前的哲学思想吸纳到这个思想体系的结构之内,他所塑造的这个独特结构,将旧有的、相互对立的思想以一种全新的方式展现在我们面前。与此同时,经由这一结构,新的思维方式和思想体系得以展开。所以,康德之后的思想家大体上都是在康德所奠定的基本框架内进行作业。在这个意义上,一个从未离开过故土的"定居者"却如同一个"流浪者",超越时空,在人们的思想和生活之中不断徘徊。

1804年2月12日上午11时,康德安详地离开人世。在他之后,德国哲学相继出现了费希特、谢林、黑格尔等一批伟大的思想家。在法哲学层面,则由这些哲学家对于法哲学思想和体系的阐述,共同构成了我们所熟知的德国"哲理法学派"。毋庸置疑,康德恰恰是这一学派的开创者。

康德的法哲学思想和体系最为完整的表达见于《道德形而上学》的第一部分《法权论》(通常也译作《法的形而上学原理》)。结合其在《论永久和平》与《答复这个问题:什么是启蒙运动?》等论文中的政治法律思想,我们可以从康德法哲学思想的主旨、法哲学体系的结构两个方面来阐释康德法哲学。

第二节 法哲学思想主旨:理性的自我启蒙与人的尊严的证成

1784年,康德在《答复这个问题:什么是启蒙运动?》一文中宣称:"启蒙运动就是人类脱离自己所加之于自己的不成熟状态。"[①] 而能够帮助我们脱离这个不成熟状态的最有效的方法就是自主地运用我们的"理性"。正是在自主运用我们的理性以脱离不成熟状态的过程中,我们第一次知晓了通过"我"作为主体来建构一整套严密的知识体系和行为准则,

---

① [德]康德:《历史理性批判文集》,何兆武译,22页,北京,商务印书馆,1990。

以及我们通过自身的知识和行动所要追求的目标是什么。因为,在康德看来:"我们理性的一切兴趣(思辨的以及实践的)集中于下面三个问题:(1)我们能够知道什么?(2)我们应当做什么?(3)我们可以希望什么?"①也正是在对这三个问题的回答中,康德通过其先验的批判哲学体系确立了人作为理性的主体的中心地位,突现了人的自由、自主和自尊,第一次在完整意义上揭示了人在知识、行动及其所追求的目标中的本原地位。

但是,值得进一步追问的是,这种本原地位之获得依赖的"启蒙"究竟具有何种内涵?具备何种结构?经由何种方式达致何种目标?一言以蔽之,康德所谓的启蒙,其基本内涵是"理性的自我启蒙",其基本构造在于"理性的公共运用",也即就本质而言,理性内在的构造必须具备"公共性",摆脱"私人性",否则后果只能是一种新的"压制",而非具有"批判"性质的"自我启蒙"。而启蒙的方式则是经由对"世界范围内"的"公众"进行"理性的公共运用",从而使每一个人都能够"鼓起勇气运用自己的知性",最终指向的目标乃是人的自由与尊严。要揭示这一进程,我们必须深入到康德对理性的界分以及这一界分本身所引发的关于人的自由与尊严的证成。

在康德看来,我们的理性可以分为思辨理性(即理论理性)和实践理性两个方面,思辨理性只能认识现象,而不能认识自在之物,自在之物可思而不可知。② 思辨理性安身于必然性的王国,自在之物则属于自由的王国。和思辨理性不同,实践理性面对的并非"是什么"的理论问题,而是"应当做什么"的实践问题。这样,"理性"面对的对象就是"理性"自身,这就要求"理性"必须反思自身,也正是通过这种"反思","理性"进入了"自在之物",踏进了自由的王国。在这个自由的王国中,具有"理性"的人必然也是自由的。但这样一来,在理论理性和实践理性之间便存在着一个断裂,那就是理论理性寻求的是必然性,而实践理性却以自由为皈依。自由与必然乃是截然相反的概念,但却同时存在于"理性"(理论理性和实践理性)之中。为了解决这一问题,康德引进了目的论的概念。通过赋予自然的必然性以目的论的意蕴,康德弥合了必然性与自由之间的裂缝。而这也正是整个《判断力批判》的主旨所在。在理论理性和实践理性之间引入判断力的概念,通过审美判断来使"个别"向"一般"、"是"向"应当"转化,用康德的话来说,就是"从自然的领地向自由的领地过渡"③。因为,正如顾耶尔所指出的,康德的审美判断的两个基本主张之一就在于:"作为一个判断,一个审美判断所主张的可接受性不仅要得到一个人基于其自身在遇到这个审美判断对象时的支持,还要获得其他所有遇到这个判

---

① [德]康德:《纯粹理性批判》,邓晓芒译,611~612页,北京,人民出版社,2004。
② 同上书,20页。
③ [德]康德:《判断力批判》,邓晓芒译,13页,北京,人民出版社,2002。

断的对象的人的支持,至少是在合适的或理想的情况下。"①在这个意义上,个体的审美判断能够得到他人的认同和尊重,进而就使上述转变成为了可能。而真正引导这种可能性转变为现实性的,就是"自然的合目的性"概念的引入。在此,康德将整个自然进程视为一个"合目的的进程",从机械论原则到目的论原则,从"外在的合目的性"到"内在的合目的性",进而从"自然目的论"到"道德目的论",康德最终将目的的终极性指向了"自由"的道德主体——人。只有通过"自由"的道德主体,整个目的论的系统才能形成一个整体。所以,"对于作为一个道德存在者的人,我们就不能再问:他是为了什么而实存的。他的存有本身中就具有最高目的,他能够尽其所能地使全部自然界从属于这个最高目的……人对于创造来说就是终极目的。"②既然人本身就是最高的和终极的目的,而且是作为整个目的论链条的基础和保障,那么这就意味着人是一个不可分割的总体,任何一种把人当作工具而不是目的的观点都忽略了人的总体性,忽略了作为这种总体性的人的自由,导致整个目的链条的断裂,从而无法达到通过判断力使得理论理性和实践理性统一起来的目的,并进而使理性本身发生了断裂,"人"本身也就发生了断裂。这恰恰是康德力求避免的,因此,康德要求,"任何时候都不应该把自己和他人仅仅当作工具,而应该永远看作自身就是目的"③。可以看出,"人是目的"是康德整个批判哲学得以统一的基点和柱石,离开了"人是目的"的预设,整个康德哲学无论在基本立场、建构方法,还是在体系的完整性方面都将失去依托。更为重要的是,在"人是目的"的基础上,康德进一步引申出了"人的尊严"的理念。在康德看来,"目的王国中的一切,或者有价值,或者有尊严,一个有价值的东西能被其他东西所代替,这是等价,与此相反,超越于一切价值之上,没有等价物可代替,才是尊严。"④正如前文所指出的,人乃整个目的论链条中的最高目的和终极目的,"最高"或"终极"意味着不可被取代,不可被替换,因此,在目的王国中,人作为最高或终极的目的,就意味着人享有尊严,于此,"人的尊严"的理念自然就成为整个康德哲学的逻辑上的必然结论。

可以看出,"人是目的"和"人的尊严"的理念是为整合理论理性和实践理性并使之统一于"人"的"理性"的逻辑结论,因此,"人是目的"和"人的尊严"的理念都深深植根于"人"是"理性者"这一预设之中。而与此同时,由于理性所处理的乃是有关于"自在之物"的问题,本身没有直观的对象,而只能自己面对自己,因此理性在本质上是"自由"的。"自由概念

---

① P. Guyer, *Kant and the Experience of Freedom: Essays on Aesthetics and Morality*, Cambridge University Press, 1993, pp. 8-9.
② [德]康德:《判断力批判》,邓晓芒译,293~294页。
③ [德]康德:《道德形而上学原理》,苗力田译,53页,上海,上海人民出版社,2005。
④ 同上书,55页。

即理性自身。……自由乃是理性之本质和本性。"① 所以,整个的论证逻辑就是:人—理性—自由—目的—尊严。

第三节 法哲学体系的结构:权利、人的尊严与永久和平

一、法哲学体系的方法论构造:先验方法论

必须指出,对于康德的法哲学立场必须建立在其整个批判哲学的体系上来认识和理解,离开了其整个的批判哲学体系,讨论康德的法律哲学立场是有缺陷的。而在康德的整个批判哲学体系中,能够将其这一立场充分阐明的乃是其对先验方法论的运用。综观《法的形而上学原理》一书以及其他涉及其政治法律思想的论文(如《系科之争》、《论通常的说法》、《论永久和平》等),无论从哪一个层面来说,对于先验方法论的采用都占据着主导地位。也只有基于先验方法论的角度来理解康德的政治法律思想,我们才能辨识出康德的整个法哲学的重要价值所在,扭转那种认为康德的法律哲学是矛盾的、混乱的和前后不一致的观点。更为重要的是,通过从先验方法论的角度来阐明康德的法律哲学观,有助于我们重新确立已经被长久忽视的康德的法哲学在整个政治和法律思想史上的地位。对于这一点,赫费说的非常清楚:"如果将注意力集中于其立基于先天性概念之上的权利和国家的正当化的中心目标上,那么康德就跻身于法律与政治的古典思想家的行列了。"更为重要的是,"相比于其他的理论家,他的理论是更具有前瞻性的。"② 这样一种前瞻性就体现在先验方法论领域内所蕴含的人的尊严和永久和平两大理念之中。以下,我们将展开康德的先验方法论对于其整个法哲学的论证。

在《纯粹理性批判》最后的部分,康德讨论了先验方法论的若干问题,他把先验方法论理解为"对纯粹理性的一个完备系统的诸形式条件的规定"③。基于这一点,康德将先验方法论分为四个部分:纯粹理性的训练、纯粹理性的法规、纯粹理性的建筑术以及纯粹理性的历史。对于哲学家来说,可能前两个部分更具有实质的意义,因而更值得重视。因为前两个部分集中阐明了哲学知识与数学知识的区分以及概述了基于实践理性要

---

① 叶秀山、王树人:《西方哲学史》(总论),132 页,南京,江苏人民出版社,2004。
② O. Höffe, *Kant's Cosmopolitan Theory of Law and Peace*, trans. A. Newton, Cambridge University Press, 2006, Preface, p. xvi.
③ [德]康德:《纯粹理性批判》,邓晓芒译,549 页。

求的道德神学,形成了康德自己关于善以及道德上的理想世界的理念。①但是对于其整个的人本主义法律政治哲学来说,我们认为,先验方法论所蕴含的纯粹理性的建筑术可能更为重要。因为,在康德看来,先验方法论所造就的哲学知识乃是出自概念的知识,由此而得出的判断只能是推论性判断而不是构成性的判断,所以整个哲学的知识就是一种推论性的知识。②既然整个的哲学知识是一种推论性的知识,那么我们所要关注的重点就应当是这种推论性的知识是如何形成的,也就是整个知识的链条是什么?而这一点,恰恰是纯粹理性的建筑术的任务。因为建筑术恰恰就是"对于各种系统的艺术",它使"知识首次成为科学",也就是将零散的知识结合成为一个系统。③ 更为重要的是,康德所理解的系统乃是"杂多知识在一个理念之下的系统",并且这个理念是"形式的",它能够使"一切部分都与之相联系",并且"使得每个部分都能够在其他部分的知识里被想起来"④。由此,这样一种理念所扮演的就是纯粹理性自身所具有的"Regulativ"(调节、统摄、范导)的功能。而在其整个法学知识链条形成的过程中,能够扮演这样一种理念的角色的主要有两种:人的尊严的理念和永久和平的理念。

先验方法论所具有的建筑术的功能,乃是理性本身的"Regulativ"功能的运用,这样一种功能的指向对象是由知性所形成的概念。⑤ 而知性能形成这些概念却是离不开其经验性的运用的,因此,虽然整个先验方法论考虑更多的是其"计划",而不是其"材料"⑥。但其自身却是无法离开这些材料的。在这个意义上我们可以将整个先验方法论归结为两个主要的过程:知性的建构和理性的"Regulativ"(调节、统摄、范导)。而这两个过程在《法的形而上学原理》一书中得到了极为明显的体现。

二、法哲学体系的先验构造进程:权利的"知性"建构

(一)先天范畴的确立:权利概念的定位

首先来看知性的建构功能,在康德看来,知性的建构离不开两样东西:一是主体自身所具有的先天形式;二是经验的材料。而对于法律科学来说,主体自身的先天形式主要包括以下两种分类:权利和义务、私法和公法。很明显,这两种分类来自于罗马法学家的分类,但康德却是在非常不同的意义上来使用它们的,因为在康德看来,以往对权利的理解都是

---

① J. V. Buroker, *Kant's Critique of Pure Reason: An Introduction*, Cambridge University Press, 2006, p. 286.
② [德]康德:《纯粹理性批判》,邓晓芒译,557页。
③ 同上书,628~629页。
④ 同上书,629页。
⑤ 同上书,520页。
⑥ 同上书,549页。

从经验性的角度来论证的,这样一种论证不可能在普遍的意义上来回答"权利是什么"的问题。所以,在康德那里,有关权利的知识,不可能在经验的案件中得到证明,而只能在纯粹理性中探索其根源,权利概念本身具有"先天性"(a priori),不是"经验的",而是"先验的"。因此,关于权利的知识就是一种系统而非零散的知识。① 关于权利的"纯粹经验性的体系就像费德拉斯童话中那个木头的脑袋那样,尽管外形很像头,但不幸的是缺少脑子"②。虽然康德对于权利进行了一般的分类,包括自然的权利和实在法规定的权利、天赋的权利和获得的权利的划分,但是其整个法哲学体系建构的基础还是在于自然的权利和文明的权利的分类。自然的权利也叫私人的权利(私法),文明的权利也叫公共权利(公法)。③ 更为重要的是,康德宣称:"全部的权利原则,将在私人权利和公共权利这两个次一级的权利分类中加以说明。"④这样,以权利这一先验的概念为核心,以私法和公法这两个先验概念为模型,康德开始了其整个法哲学体系的建构。

(二)纯粹统觉的形成:对占有的论证

如上文所说,权利、私法以及公法的概念都是"先验的"(transcendental),因而是知性在建构诸多法律概念中的一种先天范畴的表现形态,其属于康德所谓的"力学的范畴",通过这些范畴,将"事实性的概念"转变为"法律性的概念"。并且,这样一种转变依赖主体自身的"纯粹统觉"或"本源的统觉",并且这种"纯粹的统觉"乃是"先验的",它使得一切杂多表象能够在一个自我意识中被联结、统括起来。从而使得所有的表象都是"我"的表象,进而将这些在一个统觉中综合地联结着的东西用"我思"这一普遍的表达方式总括起来。这样,以"我思"为中心所形成的主体的统觉的先验统一性本身就具有客观有效性了。⑤ 在这个基础上,我们再来理解《法的形而上学原理》第一部分为什么开篇就要论述一般外在的"我的和你的"的原则这一问题时,就能够领会康德的深刻用意了。只有真正区分了"我"和"你",将"我"从众人中剥离出来,整个"我"作为认识的主体才有可能。并且,纵观这一论述的过程,我们可以看出,将"我"剥离出来的过程乃是通过"占有"方式来说明的,更为重要的是,对"占有"的阐明也是从"感性的占有"和"理性的占有"两个方面来论述的。⑥ 并且,在康德看来,我的和你的真正意义上的区分必须假定"理性的占有"乃是可能的。⑦ 只有将"理性的占有"假定为可能的,整个"我"才能真正被剥离出来,或许更

---

① [德]康德:《法的形而上学原理》,沈叔平译,38~39页,北京,商务印书馆,1991。
② 同上书,39页。
③ 同上书,49、51页。
④ 同上书,52页。
⑤ 同上书,60、61、62、63~64页。
⑥ 同上书,54~55页。
⑦ 同上书,59页。

应该值得我们注意的是,这种"理性的占有"在本质上具有一种"先天性"(a priori),这就意味着,"理性的占有"是不依赖于"感性的占有"而独立存在的,也正是这样一种对"占有"的"先验性"(transcendental)理解,使得纯粹意义上的"我"才能够在整个法律世界里"开显"出来,这样,"我思"才能成为可能,对于整个的经验性法律现象的理解和统括才有可能,进而对于整个法律概念的先天建构才能成为可能。

(三)先验图型的阐明:从自然状态到文明社会

但是,在康德看来,"每当把一个对象归摄到一个概念之下时,对象的表象都必须和这概念是同质的。"①因此,虽然通过"占有"概念的阐明,使得权利作为一个先天范畴能够对经验性的法律现象予以整合,从而形成真正意义上的"法律概念",但是"权利"本身是具有"先天性"的,而诸如占有、契约、婚姻、继承、联合、惩罚以及事实上制定法律的权力、进行判决的权力和行使公共管理职能的权力诸如此类的法律现象乃是一种经验性的事实。"权利"具有"先天性",而这些经验事实具有"经验性",它们并不是同质的。那么"先天性"的权利如何整合"经验性"的现象,使之能够形成诸如所有权、物权、对人权、具有物权性质的对人权、立法权、司法权、行政权、联合权等一系列具有"纯粹意义的法律概念"呢?让我们再回到《纯粹理性批判》,在《纯粹理性批判》第一编第二卷的第一章,康德提出了整合范畴的先验性和直观现象的经验性的方法——图型法。康德认为,在范畴和现象之间进行整合的第三者,"一方面必须与范畴同质,另一方面又必须与现象同质,并使前者应用于后者之上成为可能。这个中介表象必须是纯粹的,但却一方面是智性的,另一方面是感性的。这样一种表象就是先验的图型。"②而康德所找到的这种先验的图型就是"时间"——就其是普遍的并建立在某种先天规则之上而言,与范畴同质;就一切经验性的杂多表象中都包含有时间而言,其与现象同质。③并且在任何时候,图型只能是"想象力"的产物。④于此,康德完成了对象和概念之间的联结,通过先天图型的设定使得两种不同质的东西——范畴和现象之间产生了联结。让我们再回到《法的形而上学原理》,那么,在作为范畴的权利和那些经验性的法律现象之间如何设定这种联结呢?根据上述康德对于图型的设定,我们可以看出,这个第三者本身必须具有权利和经验性法律现象的两种特性,更为重要的是,必须具有上述所谓的"时间"性的特征。因为就一般意义上的范畴和现象之间的关系来说,时间乃是一个唯一的图型。而就权利和经验性法律现象的关系来说,这种图型的设定虽然有其特殊之处,但其一般性是不能被放弃的。基于这一点,康德所找到的模式就是

---

① [德]康德:《纯粹理性批判》,邓晓芒译,138页。
② 同上书,139页。
③ 同上。
④ 同上书,140页。

"自然状态—文明社会"这一转变的进程。纵观整个《法的形而上学原理》一书的论证框架,我们可以发现,私法的语境是自然状态,公法的语境是文明社会。整个法律体系的建构是在"自然状态"向"文明社会"这一转变的时间进程中完成的。在这个意义上,"自然状态—文明社会"的演变模式的本身规定性乃是建立在某种先天的规则之上,不依赖经验的法律现象,因而具有先天性,同样,一切经验性的法律现象只有在"自然状态—文明社会"的演变过程中才能够得到理解,因此其又与经验性的法律现象同质。更为重要的是,"自然状态—文明社会"的演变模式本身就是康德对人类社会发展过程的一种臆测和想象。并且这种臆测或想象"不能过高地要求人们同意,而是至多也就只能宣称它自己无非是想象力在理性的指导之下进行着一场可以允许的心灵休憩和保健活动罢了,而绝不是一件什么严肃的事情……所以我就很可以期待着人们将会……惠允我想像仿佛我凭借想象力的飞翼……所进行的这个游程"①。于此,康德明确指出了"自然状态——文明社会"的演变模式乃是在纯粹理性的指导下纯粹"想象力"的产物,不是对"历史的真实叙述",因此"绝不是什么严肃的事情"。所以,"自然状态—文明社会"的演进模式符合了图型本身只能是想象力的产物这一特征。在这个意义上,康德所谓的"自然状态—文明社会"模式的理论虽然来源于霍布斯、洛克以及卢梭的理论,但这一理论必须结合整个先验批判哲学体系来理解,离开了康德的先验批判哲学体系,就弱化了康德这一理论本来的意蕴,无法对其在法哲学体系建构所起的作用有真切的理解。所以,笼统地将康德这一理论与霍布斯、洛克以及卢梭的理论等而视之是非常武断的。

三、法哲学体系的先验构造进程:人的尊严与永久和平的"理性"统摄

至此,知性通过以"权利"作为先天范畴,以"自然状态—文明社会"的演进模式作为先验的图型,以经验性的法律现象(如占有、婚姻、联合等等)建构了私法体系与公法体系赖以成立的诸多法律概念。其中私法体系的法律权利概念包括:所有权、物权、对人权、有物权性质的对人权、家庭权利(包括婚姻权、父母对子女的权利以及家主的权利)、作者权、获得权(包括时效获得、继承获得以及名誉权)。公法体系的法律权利概念包括两类:一类是国家自身的权力,主要包括立法权、司法权、行政权、民族权(包括战争权与和平权);另一类是公民对于国家的权利,主要包括自由权、平等权和政治自主权和世界公民权。由此自然就进入了先验方法论的第二个进程:理性的"Regulativ"(调节、统摄、范导)功能。因为通过知性的建构,已经提供出了一系列的具体的权利类型,但是这些权利类型

---

① [德]康德:《历史理性批判文集》,何兆武译,59~60页。

应该如何排列,如何衔接,它们之间的关系应该如何?它们共同的基础是什么?它们所追求的目标是什么?更为重要的是,如何通过一系列的衔接和整合形成一个严密的、可以把握的体系?所有这些,都指向了先验方法论的第二个进程,而也正是在这一进程中,康德整个法哲学体系的魅力才开始显现。也只是通过理性的"Regulativ"(调节、统摄、范导)功能,我们才能够明白《法的形而上学原理》一书的重要意义:通过理性的这一功能,《法的形而上学原理》在某种意义上融合了《纯粹理性批判》、《实践理性批判》和《判断力批判》的精神和立场,使得康德的批判哲学的体系具体且完美地体现在他的法哲学体系中。在这个意义上,我们可以说,作为法哲学家的康德乃作为哲学家的康德的终点,正是在这一终点上,整个康德哲学的体系才得以完成。以下,我们就来看康德如何通过理性的"Regulativ"(调节、统摄、范导)功能来实现其整个法哲学体系的构建和整合。

(一) 人的尊严作为"Regulativ"原则的论证

在展开理性的"Regulativ"(调节、统摄、范导)功能之前,我们必须确认理性这一功能在何种情境下展开。要对这一情境进行充分且明白的说明,首要的问题就是:这里所谓的理性究竟是包括了理论理性和实践理性两个层面,还是仅仅指纯粹理性本身。因为纵观《纯粹理性批判》全书,似乎康德在探讨理性这一功能时仅仅是从认识论的角度来说。在《实践理性批判》中,理性所具有的理念不再以"Regulativ"(调节、统摄、范导)的功能出现,而是作为实践理性的"Postulat"(悬设)功能出现。其更多地作为一个行动的原则,而非一个认识的原则。在这个意义上,作为实践理性的"人的尊严"的结论能否作为理论理性的认识原则来使用呢?对这一问题的回答,取决于我们将《纯粹理性批判》中的理性仅仅理解为理论理性,还是将其理解为包括理论理性和实践理性在内的全面的理性批判。包姆嘉特纳认为,我们可以进行后一种意义的理解。[①] 我们认为,后一种意义的理解更为确切,因为,在我们看来,整个法哲学的建构乃是一种体系上的建构,因此,其批判哲学本身也必须从体系上来理解才能够真正做到建构的完整性和严密性。将理性本身割裂开来理解对于法哲学体系的建构没有太多积极作用。

如果我们将理性理解为两个理性的结合体,那么实践理性的结论也可以用于理论理性,并进而行使理论理性的功能。但是这一行使的逻辑联结仍然没有得到合理证成。因为问题在于:实践理性的结论凭什么能够行使理论理性的功能,仅仅因为它们不能分开来进行理解吗?这恐怕很难让人信服。因此,我们必须进一步厘清实践理性和理论理性之间的关系。对于两者的关系问题,康德有着极为明确的说明:"在纯粹思辨理

---

① H. M. Baumgartner:《康德〈纯粹理性批判〉导读》,李明辉译,4 页,台北,联经出版事业股份有限公司,1988。

性与纯粹实践理性结合为一种知识时,后者领有优先地位,因为前提是,这种结合绝不是偶然的和随意的,而是先天建立在理性本身之上的。因为,假如没有这种从属关系,理性与自身的一种冲突就会产生出来:因为如果两者只是相互并列(并立),前者就会独自紧紧地封锁住它的边界,而不从后者中接受任何东西到自己的领域中来,后者却仍然会把自己的边界扩展到一切之上,并且在自己需要的要求下就会力图把前者一起包括到自己的边界之内来。但我们根本不能指望实践理性从属于思辨理性,因而把这个秩序颠倒过来,因为一切兴趣最后都是实践的,而且甚至思辨理性的兴趣也只是有条件的,唯有在实践的运用中才是完整的。"① 可以看出,在两者的关系中,康德认为实践理性对于理论理性具有优先地位,且这种优先是一种"兴趣"意义上的优先。更为重要的是,所谓优先,在康德看来,是如下意义上的优先:"对于在两个或多个由理性结合起来的事物之间的优先地位,我理解为其中之一是与所有其他事物相结合的最初规定根据这种优先权。在狭义的实践意义上,这意味着其中之一的兴趣在其他事物的兴趣都服从于它(这种兴趣绝不能置于其他兴趣之后)的场合下所具有的优先权。"② 由此可以看出,康德所谓的优先权是理性的一种兴趣,即所有其他的兴趣都隶属于它,并且,这种兴趣是自我规定的。而一切兴趣最后都是实践的,而且思辨理性的兴趣也是有条件的,并且唯有在实践运用中才是完整的。所以,在这个意义上,实践理性相对于思辨理性具有优先地位。而实践理性的思考对象是道德律以及自由,这就意味着道德对知识本身的有效性,自由本身的优先性。也即思辨理性最后所获得的知识必须为自由服务。所以这种优先性不仅仅体现自由在逻辑上的优先性,更为重要的是,自由不仅是知识的前提,而且是知识获得其完整性的保证。简单地说,知识不能影响道德和自由,恰恰相反,道德和自由却会影响知识。③ 而正如前文所指出的,整个实践理性以自由始,以道德律为中介,以人的尊严为归依,因此我们可以更进一步说,人的尊严的理念乃是整个知识的前提,并且是其获得完整性的保证。也正是由于实践理性相对于理论理性的优先性,使得人的尊严的理念成为了整个法哲学知识体系建构过程中的理念,从而扮演了理性的"Regulativ"(调节、统摄、范导)功能。至此,人的尊严成为整个法哲学体系一个理念的地位在逻辑上就得到了证成。理解了这一逻辑,我们再来看康德对乌尔比安三个公式中的第一个公式进行解释时就不会感到那么突兀了。康德通过"人的尊严"的理念阐发了"正直地生活!"在法律上的含义就是:"法律上的严正或荣誉,在于与别人的关系中维护自己作为一个人的价值。"④ 简

---

① [德]康德:《实践理性批判》,邓晓芒译,166~167页,北京,人民出版社,2003。
② 同上书,164页。
③ 可参阅叶秀山先生的相关论述,见叶秀山、王树人:《西方哲学史》(总论),139页。
④ [德]康德:《法的形而上学原理》,沈叔平译,48页。

单地说,"人的尊严"作为整个法哲学体系的理念要求作为主体的人自身就是一个目的性的存在,而不能仅仅作为他人的手段。作为人,必须在法律上捍卫和追求这种"法律上的严正和荣誉",做到这一点,就是在法律上确认了"人的尊严"的"Regulativ"(调节、统摄、范导)地位。整个法哲学的权利体系安排以及联结必须以"人的尊严"的理念为归依。当我们确认这一点的时候,问题也随之而来,那就是对于康德的整个法哲学体系来说,还有另外一个理念:永久和平的理念。那么"永久和平"本身又是如何成为其法哲学体系的理念,从而扮演着对整个体系的"Regulativ"(调节、统摄、范导)角色的呢?还有一个更为重要的问题等待着我们去回答:既然永久和平和人的尊严都是康德法哲学体系的理念,那么这两者有高低之分吗?抑或两者处于同等重要的地位吗?两者之间的逻辑关系是什么?这种逻辑关系在其体系安排上有什么样的体现呢?

(二)永久和平作为"Regulativ"原则的论证

首先来看第一个问题,永久和平和人的尊严这两个理念有高低之分吗?

基于上文所阐明的语境,也就是基于理性的双重特性以及实践理性优先性这个立场,我们在讨论"永久和平"的理念时既要从理论理性着手,也要从实践理性着手。基于理论理性,永久和平的理念对于整个知识体系和谐具有内在的意义。而基于实践理性,永久和平的理念是知识的和谐的前提和基础。

首先来看理论理性的领域。在《纯粹理性批判》中,康德提到永久和平的地方仅仅有两处,但正是这两处却道出了"纯粹理性批判"的最终追求,按照康德自己的说法,对纯粹理性批判的目的就是要为纯粹理性之间的一切争执提供一个法庭,在这个法庭之下对它们的争执作出一个判决,"这种判决由于它在这里切中了这些争执本身的根源,就必然保障了一个永久的和平。甚至一种单纯独断之理性的这些无止境的争执最终也会迫使人们不得不在对这个理性本身的某种批判中,并在某种以批判为根据的立法中,去寻求安宁"①。在这个意义上,永久和平乃是理性自身批判的一个终极追求,只有通过理性自身的批判来限制理性的僭妄,通过理性自身的批判来寻找其自身的敌手,消灭它们,才能在此基础上建立起永久的和平。② 这样一种永久和平乃是知识自身的和谐和整全以及无矛盾性的终极追求,乃是知识的"Regulativ"(调节、统摄、范导)原则。这样一种永久和平对于整个知识体系的意义非常重大,用康德自己的话说:"在这里完全不必害怕什么,倒是很有希望,因为你将会获得一宗在永久的将来不再会有争议的财产。"③因此,在考察《法的形而上学原理》一书中关于

---

① [德]康德:《纯粹理性批判》,邓晓芒译,578 页。
② 同上书,594~595 页。
③ 同上书,595 页。

永久和平的论述,以及《永久和平论》一书的观点时,如果仅仅将永久和平的理念停留在康德政治哲学和法律哲学的层面,而不上升到其整个批判哲学体系来加以认识,或者说仅仅将其停留在实践理性的领域,而忽略了其在理论理性领域的重要功能,即使不是什么重大的错漏和失误,对于永久和平在康德整个法哲学和政治哲学中地位的认识,甚至是在其整个批判哲学体系中地位的认识也是不全面的。

其次是实践理性的领域。正如前文明确指出,实践理性对理论理性有优先性地位,并且这种优先乃是一种"兴趣"上的优先。正是基于这一理由,"永久和平"理念的重要意义更多地体现在"实践—行动"领域,尤其体现在"法律—政治"领域,而不是"道德"领域。这非常清楚地体现在康德对法律状态的说明中:所谓法律的状态就是摆脱混乱和争斗的状态,是一种和平的状态。康德分别从个人和国家两个层面论证了法律的状态在本质上就是对和平的追求这一命题,就个人层面来说,康德从消极意义上指出了法律状态就是和平的状态这一论断,因为在康德看来,没有法律的状态乃是"最严重的错误状态",在这个状态中"没有人能够安全地占有他自己的财产,能够抗拒暴力的侵犯"①。而只有脱离这种状态进入到文明状态,也就是进入和平的状态中才能避免上述的问题。就国家层面来说,康德则在更加明确和积极的意义上进行了说明。② 通过康德将和平的理念与法律紧密地捆绑在一起我们可以看出,整个法哲学体系展开的基础或者说背景都是"和平",并且通过这样一种展开来追求"永久和平"。在这个意义上,"和平"或者说"永久和平"理念的存在并不是为了确认权利,而只是为了捍卫这些权利。无论是从权利的普遍原则,还是在"自然状态—文明社会"这一先天图型下对于其法哲学体系演变路径的说明下,我们都可以清晰地体察到这一点。就权利的普遍原则来说,从康德的定义中,和平的理念已经显现:"任何一个行为,如果它本身是正确的,或者它依据的准则是正确的,那么这个行为根据一条普遍法则,能够在行为上和每一个人的意志自由同时并存。"③在这里,并存意味着和谐、不矛盾和不冲突,并且这种并存乃是"自由"的并存,换句话说,"自由"和"和平"在权利的普遍原则中得到了统一。根据这一原则,我们发现,在"自然状态—文明社会"这一先天图型下权利类型的建构和发展是由"私法"(私权利)到"公法"(公权利)然后再到"世界公民权利",每一种权利类型都是对前一种权利类型所具有的"和平性"的不稳定补足,当发展到"世界公民权利"的类型时,也就是"永久和平"得以实现之时。所以就其整个的法哲学体系来说,乃是遵循"个人—公民—世界公民"的逻辑理路的,而这一理路之所以能够形成,端在于"永久和平"理念的"Regulativ"(调节、统摄、

---

① [德]康德:《法的形而上学原理》,沈叔平译,135 页。
② 以上论述可参见上书,133~134、186~187 页。
③ 同上书,40 页。

范导)功能。

(三) 人的尊严与永久和平的逻辑关联

既然"永久和平"作为康德整个法哲学体系的理念这一论断能够成立,那么剩下来的问题就是:永久和平和人的尊严这两大理念之间的逻辑关联是什么呢?对于这一问题的回答,我们还得回归先验方法论中的对于理念的规定及其阐明。因为整个的法哲学体系的建构都是在先验方法论的论域中展开的。在《纯粹理性批判》一书中讨论"纯粹理性的建筑术"这一章中,康德指出,通过先验方法论所建构起来的知识系统就是哲学,这种意义上的哲学"就是有关一切知识与人类理性的根本目的之关系的科学"①。在这个意义上,法哲学的知识系统的形成端赖于上述所讲的人类理性的两个根本目的:人的尊严和永久和平。但是,康德进一步指出:"根本目的就还不是最高目的,最高目的只能是一个唯一的目的。因此根本目的要么是终极目的,要么是必须作为手段而从属于终极目的的附属目的。终极目的无非是人类的全部使命,而有关这种使命的哲学就是道德学。"②于此非常明显的就是,人的尊严和永久和平两大理念并非是处于同一个层次上的理念,而是有高下从属之分的。根本目的可以有多个,但最高或终极目的只能有一个,也就是说,支撑起整个法哲学体系的基石只能有一个。并且这个最高或终极目的乃是整个道德哲学的最终目的。按照康德的这个逻辑,这个最高或终极目的只能是人的尊严,因为人的尊严乃是道德学领域中的最高目的。更为重要的是,正如前文所指出的,永久和平只是作为人的权利、荣誉和尊严的语境和背景而被提及的,离开了这一背景,整个人的尊严的理念也无从实现。这实际上也暗示了永久和平的理念乃是为人的尊严的理念服务的,是作为人的尊严的手段而附属于人的尊严的理念的。另外,如果我们细心观察《法的形而上学原理》一书的结构安排的话,我们也能够确定"永久和平"理念乃是隶属于"人的尊严"的理念的,是实现"人的尊严"的理念这个最高目的的手段。在康德看来,任何权利或法律首先乃是私人的,公共的权利或法律只是能够更好地保障私人权利或法律得以实现而已,其本身是为补救私人对于实现自身权利的能力不足而设置的。③ 因此,在私人权利(私法)和公共权利(公法)的关系上,康德的立场是私人权利(私法)优先于公共权利(公法)。在这个意义上,我们可以说,个人乃是整个权利体系的核心,而私法或私人权利所首要关注的乃是个人,并且更为重要的是,人的尊严的理念更多地体现的是个人的尊严,因此,就其整个法哲学体系来说,人的尊严的理念的作用更多地体现于其对私法体系的建构上,而永久和平的理念则更多地体现于公法之上——"我的和你的"区分的最终皈依是"人的

---

① [德]康德:《纯粹理性批判》,邓晓芒译,633 页。
② 同上书,634 页。
③ O. Höffe, *Kant's Cosmopolitan Theory of Law and Peace*, trans. A. Newton, p. 10.

尊严","国家公民"身份的确立最终是要达到"世界公民"身份,从而归依于"永久和平"。而正如前文所述,就整个法哲学体系来说,私法又是优先于公法的,所以,"人的尊严"的理念优先于"永久和平"的理念在逻辑上便无可置疑了。所以,康德整个法哲学体系的最终指向就是人的尊严的理念。康德的法律人本主义立场最终得以证成。

四、法哲学体系的先验构造进程:从"哲学—法"模型到"法—哲学"模型

正是通过上述先天的权利范畴对于经验性法律现象的建构,以及"人的尊严"和"永久和平"两大理念的"Regulativ"(调节、统摄、范导),整个法哲学体系在形成首尾连贯、浑然一体的严密逻辑体系的同时,却又并没有因为逻辑的一致性而牺牲掉法律自身应该秉有的人本立场和人文关怀。可以说,在康德那里,科学和人文在先验方法论的领域内得到了完美的统一。这也是作为一种立场和方法的法律人本主义的意蕴所在。我们可以用以下的进路来简单地展示康德的法律人本主义的逻辑理路:人的尊严—自由意志—私法—自然状态—文明社会—民族国家—公民—世界联盟—世界公民—永久和平—人的尊严。其中人的尊严既是开端也是结束,整个的论证按照康德自己的说法,形成了一个"球体","在这个球体之外没有任何对理性而言的客体"[1]。因此,整个论证乃是封闭的、无须借助外力的,内在自恰的。科耶夫就此评论道:"事情终结了,而且是黑格尔式的终结,甚至是亚里士多德式的或者是无神论式的终结。那么人们就可以说,知识体系或者[推理式的]真理在康德看来无非是[有内在关联的]话语,因为,这种话语是圆圈式的、自身封闭的,或者说是整全性的,这就意味着,没有任何东西在它之外,除非是矛盾以及不可避免、无法改变的沉默。"[2]整个法哲学体系的建构过程充分展示了这一点,以人的尊严开始,以人的尊严结束,只不过这其中经历了对于诸多经验性的现象的审视和体察,整个法哲学以人的尊严做了一个黑格尔意义上的终结,在人的尊严之外没有法律的立场,也没有法律知识。人的尊严就是法律的最终归依之所。没有任何和法律有关的东西在人的尊严之外,也就是没有任何具有规范价值的东西在人的尊严之外,这就是康德通过其法哲学体系的建构所力图表明其整个批判哲学体系的终极追求:人的尊严。

综上所述,《纯粹理性批判》的哲学知识体系是以"法权"所提供的基本立场和原理而构建起来的,而与此同时,《法的形而上学原理》中的法权哲学体系则又是以《纯粹理性批判》所提供的"先验方法论"原则而得以阐

---

[1] [德]康德:《纯粹理性批判》,邓晓芒译,585页。
[2] [德]科耶夫:《康德的先验方法论》,徐戬译,载刘小枫、陈少明主编:《康德与启蒙——纪念康德逝世二百周年》,24~25页,北京,华夏出版社,2004。

明。如果我们从思想发展的视角来看,则《纯粹理性批判》所构造的乃是"哲学—法"的模型,而《法的形而上学原理》所构造的乃是"法—哲学"的模型。也正是在这个意义上,我们可以毫不夸张地说:康德的法哲学乃是其整个批判哲学体系的起点与归宿,作为法学家的康德乃是作为哲学家的康德的开启者与完成者。

第四节　从康德到新康德主义:康德法哲学思想的影响

康德所确立的先验批判哲学对于德国法学产生了深刻影响。在某种意义上,我们可以说,德国的法哲学,不论其所处的时代或境遇如何,或多或少都受到康德法哲学的影响。当然,在黑格尔之后,哲学家的法哲学业已终结,因此,康德的影响不是全面的、体系上的影响,而是对有关法律的思维方式以及一些法哲学上的重大问题的论争的影响。而在这其中,尤其以新康德主义法哲学所受的影响为最,在康德对新康德主义法哲学的影响中,又以前文所阐明的先验方法论为主线。新康德主义法学家就是通过对于康德的先验方法论的阐明和改造来展开自己的法哲学思想的,在这一阐明和改造的过程中,有真知灼见,也伴随着一系列的误解。就其自身的逻辑发展来说,则是先与康德渐行渐远,而后又在某种程度上回归康德,最后则在康德的先验方法论的体系下容纳了诸多思潮,如诠释学、主体间的存在主义思潮等。但总体来说,先验方法论仍然在康德之后的新康德主义法哲学中扮演着重要角色。在这个意义上,康德法哲学的生命力远比黑格尔法哲学的生命力为强。康德的法哲学就像一个沙滩,后来者可以在上面依照康德的原则建筑其各式各样的体系,而黑格尔的法哲学体系则像富丽堂皇的宫殿,可以惊叹于它的宏伟和瑰丽,却无法再现。

康德之后的新康德主义法哲学发展可以分为两个路径:一个路径着重于《纯粹理性批判》所展现出来的形式化的知识原理,将法哲学的根本任务视为是对规范的认知以及法律体系的构建,因此在根本上否认法律与道德有任何的关联;另一个路径则着重于康德的《实践理性批判》所阐明的道德哲学原理,其基本理路认为虽然在原则上法律与道德乃是分离的,但是道德哲学所阐明的自由原理却在根本上影响着我们对法权知识的理解,所以,法律与道德在这一脉的思想中处于一种互动而非相互排斥的关系。前者以奥地利的凯尔森(Hans Kelsen)、意大利的韦基奥(Giorgio Del Vecchio)为代表,后者以德国的施塔姆勒(Rudolf Stammler)、拉德布鲁赫(Gustav Radbruch)为代表。

思考题

1. 何谓"理性的自我启蒙"？其对康德法哲学思想的主旨之确立有何影响？
2. 先验方法论的概念及其对法哲学的构造遵循何种逻辑？
3. 权利或者说法权是如何建构康德的法哲学体系的？
4. 人的尊严和永久和平的关系为何？
5. 康德的哲学体系与法哲学体系之间的关系是什么？

阅读文献

1. [德]康德：《纯粹理性批判》，邓晓芒译，北京，人民出版社，2004。
2. [德]康德：《法的形而上学原理》，沈叔平译，商务印书馆，1991。
3. [德]康德：《历史理性批判文集》，何兆武译，北京，商务印书馆，1990。
4. [美]莱斯利·阿瑟·马尔霍兰：《康德的权利体系》，赵明、黄涛译，北京，商务印书馆，2011。
5. Arendt, H., *Lectures on Kant's Political Philosophy*, The University of Chicago Press, 1982.
6. Byrd, B. S. & Hruschka, J., *Kant's Doctrine of Right: A Commentary*, Cambridge University Press, 2010.
7. Flikschuh, K., *Kant and Modern Political Philosophy*, Cambridge University Press, 2004.
8. Timmons, M., *Kant's Metaphysics of Morals: Interpretative Essays*, Oxford University Press, 2002.

第二十九章 黑格尔的《法哲学原理》

格奥尔格·威廉·弗里德里希·黑格尔(Georg Wilhelm Friedrich Hegel),于1770年8月27日降生于德意志西南部属于威腾堡公爵领地的斯图加特,于1831年11月14日卒于柏林。1776年,他进入家乡的文科中学(gymnasium)学习。1788年,黑格尔被图宾根神学院(Tübinger Stift)(附属于图宾根大学的一个新教神学院)录取。在这里,他遇到了两位对于他的日后发展至关重要的同学。一位是诗人弗里德里希·荷尔德林(Friedrich Hölderlin),一位是后来的哲学家弗里德里希·威廉·约瑟夫·谢林(Friedrich Wilhelm Joseph Schelling)。由于同样对神学院束缚人性的环境感到反感,他们三人成为了亲密的朋友,并且彼此产生了观念上的影响。[①] 1793年,黑格尔从图宾根神学院毕业后,到瑞士伯尔尼的一个贵族家庭充当家庭教师。在此期间,他开始把业余时间投入到神学和历史的研究之中,撰写了《耶稣传》一文以及一部题为《基督教的实定性》的长篇手稿。1797年,他离开伯尔尼,在荷尔德林的介绍下,到法兰克福当了三年家庭教师。在这三年中,黑格尔撰写了《宗教与爱的片论》一文。1799年,他撰写了另一篇题为《基督教的精神及其命运》的文章,该文在他生前一直没有发表;同年,一部未发表也未署名,题为《德意志观念论的最古老纲领》的手稿也完成了。这部手稿是由黑格尔执笔,但被认为是黑格尔、谢林及荷尔德林共同创作。[②] 1800年11月,黑格尔到耶拿大学就任"编外讲师"(privat docent)之职,讲授哲学课。1801年,黑格尔生前出版的第一本书——《费希特和谢林哲学体系的差异》完成了。1806年10月,耶拿战争的爆发一度打断了他的学术工作。然而在耶拿的六年间,黑格尔通过教学实践完善了他的哲学体系,还发表了大量重要的文章。在耶拿战争开始时,他恰好刚刚完成他伟大的体系性论著——《精神现象学》(Phänomenologie des Geistes)。其后,由于无法获得满意

---

① Edward Caired, *Hegel*, William Blackwood & Sons, 1901, pp. 1-12.
② Ibid., pp. 13-44.

的机会成为一名学术教师,黑格尔在班堡的一家杂志社做了一年的编辑。① 1808年,他在纽伦堡的一家文科中学担任校长。1811年,他娶了纽伦堡一个显赫家庭的女儿为妻。1812年到1816年间,黑格尔在纽伦堡撰写了他最重要的哲学论著——《逻辑学》(Logik)。② 1816年,他被任命为海德堡大学的哲学教授。1818年,他又接受了柏林大学的聘请担任教授,在该校,他很快赢得了最有影响力的地位,聚揽了一大批听众和门徒,并且成为了对当时的德意志思想影响最为深远的哲学院院长。③ 除了以上提到的著作之外,黑格尔在生前还发表了一部对于他的整个哲学体系的简述,题为《哲学全书》(Encyclopädie der Philosophischen Wissenschaften),以及一部关于法哲学的论著——《法哲学原理》。黑格尔关于宗教哲学、历史哲学、美学以及哲学史的讲义,均于死后发表。黑格尔的所有作品,包括他的信件,由他的一帮朋友在他死后不久编纂成了18卷本的作品全集(其信件作为黑格尔作品全集的第19卷,由他的儿子——历史学家卡尔·冯·黑格尔(Karl von Hegel)于1887年编辑出版)。④

第一节 黑格尔法哲学思想的背景

黑格尔的思想体系极其繁复庞杂,在进入他的法哲学思想的讨论之前,我们有必要对其思想的历史背景和方法论做一总括的介绍。

一、从笛卡尔到康德:建构以"人"为主体的哲学

黑格尔所生活的18世纪末到19世纪初,正是人类思想和生活方式发生深刻变革的时期。文艺复兴和宗教改革的传统正是在这一时期才作为总体性的潮流开始席卷全世界。在此之前,哲学已经从神学的束缚之下摆脱出来,成为一门对象和方法均已独立的学问。哲学上著名的"认识论转向",使得作为认识和思维者的"人"第一次作为主体在笛卡儿的哲学中鲜明地凸显出来。笛卡儿认为,"我思"是唯一的确定性实体,其他一切皆可怀疑。哲学遂因之而进入主客二元体系的新纪元。其后的哲学都要从作为思维和实践主体的人入手来建构起形而上学的体系,努力弥合主

---

① Edward Caired, *Hegel*, William Blackwood & Sons, 1901, pp. 45-64.
② Ibid., pp. 65-76.
③ Ibid., pp. 77-111.
④ [德]黑格尔:《美学》第三卷,下册,朱光潜译,367~398页,北京,商务印书馆,1981。

客二元之间的对立,以使得"人"在真正意义上成为万物的尺度,进而为自身立法。18~19世纪德国古典哲学的主要任务即在于此。然而早在18世纪,康德就已经在其批判哲学中承认了人的知性的限度,而将人的理性与作为最高原因和最高价值的"物自体"之间的关联放在了实践哲学的范畴中来进行处理。在康德看来,人的知性范畴一旦应用于对事物本质的认识,就会出现二律背反的现象,徒致思维混乱;只有将事物本质或曰"物自体"作为实践哲学中的先验原则来加以领会,人的理性才能得以实现,普遍物才能作为确定的东西而为人所把握。康德提出了一个十分重要的议题,那就是人不能仅仅满足于作为认识和思维者而存在,笛卡尔的怀疑论传统并不足以在上帝的权威日渐式微的情势下,建立起一个以最终确定的普遍性的东西为旨归的形而上学体系;人只有进入实践领域,以自由的普遍性本身作为先验的起点和对象,才能完整地建构出以人为基点的形而上学世界。

二、黑格尔:在以人为主体的哲学中克服二元论

作为康德思想最重要的继承人和批判者,黑格尔接受了康德在新的思想基础上批判形而上学传统的基本旨趣,但他认为康德的思想体系存在着某种程度上的不彻底性,其根本在于他不能整合认识与实践、思维与意志之间的模式差异,最终难逃退回到二元论的命运。① 因此,在某种意义上说,康德建构的以人为基点的形而上学体系是不成功的。黑格尔认为康德理论体系不连贯的症结,关键在于康德以认识论为目的,从而使其在对实践的分析中不能贯彻思维的原则,而只能改用全然不同的另一种范式;黑格尔则并不以认识论为依归,而是第一时间就将哲学的目的放在自由意志本身的实现与自我理解这一问题上,并把自由意志视为"决心要使自己变成有限性的能思维的理性"②,也即把思维视为意志本身的一种属性。他把自由意志自我实现的这一过程概括在一个辩证三段论的结构之下,即"普遍性—特殊性—单一性"这三个基本范畴及其辩证关系。其中"普遍性"是思维的基本属性,即通过"自我在自身中的纯反思"而达致"所有于本性、需要、欲望和冲动而直接存在的限制,或者不论通过什么方式而成为现成的和被规定的内容都消除了"的状态;③"特殊性"是实践的基本属性,即"从无差别的无规定性过渡到区分、规定和设定一个规定性作为一种内容和对象"的环节;④而"单一性"则是自由意志本身的属性,它是对前两种属性进行扬弃的结果,是"自我在规定自己的同时仍然

---

① G. W. F. Hegel, *Encylopedia of the Philosophical Sciences*, trans. W. Wallace, Oxford University Press, 1873, §41z, pp. 67-68.
② [德]黑格尔:《法哲学原理》,范扬、张企泰译,24页,北京,商务印书馆,1961。
③ 同上书,14页。
④ 同上书,17页。

守在自己身边,而且它并不停止坚持其为普遍物"①,是普遍物在特殊物中通过自我反思与自我指涉所达到的最终现实。

在黑格尔看来,康德的哲学体系仅只实现了"普遍性"这一最初的理智环节,尽管在康德那里实践论甚至比认识论更为重要。康德的实践理性着眼于人类通过普遍性的意志行为进行自我"立法"的可能性,希望"把人类描绘为具有自成因果性(self-causality)的立法能力,它可以把自身建构成为自由的"②。然而,康德还是给出了过多作为"绝对命令"之组成部分的先验范畴,这些范畴在没有被现实生活中的实践主体所领会之前,它们始终还只是一种从外部强加的制约,它们与实证性的国家法律和道德伦理法则相比,不同之处仅在于后者不具备建立在理性演绎之上的目的论基础罢了。因此,黑格尔认为,康德的实践理性并不能给人类带来真正的自由,其具有的价值更多地在于对人的意志行为进行评判;而对于自由理念如何通过具体的意志行为来加以实现,则没有相应的指导作用。③ 恰如桑希尔(Chris Thorhill)所指出的:

> 实际上,对康德来说,真正自由的人并不是作为一种物质性的或质料性的意志而存在,而是作为一个本体界的人(homo moumenon)而存在:也就是说,作为一个人,他的行为是完全由实践理性的必然原则所决定的,形成了一种具有必然性或义务性的抽象现实,它与质料性的意愿的所有内容是完全不同的。④

黑格尔承认有一个最高的普遍物——"绝对精神",就这个基本观念而言,其与康德之间并不存在龃龉;但他并不认为生活在历史中的人(而不是所谓"本体界的人")能够一劳永逸地认识并实现这个"绝对精神",人们要将这种对于最高普遍性的追求放到各种具体的历史情境中去砥砺,只有这样,才能实现普遍观念与现实历史之间的和解。这便是黑格尔所强调的"特殊性"和"单一性"这两个环节所要达到的目的。

三、黑格尔法哲学的缘起

就在康德和黑格尔等思想家把以"人"为枢轴的理性哲学推向了一个前所未有的高度的同时,作为对理性主义的反动,德国又兴起了一股强大的浪漫主义思潮,其首先在文学艺术领域发端,紧接着又蔓延到了哲学乃至宗教和政治领域。该思潮主张情感的奔放和意志的自由,强调突破呆

---

① [德]黑格尔:《法哲学原理》,范扬、张企泰译,24页,北京,商务印书馆,19页。
② [英]克里斯·桑希尔:《德国政治哲学:法的形而上学》,陈江进译,175页,北京,人民出版社,2009。
③ P. Guyer, "Thought and Being: Hegel's Critique of Kant's Thoeretical Philosophy", in F. C. Beiser(ed.), *The Cambridge Companion to Hegel*, Cambridge University Press, 1993.
④ Ibid., p. 176.

板的理性框架,而寻求在艺术创作式的狂欢中完成生命的充实。这一思潮延伸到政治领域更又沾染上了一种保守的民族主义情调,其利用在法国大革命中地位和利益受到严重冲击的容克贵族的日耳曼情结,对大革命和新制度进行猛烈的攻击。在这一情势之下,近代理性主义所标举出来的"大写的人"变得岌岌可危,大有被非理性的"民族精神"所吞噬之势。一系列严峻的问题摆在了康德之后的德国思想家面前:在非理性的保守民族主义的侵蚀之下,理性如何展现其力量?主权单一的民族国家应当如何被理性地构建起来?民族国家中的个人与国家之间的关系如何?黑格尔作为19世纪现代性思想的集大成者,他通过其哲学体系中的一个重要组成部分——精神哲学,尤其是作为"客观精神"之一部的法哲学,对这些问题进行了深入的探讨和卓越的推进。

第二节 黑格尔的"法"观念

法律近代化的历程揭示了一个普遍的历史规律,那就是,任何失去宗教神圣性的法律秩序,都会越来越依赖外部实定的权威以及国家暴力机关来保障其普遍实施。在这样一种秩序结构之下,不仅政治共同体和法律的内在权威无法得到保证,作为现代主体的个人在共同体中也显得越来越不自由。康德以来的近代法哲学孜孜追求的目标,就是要为这样一种状况找到一条出路,要让人类理性自我立法,而且要使这样一种理性法的权威——使人不得不加以遵循的强制力,不来自任何外部权威,而仅仅来源于理性法本身的内在的自明性。黑格尔并没有脱离这一传统,他试图将常识中的法放在一个更为本源的背景中去加以理解,其根本目的也在于为"法"找到一个通过理性而能自明的形而上学基础。

一、"法"的定义

黑格尔在《法哲学原理》第29节对"法"下了一个较为完整的定义:"任何定在,只要是自由意志的定在,就叫做法。所以一般说来,法就是作为理念的自由"[①]。在这个定义里,有几个关键词。首先是"自由意志"。关于法的本质是"理性"还是"意志",是法哲学上的一个讨论不尽的根本问题。在作为上帝之意志的"永恒法"日渐隐退的前提下,而仍以被上帝所抛弃的"人"的"理性"作为法的本质,显然会出现诸多悖论。康德发现了这个问题,但并没有真正解决,反而在实践领域生造出了一个用以替代

---

① [德]黑格尔:《法哲学原理》,范扬、张企泰译,36页。

上帝的"本体界"理性人及其"绝对命令"的幻象;黑格尔反其道而行之,将自由意志作为"法"的本质,并且将"意志"改造成了一个能够进行理性反思的概念主体。于是,康德的理性法哲学体系在黑格尔这里变成了一个动态的、不断进行自我更新和自我实现的理念系统。第二个关键词是"定在"。"定在"的德文是"Dasein",意谓一个确定的实存。黑格尔在这里将"定在"视为作为能动概念主体的自由意志在经验世界中的具体实现形式;第三个关键词是"理念"。黑格尔说:"概念和它的实存是两个方面,像灵魂和肉体那样,有区别而又合一的。……定在与概念、肉体与灵魂的统一便是理念。理念不仅仅是和谐,而且是它们彻底的相互渗透"①。可见"理念"是一个整全性的东西,它是形式与内容的有机统一;但它又不是柏拉图意义上那种保持永恒静态的东西,在黑格尔的法哲学体系中,它一方面保存着其真理性,同时它又是一个历史性的东西:

> 自由的理念的每个发展阶段都有其独特的法,因为每个阶段都是在其特有各规定中之一的那自由的定在。②

二、作为诸法权环节的"法"

从黑格尔关于"法"的定义可以看出,他并不像他的前人那样,强调"法"是一种普遍理性,是最高价值本身;他反而特别强调作为"自由意志"的特殊性在理性的自我立法过程中的作用。他认为特殊物并非是绝对偶性、绝对恶的东西,它们能够将法实现出来,而不仅仅停留在应然的和观念的层面上;而且这些特殊物并不是康德所说的那种污染普遍性、戕害绝对性的个人欲望、偏好和倾向,而是某种具体而固定的实践意向,从而可以与作为普遍物的"法"的概念保持一种并行不悖的关系。在法哲学领域,黑格尔把由这些固定的实践意向所激发出来的普遍性实践模式构建成了三个法权环节,即"抽象法"、"道德"和"伦理"。在"抽象法"环节,人们受到日常经济需要这种固定的实践意向的激发与驱动,于是把对抽象物的占有本身视为普遍性的实践模式;在"道德"环节,人们在日常人际交往中往往受到由于彼此特殊欲望所驱动的不法行为的侵害,于是人们把摆脱"特殊性"、追求"共同善"作为一种固定的实践意向,遂形成"道德"环节相应的普遍性实践模式;而在"伦理"环节,人们徘徊于以"爱"为基本规定性的"家庭"和以"实证法律制度"为基本规定性的"市民社会"这两种共同体组织形式之间,伦理实体作为一个自为存在的普遍物本身,要以彻底扬弃特殊物、为特殊物在普遍性的伦理实体中找到其合适的位置作为其固定的实践意向,相应地,这样一种"特殊性"自觉服从"普

---

① [德]黑格尔:《法哲学原理》,范扬、张企泰译,17页。
② 同上书,37页。

遍性"、"普遍性"主动安置"特殊性"的实践就是"伦理"环节的普遍性实践模式。需要强调的是,在这里每一环节最终形成的实践模式,虽然最初都是由现实中的特殊因素所激发,然而这些实践模式一旦普遍化——即成为所谓"固定的实践意向",则它们会变得重又不能适应现实生活,这是因为它们无法解决来自现实生活中其他层面的问题;这时,每一环节的后一环节就应运而生,接受现实生活中新的刺激,从而发展出另一维度上的普遍性实践模式。黑格尔观念中的"法"就是在这样一种层层递进的辩证发展模式中,最终达到最高的那个普遍物的。

第三节 作为"抽象法"的法

一、"人格":"抽象法"的主体

"抽象法"是黑格尔法哲学展开的第一个部分,也是自在自为的自由意志辩证发展的第一个环节。"抽象法"一语,乃是就作为该阶段法的理念的"定在"这一方面而言,这一环节能动的概念主体实为"人格"(Personality)。黑格尔对于人格是这样定义的:

> 自在自为的自由意志,当他在抽象概念中的时候,具有直接性的这一规定性。在这一阶段,它是否定的实在性,只是抽象地自我相关的现实性——主体在自身中所具有的单个意志。①
>
> 自为地存在的意志即抽象的意志就是人。②

从这一定义,我们大体可以归纳出"人格"的几个特征。

首先,"人格"的本质是自在自为的自由意志。但"人格"并不等同于"自在自为的自由意志"本身,它们两者之间是"存在"与"本质"之间的关系。

其次,"人格"的抽象性。"人格"的抽象性同样是相对于自在自为的自由意志的具体性而言的。自在自为的自由意志作为概念,当它将其自身完全"实现"出来的时候,"当它的定在成为无非就是它本身的发展的时候",它就是自由意志的具体理念。而"人格"则是尚处于抽象概念状态的自由意志。

最后,"人格"的直接性。这一点也是"人格"最核心的特征。直接性意味着其与"实现"出来的、繁复的东西相比,具有一种抽象、否定和不经过中介的特性。从"人格"的普遍性环节而言,它的自我指涉(self-

---

① [德]黑格尔:《法哲学原理》,范扬、张企泰译,44页。
② 同上书,46页。

reference)的机制是纯然抽象和直接的,它表现为一个空无但又包罗万象的"我";从"人格"的特殊性环节而言,它所含有各种特定的目的,也是以直接地显现其前的外部世界的形式出现的。

"人格"这一概念在法律关系中所体现的状态是权利主体的绝对性,它所对应的"定在"是罗马法上的私法秩序,即黑格尔所谓的"抽象法"。然而,黑格尔对罗马法的一些理念进行了深刻的批判。在罗马法中,法分三类,即人法、物法和诉讼法。黑格尔认为这种分类方式的目的只在于"把眼前一大堆无组织的素材变成一种外部秩序"。其中人法的核心概念"人格",指的是一种身份的权利:"一个人(Mensch)作为具有一定身份而被考察时,才成为人(Person)","所以罗马的人格权不是人本身的权利,至多不过是特殊人的权利"①。这就造成了罗马法中单纯抽象人格的权利和以伦理关系为前提的权利纷然杂陈的现象。在这样一种"人格"概念之下,不仅家庭和国家中的等级秩序也被不恰当地考虑了进来,而且奴隶和儿童是被排除在"人"的范畴之外的。这必然是不符合法国大革命之后欧洲社会基本价值取向的;接着,黑格尔又否定了康德的以"人格"为核心的法权观。在康德的理论中,权利被分为物权、人格权和物权性质的人格权三种。其人格权的定义为:"占有另一人积极的自由意志,即通过我的意志,去规定另一个人自由意志去作出某种行为的力量。"②康德强调说,这种人格权的获得,不能是原始野蛮的或专断的,而只能通过和谐互惠的方式来达成。这里的关键是,我作为权利主体,不能消极地抛弃或转让某种权利,而是要以"他人自己有什么东西"为前提,否则就仅仅是自己权利的终止,而不涉及"被另一人的意志所占有"。也就是说,我与他人要秉着各取所需、互惠互利的原则来实现人格权。因此,康德这里所规定的"人格权",实际上一种"通过两个人联合意志的行为,把属于一个人的东西转移给另一个人"的契约。③ 黑格尔尖锐地指出了康德"人格权"的实质其实也是一种物权,而并不存在"占有另一人积极的自由意志",因为任何一种权利都只能属于人,而不能"对人","人格"所含的权利能力,只能针对外在于权利主体的某种东西或者他对于其可以转让的某种东西的权利本身。

二、"人格"的实践:"抽象法"的诸法律关系

"人格"不甘于让自己仅仅停留在抽象的概念之中,他和他的"父格"——自在自为的自由意志本身一样,也要将自身实现于定在之中,并

---

① [德]黑格尔:《法哲学原理》,范扬、张企泰译,49页。
② [德]康德:《法的形而上学原理——权力的科学》,沈叔平译,88页,北京,商务印书馆,1991。
③ 同上书,89页。

且重又通过定在来认识自身及其与世界之间的关系,看自己是否已经就是自在自为的"法"本身。"人格"首先依其固定的实践意向在外在物中实现自身,这就表现为抽象法的第一个环节——所有权。"人有权把他的意志体现在任何物中,因而使该物成为我的东西。"①这里的"外在物"既包括我们日常所理解的外物,即那些"有别于意志"、"与意志直接不同而可与它分离的东西",②也包括我的生命和身体。③ 在对身体和生命的所有权形式与对一般外物的所有权形式之间存在着差异。生命和身体既是人身权的客体,又是"一切再进一步被规定了的定在的实在可能性"。只要我是活着的人,那么作为"人格"的我就与这个肉身是分不开的,肉身是"人格"最直接的定在,我是通过肉身才感觉到和体现出自由的。因此,对于我对我身体的拥有而言,"我在定在中是自由的和我对他人说来是自由的这两个命题是同一的"④,也就是说,尽管我只是作为一个还没有以精神对我的身体加以驯服的直接意义上的人,我本质上也是自由的,他人强加于我身体的暴力就是强加于我人格的暴力;然而,就我对一般外物的拥有而言,我并不能以尚处于概念中的"人格"来直接拥有它,我必须扬弃那种认为"某物应该属于我"的主观性,而使得这种所有权获得其客观性,质言之,就是要使这种所有权得到他人的承认。

这里所涉及的实际上就是康德在其《法的形而上学原理》中所提到的外在的"我的和你的"这一概念所处理的问题,但康德的处理方式与黑格尔正好相反。康德不像黑格尔把"人格"的意志自由及其客观化的必要性作为大前提,而是考虑依据普遍法则,在何种程度上准则或意志形式是应当得到尊重的。康德认为,所有权问题纯然是一个实践理性的问题,其关心的是如何使普遍法则或曰"绝对命令"贯彻于占有的意志行为和权利外观之中。在这个问题上,任何对关于占有形式的感性认识的智力理解和理论推演都是无效的,一切作为有效性形式的推论的得出,全然依赖于先验实践理性公设的阐明。因此,康德基于一个先验的普遍法则,强调所有权的取得不能仅仅依靠"经验占有"——也就是在时间和空间中的实际持有:"一个外在物是我的,只有当这个外在物事实上不是在我的占有中,如果别人动用它时,我可以认为这是对我的侵害,至此,这个外在物才是我的。"⑤他认为既然按照一个普遍法则来行动是必要的,那么,"纯粹法律上占有的理性状态或者智力状态,必须同样是可能的"⑥。所以,康德的问题意识并不在于对于外物应该如何去客观占有,而是在于任何形式的经验占有应该如何取得其基于普遍法则的理智属性的问题。

---

① [德]黑格尔:《法哲学原理》,范扬、张企泰译,52页。
② 同上书,50页。
③ 同上书,55~56页。
④ 同上书,57页。
⑤ [德]康德:《法的形而上学原理——权利的科学》,沈叔平译,53页。
⑥ 同上书,64页。

黑格尔则与康德完全不同,他考虑的是如何使"人格"(对应于康德的"法律原则",尽管其并不具有康德意义上的那种"普遍性")获得客观有效性的问题。尽管黑格尔提出了三种所有权就意志对物的关系所做的进一步规定,即直接占有、使用和所有权转让,并且以康德式的范畴表将它们贯串于一个"肯定判断—否定判断—无限判断"的辩证法三段论进程之中。然而这始终只是内容上的进一步规定,而并没有真正解决所有权的客观形式问题;或者换句话来说,在这里,所有权的客观形式已经作为不言而喻先决的条件被接受下来了。黑格尔在《法哲学原理》第51节中所提出的"承认"问题,到了第71节"从所有权向契约的过渡"时才又重新出现。然而,在该节中,黑格尔仅仅说了这么一段话:

> 契约以当事人双方互认为人和所有人为前提。契约是一种客观精神的关系,所以早已含有并假定着承认这一环节。①

然而,所有权何尝不是一种"客观精神的关系"呢?它又何尝不假定着他人的承认呢?"所有权"和"契约"的差别就在于,前者的"人格"面前只有"外物",而后者的"人格"则"使自己区分出来而与另一人发生关系"。也就是说,尽管契约本质上处理的还是人与物的关系,但在这里,"人格"已经意识到在自身之外还有和自己一样占有着外物的"人格","一方对他方只作为所有人而具有定在"。通过契约,"人格"超越了"所有权"阶段只凭实物和我的主观意志来占有财产的形式,而实现了以他人意志为中介,而在共同意志的范围内占有财产的伟大跨越。需要强调的是,"抽象法"中的"契约"与作为"需要的体系"的"市民社会"中的契约是不同的,就其本质而言,它不是在特殊性的层面上各取所需、互利互惠的性质,而是实现"人格"自由普遍性的一种手段;它关心的不是人的特殊需要的满足,而是其自身的所有权在契约条件下的持续、排他的保有。因此,就是在契约中,"人格"得到他人承认的需要才隐隐地变得现实起来。依照黑格尔的意思,"契约"的本质意义甚至就在于它把关于承认的"自在法"设定起来了。

事实上,如果没有可靠的"承认","契约"中的"共同意志"以及"所有权"中"人格"之间彼此相安无事的状态就都是偶然的,都终究会在"不法"中变成"假象"②。同时,如果我们意图将"承认"的手续交给"抽象法"下的"人格"来执行,其结果将是一场"承认的斗争"。关于"承认的斗争"的理论,是耶拿时期的黑格尔哲学运思的最重要成果,在其这一时期的总结性著述——《精神现象学》中,"承认的斗争"更以"主奴辩证法"的形式在其理论体系中占据着十分紧要的地位。黑格尔认为,自我意识要获得其纯粹自为存在的形式,必须要扬弃外在于它的对方。就一般外物而言,自

---

① [德]黑格尔:《法哲学原理》,范扬、张企泰译,80页。
② 同上书,91页。

我意识可以通过对对象进行单纯否定的关系来实现扬弃,然而这种扬弃是不成功的,因为否定过后,自我意识会产生新的有待满足的欲望,并且相应的又会产生新的对象。想要一劳永逸地完成这一扬弃,对于有待扬弃的对象也有要求:它一方面要被否定;另一方面它又要存在。要达到这一目的,唯一的办法就是对象自己否定自己;而一个能否定自己的东西必然也是一个自我意识。因此,黑格尔说:"自我意识只有在一个别的自我意识里才能获得它的满足。"①尽管这是一个以妥协为结局的过程,但其中的经历却是一场"生死的斗争"。在这场斗争中,为了自由而将生命置之度外自我意识取得了胜利,而惜命保身者则选择了自我否定,屈服于胜利者脚下。于是,前者成为了主人,其自我意识在这场斗争中得到了充分的满足;而后者则沦为奴隶,在斗争完成之后便与主人的一般物品同列了。但这还并没有在真正意义上完成承认,真正的承认不能是片面的,而应该实现对等和平衡的承认:"凡是主人对奴隶所做的,他也应该对自己那样做,而凡是奴隶对自己所做的,他也应该对主人那样做"。②因为,如果一个自我意识在以其独立性成就了另一个自我意识对其自身确信的真理性之后便立刻失去了其独立性,那么作为主人的自我意识也会相应地发生异化,那就是它的真理性从"自为存在"异化为了"奴隶的意识"。而"奴隶的意识"发现了这一异化,便逼迫自己克服对于主人"绝对权力"的"恐惧",返回到自己的意识,恢复其真实的独立性。这一"奴隶的意识"向自在自为的意识的转化,则是通过劳动对事物进行"陶冶"来完成的。意识在劳动中外在化自己,而被劳动"陶冶"过的事物则具有与纯粹用来供主人消费的否定物所不同的独立性和持久性。于是,劳动着的意识便在其对象中获得了独立存在的形式,不仅扬弃了主奴斗争,完成了整个承认的过程,而且还将自我意识推到了一个更高的确定性层面——能思维的或自由的自我意识。③

三、"人格"的局限:"抽象法"的扬弃

依照黑格尔的定义,"人格"也是一种自为存在的自我意识,也需要通过"承认的斗争"来获得其所有权的绝对稳固以及契约中对等地位。然而,《法哲学原理》对"承认"环节的处理与《精神现象学》有所不同。这与他们在黑格尔哲学理论中的体系位置不同有关。《精神现象学》处于体系的最开端,甚至可以说是进入黑格尔哲学理论体系的预备阶段。它的任务是"教养",即"引导一个个体使之从它的未受教养的状态变为有知

---

① [德]黑格尔:《精神现象学》,上册,贺麟、王玖兴译,137 页,北京,商务印书馆,1979。
② 同上书,146 页。
③ 同上书,138~149 页。

识"①。因此,《精神现象学》的意图只是要将自然意识纳入理性发展的轨道。任何一种尚未达到理性形式的"意识形态",就其自身而言都没有价值,故而理性会引导着它以积极的方式发现自身的不足,而不会试图去帮助各该"意识形态"实现所谓本身固有的可能性;而《法哲学原理》则已然处于客观精神的发展阶段,就黑格尔理论体系的最高一层辩证三段论——"精神现象学—逻辑学—精神哲学"——而言,法哲学的内容已经处于对精神现象学进行否定之否定的理论范畴之中。因而,法哲学已经是在对于真理的概念有了把握的层面上进行辩证演绎了。它所要做的,是将各种自由意志的定在形态依其固定的实践意向发挥到极致。在这种发挥过程中,黑格尔总是首先假定每一种"法"的形态都就其自身而得以完满,作为理念本身,它们并不向外求助于其他与各该种"法"的形态之固定实践意向无关的条件。然而,作为最终形态的"法"——自在自为的自由意志本身,却总能在一旁发现每一种具体的"法"的形态所具有的"隐患",这"隐患"就是它们缺乏要成为理念所必需的条件,而这种条件是它们在知性层面上不会考虑,却终将在实践中遇到的东西。就"抽象法"而言,其概念主体"人格"便只关注对物的占有,而不关注,或者从来不会去想其本身的"人格性"还有不被"承认"的可能。于是,"人格"终于在"抽象法"发展到"不法"阶段时遭遇了其滑铁卢,这意味着它必须开始认真地对待获得"承认"的实践了。

在"不法"中,"人格"必然会进入一种冤冤相报、没完没了的状态。这种状态在黑格尔看来是所谓"坏的无限",它是有待以一种"好的无限",即"自我相关的无限"来取代的。黑格尔认为,这种"好的无限"就实现在对于"自在理性"——这种"自在理性"在"抽象法"的"所有权"和"契约"阶段已经被设定下来——的自我意识之中。在这一"自在理性"一旦过渡为自为的自我意识,便能成为使"人格"彼此之间得以自由地相互承认、定分止争的现实裁夺依据。为了实现这一目的,"人格"首先开始对自身进行反思,把自己设定为"自在理性"或"自在法"的欲求者;同时,"人格"在斗争中也意识到,就"承认"的结果而言,在"人格"之间划定客观的权利界限,只是一个次要的目的;更重要的是,要在"承认的斗争"不可避免的前提下,充分地实现其主动性。换句话来说,"人格"在认识到抽象"人格"不可能无条件地得到完满实现这一必然性之后,仍然应当通过对"人格"进行反思性的自我规定,来维持"人格"的独立性和不受侵犯性。这一追求主动性的主体已经就其固定的实践意向而言将他人的存在视为客观的,在此前提下,该主体所秉持的基本原则是:只有"我"有权对"我"自己的行为进行评价;并且,"我"是依据"我"自己的法(通过对"人格"的反思得出)来展开行为的,故而我不对非经我的反思规定的行为负责。另外,就其普遍性和客观性维度而言,"我"以及"我"的法作为"自在自为的自由意

---

① [德]黑格尔:《精神现象学》,上册,贺麟、王玖兴译,20页。

志"在另一阶段的定在,是与"自在法"本身自在地相同一的,或者说"自在法"能够通过"我"和"我"的法得以实现,从而成为"自为存在"的普遍理性。这就是说,即使因为无限"人格"之间的冲突而产生了就"承认"而言何谓正义的问题,这个问题的标准也还是应当由"我"来规定。因为只有当"我"为"我"自己立法,并且当"我"只遵循"我"自己的法时,方可谓之自由;只有在"我"违反了"我"自己的法时,"我"才可以受到惩罚。这个自我反思自我规定的自为之"我",这个对自在存在的意志进行规定的能动的"主观性",黑格尔称之为"道德主体",法的理念遂从"抽象法"过渡到了"道德"这一环节。

第四节 作为"道德"的法

一、"主观性":"道德法"主体的二元张力

"道德主体"与"人格"之间最大的区别在于,"道德主体"对于"自在法"的"异己性"有着明确的意识,而"人格"则对此表示漠然。在"人格"那里,法(抽象法)与意志自由是同一的,实现意志自由就是实现法;而对于"道德主体"而言,法(自在法)却与意志自由(抽象法)产生了分裂和冲突,"道德主体"一方面要在抽象法的层面上贯彻自己的意志自由,"按照这种法,意志承认某种东西,并且是某种东西,但仅以某种东西是意志自己的东西,而且意志在其中作为主观的东西而对自身存在者为限"[①],因为这样才能在主观上避免那些在"人格"之间的承认斗争中出现的不必要的侵犯或报复,从而为获得"刑罚的正义"创造主观方面的条件;另一方面又要欲求关于自在法的知识。"人格"之间虽然通过承认的斗争形成了外在的实定法体系,然而这种实定法体系"单以禁令为其内容,因之严格意义的法的行为,对他人的意志说,只具有否定规定"[②],这与作为"自在自为的自由意志的定在"的"法"的观念是相违背的。因此,在法中建立起意志"相互间的肯定关系"——也就是说将自在法内化到自由意志的自我意识之中——才是与概念相符的,"人格"也正是在欲求关于自在法的知识这一层面上,一跃而成了"道德主体"。

"道德主体"身上法与意志自由之间的张力所带来的二元性,为黑格尔法哲学体系的整一性带来了一定的挑战。为此,黑格尔提出了"主观性"这一单一的概念,以囊括"道德主体"内部所存在的二元张力。与"人格"不同,这是一个意象十分丰富的概念。它既可指"意志的特殊性,即任

---

① [德]黑格尔:《法哲学原理》,范扬、张企泰译,111页。
② 同上书,115页。

性以及任意目的的偶然内容",也可指当意志对于自在法或最高善进行欲求时的主观片面形式。①

二、"主观性"的实践：从"意图"到"福利"

在"主观性"的辩证发展过程中,"意图"是一个枢纽性的环节,其重要性首先就体现在它最为典型地展现了上面所说的这种张力。"意图"一词的德文为"Absicht",根据《法哲学原理》英译者尼斯贝特(H. B. Nisbet)的考察,该词的词源是德文动词"absehen",其含义是"撇开,不计及,不考虑,除……以外,放弃",黑格尔将"抽象"与该词的理念联系起来,就是取其"撇开,不计及,不考虑"之意——而不论这种"抽象"是普遍的形式抽象还是从具体事物中"孤立"出一个特殊方面的那种所谓的"抽象"②。这样一来,"意图"就具有了双重含义,一方面是作为普遍的形式抽象,即"个别行为的普遍性质"或行为的"一般性格";另一方面是作为特殊因素从具体事物中的"孤立",即"道德主体"在行为中的主观动机。就前者而言,"道德主体"是作为在行为中进行理性反思的主体出现的,这样一种反思的能力本身正是"道德主体"作为自在法的欲求主体所禀赋的天然素质;而在后者,"道德主体"则是作为在行为中贯彻主观动机的主体而出现的,这是"道德主体"作为特殊意志主体的属性。

尽管"道德主体"的主观"意图"中已经包含着普遍性和特殊性这两方面的丰富内容,然而当其与更为具体的意志自由环节相比较时,它仍然是某种形式的东西,还缺乏积极和肯定的内容;即使就其特殊性——主观动机而言,也"只存在着形式的活动本身,就是说,主体对其所认为的目的和应予促进的东西所进行的活动",表现出来的状态就是"凡是人对某事物作为自己的东西感觉兴趣或应感觉兴趣,他就愿意为它进行活动"。这始终只是"道德主体"对于其特殊性的一种普遍规定,就相当于一项命令："你必须特殊起来!"然而关于如何"去"特殊,"意图"这一概念本身是解决不了的。"道德主体"毕竟不能"为特殊而特殊",他"只是在其自然的主观定在中,即在需要、倾向、热情、私见、幻想等等中,具有较为确定的内容";也只有这样,他才能扬弃"意图"这一有限的环节,而在更高的水平上实现自己的自由。"道德主体"诸自然倾向的中介而实现出来的"意图",黑格尔称之为"福利"或"幸福"。

"福利"环节中的"道德主体",并不全然陷于主观特殊性的泥淖之中,他仍然是在自身中进行反思的主体。在《法哲学原理》的导论中,黑格尔对这一问题进行了论述。他在分析完思维和意志之间关系之后,便开始

---

① [德]黑格尔:《法哲学原理》,范扬、张企泰译,33页。

② G. W. F. Hegel, *Elements of the Philosophy of Right*, trans. H. B. Nisbet, Cambridge University Press, 1991. p.147.

以能动和实践的意志为枢轴来展开叙述精神的辩证发展历程：意志首先表现为"纯无规定性或自我在自身中纯反思的要素"①，这是意志的思维方面，对应于"道德主体"作为普遍性的"意图"环节；其次，意志作为通过思维而实现的抽象同一的"自我"，"从无差别的无规定性过渡到区分、规定，和设定一个规定性作为一种内容和对象"②，这是意志的实践方面，对应于"道德主体"作为特殊性的"意图"——也就是"动机"的环节。在这一环节中，意志对自己进行规定的质料，是一些直接现存的内容，即所谓"冲动、情欲、倾向"③。意志虽然通过这些自然中介实现了自身，但仍不得不将自身从这些主观特殊性中抽离出来，以保证"我"作为普遍物的尊严。因此，黑格尔强调说，意志是思维和实践这两个环节的统一，"是经过在自身中反思而返回到普遍性的特殊性——即单一性"④。而实现单一性，即意志从特殊性返回到普遍性的过程，需要一道"冲动纯洁化"的手续，即要"把冲动从它们直接而自然的规定性的形式以及从它们内容的主观东西和偶然东西解放出来，而还原到它们的实体性的本质"。这就需要重新运用思维，对冲动进行反思，使它们成为能够依据作为冲动之普遍价值（或曰"满足的总和"）的功利（幸福/福利）原则进行计算、比较的内容，即所谓"意志规定的合理体系"⑤。

> 这里的意志已不是原来直接存在那样的意志，反之，这种内容属于在自身中反思着的意志，并被提升为福利或幸福这种普遍目的——即被提升到像克娄苏和梭伦时代的那种思维观点。⑥

然而，黑格尔仍然不满足于这种通过功利的计算和比较所得到的"普遍性"。在这一点上，他与康德以观念论对功利主义所作的深刻批判保持了高度一致，认为这种普遍化的方式只是以外在的、偶性的理由作为其标准，而并不得自于意志本身自主性。

> 在这种观点上，思维还没有在意志的自由中来掌握意志，而是把意志的内容作为自然的和现成的东西加以反思。⑦

三、"主观性"的局限："道德法"的扬弃

黑格尔对于诸"福利"进行了更深一层的反思，所得到的普遍性概念就是"生命"。"生命"是"外界活动的包罗万象的总和"，是"人格的定在"；

---

① ［德］黑格尔：《法哲学原理》，范扬、张企泰译，13 页。
② 同上书，16 页。
③ 同上书，22 页。
④ 同上书，17 页。
⑤ 同上书，29～30 页。
⑥ 同上书，125 页。
⑦ 同上。

如若"生命"遭到了侵犯,则整个自由意志都无从谈起。因此,黑格尔指出,在法面前,"生命"可主张"紧急避难权":

> 一个人遭到生命危险而不许其自谋所以保护之道,那就等于把他置于法之外,他的生命既被剥夺,他的全部自由也就被否定了。①

"道德主体"一旦面临这一境况,其在抽象法意义上的意志自由便已经走到了和自在法尖锐对立的地步。尽管在整个过程中,"道德主体"都试图通过思维的普遍性来延迟这种对立,并努力弥补自身"特殊性"的缺陷。然而自由意志的定在对于道德主体而言,都始终是不能实现的"乌托邦"。在这里,黑格尔笔下的"道德主体"为了其内部的同一性进行了最后一次努力,即设定了一个令"生命/福利"和"抽象法"能在其中毫不冲突地和谐共存的抽象客观概念——"善",并以自身作为该客观概念的主观欲求者——"良心"。作为"良心"的"道德主体",是一个凭着自己"绝对的内心确信"来展开行为的主体,他将"主观性"的理念演绎到了极致;同时,他又作为抽象的"善"的规定者和实现者来发挥其功能,故其"主观性"又有着毋庸置疑的正当性,而免受任何异己法则的审查。在这里,尽管"善"在本质上仍然是康德式道德观下的"空洞的道德法则",然而其毕竟因为附着于"道德主体"的"良心"而有了得以现实化的机会。因此我们可以看到,与康德笔下的"人"不同,黑格尔的"道德主体"到最后也没有被异己的法则所分裂、所压服,而是在其内部、在主观性的意义上实现了特殊性与普遍性的和解。

然而,"道德主体"无论如何也无法克服其抽象性,尽管这一克服并不属于"道德主体"本身的固定实践意向所关注的范围,因为"道德主体"已经在"主观性"辩证发展中得到了自身的满足。但黑格尔不满足于这一结果,他无法忍受"善"仅仅停留在抽象的状态下,无法忍受"良心"之间的诸神之争,更不能接受"良心"沦为"道德主体"任性的幌子,而对"善"恣意地进行曲解;他希望道德法则不要只是一种抽象的内心确信,更不要像"抽象法"那样,仅仅只有否定的意义;他希望一个社会共同体不仅能告诉人们不该做什么,还要能让人们切身地感受到自己对于共同体的内在义务。他断言,"善"与"良心"、"客观"和"主观",早已自在地融合为绝对同一,这个"同一"就是"伦理",它是具体的真理,是"自由的理念",是"活的善"。

---

① [德]黑格尔:《法哲学原理》,范扬、张企泰译,130页。

第五节 作为"伦理"的法

一、"伦理"及其丧失:哲学与法的分与合

黑格尔笔下的他所生活的时代,似乎也可以援引狄更斯在《双城记》中的名句来描述:这是一个最好的时代,这是一个最坏的时代。① 说它最好在于,在启蒙思想和法国大革命的感召下,个体意识开始觉醒,人们学会了不依附外在的权威,而全凭内在的理性和良知来思考问题,在非常高的程度上实现了个体的主观自由;说它最坏在于,客观、外在的伦理和政治秩序被"主观性"无节制的否定发展所打破,而这时却又没有任何肯定而客观的外在秩序被建立起来,反而出现了各种主观道德原则之间相持不下,难以权衡的状态。黑格尔认为,旧制度之下非理性的伦理秩序固然需要以自由运用的理性来加以批判;然而,如果过分地强调抽象的自由意志或曰理性的主观方面,一味地否定现实,而提出各种超越时代的乌托邦式愿景,则于现实伦理生活秩序的重建,实有百害而无一利。应该说,黑格尔所重点批判的并不是旧制度,而是只"要抽象的自由",而"国家的一切规定和组织"在他们眼里"便都成了对这种自由的限制"的那些人们。②

黑格尔在《法哲学原理》的导论中就已经明确地展现了他的这一问题意识。他指出,当时的思想界有一种观念甚嚣尘上,即在态度和方法上,将对于自然界的哲学思考与对于精神世界的哲学思考进行截然的区分。时人承认自然界本质上的合理性,并努力地按照其本来面貌去认识它、解释它,直到在"自然界本身某处"寻找到上帝所安置的"哲人之石"为止;而在伦理生活和国家学说方面,时人却认为这是一片为上帝所遗弃的领域,每个人的意见都可以在其中主张自己的权利,甚至每个人都认为自己真理在握。以施雷格尔(Friedrich von Schlegel)和弗里斯(Jakob Friedrich Fries)为代表的浪漫派哲学家,更是窃取康德式的不可知论为其利用的理论工具,来推行他们关于国家、政府和国家制度的非理性观念。他们不承认那个普遍性真理的可认知性,不把科学建立在思想和概念的发展上,而将本体论问题的最终解决诉诸每个人的"心情、情绪和灵感",认为通过这些非理性的直觉和主观偶然性,能够使公共事务得到高效执行,能够使社会在勃勃生气中得到高度整合。黑格尔认为,这些浪漫派哲学家非但没有达到这一目的,反而使伦理学和国家学彻底陷入了诸

---

① [英]狄更斯:《双城记》,石永礼、赵文娟译,1页,北京,人民文学出版社,2004。
② 同上书,168页。

神之争的乱象,并招致了旧制度的服膺者们对于整个哲学学科的讥诮。

更有甚者,由于这样一批"哲学家"对于民众的煽惑力十分强劲,这使得各国政府不得不对他们生起重视和信任,以便依靠他们来证成自身统治的合法性。然而,统治者似乎没有认识到,他们这其实是对于学问的漫不经心。因为这些哲学家们本质上的肤浅性只会"把法的东西安置在主观目的和私见之上,安置在主观感情和私人信念之上","其结果不仅使内心伦理和公正良心毁灭,使私人之间的爱情和权利毁灭,而且使公共秩序和国家法律毁灭"①。因此,当时作为"普鲁士官方哲学家"的黑格尔,一心想要克服的就是这种哲学所造成的不良影响。他认为,当时的哲学实际上是同现实政治已经发生了公开的龃龉,他们往往完全否定现实的合理性,而各自从个人的直觉、情感和偏好出发来演绎出作为相互分歧的意见的"善治"观念。这些乌托邦式的观念非但对于现实政治的完善毫无裨益,而且还破坏了伦理生活的整全性和可能性。

面对当时德意志民族的这种政治现实和意识形态相分裂的严峻局面,黑格尔提出了一个招致许多非议的命题,不仅他本人因此而背负骂名,而且这一命题本身也在传播的过程中被庸俗化,或成为保守主义者们为旧制度进行辩护的陈腐论调,或成为犬儒主义者们避世全身的保护色:

凡是合乎理性的东西都是现实的;
凡是现实的东西都是合乎理性的。②

后世对黑格尔"两个凡是"命题的阐释,不论是支持者或是反对者,都在不同程度上误解甚至篡改了黑格尔的初衷。反对者自然是黑格尔写作的目标敌手,他对于他们的辩驳自然可算得上有理有据、针锋相对;但一些心怀叵测的"支持者"却是黑格尔所始料未及的。这些人打着黑格尔法哲学的旗号,或妄图恢复旧制度,或打压个人自由而为极权主义张本。当然,这些人的反动本质是一个事先决断的东西,并不以是否有理论根据为转移;即使不以黑格尔法哲学作为其倒行逆施的庇护,他们也会找到其他可以援引的理论修辞。然而,黑格尔作为一位对其所生活的时代进行在某种程度上超越自身利益的严肃思考的哲学家,其问题意识和理论智慧都是值得正视并仔细揣摩的。

在导论中,黑格尔乐观地指出:"这种情况(指哲学与现实发生冲突的情况——笔者注)对科学来说是一种幸运"③,因为科学正好可以趁这一机会从作为反题的"哲学"中超拔出来,打破思想界的庸俗与沉闷,一举澄清各种思想上的误区。黑格尔认为,科学的方法是以现实、客观和普遍公认的东西为基准的;对于法和伦理这样的现实、客观、普遍的东西,我们要使它们以思想本身的形式而不是以作为主观信念的情感形式来与我

---

① [英]狄更斯:《双城记》,石永礼、赵文娟译,8页。
② 同上书,11页。
③ 同上书,10页。

们相照面：

> 法和伦理以及法和伦理的现实世界是通过思想而被领会的，它们通过思想才取得合理性的形式，即取得普遍性和规定性，这一形式就是规律；至于给自己保留肆意妄为的那种感情，把法的东西归结为主观信念的那种良心，的确有理由把这种规律看作它的最大敌人。它感觉到法（作为一种义务和一种规律）的形式，是一种死的、冷冰冰的文字，是一种枷锁。其实，它在规律中认识不到它本身，因而也认识不到自己在其中是自由的，因为规律是事物的理性，而理性是不容许感情在它自己的特异性中得到温暖的。①

可见，黑格尔所说的科学方法论的核心就是要在现实与真理之间搭建起桥梁，而这一桥梁就是人类理性本身。这一方法论其实并没有脱离康德实践哲学中论证人类理性之"自成因果性"的传统。康德看到了形而上学确定性的丧失给人类理性所带来的"先验例外性"（transcendental exceptionality）的状态，在这一状态中，人类理性必须担负起上帝的职能，以成为自身同一性的自成因果的创造者，进而在后形而上学时代将法律与自由重新统一起来；只有这样，人类才能"克服这种没有形而上学与没有关于绝对的或无条件的法律的外部领域而造成的宇宙例外性"②。然而这样一种实践理性的建构形式并没有在真正意义上达到为现实伦理世界提供积极的"自成因果性"论证的目的。其关键原因在于，康德的整套实践哲学都是从人类个体的意志和理性出发构建起来的，而并没有意识到现实伦理秩序本身所具有的独立于人类理性的先验价值，也没有考虑到人类所共同生活的伦理环境对个体的思维和实践所具有的内在支配力和影响力。因此，康德那里的先验实践原则只能是抽象、否定性的外部规则，其所能实现的具有最高普遍性的效果，并不能被实践主体作为一个具体的整体来加以把握，这就导致现实的实践主体与康德所构建出来的理性人类形象之间仍然形成巨大的差距。

黑格尔承认了康德的基本努力方向，但他否定了康德从人类个体出发来对最高的法进行论证的方式；这实际上也就否定了他自己的法哲学体系中"抽象法"和"道德"这两个环节的法权形态。首先，他认为"抽象法"中的消极规则实际上是缺乏积极的承认机制的结果，这本来就是该领域的一大缺陷，并且已经在"道德"领域加以扬弃，因此，如果再把这样的实践规则带入到更高的法权环节——伦理中去，在黑格尔看来这必然是一种严重的观念上的历史倒退。因此，黑格尔最终要引导我们去寻找的，是属于"伦理"这一法权环节的积极、肯定的人类理性。

其次，"伦理"环节的积极理性对应的又是"道德"领域的消极理性，这

---

① ［英］狄更斯：《双城记》，石永礼、赵文娟译，7页。
② ［英］克里斯·桑希尔：《德国政治哲学：法的形而上学》，陈江进译，178页。

一消极理性的表现就是个体"良心"之间的平等共存和互相尊重。这虽然在一定程度上克服了道德霸权主义,但真理并没有因此而展现在我们眼前,我们仍然生活在诸神之争的氛围之中,只是这种斗争相对"抽象法"阶段而言比较平和罢了。黑格尔所要追求的绝不止此,他所希求的人类共同体应该是真理本身的明白体现,在其中普遍性占有绝对的统治地位,但特殊性并不丧失自身,而是在普遍性的安排下,得到各自最恰如其分的位置。为此,黑格尔果断地抛弃了在"道德"环节已经走到尽头的,以原子化的人类个体为出发点的研究范式,而投入了对于现实具体的伦理实体的探究。

二、"家庭"与"市民社会"——伦理实体的两个片面环节

黑格尔把伦理实体本身分解为主观和客观两个片面的环节,分别对应于"家庭"和"市民社会"这两种现实具体的伦理秩序形式。在黑格尔那里,"家庭"是一种纯以"主观情/爱"为组织依据的伦理秩序形式,而"市民社会"则主要是依靠外在而实证的法律规范来进行治理。黑格尔强调,这两种伦理秩序形式都不是真实的,因为他们仍然是抽象的观念,终究会因其不能靠自身力量来克服的内在缺陷而不得不跃迁到伦理实体本身,从而成为这一自由理念内部不可分割的有机构成环节。

家庭是伦理精神的直接定在,"以爱为其规定"①。"爱"是精神本身对于自身统一的感觉;对于人类个体而言,它能够使人意识到"我和别一个人的统一,使我不专为自己而孤立起来"。黑格尔认为"家庭"这样一个伦理实体,是克服"道德主体"身上的消极理性的最直接方案。因为它彻底地消弭了特殊性,个体在其中没有独立的地位,所有的家庭成员只就其共同体身份而有其存在的意义。然而,一方面,家庭要作为独立的人格来占有财富;另一方面,家庭成员中的子女都将由于接受教养而成为自由的人格,自主组建家庭。由于这两方面的原因,以"爱"为规定性之源初的家庭便被否定掉了,伦理实体的理念遂由"一"变为"多"。通过人格原则而分化出来的多数家庭,相互见外地对待,这种状况表现为伦理性的丧失,独立人格的特殊性遂成为高于家庭原则的新的秩序原理,伦理精神于是从"家庭"过渡到了"市民社会"。

市民社会是以具体的人的特殊需要作为其首要原则的伦理形式。因此,市民社会的秩序原则可以说是和以共同体为首要价值取向的伦理原则背道而驰的。然而普遍性作为伦理实体的本质是自在地存在着的,只不过此时观察并理解着市民社会的"我"尚处于假象的阶段上。而且更加吊诡的是,在市民社会中,当个体服务于自身的特殊性,并以之为最终目

---

① [德]黑格尔:《法哲学原理》,范扬、张企泰译,175页。

的时,其在客观上恰恰是在为普遍性服务,并且"正是这种普遍性归根到底支配着我"①。市民社会的普遍性有四层意思。首先,市民社会是"各种需要的整体以及自然必然性与任性的混合体",其所表达的最为首要的原则乃是"具体的人作为特殊的人本身就是目的"②。由于这是市民社会中"公共"的意识形态,其构成该伦理实体的"形式普遍性";其次,市民社会中"特殊的人都是通过他人的中介,同时也无条件地通过普遍性的形式的中介,而肯定自己并得到满足",人与人之间通过市民社会来各取所需、互相肯定,形成了一种客观上的社群伦理关系,这是市民社会作为"需要的体系"所体现的普遍性;③再次,市民社会中的"私人"为了达到自身的目的,需要以普遍物作为他们的手段。为此,他们"只能按普遍方式来规定他们的知识、意志和活动,并使自己成为社会联系的锁链中的一个环节"④。而且对于通过"需要的体系"这一普遍物而实现私人之间相互承认的"抽象法"上的"人格"及相应的"所有权",必须诉诸公共的法律(法院)和行政机构("警察"),这是市民社会中作为"教养"的领域的普遍性环节;⑤最后,就市民社会中的等级或"一般集团"的划分而言,农业等级和官吏等级均为普遍性的等级,而只有城市工业等级本质上倾向于特殊性。因此,这一等级需要"同业公会"对其加以引导,令其以普遍物为目的,重建道德精神。这是黑格尔所说的"把特殊利益作为共同利益予以关怀"的普遍性。

"同业公会"把客观的道德引进了市民社会,使公司及其职业荣誉感得以以肯定的美德的形式,成为继家庭中的婚姻神圣性之后又一个令市民社会的无组织分子"所围绕着转"的枢轴。它使得"需要的体系"中"满足自身的同时也为别人工作"的必然性成为"自觉的和能思考的伦理"。然而,"同业公会"如果没有国家对它进行监督,它就会僵化,甚至衰退为"可怜的行会制度",失去其力量和尊严;在"同业公会"中所展现的主观特殊性和客观普遍性这两个环节的统一,只有在国家中才有其真实的基础。于是,自由的理念最终从市民社会过渡到了国家。⑥

三、"国家"之辨

我们知道,在黑格尔所论述的市民社会中也存在着像司法机关、警察等公共管理机构,而这些机构恰恰就是我们在一般意义上所谈到的"国家"。然而,黑格尔在其法哲学中刻意将国家与市民社会区别为两种在理

---

① [德]黑格尔:《法哲学原理》,范扬、张企泰译,196页。
② 同上书,197页。
③ 同上书,204~217页。
④ 同上书,201页。
⑤ 同上书,217~248页。
⑥ 同上书,248~252页。

念层面上等级不同的秩序形态,这就意味着我们要跟随着黑格尔的思路,对作为理念形态的国家如实地做出不同于流俗的理解。首先,就个人与"国家"之间的关系而言,黑格尔指出,市民社会的政治原则是社会契约的原则,它以"保证和保护所有权和个人自由"为使命。也就是说,在市民社会这种秩序形式下,原子化的个体是人的本源存在样态,而"国家"或者公共机构(司法机关、警察、同业公会以及普遍等级)则是由外部强加于这个社会之上的。因此,在市民社会中,个人对"国家"享有绝对优位的权利,单个人可以凭其"任性、意见和随心表达的同意"①来左右"国家"的决策和行为;作为伦理秩序之最高形态的国家则不同,在这里,本源的东西是自在自为的客观意志,而"不论它是否被单个人所认识或为其偏好所希求"。黑格尔指出,在国家这一伦理形态中,单个人的"自由的主观性",仅只是"合乎理性的意志的理念"的一个环节,从而是片面的东西;它只有进入到对于客观意志的认识、理解和参与当中,才能摆脱其无止境的异化过程,而最终实现自我指涉,获得具有主体同一性的真正的自由。可见,黑格尔在"道德"环节提出的问题,也是到了国家环节才得到了具体的解决,其核心命题是:主观性、单个人必然从属于作为客观意志的国家,不仅仅是因为后者先验地优于前者,而且因为前者的自由以及主观同一性恰恰取决于其对于后者的自觉从属本身。

其次,就理念与外部现象之间的关系而言,黑格尔认为,我们要分辨清楚何者为第一性的东西,亦即何者是国家的"实体"。如果我们把一些外部现象——"匮乏的偶然性,保护的必要性,力量和财富等等"②——看作国家的实体,而将理念性的东西措置一旁,我们便会发现,黑格尔所说的市民社会中的"国家"与作为理念形态的国家之间并不存在本质性的差别。在这样的观点之下,我们往往只是将他们分别视为两种不同类型的政权组织形态,其间若有意识形态的参与,我们甚至还会对他们进行褒贬,例如,从自由主义的原则出发,我们会赞同黑格尔所说的市民社会中"国家"的地位和职能设定,认为"国家"应该是以保护私权为己任的外在机构,本身并没有独立的价值,其权力为私人所赋予,其职能不能超出保护私人基本人身财产权利的范围;若从共和主义的理念出发,我们则会支持黑格尔所说的作为理念形态的国家及其必然优先于个人的基本原则,而认为私人的权利应该服从于国家的公共性原则和伦理政治秩序。然而,在黑格尔那里,这种外部现象层面上的区分以及相应的价值判断,都是抽象而又次要的。黑格尔所说的作为最高伦理实体的国家,与其说是一种进行公共管理的机构或者一种政权组织形态,不如说是一种秩序理念;国家作为一种能动的客观精神的意义,要高于其作为一种外部制度的意义。因此,真正意义上的国家,是不容从外部来对其进行评断,也

---

① [德]黑格尔:《法哲学原理》,范扬、张企泰译,255页。
② 同上。

不容从其"个别方面"来给它"找茬子"的。① 自由主义的"国家"观固然与此种理念形态的国家观相去甚远,但共和主义若以此来贬低自由主义,往往也不过是五十步笑百步。因为作为理念形态的国家,不仅仅在外部现象的层面上表现出个人对于国家的服从,而且还在观念的层面上支配了个人的想象力,也就是说,参与到国家中的个人在根本上无法脱离国家这一同一性主体的理念框架,个人无论怎样去展开其自身的观念和思维,最终都只是回溯到国家自身的理念;或者甚至可以这么说,在国家的现实理念之下,个人观念的展开无非就是国家理念的展开本身。

最后,就理念发展进程中的普遍性任务而言,市民社会中的"国家"致力于将"特殊性""教养"成为"主观性",而理念形态的国家则最终要将"主观性"实现为"客观性"。市民社会中个别的人要满足他们的自然需要和任性,必须依赖于市民社会中的诸普遍性环节,这些环节包括需要的体系、司法以及警察和同业公会;而要与这些普遍性环节打交道,个别的人必须接受一定程度的公共教育,以成为可以相互沟通,并且能够为自己的行为负责或者有能力证成自己行为的道德个体(注意,是道德"个体"而非道德"主体",在市民社会这一环节,主体是伦理实体而不是个人),而道德个体的本质就是"主观性"。这样一个"教养"的过程有待于作为市民社会中的普遍环节的"国家"来完成。然而,"主观性"虽因"教养"而具备了普遍性的形式,但它始终只是一种可能性,其距离必然性的现实自由,还有一道亟待逾越的鸿沟,精神要通过将"主观性"转化为"客观性"来实现这一跨越。所谓"客观性",在这里就意指作为意志主体的伦理实体"以自身为它的规定,因而符合它的概念,并且是真实的意志"②,也就是说伦理实体中的一切秩序设定和制度运作都不是人为的或者外部强加的,而是完全内生自发,并且符合普遍性目的的。这一转化只有在理念形态的国家中才能得以完成。

理念形态的国家作为自由意志辩证发展的最高顶点,其自身也包含着三个环节:

立法权,即规定和确立普遍物的权力;
行政权,即使各个特殊领域和个别事件从属于普遍物的权力;
王权,即作为意志最后决断的主观性的权力,它把被区分出来的各种权力集中于统一的个人,因而它就是整体即君主立宪制的顶峰和起点。③

在这三个环节中,王权是集大成者。黑格尔指出,王权本身包含着理念形态国家的所有三个环节,即作为立法权的"国家制度和法律的普遍性"、作为行政权的"特殊对普遍的关系的谘议"以及作为王权的"自我规

---

① [德]黑格尔:《法哲学原理》,范扬、张企泰译,259页。
② 同上书,34页。
③ 同上书,287页。

定的最后决断"①。因此在某种程度上可以说,君主意志的最后决断,就是理念形态的国家本身;其与包纳它的理念整体的区别在于,后者尽管已经与现实世界相吻合,但它仍然是观念中的东西,它有赖于前者的最后决断来使它客观化、实在化;或者换句话说,后者仅仅将王权作为一个从最高的普遍理念中区分出来的抽象环节加以把握,而前者则最终扬弃了后者中的普遍性和特殊性环节,真正地将单一性客观地实现了出来。

黑格尔强调说,国家中各个环节的职能和权力,无论在它们本身中,还是在作为国家公职人员的个人的特殊意志中,都没有独立而稳固的基础。他们最后的渊源在国家的统一中,也就是在它们的"简单自我"中。这个"简单自我"就是扬弃了其自身一切特殊性,"制止了各执己见相持不下的争论,而以'我要这样'来做结束"的国家主权,而国家主权的体现就是王权本身。然而,王权最初也只是一种主观性的普遍思想,还只是国家中的"个人因素本身"。它需要一个现实的主体才能得以实现,而这个主体就是一个自然人——君主。

> 但是,作为无限的自我相关者的人格和主观性,只有作为人,作为自为地存在的主体,才更加无条件地具有真理性(即自己最切近的直接的真理性),而自为的存在也正好就是单一体。国家人格只有作为一个人,作为君主才是现实的。人格表示概念本身,人同时还包含着概念的现实性,而且概念也只有当它这样被规定的时候,才是理念,才是真理。②

> 国家意志的这种最后的自我,抽象地说来是简单的,所以它是直接的单一性;因此,其概念本身就包含着自然性的规定;因此,君主作为这样一个从其他一切内容中抽象出来的个人,天生就注定是君主尊严的化身,而这个个人被注定为君主,是通过直接的自然的方式,是由于肉体的出生。③

来到这里,我们才恍然发现,原来"人格"这一概念并没有因为道德环节和伦理环节的层层否定而消逝,而是在理念的发展过程中持续地保存着自身,积蓄正反两方面的力量,最终在理念实现的顶峰以最自然、最直接、最具体的形式再次横空出世,成为黑格尔法哲学体系中一个名副其实的"暗杠"。至此,我们不禁要问,"人格"究竟是如何在客观伦理秩序的重重围困之下再次脱颖而出的呢?黑格尔建构这样一个首尾呼应的法哲学体系,其目的又何在呢?我们有必要再重新回顾一下黑格尔法哲学中自由意志理念的实现过程。

---

① [德]黑格尔:《法哲学原理》,范扬、张企泰译,292 页。
② 同上书,296 页。
③ 同上书,301 页。

第六节 结语

一、黑格尔法哲学逻辑的再梳理

在本章的开头,我们已经了解到黑格尔所处时代的欧洲思想状况。当时哲学的主要目标在于建立人的意志自主性,以填补上帝被理性批判后所留下的信仰空隙。黑格尔就是从这一时代思想状况的前提出发来建构其法哲学体系的。他否定了康德从经验批判入手来建构理念人的方法,而是以自在自为的自由意志本身为出发点,来展开这一最高理念"深入自身"的过程。他首先将自在自为的自由意志定义为以占有外物为其实践意向的直接"人格",但他发现这一"人格"是没有节制的,如果没有来自其他"人格"的暴力和征服,它会无限度争夺下去。于是黑格尔发现了"承认"的重要性,如果没有"人格"之间相互承认的自由,"人格"本身的自由是无法真正实现的。因此,自在自为的自由意志扬弃了抽象法环节的自我认识,而将自己重新定义为以获得"承认"为其实践意向的"道德主体"。然而,"道德主体"并不比"人格"更节制,所不同的只是它有"善"这一抽象的价值为其掩护;其行为实质是"良心"还是"恶",往往只在一念之间。黑格尔从而又意识到,只有个体的主观诉求,而没有客观的标准,真正的自由依然无法落实。于是自在自为的自由意志改弦更张,不再专注于主观的"人格",而转以现成的伦理秩序作为其实现的素材。

伦理秩序的自由,体现在两个方面,一是伦理秩序本身的整合程度,这是其普遍性环节;一是在伦理实体中生活的个体的自由程度,这是其特殊性环节。对于"家庭"这一伦理实体而言,其在秩序整合的意义上实现了最大程度的自由,但是个体在其中毫无自主性,属于完全"没入于它的客体或状态的意志",是"儿童的意志"、"伦理性的意志"、"奴隶的意志"和"迷信的意志"。于是,"家庭"被以特殊性和个体自由为原则的"市民社会"扬弃了。

"市民社会"通过"需要的体系",实定的法律制度及其司法适用,以及"警察"(行政机关)和"同业公会"来实现秩序的整合。但这一系列整合模式存在两个缺陷:其一,它们是作为对于个体而言外在的、偶然的规制体现出来的,而并没有在个体的内心形成必然的关于普遍自由秩序的确信;其二,在"市民社会"中,客观外在秩序的存在并没有让个体真正摆脱"道德主体"的主观性,他们仍然从自身利益以及个人的特殊教养出发,来主张各自道德价值判断的正当性,并力图对整个政治秩序构成影响。然而,"市民社会"这一伦理实体又不具有整合这些截然不同的价值判断的能力,因此,它只能在"诸神之争"下保持一种"中立"的状态,甚至在"假象"

619

的意义上并不呈现为一个有生命的主体。

黑格尔以当时君主立宪的普鲁士国家的理想形态作为其克服"市民社会"缺陷,构建最高伦理秩序理念的基本形式。他认为这样一种秩序理念既具有"市民社会"中等级和功能分化下的个体自由,又能保证这种个体自由以认识到普遍性的伦理秩序为前提。也就是说,在这一秩序理念中,秩序整合与个体自由是内在地并行不悖的。只有这样,伦理秩序的理念才算超越了"市民社会",并真正达到了自我实现、自我认识的自在自为的自由意志。然而,"国家"这一最高伦理秩序理念此时还仅只是一个可行的自由方案;它还有一个更加重要的问题没有解决,那就是"国家"在当时观念条件下的现实性和必然性,即它作为单一伦理实体的主权正当性问题。

"国家"之超越"市民社会",仅凭其秩序整合的效能是不够的,它还必须是一个具有精神的、有机统一的单一活体。也就是说,无论其内部在功能和组织上如何分化,都不会影响"国家"本身的单一性,同时,"国家"的诸构成环节无论如何都不被认为具有观念上独立的价值。这就要求这些构成环节和"国家"之间不能是服从与被服从的关系,而是它们与"国家"本来就共享同一个"灵魂"。因此,我们唯有确证这一既区分又同一的"灵魂"在"国家"中的现实存在,才能真正使单一主权正当性的主张得到普遍承认。

过去,这种"灵魂"只能在上帝身上找到,这是因为在理性没有得到充分发展的前提下,只有在上帝这一对于人类的理智而言不可思议的神物身上才能实现"区分"与"同一"这二者之间的辩证统一;而在黑格尔所生活的时代,由于新教的影响,上帝在伦理秩序统合的意义上已经被祛魅,这一"灵魂"的担纲者,除了"人"本身,别无他选。于是,黑格尔把作为君主的"人格"再次推上了自在自为的自由意志的"马鞍"。这一次"人格"的出现,与"抽象法"阶段的"人格"有着以下两点本质的区别:其一,君主体现了"人格"的整全性。君主的"人格"是自由理念系统无限区分下的一个有机功能环节,君主通过履行其纯粹的决断职能来表象出理念整体;其二,君主体现了"人格"在决断上的无限自由。君主作为单一主权国家内部的"人格"本身,是"一"而不是"多",故其行为和决断不涉及相互承认的问题。

因此,作为君主的"人格",一方面是单一主权的正当性来源,这是因为它彻底摆脱了宗教神学的束缚,宣示并彰显出人的理性自主和尊严这一核心的现代观念;另一方面则是"人格"本身的自主实现,即作为一个具体自然人的君主能够像"人格"的概念一样,抽象于个体的特殊冲动、情欲和倾向,而全凭"没有根据"的自我来做出决断。

二、余论——黑格尔的理论策略及其失败

综上所述,我们发现那些批判黑格尔在《法哲学原理》一书中倒行逆施,为旧制度辩护的言论,在我们深入探讨黑格尔理论逻辑的努力之下,已经不攻自破了。黑格尔深刻地意识到,"市民社会"的状况就是当时欧洲乃至全世界最先进的英法两国的现实政治和伦理状况。由于英法市民革命对于整个欧洲的巨大影响,德意志民族的现实政治秩序虽然仍处于"旧制度"的束缚之下,但其在观念上也认同甚至在更高的层面批判了"市民社会"的基本原则。这一现状集中反映在黑格尔所面临的多方理论挑战上。他既要反对已经腐朽没落,但在权力的包裹下苟延残喘的旧制度,又要与那些口口声声鼓吹"市民社会"的"民主"、"自由"价值,但实际上却是在道德乌托邦幻景的包装之下,为更加反动的封建贵族秩序和新教神学秩序张本的政治的浪漫派作斗争。这就决定了他不能止步于"市民社会"的理论阐释,而是要通过构建一套繁复的理论来呈现出一种全新的秩序理念。他强调这种秩序理念必须以德国的现实秩序资源为基础,这是因为如果完全无视19世纪德国尚不具有成熟的市民阶层这一事实,而一味地以英法为师,则非但无法在观念上超越"市民社会",而且"市民社会"的基本原则还会为容克土地贵族所利用,作为其反对具有改革倾向的王权、镇压平民运动的意识形态工具。

鉴于16、17世纪欧洲"开明专制"的某些成功经验,黑格尔把希望寄托于绝对主义君主和以其为主权代表的民族国家的建构之上,通过对君主和民众进行近代政治和法律价值的观念(哲学)教化,来推动社会变革的进程。然而,其努力的结果如何呢?我们可以看到,在黑格尔的理论中,近代的价值理念沿着其本身的逻辑线索得到了进一步的发展,黑格尔用这一在观念中发展后的理念反过来又对欧洲先进国家的现实制度进行了十分中肯的批判;然而黑格尔也许没有意识到,虽然这种理论范式高度契合了德意志的民族心理,但这样一来,德国腐朽落后的社会现实,在这一系列近乎理想的观念和价值面前,却显得愈发可怜了。这就导致理想越来越不可接近,现实也越来越缺乏良性改变的动力。1848年席卷整个欧洲的反对旧制度余孽的革命还是不能幸免,也就是这次革命,才在真正意义上把德意志推向了统一民族国家建构的蹒跚道路。

让我们以马克思在其名著《黑格尔法哲学批判》中的一段话来为整章作结:

> 正像古代各族是在幻想中、神话中经历了自己的史前时期一样,我们德意志人是在思想中、哲学中经历自己的未来的历史的。我们是本世纪的哲学同时代人,而不是本世纪的历史同时代人。德国的哲学是德国历史在观念上的继续。因此,当我们不去批判我们现实历史的未完成的著作(oeuvres incomplètes),而来批判我们观念历

史的遗著(oeuvres posthumes)——哲学的时候,我们的批评恰恰接触到了本世纪所谓的问题所在!(that is the question!)的那些问题的中心。在先进国家是同现代国家制度的实际脱离,在甚至还没有这种制度的德国,首先却是同这种制度的哲学反映的批判脱离。①

思考题

1. 简述黑格尔法哲学体系中"法"这一概念的不同层次的含义。
2. 简述黑格尔法哲学中"法"、"人"、"神"之间的关系。
3. 简述君主在黑格尔所构想的君主立宪制整体中的地位和价值。
4. 黑格尔的国家观与20世纪的极权主义国家实践有无联系?是如何联系起来的?
5. 就《法哲学原理》中所展现的观点,谈谈黑格尔的论敌。

阅读文献

1. [德]黑格尔:《法哲学原理》,范扬、张企泰译,北京,商务印书馆,1961。
2. [德]黑格尔:《黑格尔早期神学著作》,贺麟译,北京,商务印书馆,1988。
3. [德]黑格尔:《精神现象学》,上、下册,贺麟、王玖兴译,北京,商务印书馆,1979。
4. [德]康德:《法的形而上学原理——权利的科学》,沈叔平译,北京,商务印书馆,1991。
5. [德]马克思:《黑格尔法哲学批判》,中共中央马克思、恩格斯、列宁、斯大林著作编译局译,北京,人民出版社,1962。
6. [法]科耶夫:《黑格尔导读》,姜志辉译,南京,译林出版社,2005。
7. [美]罗伯特·皮平:《黑格尔的观念论——自意识的满足》,陈虎平译,北京,华夏出版社,2006。
8. [加]查尔斯·泰勒,《黑格尔》,张国清、朱进东译,上海:译林出

---

① [德]马克思:《黑格尔法哲学批判》,中共中央马克思、恩格斯、列宁、斯大林著作编译局译,7页,北京,人民出版社,1962。

版社,2009。

9. ［意］洛苏尔多:《黑格尔与现代人的自由》,丁三东译,长春,吉林出版集团有限责任公司,2008。

10. Frederick C. Beiser ed., *The Cambridge Companion to Hegel*, Cambridge University Press, 1993.

11. A. W. Wood, *Hegel's Ethical Thought*, Cambridge University Press, 1990.

第三十章 德国历史法学

第一节 德国历史法学的兴起及其思想背景

一、德国历史法学的兴起

法学研究普遍使用历史方法,发端于11世纪意大利波伦亚(Bologna)注释法学派的罗马法研究。其后,评注法学派、优雅法学派、人文法学派也大量研究法律史。但这些流派的学者只是把历史作为研究素材,甚至显示其博雅的标志,并未思考历史与法律的深层关联。德国历史法学则视历史为现实法律规则的制约力量、生成力量与法律意义体系的最终源泉。

德国历史法学可追溯到18世纪的托马修斯(Thomasius),他将古老的理性法转化成了相对的、"历史性的"法。[1] 历史法学诞生于哥廷根大学,其创始人是胡果(Gustav Hugo,1764—1844)。他不仅提出了历史法学的基本法学思想,还明确将历史法学与哲学法学、法教义学并列,使其成为法学三大基本研究方法之一。[2]

但作为法学流派之一的历史法学,则是由萨维尼(F. C. von Savigny)推动建立的。其诞生有两个明显标志:

(一)蒂博与萨维尼的论战

1814年,蒂博(F. J. Thibaut)针对当时德国邦法林立的混乱法律格局,呼吁德国制定统一民法典。萨维尼同年发表了著名的论战文章《论当

---

[1] [德]维亚克尔:《近代私法史》,下册,陈爱娥、黄建辉译,351页,上海,上海三联书店,2006。

[2] 参见谢鸿飞:《法律与历史:体系化法史学与法律历史社会学》,38页,北京,北京大学出版社,2012。马克思也将胡果作为历史法学派的创始人。参见[德]马克思:《法的历史学派的哲学宣言》,载《马克思恩格斯全集》,第1卷,105页,北京,人民出版社,1956。

代立法与法学的使命》。该文并非为论战而作,萨维尼原计划将其作为《中世纪罗马法》的导论,用于论战纯属巧合。

蒂博与萨维尼都认为,德国需要一部统一的民法典。双方论争的焦点有二:一是制定什么样的民法典?二是制定民法典的时机是否成熟?首先,萨维尼反对欧洲法典化时期的自然法学立法理论,即认为法学家可以依凭卓绝的理性努力,与历史全然割裂,制定完美的法律,开启全新的法律时代。他坚信,法典的基础不是理性,而是民族生生不息的社会生活与民族精神。对依据自然法观念制定的《普鲁士普通邦法(ALR)》《法国民法典》与《奥地利民法典》,他都评价甚低,所以他绝不容忍德国步其后尘,以粗疏的自然法观念仓促草就华而不实的德国民法典。萨维尼以典雅优美、饱含激情的文字,强有力地说明了法律的真正源泉,表达了历史法学的基本思想。其次,他指出,当时德国的法学尚无力为一部优秀的民法典提供理论支援。若率尔操觚,只会使不成熟的法学固定下来,阻碍法学发展与法律生长。① 饶有趣味的是,蒂博的论文也流露了历史法学的思想,如认为罗马法之所以不能成为德国未来民法典的基础,是因为德国人没有罗马民族的观念。② 这一论战以萨维尼赢得盆丰钵满告终,德国制定民法典的计划也因此推后数十年。

(二)《法律史杂志》创刊

1815年,萨维尼与爱希霍恩(K. F. Eichhorn)、格森(J. F. L. Göschen)共同创办了《法律史杂志》。这是历史法学诞生最重要、最直观的标志。在发刊词中,萨维尼明确把法学区分为历史学派与非历史学派。③ 由此,萨维尼正式成为历史法学的代表人物,因他在柏林大学任教,历史法学的重镇也由哥廷根大学移至柏林大学。

直到1840年,在历史法学已蔚为法学研究的主流,法典化争议也尘埃落定时,萨维尼才在《现代罗马法体系》(第1卷)的"序言"中说明,他使用"历史学派"这一名称只是为了矫正法学的时弊,无意贬低其他研究方法,现在,"所有的学派之争都应停歇,所有的学派名称都应取消"。④ 一段学术恩怨就此烟消云散。

---

① [德]萨维尼:《论立法与法学的当代使命》,许章润译,121、32页,北京,中国法制出版社,2001。

② [德]蒂博:《论制定一部德意志统一民法典之必要性》,傅广宇译,载《比较法研究》,2008(3)。

③ F. C. von Savigny, "Über den Zweck dieser Zeitschrift", Zeitschrift für geschichtliche Rechtswissenschaft, (Hrsg. von F. C. v. Savigny, C. F. Eichhorn u. J. F. L. Goeschen), 1815, Bd. I., S. 2.

④ F. C. von Savigny, System des heutigen Römischen Rechts, Bd. I., Berlin, 1840, "Vorrede", BS. XIII, XVI.

二、德国历史法学兴起的思想背景

德国历史法学的兴起,既与法国大革命后欧洲历史主义与实证观念的兴起密切相关,也是德国当时独特的社会思潮在法学中推进的结果。

(一) 历史主义与实证观念

法国大革命是欧洲最为关键的政治事件与思想事件之一。对它的反思同样也是欧洲思想的重要部分,被称为"西方思想史上最伟大的思想革命之一"的历史主义就是反思法国大革命的硕果。① 历史主义强调国家、事件与法律的相对性与个性,重视真实的经验与社会生活过程,否定存在先验的、普适的历史规律、国家建构原则与法律规则。法国大革命后,自然法观念几乎崩溃,历史法学应运而生,正如基尔克(Otto von Gierke)在1903年的讲座中指出:"法律的历史观念当然不是什么新东西。但在18世纪最后30年,它才成为反对激进自然法的潮流出现……法律历史观念所认定的法律的真实内容与对法律终极目的的哲学玄思不同。"②

自然法观念衰落的另一个结果(同时也是原因)是实证观念的兴起。历史法学同样强调用实证材料(如罗马法、日耳曼法)尤其是法律史材料,而不是用自然法学的玄思来建构法律。"19世纪的德国法学揭示了法律的历史本质,这就使我们的世界不再是一个玄思的体系,而是一个明白的、真实的世界。"③

(二) 德国文化民族主义

自16世纪开始,德国文化就深受法国文化的影响。虽然早在宗教改革时期,路德就创立了德意志自己的民族语言,但德语一直被看成粗俗的语言,就连腓特烈大帝也心仪法国文化,而对德国文化嗤之以鼻。此外,德国国力极其弱小,在与法国的战争中屡战屡败。1806年,拿破仑结束了"德意志民族的神圣罗马帝国"的统治。这对奉自己为罗马帝国正统传人的德意志人来说,不啻为灭顶之灾,但德意志人沉睡的民族意识和民族自尊也因此被唤醒。

近代德国的民族主义被称为文化民族主义,即通过文化认同促成国家统一。文化民族主义要求驱逐法国文化,确认德意志民族的共同文化。要实现这一目的,就必须动员全德意志人发掘德意志民族充满荣耀与光辉的历史,建构统一的德意志"民族精神"和各种文化形式。当时德国文学艺术领域的浪漫主义与狂飙突进运动、经济学中的历史主义、历史学对

---

① F. Meinecke, *Historism: The Rise of New Historical Outlook*, trans. J. E. Anderson, London: Routledge & Kegan Paul, 1972, p. ivi.

② O. von Gierke, Die historische Rechtschule und die Germanisten, Berlin, 1903, S. 5; S. 8.

③ O. von Gierke, Naturrecht und Deutsches Recht: Rede Zum Antritt des Rektorats der Universitat Breslau, Frankfurt a/M, 1883, S. 7.

中古德国史的研究全都致力于构建德意志民族文化共同体。

（三）浪漫主义

德国浪漫主义主要体现在文学艺术领域，但同时也是一种哲学思潮。它关注历史与个体的个性，恢复了被启蒙运动遮蔽与压制了的感性。历史法学分享了浪漫主义的精神与理念，正是浪漫主义对历史独特性的强调，尤其是赫尔德的历史与人类学哲学思想，促成了历史法学的诞生。①

第二节 德国历史法学的流派

一、罗马法学派

罗马法学派以萨维尼及其弟子普赫塔（G. F. Puchta）等为代表，其研究对象是罗马法原典。

罗马法学派研究的罗马法有两个特点：一是仅研究罗马私法；二是仅研究罗马法文本。他们研究的不是经中世纪注释法学派和评论法学派加工后的罗马法，也不是经德国司法实践改造过的罗马法，即"罗马法现代适用"（usus modernus），而是原典罗马法。他们理解的罗马法史也是文献史，而非罗马法与政治、经济、社会生活交互影响的真实历史。

罗马法学派高度评价原典罗马法与罗马法学家。萨维尼认为，罗马法高度纯熟，堪称法律典范。罗马法学家卓伦不群，创造了诸多法律原则与概念并能娴熟运用。② 从这一判断出发，罗马法学派均认可胡果对罗马法的基本判断——"罗马法是自然法"。萨维尼指出，"罗马法表面上是按照个人或者民族适用的，但从其内在性质看，它确实是共同法。在某种意义上，它已经成了欧洲的共同法"③。普赫塔在回顾欧洲各国继受罗马法的历史后，认为古罗马法就是"世界法"（Weltrecht）了："经由古典法学家及后世的修正（即帝政时期的立法），罗马法整体上已具有卓越的品质。它是一部世界法，可以适用于秉性殊异的民族。事实上，这早在罗马时代就被证明了，因为罗马帝国就是由秉性不同的各民族构成的。"④

罗马法学派的研究实践与其历史法学的主张完全背道而驰。依据历史法学观念，法律是民族精神的体现，而罗马法并非德意志民族的法律，显然，通过研究罗马法为德国民法典提供学术支持无异于南辕北辙。况

---

① ［德］雅科布斯：《十九世纪德国民法科学与立法》，王娜译，23～24页，北京，法律出版社，2003。
② ［德］萨维尼：《论立法与法学的当代使命》，许章润译，22～23页。
③ F. C. von Savigny, Geschichte des römischen Rechts im Mittelalter, Bd. I 1 Aufl. Heidelberg, 1834，S. 182-183.
④ G. F. Puchta, Das Gewohnheitsrencht, Bd. I Leipzig, 1828，S. 202.

627

且,即使研究罗马法,也应该研究德国司法实践中那些被改造过的罗马法,而不是原典罗马法。

罗马法学派通过对法律史素材进行加工、提炼与抽象,建构了潘德克顿民法学体系。在罗马法学派看来,这套体系脱离了语境与时空限制,可以不依凭任何社会土壤生长,是放之四海皆准的概念、原则与规则体系。耶林的名言"经由罗马法,但超越罗马法"(durch das römische Recht, aber über dasselbe hinaus)说的就是这个道理。正是这套从罗马法抽象出来的体系法学为《德国民法典》提供了坚实的法学基础,《德国民法典》基本上是潘德克顿体系的法典化表达,只有极少德国固有法——日耳曼法的内容。这可谓德国历史法学最悖谬的果实。

二、日耳曼法学派

日耳曼法学派的研究对象是德国固有法,其主要代表人物是爱希霍恩(K. F. Eichhorn)、雅各布·格林(J. Grimm,《格林童话》作者格林兄弟中的哥哥)和基尔克等。法学成就与影响最大的是基尔克。

日耳曼法学派研究的出发点是:罗马法是异族法,非日耳曼的民族法。日耳曼法学派的目标有二:

第一,发现、搜集并编纂真正属于日耳曼民族的固有法。德国没有堪比《国法大全》的经典法律文本,因此,日耳曼法学派首先需要编纂德国法文本。1823 年,格林出版了《早期日耳曼法制度》(Deutsche Rechtsalterthümer)。

第二,建构德国的法律体系尤其是私法体系,以抗衡《国法大全》和"罗马法现代适用",削弱罗马法的权威。1848 年萨维尼出版其罗马法著作时,日耳曼法学派法学家也越来越多地使用体系方法,爱希霍恩、吉尔贝尔(Gerber)、赖舍尔(Reyscher)、贝斯勒(G. Beseler)与基尔克都构建了"德国私法的潘德克顿体系"。除私法领域外,日耳曼法学派在公法领域也取得了重要成果,如爱希霍恩的四卷本《德国国家与法律史》(Deutsche Staats-und Rechtsgeschichte,1808—1825)。

在德国法典化期间,日耳曼法学派的学术兴趣突变,从关注上古、中古时期的法律渊源,转向研究如何满足德国工业社会的法律需要。因罗马法学派主宰了德国民法典的起草工作,日耳曼学派就转向了企业法、票据法、海商法、竞争法、矿产法与保险法等领域。

与罗马法学派相比,日耳曼法学派学者的气质与研究风格更接近浪漫主义,尤以雅各布·格林和基尔克为甚。如格林 1816 年在《法律史杂志》发表了《论法的诗意》一文,解释法律是如何构成人类社会的基本关系的。与维柯一样,格林强调古代人强旺的感觉力和生动的想象力。德国继受罗马法之前,德国法就是诗,法与诗的共同点都在于象征(如不动产所有权转让中的仪式)。通过诗意地阐释德国法,可以证明德国各地区的法律共性有其历史基础。①

三、两派的关系

在历史法学派初创时期,两派齐心协力,奔走呼告,关系融洽。创始人之间的友好关系也决定了两派的和平共存,如萨维尼与日耳曼法学派的爱希霍恩、格林友谊深厚。萨维尼本身也不反对研究德国法,他认为,德国法虽然欠缺罗马法的纯熟,但德意志法也有其优点,必须深入研究。② 在萨维尼的权威可以将历史法学派整合在一起时,两派的冲突并不明显。

1830年后,两派逐渐分道扬镳,体现为以下三个事件:

(一)《德国法与德国法学杂志》的创办

1839年,瑞舍尔和维尔达(Wilda)主办了《德国法与德国法学杂志》(*Zeitschrift für deutsches Recht und deutsche Rechtswissenschaft*),专门刊载有关德国法的论文,以建构真正的德意志本土法学。日耳曼法学派学者的团结进一步巩固。

(二)普赫塔与贝斯勒的论战

1828年,普赫塔出版了《习惯法》一书(两卷),其要义是习惯法本身尚不足以独立成为有效的法律,而必须假专业法学家之手,所以,在法律的形成过程中,习惯法意义甚微。③ 这无疑背叛了历史法学派的理论硬核,否认了法律是由民族精神决定的。这让日耳曼法学派大为反感。两派之间长期被有意压制的矛盾开始公开化。

1843年,贝斯勒出版了与普赫塔针锋相对的《民众法与法学家法》一书。贝氏坚持历史法学派的基本观点,认为民族具有创造法律的能力,民众法才是真正的法律,其价值远胜法学家法。"无条件地全部接受罗马法,必然会压迫、扭曲德国本土的法律生活,这一直是德国民族的不幸(Nationalunglück)。"④

(三)日耳曼法学家大会

1840年,日耳曼法学派在热心政治的自由主义者贝斯勒与瑞舍尔的领导下,反对罗马法学派无视德意志本土的法律,不参与本民族的政治事务,与罗马法学派最终分裂。为团结日耳曼学者,瑞舍尔倡议召开日耳曼学者会议,得到了格林、贝斯勒等人响应。第一次与第二次日耳曼学者大会分别于1846年和1847年召开。第一次会议有包括法学家在内的200

---

① *Jacob Grimm*, Von der Posie im Recht, Zeitschrift für geschichtliche Rechtswissenschaft, Bd. II 1816, S. 25.
② [德]萨维尼:《论立法与法学的当代使命》,许章润译,87页。
③ *G. F. Puchta*, Das Gewohnheitsrencht, Bd. I Leipzig, 1828, Ch. 1.
④ *G. Beseler*, Volksrecht und Juristenrecht, Leipzig, 1843, S. 41-43.

多名日耳曼学者与会。① 1847年,第二次大会在吕贝克召开。两次会议均由格林担任大会主席。会议讨论的主题是日耳曼固有法及其如何适应时代更新,如陪审法庭(Schwurgericht)、汇票制度与商法典。

第三节 德国历史法学派的代表人物

一、萨维尼

萨维尼是19世纪最有名也是影响最大的法学家。他1779年2月21日出生于莱茵河畔法兰克福的一个公务员家庭,家族富足无忧。他13岁时父母双亡,成了家族唯一的后裔。

1795年,萨维尼入马堡(Marburg)大学法律系学习,师从刑法学家鲍尔(Anton Bauer)与民法学家魏斯(P. F. Weis),并深受后者法律史研究的影响。1796年冬季,入哥廷根大学学习,在此期间听过胡果的课程。一学期后,又回到马堡大学。1800年,在马堡大学获博士学位。1801年冬,萨维尼以编外讲师的身份讲授私法。1803年,年仅24岁的萨维尼出版了《论占有》(Das Recht des Besitzes),一鸣惊人,蒂博称其为杰作。同年被任命为副教授。

1810年秋,普鲁士教育改革的成果——柏林大学建立,著名哲学家费希特担任校长。萨维尼于1811年被选为学术委员会的首席学者,分管哲学,任职25年。1812年4月,费希特辞去校长职务,萨维尼继任。

1817年,普鲁士成立枢密院(Staatsrath),萨维尼担任委员(长达30年),同时兼任普鲁士不动产管理委员会委员。1819年,他成为莱茵省高级法院法官。1820年担任普鲁士法典修改委员会成员。1822年起,萨维尼饱受头痛之苦,曾长期疗养两次。19世纪30年代,萨维尼在事业和生活上都遇到挫折。1835年开始撰写《现代罗马法体系》(1840—1949年出版)。

萨维尼虽然有政治抱负,也付诸实践,但他对社会变革的保守甚至迂腐姿态,使其在政坛屡屡失意。1840年普鲁士发生政变,新国王威廉四世是他的学生,稍后其好友爱希霍恩担任教育部长。萨维尼的政治春天终于来临,其学术影响力也如日中天。1842—1848年,萨维尼任普鲁士立法部长,但他对立法坚持一贯的审慎与节制态度,故其立法成就乏善可陈,仅在婚姻法和票据法改革方面略有建树。1847年,萨维尼被选为枢密院主席,稍后又担任内阁主席。1848年的"三月革命"结束了萨维尼的

---

① H. Schlosser, Grundzugeder Neueren Privatrechtsgeschichte, 9. Aufl., C. F. Mueller, 2001, S. 161.

政治生涯。1855年,国王任命他为皇室顾问和上院成员。1861年10月25日,萨维尼在柏林去世。

萨维尼的学术贡献可以概括为五方面:

第一,第一次系统奠定了现代法学的方法论基础。在胡果的方法论研究基础上,萨维尼同时提出了法学研究的"体系方法"和"历史方法"。前者以后者为基础,因为后者提供材料,前者提供法学的形式和本质。① 萨维尼强调以实在法代替自然法,法律的内容必须从历史中获得,而无法通过理性从先验概念与原则中获得。这些方法的运用使法学在欧陆国家真正成为一门学科意义上的"科学"。他的方法论也影响了新理想主义者、历史主义者和法社会学家。②

第二,使历史法学真正成为一种法学流派。萨维尼全面深入地阐述了历史法学的基本主张与观念,连日耳曼法学者都心折首肯。此外,他对"历史法学"的冠名、典雅的论战文风、法律与语言的精妙对比,使历史法学的主张不胫而走。

第三,推动了罗马法研究,开创了德国罗马法研究的现代传统。他最有名的罗马法史研究作品是《中世纪罗马法史》(6卷本)。它研究了500年至1500年西欧各国罗马法的法律渊源、学说和教学的历史。该书最重要的目的是论证罗马法在中世纪并未湮灭,而是通过各种方式留存、延续在各种制度和社会生活中,由此证明罗马法与现行法学体系、实在法的紧密关系。他以法学家依内留斯(Irnerius)为界,将中世纪罗马法分为依氏前6个世纪和依氏后4个世纪。③ 他的《现代罗马法体系》、《论占有》及诸多论文也都以罗马法为研究对象。萨维尼的罗马法研究与注释法学派、评注法学派不同,它并非简单阐述罗马法或运用罗马法解决现实司法实践问题,而是以罗马法为素材,提炼抽象的民法概念与规则。这种结合"体系方法"与"历史方法"的罗马法研究方法,最终形成了现代民法(学)体系。

第四,奠定了现代民法学理论体系。8卷本的《现代罗马法体系》奠定了现代民法学的基本体系,对民法教义学及《德国民法典》都产生了深远影响。他的法律行为、合同、意思表示错误、代理、处分行为、抽象债务契约、不当得利等理论研究,都是对罗马法的重要发展,也构成了现代民

---

① [德]萨维尼:《萨维尼法学方法论讲义与格林笔记》,杨代雄译,99页,北京,法律出版社,2008。

② [德]约阿希姆·吕克特:《未被认识到并且未获承认的精神遗产——萨维尼对于1900以后的德国法学的影响》,盛桥仁译,载许章润主编:《萨维尼与历史法学派》,378页,桂林,广西师范大学出版社,2004。

③ F. C. von Savigny, Geschichte des römischen Rechts im Mittelalter, Bd. I 1 Aufl. Heidelberg, 1834, "Vorede", S. ix.

法学的重要内容。① 可以说,没有萨维尼,就没有今天的民法学;没有萨维尼,就没有《德国民法典》,至少民法学与《德国民法典》不是今天的内容与风格。

第五,奠定了近代国际私法理论体系。《现代罗马法体系》(第8卷)为构建统一的国际私法法律适用秩序,主张各国应普遍适用的冲突规范确实存在。只要找出法律关系本座的所在国,就可以径直适用该国的法律。它把涉外民事关系分为"人"、"物"、"债"、"行为"、"程序"等几大类,并且指出了相应的"本座法"②。这种主张回应了国际社会交往不断增加、国家间主权平等的需求,因而被广为接受。萨维尼也被称为"近代国际私法之父"。

二、基尔克

日耳曼学派影响最大的学者是柏林大学教授基尔克。1841年1月11日出生于什切青(Stettin,今属波兰)的一个法官家庭。与萨维尼的命运类似,基尔克14岁时父母双亡。

从1857年始,基尔克先后在柏林和海德堡学习法律。1865毕业入法院工作。1867年在柏林完成教授资格论文《共同体法》。1871年任柏林大学的编外教授。1884年后转到海德堡大学,1887年再次回到柏林大学。1902年起任柏林大学校长。1911年,他获得贵族称号。1921年10月10日于柏林逝世。

基尔克研究的主要领域是日耳曼法、民法、商法、社会法与政治学理论,可谓百科全书式作家。

基尔克毕生都坚持历史法学派的基本观念与理论。汉语学界最为熟悉的是其法人有机体说,即认为法人作为人类社会生活中的组织体,与自然人一样具有生命力。③ 这是基尔克日耳曼共同体法研究的出发点。基尔克最重要的贡献是《德意志共同体法研究》(4卷本,1861—1899)。第1卷《德国共同体法的历史》,讨论德国有记载以来的共同体历史。第2卷讨论罗马法继受之前德国的"法人概念"(Körperschaftsbegriff),即"最广泛意义上的法人的历史及它是如何发展为国家的"。④ 第3卷讨论的是高古和中世纪的国家与法人理论。第4卷讨论现代国家与法人理论,阐

---

① *H. Hammen*, Die Bedeutung Friedrich Carl v. Savignys für die allgemeinen dogmatischen Grundlagen des Deutschen Bürgerlichen Gesetzbuches, Duncker & Humblot, 1983, S. 210.

② [德]萨维尼:《现代罗马法体系(第8卷):法律冲突与法律规则的地域和时间范围》,李双元等译,2页,北京,法律出版社,1999。

③ 参见史尚宽:《民法总论》,140页,北京,中国政法大学出版社,2000。

④ *O. von Gierke*, Das deutsche Genossenschaftsrecht, Bd. Ⅱ: Geschichte des deutschen Körperschaftsbegriff, Berlin, 1863, "Vorwort", S. vii.

述了 17 世纪中期以来法人制度的发展历程与 19 世纪初期的自然法理论。

基尔克在第 1 卷的首句中就表明了他研究共同体的基本立场是:"人到底是什么?这取决于他与其他人的联系。"①他反对当时盛行的法人拟制论(persona ficta),论证了法人有机体说的合理性与日耳曼组织体法的精髓——集体主义。这种集体主义重视邻里、同伴和合作关系,关注集体人格和共同体精神——这与罗马法的个人主义全然不同。他认为,德国的共同体是真实的、圆满的(wirklich und volle)法人,而不是罗马法上虚构的法人。② 这种团体人格论是与社会契约论相反的思路,可以开创出另一种国家权力合法性和个人权利正当性的论证逻辑。

自工业革命以来,国家权力愈发强大与膨胀,原子式的个人主义也日益盛行,这两种因素使传统团体消失殆尽。基尔克对上述两种新趋势都难以接受,他解决时弊的思路与滕尼斯类似,即区分社会(Gesellschaft)和社群(Gemeinshaft)。在此基础上,建立混合了共同体特征(Genossenschaften)与法团统治(Herrschaften)的新组织,这是集浪漫主义与日耳曼共同体于一身的友爱共同体,它不仅是成员经济合作、彼此利益最大化的经济组织,也是为成员提供归属感的社团。在这样的组织中,成员不会像在公司中那样感觉自己是没有意志的工具,相反,成员的人格还可以在组织中形成。它塑造的人格也并非自由主义的,而是具有团体精神的。③ 1868 年北德意志的《营业-经济共同体法》采纳了基尔克的一些观点。④

基尔克对民法学也作出了卓越贡献,他有关人格权、法人、债与责任的理论对后世都有影响。他追随爱希霍恩,为维护德国自身的法律传统,建构了完整的德国私法体系。他出版了《德国私法体系》(4 卷本)。第 1 卷为总论与人法,第 2 卷为物权法,第 3 卷为债法。在德国民法典的制定过程中,基尔克猛烈批判了德国民法典第一草案,呼吁民法典关注德国本土的民族性,而不是以空洞的理论和概念来组织规范;并主张德国民法必须回应德国当时的社会现实,增加社会主义的精神元素。

基尔克的核心思想多为后世纳粹思想家扭曲和滥用。他甚至还被作为纳粹思想的"先驱":一是他对德国民族精神的珍爱;二是对日耳曼共同体的精神思乡;三是对劳工的同情。

---

① O. von Gierke, Das deutsche Genossenschaftsrecht, Bd. Ⅱ: Rechtsgeschichte der deutschen Genossenschaft, Berlin, 1868, S. 1.

② O. von Gierke, Deutsches Privatrecht, Deutsches Privatrecht, Bd Ⅱ: Allgemeiner Teil und Personenrecht, Leipzig, 1895, S. 470.

③ O. von Gierke, Das deutsche Genossenschaftsrecht, Bd. I: Rechtsgeschichte der deutschen Genossenschaft, Berlin, 1868, S. 654ff.

④ H. Schlosser, Grundzuege der Neueren Privatrechtsgeschichte, 9 Aufl. C. F. Mueller, Heidelberg, 2001, S. 169.

第四节　德国历史法学的基本思想

一、法律是有机体

历史法学强调法律是一个有机体：其一，法律必须以特定的社会土壤为生存与发展的基础；其二，法律和生物一样，会经历复杂的生长过程。因此，法律不可能被"创造"，而只能"生长"，任何权力都不能恣意干涉它。历史法学派学者是通过法律与语言、法律与"民族精神"（Volksgeist）的关系来论证这一结论的。

（一）法律与语言的类比

萨维尼等历史法学派学者深受赫尔德和洪堡有关语言本质研究的影响。他们类比法律与语言，认为法律与语言一样，是内生于民族的。如萨维尼认为，"在人类信史展开的最为远古的年代，可以看出，法律已然秉有自身确定的特征，其为一定的民族所特有，如同语言、行为方式和基本的社会组织体制（constitution）。"①其后在《现代罗马法体系》（第1卷）中，萨维尼明确提出，语言是民族的外在标志。② 法律和语言一样是"民族精神"的一部分，民族精神则是民族特有的精神质素。因此，法律本质上是社会生活中的习惯，是"内在的沉默的力量"使它有机发展。

语言与民族、民族精神的关联在于，语言既是客观存在、可以识别的（这使民族有了外在的标志）物理现象，也是独特的思维方式、生活经验和意义网络的表达。法律与语言之所以可以类比，原因就在于语言的文化功能。如果语言是意义体系与人文世界的构造工具，那么法律也是这种工具，而且法律必须以语言表达。历史法学派从如下两方面完成了历史法学法律观的论证。

其一，法律与语言一样，都是民族标志。在作为民族标志方面，语言是外在的，法律则是内隐的，它存在于民族意识中，通过社会实践体现出来，故历史法学派学者反复讨论如何将民族意识中的法律显现出来。既然法律与语言都是民族生活实践的成分，也是民族精神的要素，这就足以证明任何法律都是民族的，不存在普适的法律；每个民族都有自己的语言，也有处理社会关系的特殊方法。故，历史法学反对以普遍理性为基准的、被抽空了民族性和地方性的、没有时间概念的永恒自然法，坚持法律是民族法。

---

① ［德］萨维尼：《论立法与法学的当代使命》，许章润译，7页。
② F. C. von Savigny, System des heutigen Römischen Rechts, Bd. I Berlin, 1840, S. 16; S. 19.

其二,证明了法律的历史连续性。法律与语言的共同性还在于能够世代相传,永不湮没。如果没有语言作为载体,民族文化就无法保存。法律在一代代人的口耳相传、身体力行中被继承,在民族的日常生活中呈现。法律的作者不是立法者,而是民族;不是可数的具体人,而是不可数的抽象人。萨维尼用语言与法律类比,也表明了民族法律不死的观点:法律像语言一样,可能发生变化,其中的一部分甚至可能湮灭,但是法律不会消失,就像民族的语言不会消失一样。法律连续性的物质基础在于,法律是共同的,正如语言是公共的。

（二）从语言到"民族精神"

法律之所以能与语言一样成为民族精神,是因为"民族"不仅是物质的,更是文化的,且德国观念更强调精神和文化层面的民族观念。法律表达的是民族的价值观,体现的是对社会关系的处理方式,当然与语言一样,是民族精神的体现。如果民族存在,民族就不能为"异族法"所统治或奴役。

这样,萨维尼从法律与语言的类比出发,进而将其过渡到民族精神,全面完成了历史法学派法律观的理论证成。

从"语言—法律—民族精神"的论证结构中,可以推导出历史法学最重要的结论:各民族的法律是独特的、有个性的。萨维尼将法律与人的身体、衣服类比:"人的身体是不可变更的,但他自身却是不断成长和发展的,因此,我将每个民族的法律视同它身体的一个组成部分,而不只是一件用以取悦别人的衣服,可以随意脱下,也可以与其他衣服更换。"① 温德沙伊德在《法律与法学》的演讲中也作过类似的比喻。

二、法律是社会生活

"法律是有机体"与"法律是社会生活"是一体两面。前者说明的是法律的独特性("民族精神"),后者则强调民族精神如何得以明确。

历史法学最核心的观念是:法律是民族生活的体现,它直接来自于民族的生活经验、精神和民族。萨维尼精辟地表达了这一观念:"在不同的时代,在同一民族中,法律乃是自然之法(natural law),与我们的'自然规则'(law of nature)的意义不同。"② 基尔克更是明确指出,法律与语言、宗教、风俗、经济和团体等一样,是人类共同生活的重要部分。它与共同体不断交互作用。③ 这些观点都说明,法律是根据民族生活自我演进与发展的。

---

① 李双元、吕国民:《萨维尼法学实践中一个矛盾现象之透视》,229 页,载许章润主编:《萨维尼与历史法学派》,桂林,广西师范大学出版社,2004。
② [德]萨维尼:《论立法与法学的当代使命》,许章润译,10 页。
③ O. von Gierke, Naturrecht und Deutsches Recht: Rede Zum Antritt des Rektorats der Universität Breslau, Frankfurt a/M, 1883, S. 8.

在历史法学看来,法律与社会并非两个独立的领域,"法律与社会"这一提法本身也有问题,它假定了法律与社会是不同的领域,两者是独立的:社会是经验领域,是真正的生活,如生产活动、市场行为和家庭生活等;法律则是对社会各种需要做出的功能回应,是文化现象。依历史法学的观点,法律本身就是社会生活的一部分,成文法并不是立法者的创造,而是对社会生活经验的宣示,对历史与现实中的正义观念的技术表达。由此,法律的基础不再是个体的理论理性,而是来自集体的实践理性;它超越了个体理性,在个体的社会化过程中,成为个体知识与经验的一部分。

三、法律是多元的

历史法学隐含了现代的法律多元观。既然法律是社会生活中的"活法",法律就只是一种社会事实,其逻辑结果就是弱化了国家主权的立法意义。只要人类社会有秩序、安定的需求,法律就会自然出现,而并非国家出现后法律才应运而生:"法律是把人们团结在一起、确定尘世关系的纽带,在人类出现时,法律就出现了。"①对"法律"的这种理解显然是功能主义的思路。

法律与国家权力脱钩后,它的标准就取决于两个:其一,内容标准,即是否涉及权力—职责或权利—义务,其目的是排除道德规范与社交规范;其二,效力标准,即为社会承认并在社会中适用。这就为"法律"设定了一个新标准:被束之高阁的实在法规范并非"法律"。抽象理性既然对法律的形成没有多大意义,各民族的社会实践才是法律内容的最终决定因素,法律就必然是多元的。

法源单一论的理论前提是社会生物学基础,即人类渴求秩序、权威和统一规范的内在愿望,故国家可以通过统一的法律促使社会重大价值标准化,促使法律适用公平。这一前提虽然成立,但不能因此说,一个社会中所有的"活法"必须统一为单一法源。"活法"是社会成员在"社会化"过程中"习得的"知识,自然可以满足人们对秩序与稳定的渴求,而且,"活法"往往比实在法更有效。

需要指出,历史法学的法律多元观虽然接近于对法律的功能主义解释,但它更重视对法律的文化与意义分析。既然法律是"民族精神",法律的文化意义就不可小觑,法律承载着民族的价值观念,支撑着社会的意义体系。而且,正是因为"民族精神"的差异,同样内容的法律在不同社会中的作用才可能判然有别。

---

① *G. F. Puchta*, Cursus der Institutionen, Die Geschichte des Rechts bey dem römischen Volk, Bd. I 3 Aufl. Leipzig, 1850, S. 17.

第五节　德国历史法学的洞见与"危险"

一、德国历史法学与自然法学

历史法学之所以能成为法学的重要流派,首先是因为它从法律观念上彻底推翻了以前占统治地位的自然法学。德国历史法学历来都被解释为反思法国大革命和启蒙运动的产物,因后两者都渴望彻底推翻旧秩序,与过去决裂,重新按照理性的、进步的观念构建新社会制度。① 历史法学则将法律的合法性置于民族连绵不绝的历史与现实生活,它坚持法律无法割舍与"旧时代"、"旧制度"的关联,相反,民族特性必然塑造不同的法律。故在历史法学看来,自然法夷平各民族法差异的想法无非梦呓。与此相应,对实在法的价值,自然法学与历史法学两者的看法全然不同。前者认为实在法反复无常、充满变数,后者却认为它才是真正的法律渊源。

历史法学反对自然法的另一个重要理由是,自然法高蹈空疏,其肤浅、空洞的大观念无法解决世俗生活的具体问题。司法实践若据自然法为准绳,则难以防范恣意与妄断。在 1814 年的民法典论战文章中,萨维尼尖锐地指出,法典编纂的第一个问题是,材料自何而来?普适的自然法绝对不能依凭"熟稔实际的法律人士却对这一浮华不实,全然空穴来风的理论不屑一顾"②。萨维尼等人反复强调,只能通过实证方法发掘民族历史与现实生活中的具体法律规则,不能寄望于发现一劳永逸的自然法规则。正因为此,萨维尼才认为罗马法的最高诫命(也可以称为自然法的终极精神)——"诚实生活、不害他人、各得其所"(*Honeste vivere*, *neminem laedere*, *suum cuique tribuere*)——并非法律规则。这些观念纵然是所有民族的"精神",然而一旦用于具体纠纷,适用这些原则的结果却完全可能五花八门。故历史法学寻求的"民族精神",毋宁说是体现"民族精神"的具体规则,它们才是真实的、鲜活的。

但是,将历史法学与自然法学完全对立也不尽妥当。在历史法学那里,自然法依然是实在法价值判断的有效工具。与自然法一样,历史法学也区分法(*jus*)与法律(*lex*),法律的源泉虽然是生活与历史,但并非所有来源于生活与历史的法律都可以不经过价值检验就照单全收。历史法学

---

① H. Coing, Gesammlte Aufsätz zu Rechtgeschichte, Rechtsphilosophie und Zivilrecht, 1947—1971, S. 179.

② [德]萨维尼:《论立法与法学的当代使命》,许章润译,15 页。

的诸多代表人物都表明了自然法对实在法的意义。胡果批判自然法的目的是抬高实在法,但自然法始终是实在法的价值向度。基尔克在其关于自然法的讲座结尾也引用了康德的话——"公正若陨落,尘世人的生活意义将丧失殆尽"①。可见,历史法学并不反对自然法的基本观念与价值,它反对的只是自然法的"大而不当",以及全部实在法都可以依靠"完美的理性"从自然法演绎的信念。此外,对自然权利,历史法学并没有也不可能一概否定,它只是希望在历史中寻求这些权利的经验基础。若自然法学最核心的意义是认为实在法受制于特定的价值,那么,历史法学与自然法学在控制实在法的恣意、专断的方面所作的努力可谓殊途同归。

二、历史法学与社会契约论

社会契约论是解释国家起源、国家权力与个人权利合法性的主流理论。在历史法学眼里,社会契约最大的问题在于,它假设的国家是抽象的、普适的,没有"人影"的。社会契约论的诞生也意味着丰富多彩的国家与民族丧失了个性,个人也被抽离了现实中的各种具体因素(如性别、经济地位、教育程度等)。某种意义上说,这也意味着国家的终结。德国历史法学则恢复了被社会契约论抽离了的国家的个性,这是通过把国家与民族视为一体两面来实现的。如普赫塔认为,民族不是一个政治概念,而是以共同的血缘为基础的概念,但它"产生的并非血脉联系(leiblich),而是一种精神上的归属感"②。萨维尼则指出,国家是民族的外在表现形式,是民族这一精神共同体的现实形态,国家确定了民族的边界。③ 个人不是孤立的、没有任何社会属性的,而是家庭的一部分、社会的一部分、国家的一部分。④ 可见,历史法学中的国家、民族与法律都是有机的、历史的与经验的,都有自己独特的个性和精神,国家只能是民族的国家,法律只能是民族的法律。

真正彻底反对社会契约论的是日耳曼法学派,尤其是基尔克。基尔克不赞同罗马法的法人概念,认为它没有考虑到生活现实,是"虚构的人格"。他也鲜明反对社会契约(Gesellschaftsvertag),认为它把国家理解为一个道德主体,与罗马法的抽象国家观念别无二致。⑤ 社会契约论以

---

① O. von Gierke, Naturrecht und Deutsches Recht: Rede Zum Antritt des Rektorats der Universität Breslau, Frankfurt a/M, 1883, S. 32.

② G. F. Puchta, Das Gewohnheitsrencht, Bd. I. Leipzig, 1828, S. 134.

③ F. C. von Savigny, System des heutigen Römischen Rechts, Bd. I. Berlin, 1840, S. 19-22.

④ F. C. von Savigny, "Über den Zweck dieser Zeitschrift", Zeitschrift für geschichtliche Rechtswissenschaft, (Hrsg. von F. C. v. Savigny, C. F. Eichhorn u. J. F. L. Goeschen), 1815, Bd. I, S. 3.

⑤ O. von Gierke, Das deutsche Genossenschaftsrecht, Bd. IV: Staatsund Korporationslehre der Neuzeit, Berlin, 1881, S. 402ff.

个体与生俱来的权利为基础,它始终把国家的核心问题看成"统治者"与"人民"的对立,这从根本上误解了个人和国家之间的真实关系。① 更严重的后果是,社会契约论通过抽象方式处理国家与个人的关系,使国家观念化发生转变,并导致了以合作为基础的国家观念的消亡,这样,"国家—社会"、"国家—个人"就会出现二元对立,彼此隔膜。而在日耳曼传统团体中,一方面,国家和其他社会团体一样,是真实存在的实体(Verbandsperson);另一方面,个人归属于各种共同体(所谓"人是社会的动物"),如家庭、共同体、自治行政体等。如此一来,国家与社会、国家与个人都不再是对立的,而是一体两面;个体也不再是孤立的,而是以各种团体为纽带联结起来的。国家、社会与个人交融,不仅不会出现各种二元对立模式,如国家与社会、国家与个体的疏离及随之而来的政治冷漠,还会起到与社会契约论相同的限制权力的效果:若国家是一个法人,国家就必然受法律约束。

三、历史法学与法律变迁

历史法学历来都被贴上保守主义的标签,它遭受的最严厉的批判也是"无视人的取向":"历史法学派实际上是一种消极且压抑性的思想模式,它完全背离了哲学时代那种积极且创造性的法理思想。"② 这是因为历史法学将法律发展视为纯粹的事件,在历史法学派的图景中,行为人是没有意义的。③ 萨维尼等历史法学代表人物也被描绘成抱残守缺者。④ 这是对历史法学和萨维尼等人最大的误解。

首先,历史法学绝不否定法律存在变迁,也不一概反对法律变迁。萨维尼等人无数次提到对历史不能盲目崇拜,而必须关注现实的法律需要。如在《法律史杂志》发刊词中,他警告了迷信历史的危害:"与不重视历史这种空洞假设(进步观念)相比,对往昔盲目的高估更为危险,因为它会使当前的力量全然瘫痪。"⑤ 在《中世纪罗马法》第1卷中,他又指出,民族固有法与语言一样,不是一成不变的,而是应理解为虽然它没有中断,但却

---

① O. von Gierke, Das deutsche Genossenschaftsrecht, Bd. III: Die Staatsund Korporationslehre des Altertums und des Mittelalters und ihre Aufnahme in Deutschland, Berlin, 1881, S. 374.
② [美]庞德:《法律史解释》,邓正来译,18页,北京,中国法制出版社,2003。
③ 参见邓正来:《社会学法理学中的"社会"神:庞德法律理论的研究和批判》,载《中外法学》,2003(2)。
④ [美]博登海默:《法理学》,邓正来译,90页,北京,中国政法大学出版社,1999。
⑤ F. C. von Savigny, "Über den Zweck dieser Zeitschrift", Zeitschrift für geschichtliche Rechtswissenschaft, (Hrsg. von F. C. v. Savigny, C. F. Eichhorn u. J. F. L. Goeschen), 1815, Bd. I. S. 9.

处在不断的形成与发展中。① 1840年的《现代罗马法体系》(第1卷)更明确地指出,若民众的习惯、意识和需求发生了变化,现行法就应相应改变,纳入法律的新要素。基尔克也明确表示法律是变化的:"与民族精神一样,法律是为民众生活服务的,它是按照民族的各个生活阶段形成的。法律与民族生活的其他功能(语言和诗歌、信仰与风俗、经济与政治)同时发生变化。"②

其次,这是对历史法学中"历史"的普遍误解。历史法学的"历史"并非单纯的过去,而是现在与过去交融的状态:"现在"是对"过去"的承继,即便"变法"之法,也脱胎于旧法。历史法学派学者常常使用的"法律情势"(Rechtszustande)一词,表明的就是法律现实与历史胶着的状态:"民族精神"必然也是"时代精神"(Zeitgeist);"民族风格"(Volksstil)必然也体现了"时代风格"(Zeitstil)。可见,历史法学的强调"历史",无非是说法律不可能横空出世,法律的变迁不能无视法律的历史而已,因为历史对现实形成了一种复杂的制约结构,历史蕴含在现实之中,与现实无法分离。另一方面,若历史法学反对法律变迁,就不可能认为法律是民族精神的体现。

确切地说,历史法学不赞成在不具备历史条件时通过革命手段,实现所谓的自然法价值,如自由、平等与博爱。若人类社会依据自然法理念安排,势必推倒全部历史,不依赖任何经验,完全依据理性打造一个全新的世界。在历史法学看来,人类事实上是无法做到完全把社会各个领域都交由理性统治的,更何况理性设计未必能够完全实现人类之所欲。故萨维尼指出,法律的现实变迁需求与立法之间存在时间间隔,康斯坦丁时期的突然立法不是常态。③ 可见,历史法学反对的只是没有生活经验支撑、不经过审慎考量的突然立法,而不是法律变迁本身。它坚持法律变化的动因不能是外在强力,而必须是来自于生活实践的变革需要。与其承受革命立法、突然立法带来的不可预期的结果,不如容忍暂缓立法带来的不便。

四、对德国历史法学观点的滥用

在德国民族国家和第三帝国的建构过程中,德国理论家开始强调德意志的"国家精神"(Nationalgeist),文化民族主义渐次被改造为政治民族主义。在这一过程中,历史法学被曲解、滥用的思想资源有二:

其一,民族精神。历史法学认为,民族精神是决定一个民族最核心的要素,也是民族间相互区隔的标志。这种思想后来被法西斯主义滥用,将

---

① F. C. von Savigny, Geschichte des römischen Rechts im Mittelalter, Bd. I. 1 Aufl. Heidelberg, 1834, S. 21.

② O. von Gierke, Der Humor im deutschen Recht, Berlin, 1871, S. 2.

③ F. C. von Savigny, System des heutigen Römischen Rechts, Bd. I. Berlin, 1840, S. 43.

其改造为种族优越论。其改造的两个方向完全相反：一是取消民族精神,强化民族的生物学、人类学特性,视民族为具有特定血缘、遗传关系的一个生物实体,消除民族的人格与精神内容,为种族优越论奠定基础。二是强化民族精神,将其进一步实体化为神秘的、高贵的精神。民族不是个人的聚合,也不以地域为基础,是民族精神使他们融合在一起。在这方面,赫尔德—萨维尼的民族精神思想最容易被滥用。

其二,有机国家观念。这种观念很容易导致"国家就是一切"、"国家至高无上"的极端国家崇拜。因为它的逻辑推演结果是,任何国家或民族都有权利依据民族生活创造自己的一切,包括伦理、价值、法律与制度等。而且,与社会契约论相比,它更容易认为,只有团体生活才有价值,个体必须被统合在民族中才能寻求生活的意义。在这方面,基尔克的共同体思想最容易被滥用。

毫无疑问,历史法学与纳粹思想毫无关联。后世都是通过断章取义的方式扭曲历史法学思想的。如基尔克说过："就个体行为与共同体的关系而言,个体行为又是由(联结他们的)社会纽带的物质作用与精神作用决定的。"①这一片言只语完全可以被解释为共同体高于个体。但基尔克是珍视来自于日耳曼森林的自由的,他思想中的团体有机性是以个体自由为基础的,而不是相反。

第六节　德国历史法学的衰落与重生

德国历史法学甫一诞生,即成为当时主要的法学潮流,横扫瑞士、法国、奥地利等欧陆诸国。它在普通法法系国家也有拥趸无数,可谓极一时之盛。历史法学直接催生了近代德国的"法律科学"（Rechtswisschaft）,塑造了今天大陆法系包括民法学在内的法学风格。

"历史法学派的盛兴持续了约一百年,而且在19世纪下半叶几乎可以说是独霸法学舞台,但是到了19世纪末,该学派却明显遭到了冷遇;正如自然法学派在18世纪末彻底崩溃一样,历史法学派也在20世纪初遭到了同样的厄运。"②准确地说,历史法学从来就没有发挥过其预期的作用。在德国法学发展到概念法学时,历史法学除了"民族精神"一类的口号外,已风光不再,渐成明日黄花。

其实,真正衰落的只是作为学派的历史法学,而不是历史法学的基本观念——它们已成为法学公理,如欧几里得的作品之于几何学、牛顿的作

---

① *O. von Gierke*, Das Wesen Der Menschlichen Verbände, Berlin, 1902, S. 21.
② [美]庞德:《法律史解释》,邓正来译,14页,北京,中国法制出版社,2003。

品之于物理学。德国历史法学留下了两种学术遗产：一是罗马法学派的体系化法律史学。它隐含了这样的法源观：伟大帝国的历史与经验中隐藏了具有普适性的法律。它留下的学术遗产即近现代欧陆民法学体系与《德国民法典》。二是日耳曼法学派的法律历史社会学。事实上，罗马法学派的"历史法学"也是法律历史社会学，只是罗马法学派没有坚持其学术主张而已。两派的代表人物都提出了法社会学的基本观念，后来德国的法社会学思想多半都是对历史法学的回应。法律历史社会学认为，法律研究应同时关注法律的时间维度与社会维度，应探寻法律中的过去与现在，弥合书本中的法律与行动中的法律的缝隙。法律历史社会学的任务有三：(1)说明历史中的法律存在的社会、经济、政治、文化等背景；(2)说明法律制度变迁的过程，并说明变迁何以发生；(3)揭示当前法律的制约因素及路径依赖，为法律变革提供理论支持。

今天，我们应发掘的无疑是德国历史法学的法律历史社会学思想。它兼顾历史意识与社会意识，在社会转型期间，其意义或许不言自明。若能兴盛，历史法学必将凤凰涅槃，浴火重生。

思考题

1. 黑格尔后来评价过蒂博与萨维尼有关民法典的论战。他认为，"否认一个文明民族和它的法学界具有编纂法典的能力，这是对这一民族和它的法学界莫大的侮辱"。请评价这种观点。

2. 有人认为，历史法学衰落的一个重要原因是现代社会飞速发展，新法律层出不穷，历史法学只能让法律固步自封。请评价这种观点，并说明习惯在现代法律中的地位。

3. 在《德国民法典》制定过程中，罗马法学派与日耳曼法学派都贡献了自己的民法体系，但《德国民法典》最终以罗马法学派的潘德克顿体系为蓝本。请思考其原因。

阅读文献

1. [德]萨维尼：《论立法与法学的当代使命》，许章润译，北京，中国法制出版社，2001。

2.〔德〕萨维尼:《萨维尼法学方法论讲义与格林笔记》,杨代雄译,北京,法律出版社,2008。

3.〔英〕古奇:《十九世纪的历史学与历史学家》,上册,耿淡如译,北京,商务印书馆,1997。

4.〔美〕庞德:《法律史解释》,邓正来译,北京,中国法制出版社,2003。

5.许章润主编:《萨维尼与历史法学派》,桂林,广西师范大学出版社,2004。

6.〔德〕雅科布斯:《十九世纪德国民法科学与立法》,王娜译,北京,法律出版社,2003。

7.〔德〕沃尔夫编:《历史法学派的基本思想(1814—1840)》,郑永流译,北京,法律出版社,2009。

8. O. von Gierke, *Political Theories of the Middle Age*, trans. F. W. Maitland, Cambridge University Press, 1900.

9. P. Vinogradoff, *Introduction to Historical Jurisprudence*, Batoche Books Ltd. 2002.

10. J. Michael, *Politics and the Law in Late Nineteenth-Century Germany: The Origins of the Civil Code*, Oxford University Press, 1987.

后 记

究竟是读原著还是读教材？对于讲授与学习《西方法律思想史》这门课的教师和学生来说，这从来就是一个两难的问题。面对从古希腊到当代西方那么多的思想家及其著作，在有限的一个学期课时里，很难有两全其美的解决方案。有的老师奉行"一本书主义"，一学期可能只读一本原著，这样做，可以让学生受到很好的经典阅读的训练，但却很难使学生对西方思想古往今来的历史脉络有一个整体的把握；有的老师会选择对西方思想史上的重要人物和思想进行串讲，这样做，对学生知识结构的全面性很有好处，但实际效果却可能是，学生一学期只是记住了一些人名和书名，却没有深入任何一个人、一本书或一个思想的内部，最后至多只不过像子贡所说的那样："譬之宫墙，赐之墙也及肩，窥见室家之好。夫子之墙数仞，不得其门而入，不见宗庙之美，百官之富。"（《论语·子张》）

我们编这部教材的初衷，就是试图解决这个矛盾。一方面，学生绝对不要想用浏览本教材代替原著的阅读。这本教材仅仅是一个西方法律思想众多人物、著作和思潮的导读，就像一本导游手册，它能够让你"窥见室家之好"；"导游"们自然是到过那名胜的，但如果你觉得导游手册能够让你身临其境，那你就错了。相反，如果你从这本手册中获得入门的提示，手册中的某些描述激发了你阅读原著的兴趣，甚至在一些章节里还获得了有用的"攻略"，那么正确的做法就是在阅读这本手册后，直接登堂入室，直入那些思想的堂奥。我们在每一章节的后面，都推荐了一些经过挑选的原著或其译本，以及一些有用的二手研究著作，就想起到这个作用。另一方面，如果你只是对某些思想家和著作有浓厚的兴趣，那么在读这些思想家的著作之余，对于其他思想家或著作，则阅读教材中的相关部分，至少可以补充初学者某些知识上的欠缺，获得一些"上下文"的帮助，最终构建你自己版本的"思想地图"。

对于教师来说，我们也希望大家能够创造性地使用这部教材。我们之所以在这部教材中放入了这么大的容量，初衷正是让大家有选择的余地。一学期讲完教材所有内容，不是我们推荐的方案。面对低年级学生和高年级学生，本科生和研究生，授课内容应该有所侧重。我们的建议是，对于本科生，尤其是低年级本科生，授课和阅读最好侧重在古代、中世纪和近代部分，这些时代的思想家，他们的法律思想和他们的哲学、政治、宗教、伦理思想很难截然分开，我们不推荐根据现代法制的部门和分类，去这些思想家的文本中寻章摘句，给现代人的流行法律观念找一些古典的或经典的依据，那往往似是而非。换言之，我们推荐用一种通识教育的理念和方法，教授本教材古代、中世纪、近代部分的内容。而对于高年级本科生或研究生，他们已经具备了一些现代法学的知识，这时候给他们讲授现代、当代西方法律思想应该不存在多少障碍，因为现代、当代西方法律思想本来就是和现代、当代法制同步发展的，不管某种具体的思潮是维护现代、当代法制还是批判之，它们所针对的问题域至少是重合或类似的。

本书各章的风格并不相同，有全面概述某人的法律思想的，有重点解读某人的某本重要著作的，有对一个流派或学派进行综合描述的，也有对某个国家的宪政思想进行历史考察的。除了作者们术业有专攻，我们希望能够发挥他们的专长这样的考虑外，另外一个考虑，就是尽量照顾教和学的实际需要。本书各章作者除了是该领域的专家，他们大多也同时是教授《西方法律思想史》或相关课程的教师，在教学上有自己的经验和体会。读者有心的话，应该能够看到，这部教材并不是给学术界的同行写的，而是给大学里学习与讲授这门课的学生与老师写的。之所以写法各有千秋，恰恰是因为目前学生对西方法律思想的了解和理解存在这样那样的薄厚、深浅的差别——有时候甚至是偏颇。

我们不敢说自己对这些思想家的转述完全准确，也不敢断定自己对读者的知识结构和思想地图有全面的了解。所以，如果您在使用这部教材的时候，发现有任何错失或可改进之处，都请您不吝提出，以利于我们再版时改正。在此先谢谢大家。本书正、副主编的电子邮箱附在下面：

高鸿钧：gaohj@mail.tsinghua.edu.cn

赵晓力：zhaoxiaoli@mail.tsinghua.edu.cn

马剑银：majy@bnu.edu.cn